LEOPOLD VON RANKE
SPANISCHE GESCHICHTE

PHILIPP II.

LEOPOLD VON RANKE

SPANISCHE GESCHICHTE

DIE OSMANEN UND DIE SPANISCHE MONARCHIE IM 16. UND 17. JAHRHUNDERT

Herausgegeben von
PROFESSOR DR. WILLY ANDREAS

EMIL VOLLMER VERLAG

Gesamtherstellung : Millium Media Management
Printed in Germany

ISBN 3-88851-187-9

INHALT

DIE OSMANEN

DIE SPANISCHE MONARCHIE

Seite

Zweite Abteilung: Zur Geschichte der Weltausstellung der spanischen Monarchie

EINLEITUNG DES HERAUSGEBERS

In den anregenden Begegnungen, die dem neuernannten außerordentlichen Professor der Universität Berlin in den Salons der Rahel Varnhagen und Bettina von Arnims mit Vertretern der Restauration wie des Fortschritts beschieden waren, hat sich zweifellos sein Verhältnis zu den Gegenwartsfragen und den großen politischen Prinzipienentscheidungen belebt und geklärt. Die allerneueste Zeit sprach hier zu ihm im vielstimmigen Chor von Zeitgenossen; er suchte und fand festen Boden für die Herausbildung seiner eigenen politischen Anschauungen. Sie wiesen ihn mehr nach der konservativen Seite hin als zu den von der Jahrhundertwende her weiterwirkenden und neu aufkeimenden Revolutionsideen. – Das für das innere Wachstum des Historikers Ranke und sein nächstes Arbeitsfeld freilich wichtigste Ereignis der Berliner Zeit kam aus ganz anderem Bereich. Es ist die Bekanntschaft mit einer neuen Quellengattung, den venezianischen Gesandtenberichten, auf die schon der Geschichtsschreiber der Schweiz, Johannes von Müller, in seinen kurzen Berliner Akademiejahren aufmerksam geworden war, ohne daß er an die Auswertung dieser damals noch ungedruckten, vielfach aber handschriftlich überlieferten Schätze heranging. Erst Ranke stellte sich die Aufgabe, die Relationen für seine nächsten Werke fruchtbar zu machen. Damit wurden sie überhaupt erst für die Geschichtswissenschaft erschlossen und bildeten fortan auch in sich eines ihrer reizvollsten Forschungsobjekte sowohl in diplomatiegeschichtlicher wie kulturhistorischer Hinsicht.*)

Die Bekanntschaft mit den venezianischen Relationen, die Ranke in der Berliner Staatsbibliothek einer älteren Handschriftensammlung italienischen Ursprungs entnahm, später auch in Venedig selbst einsah, war mehr als ein günstiger Zufall. Diese dem Senat nach der Rückkehr von ihrer Mission erstatteten Endberichte der venezianischen Gesandten kamen seiner Begabung, seinem Erkenntnisdrang und seinem im Werden begriffenen Geschichtsbild aufs glücklichste, ja in sinnvollem Einklang entgegen. Hier äußerten sich weltkundige, beobachtungsfreudige Diplomaten von höchstem Ansehen, nicht wie in ihren Depeschen (dispacci) bloß über die jeweils laufenden Tagesbegebenheiten; sie gaben vielmehr in großem Überblick ein wohl gegliedertes, bis ins kleinste planvoll durchgearbeitetes Gesamtbild des den Staates, seiner Herrscher und Staatsmänner, seiner Einrichtungen wie seiner inneren Kraftquellen militärischer, wirtschaftlicher und finanzieller Art, zuletzt seiner gesamten internationalen Beziehungen zu den größeren Mächten und den kleineren Staaten Europas. Die europäische Weite dieser Endberichte, die bisweilen

---

* *Dazu siehe W i l l y A n d r e a s „Staatskunst und Diplomatie der Venezianer im Spiegel ihrer Gesandtenberichte". Verlag Köhler & Amelang, Leipzig 1943.*

den Rang politischer Kunstwerke erreichen, sprach Rankes bereits wachgewordenen Sinn für eine universale Auffassung der Dinge an. Die Fülle und Wirklichkeitsnähe ihrer Aufschlüsse, nicht zuletzt die Gestaltungskraft ihrer Persönlichkeitsschilderungen mußte er mit seinem Verlangen nach Erfassung des Individuellen und nach Anschaulichkeit als verwandt empfinden. Schließlich konnte auch die Höhe und der Ernst ihrer Staatsbetrachtung, den diese Nobili zeigten, auf den Sohn des Restaurationszeitalters nicht ohne Eindruck bleiben.

Man sieht denn auch, was hier im einzelnen nicht ausgeführt werden soll, wie seine künftigen Arbeitspläne zum guten Teil aus dem Erlebnis dieser Quellen hervorwachsen, und in seinem neuen Thema, der Darstellung des Osmanenreichs, zu dem die Venezianer wegen ihrer Handelsbeziehungen zum Orient und der in der türkischen Macht gegebenen Gefahr stets ihre gewiegtesten Botschafter entsandten, ist der Einfluß der Relationen auf Inhalt und Auffassung weithin unmittelbar zu spüren.

Von diesen neuen Studien war bereits das erste Berliner Semester Rankes ganz erfüllt. Im August 1824 schon hatte er, wie er dem Verleger Perthes schrieb, ein halbes Hundert dieser mitunter recht umfangreichen Sammelbände exzerpiert; einige in der herzoglichen Bibliothek zu Gotha befindlichen Relationenbände ergänzten die Berliner Handschriften. Namentlich an Hand seiner Briefe an Friedrich Perthes, der ihn – freilich vergebens – als Autor für das Unternehmen seiner europäischen Staatengeschichte zu gewinnen suchte, sehen wir ins Werden seiner Arbeitspläne und deren Eigengesetzlichkeit hinein.

Zunächst schwebte ihm vor, aus dem neuen fesselnden Material ein Buch „über Politik und Staatsverwaltung der europäischen Staaten im 16. und 17. Jahrhundert" zu machen, wobei Nation für Nation zu behandeln sei. Ziemlich bald nahm dieses Vorhaben festere Gestalt an. In der Titelgebung verschiebt sich der Akzent unter Festhaltung der universalen Tendenz auf „Fürsten und Völker von Europa" in jenen beiden Jahrhunderten; ein erster Band des Werkes sollte „dem Süden" gewidmet sein – und zwar gedachte er nicht nur die Türken, über die er bereits Entwürfe angefertigt hatte, und Spanien, sondern auch alle italienischen Staaten samt Kreta und Zypern darzustellen, kurzum die ganze das Mittelmeer umspannende Welt. Während der Ausarbeitung meinte er aber doch zwei Bände benötigen zu müssen für die Schilderung des südlichen Europa, was eine Einschränkung des ursprünglich auf Gesamteuropa abzielenden Gedankens bedeutete. Als Ranke nun gar inne wurde, daß er auch mit zwei Bänden nicht ausreichen werde, womit sich wiederum Perthes nicht befreunden konnte, einigte man sich darauf, zunächst nur den ersten Band allein erscheinen zu lassen und dessen Erfolg erst einmal abzuwarten, ehe der Versuch gemacht werde, alles übrige dann doch auf einen einzigen Band zusammenzudrängen. So kam es, daß „die Osmanen und die Spanische Monarchie" allein erschien. Der gleichfalls geplante kritische Anhang wurde vertagt, ohne daß man später überhaupt auf ihn zurückkam. Auch der für Italien vorgesehene Band sollte in der ursprünglich gedachten Form nie geschrieben werden. Auf seiner demnächst unternommenen Italienreise geriet ihm sein italienisches Arbeitsprogramm ins Wanken, und es war gerade der hier überquellende Reichtum neuer Quellenfunde, der die ursprüngliche Anlage seines Planes sprengte.

So haftet dem einzigen erschienenen Band über „Fürsten und Völker von Südeuropa“ von 1827 etwas Fragmentarisches an. In der zeitlich so viel späteren Gesamtausgabe seiner Werke fanden dann aber jene frühen Vorarbeiten zur venezianischen und zur florentinischen Geschichte sowie Betrachtungen über die italienische Poesie und Kunst in selbständiger Form Aufnahme. Dieser Umstand mag mit dem Torso gebliebenen Charakter des Spanien und den Osmanen gewidmeten Buches versöhnen, noch mehr aber die Tatsache, daß Ranke der wissenschaftlichen Welt an Stelle des fehlenden, für die italienischen Einzelstaaten vorgesehenen zweiten Bandes in Bälde sogar ein neues dreibändiges Werk vorlegen konnte, „die Geschichte der Römischen Päpste in den letzten vier Jahrhunderten.“

Der Aufbau des Buches, das wir in der vierten erweiterten Ausgabe der sämtlichen Werke von 1877 unter seinem neuen Titel*) zum Abdruck bringen, ist klar und folgerichtig. Der erste Teil wahrt so viel wie möglich den Rahmen des europäischen Geschehens. Spieler und Gegenspieler als staatliche Individualitäten herausmodelliert und bis auf die Höhe des siebzehnten Jahrhunderts hinauf verfolgt, sind beide, die Osmanen wie die Spanische Monarchie. Dabei bleibt die erste Abteilung, soweit es um Spanien geht, der Schilderung von Regierung, Landschaften und Nebenländern vorbehalten.

Sie beginnt mit einer Charakteristik der Herrscherpersönlichkeiten, die mit Karl V. anhebt und mit Philipp III. endet. Das Porträt des zweiten Philipp, den man damals unterm Eindruck von Schillers Don Carlos-Drama noch zu sehr bloß als Tyrann in Staat und Familie sah, zeichnet sich durch eine sehr maßvolle Haltung aus. Dann geht die Erzählung auf den Hof und die Ministerien ein. Die Stände und die Verwaltung der einzelnen Lande in und außerhalb der Iberischen Halbinsel sowie die darin obwaltenden öffentlichen Verhältnisse werden jeweils in eigenen Kapiteln abgehandelt, ebenso die Gestaltung des Abgaben- und Finanzwesens unter den drei schon genannten Herrschern. – Man sieht: so belebt das Ganze durch eine Porträtreihe von Königen und leitenden Staatsmännern ist, in dieser ersten Abteilung über Spanien ist alles systematisch angeordnet und das Zuständliche nimmt erheblichen beschreibenden Raum ein.

Dem entspricht ein Gleiches in dem vorausgehenden Abschnitt über die Osmanen.**) Einer knapp gefaßten historischen Einführung über die Grundlagen der Osmanischen Macht und ihre wichtigsten Entwicklungsmomente folgt eine Analyse der Haupteinrichtungen und Zustände. Der Reihe nach werden die Staatoberhäupter, die Sultane und die Wesire ins Auge gefaßt, dann die Milizen gewürdigt,

* *Dem Obertitel „Die Osmanen und die Spanische Monarchie im 16. und 17. Jahrhundert“ ist nunmehr der Untertitel beigegeben: „Vierte erweiterte Auflage des Werkes „Fürsten und Völker von Südeuropa“.*

** *Vom Standpunkt der modernen Forschung sei dem Leser die Darstellung des Basler Turkologen Rudolf Tschudi „Die Osmanische Geschichte bis zum Ausgang des siebzehnten Jahrhunderts“ in Band III der Neuen Propyläen-Weltgeschichte (Berlin 1941) empfohlen.*

also das für das türkische Reich so wichtige, aus lehensrechtlicher Wurzel hervorgegangene Militärwesen. Verdiente Beachtung finden auch die Grenzverhältnisse, die von den unterworfenen Randländern her der Zentralgewalt in Konstantinopel oft so viel zu schaffen machen. Betrachtungen über einzelne Herrscherpersönlichkeiten, über die Gefahren der Alleinherrschaft und die zu maßgebendem Einfluß aufsteigende Wesirfamilie der Köprili runden den planmäßig angelegten Aufriß ab.

In Anbetracht dessen, daß ein Außenseiter der Orientalistik hier zu Zentralfragen der türkischen Geschichte das Wort ergriff, ist Rankes ebenso knappe wie lebensvolle und reiche Skizze bewunderungswürdig. Mit sicherem Blick und Urteil hat er das Wichtigste, was damals den Nichtorientalisten an Quellen zugänglich war, für sein Bild des Osmanischen Reichs ausgenutzt, so vor allem die venezianischen Relationen; freilich mag er ihre Auskünfte, da auch sie mitunter nur aus zweiter Hand, von Dolmetschern und Hofklatsch abhängig, berichten, etwas überschätzt haben. Er nutzte ferner außer italienischen Historikern wie Paolo Giovio, Reise- und Legationsberichte, so den des Kaiserlichen Gesandten bei der Pforte Busbeck und die türkisch-ungarischen Erfahrungen eines Kriegsmannes wie Lazarus Schwendi. Indem er sich weiterhin über Kenner des 18. Jahrhunderts wie den Grafen Marsigli an die zeitgenössische Wissenschaft herantastete, wußte er für die vierte Auflage auch aus den Schriften eines bahnbrechenden Türkeikenners, wie es der Österreicher Hammer-Purgstall wurde, bereits einigen Nutzen zu ziehen. – Mag die moderne Spezialwissenschaft manche Einzelheiten, so die nicht immer zureichende Charakterisierung der inneren Verhältnisse des Reichs oder auch Mißverständnisse von türkischen Wörtern und Titeln beanstanden, erstaunlich bleibt doch die sichere Herausarbeitung der großen Entwicklungslinien.

In der ursprünglichen Fassung des Buches überwog die Zustandsschilderung. Ja, dieses statische Moment wird mit gutem Grund von der Rankeforschung als besonderes Kennzeichen dieser seiner Leistung angesehen. Auch treten die machtpolitischen Auseinandersetzungen, gemessen an den inneren Verhältnissen, mehr zurück als in anderen Werken Rankes. Doch fehlt es ihm trotz seiner systematischen Anlage keineswegs ganz an dramatischen Spannungen. Dafür sorgte allein schon die Tatsache, daß die spanische Monarchie des sechzehnten Jahrhunderts einen Teil ihrer weltgeschichtlichen Mission in der Bekämpfung des Islam erblickte, und daß ihr Reich wie das der Türken durch mancherlei innere Problematik bedroht war.

Spät erst hat Ranke dieses Frühwerk in den Zusammenhang seiner großen staatengeschichtlichen Auffassungen und damit in den allgemeinen weltgeschichtlichen Entwicklungsgang hineingestellt. – Die vierte erweiterte Auflage des mehr als Achtzigjährigen brachte die von ihm selbst längst als notwendig empfundene sachliche und zeitliche Ergänzung durch Berücksichtigung der großen außenpolitischen Anstrengungen Spaniens um Erweiterung seiner Macht im Süden, in der Mitte und im Norden Europas. Das dynamische Element der Rankeschen Geschichtsschreibung trat damit wieder stärker hervor gegenüber dem Statisch Zuständlichen.

So ist diese zweite Abteilung der Weltstellung der spanischen Monarchie gewidmet. Sie setzt ein mit dem Verhältnis zu den amerikanischen Kolonien, schildert die Kriege gegen Türken und Morisken sowie das Vordringen nach Portugal. Ein weiterer Höhepunkt gilt dem Schicksalskampf Spaniens als Vorkämpfer des Absolutismus und der Gegenreformation gegen die Niederlande. Es folgt die ganze Kette der gegen England und Frankreich geführten Kriege von Philipp dem Zweiten und seinen schwächeren Nachfolgern, dem dritten und vierten Philipp bis in die Zeit Karls II. hinein. Eine meisterliche Porträtsstudie dieses schwächlichen, unschlüssigen letzten Habsburgers auf dem intrigenumsponnenen spanischen Thron, um dessen Erbe nun der große europäische Kampf in Gestalt des langdauernden Spanischen Erbfolgekrieges entbrennt, endet das Buch. Es ist auch durch die jüngste Forschung auf diesem Gebiet, so viel Einzelfortschritte sie gemacht hat, nicht überholt.

Auf den gewaltigen Spanischen Erbfolgekrieg, der alle Großmächte in Bewegung setzte, geht Ranke nicht mehr näher ein, ebensowenig auf die Schicksale des spanischen Reichs unter der neuen Dynastie der Bourbonen im 18. Jahrhundert. Er begnügt sich mit einem kurzen andeutenden Blick auf diese neue Entwicklungsstufe des vielgeprüften iberischen Reichs. Aber mit starkem Nachdruck betont er zum Schluß, daß in allem Wechsel der Regierungen und der politischen Verhältnisse sich die spanische Nationalität, wie sie aus den früheren Jahrhunderten sich herausgebildet hatte, kernhaft behauptete, auch als gänzlich wesensverschiedene Zeit- und Geistesmächte wie die Französische Revolution und Napoleon heraufgezogen. Ja, er mißt ihrem Bestand zusammen mit den tief eingewurzelten Glaubensüberzeugungen des Volkes eine hervorragende Rolle zu. Die Nationalität, sagt er „erfüllte in ihrer Verbindung mit der Religion alle Gemüter. Sie hat im neunzehnten Jahrhundert noch einmal eine große Mission erfüllt. Als aus Frankreich eine neue Gewalt hervorbrach, welche allem besonderen nationalen Leben auf dem europäischen Kontinent ein Ende zu machen drohte, ist die spanische Nationalität die erste gewesen, welche, plötzlich wieder aufflammend, derselben nachhaltigen Widerstand geleistet hat.“ Damit ist dem weltgeschichtlichen Anstoß, den das spanische Volk im Kampfe gegen die Vormacht Napoleons und die Vergewaltigung des Landes gegeben hat, volle Gerechtigkeit widerfahren. Die moderne Forschung konnte an dieser Stelle einsetzen, wo Rankes Darstellung abbricht.*)

* *Über die weltgeschichtliche Bedeutung des spanischen Freiheitskampfes siehe jetzt* Willy Andreas *„Das Zeitalter Napoleons und die Erhebung der Völker“. Verlag Quelle & Meyer, Heidelberg 1955.*

DIE OSMANEN

VORREDE

Es war eine Zeit, in welcher der Sitz der Macht und großenteils der Bildung von Europa in dem Süden desselben zu sein schien; in welcher einander gegenüber das Osmanische Reich und die spanische Monarchie zu einem für Nachbarn und Entfernte gefährlichen Übergewicht angewachsen waren; in der zugleich keine Literatur der Welt sich mit der italienischen vergleichen konnte.

Es ist darauf eine andere gekommen, in welcher die spanische Monarchie, fern davon, sich über Freunde oder Feinde geltend zu machen, vielmehr durch auswärtige Politik zerteilt, in welcher Italien wie Spanien von einer fremden Bildung durchdrungen ward: in der die Osmanen gefürchtet zu werden aufhörten und selber zu fürchten begannen. Man weiß, daß zwei Perioden der neueren Geschichte auch durch diesen Unterschied und nicht am wenigsten durch ihn getrennt werden.

Was ist es nun, das ihn hervorbringt? Wodurch entstand die Veränderung? Verlor man entscheidende Schlachten oder fielen fremde Völker ein oder erlitt man unabwendbare Unglücksfälle? Es ist hauptsächlich durch die innere Entwicklung geschehen. Mit dieser beschäftigt sich vorliegende Arbeit: indem sie die Zeit der Macht und anscheinenden Blüte jener Nationen etwa zwischen 1540 und 1620 betrachtet, findet sie in derselben die folgende vorbereitet.

Man wird, denke ich, gestehen, daß auch die urkundlicheren Geschichtsbücher über die letzten Jahrhunderte, mit den von Tag zu Tag hervortretenden Ereignissen politischer oder religiöser Entzweiung vollauf beschäftigt, uns über die allmähliche Umwandlung der inneren Zustände, des ruhigen Daseins nur wenig belehren. Auf sie allein gestützt, würde ich meine Arbeit, wie unvollkommen sie immer ist, nicht zustandegebracht, ich würde sie auch nicht unternommen haben. Glücklicherweise boten sich mir aber andere Hilfsmittel dar, die eine vollständigere Belehrung gewährten: Hilfsmittel, oft von ausgezeichnetem Wert und doch noch unbekannt, welche in den Kreis der allgemeinen Kenntnis zu ziehen eine vorzügliche Absicht dieses Buches ist. Ich gedenke, sie ein andermal ausführlich und einzeln durchzugehen; jedoch finde ich nötig, sie sogleich gegenwärtig im ganzen zu charakterisieren.

Wenn nämlich die Nachkommen nach so vielen Bemühungen trefflicher Männer noch immer die Unzulänglichkeit der geschichtlichen Werke aus jener Zeit fühlen, so mußte sie Mitlebenden, vornehmlich denen, die in die öffentlichen Angelegenheiten tätig einzugreifen berufen waren, noch viel offenbarer sein. Bald wandten sich diese von den gedruckten Sachen, in denen man am meisten allgemeine Umfassung und beredten Ausdruck suchte, zu schriftlichen Denkmalen von größerer Wahrhaftigkeit. Wir haben Aufsätze, welche Sammlungen derselben anzulegen und zu studieren raten: wir haben ähnliche Sammlungen selbst in Händen. Unter den Schriften, die sie mitteilen, ragen vor allen die venezianischen Relationen hervor.

Häufig zwischen zwei Parteien in der Mitte, mit der halben Welt in Verhältnissen, nicht allein der Politik, sondern vornehmlich des Gewerbes, des Handels; nicht stark genug, um ganz auf eigener Kraft zu ruhen, nicht so schwach, um untätig abwarten zu müssen, was von anderen geschehen werde, hatte Venedig Anlaß genug, seine Augen nach allen Seiten zu richten und allenthalben Verbindungen anzuknüpfen. Es schickte oft seine erfahrensten und gewandtesten Bürger an fremde Höfe. Mit den Schreiben über die laufenden Geschäfte, welche dieselben in der Regel alle vierzehn Tage nach Haus sandten, war man hier noch nicht zufrieden, sondern wenn der Ambassador nach zwei oder drei Jahren zurückkam, mußte er über Hof und Land, die er besucht, ausführlichen Bericht erstatten. Er erstattete ihn im Rat der Pregadi, vor Männern, die in den Geschäften alt geworden, welche vielleicht die nämliche Gesandtschaft verwaltet hatten oder bald in dieselbe treten konnten. Er bemühte sich, die Persönlichkeit des Fürsten, bei dem er gewesen war, seinen Hof und seine Minister, den Stand seiner Finanzen, seiner Kriegsmacht, seiner ganzen Verwaltung, die Gesinnung seiner Untertanen, endlich sein Verhältnis wie zu anderen Staaten, so besonders zu Venedig darzustellen. Hier legte er das Geschenk, das ihm der fremde Fürst gemacht, zu den Füßen seiner Signoria. Zuweilen waren diese Berichte sehr ausführlich, und sie nahmen mehrere Abendstunden hinweg: wir finden wohl, daß der Vortragende in der Mitte, etwa bei dem Schluß eines Teiles, ausruht, um neuen Atem zu schöpfen: zuweilen, wenigstens in den früheren Zeiten, wurden sie aus dem Gedächtnis gehalten: sie sind alle mit unmittelbaren Anreden an den Dogen und die Versammlung durchflochten: immer haben sie in Gang und Inhalt die Frische der eigenen Beobachtung; ein jeder bemühte sich, sein Bestes zu tun: er hatte ein Auditorium, eines Staatsmannes würdig. Nicht selten rühmen die Venezianer dies Institut. „So erfahre man von den auswärtigen Staaten, was zu wissen, in Frieden und Mißverständnis gleich nützlich sei: von ihren Maßregeln könne man auch für die eigene Verwaltung Rat nehmen: der Unerfahrene werde zu den Geschäften vorbereitet. Während ein Gelehrter nur von dem Vergangenen wisse, ein Kundschafter nur das Gegenwärtige in Erfahrung bringen könne, werde ein Ambassador, dem das Gewicht seines Landes und eigene Tugend Ansehen verschaffe, leicht mit beiden vertraut und vermöge genügende Auskunft zu geben." Nicht selten haben dagegen andere der Republik diese Anatomie, wie man sich ausdrückte, fremder Höfe und Staaten zum Vorwurf gemacht. Sie fanden die venezianischen Gesandten allzu eifrig, Zuneigung und Haß, Gunst und Ungunst, Kräfte und Absichten der Fürsten zu erforschen: allzu freigebig, wenn es darauf ankomme, das Geheimere zu enthüllen. Von dem jedesmaligen Zustande der Welt und von der nächsten Vergangenheit, von entscheidenden Lagen und herrschenden Interessen ist immer in denen, welche gehandelt, und in einzelnen Mitwissenden eine Kenntnis vorhanden, welche sich der Menge verbirgt und mit jenen zu sterben pflegt. Von solcher Kenntnis einen nicht geringen Teil sammelten die venezianischen Ambassadoren fast an allen Höfen von Europa, um sie ihrer Signoria mitzuteilen. Ihre Berichte wurden dem Staatsarchiv einverleibt.

Wie reich mußte dies Archiv sein! Schon ein Gesetz vom Jahr 1268 befiehlt den Gesandten, alles aufzuzeichnen und einzugeben, was sie für die Regierung Merkwürdiges beobachten können. Seit 1465 ist das Wort Relation gebräuchlich. Wenn Johann Casa eines von Gasparo Contarini 1526 vorgetragenen Berichtes gedenkt, so erinnert er, nach dem Gebrauch der Vorfahren sei derselbe gehalten worden. Hierin fuhr die Republik bis in die letzten Tage ihres Daseins fort, und noch über den Anfang der Französischen Revolution findet sich ein venezianischer Legationsbericht voll treffender und unparteiischer Erläuterungen. Am berühmtesten indes waren sie damals, als die regelmäßigen Gesandtschaften zuerst in Schwung gekommen und Venedig vor anderen mächtig und angesehen war, in dem sechzehnten Jahrhundert: zwischen 1430 und 1620 finden wir sie zuweilen gebraucht, häufig erwähnt, immerfort abgeschrieben und mitgeteilt. Von jenen politisch-historischen Sammlungen bildeten sie den vorzüglichsten Teil.

Doch enthielten diese noch gar manche andere wichtige Stücke. Auch der Papst, der König von Spanien, die Herzöge von Ferrara und Florenz ließen sich zuweilen ähnliche Berichte erstatten. Abgegangene Gesandte verfaßten Instruktionen voll ausführlicher Belehrung für ihre Nachfolger. Höhere Staatsbeamte, Governatoren von Provinzen, wurden durch ihre Vorgänger oder andere kundige Männer in ihr Amt eingeleitet. Es war eine Menge Briefe in Umlauf. Alles das vereinigte man in jenen Sammlungen, um sich daraus einen Begriff von der damals gegenwärtigen Welt zusammenzusetzen. Für uns ist diese Welt längst vergangen: man sieht leicht, wie eine aufeinanderfolgende Reihe ähnlicher Berichte für uns unmittelbar Historie werden müßte: und zwar eine, wie wir sie suchen, nicht sowohl einzelner Ereignisse, als der Zustände und der inneren Entwicklung. Doppelten Wert aber mußten diese Sammlungen für die Zeitgenossen selbst haben. Nur erhebt sich die Frage, wie sie entstehen konnten. Wenn man uns versichert, es sei nicht allzu schwer, jener Handschriften habhaft zu werden, wofern man nur kein Geld und keine Mühe spare, wie kam ein so seltsamer Verkehr mit geheimen Staatsschriften auf, und wie breitete er sich aus?

Wir haben auch darüber einige Auskunft. Im Jahre 1557 erhob Paul IV. Vitellozzo aus dem Hause Vitelli, einem Hause, das seit geraumer Zeit in alle Bewegungen Italiens verflochten gewesen war, zum Kardinal. Vitellozzo selbst hatte lange alle Papiere der Caraffas, welche Italien umzuwälzen gedachten, in seinen Händen: für die Geschichte des neuen Roms hat er unschätzbare Denkmale aus italienischen, französischen und spanischen Archiven zusammengebracht: die Päpste hielten ihn für den besten Kenner ihrer Geschäfte: man nannte ihn den Dolmetscher der Kurie: er zeigte sich immer geistreich, geschickt und gelehrig. Dieser Kardinal ward für den Gründer des Studiums politischer Handschriften gehalten. „Ich will nicht verschweigen“, sagt der Autor eines Aufsatzes, betitelt: Erinnerungen für den Römischen Stuhl, „daß die Bemühung, sich aus Handschriften zu unterrichten, vornehmlich vom Kardinal Vitellozzo glorreichen Andenkens eingeführt worden ist. Hat er sie nicht zuerst aufgebracht, so hat er sie doch neu belebt. Seine Herrlichkeit war hierauf über die Maßen begierig: er wandte die größte Mühe an, die Schriften von verschiedenen Orten zusammenzubringen, und gab viel Geld dafür aus. Auch brachte er es dahin, daß sein Archiv zu allgemeiner Bewunderung überaus reich ward." Gar bald kam diese Sache in Schwung. Kardinäle und Nepoten legten eigene Archive für ähnliche Schriften an: und wir finden wohl, daß man einem einen Mann empfiehlt, der mit einer geheimen ruhigen Manier viel schöne Sachen zusammenzubringen verstehe. Solche Sammlungen fand Pallavicini bei dem Kardinal Spada in dem Palast Borghese und verfaßte aus ihnen seine Geschichte des Tridentiner Konziliums. Eine ähnliche legte Kardinal Franz Barberini in einer langen Reihe von Bänden in der Bibliothek an, die noch den Namen dieses Geschlechts führt. Die Bibliothek della Vallicella, damals von San Filippo Neri gegründet, bewahrte eine gleiche auf. In der Vaticana, bei den Chigi, bei den Altieri findet man Sammlungen des nämlichen Stoffes. Wie wollte ich sie alle aufzählen? Rom war ihrer voll: Rom, sagt ein Berichterstatter, wo man alles weiß und nichts verschweigt; Rom, sagt ein anderer, ein Register aller Staatsverhandlungen. Man wird nicht glauben, daß jeder Sammler zu der ersten Quelle zurückgegangen. Eine Abschrift brachte zwanzig andere hervor und die Sammlung Vitellozzos wird die Mutter vieler von den übrigen gewesen sein. Durch immer neue Stücke ward in diesem Kreis ein lebendiger Fortschritt erhalten. Wie sollte es einem regierenden Nepoten, dem Botschafter eines mächtigen Fürsten, einem einflußreichen Kardinal so schwer geworden sein, sich Staatsschriften zu verschaffen, die doch immer das eigentliche Geheimnis laufender Unterhandlungen nicht enthielten, sondern nur zur Unterweisung der Regierenden abgefaßt waren? Wenigstens tragen die venezianischen Relationen, deren die Staatsgeschichtsschreiber oft mit unzweifelhaften Andeutungen gedenken, deren Sammlungen in fremden Bibliotheken auch Foscarini ohne Verdacht erwähnt, den ganzen Stempel der Echtheit. Durch Umtausch wird man sich wechselseitig ausgeholfen haben. Betrachten wir den reichen Vorrat, der von diesen Schriften vorhanden ist, den Umfang und die Fülle dieses Inhaltes, so scheint es fast, als gebe es für die Kenntnis der neueren Geschichte noch eine Literatur, während der Ausübung der Buchdruckerkunst vorhanden und doch nur handschriftlich: für geheim erklärt und doch so verbreitet, daß neu in Umlauf gesetzte Schriften Aufsehen machten und Widerlegungen hervorriefen: für die allgemeine Kenntnis fast durchaus unbenutzt und doch reich an mannigfaltigen, belehrenden, wohlgeschriebenen Arbeiten.

Diese Sammlungen blieben nicht auf Rom beschränkt. Großherzog Cosimo von Toskana stellte eigens einen Mann an, um alle Schriften, die man sich dort seit langer Zeit mitgeteilt, zusammenbringen und abschreiben zu lassen. In Venedig hatte Agostino Nani einen Schatz ähnlicher Handschriften. Die Bibliothek zu Paris hat einen so reichen Vorrat venezianischer Relationen, daß sie das Archiv von Venedig fast ersetzen zu können scheint. Aber auch den Weg nach Deutschland haben sie gefunden.

Die königliche Bibliothek zu Berlin bewahrt in 48 Foliobänden, von denen 46 den Titel Informazioni politiche führen, eine Sammlung auf, wie man sie zu Rom anzulegen pflegte. Sie enthält Schriften der nämlichen Gattungen, Relationen, besonders venezianischer Gesandter, Instruktionen und Erinnerungen, für eintretende hohe Beamte, Erzählungen von Konklaven, Briefe, Reden, Betrachtungen und Notizen mancherlei Art. Jeder Band begreift deren eine nicht geringe Anzahl, jedoch ohne daß irgendeine Ordnung beobachtet wäre; die Gattungen, in welche sie zerfallen mögen, die Zeiten, die Orte, welche sie betreffen, die Sprachen, in denen sie abgefaßt sind – denn obwohl bei weitem die meisten italienisch, sind doch auch einige spanisch, andere lateinisch geschrieben – haben hier keine Unterscheidung begründet: es ist keine andere Folge beobachtet, als in welcher man der Abschriften habhaft ward; die nämliche Arbeit kehrt zwei- und dreimal wieder. Indessen gehört doch das meiste, was sich hier findet, in einen bestimmten und nicht allzu ausgedehnten Kreis. Einiges betrifft zwar das vierzehnte und fünfzehnte Jahrhundert, indes nur weniges und auch dies schon bekannt: vielleicht werden hier bloß zwei Stücke neuer Betrachtung würdig sein. Erst sowie wir in dem sechzehnten Säkulum sind, sehen wir uns Jahr für Jahr mit mannigfaltigerem Vorrat bedacht. Am meisten drängen sich Instruktionen, Relationen und Briefe zwischen 1550 und 1580. Hierauf treten einzelne Zeitpunkte, die für die gesamte europäische Politik vorzüglich wichtig waren, 1593, 1606, 1610, 1618, mit besonderem Reichtum hervor. Weiter und weiter findet man sich immer einsamer. Die letzte Schrift ist von 1650. Die meisten sind wohlgeschrieben, von einem Korrektor durchgesehen und angenehmer zu lesen als mancher Druck. Sie sind von sehr verschiedenem Wert: ich brauche nicht zu erinnern, daß es darunter viele vortreffliche Sachen gibt.

Vor nunmehr zwanzig Jahren hatte Johann Müller den Plan, von unserer Sammlung Auszüge und Notizen bekanntzumachen. Er widmete ihr eine Zeitlang, besonders im September 1807, eine begeisterte Beschäftigung, und es ist ein Aufsatz von ihm übrig, der den allgemeinen Eindruck darstellt, welcher der erste Band auf ihn gemacht hatte. Schon im Oktober desselben Jahres verließ er jedoch Berlin. Es war ihm so wenig verstattet, diesen Plan auszuführen, als andere größere, deren seine edle Seele voll war.

Auch die herzogliche Bibliothek zu Gotha hat einige Bände von verwandtem Inhalt. Es sind drei stärkere und ein schwächerer in Folio: sie sind für uns um so wichtiger, weil sie sich fast durchaus auf venezianische Relationen einschränken. Als Friedrich Wilhelm, Administrator der Kur Sachsen, zwischen 1592 und 1601 seinen Hof auf dem Hartenfels zu Torgau hielt, ein Fürst, der von den allgemeinen Bewegungen lebhaft berührt ward, bot ihm Georg Köppen von jenen Bänden wenigstens zwei, die seine Zueignung führen, dar: er mag sie auf einer italienischen Reise gesammelt haben.

Ich kann die Güte, mit der man mir den Gebrauch dieser Handschriften verstattet hat, nie genug rühmen. Mit einem Volumen ganz der nämlichen Art, das in meinen eigenen Besitz gelangt ist, hatte ich 53 Foliobände voll der mannigfaltigsten Papiere, vielleicht über tausend kleinere und größere Aufsätze vor mir, aus denen ich auswählen durfte, was mir zu meinem Zwecke besonders dienlich schien. Für diesen fand ich sie glücklicherweise vorzüglich reichhaltig.

Zwar beziehen sich diese Schriften fast auf ganz Europa. Der Papst sendet seine Nuntien bald nach der Schweiz, bald nach Polen: und hier finden wir die Berichte derselben. Weit in die Ferne erstrecken sich die Verbindungen von Venedig: wir besitzen Relationen über Persien und Moskau, vorzügliche über England. Wir haben sie indes nur sparsam und einzeln: auch über Portugal finden sich nur sehr wenige venezianische Gesandtschaftsberichte. Wie Rom und Venedig die Mittelpunkte der hier enthüllten Politik sind, so beziehen sich die Erläuterungen unserer Manuskripte hauptsächlich auf jenes südliche Europa um das Mittelmeer her, mit dem dieselben in der unmittelbarsten Verbindung standen. Wiederholt begleiten wir den Bailo der Venezianer die wohlbekannten Küsten entlang, nach dem Sitz des Osmanischen Reiches, das ihnen ein so gefährlicher Nachbar ist, in den Diwan des Wesirs, zur Audienz des Großherrn. Wir folgen nicht selten dem Ambassador der Republik an den Hof spanischer Könige, sei es, daß sich diese in der Mitte einer bewegten Welt, in Flandern oder in England befinden, oder daß sie zu Madrid ruhigen Hof halten. Werden dann Piemont, Toskana, Urbino, selbst zuweilen Neapel von eigenen Botschaftern besucht: so finden wir diese doch am regelmäßigsten im Vatikan und Belvedere zu Rom, in vertraulichen Unterredungen mit dem Papst: mit den Nepoten desselben, mit manchen Kardinälen in engem Verhältnis: immer in den wichtigsten Geschäften, welche sie auf jede Wendung der Dinge an diesem wandelbaren Hof aufmerksam erhalten. Hier können wir Platz nehmen. Hier unterrichten uns einheimische Schriften über eine Menge einzelner Verhältnisse: die Nuntien, welche etwa die Rechte der päpstlichen Kammer in Neapel oder in Spanien verfochten, welche vielleicht mit dem katholischen König über größere Unternehmungen Rat gepflogen, kommen zurück. Hier berichtet man hinwiederum über Venedig selbst, und so schließt sich dieser Kreis.

Wären nur niemals Lücken darin! Aber mitten in dem Reichtum fühlen wir uns arm. Im ganzen angesehen, ist es viel: im einzelnen zeigen sich große Mängel. Zwar kommen uns gedruckte Werke gelehrter Männer mit willkommener Auskunft und mannigfaltiger Belehrung zu Hilfe; aber über vieles bleiben wir dennoch im Dunkeln: viele Fragen werden rege und nicht gelöst. Man fühlt sich wie ein Reisender, der auch unbekanntere Höhen und Täler eines Landes durchwandert hat, der dann nicht allein einzelnes genauer erforscht, sondern über das Ganze neue und wahre Aussichten gewonnen zu haben glaubt, der jedoch den Mangel, an dem er leidet, vielleicht noch lebhafter fühlt als den Gewinn, den er gemacht, und nun nichts mehr wünscht, als zurückzukehren, um eine vollkommene Einsicht zu erwerben. Indes erlaubt man ihm, auch unvollständige Beobachtungen mitzuteilen. Dieselbe Erlaubnis sei auch mir für meine Versuche gewährt.

Und so folge mir der Leser immer in die Zeit, von welcher unsere Handschriften vornehmlich berichten, zu jenen südlichen Völkern und Staaten, die damals ein vorwaltendes Ansehen in Europa behaupteten.

Die Verschiedenheit der europäischen Nationen trat noch in dem 16. und 17. Jahrhundert weit auffallender hervor als gegenwärtig: schon in dem Kriegswesen ließ sie sich erkennen. Wenn die Völker von germanischem und romanischem Ursprung ihre Länder allenthalben mit Festungen ausgerüstet und, um diese zu verteidigen oder anzugreifen, das Geschütz in Übung gesetzt hatten; wenn sie mit wenig zahlreichen Mannschaften zu Feld gingen und ihre Hauptmacht in dem Fußvolk bestand: so sah man die übrigen Nationen in offenen und unbefestigten Ebenen – fand man ja eine Burg, so diente sie nur, um die Schätze des Fürsten zu hüten – einander mit ungeheuren Scharen zu Pferd begegnen. Polen hatte eine so zahlreiche Reiterei, daß man ausdrücklich berechnet hat, Deutschland, Frankreich und Spanien zusammen seien nicht fähig, eine ähnliche aufzubringen; der Großfürst von Moskau konnte 15 000 Mann zu Roß in den Krieg führen: die Szekler in Ungarn schätzte man allein auf 60 000, die Macht der Woiwoden von Siebenbürgen, Moldau und Walachei jede auf 50 000 Reiter: und an diese stießen die tartarischen Völker, deren Leben zu Pferd. Man wird überzeugt sein, daß mit diesem Unterschied eine durchgehende Verschiedenheit aller anderen Verhältnisse verknüpft war.

Unter den letzteren Völkern nun hatten die Osmanen, denen Ungarn diente, die Fürstentümer gehorchten, die Tartaren Heeresfolge leisteten, überwiegende Macht; sie gehörten zwar wesentlich zu denselben, doch hatten sie die Institute ihrer Pforte voraus. Unter den ersteren dagegen besaßen die Spanier ein vorwaltendes Ansehen. Nicht allein regierten sie einen guten Teil von Italien: Karl V. führte sie auch nach Deutschland: wenigstens in der Hälfte der Niederlande behaupteten sie sich: Philipp II. war einmal König von England: er hatte ein andermal zugleich in Provence und Bretagne, in Picardie und Burgund seine Heere und seine Besatzung in Paris. Neben ihnen machten die Italiener zwar nicht Gewalt, aber das einzige Übergewicht, das ihnen gelassen war, des Talentes, der Geschicklichkeit, geltend. Nicht allein dann, wenn etwa Kardinal Pole, als er England regierte, sich mit niemandem beriet als den Italienern, die ihm dahin nachgefolgt: oder wenn die beiden mediceischen Königinnen Frankreich mit ihren Landsleuten erfüllten: obwohl auch dies von Bedeutung war: – sondern vornehmlich durch ihre Literatur, die erste der neueren Zeit, welche eine selbstbewußte Ausbildung der Form mit wissenschaftlicher Umfassung verband. Dazu kamen Kunstfertigkeiten von mancherlei Art. Wir finden, daß der einzige Ingenieur, den es um das Jahr 1560 in Polen gab, ein Venezianer war: daß ein Florentiner Tedali sich erbot, den Dnjestr für die anwohnenden Völker schiffbar zu machen: daß der Großfürst von Moskau die Burg seiner Hauptstadt von einem Italiener bauen ließ. Wir werden sehen, daß ihr Verkehr noch immer die halbe Welt umfaßte.

Wenn denn diese drei Völker sich unter den übrigen gefürchtet machten oder hervortaten, so stießen sie in dem Mittelmeer unmittelbar aneinander; alle Küsten und Gewässer derselben erfüllten sie mit regem Leben; hier bildeten sie einen eigentümlichen Kreis.

Spanier und Italiener waren durch Kirche und Staat sehr eng verknüpft. Durch die eine: denn bei dem allgemeinen Abfall blieb man allein jenseits der Pyrenäen und der Alpen der katholischen Meinung und dem Römischen Stuhle völlig getreu. Durch den anderen: weil Neapel und Mailand spanisch waren. Madrid war gar oft der Aufenthalt junger italienischer Fürsten, der Rovere, Medici, Farnese; Rom und Bologna der Aufenthalt junger Spanier, die sich bilden wollten. Die Kastilianer dichteten in den Formen toskanischer Meister; aller Kriegsruhm der Italiener ward in spanischen Feldlagern gewonnen.

Mit beiden setzten sich die Osmanen in heftigen Gegensatz. Sie warfen sich den einen an den afrikanischen, den anderen an den griechischen Küsten siegreich entgegen. Sie bedrohten Oran, sie fielen Malta mit ganzer Macht an; sie eroberten Cypern, um alle Ufer schwärmend, gefährdeten sie auch das ruhige Dasein. Da erhoben sich wider sie nicht allein die alten Seemächte der beiden Halbinseln; in Toskana und Piemont gründete man neue Ritterorden zu diesem Kampfe: selbst der Papst ließ alle Jahre im Mai seine Galeeren aus Civitavecchia auslaufen: die ganzen Nationen nahmen hieran Anteil. Jene schönen Gestade und vielnamigen Meere, welche die antike Größe semitischer und griechisch-römischer Seeherrschaft entstehen, wetteifern und verschwinden, welche darauf Araber und germanische Christen nacheinander die Oberhand gewinnen sahen, waren Zeugen eines dritten Kampfes, als statt der Araber die Osmanen hervorgetreten waren, als Spanier und Italiener – denn kein anderes Volk stand ihnen hierin bei, und die Franzosen waren oft mit dem Feind verbündet – alle Kraft aufbieten mußten, den christlichen Namen auf dem Mittelmeere zu behaupten. Hierdurch ward für die nächste und lebendigste Tätigkeit dieser Nationen ein Kreis gebildet, in dem sie am meisten zu Hause sind, der oft der Horizont wird, welcher das Dichten und Denken ihrer Autoren unwillkürlich umfaßt. Der Kampf aber gab ihnen einen frischen Schwung. Er half in ihnen die eigentümliche Mischung des Geistes, die sie damals zeigten, ausbilden: – eine Mischung von Stolz und Verschlagenheit: von Wahn und Begier, das Geheimnis der Dinge zu entdecken: von romantischer Ritterlichkeit und hinterlistiger Politik: von Glauben an die Gestirne und hingegebener Religiosität.

In diesen Kreis, unter diese Nationen treten wir ein.

EINLEITUNG

Gering genug beschreiben die Osmanen ihren Anfang. Sie erzählen, der Gründer ihres Reiches und Namens, Osman (1288 bis 1326), habe noch selbst mit seinen Knechten gepflügt, und wenn er Mittag halten wollen, eine Fahne ausgesteckt, um sie zusammenzurufen. Keine anderen seien seine Kriegsgefährten gewesen, und unter demselben Zeichen seien sie versammelt worden. Aber schon er, fügen sie hinzu, habe eine Vorahnung der künftigen Größe seines Hauses gehabt: im Traume habe er aus seinem Nabel einen Baum aufwachsen sehen, der die ganze Erde überschattet.

Wie sich nun die neue Macht, die in Kleinasien emporkam, auch auf der Nordküste desselben festgesetzt hatte, so ritt eines Tages, wie man ferner erzählt, Osmans Enkel, Soliman, an den Ufern des Hellesponts entlang, zwischen den Trümmern alter Städte dahin und verfiel in Stillschweigen und Nachsinnen. „Was denkt mein Chan?" sagte einer seiner Begleiter. „Ich denke", sprach er, „wie wir nach Europa übersetzen wollen." Diese Begleiter Solimans setzten zuerst nach Europa über; sie taten es mit Glück. Schon dem Bruder Solimans, Amurath I., gelang es, Adrianopel zu erobern.

Von dem an breitete sich die osmanische Macht jenseits des Hellesponts von Brusa nach Osten und Süden, diesseits desselben von Adrianopel nach Norden und Westen aus. Bajazeth I., Osmans Urenkel, beherrschte bereits hier Widdin und die Walachen, dort Karamanien und Cäsarea.

Wider Bajazeth erhoben sich Europa und Asien, die er beide bedrohte. Europa jedoch unterlag ihm bei Nikopolis (1396), und wenn ihn Asien, für das Timur aufstand, auch besiegte, so vernichtete Asien doch seine Herrschaft nicht. Es war nur fünfzig Jahre nach dieser Niederlage, daß Mohammed II. Konstantinopel einnahm (1453), von dem beide Erdteile einst weithin regiert wurden. Dieser Eroberer begnügte sich nicht, die Städte an den Küsten des Schwarzen und des Adriatischen Meeres unterworfen zu sehen; die Meere selbst untertänig zu machen, gründete er eine Flotte; die Inseln des Ägäischen fing er an, eine nach der anderen zu erobern: seine Truppen zeigten sich in Apulien.

Unaufhaltsam erschien der Lauf dieser Siege. Obwohl Bajazeth II. seinen Vorfahren an Tapferkeit nicht gleichkam, so brachte er es doch dahin, daß seine Ritter Friuli durchstreiften, seine Fußvölker in Morea Festungen einnahmen und seine Flotten das Ionische Meer siegreich durchschifften. Aber von seinem Sohne Selim und von Soliman, seinem Enkel, ward er weit übertroffen. Selim überwand die Mamelucken von Kairo, die gegen Bajazeth oft Sieger geblieben waren; er ließ fortan in Syrien und Ägypten das Kanzelgebet, die Chutbe, wie er sich ausdrückt, auf seinen edlen Namen halten (1517). Noch weit mehr vollbrachte Soliman. Eine eigenen, aus und ein. Fern im Osten verteilte er das Gebiet von Bagdad nach den Schlacht gewährte ihm Ungarn, und hierauf zog er in diesem Reiche, wie in seinem Fahnen seiner Truppen in Sandschakate. Jener Chaireddin Barbarossa, der sich rühmte, sein Turban, auf eine Stange gesteckt, verscheuche die Christen meilenweit ins Land hinein, diente ihm und machte seinen Namen über das ganze Mittelmeer gefürchtet. Mit Erstaunen und Schrecken zählte man an 30 Königreiche, bei 8000 Miglien Küste in seinem Gehorsam. Er nannte sich Kaiser der Kaiser, Fürst der Fürsten, Verteiler der Kronen der Welt, Schatten Gottes über beide Erdteile, Beherrscher des Schwarzen und des Weißen Meeres, von Asien und Europa.

Von den Grundlagen der osmanischen Macht

Fragen wir nun nach, worauf die wesentliche Kraft, die Energie dieses Reiches, mithin zugleich der Erfolg seiner Anstrengungen beruhte, so werden wir auf dreierlei aufmerksam: das Lehensystem, das Institut der Sklaven und die Stellung des Oberhauptes.

Jedes Land aber, das die Osmanen eroberten, ward unmittelbar, nachdem es erobert worden, nach Fahnen und Säbeln in eine Menge Lehen ausgeteilt. Der Zweck war, einmal das Land nach innen und außen wohl verwahrt, alsdann die alten Eroberer zu stets neuen Eroberungen fertig zu halten. Den ganzen Vorteil dieser Einrichtung erkennt man, wenn man bedenkt, daß von dem mäßigen Einkommen von 3000 Aspern (man rechnet 60 auf einen Taler) schon ein Reiter und von je 5000 Aspern mehr immer ein anderer Reiter schlagfertig gehalten werden mußte; daß auf diese Weise Europa 80 000, Natolien 50 000 Sipahi (so heißen die Reiter) zu stellen vermochte; daß es nichts bedurfte, diese Macht aufzubringen, als eines Befehles an die beiden Beglerbegs des Reiches, von denen er an die Obersten der Fahne, die Sandschakbegs, und durch dieselben weiter an die Obersten der Scharen, die Alaibegs, und sofort an jeden Inhaber eines kleineren oder eines größeren Lehens, eines Siamet oder Timar, gelangte, worauf unverweilt Musterung und Aufbruch erfolgte. Nun ist die Frage, wie dies Lehensystem von jenem Prinzip der Vererbung, welches immer in unseren Lehenseinrichtungen vorherrschend gewesen, frei gehalten wurde. Es waren aber die Lehen wie ohne Adel, so ohne eigentliche Nachfolge der Söhne. Soliman verordnet, daß, wenn ein Sandschakbeg von 700 000 Aspern Einkommen einen minderjährigen Sohn hinterlasse, dieser nichts empfangen solle als ein Timar von 5000 Aspern, mit der ausdrücklichen Verpflichtung, einen Reisigen davon zu halten. Ähnliche Gesetze, die den Söhnen der Sipahi, wenn deren Väter im Feld, ein größeres, wenn sie zu Hause gestorben, ein kleineres, aber immer nur ein geringes Timar bestimmen, sind in Menge vorhanden. „Darum“, sagt Barbaro, „ist unter ihnen weder Adel noch Reichtum; die Kinder der Vornehmen, deren Privatschätze von anderen Großen in Besitz genommen werden, leben ohne einige Auszeichnung.“ Dennoch war auch hier ein Erbe vorhanden: nur ein Erbe nicht sowohl der einzelnen, als aller zugleich, nicht des Sohnes vom Vater, sondern der Generation von der Generation. Es bestand nämlich das Grundgesetz, daß niemand ein Timar erlangen könne, als wer der Sohn eines Timarli sei. Nur daß ein jeder immer wieder von unten anfangen mußte. Fassen wir dies zusammen, so erkennen wir in den Timarli eine große Gemeinheit, die, wesentlich von den ersten Begleitern Osmanens stammend, jedoch, wie es Krieg und freiwillige Unterwerfung mit sich brachten, mit gar manchen später Hinzugetretenen versetzt, in sich selbst ohne Rangordnung, außer der, welche Tapferkeit, Glück und Gunst des Sultans gewähren, im Gehorsam gegen denselben das Reich eingenommen hat und bereit ist, alle anderen Reiche der Welt in dem nämlichen Gehorsame anzugreifen und womöglich nicht minder unter sich auszuteilen.

Dies Verhältnis nun wird sich aus jenem Ursprünglichen des Herrn und seiner Kriegsknechte, welches, wenn ich nicht irre, vielmehr der persönlichen Unterwürfigkeit der Mamelucken gegen ihre Emire als der freien Anerkennung, in welcher sich abendländische Gefolge gegen ihre Kondottieren halten, entsprechen mußte, in natürlicher Entwicklung herausgebildet haben. Ein noch eigentümlicheres Institut aber, von dem ich nicht weiß, ob es vorher oder nachher jemals seinesgleichen gehabt, war die Erziehung geraubter Knaben zu Kriegsleuten oder Staatsmännern im Dienste des Sultans.

Man pflegte nämlich alle fünf Jahre eine Aushebung von den Kindern der Christen im Reiche zu veranstalten. Kleine Soldatenabteilungen, jede unter ihrem Hauptmann, jede mit einem besonderen Ferman ausgerüstet, zogen von Ort zu Ort. Wo sie ankamen, versammelte der Protogeros die Einwohner mit ihren Söhnen. Der Hauptmann hatte das Recht, alle jungen Leute, welche vor anderen schön oder stark waren, alle, die eine besondere Fertigkeit oder ein besonderes Talent zeigten, von dem siebenten bis zu mannbaren Jahren mit sich hinwegzuführen. Gleichsam als einen Zehnten von den Untertanen brachte er sie an den Hof des Großherrn. Von den Kriegszügen führte man, als den gesetzlichen Teil der Kriegsbeute, der dem Herrn zukomme, andere eben dahin ab. Es kehrte kein Pascha von einer Unternehmung zurück, ohne dem Sultan auch von seinetwegen junge Sklaven zum Geschenk mitzubringen. So kamen freilich am zahlreichsten Eingeborene dieser Lande, aber auch Polen, Böhmen und Russen, Italiener und Deutsche an der Pforte zusammen. Man sonderte sie in zwei Abteilungen. Die einen sandte man, besonders in den früheren Zeiten, nach Natolien, wo sie bei den Bauern Dienste leisten und sich zu Moslemin ausbilden mußten, oder man behielt sie bei dem Serail zurück, wo sie Holz und Wasser trugen, in den Gärten, auf den Barken oder bei Bauten dienten, immer unter einem Aufseher, der sie mit dem Stocke antrieb. Die anderen aber, diejenigen, an denen man eine edlere Natur zu entdecken glaubte – mancher gute Deutsche überredete sich, man unterscheide dies nur durch die Hilfe böser Geister so gut –, kamen in eins von den vier Serails, nach Adrianopel oder Galata, zu Stambul in das alte oder in das neue. Hier wurden sie leicht in Leinwand oder in Zeug von Saloniki gekleidet; sie trugen Mützen von brusischem Tuch; alle Morgen kamen Lehrer und standen bis auf den Abend, ein jeder mit der Besoidung von acht Aspern, die Kinder im Lesen des Gesetzes oder im Schreiben zu unterweisen.

In den bestimmten Jahren wurden sie sämtlich beschnitten. Aus denen, welche die härteren Arbeiten trieben, wurden mit der Zeit Janitscharen; aus denen, die man im Serail erzog, wurden entweder Sipahi, jedoch nicht belehnte, sondern besoldete, welche an der Pforte dienten, oder höhere Staatsbeamte.

Sie standen beide in strenger Zucht. Die Relation Soranzos berichtet, wie besonders erstere am Tage in jeder Entbehrung an Speise, Trank und gemächlicher Kleidung, in beschwerlichen Handarbeiten, im Schießen mit Bogen und Hakenbüchse geübt wurden, wie sie die Nacht in einem langen, erleuchteten Saale unter einem Aufseher zubrachten, der immer auf- und abging und keinen sich rühren ließ. Wurden sie dann unter die Janitscharen aufgenommen, kamen sie in jene klosterähnlichen Kasernen, in denen die verschiedenen Odas so sehr gemeinschaftliche Wirtschaft führten, daß ihre militärischen Würden von Küche und Suppe benannt waren, so fuhren sie fort, zu gehorchen, nicht allein die Jüngeren in Stillschweigen und Unterordnung den Älteren, sondern alle so strengen Gesetzen, daß keiner die Nacht auswärts zubringen durfte, daß, wer gestraft wurde, dem, der verhüllt die Strafe an ihm vollzogen, die Hand zu küssen gehalten war.

Nicht minder streng, je zehn unter der Aufsicht eines unerbittlichen Eunuchen, in ähnlichen, nur auch in wissenschaftlichen und in etwas ritterlichen Übungen, lebten die jungen Leute in den Serails. Alle drei Jahre verstattete der Großherr herauszutreten. Diejenigen, welche zu bleiben vorzogen, stiegen dem Alter nach, in unmittelbarem Dienste ihres Herrn, von Kammer zu Kammer und zu immer größerer Besoldung, bis sie etwa zu einem von den vier großen Ämtern der innersten Kammer gelangten, von denen der Weg zu der Würde eines Beglerbeg, eines Capitan Deiri, d. i. eines Admirals, selbst eines Wesirs offenstand. Diejenigen dagegen, welche sich jener Erlaubnis bedienten, kamen, ein jeder nach seinem bisherigen Range, in die vier ersten Scharen der an der Pforte dienenden besoldeten Sipahi, denen der Sultan vor den anderen Leibwachen traute. Fröhlich sah man sie in ihrem neuen Schmuck, den Beutel Gold schwingend, den sie vom Großherrn zum Geschenk empfangen, zu dem Tore hinaustraben.

Ein deutscher Philosoph hat einmal eine Erziehung vorgeschlagen, die in völliger Absonderung der Kinder von den Eltern, in einem für sich bestehenden Gemeinwesen dergestalt vollzogen werden müsse, daß ein neuer Wille an die Stelle des alten trete. Hier haben wir eine solche Erziehung. Hier ist vollkommene Absonderung, strenges Gemeinwesen, die Bildung gleichsam eines neuen Lebensprinzipes. Die hier Erzogenen, ihrer ersten Jugend, ihrer Eltern, ihrer Heimat vergessen, kennen kein Vaterland als das Serail, keinen Herrn und Vater als den Großherrn, keinen Willen als den seinen, keine Hoffnung als auf seine Gunst; sie kennen kein Leben als in strenger Zucht und in unbedingtem Gehorsam, keine Beschäftigung als den Krieg zu seinem Dienst, für sich keinen Zweck als etwa im Leben Beute, im Tode das Paradies, das der Kampf für den Islam eröffnet. Was der Philosoph zur

Bildung von Sittlichkeit, Religion und Gemeinschaft in der Idee vorgeschlagen hat, ist hier, Jahrhunderte vor ihm, zur Entwicklung eines zugleich sklavischen und doch kriegerischen Sinnes in Ausführung gebracht.

Dies Institut erfüllte seine Absicht vollkommen. Ein österreichischer Gesandter an Solimans Hofe, dessen Berichte zu den bewährtesten gehören, Busbek, kann nicht anders, als von der Strenge dieser Janitscharen, die sie bald wie Mönche, bald wie halbe Bildsäulen erscheinen lasse, von ihrem, etwa die Reiherbüsche am Kopfputz ausgenommen, höchst bescheidenen Aufzuge, von ihrer frugalen Lebensweise, wie sie ihre Möhren und Rüben mit Hunger würzen, voll Bewunderung erzählen. In ihrer Disziplin sah man mit Erstaunen aus Knaben, die in einem christlichen Lande aus einem Gasthofe, von der Küche oder aus einer Klosterschule weggelaufen, tapfere und angesehene Männer werden. Nur wollten sie niemanden unter sich leiden, der in dem Behagen und der Weichlichkeit eines elterlichen Hauses aufgewachsen. Es kann nicht geleugnet werden, daß sie in entscheidenden Schlachten das Reich allein beschützt haben. Die Schlacht von Varna, eine Grundlage aller osmanischen Größe, wäre ohne sie verlorengegangen. Bei Cossowa floh bereits das rumelische und natolische Heer vor dem bösen Jancu, wie sie Johann Hunniades nannten; doch sie erhielten den Sieg. Sie rühmten sich, nie in einer Schlacht geflohen zu sein. Lazarus Schwendi, lange deutscher Feldhauptmann wider sie, gesteht es ihnen zu. In allen Berichten werden sie der Nerv und Kern des osmanischen Kriegswesens genannt. Und immer ist es merkwürdig, daß sich dieses unüberwindliche Fußvolk im Osten gerade um dieselbe Zeit bildete (seit 1367), als sich in unseren Gegenden die nicht minder unüberwindliche Schlachtordnung der Schweizer, ebenfalls zu Fuß, entwickelte, – nur jene aus Sklaven, diese aus den freiesten Männern des Gebirges.

Nicht weniger als an den Janitscharen bewährte sich jene Erziehung an den Sipahi und den Dienern des Serail, die daraus zu hohen Würden emporstiegen. Sich derselben innerlich zu widersetzen und, gab es die Gelegenheit, zur Christenheit zurückzukehren, dazu gehörte die Seele eines Scanderbeg. Sonst wird sich wohl schwerlich ein Beispiel finden, daß einer von ihnen seine Eltern, denen er entrissen war, seine alte Heimat wieder aufgesucht hätte. Wie sollten sie auch? Hier war kein Erbadel, dessen Ansprüche ihrer Tapferkeit oder ihrem Talente hätten entgegentreten können; vielmehr ihnen selbst waren die höchsten Würden des Reiches, selbst alle Sandschakate, bestimmt: der Janitscharen-Aga ward aus ihnen genommen; nicht allein die gesamte Regierung, sondern auch die Anführung des Heeres war in ihren Händen; ein jeder sah ein Feld, eine Tätigkeit, ein Leben vor sich, welches im Auge er vergessen konnte, daß er ein Sklave war. Weit eher schien ihr Zustand den Christen reizend, die nach Abenteuern und hohen Würden Verlangen hatten. Viele verließen ihr Vaterland mit Willen, um unter diesen Sklaven ihr Glück zu versuchen. Sie nun sonderten sich strenge ab; sie litten nicht, daß irgendein geborener Türke, selbst nicht, daß der Sohn eines Großwesirs, der doch eben auch aus ihrer Zahl emporgestiegen, Sandschak würde. Ihre Söhne traten in die fünfte und sechste Schar der besoldeten oder in die Zahl der belehnten Sipahi, jener Timarli, unter die das Reich verteilt war, und vermehrten oder verjüngten diese immer aufs neue.

So ist es mit diesem Institut der Sklaven. „Es ist höchst bemerkenswürdig", ruft Barbaro aus, „daß Reichtum, Verwaltung, Kraft, kurz der ganze Staat des Osmanischen Reiches auf Leuten beruht und Leuten anvertraut ist, im christlichen Glauben geboren, zu Sklaven gemacht und mohammedanisch aufgezogen sind." An dieser Einrichtung hängt Natur und Regierungsform der Türken.

Ist es nun deutlich, daß die Macht dieses Reiches, insofern diejenigen die wahre Macht bilden, welche tätig erscheinen, aus zwei Korporationen besteht, den Timarli und jener doppelten Sklavenmenge, von der die größere Hälfte den Kern des Heeres zu Pferde und zu Fuß ausmacht und die kleinere Verwaltung und Anführung in Händen hat, so liegt nicht minder am Tage, daß dem Reiche um beider willen Krieg vonnöten ist, wegen der Timarli, weil ihre Zahl bei dem steten Zuwachs aus den Sklaven immer zunehmen muß und dann neue Timare zu erwerben sind; um der Janitscharen und der besoldeten Sipahi willen aber, damit sie ausüben, was sie gelernt, und nicht, beim Serail sitzend, verderben.

Im Kriege erst zeigt sich das Leben dieses Kriegsstaates. Zu ihren Scharen und Fahnen gesammelt, erscheinen die Timarli; sie führen Bogen und Köcher, Eisenkeule und Dolch, Säbel und Lanze; sie wissen die verschiedenen Waffen im rechten Augenblicke auf das geschickteste zu gebrauchen; auf Verfolgen und Weichen, bald im Hinterhalt zu lauern, bald das Land zu durchstreifen, sind sie besonders eingerichtet. Auch ihre Pferde kommen in Betracht, die man, vornehmlich in Syrien, mit der größten Sorgfalt und fast mit Schmeicheleien wie Kinder aufgezogen. Zwar fanden die Kenner, daß dieselben am Bügel etwas kitzlich waren, leicht in die Quere gingen und schlecht parierten; indes war dies vielleicht mehr die Schuld der Reiter, die sich enger Gebisse und kurzer Bügel bedienten; übrigens zeigten sich die Tiere folgsam, auf Bergen und steinigem Grunde so brauchbar wie in der Ebene, unermüdlich, immer feurig. Aus manchen Landschaften kamen die vortrefflichsten Reiter. Man sah sie mit Erstaunen die Eisenkeule vor sich her werfen und dieselbe in ihrem Fluge wieder erreichen und auffangen. Sie verstanden mitten im raschesten Laufe des Pferdes, indem sie sich ein wenig umbeugten, mit dem Bogen rückwärts zu zielen und sicher zu treffen. Zu diesen nun kam die Pforte mit den besoldeten Sipahi und den Janitscharen. Die ersten waren außer dem Säbel sämtlich mit jenen Lanzen, an deren kleine Fähnchen man sie unterschied, einige auch mit dem Bogen bewaffnet. Nicht viele hatten Panzer und Sturmhauben und auch diese mehr zum Schmuck als aus Bedürfnis; durch den runden Schild und den Turban glaubten sie sich genugsam geschützt. Die Janitscharen endlich zogen in lang herabhängenden Kleidern daher: mit Säbel und Hakenbüchse ausgerüstet; in dem Gurt den Handschar und das kleine Beil; eng zusammen, ihre Federbüsche wie ein Wald.

Es war aber, als wäre das Lager der eigentliche Aufenthalt dieses Volkes. Nicht allein ward es in einer bewundernswürdigen Ordnung gehalten, so daß kein Fluch noch Zank zu hören, kein Trunkener, kein Spiel zu sehen war, so daß man nichts fand, was Auge oder Nase beleidigen konnte. Es war auch zu bemerken, daß man gegen die Pracht dieses Lagers zu Hause nur eng und schlecht lebte. Für je zehn Janitscharen hielt der Großherr ein Pferd, das ihnen ihr Gepäck nachtrug; je fünfundzwanzig hatten ein gemeinschaftliches Zelt; hier hielten sie die Ordnung ihrer Kasernen, die älteren wurden von den jüngeren bedient. Kein Sipahi war so gering, daß er nicht ein eigenes Zelt gehabt hätte. Wie glänzend nahmen sie sich zu Pferde aus, in ihren seidenen Waffenröcken, den bunten, künstlich gearbeiteten Schild am linken Arme, das reichbesetzte Schwert in der Rechten, den Turban mit mannigfaltigen Federn geziert! Vorzüglich prächtig aber zeigten sich die Anführer. Um die Ohren ihrer Pferde sah man Edelsteine; Sattel und Zeug war mit anderen besetzt; an den Zäumen hingen goldene Ketten. Die Zelte prangten von türkischem oder persischem Schmuck; die Kriegsbeute war darin aufgestellt; Eunuchen und Sklaven waren zahlreich vorhanden.

Mit dieser kriegerischen Richtung des gesamten Daseins stimmte Religion und Sitte überein. Schon viele haben angemerkt, wie sehr der Islam die Waffen begünstige, wie schon der Glaube an ein unvermeidliches Geschick, den er predigt, den Mut in der Schlacht befördere: im 16. Jahrhundert fand man überdies die Anordnung der mancherlei Waschungen, durch welche die Unreinlichkeit, der Ursprung so vieler Krankheiten in einem Lager, entfernt werde, man fand sogar das Verbot des Weines lobenswert und wohlberechnet. Denn zuerst koste es allzuviel Mühe, ihn herbeizuschaffen und nachzufahren: habe man ihn alsdann, zu wieviel Unordnungen gebe er okzidentalischem Heere Veranlassung! Man meinte sogar, die täglichen Gewohnheiten der Türken auf das Bedürfnis des Lagers zurückführen zu können. Darum, will Morosini, sitze man auf der Erde auf einem einfachen Teppich und esse auf der Erde und schlafe auf dem Orte, wo man gegessen, damit das nicht fremd erscheine, was Lager und Zelt notwendig mache. Gewiß aber sahen sich die Osmanen auch selbst hauptsächlich als Kriegsleute an. Wo sie in konstantinopolitanischen Verordnungen von den Christen unterschieden werden, heißen diese Bürger, sie aber Soldaten, Akery.

Faßt man nun dies zusammen, erstens, daß alle Sklaven sind, am meisten aber die Vornehmsten, denen der unbedingte Gehorsam am neuesten eingeübt worden; daß es niemanden gibt mit einer Selbständigkeit, mit Familienbesitz, Jurisdiktion, Anhang; daß jede Tätigkeit von dem Winke des Großherrn abhängt, von dem entweder glänzende Belohnung oder Absetzung und Tod zu erwarten; und sodann, daß das Ganze eine durchaus militärische Anordnung hat, daß dieser Staat kriegerisch ist und sein Geschäft der Krieg: so ist sehr deutlich, wie der Großherr für diesen so eigentümlich gegliederten Leib die Seele, der Ursprung jeder Bewegung, hauptsächlich aber, wie auch er, wenn er regieren will, notwendig kriegerisch gesinnt sein muß. Bajazeth II. erfuhr dies in seinem Alter. Als er nicht mehr zu Felde gehen konnte, ergab sich Unordnung auf Unordnung, und er ward zuletzt genötigt, seinem kriegerischen Sohne zu weichen. Soliman dagegen war ganz ein Haupt für diesen Kriegsstaat. Wie seine hohe Gestalt, seine männliche Gesichtsbildung, unter einer breiten Stirne große schwarze Augen einen kriegsmännischen Eindruck hervorbrachten: so zeigte er alle Lebhaftigkeit, alle die Freigebigkeit und Gerechtigkeit, die einen Herrscher beliebt und gefürchtet machen. Schwerlich würde er jemals von Eroberungszügen abgelassen haben. Zwar wird man seine Absichten vielleicht nie genau erforschen können, aber so viel sehen wir, daß ein Gesetzbuch, welches er verfassen ließ, der Multeka, den Krieg gegen die Ungläubigen als eine allgemeine Pflicht auf das dringendste einschärft: man müsse dieselben zum Islam oder zur Kopfsteuer auffordern; seien sie sich beiden zu entziehen gemeint, sie mit Pfeilen und allen Kriegswerkzeugen und mit Feuer verfolgen, ihre Bäume abhauen, ihre Saaten verwüsten. Das fanatische Buch, das unter dem Namen Posaune des heiligen Krieges bekannt geworden, ein Werk, welches keine Ermunterung, kein Versprechen, kein Gebot, wodurch Gläubige in den Wahnwitz eines Religionskrieges getrieben werden können, unversucht läßt, welches bis zum Tode am Stirnhaar des Pferdes zu halten, im Schatten der Lanzen zu leben gebietet, bis alle die Glaubensformel Mohammeds bekennen, ward am Ende seiner Regierung, vielleicht unmittelbar zum Gebrauche der Jugend des Serail, ins Türkische übersetzt.

Digression über die Neugriechen im sechzehnten Jahrhundert

Während aber die Osmanen die Welt beunruhigten und bedrohten, wie lebten diejenigen, in deren Lande sie sich erhoben hatten?

Indem das gesamte südliche Asien, einst Wohnsitz der Kultur, nichts mehr sah als gewaltsame Herrscher und in Masse zu hartem Gehorsam verdammte Völker, verpflanzten die Osmanen diesen Zustand der Verwilderung nach Europa. Zwei Epochen pflegt ein Zustand dieser Art zu haben. Solange die Herrscher in sich selber stark sind, dulden die Unterworfenen: schon Flucht ist Mut: die Kühnsten weichen in unzulängliche Gebirge. Sobald aber jene schwach werden, erheben sich diese in einzelnen Gewalttaten zu wilder Vergeltung von Raub und Mord: wie sich die Maratten wider die Mogols, Loren und Kurden wider die Sofis, wider die Osmanen selbst die Kinder der Wüste, die Wechabiten, erhoben haben.

Zu Solimans Zeit waren die Griechen in dem Zustande des Gehorsams. An Krieg, Staat, öffentlichem Leben hatten sie nur als Abtrünnige oder als Knechte Anteil. Mit ihrem Charaz, dem geringfügigen Ertrage ihres Erwerbes, mit dem sie das Recht, da zu sein, erkauften, füllte der Osman seine Schatzhäuser. Nichts mehr bedarf eine Nation als einen Überfluß an edlen Männern, die sich dem Allgemeinen widmen: der Osman führte die Blüte ihrer Jugend regelmäßig nach dem Serail. Auf dies Institut gründete er zugleich seine Stärke und ihre Unterwerfung. Er nährte sich von ihrem Mark.

In dieser Entkräftung bequemten sich viele vornehmere Griechen, ihrem Herrn gefällig zu sein. Nicht wenige Nachkommen der edlen Geschlechter von Konstantinopel, die schon früher die einheimische Unterdrückung ausgeübt, pachteten die Einkünfte des Großherrn. Man bemerkte Paläologen und Kantakuzenen in der Hauptstadt, Mamalen und Notaraden im Peloponnes, Bataziden, Chrysoloren, Azanäer in den Häfen des Schwarzen Meeres. Wer hiermit jenen Handel verband, mit welchem wir die Griechen bald in Moskau, bald in Antwerpen beschäftigt finden, konnte es in kurzem zu großem Reichtum bringen. Michael Kantakuzenus vermochte im Jahre 1571 dem Sultan fünfzehn Galeeren zu schenken: wenn er auf seinem Maultiere durch die Stadt ritt, liefen sechs Diener vor ihm her, und ein siebenter folgte nach. Diese reicheren Griechen nahmen wie unter den Venezianern italienische, so unter den Osmanen asiatische Sitten an. Sie trugen ihren Turban: sie ahmten ihre häuslichen Einrichtungen nach: sie gefielen sich in übermäßigem Schmuck. Ihre Frauen hüllten ihr Haar in goldene Netze: sie schmückten ihre Stirn mit Diademen von Perlen: man sah schwere Gehänge von Edelsteinen an ihrem Ohr: ihr Busen war mehr von goldenen Ketten als von dem Gewande bedeckt. Gleich als müsse man eilen, eines Glückes zu genießen, das man nicht sicher wisse, als fühle man die Hand des gewaltsamen Herrschers über sich. Michael Kantakuzenus war umsonst so untertänig, ja freigebig gegen den Sultan: zuletzt sandte dieser doch seinen Kapidschi Baschi ab und ließ ihn an der Pforte des prächtigen Hauses erhängen, das er sich zu Achilo gebaut, seine Schätze aber dann nach dem Serail führen.

Das ärmere Volk lebte indes in Armut und Knechtschaft dahin. Ein großer Teil des Landes war wüst, menschenleer, zugrunde gerichtet. Dort, wo jeder Sandschak die ihm angewiesenen Einkünfte auf das Doppelte zu bringen suchte, wo oft räuberische Pächter seine Stelle vertraten, wo jeder Osmanli sich als unumschränkter Herr gebärdete, was konnte dort gedeihen? Auf den Inseln war man allerdings besser daran. Lemnos und Lesbos finden wir in dem Jahre 1548 sehr wohl angebaut: wir sehen das Volk seinen Acker bestellen, seinen Weinstock pflanzen, seiner Brunnen wahrnehmen, seine Gärten bearbeiten. Dies blieb sich selbst getreu.

Noch zeigte es seine edelgeartete Natur. Noch länger lebte in Chios der schöne Klang homerischer Worte: man wollte in dem Peloponnes noch damals vierzehn Dörfer der Zakonen unterscheiden, wo man ein dem alten fast gleiches Griechisch rede: man fand die Athener noch immer von bewundernswürdigem Gedächtnis und wohllautender Stimme: immer hat man selbst an den Gefäßen des Hauses die kunstreiche Form antiker Bildwerke wahrgenommen. So hatte denn auch das gesellschaftliche Leben noch einige Elemente der früheren Bildung. Man fand allenthalben die Symposien der Männer, so geeignet zu edler Unterredung; wo die Waffen verstattet waren, bestanden jene Waffentänze, die man, mit dem Schwert gegürtet, mit Bogen und Köcher versehen, ganze Tage lang ausführte. Die rüstige und frische Anschlägigkeit griechischer Natur, in Arbeit und Genuß, mit dem Schwert und dem Schild, vorzüglich zur See und auf dem Schiff, war sprichwörtlich.

Indes zu einer freien Entfaltung des Geistes war kein Raum, wo die Kräfte sich nur auf das nächste Bedürfnis richteten und das ganze Dasein erniedrigt war. Die Sprache ward mit bulgarischen, türkischen und italienischen Wörtern überhäuft: sie verfiel in hundert Abstufungen barbarischer Formen. Es war an keine Unterweisung zu denken, denn es war kein Unterwiesener vorhanden. Sobald man die Gesetze der Schöpfung nicht erkennt noch zu erkennen sucht, pflegen ihre Wirkungen die Seele mit Wahn zu betäuben: diese Griechen wurden ganz mit einer phantastischen Weltansicht erfüllt. Nur ein Element blieb übrig, in welchem das geistige Leben sich äußern konnte: sie behielten den Laut der Natur, den Gesang. In dem sechzehnten Jahrhundert waren vor allem die Athener reich an Liedern. Welcher Art sie waren, kann man denken, wenn man Liebende sitzen und wetteifern findet, sich im Wiederholen derselben zu übertreffen. Es war unfehlbar eben jener Gesang, den wir kennen, der in eintöniger, fast wehmütiger Weise Leid und Freude eines einfachen Lebens begleitet: Genuß der Liebe und der Familie; das Leid: Tod und Trennung, und alsdann jene Einsamkeit, die dem Mond ihre Grüße befiehlt, die Vögel zu ihren Boten macht, mit den Wolken wandert, Sterne und Meer zu Vertrauten hat und die leblose Welt mit eingebildetem Mitgefühl beseelt.

Dergestalt kehrt dies Volk, das einst eines Lebens genossen, welches die Ehre des Menschengeschlechtes und das Muster der Jahrhunderte ist, nachdem es darauf, in enge Formen gezwängt, lange Zeiträume, wenn nicht unehrenhaft, doch ohne Ruhm gelebt, in den Stand der Natur zurück. Seine Altvordern denkt es sich als Riesen. Ein antikes Grabmal erklärt es für die Krippe von Alexanders Pferd.

Nicht völlig jedoch kehrt es dahin zurück. Wie könnte man, ganz vereinzelt, dem Feind und Sieger gegenüber die Nationalität behaupten? Religion und Priestertum vielmehr fahren fort, auf die gewohnte Weise zu herrschen.

Durch diese geschieht, daß man sich sehr streng gegen die Osmanen abschließt. Geschichtsbücher, die im sechzehnten Jahrhundert abgefaßt wurden, nennen den Sultan mitten in seinen Siegen den Verdammungswürdigen und sein Volk die Fremden. Man vermied, von den Osmanen Recht zu nehmen; die Ältesten, die guten Männer der Ortschaften, die Priester verwalteten das Gericht; wer sich ihnen entzog, wurde zuweilen mit seinem ganzen Hause in den Bann getan. Die Griechin, die sich an einen Türken verheiratete, ward exkommuniziert. Man zahlte den Türken ihren Charaz, man litt, was nicht zu ändern war; aber im übrigen hielt man sich von ihnen entfernt: der Staat, dem man angehören wollte, war ein anderer als der ihre, es war die Hierarchie.

Diese Hierarchie beruht auf der herkömmlichen Unterordnung aller Priester unter den Patriarchen von Konstantinopel. Auch die Patriarchen von Jerusalem, Antiochien und Alexandrien erkannten denselben als ihr Oberhaupt. Sein oberpriesterliches Ansehen war von den Katarakten des Nils bis nahe an die Ostsee, von Armenien bis zu den Ionischen Inseln über die ganze östliche Welt verbreitet. Er sandte alle Jahre seine Exarchen nach den Provinzen, um von den Metropoliten die Gefälle des Patriarchats einzuziehen. Alle fünf Jahre brach er selbst auf, seine Diözesen zu sehen, ihre Streitigkeiten zu schlichten und ihnen seinen Segen zu geben.

War nun sein Ansehen weit verbreitet, so erstreckte es sich auch auf die einzelnsten Ereignisse des Lebens. Es ist nichts, worin man sich nicht an ihn wendete. Eine Frau, die nach Chios geheiratet und nun, da ihr Mann gestorben, als eine Fremde von Laien und Priestern bedrängt wird, sucht bei ihm Hilfe. Es ist jemandem das Wasser von seinem Garten abgegraben worden; er stellt seine Sache dem Patriarchen vor. Es hat allein eine Tochter aus zweiter Ehe geerbt; um ihren Anteil zu haben, wendet sich die Tochter aus der ersten an den Patriarchen, der den Waisen ein Vater sei. Eine edle Dame aus der Walachei, Mirzena, bittet den Patriarchen, ihr für ihre beiden Töchter Gemahle unter den vornehmeren Griechen auszusuchen.

Sollte nicht auch diese Unterwürfigkeit, zumal in streitigen Händeln, manchem unbequem gewesen sein? Was war es nun, das doch ihren Nacken dem Patriarchen beugte? So ist es mit der menschlichen Natur: ganze Völker können von einem Irrtum regiert werden und dieser Irrtum zu ihrem Besten dienen: es können Keime, die das Leben fortpflanzen, sich unter dieser Hülle erhalten. Die ganze Macht des Patriarchen war die Exkommunikation. Was hatte aber dieselbe doch so Zwingendes und Furchtbares? Man war überzeugt, daß der Leib des Menschen, den der Patriarch verflucht, in der Erde nicht verwese. So lange der Teufel die Seele in Händen, so lange könne das Band des Leibes nicht aufgelöst werden, bis der Patriarch hinwiederum den Bann löse. Diesen Wahn bestätigt man selbst dem Sultan mit entsetzlichen Beispielen. Es ist kein Zweifel, daß er in dem sechzehnten Jahrhundert herrschend und der Schrecken gewesen ist, welcher die Widerstrebenden zwang.

Andere aber gehorchten gern. Freudig sahen sie das hohe Kreuz, das, auf dem Patriarchion aufgerichtet, weithin im Lande und weit hinaus in die See zu erblicken war. Das Patriarchion selbst, neben einer Marienkirche auf einer Anhöhe von Konstantinopel, ein umschlossener Hof mit ein paar Bäumen und die Wohnung des Patriarchen, schien ihnen ein Heiligtum. Vor seinem Tore ging niemand vorüber, ohne die Brust mit der Hand zu berühren, sich zu beugen und im Weitergehen ein Kreuz zu machen. Man überredete sich, jene Kirche der Maria leuchte auch während der Finsternis wie die Sonne. Man ging selbst bis zu einer unmittelbaren Verknüpfung dieser Dinge mit der Gottheit. „Wenn man Priester und Diakonen in ihren Sticharien und Orarien hervortreten, um den Thron umhergehen und die Köpfe zum Gebete neigen sehe, seien sie den Engeln Gottes gleich, wenn diese sich zu dem ‚Heilig ist Gott!' um den himmlischen Thron gestellt. Ja, mit Gott selbst auf seinem himmlischen Stuhle lasse sich der Patriarch vergleichen, der eine Person der Dreieinigkeit, nämlich Jesum Christum, vorstelle, auf seinem irdischen Throne. Das Heiligtum der Gebenedeiten, ein irdisches Paradies, habe Gott gemacht und nicht Menschenhand!"

Die Gedanken, in denen ein Mensch sein tägliches Leben vollbringt, fordern einen geistigen Schlußpunkt; sie wollen an das Allerhöchste angeknüpft sein. Wie sonderbar dies auch hier geschehen, so ist doch der Macht der Priester, die darauf gegründet ward, die Rettung der Nationalität zuzuschreiben. Unter ihrem Schutz haben die Griechen den Türkenhaß und die eigentümliche Natur bewahrt und ausgebildet, die ihnen jetzt zustatten kommen.

Umwandlung osmanischer Zustände

So sehen wir zwei feindselige und unvereinbare Gemeinheiten in einem Staate; dennoch schließen sie eng zusammen; die Herrschenden ziehen aus den Unterjochten Lebenskraft und immer frische Verjüngung. Wir bleiben aufs neue bei den Herrschenden stehen.

In ihnen hatte sich, wie wir sahen, der Instinkt des Despotismus gleichsam drei Organe geschaffen: erstlich unmittelbare Sklaven, die, von persönlichem Dienste ausgegangen, den Willen ihres Herrn in Krieg und Frieden in Ausführung brachten, Leute, um ihres Talentes willen hervorgehoben, auf osmanische Weise unterrichtet, im Gehorsam erprobt, alt in ihres Herrn Gunst, nun Teilnehmer an dem Glanze der Herrschaft; sodann jene doppelte Leibwache, zu Pferde und zu Fuß, die den Sultan, wenn er ruhte, zu beschützen, wenn er auszog, siegreich zu begleiten gewohnt war: die ersten wie die letzten Sklaven des Serails, deren Sklaverei jedoch eine Art Vorrang über andere in sich schloß; endlich jene Lehensleute, die das erworbene Reich unter sich verteilt hatten und die übrige Erde auch noch zu erobern und unter sich zu teilen hofften, ohne doch je einen vom Wink des Großherrn unabhängigen Besitz erlangen zu können. Wir erkennen, daß dieser so gegliederte Organismus zweier Dinge bedurfte: zu seiner Belebung eines Menschen selber von lebendigem Geist und freien großen Trieben der Seele; zu seiner Bewegung und Tätigkeit immerwährender Feldzüge und fortgehender Eroberungen, mit einem Wort, des Krieges und eines kriegerischen Hauptes.

Unter Soliman schien sich dies alles in einem beinahe vollkommenen Zustande zu befinden. Betrachte man nun, wie ein unverbrüchliches Herkommen jedem neuen Sultane irgendeine glänzende Unternehmung gebot, wie selbst der religiöse Ehrgeiz, Moscheen zu bauen, an die Erwerbung neuer Länder geknüpft war – denn aus diesen mußte man jene dotieren – und wie sich weder im Osten von dem allerdings schwächeren Reiche der Perser noch auch im Westen von der Christenheit, die um die Wahrheit ihres Glaubens zerfallen war, ein dauernder Widerstand erwarten ließ; so konnten selbst verständige Männer fürchten, der Lauf dieser Siege werde die Türken zu einer universalen Monarchie führen.

Indem man so dachte, indem man besonders bei einer Vergleichung osmanischer Macht und Tapferkeit mit okzidentalischer erschrak und Böses weissagte, indem man in Abhandlungen zeigte, daß die Türken unüberwindlich und warum sie es seien, so ereigneten sich bei diesen selbst Veränderungen, die den Zustand ihres Staates wesentlich umwandelten.

Das Reich bedurfte kriegerischer Oberhäupter: sie fingen an, ihm zu fehlen; es bedurfte der ungeirrten Disziplin seiner militärischen Einrichtungen, seiner Sklavenerziehung: diese verfiel; es bedurfte fortgehender Eroberungen: sie begannen zu mangeln. Unsere Absicht ist, zu zeigen, wie dies alles geschah.

Sultane

Man hat im Okzident längst den Kontrast bemerkt, der zwischen allen Sultanen vor Soliman († 1566) und allen nach ihm geherrscht hat. Auch den Orientalen ist er nicht entgangen. Man versichert, der Großwesir Mustafa Köprili habe häufig geklagt: seit Soliman seien alle Sultane, ohne Ausnahme, entweder Narren oder

Tyrannen gewesen; für das Reich gebe es keine Hilfe, wenn man nicht von diesem verwahrlosten Geschlechte lasse.

Da nun Selim II. († 1574) als der Anfang und Stammvater dieser neuen Reihe angesehen werden kann, da er auf dieselbe einen großen Einfluß gehabt haben wird, sei es durch sein Beispiel oder durch eine forterbende Eigenschaft seiner Natur, so ist doch sehr merkwürdig, daß er den Thron nicht mit Recht, sondern durch die List seiner Mutter, durch die Gewalttat seines Vaters über einen besseren Bruder erworben hat.

Soliman hatte einen älteren Sohn, den Sohn seiner Jugend, der ihm ganz ähnlich war, Mustafa, von dem das Volk meinte, es habe ihn einer besonderen Gunst des Himmels zu danken: für so edel, tapfer und hochherzig hielt es ihn; von dem der Vater urteilte, er entspreche der Tugend seiner Ahnen; der von sich selber sagte, er hoffe dem Hause Osmans noch einmal Ehre zu machen.

Wie kam es nun, daß Soliman dem Erben der Eigenschaften, durch die er selber groß geworden, so übel wollte?

Man muß bei genauerer Erwägung bekennen, daß die Einrichtung eines Harems mit dem kriegerischen Despotismus genau verwandt und daß die ausschließende Leidenschaft für eine Frau, indem sie an das Haus bindet und zu vielen fremdartigen Einwirkungen Gelegenheit gibt, mit demselben unverträglich ist, so war es schon bedenklich, daß sich Soliman seiner Sklavin Roxolane vollkommen ergab, gefährlich aber, daß er die Ordnung des Harems brach, die Mutter des Thronfolgers, welcher der erste Rang gebührt hätte, hintansetzte und Roxolanen zu seiner Gemahlin erhob.

Es war eine damals weitverbreitete Erzählung, der erste Schritt hierzu sei gewesen, daß Roxolane zum Heile ihrer Seele eine Moschee zu gründen gewünscht, der Mufti aber ihr gesagt habe, das fromme Werk einer Sklavin komme nur dem Herrn zugut; darauf nämlich habe Soliman sie für frei erklärt. Unmittelbar hieran habe sich der zweite Schritt geknüpft. Jenen Wünschen Solimans, denen die Sklavin gehorsamt, habe sich die Freie nicht mehr fügen wollen: denn der Fetwa des Mufti habe gelautet, eine Freie dürfe das nicht ohne Sünde. Durch Leidenschaft auf der einen und Hartnäckigkeit auf der anderen Seite sei geschehen, daß Soliman sie zu seiner Gemahlin zu machen bewogen worden. Man habe einen Ehevertrag abgeschlossen und ihr ein Einkommen von 5000 Sultaninen versichert.

Wie erst dies geschehen, so erfolgte das Gefährlichste, daß Roxolane statt Mustafas einem ihrer Söhne die Nachfolge verschaffen wollte. Niemand war dies verborgen. Man glaubte, daß sie sich in keiner anderen Absicht durch die Vermählung einer ihrer Töchter an den Großwesir Rusthen mit ihm verbunden. Wenn man dann sah, daß derselbe überall Sandschaks und Agas seiner Wahl einzusetzen, daß er sich mit Geschenken aus seinen großen Reichtümern (man sagte, er besitze 15 Millionen und könne sein Haus mit Gold decken) Freunde zu machen suchte, daß er seinen Bruder zum Capudani Derja, zum Hauptmann des Meeres, erhoben, so bezog man das alles hierauf: der letzte werde, falls Soliman sterbe, Mustafa, der seinen Sitz in Amasia genommen, von Europa abhalten. Von Soliman selbst fürchtete man allerdings weniger. Wenn Mustafas Mutter, die bei ihm war und die er sehr hoch hielt, ihn täglich erinnerte, sich nur vor Gift zu hüten, so fürchtete sie, und, wie man sagt, nicht mit Unrecht, das Gift der glücklicheren Nebenbuhlerin. Die Türken glaubten, erst nach des Vaters Tode werde es zum Kampfe kommen, und diese Nachfolge könne leicht verderblich für ihr Reich ausschlagen.

Hierin irrten sie aber. Eben die Eigenschaften Mustafas, die ihn zum Haupte dieses Reiches erheben zu müssen schienen, die ihn dem Volke wert machten, wurden ihm beim Vater gefährlich. Wenn ihm jedermann die Nachfolge wünschte, wenn die Janitscharen öffentlich bewiesen, wie sehr sie ihm wohlwollten, wenn kein Sklave seines Vaters durch seinen Bezirk kam, ohne von seiner Freigebigkeit oder Güte gewonnen zu werden, so bemerkte zwar das Volk, wie gut Mustafa sei, der sich bei so allgemeinem Wohlwollen niemals dagegen regte, daß Soliman seinen Brüdern weit größere Begünstigungen erweise als ihm; aber der Vater bemerkte nur jene Verbindungen, die ihm verdächtig waren. Bei dem Namen Mustafas schien er in Bewegung zu geraten. Da half es diesem wenig, daß er zuweilen schöne Pferde zum Geschenk nach der Pforte schickte; daß er, als er die Ungnade seines Vaters innegeworden, nicht den Fuß, wie er sagte, nicht einmal das Gesicht nach der Gegend wandte, wo dieser Hof hielt, um ihn nicht zu erzürnen; endlich, als man von einer Verbindung redete, die Mustafa mit Persien eingehen wollte, als Rusthen bei einem Feldzuge im Osten über die Ergebenheit der Janitscharen gegen denselben Klage führte, brach Soliman zürnend nach Asien auf und beschied den Sohn vor sich. Er hätte ohne Zweifel entfliehen, er hätte wahrscheinlich widerstehen können, aber sein Molla sagte ihm, die ewige Seligkeit sei besser als Herrschaft über die ganze Welt, und unschuldig wie er war, mochte er das Äußerste schwerlich fürchten. Er kam, und man sah den schönen, jungen Mann, dessen hohe, kräftige Gestalt jedermann bewunderte, in das Zelt seines Vaters schreiten: seine Waffen, selbst seinen Dolch hatte er zuvor abgelegt. Da geschah doch dies Äußerste; er ward vor den Augen seines Vaters erwürgt, man sah die Leiche Mustafas aus dem Zelte heraustragen.

Zwei Söhne blieben dem Padischah noch übrig, beide von Roxolanen; der ältere, dem nunmehr die Nachfolge zukam, Selim; der jüngere, seinem Vater ähnlich, leutseliger, beliebter, aber vermöge des türkischen Herkommens zu gewissem Tode bestimmt, Bajazeth. Nach manchem Streite, manchem Empörungsversuche des Jüngeren kam es noch bei des Vaters Lebzeiten zwischen beiden zum offenen Krieg. Ein Pascha, dessen wir öfter gedenken werden, Mustafa, hat sich gerühmt, er habe in ihrer Schlacht entschieden. Als Selim schon geflohen, sei er ihm zu Hilfe geeilt, er sei so weit gegangen, dem Pferde desselben in die Zügel zu fallen; wie alsdann Bajazeth den Bruder zurückgekehrt und hierdurch die Schlacht wiederhergestellt gesehen, sei er verzweifelt und habe sich entschlossen, nach Persien zu fliehen. Er floh, doch zu entkommen, gelang ihm nicht. Der Schah gestattete, daß Solimans Henker ihn auch dort erreichten und erwürgten. So viel Kampf war nötig, damit Selim den Thron des Osman bestiege. Vielleicht war auch der zweite seiner Brüder, höchstwahrscheinlich aber der erste ein Erbe jener kriegerischen und männlichen Eigenschaften gewesen, durch welche dies Haus so groß geworden; er aber, der den Umgang mit Eunuchen und Frauen und das Serail dem Lager vorzog, der seine Tage in sinnlichen Genüssen, in Trunkenheit und Trägheit dahinlebte, war das nicht. Wer ihn sah, sein vom Zyperwein entflammtes Gesicht, seine durch faulen Genuß allzudick gewordene kleine Gestalt, erwartete weder einen Kriegsmann noch einen Feldobersten in ihm; in der Tat machte ihn Natur und Gewöhnung ungeschickt, das Oberhaupt, das ist das Leben und die Seele jenes Kriegsstaates, zu sein.

Er ist es, mit dem die Reihe jener untätigen Sultane angeht, in deren mißlicher Natur ein Hauptgrund des Verfalls osmanischer Dinge ist. Gar manches trug dazu bei, sie zu verderben.

Die alten Sultane nahmen ihre Söhne mit ins Feld oder sandten sie neidlos zu eigenen Unternehmungen aus. Noch lebte Osman, als sein Sohn Orchan das Wichtigste vollbrachte, was unter jenem geschehen ist, die Eroberung von Prusa. Wieder das Wichtigste, was unter Orchan geschehen, den Übergang nach Europa, hat dessen Sohn Soliman ausgeführt. Hiervon wichen spätere Sultane ab; sie hielten ihre Söhne von sich und von dem Kriege entfernt, in einer entlegenen Statthalterschaft, unter der Aufsicht eines Pascha. Endlich hat man sogar vorgezogen, den Thronfolger bis zu dem Augenblick, wo er regieren sollte, wie einen Gefangenen einzusperren.

War nun aber dieser Augenblick gekommen, war einer Sultan geworden, was war dann sein Geschäft? Marsigli erörtert, wie das Vorrecht der Janitscharen, nur dann ins Feld gehen zu müssen, wenn der Sultan es auch tue, ihnen von Soliman genommen worden. Es läßt sich fragen, wem Soliman damit mehr Schaden getan hat, den Janitscharen oder seinem eigenen Geschlechte. Da die Janitscharen, der Kern der Miliz, unentbehrlich waren, so würde jeder Krieg auch ferner die Sultane genötigt haben, mit ihnen auszuziehen; sie würden nicht, das ganze Jahr im Harem sitzend, das nun das verderblichste all ihrer Institute ward, Mark und Lebenskraft vergeudet haben.

An nicht wenigen auch der späteren Sultane kann man einige edlere Eigenschaften wahrnehmen. Die Erziehung, die Lebensweise im Serail, deren ich gedacht, hauptsächlich aber die unumschränkt despotische Gewalt, kraft deren sie auch kein Fetwa ihres Mufti zu achten brauchen, wenn sie nicht wollen, die man so hoch stellt, daß man ihre Exzesse für göttliche Eingebungen erklärt, reizt sie, daß sie den unedlen nachgeben und diese allmählich zu ihrer anderen Natur werden lassen. Eine so absolute Gewalt ist nicht für den Menschen. Die Völker sind nicht so klein und elend, sie ertragen zu können. Es wird sich auch kein Herrscher finden, der groß genug wäre, sie auszuüben, ohne selbst dabei zugrunde zu gehen.

Wie schöne Hoffnungen gewährte Murad III. (1574–1595), Selims Sohn! Besonders im Gegensatz mit dem Vater erschien er mäßig, männlich, den Studien ergeben, den Waffen nicht abgeneigt. Auch zeigte er einen sehr löblichen Anfang. Von einem türkischen Sultan finde ich doch recht schön, was eine unserer Relationen von ihm erzählt. Man kennt jenes entsetzliche Herkommen, vermöge dessen die Sultane ihr erstes Geschäft nach dem Tode des Vaters sein ließen, ihre Brüder zu ermorden. Uralt war es nicht; Osmans Brüder stritten in seinen Schlachten; doch allmählich war es unverbrüchlich geworden. Murad nun, sagt die Relation, da er von Herzen mild war und kein Blut sehen konnte, wollte sich weder auf den großherrlichen Stuhl setzen, noch seine Ankunft in der Stadt bekannt werden lassen, ehe er die neun Brüder, die ihm im Serail lebten, vor dem Tode sichergestellt hätte. Er sprach hierüber mit seinem Muallim, mit dem Mufti, mit anderen Gelehrten. Aber so dringend schien diesen die Notwendigkeit, daß er sie auf keine Weise überzeugen konnte. Er selber vielmehr, nachdem er sich 18 Stunden lang gehalten, mußte sich endlich bequemen. Dann rief er den Vorsteher der Stummen, zeigte ihm den Leichnam seines Vaters und gab ihm neun Tücher, die neun Brüder zu erwürgen. Er gab sie ihm, jedoch mit Tränen.

Es war in ihm eine gewisse Menschlichkeit, ein Anflug von poetischen Studien, auch eine Art Entschlossenheit war in ihm. Als er sich einst die Geschichte seiner Vorfahren vorlesen ließ, fragte er die Umstehenden, welcher von den Kriegen derselben ihnen der schwerste scheine. Sie antworteten: „Ohne Zweifel der persische." Er versetzte: „Eben den will ich unternehmen", und unternahm ihn. Deutsche Gesandtschaften fanden ihn klug, nüchtern und gerecht, einen Meister im Belohnen und Bestrafen.

So war er im ersten Anfange. Nicht alle Menschen aber bleiben dem Charakter treu, den man in ihrer Jugend an ihnen wahrnimmt. Die Entwicklung geht auch in männlichen Jahren fort, und nicht immer aus Härte zu Milde, aus Bewegung zu Ruhe. Es gibt auch deren, die aus bescheidenen, gesetzten und ruhigen Jünglingen leidenschaftliche, stürmische und unerträgliche Männer werden.

Murad entwickelte sich ganz anders, als man gehofft hatte. Zuerst ergab er sich einer untätigen Zurückgezogenheit. Er für seine Person floh den Krieg; er vermied selbst die Jagd, melancholisch in Stillschweigen, in der Tiefe des Palastes, mit Stummen, Zwergen und Verschnittenen lebte er seinen Tag. Da ließ er zwei unersättliche Begierden über sich Herr werden: die eine nach Frauengenuß, der er bis zu einer Vernichtung seiner Kräfte, bis zu gewaltsamer Ausbildung seiner alten Anlage zur fallenden Sucht nachhing, die andere nach dem Gold. Zum Teil war diese freilich ererbt. Schon von Selim erzählte man, wie er die Zechinen, die ihm jährlich in großen Summen von mehr als einem Reiche kamen, in eine große Kugel habe gießen und von seinen Stummen in die Zisterne wälzen lassen, wo sein Privatschatz, die Ch'asineh, war. In Murad nahm man eine beinahe unwillkürliche Neigung zu dem geprägten Metall wahr. Es klingt fast mythisch, wenn man liest, er habe sich eine viereckige Grube, wie einen Brunnen, von Marmor ausgebaut; dahin bringe er jährlich bei dritthalb Millionen Gold, alles Zechinen und Sultaninen; von alten Kunstwerken nehme er die goldenen Zierate ab, schlage Münzen mit seinem Namenszuge daraus und werfe sie in seine Grube; über dem Eingang zu derselben, der mit der möglichsten Sorgfalt verschlossen sei, stehe das Bett, in dem er schlafe. Wie dem sei, so ist gewiß, daß man sich nur durch den Tribut immer neuer Geschenke in seiner Gunst erhalten konnte, daß gar bald die

Stellen käuflich wurden. Man kann sagen, daß er, der Herr dieses Reiches, sich gleichsam bestechen ließ. So sehr beherrschte ihn jene unglückliche Neigung.

Wenn dieser Mensch sein Tagesgeschäft vollbracht, wenn er nämlich jene Audienz gegeben, während welcher die Geschenke, die der Gesandte oder der Bittende gebracht, vor den Fenstern vorbeigetragen wurden, so daß er sie in Augenschein nehmen konnte – eine Audienz, bei der er nichts tat, als daß er den Gesandten, den man sehr schnell bis hart vor ihn und ebenso schnell zurückführen mußte, anhörte, ihn mit seinen großen, matten, traurigen Augen ansah und etwa mit dem Kopfe nickte; wenn er dies getan; dann ging er wieder nach seinen Gärten, wo in tief verborgenen Stellen seine Weiber vor ihm spielten, tanzten und sangen, oder seine Zwerge ihn belustigten, oder seine Stummen, selbst ungelenk, auf ungelenken Pferden lächerliche Wettkämpfe mit ihm hielten, in denen er bald auf die Pferde, bald auf die Menschen schlug, oder wo gewisse Juden laszive Komödien vor ihm aufführten.

War dies ein Haupt für einen Staat, der auf Krieg gegründet, im Kriege seine Existenz hatte?

Auch seine Nachfolger waren es nicht. Von Mehemet schweigen unsere Relationen; doch wissen wir auch ohne sie, daß dieser schwache Fürst mehr regiert ward als regierte. Eine edler geartete Natur war Ahmed. Er hatte mit dem 14. Jahre den Thron bestiegen; erst gegen das Ende seiner Regierung ward er ein Mann. Dann zeigte er sich mild, rüstig, voll edler Pläne. Schiffe, die von den Christen genommen worden, bedauerte er minder, wenn sie sein eigen, als wenn sie das Gut ärmerer Moslimen waren; einen Menschen, der ihn mit einem Steine geworfen, wollte er lieber für wahnsinnig erklären als bestrafen. Er hielt wiederum auf eine unbestechliche Gerechtigkeit, er forschte selber dem Grunde der Beschwerden nach; wie sehr verehrte ihn schon dafür das Volk, dem diese Eigenschaften unmittelbar zugute kamen. Doch hatte er noch weit mehr im Sinn. Wie man ihn täglich zu Pferde, auf der Jagd, mit Bogen und Pfeil beschäftigt sah, so waren seine Gedanken auf den Krieg gerichtet. Wenn er die Taten Solimans las, schien er diesen nicht allein erreichen, sondern übertreffen zu wollen.

Indessen begegnete hiervon nichts. Indem nämlich dem Reiche, das eben durch Kriege und Empörungen geschwächt war, in der Tat die Kraft zu einer großen Unternehmung abgehen mochte; indem sich der Fürst vielleicht hierdurch abhalten ließ, zu einem Beginne zu schreiten, und sich nur in Absichten ergötzte: so erfolgte, daß seine Seele, die ihre ganze Stärke nicht in großen Unternehmungen entwikkeln konnte, an den kleineren Geschäften leicht Überdruß und Sättigung empfand. Die unumschränkte Gewalt hatte auf Ahmed eine sonderbare Rückwirkung. Fremden Widerspruch war er weder zu erfahren gewohnt noch zu ertragen geneigt; aber sich selber widersprach er stets. Seine Gedanken erschienen oft einander entgegengesetzt; er bereute seine Handlungen sogleich in ihrem Anfange; er widerrief seine Befehle im Beginne ihrer Ausführung. Selbst im täglichen Leben nahm eine heftige Unruhe Platz; es war kein Ort, es war keine Beschäftigung, kein Vergnügen, woran er nicht bald Mißfallen gefunden hätte.

So mußten ihm alle seine Bemühungen zerrinnen und alle seine Pläne verfliegen.

Nun ist unter allen seinen Nachfolgern wohl nur ein einziger von wahrer Kraft und Selbständigkeit gewesen: Murad IV. (1623 bis 1640). Doch wir werden sehen, wohin seine Natur gedieh und wie wenig er ein Fürst war, der ein Volk regieren konnte.

Genug, seit jener unglücklichen Vermählung Solimans mit Roxolanen fing dem Organismus des osmanischen Kriegsstaates das Haupt zu ermangeln an, auf dem das Leben desselben beruhte. Die Sultane fahren fort, Emire zu sein wie ihr Ahnherr, mit einer Kriegsgenossenschaft aus Sklaven. Was muß es wirken, wenn der Geist der Genossenschaft zuerst von dem Emir weicht! Bedarf der Despotismus der Sklaven, so bedürfen die Sklaven des Herrn.

Wesire

Sollte sich aber in dem Staate nicht ein Heilmittel gegen ein Übel gefunden haben, von dem sich so leicht voraussehen ließ, daß es wenigstens dann und wann eintreten mußte?

Es ist bei den Osmanen ein Institut vorhanden, das den Wirkungen sultanischer Unfähigkeit zuvorzukommen geeignet ist, das Institut des Wesiri-aasam, das ist des Großwesirs. Einen solchen pflegen sie einen unumschränkten Stellvertreter, eine Ordnung der Welt, ja einen Herrn des Reiches zu nennen. Auf ihm beruht, da die Reichsverwaltung und, sowie der Sultan unfähig wird, alle tätige Macht in seinen Händen liegt, ein großer Teil des öffentlichen Glückes. Es kommt nur darauf an, daß man einen Menschen finde, der so wie er die Verpflichtungen seines Herrn über sich nimmt, auch alle die Tugenden habe, welche diesem abgehen.

Nun muß man erkennen, daß diese Gewalt unter Selim II. dem geeignetsten Manne anvertraut war, der sich nur finden ließ, einem Bosniaken, Mehemet. Aus dem Hause seines Oheims, eines Pfarrers von Saba, war er als ein junger Sklave in das Serail gebracht worden und hier zu einer so hohen Würde gestiegen. Da Selim selten jemand sprach oder sah außer ihm; da ihm der Sultan die Geschäfte sämtlich zu überlassen pflegte, so daß alle Vorträge auswärtiger Gesandten, alle Berichte aus dem Inneren des Reiches nur bei ihm angebracht wurden und er auf alle den Beschluß faßte; da er alle Stellen zu besetzen, alle Würden und Ehren auszuteilen hatte; da die Summe so der Zivil- als der Kriminalgerichtsbarkeit auf ihm beruhte: so kann man Barbaro beistimmen, welcher sagt, er sei in dem Reiche das einzige Ohr gewesen, um zu hören, und der einzige Kopf, um zu entscheiden. Glück und Unglück, Gut und Blut aller Untertanen lag in der Hand dieses Sklaven von Saba. Man war in Erstaunen, wie er allen Geschäften genügte. Nicht allein hielt er an den vier Tagen des öffentlichen Diwans von früh bis nachmittags aus: in so mannigfaltigen Händeln, daß z. B. der Dragoman von Venedig immer daselbst anwesend sein zu müssen glaubte, um sogleich widersprechen zu können, wenn etwa eine unerwartete Klage von den Grenzen einlaufe; sondern er gab auch sowohl an den übrigen Tagen als selbst an diesen nach geendigtem Diwan noch in seinem Hause

Gehör. Jeder Geringste konnte ihn sprechen; der ganze Saal war immer voll; doch hörte man keinen Laut als dessen Stimme, der sein Anliegen vortrug, oder des Schreibers, der eine Bittschrift vorlas; die Entscheidung erfolgte augenblicklich, unwiderruflich, und dabei meist zur Genugtuung derjenigen, deren Sache es galt. In sein Haus strömten Geschenke, Sklaven und Pferde, künstlerische Webereien und seidenes Zeug und hauptsächlich von Gold. Es entspringt darin eine Quelle von Gold, sagt Barbaro. Es strömen dahin Flüsse von Gold und Silber, sagt Floriani. Auch war er nicht der Mann, diese Schätze zu verschließen. Dreitausend Menschen aßen täglich von seinem Tische. An nicht wenigen Orten in Europa und Asien sah man Moscheen, sah man Bäder und Wasserleitungen, Brücken und Dämme, die er hatte errichten lassen. Vorzüglich gern legte er Karawansereien an, in welchen die Reisenden drei Tage lang unentgeltlich mit Brot, Reis und Fleisch, auch mit Futter für die Pferde versorgt wurden.

Dieses Glückes, dieser Macht und Größe überhob sich Mehemet nicht. Er ist einer der Edelsten dieses Volkes, deren Andenken auf uns gekommen. Man fand ihn immer gütig und friedfertig, nüchtern und religiös, ohne Rachsucht, ohne Habgier. Noch in einem Alter von 65 Jahren erschien er als ein kraftvoller, frischer Mann, wohlgebildet, groß, von würdiger Gegenwart.

Auf seine Mäßigung hatten vielleicht zwei Dinge Einfluß. Wenn es nämlich für geordnete Verfassungen eine der schwersten Aufgaben ist, sich der Willkür der oberen Staatsbeamten entgegenzustellen, eine Aufgabe, um welcher willen sie überhaupt versucht werden, so ist es immer bemerkenswert, daß auch der Despotismus dieselbe auf eine gewisse Weise löst, doch nicht durch Gesetze, sondern durch Willkür: durch die Willkür des Despoten selbst. An einem kleinen Irrtume, an einem geringen Fehler, der etwa auf den Großherrn einen falschen Eindruck machen konnte, sah Mehemet sein Glück und sein Leben hangen. – Dazu kam, daß neben dem ersten zu dieser Zeit noch einige andere Wesire bei der Pforte bestanden, die zwar nur zu Gehorsam und Ausführung da zu sein schienen, aber die, wenngleich selten, doch zuweilen, z. B. wenn der Großherr nach der Moschee ritt oder wenn er einen Diwan zu Pferde hielt oder durch eine Verbindung im Serail, Zutritt zu ihm hatten, die sogenannten Wesire der Kuppel. Unter diesen waren zwei heftige Gegner Mehemets, Piali, auch ein Schwiegersohn Selims, und jener Mustafa, der in der Schlacht wider Bajazeth entschieden und kein kleines Verdienst um seinen Herrn zu haben glaubte. Zuweilen setzten sie etwas wider ihn durch. Als Selim daran dachte, seine Regierung durch irgendeine Eroberung zu bezeichnen, waren sie für einen Angriff auf Zypern; Mehemet war für eine kühnere Unternehmung. Die Natur des Großherrn neigte sich zu der leichteren. Daß sie ihnen alsdann so bald gelang, ward dem Mehemet beinahe gefährlich. Man sah ihm die tiefe Bewegung seiner Seele an, wenn er von ihren Verfolgungen sprach. Da nahm er sich doppelt zusammen. Man konnte nicht sagen, mit welchem Bedacht, mit welcher Vorsicht er selbst in den kleinsten Dingen zu Werke ging. Um den Neid nicht zu reizen, versagte er sich, auch Konstantinopel mit seinen Bauwerken zu schmücken.

Er errichtete daselbst nichts als eine kleine Moschee, die jedoch das Monument seines Mißgeschicks werden sollte. Wir erinnern, daß er der Schwiegersohn des Großherrn war. Seine zwölf Kinder begrub er allda.

In der Tat gelang es ihm, sich unter drei Fürsten auf dem Gipfel der Macht zu erhalten. Die beiden letzten, Selim und Murad, verdankten ihm ihre ruhige Thronbesteigung. Zu Selims Gunsten verschwieg er Solimans Tod vor Sighet. Als nun Selim gestorben, verheimlichte er auch dessen Tod. Er berief insgeheim den jungen Murad aus Asien; in den Gärten, wo dieser unerwartet bald und bei Nacht angelangt, unter dem Baume, wo er sich niedergesetzt, bewillkommnete ihn Mehemet und führte ihn in die großherrlichen Gemächer. Wie sehr schien da die ganze Macht des Reiches in seinen Händen zu liegen! Er ließ, wie man sagt, den Sultan stillstehen, rief die Mutter desselben und fragte sie, ob das ihr Sohn sei, Sultan Murad; als sie es dann bejaht, erhob er die Hände gegen den Himmel, dankte Gott und betete zuerst für das Wohl des neuen Großherrn.

War nun die Macht sultanischer Willkür für das Institut der Wesire nicht unnütz, solange sie in gewissen Schranken blieb, so mußte sie doch verderblich werden, sobald sie mehr von Mißtrauen als von Klugheit geleitet, sobald sie allzuoft ausgeübt ward.

Murad III. machte schon das wohlerworbene Ansehen Mehemets bedenklich, und er begünstigte die demselben untergeordneten Wesire von der Kuppel wider ihn. Doch ward Mehemet, ehe er hiervon etwas litt, von einem entrüsteten Timarli, dem er, vielleicht mit Recht, sein Timar abgesprochen, und der als ein Bettler Eingang in das Haus des Wesirs fand, ermordet: ein Mann, mit dem, wie Floriani sagt, die Tugend der Türken zu Grabe ging.

Wenigstens Kraft und Ansehen der Wesire ward nach ihm vermißt. Rasch hintereinander folgten Wesire von den widersprechendsten Naturen. Aus den Händen Achmets, erst eines Gegners, nun des Nachfolgers von Mehemet, übrigens eines guten alten Mannes, der vor allem nichts von Bestechung wissen wollte, empfing jener Mustafa, der wider Bajazeth und Zypern gestritten, die Verwaltung. Obwohl 70 Jahre alt und von abschreckendem Ansehen: dichte Brauen hingen ihm über die Augen her und beschatteten sein dunkles Gesicht; obwohl wegen grausamer Taten besonders in Zypern berüchtigt, wußte Mustafa dennoch jene heftige und gewaltsame Gesinnung, die er so oft bewiesen, hinter feinen Manieren, schmeichlerischen Reden, gütigem Empfang zu verbergen.

Nur auf eine Zeitlang die Verwaltung, nicht die Würde kam an ihn; man sagt, daß er aus Mißmut, weil er das Siegel nicht empfing, Hand an sich selbst gelegt. Unter den Wesiren zweiten Ranges war ein Albaneser von unfern Skutari, Sinan, welcher im Serail allein von sieben Brüdern ausgehalten, bis er eine der vier höchsten Würden, die Würde eines Tschokahdar (der dem Großherrn den Saum des Mantels trägt), erlangt und von ihr aus zu bedeutenden Ämtern befördert werden konnte; welcher hierauf, um bei Mehemet in Gunst zu kommen, den Zwist desselben mit Mustafa, und um bei Murad, die aufkeimende Abneigung desselben gegen Mehemet zu benutzen gewußt hatte: diesem Sinan gab der Großherr das Siegel. Die Abendländer bemerkten an ihm eine sprechende Ähnlichkeit mit dem Kardinal

Granvella. Für Granvella ist das kein Lob. Sinan trug seine Unverschämtheit ohne Rücksicht zur Schau. Er lachte, wenn er jemand mit seinen Bravaden in Schrecken gesetzt zu haben glaubte. In der Tat waren ihm früher einige Kriegstaten in Arabien und an den Küsten von Afrika gelungen. Wie er nun wider die Perser ging, so rühmte er sich, er wolle den Schah aus Casbin hervorholen und nach Konstantinopel mitbringen; wie er zurückkam, nicht allein ohne den Schah, sondern ohne daß er irgendeinen namhaften Erfolg erfochten, rühmte er sich dennoch, ein Land für fünfzig Sandschaks erobert zu haben. Indes, da er sich bei dem ferneren ungünstigen Verlaufe des persischen Krieges vernehmen ließ, wider einen Schah bedürfe es eines Schahs, so fiel er in Ungnade.

Wieder von ganz anderer Natur war sein Nachfolger, ein Kroate, Siawusch, wohlgebildet, angenehm, gütig, höflich, geschickt. An jenem Tage, wo er auf einer Reise begriffen, um eine Schwester zu ihrem Gemahl zu begleiten, mit noch einem Bruder und noch einer Schwester von den Türken überfallen, gefangen und in die Sklaverei abgeführt wurde, erwartete er wohl des Glücks eines so hohen Ranges nicht. Indes welch ein schlechtes Glück! Nicht lange litt ihn Murad.

Er verließ sogar die durch die Zeit geheiligte Gewohnheit seiner Vorfahren, hohe Staatsbeamte und Wesire nur aus Sklaven zu nehmen. Von allen Anführern im persischen Kriege hatte sich allein Osman Pascha Ruhm erworben. Obwohl der Vater desselben Beglerbeg, obwohl auch seine Mutter Tochter eines Beglerbeg gewesen und er nach der osmanidischen Familie leicht von der besten Herkunft im Reiche war, wählte ihn der Großherr dennoch. Nur zu bald aber büßte Osman seine kühnen Unternehmungen in Persien mit dem Leben.

Hierauf entfernte sich Murad noch viel weiter von der Sitte seiner Vorfahren. Er kehrte zu den Abgesetzten, doch nur auf eine kurze Weile, zurück. Sinan, Siawusch und einen dritten, Ferhat, sah man einander gleichsam ablösen; man sah ein Zeremoniell für die Absetzung eines Wesirs entstehen. In den Gemächern, die ihm angewiesen waren, erschien plötzlich ein Bote des Sultans, forderte zuerst das Siegel, das der Wesir im Busen trug, machte ihm darauf ein Zeichen, daß er sich zu entfernen habe, und schloß ihm endlich vor seinen Augen die Pforte. Sie ward für den Nachfolger eröffnet, der jedoch in kurzem dasselbe Schicksal zu erwarten hatte. War es nun mehr Mißtrauen oder mehr ein leicht gefaßter Überdruß, was den Sultan zu so stetem Wechsel bewog, so glaubte man doch auch, daß es mit seiner Goldgier zusammenhänge. Sinan gab zuweilen 100 000, zuweilen 200 000 Zechinen, um sich in seine wankelmütige Gnade herzustellen. Der Capudan Cicala verhehlte nicht, daß er auf Beute ausfahren müsse, um dem Sultan 200 000 Zechinen darbieten zu können, sonst habe er seine Absetzung zu fürchten; und in der Tat war schon einer seiner Nebenbuhler nach Hofe gerufen.

Unter den folgenden Sultanen blieb es auch wie unter Murad. Wir sehen auch unter Ahmed Wesire von der entgegengesetzten Denkart wechseln. Bald ist es ein Mehemet, ein friedfertiger, ruhiger, nur allzu wenig entschlossener Mensch, der indes einen jeden genugsam hört und die Gründe zu fassen sucht, die man ihm vorbringt. Bald ist es Nasuf, ein reizbarer und heftiger Albaneser, der nur ungern Gehör gibt, der immer zu dem gewaltsamsten Beschlusse am meisten geneigt ist, mit dem der venezianische Bailo in ein Meer von Schwierigkeiten gekommen zu sein klagt.

Durch diese Entwicklung nun geschieht, daß, indem das Haupt der Regierung häufig wechselt, Art und Weise der Verwaltung, Grundsätze und Gewohnheiten der obersten Behörden unstet werden und sich nicht minder häufig ändern. Hauptsächlich geschieht, daß die Wesire, von der Laune des Sultans allzu abhängig, die Fehler desselben gutzumachen unfähig werden.

Ist nun der Großherr selbst kein Mann, das Reich zu lenken, ist auch sein Wesir verhindert, jene Selbständigkeit und Stetigkeit zu erwerben, ohne welche keine Verwaltung möglich ist: an wen kommt dann die Leitung der Geschäfte, von wem geht die innere Bewegung des Staates aus?

Es ist auch hier geschehen, was den orientalischen Despotien immer begegnet: auch hier hat die Laune jemand hervorgerufen, der sie zu beherrschen weiß; es hat sich eine neue Regierungsweise ausgebildet, die in den Händen der Günstlinge innerhalb des Serails ist, in den Händen der Mütter der Sultane oder ihrer Gemahlinnen oder der Eunuchen.

Wir sahen, welchen Einfluß schon Roxolane ausübte; auch unter Murad galten die Weiber viel, und durch den Schutz einer albanesischen Landsmännin im Harem hauptsächlich hielt sich Sinan. Schon unter diesem Sultan jedoch waren die wichtigsten Geschäfte in anderer Hand. Während alle Würden schwankten, erhielt sich bei ihm allein der Capu Agassi, Aga, wie sie sich ausdrückten, des Tores der Glückseligkeit, Obersthofmeister und Haupt der weißen Verschnittenen, in unverrücktem Ansehen. Bald mit dem Schmuck der Sklavinnen des Harems, den er von Venedig verschrieb, zu welchem er zuweilen unausführbare Sachen forderte, bald mit einem angenehmen Geschenke, und wäre es nur ein goldenes Gefäß voll wohlriechenden Öles gewesen, wußte er der Neigung seines Herrn zu schmeicheln. Es gelang ihm einmal, im Serail selbst eine prächtige Galerie einzurichten, ohne daß es der Sultan bemerkte; als sie fertig war, führte er ihn dahin; sie lag an einem der schönsten Punkte jener so wohlgelegenen Gärten, mit einer Aussicht auf beide Meere: er eröffnete sie dem Erstaunten und schenkte sie ihm. So fesselte er seine Gunst vollkommen. Tausend Gelegenheiten standen ihm zu Gebote, sich derselben zu bedienen. Indem er allein die Bittschriften überreichte, indem er berichtete, was es Neues gab, konnte er leicht Einfluß auf die Meinung des Herrn geltend machen. Oft setzte er die in Freiheit, welche von einem Pascha eingezogen; oft brachte er es dahin, daß von dem eben Verordneten das Gegenteil anbefohlen ward, so daß die Paschas in Verwirrung gerieten und nicht wußten, was sie tun sollten.

Diese Regierungsweise ward allmählich zur Gewohnheit. Über Ahmed vermochte eine seiner Gemahlinnen wenigstens soviel, daß er ihr nie eine Bitte abschlug; sie besaß seine Neigung vollkommen. Noch viel mehr aber vermochte der Kislar-Aga, das ist das Haupt der schwarzen Verschnittenen, der Vorsteher des eigentlichen Harems. Er hatte immer des Herrn Ohr, er hatte den Willen desselben in seinen Händen; wie vieles, was der Wesir Nasuf unternahm, machte er allein rückgängig! Auch in der äußeren Erscheinung, in den Manieren, an Zahl der Dienerschaft war er seinem Herrn beinahe gleich. Man mußte sich notwendig bei beiden Begünstigten in gutem Ansehen erhalten: dies durchzusetzen, galt für ein erstes Ziel gesandtschaftlicher Bemühungen. Die Dame gewann man wohl mit leichten Artigkeiten, mit seltenen Wohlgerüchen, kostbaren Wassern. Für den Kislar aber mußte man sich mehr anstrengen. Große Vögel, sagt Valieri, bedürfen guter Nahrung: Leute, die Geld vollauf haben, kann man sich nicht wohlfeil zu eigen machen.

Auf diese Weise bildete sich hinter den Mauern des Harems ein den Wesiren entgegengesetztes Interesse, von dem aus sie selber regiert und vertauscht wurden: nicht ein allgemeines des Reiches noch auch ein persönliches des Sultans, sondern ein Interesse der Weiber, der Verschnittenen, die nun an die Spitze dieses Kriegsstaates kamen.

Noch einen anderen Einfluß hatte der Harem. Indem die Sultane nicht allein Schwestern und Töchter, sondern auch ihre Sklavinnen an die Großen zu verheiraten anfingen, so erfolgte, daß diese die Sitten des Serails in die Privathäuser brachten. Wie weit entfernte man sich nun von der alten Einfachheit des Lagers, von der man ausgegangen! Man fing an, die Sitze mit Goldstoff zu überziehen; man schlief den Sommer auf feinster Seide, den Winter in kostbare Felle gehüllt. Ein Paar Schuhe einer vornehmen Türkin schienen mehr wert zu sein als der ganze Schmuck einer europäischen Fürstin; statt des einfachen Gerichts von der Zeit Solimans überbot man die Delikatessen Italiens.

Hatte dies nun einen üblen Einfluß schon dadurch, weil allmählich auch die Geringen sich diese Art zu leben angewöhnten, so war es doch ein noch viel schlimmerer, daß die Großen durch den Aufwand genötigt, durch das Beispiel des Sultans veranlaßt wurden, um Geld alles zu tun oder zu gestatten. Die Gerechtigkeit war käuflich, jedes Amt um einen Preis zu haben. Weil aber alles in einem Augenblicke wieder verlorengehen konnte, so erfolgte allenthalben Tyrannei, Erpressung, Verödung und Verzweiflung. Konstantinopel zwar wuchs an, aber deshalb, weil man dort entweder etwas sicherer zu sein glaubte als unter den Händen der Fahnenobersten und ihrer Lehensleute, oder weil ein städtisches Gewerbe besser nährte als der Landbau. Das Reich nahm ab, während seine Hauptstadt anwuchs.

Milizen

Wenn man sagen muß, daß das bisher erörterte Verderbnis der Sultane und der Regierungsweise von einem Ursprunge gekommen, nämlich das letzte aus dem ersten, so lassen sich dagegen noch andere Umwandlungen bemerken, die unabhängig von jenem entstanden und nur auf zuletzt zu einem Erfolge mit ihnen zusammenwirkten.

Wie an dem Haupte des kriegerischen Organismus, so traten an diesem selbst wichtige Veränderungen ein. Zunächst an jenem Institut, welches der Nerv und Kern der übrigen genannt werden kann, dem Institut der Janitscharen.

Man weiß sehr wohl, was die Janitscharen anfangs bedeuteten; man weiß nicht minder, wozu sie zuletzt gekommen sind; beides fällt in die Augen. Minder deutlich, jedoch gewiß nicht minder wissenswürdig ist, wie der Verfall geschehen.

Fassen wir die Notizen unserer Relationen mit einigen anderen zusammen, so erkennen wir einige Stufen der Umwandlung.

Zuerst erinnern wir uns, daß den Janitscharen ursprünglich verboten war, sich zu verheiraten: wie sich denn noch später im Gebrauche erhalten, daß keine Frau ihren Kasernen nahen durfte. Auf keine Weise, sagt Spandugino, dürfen sie Weiber nehmen. Der Despotismus bedurfte, wie die Hierarchie, Leute, die ihm ganz ergeben, die durch keine Sorge für Weib und Kind, durch keinen eigenen Herd von dem einzigen Interesse, das sie haben sollten, von dem Interesse für den Herrn, geschieden wären. Nun ward aber den Janitscharen, und ohne Zweifel schon unter Soliman, obwohl anfangs nur denen, welche zum wirklichen Dienst minder tauglich oder welche an den Grenzen aufgestellt waren, aber allmählich allen und jeden die Ehe verstattet. Und schon diese Veränderung mußte Lebensweise und Geistesrichtung nicht wenig umwandeln.

Sofort aber entwickelte sich aus ihr eine zweite, welche das ganze Institut unmittelbar in seinem Lebensprinzip bedrohte. Die Frage war, was mit den Kindern der Janitscharen werden sollte. Die Janitscharen erlangten, daß ihre Söhne unter sie aufgenommen wurden. Wir lernen aus der Relation Giovanfrancesco Morosinis und, soweit ich mich in den urkundlichen Nachrichten über diese Dinge habe umsehen können, aus ihr allein, daß sie dies bei der Thronbesteigung Selims II. erlangt haben. Es ist sehr wohl bekannt, daß der Großwesir Mehemet für nützlich hielt, den Tod Solimans vor Sighet zu verheimlichen. Erst als das Heer nach der Eroberung dieses Platzes sich auf den Rückweg begeben und schon bei Belgrad angelangt, als Selim, der auf die erste geheime Nachricht Mehemets von Asien aufgebrochen, ebendaselbst eingetroffen war, wurde in einem Augenblick der Tod des alten und die Nachfolge des neuen Sultans verkündigt. Nun begegnete, wie Morosini erzählt, daß Mehemet, der ohnehin mit den großherrlichen Schätzen nicht freigebig war, den Janitscharen um so weniger das bei dem Thronwechsel herkömmliche Geschenk gewährte, da sie sich auf dem Rückmarsche zerstreut hatten. Hierüber entrüstet, mit dem Gemurre, in Konstantinopel solle man sie kennenlernen, begaben sie sich nach Hause. Sie kamen eher an als der Sultan, sie holten ihn ein; wie aber der Zug bis vor ihre Odalar, ihre Quartiere, gelangt, hielten sie inne, stellten sich auf und erklärten, sie würden den Großherrn nicht nach dem Serail lassen, wofern er nicht ihren Forderungen Genüge getan. Sie forderten aber nicht allein, daß ihnen die herkömmlichen Schenkungen gewährt, daß ihre Besoldungen erhöht, sondern, was denn für uns das Wichtigste, daß ihre Söhne – für die man sich bereits bequemt hatte, Brot auszusetzen – unter die Janitscharen aufgenommen würden, sowie sie erwachsen wären. Vergebens stiegen die Wesire von den Pferden, um die Empörung durch gute Worte beizulegen; es war umsonst, daß sich ihr Aga, den Kopf mit dem Tuche umwunden, womit man zu erwürgen pflegte, unter sie begab und sie bat, dem Großherrn nicht diese Schande zu machen: die Wesire mußten entweichen, der Aga sich zurückziehen. Sie ließen den Großherrn nicht eher nach dem Serail, als bis im Namen und in der der Gegenwart desselben der Aga alles zusagte, was sie verlangten; nicht eher machten sie die Pforte auf, als bis es Selim selbst ihnen nochmals versprochen und zum Zeichen der Gewährung die Hände über den Kopf erhoben. Dann öffneten sie, stellten sich in Reihe und Glied, ließen ihn hindurchziehen und schossen ihm mit ihren Hakenbüchsen eine schöne Salve. Der nächste Diwan bestätigte ihnen, was sie solchergestalt erworben.

War es nun das Wesen dieser Leibwache, daß man sie aus jungen Renegaten zusammensetzte, die von keinem elterlichen Hause mehr wußten, so ward dasselbe hiermit allerdings, und zwar gesetzlich, nicht etwa ausnahmsweise, verletzt. Bald sah man die Kinder der Janitscharen unter dieser Mannschaft erscheinen. Unmöglich konnten sie die ganze Strenge der Zucht erfahren haben, die derselben sonst vorgeschrieben war.

Es läßt sich denken, daß dies den Übergang auch zu einer dritten Neuerung erleichterte. Als nämlich jener persische Krieg, den Murad unternommen, weil er von allen osmanischen der schwierigste schien, sich in der Tat sehr schwierig zeigte, ganze Heere aufrieb und keine Eroberungen gewährte; als er auch den Janitscharen großen Abbruch tat und man dieselben auf alle Weise zu ergänzen bedacht sein mußte: so war es nicht genug, daß man ihre Söhne unter sie aufnahm; wenn man früher aus besonderer Gunst einzelne Türken unter sie eingeschrieben hatte, so konnte auch das die Lücken nicht ausfüllen; man gestattete jetzt den Eintritt in diese Schar auch anderen geborenen Türken ohne Wahl und Leuten aus allerlei moslimischen Nationen, unerfahrenen, undisziplinierten und jeder Disziplin unfähigen Menschen. Dies ging so weit, daß eine innere Spaltung in dieser Mannschaft erfolgte. Wie sollten die Alten, ein Rest aus solimanschen Kriegen, dies zusammengeraffte Gesindel ihrer Kriegskameradschaft würdig achten! Oft war zu fürchten, daß sie sich untereinander erschlagen möchten.

Hierdurch ward nun zu jedem Mißbrauche Tür und Tor eröffnet. Die Metamorphose ist in einem sehr raschen Fortgange. Unter Soliman nehmen die Janitscharen Weiber; unter Selim II. lassen sie ihre Kinder unter sich einschreiben; unter Murad III. nötigt man sie, geborene Türken, von ganz anderer Herkunft, die ihre Schule nicht gemacht, unter sich zu leiden; unter Ahmed bereits ist die kriegerische Schar dahin gebracht, daß die einzelnen, wenn sie im Lande umher, wenn sie an den Grenzen liegen, ein Gewerbe anfangen, einen Handel anlegen und, mit dem Vorteile ihres Namens zufrieden, wenig an Krieg und Waffen denken.

Wie schlecht stellten sie sich jetzt zu den Waffen an! Nicht ohne Lachen konnte ein Abendländer sie schießen sehen. Sie faßten Schaft und Rohr des Gewehrs fest in die Linke; indem sie ihm mit der rechten Lunte und Feuer beibrachten, hatten sie eine so kindische Furcht vor der Explosion, daß sie rasch mit dem Kopfe nach hinten zurückfuhren. Wie weit waren sie da von ihrer alten Unbesiegbarkeit entfernt! Es kam in einiger Zeit zu dem Sprichwort: der Janitschar habe allerdings ein gutes Auge und gute Beine, doch jenes, um zu sehen, wenn die Kavallerie wanke, diese, um sich dann zuerst in volle Flucht zu werfen.

Waren nun die Janitscharen nicht fähig, das Reich zu verteidigen wie vordem, so wendeten sie die Kraft und die Waffen, welche sie bis jetzt wider die Feinde gebraucht, nunmehr gegen den Herrn selbst. Schon ehemals hatte sie die Strenge ihrer Disziplin nicht immer in Zaum gehalten; die Strenge hatte nachgelassen, der alte

Trotz samt den alten Rechten und Ansprüchen war geblieben; wenn alle persönlichen Eigenschaften der einzelnen, welche einst irgendeiner Gesellschaft, irgendeinem Körper Privilegien verschafft haben, gewichen sind, so wird doch der Geist des Ganzen nicht weichen, der immer starrer an dem Vorrecht hält; der Übermut dieser Mannschaft war unerträglich. Den Sultan Murad nötigten sie, ihnen Defterdare und Paschas zur Ermordung herauszugeben. Sie hatten einen Pascha von Zypern erschlagen, und Murad sandte ihnen einen anderen. In Furcht, von demselben, wie glimpflich er sich auch auch anstellte, zuguterletzt gestraft zu werden, versprachen sie ihm anfangs Gehorsam und machten ihn sicher; dann, wie sie ihre Gelegenheit ersahen, umzingelten sie ihn und alle seine Begleiter; sie erschlugen ihn und diese. So werden die Sklaven zu Tyrannen.

Da ist nur eine Frage übrig: wann man aufgehört, die Christenknaben zum militärischen Dienst auszuheben. Es läßt sich denken, daß dies allmählich unterlassen worden ist, seit man angefangen hatte, sich geborener Türken zu bedienen. Marsigli, der seine Bemerkungen 1680 machte, versichert, es sei schon seit langer Zeit, daß jener Gebrauch abgekommen. Valieri dagegen, dessen Relation von 1618 ist, beschreibt ihn ganz als noch bestehend. Weiterforschend wird man zu der Annahme geführt, daß die Veränderung noch vor 1640 eingetreten ist. In der Relation von 1637 findet sich keine Spur desselben. Die Relation Contarinis vom Jahre 1640 gibt bereits die Ursachen des Verfalles an. Zwei Momente, heißt es daselbst, haben dazu zusammengewirkt: der natürliche Wunsch der Christen, sich und die Ihren von einer so barbarischen Pflicht zu befreien, und die Neigung der Türken, ihre Kinder einem Dienst zu widmen, der ihnen eine vorteilhafte Versorgung und eine gewisse Aussicht emporzukommen eröffnete. Die Christen verstanden sich dazu, den Türken, die ihnen hierbei die Hand boten, eine Erkenntlichkeit zu zahlen. Unfehlbar aber war dies das größte Glück, welches den unterworfenen Nationalitäten begegnet ist. Wie würden sie je an einen Aufstand, je an Selbständigkeit haben denken können, wofern man fortgefahren hätte, ihre beste Jugend regelmäßig zur Sklaverei abzuführen! Erst nachdem dieser Gebrauch aufgehoben worden, noch im siebzehnten Jahrhundert, erscheint ein Klephte, den die Lieder feiern, Christos Milionis.

Es versteht sich von selbst, daß diese große Veränderung, die auf die ganze Ökonomie der Reichsverfassung einen entscheidenden Einfluß hatte, sich auch auf die übrigen zum Dienste des Großherrn bestimmten Sklaven erstreckt haben muß. Schon zur Zeit Selims II. hörte man auf, den höheren Staatsdienst ausschließlich jenen christlich geborenen und im Serail erzogenen Sklaven anzuvertrauen. Barbaro sagt, mit einer verderblichen Begünstigung nehme man gegenwärtig Kinder von Türken unter sie auf; eine Unordnung, die von vielen gemißbilligt werde, die nach seiner Meinung dem Reiche übel ausschlagen müsse. In der Tat wollte man in kurzem einen Mangel an fähigen Köpfen bemerken. Da der Großherr den Serail immer voll Sklaven behielt, woher sie auch kommen mochten, da er, wie jeder Despot, durch einen natürlichen Hang, die höchsten Würden begünstigten Sklaven zu geben fortfuhr, so erhielt sich hier der Charakter der alten Institutionen bei weitem besser. Unerbittliche Eunuchen übten in den verschiedenen Kammern die strengste Zucht. Wer die Schule in allen ihren Abstufungen zur Zufriedenheit der Lehrmeister durchmachte, war der Belohnung sicher.

Auch sieht man leicht, daß die Janitscharen den Sipahi an der Pforte ihr Verderben notwendig mitteilen mußten. Der persische Krieg hatte auf die Sipahi eine doppelt üble Wirkung, da er nicht allein Menschen kostete, sondern jene treffliche Gattung Pferde, deren sie sich bis jetzt bedient, die nicht wenig zu ihrem Ruhme beigetragen, beinahe völlig zugrunde richtete. Auch unter sie nahm man geborene Türken und Leute aller Art auf. Auch sie waren immer zur Empörung fertig. Im Jahre 1589 nötigten sie den Sultan Murad, den Sinan, der unlängst entlassen worden, in die Würde eines Großwesirs wiederherzustellen.

Nicht so eng hängt hiermit der Zustand der Timare zusammen, doch von dem allgemeinen Verfall konnten auch sie nicht ausgenommen sein. Wie derselbe erfolgt, finde ich weder in gedruckten noch in geschriebenen okzidentischen Berichten. Da ist es gut, daß sich unzweifelhafte Nachrichten in türkischen Schriften finden, die hierüber einiges Licht geben. Ein Lehensbeamter Sultan Ahmeds, Aini, bemerkt, daß es in alten Zeiten für jeden anderen, außer für Söhne von Sipahis, beinahe eine Unmöglichkeit gewesen, ein Timar zu erlangen, später aber seien die Befehle außer acht gekommen und auch der Geringste habe Ansprüche darauf gemacht. Die Frage ist, wann dies geschehen und wie. Ein Dekret Solimans läßt erkennen, daß es zu seiner Zeit wenigstens versucht wurde. Er vernehme, sagt er darin, daß man die Söhne der Raajas, welche Lehen erlangt, unter dem Vorwande, sie seien Fremde, von den Timaren verdränge, ihrer Berat, das ist ihrer Patente, beraube und Absetzungsfermane wider sie auszubringen wisse. Er tadelt dies streng. „Wie sollten", spricht er, „die Bewohner meiner Länder und Staaten einander fremd sein! Sipahis und Raajas sind sämtlich meine Diener und sollen unter dem ausgiebigen Schatten meiner Gnade ruhig wohnen." Noch einmal ward, soviel man sieht, die alte Ordnung wiederhergestellt; zwischen den Timarli alttürkischer und christlicher Herkunft kein Unterschied weiter gemacht. Neue Lehensvergabungen geschahen infolge eines Zeugnisses zwölf anderer Lehensträger, daß der zu Belehnende wirklich von dem alten Timarli stamme. Die Timarli wohnten auf ihren Lehensgütern und hielten sich jeden Augenblick zum Kriege bereit. Dem Beglerbeg lag ihre Beförderung, nach ihren Verdiensten, die Verleihung der neuen Lehen ob. Allein unter Mohammed III. gerieten auch diese Einrichtungen in Verfall. Da man die Untersuchung und Verleihung nicht mehr an Ort und Stelle, sondern an der Pforte vornahm, so erfolgte, daß die Diener des Hofes, ohne Rücksicht auf Verdienst oder Abstammung, mit Timaren bedacht wurden. Menschen drängten sich hinzu, die nicht das entfernteste Recht hatten. Der Ertrag größerer Lehen ward den Sultaninnen angewiesen; ihre Diener erschienen als Sipahi-Lehensträger. Zwerge, Stumme erhielten Lehen. Wenn die Paschas und Sandschaks durch die Neigung ihres Herrn, seine Sklaven zu versorgen, selber emporgekommen waren, so ergriffen sie die Gelegenheit, auch ihre Sklaven, oft untaugliche Leute, mit Lehen zu bedenken. Als ihnen dies einmal gelungen, gingen sie weiter. Die Timare, welche sie hiermit schon begonnen, mehr zu eigenen als zu Diensten des Staates zu verwenden, unternahmen sie hierauf ganz zu ihrem Vorteil zu benutzen, ohne die Truppen zu halten, welche das Gesetz von ihnen forderte. Da erfolgte denn allmählich, wie Aini klagt, daß zwanzig bis dreißig Jahre lang keine Musterung gehalten wurde, daß ein Sandschak statt hundert Sipahi kaum fünfzehn stellte, daß sich häufig nicht der zehnte Teil der in den Büchern verzeichneten Köpfe vorfand. Von dem Falle Nasufs war eine hauptsächliche Ursache, daß er dieser Unordnung steuern wollte. Um sie nur erst übersehen, neue Bücher anfertigen und dann auf die Stellung der Sipahi dringen zu können, ließ er eine Zeitlang täglich zwanzig Schreiber arbeiten. Jedoch große Lasten, sagt Valieri, bewegt man nicht leicht; wer die Flüsse aus ihrem Laufe bringen will, kommt selbst in Gefahr. Nasuf vermochte nicht, die Mißbräuche zu heben: sein Unternehmen war sein eigener Ruin.

Und so sehen wir die drei vornehmsten Milizen dieses Staates sämtlich in offenbare Abnahme geraten. Es ist an ihnen selbst deutlich genug, wie dies geschah. Doch hatte der Verfall der übrigen Institute auch auf sie gewiß den bedeutendsten Einfluß. Ein Staat ist ein so eng zusammenhängendes Ganze, daß das Verderben, welches sich irgendeines Teiles bemächtigt hat, auch die anderen zu ergreifen pflegt. Es geschieht, ohne daß sich ganz genau sagen ließe, wie es geschieht.

Grenzen

Wenn das Osmanische Reich, unter Soliman stark in sich wie kein anderes, auch die übrige Welt mehr bedrohte als irgendein anderes, so geht doch aus unseren Beobachtungen hervor, daß gerade unter demselben Soliman die innere Kraft dieses Reiches von wesentlichen Gebrechen ergriffen ward. Unter ihm nahm zuerst der Einfluß der Weiber des Harems überhand; unter ihm wurden jene Verordnungen erlassen, die zu der Umwandlung der Timare die Hauptveranlassung gaben; unter ihm fingen die Janitscharen an, Weiber zu nehmen; durch ihn geschah, daß der Untauglichere seiner Söhne den Thron bestieg. Und dies ist noch nicht alles. Wenn ein Staat auf Eroberung gegründet ist, wenn er bisher nie ohne reißende Eroberung bestanden, darf man zweifeln, ob es ihn erschüttern wird, wenn das Fortschreiten einhält, wenn die Eroberung stillsteht? Unter Soliman, wie kriegerisch und siegreich er auch war, fing das Reich dennoch an, Grenzen zu haben. Im Osten traf derselbe in Persien allerdings auf ein schwächeres Volk, das ihm im Grund keineswegs gewachsen war, aber auf ein Volk, das seinen Schah wie einen Gott verehrte und sogar in Krankheiten auf den Namen desselben Gelübde tat, das sein Land vor dem Feinde weithin verließ, jedoch nicht, ohne es zu verwüsten, so daß der Angreifer die flüchtigen Verteidiger niemals erreichen konnte und sich nur hüten mußte, auf seinem Rückzuge selbst erreicht zu werden. Die Christenheit war der andere Feind Solimans, und allerdings war sie durch innere Entzweiungen geschwächt. Ist aber die Gründung der spanisch-österreichischen Macht in irgendeiner Beziehung ein Glück für die Christenheit gewesen, so ist es die, daß sie geeignet und stark genug ward, zugleich in Afrika, Italien und Ungarn den Türken zu widerstehen. Hierdurch hat sie den Dank aller unserer Nationen verdient. Sie widerstand in beiden Richtungen, welche die Ausbreitung der türkischen Macht nach Westen genommen, die kontinentalen und maritimen. Wie langwierige Belagerungen erforderten einzelne kleine Burgen in dem österreichisch gebliebenen Ungarn! Wie große Anstrengungen wurden vor Malta unnütz gemacht! Jene beiden Nationen, die einst dem römischen Weltreiche ein Ziel gesetzt und zur Grenze geworden, die deutsche und die persische, sollten diese von den Türken, von denen sie nunmehr auch beide angegriffen wurden, unterjocht werden?

Allerdings hofften es die Türken und fürchtete es die übrige Welt. War ein Verfall vorhanden, so war er doch nicht viel mehr als die Umwandlung des moralischen Antriebes, noch im Inneren verborgen und weder für Freund noch für Feind sogleich wahrzunehmen.

Als Selim II. zur Regierung gekommen (1566), boten sich ihm zwei Unternehmungen dar, beide in jener maritimen Richtung nach dem Westen, welche Mohammed II. eröffnet hatte. Die eine gegen den Hauptfeind des mohammedanischen Namens, gegen Spanien: ruhmvoll wegen ihrer Kühnheit, wenn sie auch mißlang; gelang sie aber, von dem größten Erfolge. Eben war dies Reich durch die Empörung der Maurisken, deren man bei 85 000 Familien in demselben zählte, in wahre Gefahr gesetzt; diese selbst sendeten wiederholt nach Konstantinopel und suchten um die Hilfe ihrer Glaubensgenossen auf das dringendste nach. Die andere Unternehmung ging gegen Venedig und auf Zypern. Die Venezianer waren seit 30 Jahren friedfertig, nachgiebig, fast untertänig; mit Geschenken an den Sultan und seinen Wesir immer zur Hand; wenn sich der Capudan bei seiner Ausfahrt in ihren Gewässern des Raubes enthielt, auch ihn zu bedenken unverdrossen; gegen die Dragomane selbst, wie diese in ihren Büchern anmerkten, die freigebigsten Fremden. Zypern war bereits halb unterworfen und trug als ein ägyptisches Lehen 8000 Dukaten Tribut. Hier wurden keine Mohammedaner bedrückt, hier war kein großer Ruhm zu erwerben. Vielmehr mußte ein eben beschworener Friede gebrochen werden.

Sultan Selim dachte nicht daran, welches die männlichste, großartigste, seinen Glaubensgenossen nützlichste, er dachte nur daran, welches die leichteste, gewisseste und nächste Eroberung sei. In Zypern konnte man schwerlich eine Landung verhindern. Kam es dann, wie geschehen mußte, zu Belagerungen, – wie wollte nur die Hauptstadt Nicosia, gerade deshalb die Hauptstadt, weil sie zwischen Bergen lag, welche die Hitze kühlten, wie wollte nur die widerstehen! Mit ihr mußte das ganze Land fallen. Man ging so weit, zu glauben, Venedig werde Zypern nicht einmal in einem ernstlichen Kriege verteidigen: allzusehr bedürfe es der türkischen Waren zu seinem Handel, des türkischen Korns zu seinem Brote. Wie lebhaft nun auch Mehemet sich widersetzte, wie oft auch der Mufti die Bedrängnisse der unglücklichen Maurisken in Erinnerung brachte, Bedrängnisse, denen abzuhelfen des Sultans unabweisbare Pflicht sei: so blieb doch die unkriegerische Eroberungssucht des Sultans wider Zypern entschieden; sein Heer schiffte aus, landete, eroberte die Hauptstadt und nahm die Insel.

Da mußte sich ereignen, daß die leichtere Unternehmung eine gefährlichere Wirkung entwickelte, als die schwerere je vermocht haben würde.

Wäre Spanien angegriffen worden, so würde Venedig sich nie entschlossen haben, demselben ernstlich beizustehen; allzu gefährlich war ihm die Nähe der Türken an allen Grenzen. Da aber Venedig angegriffen ward, da König Philipp II. ein Interesse hatte, den Krieg, der ihn sonst selbst bedrohte, in entfernten Gewässern zu halten: so kam es zu einer Vereinigung beider Seemächte; der Papst trat zu ihrem Bunde: drei Flotten stellten sich den Türken zusammen gegenüber.

Auch die Seemacht der Türken war zu fortgehender Eroberung gegründet; die Timare auf den Inseln, deren Inhaber die Flotte als Kriegsleute bestiegen, waren den Timaren auf dem Lande gleich. Seit jenem Tage im Jahre 1538, daß sich Chaireddin Barbarossa bei Prevesa mit bewundernswürdiger Kühnheit der weit stärkeren Flotte entgegengeworfen und sie besiegt hatte, beherrschten die Türken in Krieg und Seeraub das Mittelmeer. Sie glaubten, daß es die Christen nie wieder wagen würden, ihnen in offenem Kampfe gegenüberzustehen. Diese Übermacht dauerte bis zum Jahre 1571. Oft muß der einzelne für das Ganze eintreten; zuweilen hängt der Wechsel menschlicher Begebenheiten nur am Talente und Willen eines ausgezeichneten Mannes. Jetzt stellte sich den Türken ein Jüngling entgegen, in Kühnheit, Kraft, Glück und großen Plänen dem Chaireddin wohl zu vergleichen: Don Johann von Österreich. Unter seiner Anführung siegten die Christen; die Türken hatten keinen Gleichen wider ihn; der Tag von Lepanto brach die türkische Übermacht hinwieder.

Nun ist dies nicht so zu verstehen, als wäre die türkische Seemacht vor Chaireddin ein Nichts gewesen und durch Don Johann augenblicklich wieder ein Nichts geworden; Wachsen und Verfallen braucht lange Zeit: jene Tage bezeichnen nur die Wendepunkte der Dinge.

Nach dem Tage von Lepanto hatten die Türken das alte Vertrauen verloren. Bald wurden sie die Gebrechen ihres Seewesens inne. Der Hauptmangel war, daß sie nur Waffen führen mochten und alles andere den Sklaven überließen. Sklaven mußten ihnen die Schiffe bauen. Sorglos, da es nicht ihre eigene Sache war, wandten dieselben allzu frisches Holz an; dann geschah, daß die Schiffe, so schön auch sonst ihr Material war, leicht leck wurden, daß man unter mehreren hundert Galeeren in der Regel kaum fünfzig in gutem Stande fand. Der Sklaven, die an der Kette lagen, bedienten sie sich, um ihre Schiffe zu führen. Wie sie nun dessenungeachtet dieselben als Sklaven, das heißt nicht als Menschen behandelten, so ging der größte Teil zugrunde: Barbaro sah die Flotte fünfmal zurückkehren und alle fünfmal zugrunde gerichtet. Sollte es nun einmal zum Kampf kommen, so hatten die Kapitäne jetzt nicht mehr Beute, sondern, wenn die Sklaven treu waren, den Verlust derselben an den Feind, wo nicht, ihre Empörung zu erwarten; sie fürchteten nichts mehr, als in offener See mit den Christen handgemein zu werden.

Die schlechte Beschaffenheit der Flotte, die Untauglichkeit der dienenden Mannschaft und diese mutlose Gesinnung der Bewaffneten, welche die anderen Gebrechen erst recht sichtbar machte, während dieselben von Mut und Glück früher verdeckt worden waren, endlich die ungemeinen Kosten der Ausrüstung verleideten den Nachfolgern Selims größere Unternehmungen zur See auf lange Zeit; es erfolgte notwendig ein Stillstand in jener maritimen Richtung türkischer Eroberungsversuche.

Noch nicht aber ein Stillstand auch der kontinentalen Richtung. Allzu tief war die Lust, die Welt zu eigen zu haben, den Gemütern dieser Sultane eingepflanzt. Obwohl so unmännlich selber und unter so unmännlicher Leitung, wie wir sahen, führte Murad dennoch, ungenötigt, aus freier Willkür, mit nicht wenigem Abgange an dem Schatze, den er so eifrig zusammenbrachte, immerfort Eroberungskriege; er wollte niemals, außer auf die unbilligsten Bedingungen, einen Frieden eingehen. Jene Eroberungssucht, die nur Ländererwerb will, sei es, daß sie an der Tätigkeit des Krieges unmittelbares Wohlgefallen hat, oder daß man sie haben kann, ohne sein Haus darum verlassen zu müssen, ist gleich unersättlich wie Wollust und Geldgier; sie scheint mit diesen Leidenschaften auf einer und derselben Grundlage des Gemüts zu beruhen.

Wie dem auch sei – Murad fing zwei Kriege an, welche am Ende dem Reiche seine besten Kräfte gekostet haben, einen persischen und einen ungarischen. In beiden stellten sich ihm ganz verschiedene Schwierigkeiten entgegen. In Persien ein Land zwar ohne Burgen und Städte, aber auch sechs bis sieben Tagereisen weit ohne Dörfer und Einwohner. Allerdings durchzogen nun seine Truppen große Striche dieser mit Fleiß verödeten Grenzen ohne Widerstand; sie setzten sich selbst jenseits derselben in Shirvan fest, bauten Schiffe in Temircapi und befuhren das Kaspische Meer; sie gründeten sogar über jenem hohen Gebirge, das Iran von Mesopotamien scheidet, in Tauris eine Feste. Doch waren das keine Eroberungen, von deren Ertrag sich Schatzhäuser füllen und prächtige Moscheen gründen ließen. Nicht einmal das Land, das man mit einiger Sicherheit erworben, ließ sich in Timare verteilen. Denn da der Rest der Einwohner sich entweder in die Gebirge geflüchtet, wo er unbezwingbar, oder nach dem inneren Iran zurückgezogen, wo er unerreichbar blieb, so gab es hier keine Untertanen, weder um den Timarli und sein Pferd zu ernähren, noch um die Kopfsteuer zu zahlen. Murad mußte sich verstehen, Burgen bauen zu lassen und die Besatzungen derselben aus seinem Privatschatze zu erhalten. Nur die Begierde, alle Länder zu besitzen, welche je die Hufspur osmanischer Pferde getragen, nur der Wahn, zum Herrn des Ostens und des Westens bestimmt zu sein, konnten ihn vermögen, Kriege fortzusetzen, in welchen seine Völker mehr mit Hunger und Witterung als mit dem Schwert des Gegners, seine Feldherrn nicht minder gegen die Rebellion der eigenen als gegen den Widerstand der feindlichen Truppen zu kämpfen hatten. Bald begab sich auch, daß die Zwistigkeiten der persischen Prinzen, durch welche die Erfolge der Türken bisher befördert worden, ein Ende nahmen und Schah Abbas dort auf den Thron kam, ganz ein anderer Mensch als die Nachkommen Osmans, leutselig und guter Dinge, lebhaft, tapfer im Felde und siegreich, ein Fürst, der nach glücklichen Kriegen in Khorassan sich mit jenen Georgianern verbündete, welche sich rühmten, ein jeder allein fünf Türken bestehen zu können, und alsdann die verlorenen Grenzen wiedergewann. Man sagte im sechzehnten Jahrhundert: diese Grenzen seien für die Türken, was Flandern für Spanien.

War nun dem Sultan in Persien wenigstens im Anfange einiges gelungen, so geschah in Ungarn auch das nicht. Den Träumen seiner Anführer von der Einnahme der Pforten zu Deutschland und zu Italien, von der Eroberung mindestens Böhmens, setzten sich zwar nicht die persischen Hindernisse, aber andere nicht geringere entgegen: die militärische Einrichtung der Grenzen; bedeutende Festungen; wenigstens im Beginn die entschiedene Feindschaft von Siebenbürgen und der schwankende Zustand der Walachei. Es ist hier nicht der Ort, den Gang dieser Kriege zu begleiten. Deutlich ist, daß die osmanischen Eroberungen den Stillstand gefunden hatten, von dem man schon unter Soliman voraussehen konnte, daß sie ihn finden würden. Perser und Deutsche blieben unüberwunden. Im Jahre 1606 kam am Einfluß der Sitva in die Donau (Sitvatorok) eine Abkunft zustande, in welcher der Kaiser zum erstenmal seinen Titel: Dschasar erhielt und die Türken den jährlichen Tribut, den sie bisher in Form eines Geschenkes erhalten hatten, gegen eine Zahlung ein für allemal aufgaben. Im Jahre 1612 folgte ein ähnlicher Friede mit den Persern, in welchem ihnen alles, was sie in den letzten Kriegen verloren, zurückgegeben und auch eine Rekognition, die bisher gefordert worden war, nachgesehen wurde. Aber diese Bedingungen selbst beweisen, wie wenig die Übermacht der Osmanen gebrochen war, obwohl sie davon zurücktraten, dieselbe in der bisherigen Weise geltend zu machen. Und keineswegs definitiv schienen ihnen ihre Konzessionen. Wie oft haben sie namentlich gegen die Abkunft von Sitvatorok reklamiert, welche von dem Mufti nicht gutgeheißen worden sei! Europa redete von dem Verfall des Osmanischen Reiches und seinem nahen Untergange: in der Tat war es doch noch eines der mächtigsten Reiche der Welt. Wohl konnten seine Nachbarn ohne den bisherigen steten Kampf auf Leben und Tod um Freiheit und Knechtschaft ruhiger wohnen, aber noch war von ihnen keiner den Osmanen gefährlich oder an inneren Streitkräften zu vergleichen. Was man Verfall nannte, war nur die wachsende innere Verwirrung.

Osman II. (1618-1622), Murad IV. (1623-1640), Ibrahim (1640-1648)

Allerdings gewährte nunmehr die osmanische Monarchie ganz einen anderen Anblick als zuvor. Jene innere Energie, welche den Feldherrn und sein Heer zu fortwährenden Eroberungen zusammenknüpfte, war verloren. Das Heft der Regierung war in den Händen der Günstlinge innerhalb des Serail, der Weiber, der Eunuchen. Die Leibwachen des Fürsten, die ihm sonst Sieg und Sicherheit gewährten, waren ohne die alte Tapferkeit und Disziplin.

Die Elemente des Staates, die früher zu so reißenden Erfolgen zusammengewirkt hatten, kämpften nunmehr im Inneren derselben widereinander.

Wären diese Kämpfe nichts weiter als aufbrausende Tumulte, die dann wieder gedämpft worden, so würden sie höchstens in der Chronik, die alles Vorgefallene umfassen will, Erwähnung verdienen. Aber sie haben oft ein sehr historisches Moment. Von den Unruhen, welche im Jahre 1622 unter Osman ausbrachen, darf man vielleicht behaupten, daß dadurch der Knoten für die gesamte spätere Geschichte des Osmanischen Reiches geschürzt worden ist.

Osman hatte Krieg gegen Polen unternommen. Er wollte nicht allein alte Grenzirrungen ausmachen, sondern Sigismund III. abhalten, dem Hause Österreich in dem eben ausgebrochenen böhmisch-deutschen Kriege Hilfe zu leisten. Aber in Konstantinopel zeigte sich von Anfang an Widerwille gegen den Krieg. Bei dem Beginn des Feldzuges ward das gewohnte Geldgeschenk nur denen erteilt, die sich zur rechten Zeit eingestellt hatten; den Späterkommenden ward es versagt; diese aber ließen es dann vollends an kriegerischem Eifer fehlen; bei einem Sturme auf Choczim haben die Janitscharen ihre Mitwirkung verweigert. Osman mußte zu einer unrühmlichen Abkunft schreiten; und Sigismund III. sah sich nicht weiter gehindert, seine Kosaken dem Kaiser zu Hilfe zu schicken.

Hierüber aber faßte nun der Sultan, der in heftiger Entrüstung aus dem Felde zurückkam, den Entschluß, sich von dieser Miliz, deren Ansprüche seinen Schatz erschöpften und die ihm doch keine Dienste leistete, zu befreien und sich an ihr zu rächen.

Sein Lehrer, Omer Effendi, der Kislar Agassi, der Bostandschi Baschi waren mit ihm einverstanden. Die Absicht war, daß sich der Sultan unter dem Vorwand einer Pilgerfahrt nach Mekka, wozu die Begleitung der Janitscharen nicht nötig war, nur erst aus dem Bereiche ihrer Gewaltsamkeiten entfernen und alsdann in Natolien aus anderen Nationen, Arabern, Turkomanen oder auch Kurden eine neue, gehorsame Armee zusammensetzen, alsdann aber die bisherige auflösen sollte. In Asien kamen schon einige Rüstungen in diesem Sinne vor; die Vorbereitungen zur Reise wurden gemacht, die Kostbarkeiten des Serail, das Zelt des Sultans nach Asien hinübergeführt.

Wie hätte es aber anders sein können, als daß die Vermutung, das Gerücht von einem solchen Vorhaben alles in Bewegung setzte, was in der Hauptstadt Ansehen und Gewalt besaß! Man versuchte anfangs, die Reise durch Vorstellungen rückgängig zu machen; als sie dennoch vor sich gehen sollte, erhob sich die Empörung, die, in immer heftigerer Gärung entbrennend, endlich zur Ermordung des Sultans führte.

Ein Ereignis von unabsehbaren Folgen. Hauptsächlich daraus entsprang ein Widerstreit zwischen den Sultanen, die für ihr Leben, und den Milizen, die für ihr Bestehen fürchteten, welcher eigentlich niemals wieder beigelegt worden ist.

Für die Milizen war es ein Vorteil, daß der Kanon des Brudermordes, den einst Mohammed II. vorgeschrieben hatte, nicht mehr in voller Geltung bestand; sie bekamen dadurch unmittelbaren Einfluß auf die Besetzung des Thrones. Der Vater Osmans, Ahmed I., war mild genug gewesen, seinen Bruder Mustafa am Leben zu lassen: gleich nach Ahmeds Tode war dann dieser hervorgezogen und auf den großherrlichen Stuhl, der sonst nie anders als vom Vater auf den Sohn übergegangen, erhoben worden. Erst als die Milizen Mustafas, seiner Unfähigkeit halber, müde geworden, hatten sie Osman an seine Stelle gesetzt. Bei der Katastrophe Osmans kamen sie nun auf Mustafa zurück, der in einem unterirdischen Gefängnisse so gut wie begraben lag, und zogen ihn an einem Seile an das Licht herauf. Er meinte, zum Tode, aber der Tod war seinem Neffen, ihm war der Thron bestimmt. Mustafa war blödsinnig, so blödsinnig, daß man in seinen unzusammenhängenden Antworten Orakelsprüche zu finden meinte. Er sagte, erzählt man, und ich weiß nicht, ob dies mehr sprichwörtlich oder mehr buchstäblich zu verstehen ist: auch die Fische müßten etwas auszugeben haben, und warf das Geld ins Meer. Nicht allein der Schatz Selims des Großherrn ward erschöpft; überdies verfiel alles in Anarchie. Endlich bedachten sich die Janitscharen und vertauschten ihn mit dem zweiten Sohne Ahmeds, Murad IV.

Mit diesem aber gerieten sie noch einmal in den gefährlichsten Kampf. Murad war, wie er zu männlichen Jahren gelangte, von ungemeiner Körperkraft und Gewandtheit. Er war einer der besten Reiter; leicht sprang er von einem Pferde auf das andere. Den Dschirid warf er, ohne zu fehlen; den Bogen handhabte er so gewaltig, daß sein Pfeil weiter traf als die Kugel aus der Jagdflinte; er soll mit dem Pfeile Platten von vier Zoll durchbohrt haben. Sonst zeigte er lange Zeit wenig Eigentümliches. Während seine Mutter, welche der Verfasser unserer Relation noch in dem 45. Jahre schön und angenehm, überdies gütig, tugendhaft, weise und vor allem sehr freigebig findet, den Einfluß fortbehielt, den sie unter Ahmed erlangt hatte, während die Wesire nach jedem minder glücklichen Feldzuge wechselten und die Milizen zwischen Empörung und Gehorsam schwankten, lag er seinen leiblichen Übungen ob oder vergnügte sich beim Wein, den er bis zum Wohlgefallen an eigener Trunkenheit liebte, unter Possenreißern und Musikanten. Endlich mußte es ein großer Aufstand der Sipahi und Janitscharen sein, was seiner Natur ihre Richtung gab. Alle die, denen er vertraute, den Großwesir, den Janitscharenaga, den Defterdar, einen Knaben, bloß darum, weil er bei ihm in Gunst stand, hatten sie ihm damals ermordet. Er unternahm, sie zu strafen. Mit offener Gewalt vermochte er es nicht; heimlich ließ er die Anführer des Aufruhrs einen nach dem anderen erwürgen; oft sah man des Morgens ihre Leichen auf dem Meere treiben. Und so entledigte er sich ihrer allerdings; in sich selber aber entwickelte er damit die Leidenschaft des Mordes. Vielleicht irrt man nicht, wenn man annimmt, daß, nachdem ihm diese geheimen Hinrichtungen den ersten Geschmack daran beigebracht, die erwachende Begier, Schätze zu sammeln, die hier ihre Nahrung fand, ihn dabei festhielt; was gewährte ihm auch größeren Vorteil als die Hinrichtung eines seiner Großen: bei Redscheb Pascha gewann er allein eine Million für seinen Schatz; doch kaum bedarf es dieser Kombination: die verderblichsten Leidenschaften nehmen die menschliche Seele am raschesten in Besitz; genug: Murad IV. zeigte sich ganz von Blutdurst erfüllt. Schon auf der Jagd ließ sich das erkennen. Nicht das Verfolgen des Wildes war sein Vergnügen: von vielen tausend Menschen ließ er es zusammentreiben: nur am Erwürgen des Zusammengetriebenen hatte er seine Lust. Im Jahre 1637 rechnete man, daß er binnen fünf Jahren 25 000 Menschen, und zwar viele mit eigener Hand, hingerichtet habe. Nun war er sehr entsetzlich. Aus seinem mit kastanienbraunen Haare, mit langem Bart halbverhüllten Gesicht drohten wilde, schwarze Augen, doch nie gefährlicher, als wenn sich jene Runzeln erhoben, die ihm zwischen den Augenbrauen lagen. Da ward die Sicherheit, die er sich mit Wurfspieß und Bogen erworben, unfehlbar tödlich. Mit Zittern ward er bedient. Man konnte seine Stummen nicht mehr von den anderen Sklaven des Serail unterscheiden, denn jedermann sprach mit Zeichen. Während die Pest in Konstantinopel täglich bei anderthalbtausend Menschen wegraffte, ließ er sich die größten Becher aus Pera bringen und trank, indem er sein Geschütz abzufeuern befahl, die halbe Nacht daraus.

Gegen eingewurzelte Übel können scharfe Mittel von guter Wirkung sein. Doch in diesem Menschen war Hinrichtung kein Mittel mehr, sondern Vergnügen. Das Schwert, das ihm die Reichtümer verschaffte, beraubte ihn der Männer, derjenigen Namen, welche die Christenheit fürchtete. Nicht auf solche Weise stellt man Staaten her.

Nur so viel gelang Murad IV., sich selber und seinen Befehlen Gehorsam zu erzwingen. Seine äußerste Strenge bändigte wenigstens für den Augenblick die widerspenstigen Milizen. Mit Kaffee und Tabak verbot er ihnen jene Zusammenkünfte, in denen sie, von dem halb aufregenden, halb betäubenden Genusse festgehalten, tagelang saßen und Vereinigungen machten. Er nötigte die Sipahi, ihre Kleidung nach seinem Gutdünken zu verändern, und reinigte die Straßen von ihrem Lärm. Er schied die Untüchtigen von den Janitscharen aus und zwang die Tauglichen, trotz ihrer Dispensationen ins Feld zu gehen. Er brachte die Timare in Ordnung, die von dem Serail aus vergeben worden. – Wohl hat er nicht vermocht, die alte Zucht und Kriegstüchtigkeit unter seine Truppen zurückzuführen. Die Spahi vermißten die freigebige Hand früherer Sultane, und da ihnen ihr Sold nicht genugtat, verließen sie oft Sold und Dienst miteinander. Die Janitscharen schienen den Abendländern nur geeignet, durch Anblick und Geschrei, nicht durch die Waffen Schrecken einzuflößen. Vor dem Feinde zeigten sie weder Übung noch Herz. Als einst ihr Aga mit der gesamten Mannschaft von Konstantinopel aufgebrochen, brachte er nur dreitausend mit nach Aleppo, alle anderen hatten sich unterwegs entfernt. Die Stellen im Heere, die man früher mit Bestechungen und eifriger Bemühung gesucht, vermied man nun ebenso eifrig. Von den Tirmarli, die aufs neue als der Kern des Heeres erschienen, konnten selbst die besten – die, welche an den ungarischen Grenzen lagen und durch die steten Kriege in Übung gehalten wurden – nicht als große Kriegsleute gelten; die Christen freuten sich, daß Gott den Türken zum Glück der Gläubigen nur wenig Fähigkeit gegeben. Man verglich den Anblick ihrer Schlachtordnung mit dem Anblicke eines Stiers: drohend, scheinbar gefährlich, aber bei Verstand und Gewandtheit von einer weit geringeren Kraft zu überwinden. Dennoch hat Murad mit der ihm eigenen gewaltsamen Anstrengung, die immer das Schwerste unternahm, einen großen Kriegserfolg zu erkämpfen gewußt. Er zog aus, um Bagdad wiederzuerobern, das während der inneren Unruhen in die Hände der Perser gefallen war: sein Weg war mit Hinrichtungen bezeichnet; man sagt, er habe flüchtige Soldaten in den Kampf zurückgetrieben; er nötigte seinen Wesir zum Sturm und dieser ist fechtend in demselben umgekommen. Aber so erreichte er seine Absicht; am vierzigsten Tage der Belagerung ergab sich Bagdad dem alten Oberherrn. Die Grausamkeiten, welche die Perser an den Sunni begangen, wurden ihnen in gesteigertem Maße zurückgegeben.

Wie stark und selbständig Murad auch scheinen mochte, war er doch von dem Einflusse seiner Umgebung nicht frei. Zwar seiner Mutter entzog er das gewohnte Ansehen und zweimal verwies er sie in den alten Palast. Sie konnte nichts tun, als etwa mit einem Geschenke dem Eindrucke einer seiner Übeltaten zu begegnen suchen; als etwa arme, verschuldete Leute aus dem Gefängnisse loskaufen, um von dem Himmel dafür die Glückseligkeit ihres Sohnes zu erwerben. Aber den Günstlingen war er desto mehr ergeben. Man erzählt sich eine Menge Geschichten von seiner Neigung zu dem trunkenen Mustafa. Unsere Relationen gedenken seines Silihdars, eines Bosniaken, der seine ganze Gunst besaß. Murad gab ihm eine Leibwache von 3000 Mann zu eigenem und vollkommenem Gehorsam, erhöhte ihn so, daß er den Diwan nicht mehr besuchen wollte, weil er den Großwesir anzuerkennen zu stolz ward, und bestimmte ihm seine Tochter. Der Großherr sagte, ihm selbst sei derselbe ganz gleich. In der Tat, wer den Herrn beschenkte, bedachte auch den Diener. Eins war ohne das andere umsonst.

Wir wissen, daß der Herr selbst das Gold liebte. Man versichert, daß weder Bitte noch Fürbitte, weder Gesetz noch Recht so viel bei ihm vermochte wie das Gold, nach dem er einen Durst zeigte, der nicht zu stillen war. Für ihn bedurfte man nicht prächtiger Stoffe, kostbarer Arbeiten, ihm war allein an der Zahl der Beutel gelegen. Da wollte ein jeder ärmer scheinen, als er war. Man vermied goldenes und silbernes Gerät, teure Kleider; man verbarg sein Geld; man fürchtete, die beiden Leidenschaften des Großherrn zugleich zu reizen, seine Goldgier und seinen Blutdurst. Glücklicherweise besaß Murad IV. noch andere Eigenschaften, durch die er sich, wie im Kriege, so auch in bezug auf die innere Regierung ein unvergängliches Andenken gestiftet. Wie die alten Kalifen, mischte er sich verkleidet unter die Menge; auf den Plätzen, in den Schenken wollte er die öffentliche Stimmung erkunden; er wünschte sich auch noch auf andere Weise zu unterrichten als durch seine Wesire. Das Volk ehrte ihn, weil er die Großen und die Milizen im Zaume zu halten wußte. Er starb trotz ihres Widerwillens als Padischah auf seinem Bette. Eine durch und durch türkische Herrschergestalt, wild und blutig, aber nicht ohne barbarische Großartigkeit. Murad IV. war fern von der Frömmigkeit des Islam: er beobachtete die vorgeschriebenen Fasten nicht; er liebte weder Ulemas noch Derwische; er fühlte sich nur im Bewußtsein der Autorität, die er wiederhergestellt hatte. Er hat den herostratischen Wunsch gehegt, der letzte Padischah des Osmanischen Reiches zu sein. Seine Söhne waren vor ihm gestorben: sein Bruder sollte mit ihm sterben. Nur durch allerlei Täuschungen ist es verhindert worden, Hand an ihn legen zu lassen.

Dieser, seit achtundzwanzig Jahren gefangengehaltene, jüngste Sohn Ahmeds, Ibrahim, ward sein Nachfolger und ist der Stammvater aller späteren Sultane geworden.

Eine Zeitlang hielt der Wesir Murads, Kara Mustafa, unter dem neuen Großherrn, den er mit dem Schwerte umgürtete, die bisherigen Ordnungen aufrecht.

Durch ihn hauptsächlich war die Eroberung von Bagdad gesichert worden: jetzt entriß er Asow den Kosaken; alle Geschäfte der Verwaltung und des Krieges lagen ihm ob; in allen Dingen gemäßigt, verständig und voll von Nachdruck, vollzog er sie auf das glücklichste. Wie erstaunte er eines Tages, als ihn der Großherr aus dem Diwan vor sich rufen ließ, um ihn wegen einer Nachlässigkeit, die im Dienste des Serail vorgekommen war, zur Rede zu stellen! Er sprach seine Verwunderung aus, daß der Sultan die wichtigsten Geschäfte, wo es die Sicherheit der Grenzen, wo es die Anliegen der Untertanen gelte, wegen einer geringfügigen Kleinigkeit überhaupt unterbreche. Er mußte die Freimütigkeit dieses Wortes, ohne Zweifel auch seine Stellung mit dem Tode büßen.

Ibrahim war ein Mann des Harems. Niemals hatte ein anderer so viele Chasecki – Sultaninnen – erhoben, noch ihnen so reiche Ausstattungen zugewandt: ihre Kiosken waren mit Zobel, ihre Wagen und Barken mit kostbaren Steinen geschmückt; der Luxus in Perlen und Juwelen, Kleiderstoffen, Wohlgerüchen kannte keine Grenzen: es war etwas Orientalisch-Märchenhaftes in dieser Hofhaltung.

Zugleich aber hatte Ibrahim auch den Ehrgeiz, einen großen Krieg zu unternehmen.

Nicht ohne Grund geriet er in Aufwallung, als die Galeonenflotte, die alle Jahre hin und her fuhr, um die Pilger, die nach Mekka wollten, nach Ägypten, und die, welche von dort kamen, nach Konstantinopel zu bringen – die zugleich mit reichen Schätzen versehene Karawane der See –, in der Nähe der kleinasiatischen Küsten von den Maltesern angegriffen, überwältigt und beraubt wurde. Und niemand hätte ihm verargen können, wenn er nun seine Waffen gegen Malta gewendet hätte. Aber ein Unternehmen gegen die Insel bot an sich wenig Aussicht dar, und Europa hätte es nicht geduldet. Ibrahim beschloß, was die Malteser verbrochen, an den Venezianern zu rächen; mit einem den Osmanen sonst ungewohnten Geheimnis wurden die Vorbereitungen getroffen; im Juni 1645 landete ein Heer von 50 000 Mann auf dem für den Augenblick völlig unvorbereiteten Candia.

So schwach, wie man meinte, waren aber auch die Venezianer nicht. Trotz einiger Verluste behaupteten sie sich auf der Insel; von Dalmatien her brachten sie die christlichen Bevölkerungen der türkischen Provinzen in Bewegung; zur See hatten sie sehr bald ein entschiedenes Übergewicht: die türkischen Galeeren flohen vor ihnen her.

Ibrahim hatte erwartet, seine Augen an dem Anblick reicher Beute zu weiden: statt dessen bekam er von unerschwinglichen Kriegskosten zu hören. Die zur Dekkung derselben eingetriebenen Steuern, durch welche mancherlei Vorrechte verletzt und die Provinzen ausgesogen wurden, ohne daß für die Soldaten gesorgt worden wäre, die Unglücksfälle des Krieges, die Vergeudungen des Harem brachten alles in Gärung. So geschah es, daß die durch Murad und Kara Mustafa niedergehaltenen Elemente sich endlich gegen das schwache und zugleich gewaltsame Regiment Ibrahims und den damaligen Wesir erhoben. Einige am Leben bedrohte Obersten der Janitscharen riefen diese Miliz zur Empörung auf; sie fanden aber dabei noch auf einer anderen Seite eine Unterstützung von größtem Belang.

Gefahren der Alleinherrschaft

Wie man die Kalifen mit dem Schwert in der einen, mit dem Buche in der anderen Hand abbildet, so stand auch der kriegerischen Familie, welche die Herrschaft des Stammes Osman ausbreitete, eine Genossenschaft der Religion und des Gesetzes zur Seite. Denn erst in der Ausbreitung des Islam fanden die Kriegszüge und Eroberungen Rechtfertigung bei den Gläubigen. Mit der Besitznahme des Landes war von Anfang an die Gründung von Moscheen und Schulen und die Bewidmung derselben mit ansehnlichen liegenden Gründen verbunden; ein Sultan suchte es darin dem anderen zuvorzutun. Die Einkünfte der Aja Sophia z. B. hat man nicht etwa geschmälert, als die Kirche zur Moschee gemacht wurde, vielmehr ungemein vergrößert; der Großherr hat dem Heiligtume einen Zins bezahlt, weil der Grund und Boden, auf dem er sich anbaute, demselben angehörte. Sehr bevorzugt war der Stand der Ulemas, der sich dem Dienste der Gerechtigkeit, des Gesetzes und der Religion widmete. Man könnte ihn mit dem Adel der Robe in Frankreich vergleichen, insofern sich türkische Geschlechter bildeten, die ihm von Generation zu Generation angehörten und Register über ihre Herkunft hielten, aber an Bedeutung gingen die Ulemas offenbar noch voran, da ihnen nicht allein die juridischen, sondern auch die religiösen Geschäfte anheimfielen. Ihre zwar einseitige und beschränkte, aber doch durch langjährige Studien erworbene und ihnen ausschließend eigene Bildung, ihre sich aus der namenlosen Menge erhebende Herkunft, ihre allezeit würdige, auch durch eine ausgezeichnete Tracht hervorgehobene Erscheinung, die Unverletzlichkeit, die aus ihrem Berufe entsprang und durch das Herkommen geheiligt wurde, gaben ihnen von jeher eine große natürliche Autorität. In den Fluktuationen des Staates bildeten sie ein festes, auf sich selbst beruhendes Element.

An der Spitze dieser Körperschaft stand seit Soliman I. der Mufti von Konstantinopel: wie der Wesir in weltlicher Beziehung, so sollte er den Großherrn in geistlicher als den Imam vertreten. Mehr noch durch Herkommen als durch Gesetz, vermöge seiner unmittelbaren Nähe übte er einen vorwaltenden Einfluß über die ganze Genossenschaft in allen Teilen des Reiches. Von dem Ehrensitze der Ehrensitze, den er innehatte, ging die Besetzung aller Stellen der Gerechtigkeit und des Gesetzes aus; er leitete die Verwaltung des größten Teiles der geistlichen Güter; ihm vornehmlich war die letzte Entscheidung aller schwierigen Fälle und Fragen durch sein Fetwa anvertraut. Von den Einrichtungen des islamitischen Lebens ist es fast die merkwürdigste, wie das Gesetz ohne bewußte Beziehung auf die streitenden Persönlichkeiten zur Ausführung gelangt. Es ist das System des Imam Hanefi, welches nach den Aussprüchen des Mufti die Vorkommenheiten des Lebens regeln soll. Nicht selten hat sein Wort die wichtigsten Fragen des Staates entschieden. Das Gesetz zur Geltung zu bringen und über die Erde auszubreiten, galt eben als die wesentlichste Bestimmung des Reiches.

Zwischen dieser mächtigen Korporation und der Staatsgewalt, wie sie konstituiert war und ausgeübt wurde, war es nun aber schon seit einiger Zeit zu mannigfaltigem Mißverständnis gekommen.

Bisher war der Mufti gewechselt, aber nie getötet worden. Es erschien als ein der größten Gewaltsamkeiten Murads IV., daß er einen Mufti hinrichten ließ. Unter Ibrahim kam hinzu, daß die geistlichen Güter nicht unangetastet blieben, auch die Ulemas wurden zu den neuen Steuern herbeigezogen. Ibrahim versäumte zu dem Gebete in den Moscheen, an den festgesetzten Tagen und Zeiten in der Aja Sophia zu erscheinen; es gab Anstoß, wie man sagt, daß der Gebetsausruf von den Minaretten durch den Lärm des Serails, seine Trommeln, Pfeifen und Zimbeln übertäubt werde.

Als jetzt die mächtigen Janitscharen-Agas – verletzt und persönlich bedroht – auf eine neue Erhebung dachten, suchten sie sich zunächst der Mitwirkung der Ulemas, die auch schon gegen Osman II. mit ihnen gemeinschaftliche Sache gemacht hatten, zu versichern.

Die Frage entsteht, ob das nicht gegen das oberste Grundgesetz des Reiches war. Wenn man in Betracht zieht, daß der Sultan oberster Imam und Kalif ist, von dem ein Glaubensartikel aussagt, er habe eine absolute Autorität, jedermann sei ihm unterworfen, niemand dürfe einen zweiten neben ihm erkennen; und ein anderer, er brauche nicht gerecht, noch tugendhaft, noch sonst ohne Tadel zu sein; endlich ein dritter, weder durch seine Tyrannei noch durch andere Fehler werde man berechtigt, ihn abzusetzen; wie kann ihm jemand widerstehen, ohne wahre Rebellion, das ist, ohne Verletzung nicht allein der Person, sondern auch des Gesetzes?

Man hat doch auch bei den Osmanen an die Möglichkeit einer gesetzlichen Beschränkung der unbedingten Autorität gedacht und die Lehre aufgestellt, daß es einen Kreis gebe, welchen dieselbe nicht überschreiten dürfe. Sollte der Großherr, so lehrte man, seine Willkür über denselben ausdehnen, den Kultus und die Lehre antasten, sollte sein Verhalten seine Irreligiosität beweisen, so würde dabei die Gültigkeit seiner Befehle nicht bestehen können.

Und waren nicht auch Kalifen alter Zeit auf den Spruch der Gesetzesgelehrten gestürzt worden? Man rief die Ereignisse der orientalischen Geschichte überhaupt ins Gedächtnis, um zwar nicht den Tod, aber doch die Absetzung der Fürsten zu rechtfertigen.

Leicht war der damalige Mufti Abderrhaman von den Janitscharenführern gewonnen. Am 8. August 1648 versammelten sich die Ulemas und Agas in der Moschee Ahmedja, die vor kurzem zu den großen Funktionen des Staates und der Religion errichtet worden war, auf dem Schauplatz der alten byzantinischen Empörungen. Auch die Spahi wurden herbeigezogen, weil es ein gemeinschaftliches Anliegen der Diener Gottes gelte. Die nunmehr vollkommen türkisch gewordenen Janitscharen und die Spahi übten die militärische, die Ulemas die juridisch-religiöse Autorität in erblicher Sukzession aus; zusammen behaupteten sie das osmanische Gemeinwesen auszumachen. Sie forderten den Sultan auf, sich vor ihrem Gericht zu stellen, das sie als das Gericht Gottes bezeichneten; als dieser das mit Unwillen verwarf, ward in der Versammlung die Frage aufgeworfen, was ein Mann verdiene, der sich weigere, vor dem Gericht Gottes zu erscheinen. Abderrhaman gab das Fetwa, daß ein solcher nicht mehr als gläubiger Moslime betrachtet werden könne: sei es ein Privatmann, so gehöre ihm sein Eigentum nicht mehr an; sei es aber ein Fürst, so gehe er seiner Autorität verlustig, sein Volk sei des Eides der Treue, den es ihm geleistet habe, entbunden. Genug, er sprach die Sentenz der Absetzung in aller Form aus, und die Vornehmsten machten sich nach dem Serail auf, um sie in Vollzug zu setzen. An der inneren Pforte trafen sie die alte Walide, Mutter Murads und Ibrahims, der in diesem Augenblick auch ihre Enkel, die man vor dem Vater nicht mehr sicher glaubte, anvertraut waren. Man kennt diese orientalischen Fürstenmütter schon aus dem Vorbild der israelitischen Geschichte. Eine der merkwürdigsten Gestalten ist die Walide Kösem, die schon unter Ahmed I. als die Mutter künftiger Sultane einen großen Einfluß ausgeübt, die Thronbesteigung Murads IV. vermittelt, unter diesem selbst eine Zeitlang gleichsam die Vormundschaft geführt, aber dann von ihm, sowie von Ibrahim hinangesetzt worden war. Noch immer eine schöne Frau, zugleich von feinen Zügen und vollblütig, kräftig von Aussehen, nicht ohne Herrschbegier, aber mit dem Ausdruck des Wohlwollens und des überlegenen Verstandes. Jetzt trat sie, schwarz gekleidet, mit schwarzem Turban und Schleier, in Begleitung eines schwarzen Sklaven den Abgeordneten der versammelten Gemeine entgegen, um sie von dem Schritte, den sie tun wollten, abzumahnen. Oder seien sie nicht alle selbst Geschöpfe dieses Hauses und von seiner Gnade erhoben? Man möge ihren Sohn nur fortan nicht wie bisher durch allzugroße Dienstbeeiferung verderben; man möge ihn, wenn man wolle, unter die Vormundschaft der Ulemas und Agas setzen; nur Gute und Vernünftige werde er fortan zur Regierung herbeiziehen. Die Empörten antworteten ihr: eben die Besten und die Siegreichen haben Ibrahim erschlagen; sie sei die Mutter nicht allein des Sultans, sondern aller Gläubigen; sie möge dem Gesetze nicht widerstreben. Hierauf ließ sie geschehen, was sie nicht vermeiden konnte; dem Sultan ward seine Absetzung angekündigt. Als Ibrahim unter den übrigen des Mufti ansichtig wurde, warf er ihm vor, daß er selbst ihn erst zu dieser Würde erhoben habe. „Nicht du“, antwortete Abderrhaman, „hast mich zum Mufti gemacht, sondern Gott der Allmächtige.“ In dem großen Streite zwischen Priestertum und Königtum, der Autorität der höchsten Gewalt und der Unabhängigkeit des geistlichen Prinzips, der sich durch alle Jahrhunderte und alle Nationen zieht, hat auch dieser Scheich eine Stelle. Abderrhaman Effendi führte die Absetzung des Sultans, der doch sein Imam war, in dem er aber nur den weltlichen Fürsten sah, vollständig durch, ohne daß es dabei zu Unruhen in der Stadt gekommen wäre, wo man von den Vorfällen kaum Notiz nahm, und umgürtete den siebenjährigen Sohn desselben in der Moschee Ejub mit dem Schwert, das die Herrschaft bedeutet.

So erlag der Thron des Sultans zum zweitenmal den vereinigten Korporationen; Ibrahim ward so wenig unter den Lebenden geduldet wie Osman. Doch läßt sich noch ein Unterschied in den Ereignissen bemerken: Osman war gefallen, weil er die alten Institute, vor allem die Milizen bedrohte; Ibrahim fiel, weil man seine Haremsregierung nicht dulden wollte: ihn griffen die vereinigten Körperschaften an.

Es schien, als sollte die Regierung unmittelbar in die Hände der Janitscharen kommen.

Schon gab es eine Region im Reich, in welcher sie es so weit gebracht hatten. In Algier und Tunis wurden die Paschas nur unter der Bedingung zugelassen, daß sie nicht nach eigenem Ermessen, sondern nach dem Dafürhalten der Milizen regieren sollten. Die Verwaltung der Einkünfte war in ihren Händen, aber sie mußten die Ausgaben damit bestreiten oder im Gefängnis dafür büßen. Es waren Gewaltherrschaften in Form einer militärischen Republik. Die Agas der Milizen hingen von deren Beifall ab; ihr Ungehorsam reichte hin, um sie zur Abdankung zu nötigen.

Auf ähnliche Weise schienen sie nun das gesamte Reich einrichten zu wollen. Man nahm an, ihr Sinn gehe dahin, daß der Großherr nur der Verwalter und Schatzmeister der Regierung, seine Geschäftsführung aber ihnen verantwortlich sein solle.

In der Tat hatten die Agas zunächst einen vorherrschenden Einfluß. Bei ihren Gelagen wurden die Geschäfte besprochen und bestimmt. Wesir und Mufti hingen auch deshalb von ihnen ab, weil sie gegen jede anderweite Gefahr von ihnen geschützt wurden. Die Spahi, welche ihre Forderungen nicht erledigt sahen und nur in die Absetzung Ibrahims eingewilligt hatten, nicht in seine Ermordung, die sie vielmehr rächen zu dürfen meinten, wurden samt den Zöglingen des Palastes, den Itschoglan, die sich ihnen angeschlossen, im offenen Kampfe besiegt und gewaltig zu Paaren getrieben.

Man erzählt, die jüngere Walide, die Mutter Mohammeds IV., eifersüchtig auf die ältere, welche als die Gönnerin der Agas erschien, habe die Spahi und Itschoglan gegen die Janitscharen aufgereizt. Nach dem Siege wurden diese um so gewaltsamer und herrschsüchtiger. Ein Gedanke ist damals unter ihnen aufgetaucht, dessen Ausführung sie zu Herren des Reiches gemacht haben würde. Sie haben verlangt, daß die Zöglinge des Serail, aus deren Reihen alle wichtigen Stellen im Reiche besetzt wurden, in deren Erziehung und Zucht sich, wie berührt, am meisten die alte Strenge der ursprünglichen Institutionen erhalten hatte, nicht mehr wie bisher aus Christenknaben noch aus anderen Moslimen, sondern aus ihren, der Janitscharen Kindern genommen würden. Merkwürdig auf immer bleibt der Aga Begtasch, der diese zum Ziel treffende Forderung gestellt hat. Die erblich gewordene Kriegerkaste wäre dadurch in den Besitz des unmittelbaren Dienstes bei dem Sultan und aller der Vorrechte, die sich daran knüpften, gekommen; sie wäre des Serail mächtig geworden und hätte in kurzer Zeit die Regierung des Reiches in aller Form besessen.

Wohl der entschiedenste Anlauf, welchen die Janitscharen zur Unterwerfung des Sultans überhaupt genommen haben. Das Sultanat teilte die Gefahren, welche die Monarchie in derselben Epoche in den meisten Staaten Europas bestanden hat.

Aber das Serail hatte in seiner orientalisch-barbarischen Organisation eine gewisse Widerstandskraft. Um den Kislar-Aga, welcher mit der jüngeren Walide verbunden war, vereinigten sich die schwarzen und die weißen Verschnittenen; ferner die zahlreiche Jugend der Itschoglan. Ihr erstes Opfer war Kösem, der man Schuld gab, daß sie im Einverständnis mit den Janitscharen ihren älteren Enkel vom Thron stoßen und einen der jüngeren an seine Stelle habe setzen wollen. Ein tragischer Schluß dieses in langer, zuweilen verlorener, dann wieder erworbener Herrschaft und in Vermittlung der gegeneinander empörten Elemente des Staates zugebrachten Lebens einer Sklavin, welche Kaiserin geworden war, daß sie jetzt nach einem unter ihren Frauen in Gesang und Tanz verlebten Abend plötzlich überfallen und entsetzlich hingewürgt wurde. Vergebens suchten die Janitscharen-Agas sie zu rächen. Die Regierung war unter ihrer Leitung nicht glücklicher gegangen als früher. Soeben hatte der Capudan-Pascha zwischen Paros und Naxos eine große Niederlage von den Venezianern erlitten. Sie hatten schlechtes Geld schlagen lassen und den Versuch gemacht, es mit Gewalt in Umlauf zu setzen; es war zu einem Auflauf der Zünfte gekommen, der das allgemeine Mißvergnügen kundgab. Als jetzt die heilige Fahne vom Serail flog, sammelte sich alles Volk zu ihr. Die Agas fanden keinen Beistand bei den Ulemas; ihre eigenen Leute trugen Bedenken, gegen die heilige Fahne auszuziehen wie die Gauner; die Agas konnten sich nicht mehr behaupten, geschweige ihre Absichten durchsetzen; man wies ihnen Stellen außerhalb der Hauptstadt an; auf dem Wege wurden sie ermordet.

Hatte es sich aber dergestalt entschieden, daß die Kriegerkaste ihr letztes Ziel nicht erreichen würde, so war sie doch dem wiedererstarkten Serail gegenüber noch überaus furchtbar. Nach einiger Zeit erhoben sich Janitscharen und Spahi, wieder vereinigt, gegen die Günstlinge, die von da aus das Reich beherrschten, in einem Auflauf, in dem sie die Oberhand behielten. Der Sultan erschien in dem Alaikoschk, wo er den öffentlichen Aufzügen zuzusehen pflegte; diesmal aber mußte er einwilligen, daß ein Papier, auf dem die Empörten die Namen derjenigen verzeichnet hatten, die von ihnen zum Tode bestimmt waren, an einer Schnur nach dem Fenster hin aufgezogen wurde; es waren seine vertrautesten Diener und Ratgeber, die Häupter der Eunuchen; er konnte ihre Hinrichtung nicht verweigern noch verschieben; ihre Köpfe wurden den Empörten heruntergeworfen; einige versuchten zu entfliehen, aber auch sie wurden ergriffen und getötet. Ein grausendes und groteskes Schauspiel, wie die Leichen und Köpfe an einem nahen Ahornbaume aufgehängt waren, dessen Zweige der Wind hin und her warf.

Aber in diesem Kampfe des Serail mit den Milizen, unter dem unaufhörlichen Wechsel emporkommender und sogleich wieder gestürzter Gewalthaber, schien das Reich zugrunde gehen zu müssen. Als der Capudan-Pascha sich wieder über die Meerenge in die offene See hinauswagte, erlitt er eine Niederlage, wie seit jener bei Lepanto keine erlitten worden war. In dem Innern flammten allenthalben Empörungen auf.

Wesirat der Köprili

Es war ein Mann im höchsten Lebensalter, vorgerückter Siebziger, ohne die gewöhnlichste Bildung – selbst zu lesen verstand er nicht –, aber der in jeder Lage des Lebens gesundes Urteil und Tatkraft bewiesen und noch eine unerschöpfliche Lebenskraft besaß, Mohammed Köprili, der das schwere Werk unternahm, in diesen Zerrüttungen Ordnung zu schaffen.

Er konnte sich dabei nur an die Autorität des Serail anschließen, durch die er zum Wesir erhoben wurde; aber wollte er nicht die Unfälle seiner Vorwesire über sich hereinziehen, so mußte er sich von den Schwankungen derselben frei machen. Ehe er sein Amt antrat, ließ er sich von der Sultanin Walide im Namen ihres Sohnes nicht allein versprechen, sondern bei Gott dem Allerhöchsten beschwören, daß keiner seiner Anträge ohne willfährige Erledigung bleiben, Belohnung und Strafe, die Besetzung der Stellen allezeit in seiner Hand sein und niemals einer Anschwärzung gegen ihn Gehör gegeben werden solle. Bei der ersten Verzögerung der Entscheidung ist er mit dem Siegel in der Hand erschienen, um seine Entlassung zu fordern. Hierauf brauchte er die persönlichen Gegenwirkungen der Eunuchen und des Harems nicht mehr zu fürchten; das Serail war der Gründung einer starken Autorität in den Händen des Wesirs einmal wieder zu Diensten. Aber auch mit den Milizen konnte sich Köprili nicht in Kampf setzen. Der vornehmste Janitscharen-Aga wurde bewogen, ihm zur Beilegung der Unruhen Hilfe zu leisten; gemeinschaftlich hoben sie die gefährlichsten Anstifter derselben aus den Topschi, Spahi und Janitscharen selbst aus und zogen sie zur Strafe. Um einer Gegenwirkung von seiten des Mufti vorzubeugen, ließ er sich, nachdem er seine Art und Weise an den Tag gelegt hatte, von demselben ein Zeugnis geben, daß keiner seiner Schritte dem Gesetz zuwiderlaufe. Köprili war aus der Schule Murads IV., er ließ nur die Wahl zwischen unbedingtem Gehorsam und Tod. Weder die Schützlinge der Walide, noch die volksbeliebten Scheiche, noch der Patriarch der Griechen, der sich auf verbriefte Vorrechte berief – auch nicht der Mufti und der Janitscharenaga, die anfangs mit ihm verbündet gewesen, entgingen seiner Rache, sobald sie sich ihm widersetzten. In der Tat nicht immer waren es Vergehungen, was seine blutigen Ahndungen hervorrief. Er wachte mit Eifersucht über alle die, welche ihm gefährlich werden konnten: die siegreichen Heerführer waren ihm am verdächtigsten: er wußte sie erst einzuschläfern, um sie dann mit barbarischer Hinterlist zu verderben. Sein Antlitz erinnerte in solchen Momenten an den Anblick des Ebers in seiner Wut. Seinen Fürsten gewann er dadurch, wodurch Richelieu den seinen fesselte, daß er alles, was er unternahm, zu einem glücklichen Ende führte. Köprili rollte die Köpfe der asiatischen und afrikanischen Rebellen vor den Sultan in den Staub. Den Venezianern entriß er mit glücklicher Anstrengung die beiden verlorenen Inseln wieder und sorgte dann durch neue Befestigung der Dardanellen für die Ruhe der Hauptstadt, welche keine nahe Gefahr ertragen kann. So errichtete er auch an der gefährdeten Grenze feste Burgen oder, wie er es nannte, Wälle des Islam. Dem unter dem Rufe und Glanze dieser Handlungen aufwachsende Mohammed IV. galt Köprili für ein untrügliches Orakel: wenn er mit ihm gesprochen hatte, hielt er es nicht für nötig, andere zu hören. Sterbend soll ihm der Alte folgende Regeln gegeben haben, die wenigstens ganz seinem Sinne entsprechen: den Frauen des Harems kein Gehör zu geben, – dafür zu sorgen, daß er immer bei voller Kasse sei, müßte es selbst mit Bedrückung der Untertanen geschehen, – das Heer in unaufhörlicher Bewegung zu halten, weil davon dessen Gehorsam abhange.

Mohammed Köprili hatte seinen Sohn Ahmed in den Schulen der Ulemas erziehen lassen und ursprünglich nur zu einer hohen Stelle in der Magistratur bestimmt. So sehr es dem osmanischen Herkommen entgegenlief, so fand sich doch Mohammed IV. auf den Rat des Vaters bewogen, den Sohn demselben erst beizuordnen und später ihm nachfolgen zu lassen. Köprili dehnte sein Regiment, wie Richelieu, bis jenseits seines Lebens aus. Er war einer von den Ministern, die ein System gründen.

Von Ahmed Köprili zweifelte man, ob er ein Heer anzuführen verstehen würde; aber seine Kriegserfolge stellten die seines Vaters in Schatten. Er hat den langen, hartnäckigen Kampf um Candia beendigt. Viertehalb Jahre lang, obwohl Großwesir, hielt er sich auf der Insel auf und wich nicht, bis er in der eroberten Hauptstadt am Altare der Hauptkirche die heilige Fahne des Islam aufgepflanzt hatte. In den Kriegen gegen den Kaiser und gegen die Polen erlitt er einige sehr empfindliche Nachteile; aber jenen nötigte er doch, Neuhäusel, diese, in zwei Friedensschlüssen nacheinander, Kaminiek und Podolien abzutreten. Moldau und Walachei, welche vorher ihre Freiheit herzustellen Hoffnung hatten, sind damals wieder in volle Abhängigkeit geraten.

Mit der wiederhergestellten Zucht und Waffenfertigkeit vereinigten sich unter Ahmed Köprili noch einmal die alten religiösen Antriebe. In Candia wurden die großen Kirchen ohne Ausnahme in Moscheen verwandelt, alle Institute des Islam eingeführt; die Sieger sahen sich als die Gott verpfändeten Glaubenskämpen an. Wenn man sich der Kosaken gegen die Polen annahm, so ward das durch den alten Grundsatz gerechtfertigt, alle die zu beschützen, die sich in den Schatten des Glückes des mächtigen Padischah flüchten; schon sei es tausend Jahre, daß der Islam triumphiere, und soeben beginne Gott sein Werk, die Welt seinem Propheten zu unterwerfen, aufs neue. Die Jahrhunderte hatten in dem Verfahren der Osmanen nichts gemildert. Die Gefangenen wurden mit wiedererwachter Barbarei auf die Sklavenmärkte geschleppt. Aus eroberten polnischen Gebieten hat man ganze Bevölkerungen auf orientalische Weise nach entfernten Regionen verpflanzt.

Nur dem System muß man das zuschreiben, nicht dem Wesir, der nicht nach Blut dürstete und überhaupt sich ein gutes Gedächtnis gestiftet hat. Er war freigebig und unbestechlich, gerecht und wohlgesinnt; durch Festigkeit und Klugheit blieb er Meister des Palastes, der Milizen und des Reiches.

Sein Nachfolger Kara Mustafa kann den Köprili insofern beigesellt werden, als er in ihrem Dienste emporgekommen war; er hatte in der Abwesenheit Ahmeds dessen Stelle in der Nähe des Sultans vertreten und konnte als sein natürlicher Nachfolger erscheinen. Aber die Eigenschaften derselben waren nicht auf ihn übergegangen; er besaß weder die Umsicht und den Nachdruck des ersten, noch die Mäßigung und Uneigennützigkeit des zweiten. Und auch ihre Stellung war nicht ganz die seine: er hatte wieder mit dem Einflusse der Sultaninnen zu kämpfen. Um sie durch Geschenke gewinnen zu können, wurde er geldgierig und räuberisch. Übrigens kümmerte er sich weder um die gerechtesten Ansprüche, die ihm entgegentraten, noch um die öffentliche Stimme. In großen und kleinen Dingen meinte er mit seinem Sinne durchdringen zu können. Was soll man überhaupt von diesem Menschen sagen? Er liebte den Rausch des Branntweins. Wenn es ein Vorteil dieses Reiches war, daß sich tatkräftige Naturen aus dem untersten Stand zur Regierung zu erheben vermochten, so gewann dafür auch rohe Gemeinheit Einfluß auf dieselbe. Man begreift es, daß ein Mann wie Kara Mustafa keine Sympathie für den gemessenen, auf uraltem, strengem Herkommen in Kirche und Staat beruhenden, anspruchsvollen und aristokratischen Hof von Wien fühlte. Wenn er die Landkarte vor sich nahm – die Holländer hatten ihn mit einem Atlas beschenkt –, so schien es ihm unerträglich, daß sechzehn Meilen von der Grenze des zur Weltherrschaft bestimmten Osmanenreiches ein demselben entgegengesetztes Kaisertum mit gleichen Ansprüchen seinen Sitz habe. Schon mancher Nachfolger Solimans, z. B. Murad III., hatte daran gedacht, die Unternehmung auf Wien, an welche derselbe gescheitert war, noch einmal zu versuchen. Kara Mustafa meinte dazu bestimmt zu sein, diese große Eroberung zu vollbringen; er dachte wohl selbst in der Kaiserburg seinen Sitz zu nehmen und die osmanische Herrschaft und den Islam über die deutschen Grenzen auszubreiten. Wir vernehmen, daß der angesehenste Prediger der Zeit, Vani, den Wesir mit feuriger Beredsamkeit unterstützte.

Mit dem Beschlusse des Krieges war aber noch ein anderes Vorhaben verbunden.

Zwischen den Milizen und der Regierung gab es fortwährend neue Reibungen, wie es denn die Spahi sehr übel empfanden, daß sie ihres Soldes wegen nach Konstantinopel kommen mußten. Den Janitscharen wurden bei der Musterung ihrer Kammern Schwierigkeiten wegen des Ersatzes gemacht; man bemerkte bereits einen Mangel an Offizieren. Mohammed IV. konnte ihnen nicht vergeben, daß sie ihn hinderten, den Kanon des Brudermordes zur Ausführung zu bringen: wie wir wissen, nicht deshalb, weil sie menschlicher gewesen wären, sondern weil sie in den Brüdern des Sultans mögliche Nachfolger desselben sahen, deren sie sich einmal bei einem Aufruhr bedienen konnten.

Und nicht viel weniger widerwärtig als die Milizen war dem Sultan und dem Wesir die Korporation der Ulemas. Die reichen Familien hatten eingeführt, ihre Besitzungen zu den geistlichen Gütern zu schlagen, sie z. B. geradezu an die Moscheen zu vererben, doch unter der Bedingung, daß die Einkünfte den Privatbesitzern ausgezahlt würden: nur in der Absicht, um sie vor den Einwirkungen der Staatsgewalt, hauptsächlich vor der Konfiskation, die auf geistliche Güter keine Anwendung fand, sicherzustellen. Während die beiden Kassen des Großherrn, die innere und die äußere, von Barschaften entblößt wurden, schwollen die geistlichen Güter täglich zu größerem Umfange an; bei dem öffentlichen Mangel wurden die großen Familien immer reicher. Schon kam es vor, daß ansehnliche Vererbungen jener Art erst dem Defterdar übergeben wurden, zur Untersuchung der darauf haftenden Verpflichtungen. Aber wie wenig war damit zu erreichen! Das System erschien überhaupt als ein Mißbrauch, dem man steuern müsse. Und waren nicht die Ulemas mit den empörten Milizen fast in der Regel verbündet gewesen? Hatten sie nicht an dem Ereignisse von 1648 gleichen Anteil gehabt? Mohammed vergaß nicht, was sie seinem Vater angetan hatten: wie leicht konnten sie dasselbe auch einmal gegen ihn versuchen! Er liebte Konstantinopel nicht, noch den Aufenthalt daselbst.

Indem nun Kara Mustafa die Unternehmung gegen Wien einleitete, so hegte er, wie uns ebenso kundige als besonnene Gewährsmänner berichten, die Hoffnung, durch die Rückwirkung des Sieges den Sultan zugleich aller inneren Schwierigkeiten zu überheben. Er stellte dem Großherrn vor, daß er die beiden Körperschaften, deren Macht ihn beschränke – denn die eine besitze ein hohes Ansehen im Volke, die andere führe die Waffen –, nur mittels eines Krieges demütigen könne. Da werde sich die Zahl der Janitscharen vermindern: man könne die Ergänzung derselben verzögern; schon seien in Ungarn 40 000 Mann geübte Truppen vorhanden, aus denen sich leicht eine regelmäßige Miliz von unverbrüchlichem Gehorsam werde bilden lassen: man werde einen glorreichen Frieden schließen und alsdann die Überreste der Janitscharen vollends zerstören. Nach der Vertilgung der empörerischen Truppen aber könne man der Ulemas ohne Mühe Meister werden und die Reichtümer der Moscheen für das Reich wieder nutzbar machen. Es war der Plan Osmans II., aber noch ausgedehnter und umfassender.

Fast noch von größerem Gewichte als die erste erscheint dergestalt die zweite Belagerung von Wien, da sich so unermeßliche Aussichten der Rückwirkung auf das Innere des Osmanischen Reiches an ihr Gelingen knüpften.

Aber zum zweitenmal brachen sich die Fluten der Barbarei an diesen Wällen. Weder sollte Deutschland einer neuen Verwüstung preisgegeben, noch der Sultan wieder zu unbedingter Herrschaft in Konstantinopel erhoben werden.

Nach dem Mißlingen der Unternehmung konnte sich vor allem das Wesirat nicht in der Geltung, die es seit einem Vierteljahrhundert eingenommen, behaupten.

Kara Mustafa ward beschuldigt, durch übelberechnete Verzögerungen und verkehrten Ehrgeiz das Unglück selbst verschuldet zu haben: soviel man weiß, war es eine von dem Kadiasker von Rumili verfaßte, von der Sultanin Chasseki befürwortete Vorstellung hierüber, was den Sultan vermochte, den Befehl zur Hinrichtung des Wesirs zu geben. Der erste seiner Nachfolger, der an der Pforte blieb, ward von dem Kislar Agassi, der zweite, der das Heer jedoch nicht glücklich führte, ward von den Janitscharen gestürzt. Mit unabwendbarer Konsequenz wälzte sich aber hierauf die Empörung aus dem Felde gegen den Sultan selbst heran; die Ulemas trugen kein Bedenken, dem Heere beizutreten. In einer Versammlung von Abgeordneten beider Korporationen, auf ein neues Fetwa des Mufti, ward die Absetzung Mohammeds IV. ausgesprochen, wie die seines Vaters. Ein glücklicher Krieg hätte dem Großherrn zustatten kommen müssen: das fortdauernde und wachsende Unglück der Feldzüge gereichte denen zum Vorteil, die er erdrücken wollte. Von den Brüdern, die er so oft mit dem Tode bedroht hatte, ward der älteste an seine Stelle gesetzt.

Damals hatte sich die Waffenmacht der europäischen Staaten dahin entwickelt, daß trotz der Zerwürfnisse, die so lebhaft und kriegdrohend waren wie jemals und auch Deutschland zersetzten, ein Teil derselben dennoch Kräfte genug besaß, um den Kampf mit den Türken siegreich zu führen. In Ungarn schritten die deutschen und kaiserlichen Heerscharen von einer Eroberung zur andern fort, bis auch Belgrad in ihre Hand geriet; in den Fürstentümern drangen die Polen, am Asowschen Meer die Russen vor; die Venezianer nahmen Morea in Besitz.

Menschlichem Ansehen nach wären die Türken wenigstens in Europa, wo sich die christlichen Populationen allenthalben ihren Glaubensgenossen anschlossen, verloren gewesen, hätte nicht Ludwig XIV. hauptsächlich deshalb aufs neue Krieg erhoben, weil er den Zuwachs an Macht fürchtete, welchen Österreich durch die Niederlagen der Türken ohne Zweifel davontragen mußte.

Noch einmal haben dann, auf diesen Rückhalt gestützt, die Osmanen, zuweilen unter einem tapferen Wesir, wie Mustafa Köprili, Bruder Ahmeds, einmal auch wieder unter einem kriegerischen Sultan, Mustafa II., den Kampf mit Eifer und Nachdruck aufgenommen; endlich aber erkannten sie, daß sie nicht mehr fähig seien, ihn zu bestehen. Nach der Schlacht von Zenta, in welcher sieben Roßschweife und das großherrliche Siegel selbst den Deutschen in die Hände fielen, war jedermann von der Notwendigkeit des Friedens überzeugt. Die Ulemas sahen in den Unfällen ihrer Heere fast ein Gottesurteil; in einem Diwan, welchem wie der Mufti und der Kadiasker, so auch der Janitscharen-Aga beiwohnten, ward der Beschluß gefaßt, den nach so vielen Verlusten gewaltig geschmälerten Besitzstand als Grundlage des Friedens anzuerkennen.

Was im Anfange des Jahrhunderts begonnen, aber dann unaufhörlich wieder in Frage gestellt worden war, wurde am Ende desselben vollführt. In Carlowitz hörten die Osmanen nicht allein auf, von Tributen zu reden; sie unterwarfen sich einer regelmäßigen Unterhandlung, sie erkannten zum erstenmal ein für alle gleichmäßiges Recht an.

In der Verflechtung der äußeren und der inneren Politik lag es aber, daß die beiden Korporationen hierauf auch im Innern die Oberhand behaupteten. Gegen Mustafa II., der sich wie sein Vater Mohammed IV. von Konstantinopel fernhielt, sind die Milizen der Hauptstadt, durch einen Ausspruch des Mufti dazu ermächtigt, aber nicht allein mit den Ulemas, sondern auch mit den Zünften vereinigt, förmlich zu Felde gezogen. Die Truppen, welche der Sultan und der Wesir um sich sammelten, verweigerten, mit den Heranrückenden, welche gute Moslimen seien, zu schlagen; sie brannten ihre Flinten ab, ohne sie geladen zu haben. Durch Übereinkunft der Janitscharen und der Ulemas mußte Mustafa seinem Bruder Ahmed den Thron überlassen, der dann 27 Jahre hindurch nicht ohne Ruhm regierte, bis er (1730) durch die Macht gestürzt wurde, die ihn erhoben hatte.

Denn das war nun gleichsam die bewußte Verfassung des Türkischen Reiches, daß dem Sultan zur Seite ein unabhängiger, thronfähiger Sprosse des Geschlechts erhalten ward; wenn der regierende Fürst den beiden Körperschaften nicht mehr genügte, ward er vom Thron geworfen und durch seinen nächsten Verwandten ersetzt. In dieser Monarchie, welche die absoluteste von allen erschien, war doch die höchste Gewalt nur auf Zeit, mit Vorbehalt der Zurücknahme übertragen. Und auch in der Leitung der Staatsgeschäfte hatten die Großherren keineswegs freie Hand. Bei der Unterhandlung über den Frieden von Belgrad haben die osmanischen Gesandten ihr Festhalten an den einmal ausgesprochenen Bedingungen damit motiviert, daß es anderen Fürsten eher freistehe, einen Schritt zurück zu tun, als dem Großherrn, der an das Dafürhalten seiner Ratsversammlung gebunden sei.

Schluß

Auch in diesem Zustand aber sind die Osmanen noch lange Zeit mächtig geblieben.

In Asien hat ihnen selbst der kriegsgewaltige Nadirschah nichts abgewonnen; die sunnitisch-alidische Glaubensform, die er aufstellte, hat eher zu ihrer Sicherheit beigetragen.

In Europa wiesen sie die partiellen Angriffe ihrer Nachbarn meistenteils zurück: sie behaupteten nicht allein die im Carlowitzer Frieden festgesetzten Grenzen, sondern sie wurden einiger Landschaften wieder Meister, die sie in demselben aufgegeben hatten.

Über ein unermeßliches Gebiet hin blieben sie in der Mitte der alten Feste gelagert. Man hat ein Sprichwort, daß da kein Gras wieder wachse, wohin ein osmanisches Pferd den Fuß gesetzt; und die Verödung der schönsten Länder der Erde, die sie eingenommen, schien es fortwährend zu bestätigen. Auch sich selbst aber haben sie nicht kultivieren mögen. Es ist wahr, daß viele von ihnen Tugenden haben, die den Menschen zieren; man rühmt, daß sie ohne Falsch, beharrlich, mildtätig, gastfrei seien; doch zu einer freien Entwicklung des Geistes haben sie es nie gebracht, sie sind immer Barbaren geblieben.

Will man ihren Unterschied von den europäischen Nationen im allgemeinsten bezeichnen, so liegt er in der unabänderlichen Trennung der herrschenden Bekenner des Islam von der unterworfenen christlichen Bevölkerung. Die ersten aber, welche den Staat ausmachen, sind wieder durch ihre Religion von aller wahren Teilnahme an dem historischen Leben des menschlichen Geschlechtes ausgeschlossen.

Das System ihrer Religion ließ ihnen bisher noch immer die beschränkte Überlieferung ihrer Schulen als die wahre Wissenschaft erscheinen: ihr Geist richtete sich mehr auf Phantome und Wahn, als auf die Erkenntnis der Dinge, wie sie sind. Wie so ganz unzugänglich sind sie für die Studien des klassischen Altertums, von denen im Abendlande alle individuelle Ausbildung ausgeht! In den Regionen herrschend, wo die Kunst entsprungen ist, halten sie die Nachbildung der menschlichen Gestalt für ein religiöses Verbrechen. Sie wandeln unter den Denkmalen eines edleren Daseins, ohne ihrer zu achten. In dumpfer und stolzer Selbstgenügsamkeit nehmen sie auch an den technischen und materiellen Fortschritten Europas wenig Anteil.

Notwendig ist daraus erfolgt, daß, als die Kriege wieder angingen, ihre Nachbarn ihnen überlegen waren und im Innern allenthalben Empörungen ausbrachen. Sie vermochten weder jenen zu widerstehen, noch diese zu dämpfen. Ihre Rettung haben sie nur der europäischen Politik zu verdanken, jener Eifersucht, mit der jeder von unseren Staaten alle anderen bewacht und alle jeden einzelnen; diese hat ihnen in ihren größten Gefahren immer Verbündete verschafft und selbst, nach einigem für das Ganze doch nicht sehr bedeutenden Verlust, die Integrität ihres Gebietes erhalten.

Sie selbst sind im Gedränge der Unfälle zu jener Reform der Milizen geschritten, welche schon im siebzehnten Jahrhundert beabsichtigt war. Endlich haben sich die Ulemas dem Sultan beigesellt und in die Vernichtung der Janitscharen gewilligt, weil ihre Widersetzlichkeit gegen jede Verbesserung zum Nachteil der Religion gereiche. Militärische Reformen sind begonnen und bis auf einen gewissen Grad durchgeführt worden. Niemand aber wird sagen, daß dadurch eine festbegründete, widerstandsfähige, den übrigen Staaten der Welt gleichartige Macht zustande gekommen sei. Denn worauf beruht allenthalben die Entwicklung der Macht als auf der systematischen Heranziehung der unteren Volksklassen zum Waffendienst? Unter den Osmanen ist eine solche durch Verfassung und Religion verboten. Dem Vordringen der Ideen der westlichen Welt haben sie noch immer einen unbesiegbaren Widerstand entgegengesetzt. Der Widerstreit der aus der Tiefe der Jahrhunderte hervorgegangenen nationalen und religiösen Gegensätze im Orient und ihr Verhältnis zum Okzident bildet das größte historisch-politische Problem, das ein Jahrzehnt dem anderen ungelöst überliefert.

DIE SPANISCHE MONARCHIE

ERSTE ABTEILUNG

Regierung und Landschaften

EINLEITUNG

Wir gehen von dem Orient in den Okzident; wir kommen von einem türkischen Sklavenreich auf eine romanisch-germanische Monarchie.

Augenblicklich tritt uns der ganze Gegensatz vor die Augen: der Gegensatz zwischen einem Staat, dessen Herr und unumschränkter Besitzer der Fürst ist, und dem anderen, der, auf der Freiheit der einzelnen beruhend, dem Oberhaupte soviel Gewalt gibt, als erfordert wird, um eben jene Freiheit wider innere und äußere Feinde zu beschützen. Der orientalische Fürst ist Alleinherr unter Knechten, und dahin hatte sich selbst die altrömische Monarchie verloren; der germanische Fürst dagegen ist der Schutz der gemeinen Freiheit, der Erhalter der persönlichen Rechte, der Schirm des Vaterlandes.

Ist nun der Unterschied noch jetzt auffallend und an sich klar, so war er doch früher und damals noch viel größer, als in dem Orient Fürsten von ausgezeichneter Persönlichkeit regierten, welche ihre Staaten in völliger Untertänigkeit und Einheit zu ihrem Willen hatten, als dagegen im Okzident die Privilegien, die auf Pergament übertragenen und unverbrüchlichen Rechte der Individuen und der untergeordneten Vereinigungen die Macht des Oberhauptes banden und hemmten.

In dem letzten Falle war auch die spanische Monarchie. Sie war weit entfernt, ein Staat in unserem Sinne zu sein, ein Staat von organischer Einheit, von einem einzigen und durchgehend herrschenden Interesse: sie war nicht dergestalt durch Eroberung zusammengebracht, daß irgendeine Provinz ihrer einheimischen Rechte verlustig gegangen wäre, daß etwa ein Hauptland gegründeten Anspruch hätte erheben dürfen, die anderen zu beherrschen; sondern sie bestand aus koordinierten Teilen, deren jeder sein eigenes Recht hatte: aus einer Menge einzelner Landschaften deutscher, französischer, italienischer, kastilischer, katalonischer, baskischer Zunge, Landschaften verschiedenen Herkommens, abweichender Gesetze, widerstrebender Natur, jedoch gleichartiger Berechtigungen. Wenn wir fragen, was diese Landschaften vereinigt hatte und was sie ferner untereinander verband: so war das kein ihnen innewohnendes Interesse, sondern Erbe hatte sie vereinigt; wenn selbst ein Krieg, kein anderer, als der ein Erbrecht verfocht; und der Fürst verband sie, dem sie zugefallen waren. Das Erbe jedoch bezog sich nicht immer auf dieselben Rechte, und der Fürst hatte zu jedem Lande ein anderes Verhältnis. Der lange Titel, dessen sich die Prinzen vom Hause Habsburg bedienten, ist nicht eben eine Prahlerei, wofür ihn wohl der französische Hof erklärte, sondern ihr Königtum ist in der Tat ein ganz anderes in Kastilien als in Sizilien, als in Aragon; es ist wohl anzumerken, daß sie in Flandern nichts sind als Grafen, daß ihre Gewalt in Guipuzcoa* darauf beruht, daß sie Barone und Erbherren dieses Landes sind, – während ihnen die amerikanischen Besitzungen zu einer Art Domäne werden; diese Verschiedenheit ihrer Gewalt deutet ihr Titel an.

Gehen wir nun daran, diese Monarchie und ihre Entwicklung im Verlauf eines Jahrhunderts zu betrachten, so stellen sich uns zwei gegeneinander wirkende Kräfte vor die Augen. Obwohl der Fürst allenthalben beschränkt ist, so tritt er doch um so mehr hervor, da die Vereinigung des Ganzen sich lediglich an seine Person knüpft; ohne ihn wäre es nicht vorhanden. Oft wird er die einzelnen Lande zu gemeinschaftlichen Unternehmungen anstrengen müssen: er wird sie von einem allgemeinen Gesichtspunkte aus regieren. Werden dann diese sich in ihrer Absonderung, bei ihrem alten Herkommen zu erhalten vermögen? Oder wird der Fürst sie zu engerer Vereinigung nötigen? Wird er sie zwingen, ihm zu leisten, was er will? Sie treten ihm in ihrer Besonderheit gegenüber.

Dieser Zwiespalt bildet den vornehmsten Gegenstand unserer nächsten Untersuchung. Sie ist nicht bestimmt, das Verhältnis ausführlich zu erörtern, in welchem sich die Monarchie zu dem übrigen Europa befand; – auch hiervon wird die Rede sein müssen, doch ist es eine untergeordnete Rücksicht. Die Absicht ist vielmehr, jenen Kampf zwischen der höchsten Staatsgewalt und dem abgesonderten Interesse der einzelnen Landschaften in dem Umkreise der Monarchie vor Augen zu legen, zuerst Natur und Intentionen der Regierenden, sowohl der Könige als ihrer Räte, hierauf den Widerstand, den sie in den vornehmsten Provinzen finden, und wie sie ihn mehr oder minder besiegen: ein für die innere Geschichte der europäischen Staaten überaus denkwürdiges Schauspiel, – endlich die Staatswirtschaft, welche sie sich nunmehr einrichteten, und der Zustand, in welchen die Provinzen gesetzt wurden.

Es ist aber nicht allein der Zusammenhang des Ganzen, auf welchen wir zielen. Nicht durch diesen allein gewinnen uns Natur und Geschichte Teilnahme ab. Der Mensch heftet seine Augen zuerst mit lebhafter Wißbegier auf das einzelne. Glücklich, wem es gelingt, die Dinge zugleich in dem Grunde ihres Daseins und in der Fülle ihrer eigentümlichen Erscheinung zu begreifen.

---

* *Guipuzcoa ist die östlichste der drei baskischen Provinzen Spaniens.*

ERSTES KAPITEL

Von den Königen

1. Karl V. (1519-1556)

Wenn die alte Sage ihre Helden schildert, gedenkt sie zuweilen auch solcher, die erst eine lange Jugend hindurch untätig zu Hause sitzen, aber alsdann, nachdem sie sich einmal erhoben, nie wieder ruhen, sondern in unermüdlicher Freudigkeit von Unternehmung zu Unternehmung fortgehen. Erst die gesammelte Kraft findet die Laufbahn, die ihr angemessen ist.

Man wird Karl V. mit einer solchen Natur vergleichen können.

Bereits in seinem sechzehnten Jahre war er zur Regierung berufen; doch fehlte viel, daß er in seiner Entwicklung dahin gewesen wäre, sie zu übernehmen. Lange war man versucht, einen Spottnamen, den sein Vater gehabt, weil er seinen Räten allzuviel glaubte, auch auf ihn zu übertragen. Sein Schild führte das Wort: „Noch nicht." Ein Croi leitete ihn und seinen Staat vollkommen. Selbst während seine Heere Italien unterwarfen und wiederholte Siege über die tapfersten Feinde davontrugen, hielt man ihn, der indes ruhig in Spanien saß, für unteilnehmend, schwach und abhängig. Man hielt ihn solange dafür, bis er im Jahre 1529, im dreißigsten seines Lebens, in Italien erschien.

Wie viel anders zeigte er sich da, als man erwartete! Wie zuerst so ganz sein eigen und vollkommen entschieden! Sein geheimer Rat hatte nicht gewollt, daß er nach Italien ginge, hatte ihn vor Johann Andrea Doria gewarnt und ihm Genua verdächtig gemacht. Man erstaunte, daß er dennoch nach Italien ging, daß er gerade auf Doria sein Vertrauen setzte, daß er dabei blieb, in Genua ans Land steigen zu wollen. So war er durchaus. Man nahm keinen überwiegenden Einfluß eines Ministers wahr; an ihm selber fand man weder Leidenschaft noch Übereilung, sondern alle seine Entschlüsse waren gereift, es war alles überlegt; sein erstes Wort war sein letztes.

Dies bemerkte man zuerst an ihm; darauf, wie selbsttätig, wie arbeitsam er war. Es erforderte einige Geduld, die langen Reden der italienischen Gesandten anzuhören; er bemühte sich, die verwickelten Verhältnisse ihrer Fürsten und Mächte genau zu fassen. Der venezianische Botschafter wunderte sich, ihn um nicht weniges zugänglicher und gesprächiger zu finden, als er drei Jahre zuvor in Spanien gewesen war. In Bologna hatte er ausdrücklich darum eine Wohnung genommen, aus welcher er den Papst unbemerkt besuchen konnte, um dies so oft zu tun wie möglich, um alle Streitpunkte selbst ins reine zu bringen.

Von dem an begann er seine Unterhandlungen persönlich zu leiten, seine Heere selber anzuführen; er fing an, von Land zu Land und immer dahin zu eilen, wo das

Bedürfnis und die Lage der Geschäfte seine Gegenwart erforderten. Wir sehen ihn bald in Rom sich bei den Kardinälen über die unversöhnliche Feindschaft Franz I. beklagen, bald in Paris die Gunst der Estampes suchen und gewinnen, bald in Deutschland dem Reichstage vorsitzen, um die religiöse Entzweiung beizulegen, bald in den kastilischen Cortes bemüht, sich die Auflage des Servicio stimmen zu lassen. Dies sind friedliche Bemühungen; öfter aber steht er an der Spitze seiner Heere. Er dringt über die Alpen in Frankreich vor und überschwemmt die Provence; er setzt Paris von der Marne aus in Schrecken. Dann kehrt er um nach Osten und Süden. Den Siegeslauf Solimans hält er ein an der Raab; er sucht den Halbmond bei Algier auf. Das Heer, das ihm in Afrika gedient, folgt ihm an die Elbe, und auf der Lochauer Heide hört man das Feldgeschrei Hispania. Da ist Karl das am meisten beschäftigte Haupt der Welt. Gar manchmal schifft er über das Mittelmeer, über den Ozean. Indessen sind seine Seeleute Entdecker in früher nie befahrenen Meeren, seine Krieger Eroberer von früher nie betretenen Erden. In so weiter Ferne bleibt er ihr Regierer und Herr. Sein Wahlspruch: „Mehr; weiter" hat eine glorreiche Erfüllung.

So ist sein Leben, wenn wir es im ganzen betrachten: nach ungewöhnlich langem Ruhen volle Tätigkeit. Es läßt sich bemerken, daß die nämliche Erscheinung, anfangs Ruhen, Warten, Zusehen, spät die Tat, auch während seines bewegtesten Lebens in den einzelnen Ereignissen immer wiederkehrt.

Obwohl in der allgemeinen Willensrichtung völlig entschieden, faßte er, Fall für Fall, doch nur langsame Entschlüsse. Auf jeden Vortrag antwortete er anfangs unbestimmt, und man mußte sich hüten, seine vieldeutigen Ausdrücke für eine Gewährung zu nehmen. Dann beriet er sich mit sich selbst. Er schrieb sich oft die Gründe für und wider auf; da brachte er alles in so guten Zusammenhang, daß, wer ihm den ersten Satz zugab, ihm den letzten zuzugeben gewiß genötigt war. Den Papst besuchte er zu Bologna, einen Zettel in der Hand, auf welchem er alle Punkte der Unterhandlung genau verzeichnet hatte. Nur Granvella pflegte er jeden Bericht, jeden Vortrag mitzuteilen; diesen fanden die Botschafter immer, bis auf die einzelnen Worte, welche sie geäußert, unterrichtet: zwischen beiden wurden alle Beschlüsse gefaßt. Langsam geschah es: häufig hielt Karl den Kurier noch ein paar Tage länger auf.

War es aber einmal so weit, so war nichts auf der Welt vermögend, ihm eine andere Meinung beizubringen. Man wußte dies wohl. Man sagte, er werde eher die Welt untergehen lassen, als eine erzwungene Sache zu tun. Es war kein Beispiel, daß er jemals durch Gewalt oder Gefahr zu irgend etwas genötigt worden. Er äußerte sich einst selbst mit einem naiven Geständnis hierüber. Er sagte zu Contarini: „Ich bestehe von Natur hartnäckig auf meinen Meinungen." „Sire", entgegnete dieser, „auf guten Meinungen bestehen, ist nicht Hartnäckigkeit, sondern Festigkeit." Karl fiel ihm ins Wort: „Ich bestehe zuweilen auch auf schlechten."

Der Beschluß ist indes noch lange nicht die Ausführung. Karl hatte eine Scheu, die Dinge anzugreifen, auch wenn er sehr gut wußte, was zu tun war. Im Jahre 1538 sagt Tiepolo von ihm, er zögere so lange, bis seine Sachen gefährdet, bis sie ein wenig im Nachteile seien. Eben das fühlte Papst Julius III.: Karl räche sich wohl, doch müsse er erst einige Stöße fühlen, ehe er sich erhebe. Auch fehlte es dem Kaiser oft an Geld: die verwickelte Politik gebot ihm tausend Rücksichten.

Indes er nun harren mußte, behielt er seine Feinde unausgesetzt im Auge. Er beobachtete so genau, daß die Gesandten erstaunt waren, wie gut er ihre Regierungen kannte, wie treffend er zum voraus beurteilte, was sie tun würden. Endlich kam die Gelegenheit, die günstige oder die dringende Stunde doch. Dann war er auf, dann führte er aus, was er vielleicht seit zwanzig Jahren im Sinne gehabt.

Das ist eine Politik, die seinen Feinden verabscheuungswürdig und Hinterlist, seinen Freunden ein Muster von Klugheit schien. Wenigstens darf man sie kaum als Werk der Wahl, der Willkür betrachten. So ruhen, sich unterrichten, harren, erst spät sich erheben und schlagen, eben das ist die Natur dieses Fürsten.

In wieviel anderen Dingen war es mit ihm nicht anders bestellt! Er bestrafte zwar, doch ließ er sich zuvor viel gefallen. Er belohnte wohl, aber freilich nicht sogleich. Mancher mußte jahrelang unbezahlt ausharren, dann aber bedachte er ihn mit einem jener Lehen, mit einer jener Pfründen, deren er so viele hatte, daß er reichmachen konnte, wen er wollte, und ohne selbst etwas auszugeben. Hierdurch brachte er andere dahin, in seinem Dienste alle Mühseligkeiten der Welt zu erdulden.

Wenn man ihm die Waffen anzog, so bemerkte man, daß er über und über zitterte. Erst wenn er gerüstet war, dann ward er mutig, daß man glaubte, er trotze darauf, daß noch nie ein Kaiser erschossen worden.

Ein solcher Mensch, voll Ruhe und Mäßigung, leutselig genug, um sich verschiedenen zu bequemen, scharf genug, um viele zugleich in Unterwerfung zu halten, scheint wohl geeignet, mehreren Nationen zusammen vorzustehen. Man lobt Karl, daß er durch Herablassung die Niederländer, durch Klugheit die Italiener, durch Würde die Spanier an sich gezogen habe. Was besaß er aber, um den Deutschen zu gefallen? Seine Natur war nicht fähig, sich zu jener treuherzigen Offenheit zu entwickeln, welche unsere Nation an ausgezeichneten und hochgestellten Menschen zu allererst anerkennt, liebt und verehrt. Ob er wohl die Manier, wie die alten Kaiser sich mit Fürsten und Herren gehalten, gern nachahmte; ob er sich wohl bemühte, deutsche Sitten anzunehmen und sogar den Bart in Deutschland nach deutscher Weise trug, so erschien er den Deutschen doch immer als ein Fremder. Ein Vorspänner bei dem Geschütz, den er heftig antreibt, läßt ihn die Peitsche fühlen; vor Algier legt ein Landsknecht sogar auf ihn an; beide, weil sie ihn für einen Spanier halten. Besonders seit dem Schmalkaldischen Kriege zerfiel er mit der Meinung der Nation. Man nannte seine beiden Gegner die Großmütigen; er aber, Karl von Gent, wie man ihn hieß, habe hämisch gelacht, wie er den guten Kurfürsten gefangen genommen; mit welcher Hinterlist habe er sich in Halle des Landgrafen bemächtigt! Während die Italiener seine Einfachheit priesen, wenn er unter einem glänzenden und reichgekleideten Gefolge selber in einem unscheinbaren Mantel in ihre Städte einritt, fanden die Deutschen auch an solchen Dingen etwas auszusetzen. Als er vor Naumburg von einem Regen überrascht ward, ließ er sich sein altes

Barett aus der Stadt holen und nahm das neue, das er trug, indes unter den Arm. „Armer Kaiser, dachte ich", sagt Sastrow, „der Tonnen Goldes verkriegt und um eines samtnen Käppchens willen im Regen hält." Genug, in Deutschland ward ihm nie recht wohl. Die Entzweiungen nahmen alle seine Tätigkeit hin, ohne ihm Ruhm zu gewähren; das Klima war seiner Gesundheit nachteilig; er konnte die oberdeutsche Sprache nicht recht; die Mehrzahl der Nation mißverstand ihn und war ihm abgeneigt.

Sein Leben fing spät an, selbständig zu werden, und ging ihm früh dahin. Lange wollte er nicht wachsen, und man versuchte manche Küche, um ihn besser zu fördern. Seine Entwicklung blieb ungewöhnlich zurück, bis man im Jahre 1521 bemerkte, daß er einen Bart bekomme und männlicher werde. Seitdem blühte er eine Zeitlang in gesunder Jugend. Er fing an, die Jagd zu lieben. In den Alpuxarren, in den toledanischen Heiden verlor er sich mehr als einmal so weit, daß niemand sein Horn hörte, daß etwa ein Moriske ihm am Abend den Weg weisen mußte und man in der Stadt schon Lichter in die Fenster gestellt hatte und die Glocken zog, um ihn zu suchen. Zu Pferde turnierte er bald in Schranken, bald in offenem Felde; er versuchte sich mit Rohr und Gineta; auch zu Fuß blieb er nicht zurück. Den Streit, den er mit Franz I. hatte, durch einen Zweikampf zu endigen, war wenigstens bei ihm voller Ernst. Wir haben aus dieser Zeit ein Bild von ihm, mit noch geschlossenem, etwas befehlshaberischem Munde, großem und feurigem Auge, gedrungenen Zügen; es ist ganze Gestalt; er faßt einen Jagdhund am Halsbande. Aber allmählich und nur allzubald entwickelte sich die Trennung zwischen der oberen und der unteren Hälfte seines Gesichtes, welche seine meisten Bilder charakterisiert. Die untere tritt hervor, der Mund bleibt offen, die Augenlider senken sich. So wie er vollkommen in das tätige Leben eintritt, ist er bereits nicht gesund mehr, und mit einer sonderbaren Art von Neid sieht er den Heißhunger an, mit dem ein eben von der Reise gekommener Geheimschreiber den Braten aufzehrt, den man ihm vorgesetzt hat. In seinem 36. Jahre, zu Neapel, gerade als er sich schmücken wollte, um etwa auch, wie er gesteht, den Damen zu gefallen, bemerkte er die ersten weißen Haare an seinen Schläfen. Nur vergebens ließ er sie wegnehmen: sie kamen immer wieder. Im 40. Jahre fühlte er seine Kraft schon halb gebrochen. Es mangelte ihm das alte Vertrauen zu sich selbst und zu seinem Glücke, und es ist bemerkenswürdig, daß er sich seiner Begegnisse vor diesem Jahre besser zu erinnern wußte als der nachfolgenden, obwohl dieselben so viel neuer waren. Seitdem griff ihn besonders die Gicht an. Er mußte meist in der Sänfte reisen. Zuweilen brachte er zwar noch einen Hirsch, ein wildes Schwein von der Jagd, doch gewöhnlich mußte er sich begnügen, mit der Büchse ins Holz zu gehen und nach Krähen und Dohlen zu schießen. Sein Vergnügen war zu Hause, wo ihm der Narr hinter seinem Tische zuweilen ein halbes Lächeln abnötigte, wo ihn sein Hofmeister Monfalconet mit treffenden Antworten reizte und ergötzte. Doch immer heftiger setzte ihm die Krankheit zu. Die Gicht, sagt Cavallo 1550, steigt ihm manchmal bis zum Kopfe und droht, ihn plötzlich einmal zu töten. Die Ärzte rieten ihm dringend, Deutschland zu verlassen; die steigende Verwirrung der Geschäfte hielt ihn in diesen Gegenden fest. Da entwickelte sich ein Hang zu schwermütiger Einsamkeit, der lange in ihm gewesen, zu überwiegender Stärke: im Grunde doch der nämliche, der seine Mutter, solange auf der Welt, solange der Welt entfremdet gehalten. Karl sah niemand, wen er nicht ausdrücklich hatte rufen lassen. Oft war er unmutig, nur zu unterschreiben. Selbst einen Brief zu eröffnen, machte ihm Schmerzen in der Hand. In einem schwarz ausgeschlagenen Gemach, das mit sieben Fackeln erhellt war, lag er stundenlang auf den Knien. Als seine Mutter gestorben, glaubte er zuweilen ihre Stimme zu vernehmen, die ihn rufe, nachzukommen.

In diesem Zustande entschloß er sich, das Leben zu verlassen, ehe er noch starb.

2. Philipp II. (1556-1598)

Wenn ein verständiger Mann die Lage der damaligen Welt erwog, was mußte er wohl von einem Sohne dieses Vaters wünschen?

Es lag am Tage, daß nur ein freisinniger Fürst, geneigter, sich an der Welt zu erfreuen und sie zu genießen, als sie nach seinem Sinne einzurichten, fähig, auch anderen eine eigene Entwicklung zu gestatten, imstande war, die entzweiten Gemüter der Völker wenn nicht zu versöhnen, doch zu besänftigen und von einem Ausbruche ihrer Leidenschaft zurückzuhalten. Es war deutlich, daß der Erbe der spanischen Monarchie, zum Fürsten über so verschiedenartige Länder bestimmt, vornehmlich leutseliger und zutraulicher Sitten, einer heiteren Gemütsart bedurfte, um einem jeden nahetreten zu können.

War dies ohne Zweifel zu wünschen, so war es vielleicht auch zu erwarten. Man konnte denken, daß ein Fürst, im Gefühl seiner großen Bestimmung erzogen, seine Seele zu edleren Ansichten der Dinge aufgetan haben würde, als welche die Beschränkung eines geringeren Standes zu gewähren pflegt. In der Meinung, daß er das Haupt des Adels sei, aufgewachsen, sollte er sich nicht zu einer munteren, leutseligen Ritterlichkeit, die der Jugend so wohl ansteht, auszubilden gesucht haben?

Als Philipp zum erstenmal Spanien verließ und man ihn auch in anderen Ländern ansichtig ward, bemerkte man zunächst die große Ähnlichkeit, die er äußerlich mit seinem Vater hatte: dasselbe mehr weiße als blasse Gesicht, dasselbe blonde Haar, das nämliche Kinn, denselben Mund. Sie waren beide nicht groß; Philipp noch etwas kleiner, zierlicher, schwächer als sein Vater. Bald ging man in dieser Vergleichung weiter. Die Gesichtszüge des Sohnes schienen doch nicht den Ausdruck von Scharfsinn darzubieten, der den Vater auszeichnete. Man ward inne, daß Philipp, sehr entfernt, diesen in natürlicher Leutseligkeit zu übertreffen, hierin vielmehr von ihm weit übertroffen ward. Während der Vater, wenn ihn Reichsfürsten nach Hause begleiteten, umzukehren, den Hut abzunehmen, einem jeden die Hand zu reichen und ihn mit freundlichem Bezeigen zu entlassen pflegte, bemerkte man mit Mißfallen, daß der Sohn, wenn sie ihm das nämliche getan, sich mit keinem Auge nach ihnen umsah, sondern, den Blick gerade vor sich hin, die Treppe zu seinen Gemächern hinanstieg. Er hatte keine Freude an Jagd und Waffen; er schlug selbst die Einladungen seines Vaters aus; er liebte, zu Hause zu bleiben und mit seinen Günstlingen des Gesprächs zu warten. Italiener und Niederländer wurden ihm nicht wenig, die Deutschen entschieden abgeneigt.

Nun schien es zwar, wie er Spanien im Jahre 1554 zum zweitenmal verließ, als vermeide er jenes herrische, zurückgezogene Wesen, als suche er auch in äußerlichen Manieren seinem Vater ähnlich zu werden, als sei er von jener törichten Einbildung, die man ihm schuld gab, eines Kaisers Sohn, wie er, sei mehr als der Sohn eines Königs, wie sein Vater, zurückgekommen; er zeigte sich bescheidener und leutseliger, er gab gern Audienz und genügende Antworten. Doch in der Tat war das keine Änderung. Er nahm sich zusammen, weil er den Engländern, deren König er zu sein wünschte, gefallen wollte. Die stolze, einsame Ruhe, welche die Spanier Sosiego nennen, behauptete er dennoch; Teilnahme und Offenheit waren nicht seine Tugenden; selbst der Freigebigkeit befleißigte er sich nicht; aller persönlichen Teilnahme am Kriege zeigte er sich abgeneigt.

Seit er nach dem Frieden von 1559 nach Spanien zurückgegangen, verließ er die Halbinsel nicht wieder. Selbst hier vermied er, von Ort zu Ort zu reisen, wie die früheren Könige und sein Vater immer getan. Er richtete die Residenz in dem Schlosse zu Madrid ein. Er verließ es nur, um jenen öden Weg hin, wo kein Baum Schatten und kein Bach Mannigfaltigkeit gewährte, nach dem Escorial zu fahren, das er zwischen nackten, kleinen Hügeln in einem steinigen Tale Hieronymitenmönchen zum Aufenthalt und seinem Vater zum Grabmal baute; oder um in Frühjahr nach Aranjuez zu gehen, wo er in der Tat die Jagd in die Berge begleitete und sich zu Alcalden und Monteros herabließ, doch ohne sie nach etwas anderem zu fragen als nach ihrem Amte, und ohne sie von etwas anderem reden zu lassen als von ihrem Geschäft. Ein jeder, sagt Cabrera, ward nach seinem Stande wohl angesehen. Die Sorge für seine niemals feste Gesundheit machte ihm die größte Regelmäßigkeit des Lebens zur Pflicht. Er aß dann und wann mit seiner Gemahlin oder mit seinen Kindern, aber in der Regel allein, überaus mäßig, immer die nämlichen erprobten Speisen, immer in derselben Stunde. Auch in höheren Jahren erschien er wohlerhalten; es fiel auf, wie sorgfältig, mit wie vornehmem Anstand er gekleidet war. Sein Sinn war, Würde mit Freundlichkeit zu verbinden; er sagte nie ein kränkendes Wort; er wußte einen jeden zufriedengestellt zu entlassen. Als er einmal nach Alcalá kam, hat er nicht allein Vorlesungen besucht, sondern bei einer Promotion, der er beiwohnte, zwei Realen und zwei Paar Handschuhe, die jeder Doktor erhielt, angenommen, denn auch er war Doktor. Zuweilen finden wir ihn noch im Gehölz bei Segovia, bei den aragonesischen Cortes, einmal in Lissabon, übrigens immer zu Hause. Anfangs erschien er hier bei den Festen des Volkes; später ließ er sich das Jahr ein paarmal auf einer Galerie sehen, welche von seinen Zimmern nach seiner Kapelle ging: in den letzten Jahren unterließ er auch dies und blieb immer in seinen Gemächern. Da gewöhnte er sich zu dem Ausdrucke einer ganz unerschütterlichen Ruhe, eines bis zur Vollkommenheit ausgebildeten Ernstes, einem Ausdruck, der eine völlig unterwerfende Wirkung hatte. Selbst geübte und belobte Redner kamen aus dem Texte, wenn sie vor ihm standen, wenn er sie, wie er pflegte, mit den Augen von oben bis unten maß. Er sagte alsdann: „Beruhigt Euch.“ Mit einem leisen Lächeln antwortete er.

Wir sehen, Philipp II. fehlte die äußerliche Tätigkeit seines Vaters. Von jenem steten Reisen, jenem Eilen nach allen Orten, wo die Gegenwart des Fürsten nötig schien, war er kein Freund. Er gab denen Beifall, welche an Ferdinand dem Katholischen lobten, daß er seine auswärtigen Kriege mehr führen lassen, als selbst geführt; welche daran erinnerten, daß auch Karls Heere unter der Anführung eines Pescara und Leiva glücklicher gewesen als unter Karls eigener. Philipp führte Krieg, doch er selber blieb fern davon. Persönliche Regsamkeit macht die Seele offener, freier und wärmer. Wenn an Philipp immer eine gewisse Starrheit zu bemerken war, so mochte sie auch von dem Mangel an dieser Tätigkeit herrühren.

Die andere Seite der Tätigkeit Karls, in dem Kabinett, in dem eigentlichen Geschäft, war dagegen mehr auf Philipp übergegangen. Zwar hielt er sich auch hier von unmittelbarer Berührung mit anderen lieber entfernt, und wir finden ihn weder persönlich unterhandeln, noch an den Sitzungen des Staatsrats teilnehmen. Aber wir werden wahrnehmen, wie das Getriebe seines Staates so eingerichtet war, daß sich die Geschäfte des weitläufigsten Reiches sämtlich an seinem Tische versammelten. Alle Beschlüsse seiner Räte von einiger Bedeutung wurden ihm auf einem gebrochenen Blatte vorgelegt, auf dessen Rande er sein Gutachten, seine Verbesserungen anzeichnete. Die Bittschriften, die Briefe, die an ihn einliefen, die Beratungen seiner Minister, die geheimen Berichte kamen hier sämtlich in seine Hand. Seine Arbeit und sein Vergnügen war, sie zu lesen, zu überlegen, zu beantworten. Von hier aus, zuweilen von einem ergebenen Sekretär unterstützt, oft in vollkommener Einsamkeit, regierte er die ihm untertänigen Länder, hielt er auch die übrigen in einer Art von Aufsicht; von hier aus setzte er die geheimen Triebräder eines guten Teils der Angelegenheiten der Welt in Bewegung. Da war er ganz unermüdlich. Wir haben Briefe, die er um Mitternacht geschrieben: wir finden, daß er die unerfreulichen flandrischen Sachen auf einem seiner Lustschlösser ausfertigt, während der Wagen unten hält, der ihn zur Königin führen soll. Mußte er einem Feste beiwohnen, so verlegte er es auf einen Tag, an dem wenigstens kein regelmäßiger Kurier abzusenden war. Seine kurzen Reisen nach dem Escorial machte er nicht, ohne seine Papiere mitzunehmen, ohne sich unterwegs mit ihnen zu unterhalten. So wie Margaretha von Parma und Granvella, obgleich sie in demselben Palaste wohnten, doch mehr schriftlich als mündlich miteinander verhandelten, so schrieb auch er unzählige Billetts an seine vertrauteren Minister; Antonio Perez hatte deren allein zwei Kisten voll. So war er der allertätigste Geschäftsmann von der Welt. Mit seinen Finanzen beschäftigte er sich ununterbrochen, und wir finden ihn über dieselben zuweilen besser unterrichtet als seine Präsidenten. Er sah die Rechnungen seines Haushaltes, dessen Kosten sich nicht hoch beliefen, und die seiner Bauten nach und hat wohl kleine Fehler derselben entdeckt. Von seinem Lande wünschte er alles zu wissen. Er veranstaltete, daß man zu seinem Gebrauche Hand an eine allgemeine Statistik von Spanien legte, von welcher Arbeit die Bibliothek des Escorial noch sechs Bände aufbewahrt. Aber auch die einzelnen wollte er kennen. In jedem Sprengel hatte er Korrespondenten, die ihm berichteten, wie sich die Geistlichen, die Inhaber der Pfründen aufführten. Bei den Universitäten hatte er immer einen Prälaten, der ihm Nachricht gab, wie die Mitglieder der Kollegien in den Wissenschaften bewandert seien. Diejenigen, welche sich um ein Amt bewarben, kannte er, auch ehe sie sich vorstellen ließen, gewöhnlich so gut wie von Person; er wußte von ihrer Person und von ihren Eigenheiten, und als man ihm einmal jemandes Wissenschaft und Tüchtigkeit lobte, entgegnete er: „Ihr sagt mir nichts von seinen Liebschaften.“ Er suchte alles zu erfahren und hielt alles geheim. Er empfahl das Geheimnis noch, wenn man von einer Sache auch schon auf den Straßen sprach. So regierte er sein Land in Frieden; in unruhigen Zeiten verdoppelte er seine Aufmerksamkeit. Es erregte Bewunderung, wie genau er bei dem Ausbruche der flandrischen Unruhen über alle die unterrichtet war, welche den neuen Meinungen irgend geneigt sein mochten, wie er nicht allein ihre Zusammenkünfte, sondern das Alter, die Gestalt, die Natur, die Umgebung der einzelnen genau kannte, wie er hierüber, statt von Margaretha unterrichtet zu werden, sie vielmehr zu unterrichten wußte. Nun war es dieselbe Weise, in der er seine Verhältnisse zum Auslande leitete. An allen wichtigen Höfen hatte er nicht allein öffentliche Gesandte, welche ihm Relationen zuschickten oder eigens nach Spanien kamen, um ihm Bericht zu erstatten, sondern auch geheime Kundschafter, deren Briefe an seine Person adressiert waren. Ein Historiker dürfte wohl den Wunsch hegen, die umfassende und durchdringende Kenntnis, die dieser König von seiner Zeit hatte, mit ihm zu teilen. Philipp nun saß und las alle diese Berichte und sammelte alle diese Nachrichten zu seinen Zwecken. Er erwog sie für sich. Schien es ihm gut, so teilte er sie einem oder dem anderen seiner vertrauteren Minister mit; wo nicht, so begrub er sie in ein ewiges Stillschweigen. So lebte er in vollkommener Einsamkeit und doch mit der ganzen Welt gleichsam persönlich bekannt; abgeschieden von seinen Zeitgenossen und doch ihr Regierer; selber in einer beinahe bewegungslosen Ruhe, aber dabei Urheber von Bewegungen, welche die Welt umfaßten. Wie er über seinen Geschäften alt und grau und müde geworden und seine Augen dunkel, läßt er doch von ihnen nicht ab; seine Tochter, die sich ganz nach seinen Wünschen gebildet, der er von Herzen zugetan ist, der er auch noch des Nachts eine günstige Nachricht mitzuteilen geht, die Infantin Isabella, verweilt drei bis vier Stunden bei ihm; und wenn er sie gleich nicht in alle Geheimnisse einweiht, so hilft sie ihm doch die Bittschriften, die Eingaben der Privatleute lesen und die innere Regierung besorgen.

Was ist es nun, was er in einem langen Leben so unablässig treibt? Ist es das Glück der Reiche, deren Leitung ihm anvertraut worden? Das Wohlbefinden seiner Untertanen? Man hätte es glauben mögen, so lange er in den ersten Zeiten sich von den Plänen und der Ruhmbegier seines Vaters fernzuhalten und nur seine eigenen Länder im Auge zu haben schien. Doch bald begann er auf die allgemeinen Verwicklungen lebhaft einzuwirken. Hatte er dann, wie vielleicht das Vermögen, so auch die Absicht, die Wunden der damaligen Welt zu heilen? Wir können weder das eine noch das andere behaupten. Gehorsam und katholische Religion zu Hause;

katholische Religion und Unterwerfung in den anderen Ländern: das ist es, was ihm am Herzen liegt, das Ziel aller seiner Arbeit. Er selbst ist dem äußeren Gottesdienste der katholischen Kirche mit einer mönchischen Anhänglichkeit zugetan. Um Erzherzogen, die ihn besucht haben, zu zeigen, wie ehrwürdig ein Priester sei, küßt er einem solchen nach der Messe die Hand. Einer vornehmen Dame, die auf die Stufen des Altars tritt, sagt er: „Das ist kein Platz weder für Euch noch auch für mich.“ Wie emsig, mit wie vieler Sorgfalt, wie vielen Kosten bringt er aus den Ländern, welche protestantisch geworden, die Reliquien zusammen, damit diese Schätze nicht für die katholische Christenheit verlorengehen! Es ist dies wohl nicht innere Religion; aber zu einer Art innerer Religion, welche die Gesinnung zu bestimmen vermag, wird ihm die Überzeugung, er sei dazu geboren, diesen äußeren Dienst aufrechtzuerhalten: er sei die Säule der Kirche, das sei sein Auftrag von Gott. Erlangt er nun hierdurch, daß die meisten Spanier, voll einer ähnlichen Gesinnung, wie ein Italiener sagt, ihn nicht lieben, nicht verehren, sondern anbeten, daß sie seine Befehle für so heilig halten, daß man sie nicht übertreten könne, ohne Gott zu verletzen: so werden ihm zugleich, durch eine sonderbare Illusion, wenn wir anders mit Recht annehmen, daß seine Äußerungen mehr von einer inneren Täuschung ausgingen, als auf eine Täuschung anderer berechnet waren, es werden ihm die Fortschritte seiner Macht und die Fortschritte der Religion identifiziert, und in jenen sieht er diese. Hierin bestärken ihn die Niederländer, die zugleich von ihm und dem Papste abfallen. Freilich beseelt ihn im Grunde kein anderer Eifer als der Eifer Karls des Kühnen und Maximilians I., das burgundische, das habsburgische Haus zu erhöhen, der sich schon in Karl V. mit religiösen Intentionen gepaart hatte; in ihm ist diese Vereinigung nur noch viel stärker, und wenn er England zu erobern, wenn er die Krone von Frankreich an seinen Neffen und an seine Tochter zu bringen sucht, so überredet er sich, er tue das zum Besten der Welt, ja zum Heile der Seelen. Wenn ihn nun auf der einen Seite sein zurückgezogener Ernst nicht fähig machte, seinen Nationen in Güte, Leutseligkeit und als ein Vater vorzustehen, so ward diese beschränkte und fanatische Sinnesart weit entfernt, ihn zu einem Versöhner der zerfallenen Welt zu machen; er ward vielmehr ein großer Beförderer und Vermehrer ihrer Entzweiung.

Hierbei ist in bezug auf seine Verwaltung noch zweierlei anzumerken. Das eine in Hinsicht auf seine Minister, das andere in Hinsicht auf die Mittel, deren er sich bediente, um zu seinen Zwecken zu gelangen.

Sei es, daß die Menge der Geschäfte ihn nötigte, oder auch, daß ihn ein persönliches Zutrauen dazu bewog, er ließ seinen Ministern eine große Freiheit, einen offenen Spielraum. Spinosa hieß lange der Monarch von Spanien, Alba hatte in den Niederlanden freie Hand. Wir werden den Wechsel seiner Ministerien und ihrer Stellung genauer ins Auge fassen. Von mehreren seiner vertrauteren Räte schien er abhängig und beherrscht zu sein. Auch war es nur vergebens, wenn man sich beklagte: seine erste Antwort war, er beziehe sich auf seine Räte, und sooft man auch wiederkam, sooft man sich über eben diese Räte beschwerte, so erfolgte doch immer dieselbe Antwort. Man klagte, daß durch die Leidenschaften dieser Minister nicht allein die Interessen der fremden Mächte, sondern die eigenen des Königs verraten würden und zugrunde gingen. Da ist es sehr merkwürdig, wie er sich über ihnen erhielt. Ihre besten Erinnerungen schien er nur mit halbem Ohre anzuhören, und eine Zeitlang war es, als hätten sie nichts gesagt; am Ende aber, gleich als komme es von ihm, setzte er sie plötzlich ins Werk. Er sagte, er gehe darum nicht in den Staatsrat, damit sich die Leidenschaften der Mitglieder desselben um so ungehinderter zeigen möchten; habe er nur einen getreuen Referenten alles Vorgekommenen, so werde er am besten unterrichtet. Jedoch er ging noch weiter. Er litt, daß sich entrüstete Feinde bis in sein Kabinett verfolgten; er nahm die Schriften des einen gegen den anderen an. Weil man wußte, wie geheim er alles zu halten pflegte, so hatte man keine Scheu, ihm auch das Geheimste anzuvertrauen, Sachen, die man nie einem anderen gesagt haben würde. Solche Eingaben hatten vielleicht nicht alle die Wirkung, welche sie beabsichtigten, aber einige hatten sie doch, und dieser Fürst war immer mit Verdacht angefüllt. Nun ward es niemandem leichter, das gewohnte Vertrauen zurückzuziehen, die alte Gunst zu beschränken, als ihm. Eine Zeitlang verbarg er wohl seine geheime Unzufriedenheit. Vielleicht hatte der Minister noch wichtige Sachen in den Händen, vielleicht war seine Persönlichkeit notwendig, um irgendeine Absicht durchzusetzen. So lange ging er mit ihm klüglich um, wie mit einer fremden Macht. Oft will er ihm dann, was er wünscht, weder gewähren, noch versagen. Endlich aber erfolgt der Ausbruch seines Unwillens mit einem Male. Cabrera merkt von nicht wenigen an, daß seine Ungnade sie getötet. Das mochte es sagen wollen, wenn man am Hofe den Spruch hatte: „Von seinem Lächeln sei nicht weit bis zu seinem Dolch.“ Das ganze Gemüt der Günstlinge hing an seinem Wohlgefallen; ohne dies sank ihr Dasein in nichts.

Wie nun mit den Ministern, so wechselt er, immer seinen Zweck im Auge, mit den Maßregeln, die diesen erreichen sollen. Wie manche und verschiedenartige Wege schlägt er allein in der flandrischen Sache ein! Es ist ein Irrtum, wenn man glaubt, er habe nichts zu versuchen gewußt als Gewalt. Allerdings ließ er die grausamen Maßregeln Albas zu, doch nicht aus Grausamkeit, sondern um des Erfolges willen, den er erwartete. Als dieser sich nicht ergab, so wählte er den Requesens ausdrücklich darum, weil derselbe ein gemäßigter Mann war, um mildere Mittel zu versuchen. Er schickte den Don Johann, der den Niederländern angenehm war, weil er ihr Landsmann schien, mit dem bestimmten Auftrage, Frieden zu schließen. Da es auch hiermit mißglückte, kehrte er zur Gewalt zurück. Hierin ist er mit seinem Urgroßvater Maximilian zu vergleichen, der, um zu seinem Zwecke zu kommen, auch immer neue und immer wieder andere Mittel ergriff. Nur daß Maximilian bald im Beginne abbrach, Philipp seine Sache bis auf ein Äußerstes trieb; nur daß Maximilian immer sehr aufgeregt erschien, Philipp immer in vollkommener Ruhe verharrte. Niemals gab derselbe einer Gemütsbewegung Raum. Es kam keine Nachricht so gut oder so schlecht aus Flandern, daß sie seine Mienen zu verändern vermocht hätte. Bei der ersten Nachricht von dem größten Siege, den die Christenheit seit 300 Jahren erfochten hatte, von dem Siege bei Lepanto, sagte er: „Don

Johann wagte sich sehr", und weiter nichts. Bei dem größten Unfalle, den er erleiden konnte, bei dem Untergange jener Flotte, an der er die Kräfte Spaniens erschöpft, an die er die größten Hoffnungen geknüpft, die er für unüberwindlich gehalten, sagte er: „Ich habe sie wider Menschen und nicht wider die Wellen gesendet"; übrigens blieb er ruhig. Die einzige Gestikulation, die man an ihm bemerkte, wenn ihm etwas ganz wider Erwarten kam oder wenn ihn irgendein Wort sehr aufbrachte, war die nämliche, die man an den ernsthaftesten Arabern wahrnimmt: er griff mit seiner Hand nach dem Barte.

Auch die Italiener urteilten, der König sei nicht grausam, denn er habe niemals jemanden verfolgt, der ihm nicht noch hätte schaden können; Liebe und Haß messe er nach dem Vorteile seiner Krone ab. Wo Kirche und Staat in Frage kamen, kannte er kein Erbarmen. Das Geheimnis, mit dem er seine Rechtspflege umgab, machte sie doppelt entsetzlich.

Es gibt in diesem traurigen Leben einige vorzüglich trübe Stellen. Warum wollte Don Carlos, sein Sohn, sich gegen ihn empören? Es ist nur allzu gewiß, daß er es hatte tun wollen. – Allerdings stand der Prinz mit seinem Vater in entschiedenem Gegensatze. Dieser, zumal im Anfange, lauter Ruhe und Friedlichkeit, er dagegen voll eines brennenden Eifers zu den Waffen, den Soldaten zugetan, von einer Heftigkeit, die es nicht der Mühe wert hielt, Ehrgeiz, Grausamkeit oder eine andere Leidenschaft zu verbergen. Der Sparsamkeit des Königs setzte er eine glänzende Freigebigkeit entgegen. Je mehr man ihn nun beschränkte, desto heftiger wurden seine Neigungen. Er war noch sehr jung, als man davon redete, ihm eine Statthalterschaft anzuvertrauen. Doch unterblieb das. Von seiner bereits stipulierten Verheiratung mochte er eine größere Selbständigkeit hoffen; doch der Vater nahm die ihm bestimmte Frau für sich. Sooft ein Krieg ausbrach, wollte er hin; und immer mußte er zu Hause bleiben. Endlich richtete er alle seine Wünsche darauf, daß ihm die Beruhigung der Niederlande anvertraut würde; Alba ward ihm vorgezogen. So ward dies heftige Gemüt, indem ihm eine lebhafte Tätigkeit auf allen Seiten abgeschnitten war, in sich selbst getrieben, bis zur Verrückung gespannt. Dann wollte Carlos Alba töten und seinem Vater entfliehen. Dann hatte er weder bei Tage noch bei Nacht Ruhe, bis er ausrief: er wolle an einen Menschen, den er hasse; eine Tat, für die er zum voraus Absolution verlangte; bis er rasend genug war, die Theologen von Atocha vermuten zu lassen, sein Vater sei es, an den er wolle, dessen Leben er bedrohe. Ließ ihn nun der Vater im Gefängnisse langsam hinsterben? Oder hat man in der Tat, wie erzählt wird, Carlos' Sarg untersucht und Kopf und Rumpf getrennt gefunden? Genug, in so unglückseligen Verhältnissen lebte Philipp, daß er von seinem Sohne alles befürchten oder ihn ohne Mitleid umkommen lassen mußte.

Der Fall des Don Carlos hatte auf die spätere Kinderzucht dieses Fürsten ohne Zweifel einigen Einfluß. Als er seinen Thronfolger Philipp ungewöhnlich lange und mit undienlicher Schärfe unter Weibern auferziehen ließ, glaubte man, er habe sich desselben erinnert. Er hütete sich, ihm einen Granden zum Erzieher zu geben. Er ließ, wie man sagt, nicht einmal zu, daß sein Sohn und seine getreue Tochter Isabella ohne sein Vorwissen miteinander sprächen.

Was daraus erfolgen mußte, erlebte er indes auch noch selber. Als sein Leben zu Ende ging, sah er sein Reich an Menschen erschöpft, mit Schulden beladen: seine Feinde und Rebellen mächtig, frisch, zum Angriff gerüstet: – einen Nachfolger aber, der diesen hätte widerstehen, jenem aufhelfen können, den sah er nicht. Sein Sohn war ganz untüchtig. Man sagt, dies habe sein Gefühl doch einmal übermannt. Seinem Schwiegersohne, Albrecht von Österreich, der sich ganz nach ihm gebildet, und Isabellen, die er sehr liebte, klagt er's. „Zu der Gnade, ihm ein so großes Reich zu geben, habe Gott die andere, ihm einen Nachfolger zu schenken, der dasselbe ferner zu regieren vermöchte, nicht hinzufügen wollen. Ihnen beiden empfehle er das Reich." Mit Tränen sagte dies der alte König, er, der beim Tode seiner Kinder die Tränen gespart.

3. Philipp III. (1598-1620)

Die Spanier haben über Philipp III. ein Buch, das diesem Fürsten mannigfaltige Tugenden zuschreibt. Irre ich nicht, so sind menschliche Tugenden von zweierlei Art: sie gehören entweder einer nach außen gerichteten, sich selbst ausbreitenden oder einer nach innen gewandten, sich selbst beschränkenden Tätigkeit an, und wenn die einen mehr den stärkeren, die anderen mehr den schwächeren Naturen zukommen, so bilden sie recht vereinigt erst den untadelhaften Menschen. In dieser Vereinigung nun schreibt sie jenes Buch dem Könige zu: es findet ihn tapfer, freigebig, klug; zugleich findet es ihn mild, fromm und keusch. Warum fürchtete dann Philipp II. die Nachfolge eines so wohlbegabten Sohnes? Warum dachte er ihm Governatoren zu setzen?

Porreño, der Verfasser jenes Buches, läßt uns nicht in Zweifel. Dann was ist die Tapferkeit, die er an Philipp III. rühmt? Sie ist, daß er sich selbst bezwingt und sich nicht rächen mag. Worin besteht seine Freigebigkeit? Er beschenkt Kirchen, gründet Kollegien und schickt Geld an die Perser, damit die Türken, von ihnen beschäftigt, die Küsten von Spanien nicht belästigen. Endlich, worin wird sich seine Klugheit zeigen? Darin zeigt sie sich, daß er sich belehren zu lassen versteht, daß er sich nach fremdem Urteil richtet. Und so verschwinden uns seine tätigen Tugenden.

Wir sahen Karls V. Natur so beschaffen, daß sie Mühe hatte, sich zu einer freieren Tätigkeit zu entwickeln; doch gelang es ihr; dieser Fürst war in Feld und Rat unermüdlich. Wir sahen ferner, wie der Natur Philipss II. die eine Hälfte dieser Tätigkeit immer versagt blieb; wie sehr sich dieser Fürst von aller lebhafteren Bewegung, von aller persönlichen Berührung mit anderen entfernt hielt; aber in der Einsamkeit, in seinem Kabinett war auch er unermüdlich. Philipp III. ermannte sich weder zu der einen noch zu der anderen dieser Tätigkeiten. Er war weit entfernt, sich nach einem bewegteren Leben, sich nach Feld und Schlacht gelüsten zu lassen; aber auch die Geschäfte im Kabinett überließ er anderen.

Don Philipp III. war von kleinem, wohlgebautem Körper, von einem runden, kleinen, angenehmen, weiß und roten Gesicht; er hatte die Lippen seines Hauses. Man hatte ihn gelehrt, eine gewisse Würde zu zeigen, wenn er einherging; aber übrigens war seine Erscheinung durchaus heiter und anspruchslos. Seine Jugend hatte er in Schwäche, Gehorsam und nicht sehr nützlichen Beschäftigungen dahingebracht. Eine ungesunde Amme hatte ihm ein Übelbefinden mitgeteilt, das er nie recht los ward; erst im 14. Jahre bekam er andere Zähne, so langsam entwickelten sich seine Kräfte. Wohl war er nicht ohne das Talent, etwas zu begreifen. Doch sein Lehrer Loaisa brachte ihm nicht viel mehr bei als die Grammatik in der ganzen Strenge einer kleinlichen Behandlung und ein wenig von S. Thomas. War es die Prüfung eines Prinzen, wenn man ihn im Escorial Schlüsse verfechten ließ? Vor allem schärfte man ihm den strengsten Gehorsam gegen seinen Vater ein, welchen denn auch nie ein Sohn unverbrüchlicher gehalten hat. Man hat Loaisa allen Ernstes beschuldigt, er habe den Prinzen erzogen, um ihn einmal zu beherrschen.

Wenigstens erschien derselbe von Anfang an eine Richtung zu empfangen geeigneter und williger, als sie zu geben. Wie ihm sein Vater ankündigte, er solle nunmehr an den Staatsgeschäften teilnehmen, er solle als ein Mann in das Zimmer zurückkehren, das er mehr wie ein Kind verlassen, sagte er kein Wort, küßte dem Vater die Hand und blieb natürlich, wie er war. Selbst dann, als ihm Philipp II. drei Bilder junger Fürstinnen zeigte, unter denen er sich eine Gemahlin wählen möchte, und wiederholt in ihn drang, er möge wählen, war er zu keiner Erklärung zu bringen: „Denn des Vaters Wille sei sein Geschmack." Er ließ sozusagen den Tod seine Wahl entscheiden. Zwei von diesen dreien starben.

Nach dem Tode seines Vaters nun, als er selber König ward, übergab er, wie wir sehen werden, am ersten Tage alle Gewalt in die Hände des Herzogs von Lerma. Andere Fürsten haben etwas Ähnliches getan, jedoch darum, um sich ihren Vergnügungen hinzugeben. Bei Philipp III. war das nicht der Fall. Es hätte einen Reiz für ihn gehabt, größere Reisen zu unternehmen; gern wäre er nach Italien gegangen, um sich des Besitzes der schönen Länder, die ihm dort gehörten, persönlich zu erfreuen; aber da ihn die Königin, die er nicht missen mochte, sein und ihr Hof zu begleiten pflegten, so machten seine Reisen so beträchtliche Kosten, daß er sich diese Genugtuung niemals hat verschaffen können. Er fand Geschmack an einem anmutigen Landaufenthalte, wo dann Jagd und Vogelbeize geübt wurden; in Madrid gefiel es ihm Ballon zu schlagen, der Komödie beizuwohnen, bis in die Nacht hinein Würfel zu spielen; aber auch darin war seine Neigung wenig entschieden; am Ende sah man doch, daß er spielte, um sich die Zeit zu vertreiben, nicht weil es ihm Vergnügen machte.

Seine Audienzen zu geben, versäumte er nie; aber er wollte damit nur seine Pflicht erfüllen; an den Dingen, die man ihm vortrug, überhaupt an den Geschäften zeigte er kein Interesse.

So schien er auf dieser Welt zu sein, ohne an ihr teilzunehmen, ohne sich eine Tätigkeit abgewinnen, ohne sich zu einer Leidenschaft reizen zu lassen. Er errötet und schlägt die Augen nieder, wenn ihn eine Dame im Palaste lebhaft ansieht. Er versichert, und in der Tat kann man's ihm glauben, er sehe eine schöne Frau nur aus Dank gegen Gott an, daß er eine so vollkommene Kreatur geschaffen.

Doch nein! Es ist etwas, was ihn zuweilen tätig macht; es lebt in ihm eine von seinen Vätern auf ihn gekommene oder durch seine Erziehung ihm eingepflanzte, ganz mit dem Kerne seines Daseins verwobene, streng katholische Religiosität. Wie oft begleitet er das Sakrament, dem er begegnet, bis unter das ärmlichste Dach! Höchst ungern geht er von Valladolid, wohin der Hof verlegt war, nach Madrid zurück; doch er tut es, weil der Beichtvater ihm sagt, es geschehe zum Dienste Gottes. Er kniet vor einem armen Bruder nieder, um sich von ihm segnen zu lassen, und glaubt nach gesprochenem Segen von seiner Unpäßlichkeit erleichtert zu sein. Nach dem Tode seiner Gemahlin muß ihn eine himmlische Stimme trösten, die ihn in ganz vernehmlichem Kastilianisch anredet; doch er hat kein Arg dabei.

Diese Gesinnung machte ihn zuweilen tätig. Es scheint ihm eine wichtige Pflicht, „das Mysterium der unbefleckten Empfängnis der Engelkönigin, der heiligsten Maria" zu allgemeiner Anerkennung zu bringen. Hierfür unterhandelt er mit seinen Gelehrten; hierfür läßt er seine Erzbischöfe und Bischöfe nach Rom schreiben; er will dafür selbst, wenn es nötig ist, zu Fuß nach Rom wallfahrten; und keine größere Freude können ihm seine Kinder machen, als wenn sie aufsagen: „Heilige Maria, empfangen ohne Erbsünde": – „So, meine Kinder", spricht er, „glaube auch ich."

Nicht alles indes, wozu seine Religiosität ihn antreibt, ist so harmlos. In dem Jahre 1609 sehen wir ihn kriegerische Anstalten machen. Die alten spanischen Truppen werden aus Italien aufgeboten; die Galeeren von Neapel und Sizilien, von Kastilien, Potugal und Katalonien stechen in See; man hört wieder auf dem Meere die Namen der Doria und Santa Cruz. Die kastilische Reiterei, die so lange geruht, rüstet sich auch einmal wieder und bricht auf. Der König tut dem heiligen Jakob und seine Gemahlin der heiligen Jungfrau ein Gelübde, damit es gelinge, was sie beabsichtigen. Wozu das alles? Welchen Feind will man bekämpfen? Der Kriegszug gilt den lange entwaffneten und lange getauften Morisken von Valencia und Aragon, die dem Königreiche sein Korn und seinen Zucker bauen, aber allerdings noch lange nicht bekehrt oder zu vollem Gehorsam gebracht sind. Sie würden dem König als ihrem Fürsten gehorchen, aber sie finden es unerträglich, daß er der Inquisition freie Hand wider sie läßt. In diesem Gefühle haben sie – es kann ein Zweifel darin sein – Verbindungen mit benachbarten christlichen und hauptsächlich mosleminischen Fürsten gesucht: die Besorgnis hat sich geregt, daß sie noch einmal dem rechtgläubigen Reiche gefährlich werden können. Es scheint fast ein religiöses Vergehen, sie noch länger innerhalb der Grenzen desselben zu dulden. Ein Marienbild hat geweint; ein anderes hat geschwitzt, eine ganze Wolke von Schweiß; die Glocke von Velilla hat angeschlagen; da ist der König ganz entschieden, da gibt er keiner Vorstellung Gehör. Wie nun alles vollbracht ist, wie die valentinischen Straßen mit Leichen bedeckt, so viele Morisken unter ihren räuberischen Führern im Meere umgekommen sind und kaum ein Dritteil in Afrika ans Land gesetzt worden, so geht die Königin hin, den Grundstein zu der Kirche zu legen, welche sie gelobt, und der König unternimmt seine Pilgrimschaft zu S. Jakob; die Spanier aber zählen, daß sie binnen 800 Jahren 3700 Schlachten mit diesen Mauren gehalten, die nun endlich verjagt; sie beschließen einen Festtag zu ewigem Gedächtnis an diese Unternehmung.

So streng katholisch Philipp II. gewesen war, so ward er doch von seinem Sohne darin noch übertroffen. So viel Verbindung von religiösem Eifer und Unschuld, bei so hohem Range in kräftigen Jahren hatte die Welt kaum je gesehen; man hielt den König gleichsam für heilig, und das trug doch wieder zu der Verehrung bei, welche er allgemein genoß. Wie aber die religiöse Meinung das einzige war, was in ihm lebte, so war sie auch das einzige, was ihm Leid brachte. Um das Wie und Warum ganz zu verstehen, müssen wir die Regierung seiner Günstlinge genauer ins Auge fassen. Hier ist genug, wenn wir wissen, daß ihn zuletzt bedünkte, er habe sündlich getan, daß er diesen Günstlingen so viel Gewalt verstattet; daß kein Trostgrund stark genug war, ihn der jenseitigen Seligkeit zu versichern, für die er doch so rein und keusch und der Kirche ergeben gelebt; daß er in einer Art Verzweiflung dahinging.

Schluß

Das sind die drei Fürsten, deren Verwaltung wir nun weiter betrachten wollen. An sich ist doch sehr bemerkenswert, wie ähnlich und verschieden sie sind.

Die spanische Linie des Hauses Habsburg ist dadurch merkwürdig, daß sie sich bloß durch Verheiratungen in ihrer eigenen Familie verjüngte.

Karls V. Gemahlin war Geschwisterkind mit ihm; von den Gemahlinnen Philipps II. war diejenige, welche ihm den Thronfolger gebar, aus dem Hause Österreich; die Gemahlin Philipps III. stammte eben daher; Philipp IV. vermählte sich mit seiner eigenen Nichte, und aus dieser Ehe stammte Karl II., der letzte Sprößling des Hauses Habsburg in Spanien.

Daher mag es kommen, daß in Leibesgestalt und Gesichtszügen die Kinder den Eltern wohl nie in einem anderen Geschlechte so ähnlich gewesen sind wie in diesem.

Mit der Ähnlichkeit der Leibesgestalt mag sich aber – zumal wo Erziehung, Verhältnisse, Lebensweise die nämlichen sind – die Physiognomie auch der Seele vererben, wie wir in tausend Fällen alle Tage sehen; es mögen Maximen und Gedanken bewußt oder unbewußt übergehen; aber erbt auch die Kraft, die inwendige Energie, die den tätigen Menschen allein macht, die ihm seinen Wert gibt, seinen Einfluß auf die Gesellschaft, erbt auch die fort?

Man kennt die Weissagung der Gemahlin des Childerich in ihrer Hochzeitsnacht von dem merowingischen Geschlechte, und wie sie nur allzu wahr ward. Das Geschlecht der Pippine brachte lange Zeit Männer und Helden hervor, und noch Karl der Große war von trefflichen Söhnen umgeben: die Nation hatte nimmermehr von ihm abzulassen geschworen: doch seitdem verfiel es von Geburt zu Geburt bis zu Schwächlingen, die ihr Leben lang Mündel blieben: drei Nationen waren genötigt, dem Schwure zum Trotze von ihnen zu lassen. Mit Pippiniden und Merowingen läßt sich auch diese spanische Linie des Hauses Habsburg vergleichen.

Wir treten hier an die Geheimnisse des Lebens, wo es aus verborgenen, zuweilen versiegenden Quellen sich nährt. Nur das dürfen wir sagen, daß der Mensch nicht allein von der Natur gebildet wird.

ZWEITES KAPITEL

Von dem Hofe und den Ministern

Haben wir Sinnesweise und Art unserer Fürsten gefaßt, so ergibt sich von selbst, in welcher Lage sich die Minister befanden. Es ergibt sich, daß dieselben unter Karl V. nicht eben allzuviel bedeuten konnten; daß ihnen Philipps II. Eigenschaften eine freiere Wirksamkeit nach unten, eine bedeutendere Rückwirkung auf ihn selbst möglich machten; daß sie endlich unter Philipp III. alles vermögen mußten.

Dies zu wissen, genügt indes noch nicht. Es ist vielleicht notwendig, sich die Umgebung, die nächsten Organe auch des selbständigsten Fürsten zu vergegenwärtigen; aber noch viel wichtiger ist es, die kennenzulernen, an denen viel, diejenigen, an denen alles lag. Auch die Zeitgenossen befanden sich in diesem Fall. Bei Karl beschäftigen sich die Relationen vorzüglich mit der allgemeinen Form seines Hofes und Staates; bei Philipp II. führen sie uns schon tiefer in das Innere; bei Philipp III. endlich machen sie die Darstellung der Ministerien zu ihrer Hauptsache. Die gedruckten Werke kommen uns in dem nämlichen Maße zu Hilfe. Über Karl V. belehren sie uns nicht allzu genau; weit eindringender werden sie über Philipp II., doch halten sie noch etwas an sich; über Philipp III. endlich machen sie kein Hehl weiter. Die Bedeutung einer Sache erhöht die Aufmerksamkeit darauf. Auch wir werden uns, zugleich freiwillig und notgedrungen, jenes wegen der Beschaffenheit des Gegenstandes, dieses wegen der Art und Weise unserer Nachrichten, in demselben Verhältnis halten.

1. Karls V. Hof und Staat

Freilich damals, als Karl V. noch nicht die Hindernisse besiegt hatte, die sich in ihm selbst einer freieren Tätigkeit entgegenstellten, war auch sein Hof von vieler Wichtigkeit. Es war ein vollkommen burgundischer Hof, ganz auf die Weise Philipps des Guten und Karls des Kühnen eingerichtet: Edelleute bildeten ihn. Den nächsten Dienst um den Prinzen hatten Personen von fürstlichem Geblüt; sie standen unter einem Großkammerherrn, welcher in der Kammer desselben schlief, welcher ihnen täglich Tafel hielt. Das Haus war voll geringerer Edelleute. Einige dienten zu bewaffnetem Gefolge; einige hatten den Dienst bei Tafel, bei Brot und Wein: viele wurden daselbst erzogen. Diese alle standen unter einem Oberhofmeister, einem Mayor-domo-mayor, dem Patron, wie man sich ausdrückte, des Hofes. Und so waren die Dienste im Hause versehen. Verließ der Fürst dasselbe, so trat der Oberstallmeister in Wirksamkeit. Nicht allein, indem der ganze Troß von Herolden und Trompetern, von Sattlern und Zeltbewahrern samt der Menge der Pferde und Maultiere unter seiner Aufsicht stand, sondern vorzüglich, wenn der Fürst sich zu einem Turnier anschickte, sich zu einer Schlacht rüstete. Dann legte er ihm die Waffen an, er empfing ihn, wenn er wiederkam: er war ihm in den Stunden der lebendigsten persönlichen Bewegung zur Seite. Zu diesen Dreien gesellte sich der Beichtvater. Die beiden Prediger, die Kapellane, die Musiker standen unter ihm, jene 40 Musiker, welche die vollkommenste Kapelle der Welt bildeten und den Ruhm der Niederlande erhielten, sie seien die Quelle der Musik. Übrigens konnte er sich rühmen, daß der Fürst in den stillsten, vielleicht den wichtigsten Momenten unter seiner Einwirkung stand.

Wir sehen, welches die vier Häupter des Hofes waren, und es ist nicht zu leugnen, daß sie anfangs einen großen Einfluß auf die Staatsverwaltung hatten. In germanischen Nationen ist dies immer so gewesen. Man kann zuweilen zweifeln, was das Ursprüngliche war, ob Macht und Fürstenwürde oder der Dienst bei der königlichen Person. Bei den Erzämtern der deutschen Kurfürsten läßt sich freilich nicht zweifeln; aber was war früher das Amt der Palatinen der westgotischen Könige im Palaste oder ihre Würde im Reich? Ging die Macht eines Majordomus von seiner Stellung zu dem fränkischen Könige aus, oder gab man die Stellung einem bereits Mächtigen? Wie dem auch sei: Chievres, Großkammerherr bei Karl V., gründete auf die stete Nähe, in der er zu dem Fürsten stand, eine beinahe unumschränkte Macht über das Reich. Maingoal de Lanoi, desselben Oberstallmeister, ein Mann an und für sich nicht von ausgezeichneter Fähigkeit, aber der die Gnade seines Fürsten besaß, erwarb hierdurch Gelegenheit, seinen Namen in den wichtigsten Weltgeschäften bedeutend zu machen. Den spanischen Granden gereichte es zu nicht geringem Mißvergnügen, wie Karl in Spanien ankam, die ersten Plätze im Besitz dieser Niederländer und sich von der nächsten Umgebung ihres Königs ausgeschlossen zu sehen. Eben das trug bei, die Comunidaden zu ihrer Empörung zu reizen.

Hatten nun die Häupter dieses Hofes einen so entscheidenden Einfluß, so genossen auch die jüngeren Mitglieder desselben die Aussicht auf eine mannigfaltige Wirksamkeit. Nicht wenige junge Leute von Adel, meist zweitgeborene Söhne aus großen Häusern, dienten dort als Kapellane, als Privatpriester und sangen in ihren Chorröcken die Vesper. Sie taten diesen Dienst, weil sie zu geistlichen Würden bestimmt waren und der Hof die Vergebung derselben in Händen hatte. Wenn ein junger Croi, sowie Karl nach Spanien gekommen, die Stelle des ersten Prälaten von Spanien, das Erzbistum Toledo, empfing, so hatte er es unfehlbar seiner Verbindung mit dem Hofe zu danken. Sollte es nun bei weltlichen Ämtern anders sein? Sollte der Fürst nicht vor allen anderen diejenigen bedenken, die er von ihrer Jugend auf gekannt? Der Hof ward zu einer Pflanzschule für den Staat. Man erkennt leicht, daß er als ein Mittelpunkt des gesamten öffentlichen Lebens zu betrachten war, sieht aber auch, welche Gefahr darin lag, wenn ein Fürst von den Mitgliedern desselben allzu abhängig wurde.

Man kann sowohl diesen als die anderen Höfe damaliger Zeit nicht betrachten, ohne eine allgemeinere Bemerkung zu machen. Überlegt man, wie einflußreich die

Bildung des Adels, wie wichtig die Umwandlung seiner Begriffe von dem, was edel, anständig und wünschenswert, für die gesamte übrige Gesellschaft notwendig sein muß, so erscheint es nicht überflüssig, zu fragen, wie aus dem Ritter der Kavalier geworden. Den Ritter macht eine Tapferkeit, die von höheren Intentionen geleitet wird; gegen das Oberhaupt, dem er sich verpflichtet hat, unverbrüchliche Treue; in bezug auf die Frauen eine uneigennützige Ergebenheit. Den Kavalier bilden persönliche Vorzüge und Fertigkeiten, deren er sich nach dem angenommenen Begriffe der Ehre bedient; in Hinsicht auf seinen Fürsten unbedingter Gehorsam und höfische Gefälligkeit; in Hinsicht auf die Frauen die Gewandtheit, ihre Zuneigung zu gewinnen. Jener führt das Schwert, dieser den Degen. Mich dünkt, daß Höfe, wie dieser burgundische unter Karl V. war und unter seinen Nachfolgern sich weiter entwickelte, zu jener Umwandlung nicht wenig beigetragen. Es wurden an demselben immer gegen vierzig Pagen erzogen. Was war es, worin man sie unterwies? Es war der ganze Gang moderner Übungen der vornehmeren Jugend. Tanzen und Voltigieren, Reiten und Fechten; von Wissenschaften wenig. Wenn nun die Hoffnung, von dem Fürsten Gnadenbezeigungen zu erlangen, zu einer unterwürfigen Hingebung gegen ihn antrieb, wenn die tägliche Bemühung in jenen Übungen sie besonders hoch zu stellen nötigte, so gesellte sich auch bald, zumal dann, wenn zugleich die Fürstin Hof hielt, eine gewisse Galanterie hinzu; in den Spaniern, denen die katholische Richtung ihrer Monarchie eine Art von Schwung gab, entwickelte sich jene Gesinnung, die uns Calderon geschildert hat.

Der Hof verlor nach und nach seinen ausschließend burgundisch-niederländischen Charakter; auch Spanier traten in denselben ein; und wenn ein Mann wie der Herzog von Alba die Stelle eines Oberhofmeisters erhielt, so konnte das nicht ohne Rückwirkung auf die Geschäfte bleiben. Graf Heinrich von Nassau, der nach Chievres Oberkammerherr wurde, zur Belohnung der Dienste, die er in den wichtigsten und schwierigsten Unterhandlungen geleistet hatte, wurde immer zu Rate gezogen und hatte den Ruf, daß er seine Meinung ohne Rücksicht und unumwunden sage. Nach seinem Tode wurde diese Stelle nicht wieder besetzt; der Somiglier du Corps übernahm ihre Obliegenheiten am Hofe; es war Mons. de Rye; auch dieser ist zuweilen mit den geheimsten und persönlich bedenklichsten Unterhandlungen betraut worden. Manche andere niederländische Herren, die dem Hofe angehörten, der zweite Kammerherr de Praet, vor allem Graf Büren, der mit dem Kaiser erzogen war und als sein persönlicher Freund galt, wurden gehört oder gebraucht. Dem Beichtvater, von dessen Amt wir sahen, daß es ein wesentliches Glied dieses Hofhaltes war, konnte sich Karl, wie sich versteht, nicht entziehen. Es waren so viele geistliche Geschäfte zu behandeln, so viele, die sich auf die Konzilien, auf Türken und Morisken, auf neue Christen und Protestanten bezogen, und wie manche andere, in denen er eines Gewissensrates zu bedürfen schien. In allen diesen hatte der Beichtvater mitzusprechen. Aber man merkte an, daß er seine Sachen mit aller Bescheidenheit vortragen, mit scharfen Gründen unterstützen mußte, wenn er gehört sein wollte. Nur über schwächere Naturen haben sich Beichtväter eine leitende Autorität verschafft.

Die Summe der Geschäfte Karls V. war in anderen und immer in wenigen Händen.

Lange Zeit wurden sie von dem Großkanzler Gattinara verwaltet, einem Rechtsgelehrten, geborenen Piemontesen, der seine Schule in Diensten der Erzherzogin Margaretha in der Verwaltung von Hochburgund gemacht hatte. Wir haben Briefe von ihm, die hauptsächlich dadurch ausgezeichnet sind, daß sie immer den Mittelpunkt der Politik glücklich treffen, in denen sich aber auch eine eigentümliche Gesinnung, selbst im Gegensatz mit dem Fürsten, und das lebhafteste Ehrgefühl ausspricht. „Ich würde nach den Gesetzen der Ehre leben", sagt er, „wenn mich auch niemand sähe, wenn ich auch mitten in einem Walde wohnte." Alle eingehenden Schreiben und Eingaben gelangten zunächst an Gattinara; er zog ihren Inhalt ins Kurze und machte den Entwurf der Antwort, der dann von dem Kaiser und dessen übrigen Räten in der Regel angenommen ward. Die auswärtigen Angelegenheiten, die Sachen des Krieges und die Herbeischaffung der zu demselben nötigen Mittel hingen von ihm ab. Seine Tätigkeit setzte jedermann in Erstaunen; man sagte von ihm, er sei dem Kaiser nötiger und nützlicher als dieser ihm; nur um der allgemeinen Angelegenheiten selbst willen schien er zu dienen. Er hielt fest an seinen Ansichten, und in der Unterhandlung erschien er zuweilen hart; aber übrigens galt er für wohlgesinnt und friedliebend, der Unterdrückung anderer abgeneigt; auch in den schwierigsten Lagen behielt er immer Mut.

Nach Gattinaras Tod wurden die Geschäfte zwischen Covos und Granvella geteilt, die beide unter ihm gearbeitet hatten. Der erste, ein Spanier, an den die Angelegenheiten von Spanien und von Italien gelangten, wird wegen des Wohlwollens gerühmt, das er einem jeden bewies, der bis zu ihm durchdringen konnte; mußte er etwas abschlagen, so versäumte er nicht, sich mit guten Gründen zu entschuldigen; auch sein Haus ward durch seine Gemahlin, eine Mendoza, angenehm; den Kaiser wußte er zu behandeln, wie derselbe behandelt zu werden wünschte. Noch bedeutender und wirksamer aber war der andere, dem die deutschen und burgundisch-niederländischen Angelegenheiten, die nunmehr die allgemeinen wurden, zufielen. Nicolas Perrenot de Granvella ward, wie Gattinara, von der Erzherzogin Margaretha aus dem Parlament von Hochburgund, dem Land, dem er durch Geburt angehörte, zu den Staatsgeschäften abberufen. Er verschaffte sich in denselben soviel Ansehen, daß er unter allen lebenden Menschen als derjenige betrachtet wurde, der sie am besten verstehe. Man leitete die glücklichen Erfolge des Kaisers nicht weniger von seinen Ratschlägen als von der Anwendung und dem Glücke der Waffen her. Granvella vermied nicht, Geschenke zu nehmen, und besonders die Verhandlungen in Deutschland trugen ihm eine Fülle von Gold ein. Er verwandte es auf den prächtigen Palast, den er in Besançon baute und den er mit herrlichen Kunstwerken ausschmückte, wie sie nur diese Epoche hervorgebracht hat, und auf die Ausstattung seiner zahlreichen Familie, die er nicht wieder in den Staub der Niedrigkeit zurückfallen lassen wollte. Aber dabei blieb er doch immer der unverbrüchlich treue Diener des Kaisers, der er war. Nicht als ob er sich der Meinung des Fürsten immer unterworfen hätte. Als sich Karl V. bei Ingolstadt in augenscheinliche persönliche Gefahr begab, hat ihm Granvella sagen lassen, die Welt bedürfe eines Kaisers von geringerer Waffenfertigkeit, aber größerer Weisheit. Der Kaiser nahm das hin, denn er ehrte den älteren Mann wie seinen Vater. Wenn Granvella eine Sache für gut hielt und Widerspruch von dem Kaiser fürchtete, ließ er wohl vernehmen, er werde mit ihm darüber streiten. In der Regel waren sie jedoch auch ohne Streit einverstanden. Der Kaiser teilte dem Minister jede Information, alle Unterhandlungen mit den fremden Gesandten mit; und alle Abende pflegte Granvella dem Kaiser ein Billet mit seinem Gutachten über die Geschäfte des folgenden Tages zuzusenden; oder es wurde am Morgen von dem Kammerdiener Meister Adrian abgeholt, dem man auch deshalb vertraute, weil er weder lesen noch schreiben konnte.

Wenn Covos und Granvella so großen Einfluß ausübten, so waren ihnen doch die Geschäfte mitnichten allein überlassen. Lange Zeit bestand eine Konsulta, deren Mitglieder der Großkomtur Don Garcia de Padilla und der Erzbischof von Bari, Gabriel Morino, ihre Meinung über jede Frage abzugeben hatten. Schon zu Gattinaras Zeit war ein Staatsrat eingerichtet worden, in dem die niederländischen Herren saßen, in späteren Zeiten auch Alba, wo man die Geschäfte regelmäßig in Beratung zog. Der Kaiser nahm in Person daran teil; er pflegte mit einem Papiere in der Hand zu erscheinen, auf welchem die wichtigsten Punkte verzeichnet waren; er sprach wenig, aber verständig und überzeugend; sein Rat erschien meistenteils als der beste.

Die Regierung Karls V. war eine Kabinettsregierung mit beratenden Elementen; die Bedeutung der letzteren trat in den späteren Jahren für die politischen Angelegenheiten zurück. Zur mündlichen Konsulta mit Granvella und dem Kaiser ward nur der Beichtvater zugezogen, doch allein von jenen wurden die Beschlüsse gefaßt.

Dagegen finden wir für die Verwaltung ein eigentümliches Institut am Hofe, einen aus den Räten der Provinzen erlesenen obersten Regierungsrat. „Seine Majestät", sagt Cavallo, der uns über denselben allein unterrichtet, „hat zur Regierung der gesamten Staaten einen Rat, der aus verschiedenen Regenten – so heißen die höheren Mitglieder der Kollegien –, einem von Sizilien, einem von Neapel, einem von Mailand, einem von Burgund, einem von den Niederlanden, einem von Aragon und einem von Kastilien besteht, und in dem überdies zwei oder drei Doktoren sitzen. Diese beratschlagen alle wichtigen Sachen, die den Kaiser oder die Gesamtheit der Staaten angehen; ein jeder hält sich über die Angelegenheiten seiner eigenen Provinz unterrichtet und referiert über dieselben. Ihr Präsident ist der Bischof von Arras, der jüngere Granvella." Wenn ein Rat dieser Art schon in einer Monarchie nützlich scheinen könnte, welche eine organische Einheit hat, wieviel mehr mußte er's in einer solchen sein, wo einzelne Reiche fast unabhängig nebeneinander standen! Die Mitglieder desselben konnten zugleich als Organe der Regierung und als Repräsentanten ihrer Heimat angesehen werden. Wenn sie auf der einen Seite das Interesse der einzelnen Landschaften gegen das Ganze wahrzunehmen verpflichtet waren, so konnte doch auf der anderen das Bedürfnis der Gesamtheit ihnen nicht verborgen bleiben; sie konnten sich gegen dasselbe nicht verhärten, und die Provinzen mußten demjenigen leichter gehorchen, was ein Rat beschloß, in dem sie einen Eingeborenen aus ihrer Mitte sitzen sahen, als dem, was die absolute Gewalt ohne alle Rücksprache gebot. Auch konnten hier die Verhältnisse der Provinzen gegeneinander besser abgewogen werden.

Dieser Rat war indes noch nicht genügend. Zur Übersicht der verwickelten Geldgeschäfte des Reiches bedurfte es ohne Zweifel eines anderen von strengerer Einheit. Der Kaiser hatte einen Finanzrat, mit welchem er den Zustand seines Einkommens und seiner Ausgaben, die Anleihen, die er machen, die Zinsen, die er bewilligen wollte, beriet. Das Verhältnis dieser beiden Räte wird, dünkt mich, gewesen sein, daß der eine forderte, was der andere nicht ohne Widerstreben gewährte.

Die Kanzleien, von denen eine die das Reich betreffenden, die andere die vom Reich unabhängigen italienischen, die dritte die spanischen Sachen besorgte, fertigten die Befehle aus, die dann an die Regierungen der einzelnen Landschaften weiteren Weg nahmen.

Man sieht, wie sehr die Einheit des Ganzen in der Person des Kaisers lag. Zwar beschränkten ihn die Verfassungen seiner Länder, die Politik seiner Nachbarn, die oft mißliche Lage der Geschäfte hundertfältig; in seinen Entschlüssen aber finden wir ihn bis auf seine letzten Jahre immer selbständig, in der Ausübung der höchsten Gewalt von fremdartigem Einfluß unabhängig.

2. Philipps II. erstes Ministerium

Wie Karls Natur, in sich ruhig und abgeschlossen, Beweglichkeit genug hatte, sich verschiedenen Nationen bequem zu zeigen, so leuchtete seine Staatsverwaltung durch die Unabhängigkeit, die er selber behauptete, und durch die gleichmäßige Berücksichtigung, die er den einzelnen Landschaften angedeihen ließ, hervor.

Folgte ihm nun sein Sohn, wie in dem Recht der Regierung, so auch in der Art und Weise derselben nach?

In der Geschichte des Hauses Habsburg wiederholt es sich, daß es eine Nation immer durch eine andere bezwungen und die minder ergebene durch Fremdlinge zu regieren gesucht hat. Rudolf I. unterwarf die Österreicher durch Schwaben, von denen mancher zu Fuß mit ihm zog und in kurzem zu 10 000 Mark Einkommen gelangte, wider deren fortdauernde Herrschaft sich Österreich nur vergebens empörte. Um sich der Niederlande zu bemeistern, bediente sich Maximilian der Kraft von Österreich, jener Scharen, welche ihm Gaudenz von Ems aus tirolischen Kriegen zuführte, und deutscher Hilfe. Wiederum mit niederländisch-deutschen Truppen ging Philipp I. nach Spanien, und anfangs waren es Niederländer, denen Karl die Regierung von Spanien anvertraute.

Doch bedachte sich Karl, und in seinen späteren Jahren finden wir Spanier, Niederländer und Italiener von ihm mit gleicher Gunst behandelt.

Unter Philipp II. zeigte sich aber eine eigentümliche Reaktion. Sowie sich die Spanier in den italienischen und deutschen Kriegen als die Eroberer und Gründer der Monarchie, obwohl nur mit halbem Recht, betrachten lernten, sowie ihr Stolz sich den ersten Rang unter den Nationen derselben anmaßte, mit so gutem Erfolg, daß auch die Söhne Karls, der echte, Philipp, und der unechte, Don Johann, beide für nichts anderes als für wahre Spanier gelten wollten, so machten sie allmählich auf einen vorzüglichen Anteil an der allgemeinen Regierung Anspruch. Philipp erkannte denselben an. Die erste Abweichung von dem Systeme Karls ist, daß Philipp Kastilien als das Haupt seiner Reiche ansah.

Zunächst verschwindet jener aus Eingeborenen der verschiedenen Lande vereinigte Rat. Nachdem Philipp in Spanien auf immer Platz genommen, und eben hierdurch veranlaßt, griff er zu einer Verwaltungsweise, in welcher die übrigen Landschaften als untergeordnete Provinzen von Kastilien erschienen. So wie es nämlich hier seit geraumer Zeit verschiedene Räte gab, für Gerechtigkeit, Inquisition, Ritterorden, Indien, so wurden diesen nunmehr einige neue hinzugefügt, für Aragon, für Italien, für die Niederlande, und obwohl diese von jenen im wesentlichen ganz verschieden waren, erschienen sie doch nicht anders als in ihrem Verhältnis. Diese alle standen in einem unmittelbaren Bezuge zu dem Könige. Er wohnte zwar ihren Beratungen niemals bei, aber er pflegte sich wenigstens in seinen ersten Jahren ihre Beschlüsse in einer Konsulta vortragen zu lassen. Das blieb nun allerdings, daß in diesen Kollegien einige Eingeborene saßen; aber jene gemeinschaftlichen Sitzungen und Beratschlagungen hörten auf.

Die Sorge für die Gesamtheit kam hauptsächlich an den Staatsrat. War dieser vielleicht aus Erlesenen der verschiedenen Landschaften zusammengesetzt?

Es ist immer merkwürdig, wie Philipps II. Staatsrat gebildet ward. Als er noch Principe war, bekam er einen auf burgundische Weise eingerichteten, indes fast durchaus aus Kastilianern zusammengesetzten Hof. Oberhofmeister war der Herzog von Alba; Oberstallmeister Don Antonio de Toledo, mit jenem von demselben Geschlecht; Figueroa, Graf von Feria, ebendemselben nahe verwandt, befehligte die spanische Leibwache. Unter den Kammerherrn – denn einen Oberstkämmerer, den der Vater abgeschafft, gab man auch dem Sohne nicht – finden wir vorzüglich Don Ruy Gomez de Silva, aus einem Hause, das zugleich in Kastilien und Portugal sehr verbreitet war, und zwar aus dessen portugiesischer Linie gebürtig, durch die entschiedene Gunst, die er bei Philipp erwirbt, hervorragen. Diese sind es, welche den Hof des Principe wesentlich bildeten. Wie sehr muß es uns erstaunen, wenn wir sehen, daß er, nachdem er König geworden, obwohl er die Geschäftsführung seines Vaters vor Augen hatte, obwohl er nicht so jung war, um sich einer zufälligen Umgebung hinzugeben, daß er dennoch aus eben diesen einen Staatsrat zusammensetzt, der die gemeinschaftlichen Geschäfte der ganzen Monarchie zu leiten beauftragt wird: Alba, Toledo, Ruy Gomez, Feria sind sämtlich darin. Zwei andere Spanier, Manrique de Lara, Mayor-domo-mayor der Königin, und der Herzog von Francavilla, werden ihnen zugesellt. Dagegen sind weder die Siege Emanuels von Savoyen, noch die Bande des Blutes, die den König mit Ottavio Farnese verknüpfen, weder die alten Dienste Ferrante Gonzagas, noch die neuen und ausgezeichneten Egmonts vermögend, ihnen darin einen Platz zu verschaffen. Selbst der jüngere Granvella, der sich von Jugend auf mit der Politik der Monarchie beschäftigt, sah sich nur noch in dringenden Fällen, wo man seiner unumgänglich bedurfte, zugezogen, übrigens aber aus dem allgemeinen Rat in der Tat verdrängt.

Man begnügte sich, ihm eine allerdings wichtige, doch mit seinen früheren Verhältnissen nicht zu vergleichende Stellung in den Niederlanden zu geben. Die übrigen schien man nur darum zu achten, damit sie sich keinem fremden Fürsten überliefern möchten, damit sie einigermaßen bei gutem Willen blieben.

Dies war die erste Gestalt des Staatsrates Philipps II., und wenn er erweitert ward, so geschah es in demselben Sinne. Wir finden die Präsidenten der eigentlichen kastilischen Räte, des Rats der Inquisition, der Orden, des alten Rats eingetreten; einen Präsidenten von Aragon finden wir nicht darin; und wenn der Präsident von Italien darin Platz hat, so ist es jener Francavilla, der ihn schon früher besaß, ehe er noch diesem Rate vorstand.

Durch diese beiden Veränderungen, das Verschwinden des allgemeinen Regierungsrates und die Umgestaltung des Staatsrates in eine völlig kastilianische Form, ward Kastilien allerdings zum Haupt dieser Reiche erhoben; den Spaniern wurde der größte Einfluß auf die übrigen Landschaften zuteil. Der König, sagt Soriano, achtet nur die Spanier: mit diesen unterhält er sich, mit diesen berät er sich, mit diesen regiert er. Welche Wirkung dies hatte, wird später zu betrachten sein; jetzt ist die Frage, welche Gestalt die höchste Staatsverwaltung in sich selber entwickelte, und inwiefern Philipp ihr gegenüber selbständig blieb oder von ihr abhängig wurde.

In seinen ersten Jahren bediente sich König Philipp folgender Ordnung. Nach den ersten Morgenstunden gab er den fremden Gesandten Audienz; hierauf ging er zur Messe nach seiner Kapelle; hierauf speiste er öffentlich; nach Tische empfing er die Bittschriften und hörte die Gesuche seiner Untertanen. In allem, was ihm vorgetragen ward, bezog er sich auf seine Räte; alle Eingaben wurden von einem Sekretär rubriziert und an die Behörde versandt, der sie zukamen. Deren Beschlüsse trug man dem Könige in den Konsultas vor, welche er anstellte, oder man übergab sie ihm, wie später ausschließend eingeführt ward, auf einem Blatte. Hier erfuhr man sein entscheidendes Gutachten, und er gab seine Unterschrift.

Wenn nun der König, wie Tiepolo noch im Jahre 1567 versichert, die Beschlüsse in der Regel zu billigen pflegte, die Beschlüsse der übrigen außer in Gnadensachen, die Beschlüsse des Staatsrates außer in der Angelegenheit von Flandern, so kommt es sehr auf den Zustand dieser Behörden, besonders auf die innere Beschaffenheit des Staatsrates an, von dem die wichtigsten Entschließungen ausgingen.

Es ereignete sich aber, daß sich in dem Staatsrate die beiden Häupter Ruy Gomez de Silva, Fürst von Eboli, und der Herzog von Alba in schroffem Gegensatze einander gegenüberstellten.

Ruy Gomez hatte sich durch eine persönliche Geschicklichkeit, durch das Talent eines wohlgesinnten Hofmannes bei seinem Herrn und Meister geltend gemacht. Wenn er bescheiden fragte und bündig antwortete, nicht viel diskurierte, nicht mehr zu verstehen suchte, als sein Fürst angedeutet zu haben wünschte, und alles geheimhielt; wenn er sein Haus nicht über einen mäßigen Glanz erhob, traf er eben den Sinn desselben. Es ist eine bequeme und gescheite, fördernde und nachgiebige Dienstfertigkeit, durch die er seine Gunst erwirbt; er fühlt sehr gut, daß er sich in diesem Kreise halten muß. Er will die Wirkung, selbst wenn er sie mit einer Art Mißbehagen erwerben müßte. Er meint, man müsse sich hüten, wenn man eine bessere Einsicht habe als der Fürst, diesen das jemals innewerden zu lassen; nicht durch offenen Rat, sondern durch einen geheimen Wink könne man etwas durchsetzen; man müsse ein Mäzen seines August sein, dann erwerbe man bei Gott und Menschen Verdienste. Er hatte die Miene, als liege ihm Ball- und Würfelspiel mehr am Herzen als irgendein Geschäft. Niemals nahm er auf sich, etwas durchzuführen; seines Einflusses, soviel auch andere davon sagten, schien er niemals sicher zu sein. Cabrera nennt ihn einen glücklichen Steuermann in dem gefährlichen Golf des Hofes.

Ganz eine andere Natur ist Alba, von diesen Künsten, diesen Rücksichten weit entfernt. Ihm gaben die ausgezeichneten Verdienste, die er sich um die Monarchie erworben, seine Haare, die im Dienste dieser Könige erblichen, seine Erfahrung, sein Kriegsruhm, seine immer entschiedene Seele den Einfluß, den er hatte. Er wollte denselben aber mit keiner persönlichen Geschmeidigkeit behaupten oder vergrößern. Wollte er Wirkung und Macht, so wollte er auch das Ansehen derselben. Dem Throne gegenüber zeigte er die Bitterkeit des Stolzes, der einen unumschränkten Herrn über sich fühlt. Man hat nicht zu Friedrichs des Großen Zeit erst gehört, ein Fürst drücke die Pomeranze aus und werfe die Schale von sich. Dies Wort ist vom Herzog Alba. „Wir müssen uns aber den Saft nicht ausdrücken lassen", sagt er, „wir müssen uns nicht ganz und gar lesen lassen. Ein durchgelesenes Buch wirft man beiseite." Man sprach einst am Hofe von der Möglichkeit, Portugal zu erobern, und der gute Marques de los Veles zeigte, wie sehr er das wünsche. Alba faßte die Sache von einer anderen Seite. „Wohin", sagte er, „sollen dann unsere Kinder vor einem Könige flüchten?" Er besann sich, daß der Marques nicht eben sein Freund war. Er hatte die Stirn, dies dem Könige selber zu sagen. Und dennoch eroberte er Portugal. Und dennoch wollte er die Freiheiten der Aragonesen eingeebnet wissen. Dennoch ging er, Flandern zu unterjochen. Denn er hatte den aristokratischen Hang, den Despotismus ausüben zu helfen, nur daß er ihn nicht selber erführe.

Der Widerstreit der beiden Häupter schrieb sich daher, daß Alba im Anfange dieser Regierung den Anspruch durchblicken ließ, sie zu leiten, wie der Connetable Montmorency die französische. Er konnte nicht ertragen, daß ein anderer sich ihm gleichstellte; er wollte alles tun, alles ausführen. Ruy Gomez setzte sich diesem Anspruche entgegen und hatte dabei die übrigen auf seiner Seite. Ihr Verhältnis zu dem Könige fassen die Worte Albas nicht übel zusammen, wenn er im Vorgemach des Königs zu sagen wagt: nicht gerade guten Rat zu erteilen wisse sein Gegner, aber die Launen des da drinnen, die verstehe er meisterlich. Sie zogen den Staatsrat, den Hof, ja das Land und die Provinzen in ihre Spaltung nach; fast gab es nichts, worüber nicht die Meinung beider Teile verschieden gewesen wäre.

Blieb nun der König von dieser Entzweiung unberührt? Hatte sie nicht einen wesentlichen Einfluß auf seine Staatsverwaltung, ja auf seine eigene Meinung und Entscheidung?

Unberührt blieb er nicht von ihr. So wie er bei den Kompetenzen, die unter ihnen eintraten, bald für den einen, bald für den anderen war, so wie er zu der ritterlichen Würde (eines Adelantado), die sie beide in Anspruch nahmen, anfangs Ruy, dann auch Alba empfahl, so gestattete er beiden einen nicht geringen Einfluß. Beschlüsse des Staatsrates, welche auf den Antrag Albas durchgegangen waren, sind auf den Wunsch des Ruy Gomez vom Könige abgeändert worden. Ruy setzt durch, daß ein Mendoza zu der Gesandtschaft nach Rom bestimmt wird; Alba bewirkt, daß derselbe doch nur außerordentlicher Gesandter werden kann. Hierauf bringt es Ruy zu dem Beschlusse, daß die Stelle eines ordentlichen Gesandten dem Vargas zufallen soll; Alba aber weiß den Zweifel rege zu machen, ob derselbe auch adelig genug für einen so hohen Posten sei, und der König geht darauf ein. Wollte nun ein Fremder etwas an diesem Hofe erlangen, so war er in Verzweiflung, wenn er einerseits sah, wie notwendig es sei, beide Häupter zu gewinnen, weil sie beide bei dem Könige Ansehen besaßen, andererseits wie unmöglich, mit dem einen gut zu stehen, ohne das Wohlwollen des anderen zu verlieren. Es ist wohl vorgekommen, daß Bewilligungen, die zugunsten Albas oder seiner Anhänger geschehen waren, unwirksam blieben, weil Erasso, der die Geschäfte im Finanzrate führte und der Partei des Fürsten anhing, dagegen war. Man dankte Gott, wenn man sich so hielt, daß man zwar keinen entschieden gewann, aber auch keinen entschieden gegen sich hatte. Nur etwa einem römischen Gesandten gelang es, beide für sich zu gewinnen: wie sollte nicht dem einen soviel wie dem anderen an der Gunst des Papstes gelegen haben? Hier kehrte sich ihr Streit um und sie wetteiferten, sich ergeben zu zeigen. Und doch mußte auch Monsignore di Terracina, päpstlicher Nuntius in Madrid, sich bequemen, in der Sache jener ritterlichen Würde, um die sie stritten, beiden den Sieg zu versprechen: dem Alba, der nur Recht verlangte, ein unparteiisches, dem Ruy, der begünstigt zu sein wünschte, ein für ihn bestimmtes Gericht. Doch sieht man, wie die Lage der Dinge war. Zwischen den beiden Häuptern wurden die meisten Angelegenheiten zu einem Streitpunkte; beide hatten einen unleugbaren Einfluß; beide suchten denselben bei jeder Gelegenheit geltend zu machen; so geschah, daß eine Sache um so weniger zur Entscheidung gebracht werden konnte, je wichtiger sie war; daß sich in allen Ausfertigungen jene Langsamkeit, die man schon unter Karl bemerkt hatte, bis zum Unerträglichen steigerte.

So wenig blieb dieser Zwiespalt ohne Einwirkung auf den Staat. Wer hätte aber glauben sollen, daß er dem Könige selber nicht ganz unwillkommen war? Dennoch möchte es fast so scheinen. Jedes Geschäft, sagte dieser König einst, habe seine Regeln und das Geschäft eines Königs nicht weniger als ein anderes. So besuche er den Staatsrat aus guten Gründen nicht: die Gegenwart eines Fürsten dränge die Meinungen zurück, und ein jeder rede dann, als stehe er auf dem Katheder: seien die Räte aber allein, dann entspinne sich Streit, dann, wenn sie warm geworden, zeige sich ihre Meinung und Leidenschaft eigentlicher; aus ihrem Widerstreite könne der König den besten Rat schöpfen, wenn er nur einen getreuen Referenten habe. Er glaubte, durch entgegengesetzte Meinungen am besten beraten zu werden. Man sagt, in den flandrischen Sachen habe er zuweilen eine Sitzung in der Gegenwart bloß des Ruy Gomez, eine andere in Gegenwart bloß des Alba halten lassen, um sich dann aus beiderlei Gutachten zu belehren.

In der Tat hielt sich dieser Fürst weder von dem einen noch von dem anderen unabhängig; dennoch behauptete er über beide eine gewisse Superiorität. Irre ich nicht, so war in ihm eine entschiedene Empfänglichkeit für fremden Rat, ein entschiedenes Bedürfnis desselben; aber dabei eine so große Neigung zur eigenen Tätigkeit, zu eigener Behandlung der Geschäfte, eine so lebhafte Eifersucht auf sein höchstes Ansehen, daß er dem fremden Einflusse zwar nicht entging, sondern ihn vielleicht selbst unbewußt litt, aber sehr wohl verstand, ihn nie ganz deutlich hervortreten zu lassen. Dennoch ist nicht zu bezweifeln, daß Ruy allmählich das Übergewicht erlangte; so verständig ging er mit seinem Meister um; so sehr hatte er die Kunst inne, Wirkungen hervorzubringen, ohne sie gewahr werden zu lassen; so wohl unterstützte ihn sein Amt, das Amt eines Somiglier du Corps, das ihn immer in der Nähe des Fürsten erhielt. Zwar in den Sachen des Krieges führte Alba immer ein entscheidendes Wort; aber Ruy gab der Monarchie selbst eine friedliche Richtung: in zweifelhaften Fällen war er allemal für den Frieden; die Finanzen, die Angelegenheiten der inneren Verwaltung waren fast ganz in seinen Händen.

Indem nun beide dergestalt stritten, indem Alba, der sich von einer geschmeidigeren Natur, die nicht gerade ein ausgezeichnetes Verdienst hatte, von dem ersten Platz verdrängt sah, wahrscheinlich eben hierdurch mit jener Bitterkeit erfüllt war, die wir an ihm wahrnehmen, so ereignete sich, daß zwischen beiden ein dritter zu einem ausgezeichneten Ansehen emporkam.

Zwischen den Fürsten und den Herzog trat ein Doktor. Es war der Doktor Diego Spinosa, der auf dem Wege gerichtlicher Ämter bis zur Stelle eines Präsidenten von Kastilien gestiegen war; der darauf, als er diese erlangt hatte und nun häufiger Gelegenheit fand, sich dem Könige zu nähern, durch die Würde seiner Erscheinung, die mutige Frische seiner Natur, den hohen Geist, der aus ihm sprach, sich bei demselben in das größte Ansehen setzte. Er war ein bis zur Eifersucht auf andere unermüdlicher Arbeiter. Die Geschäfte im Rate von Kastilien besorgte er fast allein und ließ seinen Räten so wenig als möglich zu tun. Aber dies genügte ihm noch nicht. Er übernahm noch das Amt eines Großinquisitors; er präsidierte im Rate von Italien; er arbeitete auch im Staatsrate: in allen gleich feurig und zur Stelle. Kuriere, welche mit der Nachricht einer soeben entstandenen Vakanz von Granada nach Madrid kamen, fanden ihn schon unterrichtet; sie fanden das Amt, um dessentwillen sie gesandt waren, durch seine Fürsprache bereits besetzt. Als er endlich Kardinal geworden, als ihn darauf der König wie seinesgleichen behandelte, ihm vor der Türe entgegenkam, den Kopf vor ihm entblößte, ihm einen Stuhl gab, kam er in solches Ansehen bei dem Volke, daß man ihn den Monarchen von Kastilien nannte. Viele fanden, er sei ein Mann, geboren, zu regieren.

Spinosa war von Ruy Gomez gefördert, und zuweilen haben sie, wie Cabrera versichert, gegen Alba gemeinschaftliche Sache gemacht. Aber im ganzen wußte sich Spinosa doch von den herrschenden Leidenschaften freizuhalten; gerade seine Unparteilichkeit und Uneigennützigkeit – denn er dachte nicht daran, seine Familie großzumachen – verschaffte ihm das Vertrauen des Königs. Aber alle anderen waren durch sein gebieterisches, zuweilen stürmisches Wesen verletzt und widerstrebten ihm.

Zwölf Jahre lang war dies die Lage des spanischen Hofes. Zwei Faktionen in einem immerwährenden geheimen Kriege: der König zwar der einen zugetaner, doch durchaus ohne die andere irgend fallen zu lassen: beide in der Verwaltung der Geschäfte tätig. Wir finden sie seit des Königs Thronbesteigung. Vom Jahre 1558 berichtet uns Soriano, wie beide Parteien für Glück und Ehre des Königs bemüht seien, doch auf verschiedenem Wege; vom Jahre 1560 schildert Monsignore di Terracina, wie diese Parteiung den Hof mehr als jemals beherrsche, vom Jahre 1567 sagt Tiepolo, es komme nichts vor, worin nicht Alba und Ruy verschiedener Meinung seien.

Seitdem aber sehen wir ein Haupt nach dem anderen abtreten. Zuerst Alba.

In dem Jahre 1567 schien die Lage der niederländischen Geschäfte einen Versuch, sie auf immer beizulegen, durchaus notwendig zu machen: entweder in Güte durch die Anwesenheit des Königs oder mit Gewalt durch ein Heer. Ruy war für die Güte, Alba für die Gewalt. Für diese entschied sich der König, und er übertrug sie Alba selbst. Er gab demselben eine beinahe absolute Vollmacht, wie denn die Fürsten dieses Hauses eine solche mehr als einmal einem erprobten Feldherrn anvertraut, wie sie früher Gonzal de Cordova und Pescara, wie sie später Spinola und Wallenstein besessen haben. Hiermit entließ er ihn, und dies schien eine große Begünstigung. Doch auch den Gegnern Albas brachte es keinen Nachteil. Sie genossen nun, ungestört von dem verhaßten Nebenbuhler, ihren Einfluß auf die öffentlichen Geschäfte; sie leiteten den Staat von seinem Mittelpunkte aus. Indes vollzog Alba in den Niederlanden jene Gewalttaten, die den Fluch der Nachwelt über ihn gebracht haben; die ihm selber nicht gefielen, denn in derselben Zeit hätte er einen besseren Ruhm gegen die Türken, nach welchem sein katholisches Herz dürstete, erfechten können; die ihn, da sie zuletzt ihre Absicht verfehlten, auch in der Gunst seines Herrschers nicht förderten.

Zum zweiten trat Spinosa ab. Es war leicht, einem entschiedenen und offenen Gegner, dessen Schritte man beobachten konnte, Widerstand zu leisten; schwer aber, den geheimen Einflüsterungen zu begegnen, denen das Ohr Philipps II. allezeit offenstand. Gerade der, welcher sich am wenigsten fürchten zu müssen schien, Spinosa, erfuhr am ersten, wie gefährlich sie seien. War es vielleicht die unermüdliche Tätigkeit nach allen Seiten hin selbst, was dem König zuletzt mißfiel, waren es die Klagen der Granden über Stolz und Unzugänglichkeit des neuen Kardinals, oder waren es andere Dinge, die man nicht erfahren hat – lange pflegte dieser König zu hören und wieder zu hören, und lange wußte er zu verbergen, bis er allmählich das Maß seines Ingrimms gefüllt hatte und plötzlich damit herausbrach; genug, Spinosa trug dem Könige einmal über eine flandrische Sache vor, als dieser ihn heftig anfuhr und seine Ungnade mit einem Male erklärte. Spinosa, so kräftig und lebhaft er auch sein mochte, war es doch nicht genugsam, um dies zu ertragen; er starb nach kurzer Krankheit im September 1572.

Sollte da nicht auch der alte Günstling, Ruy Gomez, fürchten? „Herr Antonio“, sagte er zu Perez, „glaubt mir, ich entflöhe gern von diesem Hofe, wenn ich nur könnte.“ Er beklagte sich zuweilen über den König: ein Günstling empfinde eine leichte Hautverletzung stärker als ein anderer eine Wunde bis auf den Knochen.

Er fürchtete jene geheimen Einwirkungen, denen der König doch nicht zu entziehen war. Nie ruhte er in voller Sicherheit seiner Gunst. Vielmehr war er immer auf der Hut: er suchte seine Gegner durch Gnaden, die er ihnen verschaffte, zugleich zu gewinnen und zu überzeugen, was er vermöge. Und in der Tat war er sehr geschickt in diesen Dingen. Das unbeugsame Gemüt des Don Carl, der ihn haßte, der sich beleidigt fühlte, wenn man ihm nicht mitteilen wollte, was man insgeheim mit dem Könige verhandelt, selbst dies wußte er zu bändigen und endlich für sich einzunehmen. Durch eine so geschickte Sorgfalt, die er immer in Anwendung hielt, gelang es ihm, bis an seinen Tod in einem wesentlich ungeschwächten Einfluß zu bleiben. Er starb am 30. Juli 1573.

Im April 1574 kam Alba aus den Niederlanden zurück. Er fühlte sich nun, sagte er dem König, zu nichts weiter gut, als Gott zu dienen. Philipp erwiderte, er wünsche, daß der Herzog nicht allein Gott, sondern auch ihm, dem Könige, noch viele Jahre dienen möge; aber besondere Gnade bewies er ihm nicht.

Den vornehmsten Platz im Vertrauen des Königs gewann der Erzbischof Quiroga von Toledo, der diese Stelle der ebolitanischen Partei verdankte. Nur mit der größten Vorsicht aber ging er zu Werke. Gutmütig und gesprächig von Natur, hütete er sich doch, auch das, was er billigte, zu fördern, wenn er die Absicht des Königs nicht kannte. Vieles Ansehen genoß der Marques de los Veles, Mayordomo-mayor der Königin, von dem Philipp sagte, er sei ganz sein eigen, so vollkommen war die persönliche Hingebung, die er ihm bewies, oder auch die Übereinstimmung ihrer Charaktere. Der Marques war schweigsam und zurückhaltend; er liebte es, als ein Staatsmann zu erscheinen. Neben ihm sah man den jungen Antonio Perez, dessen Einfluß auf den Berichten, die er dem Könige aus dem Staatsrate abstattete, und nicht minder auf einer vollkommenen Ergebenheit, die er um seine Gunst buhlend ihm bewies, beruhte, kühn emporstreben. Sie waren untereinander und mit der Fürstin von Eboli verbunden, der Witwe des Ruy Gomez, die, durch das Andenken an die Dienste ihres Gemahls, von mächtigen Verwandten unterstützt, am Hofe einen großen Einfluß behielt. Im Jahre 1577 schienen sie den Hof zu beherrschen: selbst die Entfernung eines Beichtvaters ward ihrer Einwirkung zugeschrieben. Endlich sind die Begebenheiten des Don Johann von Österreich für sie entscheidend geworden. Von diesen ist es notwendig, an gegenwärtiger Stelle einigen Bericht zu geben.

3. Digression über Don Johann von Österreich

Es läßt sich denken, daß Karl V. seinen natürlichen Sohn, Don Johann, um so mehr liebte, da er das Kind seines Alters, das Kind einer in das tiefste Geheimnis verhüllten Liebe war. Dennoch bedachte er ihn weder bei seinem Leben noch in seinem Testament; aber er fügte dem Testament noch ein Kodizill hinzu, in welchem er seinem natürlichen Sohn, für den Fall, daß er nicht in den geistlichen Stand treten würde, eine ansehnliche Rente auf das Königreich Neapel anwies: der Kaiser sprach den Wunsch aus, daß derselbe in einen Orden reformierter Klostergeistlicher aufgenommen würde; doch solle das nur geschehen, wenn er selbst es wolle, und ohne Zwang. Der Eindruck, den Philipp bei der ersten Bekanntschaft von dem jungen Manne empfing, war aber nicht, daß er sich zu dem geistlichen Stande eigne; der König war sogleich entschlossen, ihn als seinen natürlichen Bruder vor der Welt anzuerkennen; er gab ihm selbst den Namen von Juan d'Austria. Bis dahin hatte man den Knaben Hieronymo genannt.

Von den ersten Jahren an zeigte sich Johann lebhaft, munter und geistreich; zu den Waffen allerdings geneigter und geschickter als zu geistlichen Übungen; übrigens bescheiden, liebenswürdig und gut. Was aber Philipp II. eigentlich gewann, war die vollkommene Ergebenheit, die der junge Mensch ihm zeigte. In allen den üblen Verhältnissen, in die Don Carl, nur anderthalb Jahre jünger als Johann und mit ihm aufgewachsen, zu dem Könige, seinem Vater, geriet, bewies Johann eine so sichere, von keiner Überredung zu erschütternde Treue, daß Philipp sich entschied, ihn in Krieg und öffentlichen Geschäften zu brauchen. Sein Staatsrat übersah die unangenehmen Folgen nicht, die dies haben konnte, und schwankte lange, ehe er es beschloß; aber bedurfte nicht die Monarchie eines jungen kühnen Feldherrn, wie Johann zu werden Hoffnung gab, eines Feldherrn von königlichem Geblüt?

Also schickte man Don Johann im Jahre 1569 im Geleite erfahrener Kriegsmänner, unter der Begleitung eines Sekretärs, dem man ganz traute, Juans de Soto, von der Partei des Gomez, wider die Mauren von Granada, welche sich empört hatten. Hier entwickelte der Jüngling einen Mut und ein Kriegstalent, welche ihm sofort eine größere Laufbahn eröffneten. Noch waren die Fortschritte der Türken eine gemeinschaftliche Gefahr für ganz Europa: die Eroberung von Zypern erschien als ein allgemeiner Unfall; da überdies kein anderer Krieg geführt ward, richtete sich die Aufmerksamkeit der ganzen Christenheit auf den Bund, den nach so langem Zögern endlich einige westliche Mächte wider den Feind im Osten schlossen. An die Spitze dieses Bundes, als Anführer der vereinigten Flotten, trat Don Johann. Wie war ihm dann zumute, als er einen Sieg erfochten, wie der Sieg von Lepanto (1571), so glorreich, vollständig und entscheidend, wie die Christen noch keinen gewonnen hatten, als er sich und anderen in so jungen Jahren in dem Lichte eines Helden und Vorkämpfers, in dem Lichte einer Hoffnung der Christenheit erschien! – In diesem Augenblicke aber ging in ihm eine Veränderung vor.

Don Johann war in der Blüte männlicher Jugend und Kraft. Wenn er in den neapolitanischen Winterfesten, zu denen er vom Siege wegging, in dem Kreise der Frauen erschien, eine mäßige wohlgeformte Gestalt, das lange blonde Haar, wie er zu tun aufbrachte, mit einer gewissen Anmut von den Schläfen rückwärts gestrichen, mit den angenehmsten Manieren und voll freudiger Munterkeit, kann man denken, ob er ihnen gefiel. Er ritt am besten; im Turnier, in der Handhabung der Waffen übertraf ihn kein anderer; man sah ihn nach Tische fünf bis sechs Stunden Ball schlagen und sich nicht schonen, denn auch hierin wollte er der erste sein. Doch genügte ihm dies nicht. Er wußte wohl, welch einen Wert es habe, beredt, höflich, gewandt und unterrichtet zu erscheinen. Er nahm sich mit auswärtigen Gesandten sehr wohl zusammen; wenn er früh mit Sekretären und Staatsräten den Geschäften obgelegen, zog er sich häufig des Nachmittags zu den Studien zurück. Er erwarb hierin das Lob, nach dem er strebte: doch auch das stellte sein Herz nicht zufrieden. Seine ganze Seele, unerfüllt von dem, was ihm täglich gewährt, unbegnügt mit dem, was ihm bereits gelungen war, trachtete dürstend nach größerer Ehre. Er redete von nichts als von Kriegstaten und Siegen. Er behauptete, er würde sich aus dem Fenster stürzen, wenn er sähe, daß jemand lebe, den mehr nach Ruhm verlange als ihn. Sein Spruch war: „Wer nicht vorwärtsstrebt, geht zurück."

Wie entwickelt sich nun in ihm, daß er nicht zufrieden ist, seinen Arm zu großen Unternehmungen herzugeben, sondern daß er wünscht – und dies ist die Veränderung, die in ihm zum Vorscheine kam –, selbständig zu werden, auch einen Besitz zu haben und ein Fürst zu sein? Gehört dies mit zu der Ehre vor den Augen von Europa, die er sucht? Oder fühlt er, daß die spanische Politik kein günstiges Element für ihn ist und daß er wünschen muß, selbst etwas zu vermögen? Vielleicht drängten ihn die Spanier selber dahin. Freigebigkeit gehörte zu den fürstlichen Tugenden, die er sich zu eigen machen wollte; seine alten Kriegsgefährten wünschte er zu belohnen; er verschenkte auf einer Wallfahrt nach Loretto 10 000 Dukaten. Dennoch hielt ihn der Staatsrat seines Bruders für genugsam belohnt, wenn er ihm des Jahres 40 000 Dukaten gewährte. Übrigens war er ein Kaisersohn. Er klagte oft, daß ihm sein Vater keine unabhängige Existenz möglich gemacht und ihn doch anerkannt habe.

Eine solche Unabhängigkeit dachte er sich selbst zu verschaffen, und hauptsächlich war sein Sinn, sie in einem Türkenkriege zu erobern. Zuerst erregte ihm die Liga Hoffnung, und er glaubte, sich um die Venezianer so verdient machen zu können, daß sie ihm einen unabhängigen Staat gewähren würden; aber die Liga zerfiel vor seinen Augen. Da bot ihm der Staatsrat von Spanien selbst eine Aussicht dar; er trug ihm auf, Tunis zu erobern. Mit Freuden ergriff dies Don Johann; oft erwähnte Juan de Soto der blühenden Macht von Karthago, die von eben diesem Golf von Tunis ausgegangen; man erneute den lilybäischen Hafen und nannte ihn den Hafen von Österreich; auf demselben Boden, auf welchem Karl V. seinen schönsten Sieg erfochten, siegte auch Don Johann; er nahm Tunis durch Gewalt und Biserta durch freiwillige Überlieferung; dann stiegen seine Hoffnungen höher; dann ließ er seinen Bruder durch den Papst bitten, ihn zum Könige von Tunis zu machen. Eine unerwartete, eine sogar erschreckende Bitte für den Staatsrat von Spanien! Er hatte die Absicht, die Talente des Prinzen zur Vergrößerung der Monarchie anzuwenden; nun zeigte sich, daß derselbe selbständig zu werden gedachte. Er hatte weislich beschlossen, daß Tunis zu zerstören und das Land bloß durch die Festung von Goletta zu behaupten sei; wie ganz anders, wenn dies ein Königreich wurde! Philipp dankte dem Papst für die Zuneigung, die er gegen seinen Bruder zeige; doch die Bitte selbst schlug er ab. In der Überzeugung, nur Juan de Soto erdenke so kühne Pläne, hielt er für gut, ihn zu entfernen: er gab ihm eine andere Stellung und schickte Escovedo, seinem Bruder zur Seite zu bleiben. Allein in Johann selbst wurzelte der Ehrgeiz, es dünkte ihm ein Schimpf, schon einundzwanzig Jahr zu zählen und noch keinen eigenen Besitz erworben zu haben. Er nahm Escovedo an, ließ aber auch Soto nicht von sich: wir finden ihn mit beiden arbeiten, und bald war sogar Escovedo von außerordentlichen Absichten noch voller, als Soto jemals gewesen war.

Was wollten sie aber tun? Sollten sie einen Krieg veranlassen, um eine Gelegenheit herbeizuführen, die sie ohne dies nicht finden konnten? Don Johann drückt sich hierüber sehr eigentümlich aus. „Wenn der Comite sagt: Ave Maria, so sprechen die Matrosen: sie sei willkommen; so will auch ich tun und warten und die Gelegenheit nicht suchen.“ Oder sollte er, da innere Unruhen wohl einen Anlaß geben konnten, sich Genuas zu bemächtigen, diesen ergreifen, wie das Gespräch seines ganzen Hofes forderte? Er sagte: „Gott wolle nicht, daß ich jemals zu einem Kriege der Christen untereinander helfe! Mein Vater hat Genua oft in Händen gehabt und es doch nicht unterjochen mögen; dem folgt mein Bruder nach und will auch ich nachfolgen.“ Sein ganzes Absehen ging wider die Türken. Er faßte für diesen Krieg, der immer fortdauerte, in dem man eben Tunis wieder verloren, einen neuen und guten Plan. Das System der spanischen Monarchie wider die Türken war lediglich auf Verteidigung berechnet, eine Verteidigung, die des Jahres 4 bis 6 Millionen kostete und doch an keinem Platz stark genug war, um einem heftigen Anfalle zu widerstehen. Don Johann schlug vor, man möge sich jener Kosten entschlagen und die Flotte dahin vergrößern, daß sie das Meer beherrschen, daß sie selbst eine bedeutendere Unternehmung wagen könne. Über eine solche Flotte von etwa 300 Segeln eine unbeschränktere Gewalt zu haben, war sein Ehrgeiz; es ließ sich erwarten, daß die Venezianer, die von dem treulosen Nachbar für Candia und Korfu das nämliche fürchten mußten, was in Zypern geschehen war, sich den Spaniern am Ende doch noch einmal zugesellen würden: dann konnte man die Türken zu den Angegriffenen und Bedrohten machen; bei dem Zustande dieses Reiches ließ sich ein glänzender Erfolg hoffen. – Doch nur vergebens stellte er alles dies dem Staatsrate vor. „Wofern es gut wäre“, antwortete derselbe, „so würde es Karl V. getan haben.“ Auf den Unterschied zwischen Soliman und seinen Nachfolgern, auf die Erwiderung, daß bei Karl V. das Interesse Dorias einem solchen Entschlusse entgegengestanden habe, nahm er keine Rücksicht. Diese Spanier waren zu keiner Neuerung zu bewegen. Don Johann mußte inne werden, wie die Sachen lagen; er mußte allmählich einsehen, daß sich wider die Türken weder eine tüchtige Unternehmung von Spanien allein, noch auch ein Bund erwarten lasse; endlich mußten sich seine Gedanken von dieser Richtung seiner Jugend abwenden.

Sie wurden mitten in die Verwicklungen europäischer Intrigen gezogen.

Philipp, des flandrischen Krieges, welchen die gewaltsamen Maßregeln Albas, statt ihn zu dämpfen, erst recht angezündet, endlich müde, erinnerte sich, daß die Niederländer gegen Don Johann, der für ihren Landsmann galt und Karl V., welchen sie so hoch hielten, ähnlich war, immer eine gewisse Neigung hatten. Was sollte derselbe länger in Italien? Zur friedlichen Beilegung jener Unruhen beschloß ihn Philipp nach den Niederlanden zu senden. Unverweilt erklärte Don Johann sich bereit, diese Sache zu übernehmen. Er schickte Escovedo an den Hof, um ihm zu verschaffen, was zur Reise nötig sei.

Hatte er aber sein Augenmerk bloß auf die Niederlande gerichtet? Es wäre ohne Zweifel ein schöner Ruhm gewesen, abtrünnige Provinzen in Güte wieder zu gewinnen, erbitterte Herzen auszusöhnen; aber einen solchen Ruhm zu suchen, muß man kein Jüngling sein. Sein Absehen ging auf andere Dinge.

Er war in Italien mit Papst Gregor, er war auch mit den Guisen bekannt geworden; und diese richteten seine ganze Aufmerksamkeit auf die englisch-schottischen Verhältnisse, auf jenes schöne Weib im Gefängnisse, welchem die Kronen beider Lande zu gehören schienen und welches in beiden Landen so viele Anhänger zählte. Auf diese Pläne ging Don Johann ein; sie sagten seinen ritterlichen Neigungen, seiner katholischen Gesinnung und seinem Durst, sich ein Reich zu erwerben, zugleich zu. Nur mußte Philipp II. dafür gewonnen werden.

Zu dem Ende wandte man sich an Antonio Perez. In tiefem Geheimnis, versichert, daß er schweigen würde, ging man ihn an, hierfür seinen Einfluß zu verwenden. Geschickt genug war der Mensch, den man gewählt; wäre er nur ebenso zuverlässig gewesen! Perez ging augenblicklich und teilte dem Könige das ganze Geheimnis mit.

Wie sehr erschrak Philipp! Er sah, daß auch Escovedo den Fußtapfen Sotos folgte. Nun fertigte er denselben nicht ab: er schickte dem Don Johann kein Geld. Aber noch viel größer ward sein Erstaunen und sein Mißbehagen, als Don Johann, wider einen ausdrücklichen Befehl, der ihn unverzüglich über die Alpen gehen hieß, wider das Gutachten des Juan Idiaquez, dennoch selber nach Spanien kam, am 23. August 1576 mit drei Galeeren auf der Reede von Barcelona anlangte und sofort den Weg nach Madrid einschlug. Philipp wußte nicht, wie er die ihm zu gewährenden Ehrenbezeugungen klug genug abmessen könne, um ihm weder Mißvergnügen zu erregen, noch seine hochstrebende Seele mit größerem Ehrgeiz zu erfüllen. Sollte er ihm seine Unternehmung versagen? Dann würde sein Eifer für die niederländischen Dinge erkaltet sein. Sollte er sie ihm aber zugestehen? Er traute ihm nicht mehr: dies war noch weit gefährlicher. Jedoch Don Johann ging eines so sicheren Schrittes, er trat mit einer so vollkommenen Kenntnis dieses Hofes und seines Bruders auf, daß derselbe ihm die Unternehmung zuletzt doch zugestand. Mit den spanischen Truppen, die man ohnehin aus den Niederlanden ziehen müsse, möge er sie wagen.

Mit Geld versehen, voll größerer Absichten und Hoffnungen als jemals, mit den Guisen durch neue Verständnisse enger verbündet, kam Johann in der Niederlanden an. Sein erstes Bestreben ging auf den Frieden. Auch die Niederländer waren dazu geneigt, und nicht gar lange, so hatte man sich über alle Punkte, einen einzigen ausgenommen, verständigt. Wer hätte glauben sollen, daß die Interessen Philipps und Elisabeths, so heftiger Feinde, in diesem Punkte zusammentrafen und daß die Niederländer auf einmal beide verfochten, ohne es zu wissen! Die Sache war, daß die Niederländer eine augenblickliche Entfernung der Truppen zu Lande verlangten und hierin ganz unerbittlich waren, während Don Johann sie zu Schiffe zu entlassen dachte und drei Monate Verzögerung forderte, damit indes die Flotte gerüstet würde. Hieran scheiterte die ganze Unternehmung; eben hieran hatte Philipp seine Billigung derselben geknüpft. In der Tat eine seltsame Verwicklung der Dinge. Elisabeth wird von einer großen Gefahr befreit, die sie vielleicht nicht kennt. Die Niederländer befreien sie von derselben und ahnen es nicht. Zu Philipps Freude tun sie das, der doch von beiden ein heftiger Gegner ist.

Von Philipp war hierauf in dieser Sache nichts weiter zu erwarten. Zwar verwandte sich der Papst auf das dringendste dafür. Er ließ seinen Nuntius von Flandern, der dieser Dinge besonders kundig war, nach Madrid gehen: er beauftragte ihn, gleich bei seiner Ankunft „einen mutigen Angriff" auf den König zu machen: immer aufs neue, mit unablässigen Briefen trieb er denselben an. In der Tat zeigte der Nuntius einen Eifer, den König anzufeuern, die Minister zu gewinnen, der ein Geschäft zum Ende fördern zu müssen schien, das er als eine Sache nicht der Wahl, sondern der Notwendigkeit darstellte. Denn nimmermehr lasse sich eine Beruhigung der Niederlande erwarten, wenn man nicht die Wurzel des Übels, welche in England zu suchen sei, ausrotte. Auch ließ sich Philipp gern davon sagen; er hörte näheren Verhandlungen mit Anteil zu; er lieh sogar Escovedo aufs neue sein Ohr und teilte demselben anderweite Schriften mit, die sich hierauf beziehen ließen. So lange hoffte der Nuntius. Wollte er den König aber, wie er spricht, weiter herauslocken, kam es auf ein entscheidendes Wort an, so trat derselbe zurück: „Die Sache sei schwierig, sie bedürfe nochmaliger Überlegung." Anfangs schien es vielleicht, als liege es an den Ministern; bald sah aber auch der Nuntius, daß dies Zögern und Ausbeugen tiefere Gründe habe, daß der König von Mißtrauen gegen seinen Bruder erfüllt sei. Er schrieb nach Rom: wolle man die Unternehmung fördern, so solle man wenigstens des Don Johann nicht gedenken.

Um Don Johann ward es seitdem von Tage zu Tage trüber. – Es ist der Seele eigen, wofern ihr ihre ursprünglichen Absichten fehlschlagen, daß sie sich in einem unbestimmten Wünschen und Entwerfen gefällt; als wolle sie dem Mißgeschick mit kühnen Unternehmungen Trotz bieten, gibt sie sich noch viel größeren Plänen hin; doppelt fühlt sie die zurückgedrängte Kraft: aber in ihrer innersten Tiefe ist sie dabei doch von dunklem Mißmut gefesselt. Zuerst davon war Don Johann voll, daß er in den Niederlanden nicht bleiben könne. Hier werde man eine Regierung in dem Sinne des Volkes einrichten müssen, für welche die Nachgiebigkeit einer Frau besser geeignet sei als seine Gesinnung und seine Jugend: er sei nicht für den Müßiggang einer solchen Verwaltung. Auch habe man von ihm ein allzu böses Vermuten. Bald sehen wir ihn voll einer qualvollen Ungeduld, das Land zu verlassen. Er sagt: es sei kein Entschluß, den er nicht eher nehmen wolle, als hier bleiben; er wolle fort, es sei mit Recht oder Unrecht; er wolle es, und wenn er fürchten müsse, bis aufs Blut gezüchtigt zu werden; hier verliere er Leben und Ehre, ja in der Verzweiflung laufe seine Seele Gefahr. Nur übrigens war er nicht so entschieden. Eine Weile dachte er, die englische Unternehmung auf eine andere Weise zu wagen; dann bat er um die Erlaubnis, als ein freier Anführer mit 6000 Mann zu Fuß und 2000 Mann zu Pferde sich in französischen Kriegen versuchen zu dürfen: bald dünkte ihm geratener, nach Spanien zurückzugehen, wo es ihm nicht schwerfallen werde, mit seinen Freunden sich der Leitung der Monarchie zu bemächtigen. Um dies zu verstehen, müssen wir uns erinnern, daß Don Johann bei den Granden in hohem Ansehen stand. Nach dem Tode des Don Carlos war man überzeugt, daß, wenn dem Könige etwas Menschliches begegne, kein anderer als Don Johann von den Großen befördert werden würde, der sich dann mit der Tochter des Königs vermählen könne. – Alle Entwürfe Don Johanns zielen auf die Erwerbung einer unabhängigen Stellung oder eines überwiegenden Ansehens, sei es in England, in Frankreich oder in Spanien; mitnichten harmlos erschienen die Verbindungen, die man ihn anknüpfen sah. Man wußte, daß er genaue Verständnisse in Italien unterhielt; der spanische Gesandte in Frankreich bemerkte sehr wohl, wie oft seine Gesandten bei den Guisen anlangten, wie die Guisen ihn dann wohl selbst in den Niederlanden aufsuchten. Endlich sprachen Wohlunterrichtete allen Ernstes von einem Bunde, den er mit ihnen zur Erhaltung beider Kronen, wie die Worte lauteten, in der Tat aber zu einer Unterwerfung derselben unter ihre Partei geschlossen. Denn wohin sonst konnte ein solcher Bund zielen? Eben das, was die Guisen an Heinrich III. tadelten, eine säumige Lauheit in Sachen der katholischen Religion, ließ sich damals mit einigem Schein Philipp II. vorwerfen, der zu keinem entschiedenen Türkenkriege zu bringen war, zu der Unternehmung gegen Elisabeth nur gezwungen einstimmte und mit den Niederländern Frieden schloß. Johann hat ihn einmal an das Beispiel ihres Vaters erinnert, der es an keiner Mühe noch Anstrengung habe fehlen lassen, um die Monarchie in der Fülle ihrer Macht zu erhalten; er möge nicht dulden, daß sie bei seinen Tagen aus Nachlässigkeit Abbruch erleide.

Philipp nun wußte genug, um mit Verdacht erfüllt zu sein, um das zu fürchten, was ihm bekannt, noch mehr aber, was ihm unbekannt war. Durch Perez hatte er das Mittel gefunden, im Vertrauen dieser Partei zu bleiben. Man ging so weit, daß der Minister, um derselben ganz angehörig zu scheinen, unrühmliche Dinge vom Könige schreiben durfte; und der König gewann über sich, die Entwürfe zu diesen Briefen zu lesen und sie eigenhändig zu verbessern. Einer solchen Hinterlist bedurfte es, um den Faden der Entwürfe nicht zu verlieren. Was sollte nun Philipp denken, als man ihm hinterbrachte, Escovedo habe fallen lassen, von Santander und der Peña de Mogro aus könne man sich des gesamten Kastiliens bemächtigen, und als derselbe bald darauf ein Schreiben einreichte, worin er bat, die Peña zu befestigen und ihn zum Befehlshaber derselben zu machen? Escovedo trieb alle seine Sachen mit einem für diesen bedächtigen Fürsten unerträglichen Eifer: er verlangte ungestüm, abgefertigt zu werden. Don Johann schrieb stets: „Geld und Escovedo und mehr Geld." Bei dem Unwillen, den sie über die Verhinderung der englischen Unternehmung empfanden, den fortgesetzten Verbindungen, die sie gegen den Willen des Königs, namentlich mit dem römischen Hofe unterhielten, sah es aus, als ob von ihnen eine gewaltsame Unternehmung, welche die Ruhe des Reiches und Europas stören würde, zu besorgen sei.

Da nun Escovedo höchst gefährlich schien, gefährlich, wenn er am Hofe blieb, noch gefährlicher, wenn er zu Don Johann zurückging: so entschloß sich Philipp, ihn beiseite zu schaffen. Nach einer damals verbreiteten und vielbefolgten Lehre ward eine gerichtliche Prozedur nicht für unbedingt notwendig gehalten. Doch ist eine Beratung darüber gepflogen worden. Der Marques de los Veles hat gesagt, den Leib des Herrn im Munde (es war am Gründonnerstag) werde er für den Tod Escovedos stimmen. Aber der König wünschte, daß die Handlung nicht ihm, sondern einem anderen zugeschrieben würde. Perez gab sich dazu her, dafür zu sorgen, daß das Schlachtopfer wirklich umkam. Am Abend des Ostermontags 1578 ritt Escovedo, von ein paar Lakaien, welche Fackeln trugen, und einem Pagen begleitet, nach Hause, als er angefallen und erstochen wurde. Perez hatte die Mörder gedungen.

Dies war der härteste Schlag für Don Johann. Es ist kaum möglich, daß er den Zusammenhang dieser Dinge nicht hätte einsehen, den Haß seines Bruders nicht hätte fühlen sollen. Die niederländischen Sachen hatten eine Wendung genommen, welche langwierigen Krieg und verhaßte Schwierigkeiten ohne Ende voraussehen ließ, welche man überdies seinem Ungestüm beimaß. Don Johann hatte Namur eingenommen; überzeugt, daß sich der Name des Königs und die katholische Religion nur durch die Waffen aufrechterhalten lasse, wünschte er nun nichts mehr, als den Krieg fortzuführen, sich auf Leben und Tod mit den Ketzern und Rebellen zu schlagen. Für diesen Kampf empfahl er seine Seele in phantastischem Enthusiasmus seinem Vater und Herrn, dem Kaiser, wie einem Heiligen, dessen Verdienste im Himmel Fürsprecher für ihn sein sollten. Aber König Philipp und sein Staatsrat wollten zugunsten eines unausführbaren Unternehmens weder die friedlichen Verhältnisse, in denen sie zu ihren Nachbarn standen, brechen, noch Spanien vollends erschöpfen; sie meinten den Frieden durch Vermittlung des deutschen Kaisers herzustellen. Don Johann hatte die Absicht aufgeben müssen, etwas für sich selbst zu sein, eine seiner Herkunft würdige Stellung zu erwerben; jetzt ward ihm auch die Hoffnung abgeschnitten, für die spanische Monarchie das zu tun, was er für unbedingt notwendig hielt. Er träumte nur noch, in einem Kloster die Befriedigung finden zu können, die ihm die Welt versagte. Er tröstete sich mit dem bitteren Trost, daß er unter den Einsiedlern von Monserrate dem Gott dienen wolle, der mehr vermöge und gnädiger sei als sein Bruder Philipp. Doch auch dies war ihm nicht beschieden. Wie jung er auch war, so war die Kraft seines Lebens gebrochen, als sei es von Alter gebeugt, und viele fürchteten, er habe Gift. Er starb in seinem 33. Jahre am 1. Oktober 1578. Man fand sein Herz ausgedörrt und seine Haut wie vom Brand geröstet. Für diesen elenden Rest seines weltlichen Daseins hatte er zuletzt bei seinem Bruder um eine Stätte neben den Gebeinen ihres Vaters gebeten; dann seien seine Dienste wohl bezahlt.

So aber ist diese Welt. Sie reizt den Menschen, alle seine Fähigkeiten zu entfalten: sie treibt in ihm alle Hoffnungen auf. Dann mäßigt er sich nicht: seine Kräfte fühlend, jagt er den stolzesten Kampfpreisen der Ehre oder des Besitzes nach. Sie aber gewährt ihm nicht: sie schließt ihm ihre Schranke zu und läßt ihn untergehen.

4. Antonio Perez

Indem wir dem Laufe der Begebenheiten folgen, indem wir sie aus den bewegenden Ursachen – worin solche auch gelegen, in der Seele oder in persönlichen Verhältnissen oder worin sonst – zu erläutern suchen, stoßen wir zuweilen auf unerwartete Äußerungen, die uns auf ein verborgenes Element aufmerksam machen, das in den Ereignissen tätig ist, Äußerungen, auf welche sehr bedenklich ist, sich zu gründen, und welche zu übersehen doch fahrlässig sein würde. Eine solche Äußerung über den spanischen Hof und Staat tritt uns aus dem Jahre 1578, von dem wir handeln, entgegen. Sie ist völlig beglaubigt; der kaiserliche Botschafter, Graf Khevenhiller, der von solchen Dingen sonst lieber schweigt, hat sie überliefert; sie schreibt sich von dem unterrichtetsten Manne, der mitten in den Geschäften lebte, dem Almirante von Kastilien her. Und zwar klagte dieser dem Grafen, die Regierung König Philipps sei eine Regierung nicht der Gerechtigkeit, sondern der Rache. Die Kinder derjenigen, welche im Kriege der Communeros gegen König Karl und gegen den Adel gewesen, seien nunmehr am Ruder, und ihr Sinn gehe darauf, sich an ihren Gegnern zu rächen. Sollten in der Tat, fragen wir, trotz so ganz fremdartiger und neuer Lagen des Staates dennoch die altkastilischen Parteien fortgegangen sein und einen geheimen Krieg miteinander geführt haben? Und wenn ein so bedeutender und eingeweihter Mann eine solche Behauptung macht, sollten sich keine anderen Spuren des fortdauernden Kampfes zeigen?

Es scheint, als gäbe es deren. Jene Zwistigkeiten, welche die Spanier einst zwischen Ferdinand und Philipp I. geteilt, regten sich zuweilen auch unter Karl. Wir erinnern uns, daß man behauptet hat, Chievres sei mehr für die eine, Gattinara mehr für die andere Partei gewesen. Vom Jahre 1525 berichtet uns Navagero, ganz Toledo sei in die Partei der Ayalas und der Silvas zerfallen. Die Ayalas hatten auf der Seite der Kommunen, die Silvas auf der Seite des Königs gestanden. Cabrera verschweigt nicht, daß noch unter Philipp II. die alten Parteien in Plasencia, Truxillo, Xeres, Sevilla fortgingen, und er lobt seinen Fürsten, weil er den Ausbruch ihres Hasses zu verhindern gewußt habe. Marino Cavallo bemerkt, daß Philipp II. dem Condestable, einem Haupte von der Partei des Adels und Philipps I., eine so große Gunst beweise, daß das Haus Albas – ein Haus, welches immer gegen diese Partei, fortwährend für Ferdinand den Katholischen und häufig für die Städte gewesen war – in Abnahme kommen werde. In dem Falle der Albas waren die Bobadillas aus dem Haus Cabrera, von denen der Graf Chinchon stammt, welcher allmählich zu einem großen Einfluß bei dem Könige gelangte. Ruy Gomez de Silva dagegen hatte seine Freunde unter den Gegnern der Communeros. Wie sehr waren dies die Mendoza, aus deren Geschlecht die Fürstin selber stammte! Die Gemahlin des Perez war von den Coellos, welche in jenem Aufruhr die Partei des Kaisers so streng gehalten, daß ihnen die Zapatas ihr Wohnhaus zu Madrid zerstört hatten. Zu den Zapatas gehörte Franz Graf von Barajas, Mayordomo-mayor der Königin; von dessen ererbtem Haß leitet Perez die Feindseligkeiten her, denen er ausgesetzt war.

So viel läßt sich mit Grund behaupten, daß in den übrigen Momenten der allgemeinen Gegensätze auch dieses mitwirkte. Die Parteien bekämpften einander in ihren Rechtshändeln, bei den Beförderungen im Dienst, im Kabinett des Königs. Wenn die ebolitanische Partei die Aufrechterhaltung der Pazifikation empfahl, so hielten Alba und dessen Freunde die eifrige Fortsetzung des Krieges für eine Pflicht der Religion so gut wie Don Johann. Die europäische Politik und die persönlichsten Verhältnisse waren zugleich ein Gegenstand ihres Haders. Zuweilen hatte jene das Übergewicht: im Januar 1579 ward der Herzog von Alba, der seinen Sohn Fadrique mit Hintansetzung eines von diesem früher einer Dame vom Hofe gegebenen Wortes verheiratet hatte, aus Madrid verwiesen, und es ist bemerkenswert, daß die Fürstin von Eboli nicht ohne Anteil an den gegen den Herzog gerichteten Anklagen war. Aber schon blieb auch sie selbst den Feindseligkeiten der Gegner nicht mehr unzugänglich, noch der Gunst des Königs sicher. Wie der Präsident von Kastilien ihr wiederholt Vorteile verweigerte, welche ihr sonst zugestanden worden, welche anderen immer noch gewährt wurden, wandte sie sich mit dem bizarren Selbstgefühl, das ihr eigen ist, an Philipp, als ihren König und als einen Ritter. „Der Präsident berufe sich auf ihn. Seien aber das die Gnaden, welche so lange Dienste ihres Gemahls erworben? Solle ihr Haus das einzige, was ihm übrig, sein bisheriges Ansehen, ganz verlieren?" – So sehr in Gnaden der Marques de los Veles bei dem König war, so brachte ihn doch der Kampf mit einer heftig entrüsteten Partei, die er zu besiegen keine Hoffnung hatte, da sie den König mit tausend Rücksichten fesselte, beinahe zur Verzweiflung; er fühlte ihn so lebhaft, daß er vorzog, den Hof zu verlassen, daß er in seinem Exil sich damit tröstete, den Ausbrüchen dieser Feindschaft entgangen zu sein, ja daß er nach Peru zu fliehen dachte. „Sie unterdrücken dich", ruft er aus, „selbst wenn sie die Gunst des Königs nicht haben; haben sie dieselbe aber, so nehmen sie dir Ehre und Leben."

Auch Perez bekam die Übermacht der Gegner zu empfinden. Antonio Perez gehörte ganz zu den Spaniern dieser Zeit, die mit einem ihnen zur Natur gewordenen Ernst eine leidenschaftliche Begier, die Welt zu genießen, mit einem tiefen Stolz eine noch tiefere Verschlagenheit, mit viel äußerer Religion eine rücksichtslose Politik verbanden. Er war zugleich ein Staatsmann und ein Höfling; das Glück eines Günstlings war's, wonach er strebte. Dafür wagte er das gefährliche Spiel, im Vertrauen zweier Feinde zu sein und den einen zu betrügen; dafür sah er selbst einem Verbrechen keck ins Auge: „einer anderen Theologie als der seinen, die ihm das gestatte, bedürfe er nicht"; er lebte hierüber so sehr in einer Art von Arglosigkeit, daß er uns alle jene Dinge ohne Rückhalt und ohne Entschuldigung mitteilt. Als er dem Könige in einem so bedenklichen Falle, wie der Mord Escovedos war, seine Hand lieh, dünkte ihm das ohne Zweifel eine neue Stufe zu der Gunst desselben. Auch gab ihm Philipp das Protonotariat von Sizilien, welches 12 000 Dukaten einbrachte; er trug ihm das Amt eines Sekretärs im Rate von Italien an, ein Amt, welches den größten Teil auch der italienischen Geschäfte unmittelbar in seine Hand gebracht haben würde.

Perez erschien sich selbst und anderen als der Mann, der das Geheimnis des königlichen Dienstes besitze und für denselben unentbehrlich sei; er spielte damals eine glänzende Rolle. Er liebte, prächtige Gastmähler zu geben und mit zahlreichem Gefolge durch das Land zu reisen; er wollte Hausrat führen wie der König und bedient sein wie ein Grande. Er war bestechlich, aber freigebig, von seinem persönlichen Verdienst eingenommen, aber zugänglich und angenehm, noch im Genuß junger Jahre, aller Kräfte des Leibes und des Geistes, mutig und unternehmend. Sollten die Gegner aber ihn verschonen?

Die erste Verwicklung knüpfte sich an die Wiederbesetzung des erledigten Sekretariats in dem Rat von Italien. Perez wünschte die Stelle mit der seinen zu verbinden, und die Sache hatte von seiten des Königs keine Schwierigkeit; Velez und Quiroga befürworteten die Übertragung des Amtes in dem ganzen Umfang, den es hatte, an Perez. Die Summe der italienischen Geschäfte wäre in die Hand von Perez gekommen. Dagegen aber erklärte sich Graf Chinchon, weil in der Geschäftsführung die Befugnisse des Sekretärs und des Präsidenten vermischt seien, die man scheiden müsse, und bewog den König, in die neue Anordnung, die er in diesem Sinne vorschlug, zu willigen; dem Sekretariat wurde dadurch offenbar ein großer Teil seines Wertes entzogen. So aber wollte es Perez nicht annehmen. Man suchte ihn durch andere Zugeständnisse zu befriedigen; aber er fühlte sich beleidigt und hatte kein Hehl darüber.

Und schon fanden seine Feinde einen Mann, den sie ihm entgegensetzen konnten, den Kabinettssekretär des Königs, Matteo Vasquez, welcher in dem Amte, die eingegangenen Vorstellungen abzusondern, an ihre Behörden zu versenden, mit den Beschlüssen derselben wieder zu empfangen und dem Könige zu endlicher Entscheidung vorzulegen, dessen volle Gunst und einen bedeutenden Einfluß erworben hatte. Der Graf von Barajas und der Beichtvater des Königs unterstützten ihn. In ähnlicher Stellung wie Perez war Vasquez von einer durchaus verschiedenen Sinnesweise, wortkarg, geheimnisvoll, umständlich, nur immer mit seinem Ehrgeize, der auf kirchliche Würden gerichtet war, beschäftigt, wenig geneigt, andere zu fördern, eher ihnen schlechte Dienste zu leisten. Einst ist er so weit gegangen, an ein Schreiben, das aus dem Kabinett an Perez gerichtet ward, ein Pasquill von seiner eigenen Hand anzuhängen. Wer sollte glauben, daß Philipp dieses Papier mit Neugier ergriff, las, als von der Hand seines Sekretärs anerkannte und ihn dennoch nicht bestrafte! Bei Vasquez vor allem fanden nun die Hinterbliebenen Escovedos Unterstützung, als sie die Ermordung desselben zur Sprache brachten, die sie der Fürstin Eboli und Antonio Perez zugleich schuld gaben. Sie behaupteten, daß zwischen diesen ein anstößiges Verhältnis bestehe und Escovedo von ihnen dem Tode geweiht worden sei, weil er sich darüber mißbilligend geäußert habe. Perez, welcher die Meinung hegte, daß man ihm nichts beweisen könne und überdies auf den König zählte, wünschte eine unverweilte Untersuchung. Der König mochte dies jedoch für sich selbst bedenklich finden; er ließ geschehen, daß der Präsident des Rates von Kastilien in das Geheimnis gezogen wurde, der dann sowohl den jungen Escovedo als Vasquez zur Ruhe verwies. Hierdurch ermutigt, griffen die Fürstin und Perez ihren Gegner an; die Fürstin forderte Gerechtigkeit wegen der ihr zugefügten Beleidigung. Aber der König wollte auch Vasquez, der allzu wichtige Sachen in den Händen habe, nicht fallen lassen; er forderte die Versöhnung des Perez und der Fürstin mit Vasquez. Sie gaben ausweichende und selbst anzügliche Antworten, die den König verletzten. Überdies aber: man glaubte zu bemerken, daß sie sich unter den Großen eine Partei zu machen suchten, um dieselbe Vasquez und dessen ebenfalls mächtigen Freunden entgegenzusetzen; alle alten Feindseligkeiten regten sich wieder: eine allgemeine Parteiung schien um dieser Angelegenheit willen bevorzustehen; sie nahm eine sehr weitaussehende Gestalt an.

Hierauf ging der König, der ja selbst mehr, als die Welt wußte, in die Sache verflochten war, auf das ernstlichste mit sich zu Rate; er hat gebeichtet und das Sakrament genommen, ehe er seinen Entschluß faßte. Vor kurzem, als Perez nach dem Tode des Marques von Velez klagte, er werde nun den ganzen Haß der Gegner wegen seiner engen Freundschaft mit ihm zu tragen haben, hatte Philipp denselben mit den Worten zu beruhigen gesucht, er, der König, werde ihm nicht fehlen. Jetzt beschloß er, sowohl Perez als die Fürstin gefangensetzen zu lassen. Einer der Großen des Reiches, der Almirante von Kastilien, ward beauftragt, die Fürstin, deren Herkunft Rücksicht forderte, nach der Feste Pinto abzuführen. Sie war bestürzt, ungeduldig, empört; niemals hatte sie erwartet, daß der König die Dienste und die Stellung ihres Gemahls so sehr vergessen würde, um ihr, während sie auf Genugtuung drang, eine Schmach anzutun; sie wählte absichtlich das schlechteste Zimmer im Schlosse zu ihrer Wohnung; sie wollte kaum Lebensmittel zu sich nehmen. Der König überließ sie ihrem Grame. Dagegen ruhte er nicht, bis Perez, der von einem Alcalden des Hofes in seinem Hause eingeschlossen wurde, ein Versprechen, sich gegen Vasquez friedlich betragen zu wollen, gegeben hatte.

Ein Ereignis, das damals das größte Aufsehen machte und noch heute einen Gegenstand historischer Kontroverse bildet.

Man hat es als eine Lösung der Schwierigkeiten betrachtet, daß Philipp II. Eifersucht gegen Perez empfunden habe. Aber die romanhaften Erzählungen darüber, die sich auf ein Verhältnis beziehen, das, wenn es je bestanden, längst vorüber war, können wir uns nicht entschließen anzunehmen. Wenn auf den König ein persönliches Motiv gewirkt hat, so möchte es eher darin liegen, daß er die Besorgnis empfand, in der Sache Escovedos durch die Feindschaft des Perez zu weit geführt worden zu sein.

Wie konnte überhaupt aus jener Bundesgenossenschaft zwischen dem Könige, welcher die Justiz durch einen Meuchelmord vollziehen ließ, und dem Staatssekretär, der sich zu einer so verräterischen Dienstleistung hergab, auf die Länge ein gutes Verhältnis bestehen! Der König hat vielleicht keine andere seiner Handlungen so schwer büßen müssen wie diese; sie hat ihm sein Leben verbittert und nach dem Tode einen schlechten Ruf gemacht. Perez hatte auch in der Zeit seiner Ungnade noch Momente gehabt, wo er wieder zu einer großen Stellung berufen zu sein schien; er ist dann der Bestechlichkeit und des Mißbrauches des königlichen Vertrauens angeklagt worden; unaufhörlich haben die Kinder Escovedos die Blutschuld an ihm heimgesucht; er hat sich dem königlichen Gerichte entziehen wollen, aber die erbarmungslose Strenge desselben nur um so schwerer zu empfinden bekommen; es ist für uns unmöglich, ihn in diese dunklen Räume einer mit der Gewalt verbundenen Justiz, die von der Nachwelt wieder vor Gericht gezogen worden ist, zu begleiten; in Aragon werden wir ihm noch einmal begegnen; von da ist er nach Frankreich entkommen. Denkwürdig bleibt es immer, wie die von Jugend an ihm eingepflanzte Ergebenheit gegen den König auch durch die Ungnade nicht ganz zu zerstören ist, wie er auch noch in dem französischen Exil immer an sich hält, kein Geheimnis verrät, keine ungehörigen Beschuldigungen vorbringt, übrigens nur sich verteidigt und nichts Härteres sagt als dies, daß er auch mehr zu sagen wisse; wie er ferner noch ganz und gar in der Erinnerung an den Hof und an sein Glück lebt, bis er zuletzt sein Geschäft sein läßt, Prinzen und Günstlingen Regeln zu geben, Regeln in der Tat voll tiefgreifenden Scharfsinnes, von denen ich indes nicht weiß, ob sie jemandem nützlicher gewesen sind als ihm selber.

Philipps II. zweites Ministerium

Über die Politik Philipps II. bietet sich an dieser Stelle eine allgemeine Bemerkung dar. In den ersten zwanzig Jahren seiner Regierung gingen seine Bemühungen auf den Frieden und die Erhaltung der bestehenden Verhältnisse. Wenn er mit Flandern Krieg führte, so trat ihm hier eine Rebellion entgegen, die er allerdings veranlaßt hatte, aber immer eine Rebellion. Hier war ihm der Krieg nur ein Mittel, seine Gewalt und die katholische Religion zu erhalten. Übrigens aber vermißte man damals den Ehrgeiz und die kühnen Absichten seines Vaters in ihm. Dies war's, was Don Carlos besonders tadelnswert und ihrer Ahnen unwürdig fand. Die Venezianer dagegen, die Italiener finden gerade dies lobenswürdig. Sei es nun das eine oder das andere, alle erkennen es an.

Was diesen Fürsten eigentlich in den Haß der Welt gebracht hat, der sein Andenken belastet, ist in seinen letzten zwanzig Jahren geschehen. Da hat er Portugal erobert und England mit der Armada angefallen; da hat er seine Hand in allen inneren Bewegungen Frankreichs gehabt und dieses Königreich an sein Haus zu bringen unternommen; da hat er die Niederlande mit unaufhörlichen heftigen und glücklichen Kriegen bedrängt; da hat er auch die Freiheit von Aragon vernichtet und die Kräfte seines Reiches bis auf den Grund erschöpft. Da fürchtete Europa zugleich seinen Zweck und seine Mittel: die Mittel, jene hinterlistigen Kunstgriffe, die man ihm schuld gab, gesetzt auch, er hätte sich ihrer nicht bedient; etwa Briefe wie jener, in welchem er, obwohl der am meisten katholische Fürst, dem protestantischen Prinzen von Bearn Geld angeboten haben sollte, damit er Heinrich III. angriffe, ein Schreiben, an welchem man die Hand des Idiaquez erkannte; den Zweck, eine Universalmonarchie aufzurichten. Die Idee des politischen Gleichgewichts hatte sich damals auf eine eigentümliche Weise entwickelt. Man wünschte, daß zwei große Mächte einander ziemlich gleich gewaltig gegenüberstehen möchten, so daß die geringeren immer bei der einen oder bei der anderen Schutz fänden. Die Zertrümmerung dieses Gleichgewichts, welches Philipp II. ohne Zweifel anstrebte, schien unmittelbar zur Universalmonarchie zu führen. Es geschah, daß er allmählich von ganz Europa gehaßt und gefürchtet ward, von denen, die er angriff, und von denen, die seine Größe von fern bedrohte.

Ein wesentliches Moment der veränderten Politik bildete der Wechsel der Minister.

In dem Gedränge der spanischen Parteiungen, ehe noch der Sturm über Perez und die Fürstin ausbrach, hatte Philipp bereits Sorge getragen, die Lücke auszufüllen, die dadurch in seiner Staatsverwaltung entstehen mußte. Er richtete sein Augenmerk auf einen Nichtspanier, den Kardinal Granvella, der im Anfange der Regierung vor der Gunst des Ruy Gomez zurückgewichen war und seit seiner Entfernung aus den Niederlanden sich in Rom aufhielt. Ohne mit irgend jemand darüber zu beraten, lud Philipp denselben ein, ihm die Last der Geschäfte tragen und ihrer Unordnung steuern zu helfen, wozu mittelmäßige Geister nicht mehr fähig seien. Granvella zögerte keinen Augenblick, dem Rufe zu folgen; er befand sich schon in Spanien, als jene Verhaftungen vorgenommen wurden; wenige Tage darauf traf er in dem Escorial ein. Von den vornehmen Spaniern ward er mit Mißtrauen und Widerwillen empfangen; sie schienen alle gegen ihn Partei zu machen; gleich in den ersten Tagen fand er Anlaß, sich von dem Könige versprechen zu lassen, daß er keiner Klage gegen ihn Glauben schenken wolle, ehe er ihn selbst darüber vernommen habe. Geflissentlich hielt er sich von den inneren kastilianischen Angelegenheiten fern. Ihm wurde jenes in seinen Befugnissen verstärkte Präsidium des Rates von Italien übertragen; im Staatsrate erschien er bei der Abwesenheit des Herzogs von Alba als das älteste Mitglied; in allen auswärtigen Angelegenheiten führte er das entscheidende Wort; der König arbeitete darin mit keinem anderen.

In welchem Sinne Granvella seinen Einfluß ausübte, ergibt sich daraus, daß auf seinen Rat – denn dasselbe sei bei den Fürsten in Italien gebräuchlich – ein Preis auf den Kopf des Prinzen von Oranien gesetzt wurde. Wenn Philipp II. früher nichts weniger liebte als die Pläne der Guisen, welche England und Schottland, Frankreich und die Niederlande zugleich umfaßten, und als jene Verbindung Don Johanns mit ihnen, deren wir gedacht, so war es doch eben diese Verbindung, die seine Minister nunmehr in seinem Namen aufnahmen, und auf eben diese Pläne ging er nun selber ein. Auch an dem Beschlusse, die portugiesische Erbfolgestreitigkeit durch die Waffen zu entscheiden, hatte Granvella, soviel man weiß, großen Anteil; er blieb in Madrid, als sich Philipp II. dahin begab, und die Gesandten, deren Begleitung dieser König nicht wünschte, wurden, eben nicht zu ihrem Vergnügen, an ihn gewiesen. Sie ließen es sich jedoch gefallen, wie der kaiserliche sagt, weil ihnen dieser Kardinal sehr nützlich werden könne.

Granvella war ein Mann von hoher Gestalt, der auch in seinem Alter, festen Schrittes einhertretend, eine stattliche Figur machte; wie der Kardinal von Lothringen, mit dem Ausdrucke überlegener Intelligenz auf seiner Stirn; offen, entschlossen und mutvoll. Dem bedächtigen König war er fast zu eifrig und unternehmend. Den spanischen Staatsrat konnte er mitnichten so ganz, wie er wünschte, beherrschen;

von der Nation ward er immer als ein Fremder angesehen. Er hatte sich eine Autorität versprochen, wie sie sein Vater unter Karl V. ausgeübt hatte. Auch er aber bekam die Schwankungen dieses Hofes zu empfinden; sein vorwaltender Einfluß hat nicht über das Jahr 1584 hinaus gedauert. Er hatte damals bewirkt, daß die Würde des Generalrates de Mar, die der Admiralstelle im Mittelmeere, nach dem Tode Garcia de Toledos an Joh. Andrea Doria übertragen wurde. Auf die Spanier machte das besonders deshalb einen unangenehmen Eindruck, weil ein Spanier lebte, der Marques de Santa Cruz, der sich durch maritime Heldentaten einen größeren und unbestrittenen Ruf erworben hatte. Man brachte zur Sprache, daß damals auch der Gubernator von Mailand, der Vizekönig von Sizilien Italiener waren. Wolle der König, wie in seinem obersten Rate, so auch in den nächsten hohen Stellen Ausländer den Eingeborenen vorziehen? Man griff die Bevorzugung Dorias in Schmähschriften an, zuerst in lateinischer, dann auch in spanischer Sprache; sie wurden an die Türe des Palastes angeheftet. Auch auf mancherlei andere Weise gab sich die Verstimmung der Nation kund; der König glaubte, er dürfe sie nicht weitergehen lassen. Als der Marques de Santa Cruz im Januar 1584 am Hofe erschien, ward er von allem, was Namen hatte, zur Audienz bei dem Könige begleitet; dieser hielt für gut, ihm eine glänzende Genugtuung zu geben: beim Abschied sprach er das Wort aus: Coprios (bedeckt Euch), wodurch er ihn in den Rang der Granden erhob. Bald darauf übertrug er ihm das Generalat auf dem Ozean, welches damals auch die portugiesischen Küsten begriff. Granvella hat wirklich den Gedanken gehegt – wir können daran nicht zweifeln, da er sich selbst darüber ausgesprochen hat –, daß die Herrschaft der Monarchie den Kastilianern nicht allein gebühre, daß die Italiener zur Teilnahme an derselben herbeigezogen und dadurch enger an das Ganze geknüpft werden sollten. Es bildet ein Moment in der Geschichte der Monarchie, daß dieser Gedanke sich so wenig Bahn brechen konnte und Demonstrationen der Kastilianer, die in diesem Falle nicht unbegründet waren, hervorrief. Der König scheint es dem Kardinal übelgenommen zu haben, daß er durch seinen Rat in Verlegenheit geraten war; dieser bemerkte bald eine Abnahme der gewohnten Gnade. Er vermochte Santoio, den vertrauten Kammerdiener, dem Könige einmal davon zu sprechen. Anfangs antwortete der König nicht; Santoio kam darauf zurück, Philipp sagte nur, er habe verstanden. – Granvella ward von den Geschäften nicht ausgeschlossen, aber er genoß nicht mehr das volle Vertrauen und übte nicht mehr den bisherigen Einfluß aus. Man meinte seitdem, er bereue, Rom und Italien verlassen zu haben.

Philipp sah in der Behandlung der Geschäfte eine Sache des eigensten persönlichen Vertrauens. Dieser Santoio, der die Eingaben in Empfang nahm, die Audienzen vermittelte, zuweilen auch mündliche Aufträge ausrichtete, war ein Mann von Bedeutung. Durch Bescheidenheit und eingehendes Wesen wußte er jedermann zu befriedigen. Er vermittelte es wohl, wenn der König wichtige Fragen höheren Beamten des Staates und Hofes vorlegen ließ und diese dann ihre Gutachten abgaben. Bei der persönlichen Behandlung der Geschäfte gewährte kein anderer dem Könige so große Genugtuung wie der Großkomtur von Kastilien, Don

Juan de Zuniga, der nach Granvella das meiste vermochte. Um ihn zu unterstützen, wurde eine Junta gebildet, welche die aus den verschiedenen Ratskollegien eingehenden Gutachten mit ihm zu prüfen und dem König darüber zu berichten hatte. Eine Zeitlang war Matteo Vasquez Sekretär dieser Junta, wodurch er noch mächtiger wurde, als er gewesen war; aber auch seine Gunst hielt nicht bis zu Ende aus. Man behauptet, er habe in Rom Versuche gemacht, sich den Kardinalshut zu verschaffen, ohne daß er dem König davon Mitteilung gegeben hätte. Philipp II. haßte nichts mehr als Unterhandlungen seiner vertrauten Beamten hinter seinem Rücken; er wollte seitdem Vasquez nicht wieder sehen. Dagegen blieb der Großkomtur bis zu seinem Tode in voller Gnade; Philipp II. empfand denselben auf das tiefste; er ließ in allen Kirchen beten, daß Gott ihm diesen Verlust ersetzen möge. Die Junta blieb jedoch bestehen: sie versammelte sich meistens bei Nacht und im Palast; denn sie sollte geheim bleiben und ist es geblieben; immer mehr verhüllte sich der Ursprung der Entschlüsse, welche die Welt bewegten, in geheimnisvolles Dunkel.

Diese nächtliche Junta war die Einrichtung, durch welche Idiaquez und Moura zu überwiegendem Einfluß gelangten.

Don Juan Idiaquez hatte in seiner Jugend in Diensten des Don Carlos gestanden und war dann in den italienischen Geschäften gebraucht worden; er kam mit Granvella, gegen den Willen von Perez, nach Spanien zurück. Ein würdiger Mann von vollendeter Geschäftskenntnis, der durch keine Leidenschaft noch Liebhaberei gestört oder zu Überschreitungen seiner Pflicht veranlaßt wurde. Er war unbestechlich, aus dem stolzen Grundsatz, daß es einem Edelmann, wie er, nicht gezieme, seine Gunst zu verkaufen. Dem König schloß er sich in äußerer Mäßigung, langsamer Bedachtsamkeit, Verschwiegenheit und katholischem Eifer vollkommen an; er schien ein Abbild von ihm zu sein.

Christoval Moura, früher in Diensten der Königin Johanna von Portugal und in ihrem Testamente dem Könige empfohlen, wurde nach und nach, wie eine Relation sagt, die Seele Philipps. Während ihn Philipp nicht genug preisen konnte: „Er habe nie einen Menschen gefunden, so geeignet, ihm die wichtigsten Sachen anzuvertrauen, noch so gesetzlich gegen Gott und seinen König, noch so entfernt von Ehrbegier und Geiz“, bewunderte ihn auch die übrige Welt, daß er diesen in späteren Jahren fast unzugänglichen Fürsten dennoch durch Dienste und Mäßigung sich so ganz zu eigen zu machen gewußt habe. Vornehmlich mit Moura und Idiaquez ist die Unternehmung der Armada beraten worden. Nicht übel stellte sie Contarini im Jahre 1593 einander gegenüber. „Idiaquez“, sagt er, „der sich viel in der Welt umgesehen, weiß denen, die mit ihm unterhandeln, sehr wohl zu genügen. Moura, ein Portugiese, der nie aus der Halbinsel gekommen, ist unzugänglicher und härter. Jener, der lange als Staatssekretär gearbeitet, ist unterrichteter über die auswärtigen Angelegenheiten: dieser, der bei der Eroberung von Portugal vorzügliche Tätigkeit gezeigt hat, ist dem Könige angenehmer. Jenen empfehlen längere Dienste, größere Erfahrung: diesem nützt es, daß er in der Kammer Seiner Majestät angestellt ist, daß er sich häufig um den König befindet. Beide kommen darin überein, daß sie den König nur in dringenden Fällen mit etwas Neuem behelligen, daß sie alle

Geschäfte, alle wichtigen Beschlüsse so lange hinziehen als möglich. Dadurch auch gefallen sie Seiner Majestät. Er beweist es ihnen nicht allein, indem er sie reichlich bedenkt, sondern vorzüglich, indem er ihnen ein ausschließendes Vertrauen widmet. Dem Staatsrate werden nur Sachen von minderem Belang vorgelegt, und er vermag nichts. Alles Wichtige wird nur von diesen beiden in Beratung genommen."

5. Philipp III. und Lerma

Mit großer Bekümmernis starb Philipp II. Er sah noch, wie Moura die Schlüssel seines Amtes an den Günstling des Prinzen aushändigte; der letzte Befehl, den er unfreiwillig gab, war diese Aushändigung; man verschonte den Sterbenden nicht; er mußte noch die Gewalt an denjenigen übergehen sehen, dessen Einfluß er am meisten gefürchtet.

Es gehört eine Art Resignation dazu, daß ein neu eintretender Regent sich entschließe, ganz der Nachfolger seines Vorgängers zu sein. Lange vor ihrer Thronbesteigung pflegen sich Fürsten ein Leben gebildet zu haben, das ihnen angemessen ist. Dieses, nicht ein fremdes, nicht ihres Vaters Leben, setzen sie fort. Hatte Philipp II. nicht auch so getan? Auch er hatte den Hof, der ihm zu persönlichen Diensten beigegeben worden, auf den Staat übergetragen. So tat nun auch sein Sohn: sie tun alle so.

Als Philipp II. einige Jahre früher, um seinem Prinzen einen Hofstaat zu geben, sich Leute von guter Herkunft, gutem Ruf, und doch Leute, die nicht selbständig wären, aussuchte, fielen seine Augen auch auf einen Höfling, der nicht viel besaß und doch seine Gläubiger zu befriedigen, seine Schwestern wohl zu verheiraten und sich selbst freigebig zu zeigen wußte, auf den Grafen von Lerma. Den stellte er unter den übrigen an; doch bald ward derselbe den andern überlegen. Die Marchesana von Vaglio und der Kammerjunker Muriel, beide auch in des Prinzen Gunst, waren ihm zu Diensten. Er wußte dem Prinzen aus seinen kleinen Verlegenheiten zu helfen; man hat bemerkt, wie er den Hofnarren, dem dieser ein neues Kleid versprochen und es dann nicht geben konnte, der nun mit ungestümem und beißendem Scherz auf sein Geschenk drang, wie er auch diesen zu befriedigen nicht versäumte. Die Hauptsache aber war, daß er einen unmittelbaren Einfluß der Person auf die Person geltend machte, der weiter nicht zu erklären. Da half es nichts, daß der König Lerma zu dem Virreynat von Valencia entfernte: gerade die Entfernung, der geheime Briefwechsel, zuweilen ein artiges Geschenk reizten den Prinzen nur mehr; als Lerma zurückkam, war er der erklärte Günstling desselben. Wie Philipp III. den Thron bestieg, blieb kein Zweifel über die Zukunft. Seine erste königliche Handlung war, daß er den Schwur Lermas empfing; sein erster Befehl, ein Befehl ohnegleichen, sagte, daß Lermas Unterschrift so gut sein und so viel gelten sollte wie des Königs eigene; diesem galten die ersten Gnaden, die er erwies; an dem Todestage des alten Königs zeigte sich, daß Lerma das alles in allem bei dem neuen geworden.

Don Franz Gomez de Sandoval y Rojas, erst Graf, dann Herzog zu Lerma, gehörte zu jenen Menschen, welche zu scheinen wissen. Auf sein Äußeres, auf Haar und Bart, konnte niemand größere Sorgfalt wenden. Er war schon bei Jahren, doch sah man's ihm nicht an. Er hatte wenig wahre Wissenschaft, doch schien er alle Studien theoretisch und praktisch innezuhaben. Jene Taktik hochgestellter Staatsmänner, alle, welche vor sie kommen, mit Genugtuung zu entlassen, verstand er vollkommen, und die am meisten Beteiligten entließ er am meisten befriedigt. Er erschien freigebig und glänzend; er hatte eine königliche Manier zu leben.

Seine Gewalt über den Staat beruhte hauptsächlich auf der Konsulta des Königs, auf jenem geheimsten Rat, in welchem alle Beschlüsse der Behörden geprüft und entweder angenommen oder ermäßigt oder verworfen wurden, von welchem die Initiative zur Austeilung aller Granden ausging. Hier arbeitete Lerma mit dem Könige; eben hier, wo früher der Sitz der königlichen, war nun der Sitz der ministeriellen Unumschränktheit; die Beschlüsse sämtlich schrieben sich wesentlich von Lerma her.

So viel vermochte der persönliche Einfluß, den er über den König gewonnen. Mit Unruhe, Sorge und Eifersucht war er bemüht, denselben ausschließend zu behaupten. Er fürchtete bald von der österreichischen Gemahlin seines Fürsten, bald von der alten Kaiserin, der Schwester Philipps II., welche noch zu Madrid lebte und nicht eben seine Freundin war. Er wollte nicht, daß die beiden Muhmen allein oder deutsch miteinander sprächen; er soll auch darum den Hof nach Valladolid verlegt haben, um sie zu trennen. Er ging so weit, der Königin ernstlich zu gebieten, niemals, selbst nicht im Bette, mit ihrem Gemahl von Geschäften zu reden, so daß diese in der Qual unerträglicher Beschränkungen, auf allen Seiten gehemmt, oft wünschte, lieber Klosterfrau zu Graz zu sein, von wo sie war, als hierzulande Königin. – Selbst Muriel und die Vaglio schienen Lerma nicht zuverlässig genug; er hielt am Ende für das beste, sie zu entfernen. Nur dem Beichtvater, Fray Gaspar de Cordova, einem Menschen, der in zerrissener Kappe und zerrissenen Schuhen ging und der weder Talent noch Neigung zur Staatsverwaltung hatte, nur diesem traute er; auch war ihm derselbe ganz ergeben. Dann hatte er einen jungen Pagen von zwanzig Jahren, Rodrigo Calderon, in seinem Hause: unverdrossen, gewandt, geschmeidig, völlig ihm eigen; den beförderte er zu dem vergoldeten Schlüssel und des Königs täglicher Gesellschaft; er gab ihm das Sekretariat der Konsulta. Dieser Mensch, wie übermütig, unverschämt und geldgierig er auch war, wußte doch den König zu fesseln; aber einen Herrn mußte er haben: er war nichts als ein geschmeidiger Bedienter, ohne höhere Absichten: er gebrauchte seine Stellung immer zu Lermas Vorteil. Auch sonst war der König mit Leuten umgeben, die Lerma mehr angehörten als ihm selber. Bis zum Unglaublichen blieb er dem Günstlinge untertan. Man bemerkte einmal, daß er ihm einen kleinen Widerstand entgegenzusetzen beschloß: bei dem ersten Versuche sah man ihn am ganzen Leibe zittern. Er konnte ihm kein Geheimnis verschweigen. Man klagte Lerma magischer Mittel an.

Für diesen war die Erwerbung der königlichen Gunst der Erwerbung des Reiches selber gleich. Der junge König bot seine Audienzen vergebens an: vergebens stand er oft an die Tafel gelehnt, um Bittende zu erwarten: dagegen trachtete alles, Gehör bei dem vorwaltenden Minister zu haben; er ließ monatelang darauf warten. Lerma machte sich zum eigentlichen Mittelpunkte des Reiches und regierte es in seinem Interesse.

Zunächst besetzte er die wichtigsten Stellen mit eigenen Geschöpfen. Hätte Loaisa, Erzbischof von Toledo und Lehrmeister des Prinzen, die Verruchtheit gehabt, die man ihm schuld gibt, diesen sich zum Gehorsam erziehen zu wollen, so hätte er den verdienten Lohn erhalten, als noch in dem Escorial Lerma ihm meldete, der König zwar verlasse das Kloster, er aber möge nur zurückbleiben, um ein paar Altäre zu weihen: er hätte sein Werk zu seinem Verderben in den Händen seines Feindes gedeihen sehen. Er starb bald darauf: man sagt, aus Verdruß. Da entfernte Lerma auch den bisherigen Großinquisitor, Portocarrero. Beide Ämter, von denen das eine durch ererbtes Ansehen, das andere durch wahre Macht den Klerus in Ergebenheit hielt, gab er seinem Oheim Bernardo de Sandoval. Das Präsidium im Rate von Kastilien und mit ihm die Leitung der bürgerlichen Geschäfte verlor Rodrigo Vazquez, der sie so lange verwaltet. Hierfür ersah sich Lerma einen Mann, der sich durch seine Teilnahme an den Kriegszügen Don Johanns einen Namen, durch eine glückliche Heirat, deren Glück ihm niemand geweissagt hätte – denn er schien eine Welt von Fleisch –, Vermögen, und durch die strenge Verwaltung zugunsten der königlichen Gerechtsame Ansehen auch bei Philipp II. erworben: Miranda, aus dem Hause Zuniga. Durch eine Verheiratung ihrer Kinder zog ihn Lerma völlig in sein Interesse; Miranda ließ sich, was für einen ehrliebenden Mann am schwersten sein wird, Eingriffe in seinen Geschäftskreis von ihm gefallen; ward er doch indes täglich reicher und gelangte täglich zu größerem Glanz! Von den beiden Ministern, die bisher hauptsächlich die Geschäfte verwaltet hatten, ward der eine, Moura, zum Vizekönig von Portugal ernannt und dadurch entfernt; der andere, Juan Idiaquez, fand sich in der Notwendigkeit, eine geringere Rolle als bisher zu spielen. Er zeigte sich zurückhaltend, vorsichtig, schweigsam; über Dinge, an denen der Minister ein Interesse nehmen konnte, wagte er kaum zu reden: höchstens mit einem Achselzucken gab er seine Meinung zu erkennen; er sprach diese nur dann aus, wenn er ausdrücklich darum gefragt ward; auch so aber verschaffte ihm die Geschäftskenntnis, die er besaß, und sein gesundes Urteil Ansehen und Einfluß. Nach einigen Jahren kam es doch wieder so weit, daß die ganze Last der Geschäfte auf seinen Schultern ruhte. Der Herzog von Lerma schien ihn zu lieben und nicht entbehren zu können, er nahm ihn auf die Reisen des Hofes mit. Idiaquez war ein Staatsbeamter durch und durch; in Privatangelegenheiten hatte man nichts von ihm weder zu fürchten noch zu hoffen: nur dem König und dem Staat zu dienen war er beflissen. Vor allen anderen ist er es gewesen, der die unter Philipp II. der Monarchie gegebene Einrichtung aufrechterhalten hat. – Franz Idiaquez, Juans Bruder, Sekretär im Staatsrate, mochte nicht so nachgiebig sein: oder schien sein Amt so wichtig, daß es nur einem völlig Ergebenen gelassen werden durfte? Lerma entfernte ihn. Und indem er sich nun nach einem klugen und entschlossenen Manne für diesen Posten umsah, so geschah, daß zugleich ein gewisser Franchezza alle

Netze ausspannte, ihn zu gewinnen; ein Mensch, der durch die indischen Reichtümer seiner Gemahlin bei der übrigen Welt, durch vorzügliche Tätigkeit in den aragonesischen und katalonischen Cortes bei den Behörden der Regierung ein nicht geringes Ansehen erlangt hatte, und indem er nun bei denselben Lermas Vorteil wahrnahm, auch dessen Wohlwollen davontrug. Lerma gab ihm jenes Sekretariat; er hatte an ihm einen zugleich unermüdet tätigen und unverbrüchlich ergebenen Gehilfen.

Lerma unternahm nicht etwa, alle Staatsangelegenheiten nach seinem Gutdünken zu verwalten: er überließ dieselben großenteils dem Staatsrate; oder er setzte sich eine Junta, auf die er Vertrauen hatte, zur Beratung zusammen. Die Sachen der Gnade, die Besetzung der Stellen, alles, was persönlich ist, behielt er sich ausschließend selber vor. Er behandelte auch die, welche er unterdrückte, mit einer gewissen Großartigkeit; er ließ ihnen Titel und Einkommen, aber er unterdrückte, er entfernte sie. Vor allem erhob er sein Geschlecht. Sein Bruder wurde in Valencia, sein Schwager, Lemos, in Neapel Vizekönig; von seinen Schwiegersöhnen ward der eine General der spanischen Galeeren, der andere Präsident von Indien; sein Oheim, Borja, ward Präsident im Rate von Portugal. Mit Mendozen und Guzmanen verschwägerte er sich sehr bald. Von jenen wurde einer Präsident von Italien und ein anderer kam in die Kammer des Königs; ein Guzman ward Oberstallmeister. Kaum war ein Infant geboren, so ward er der Schwester Lermas in Obhut gegeben. Auch seinen Söhnen fing er allmählich an, hohe Würden erteilen zu lassen. Die wichtigsten Ämter des Reiches waren gleichsam als ein Familienbesitz an dies Haus verteilt.

Wie ganz anders wurde dann gar bald dieser Hof, als Philipps II. Hof gewesen! Ein mit der königlichen Macht bekleideter Günstling: ein großes adeliges Geschlecht an der Spitze der Dinge: der Zutritt zu dem Könige den Granden eröffnet.

Wir werden sehen, wie die Granden ihre Selbständigkeit verloren, ihren kriegerischen Intentionen untreu wurden und sich darauf beschränkten, prächtig zu leben. In dieser Pracht wetteifernd, kamen sie an den Hof zurück. Da finden wir Familienhäupter, die nicht anders als mit zwanzig Karossen, von Scharen Edelleuten begleitet, ihre Besuche machen. Die Damen werden von ihrem Stallmeister, der zu Pferde, und von allen Edelleuten ihres Hauses begleitet. Durch die Wechselwirkung des Hofes und der Granden bildet sich eine sonderbare Mischung von Zeremoniell und Luxus aus, die lange Zeit das Wesen vieler europäischer Höfe ausgemacht hat, die aber vorzüglich in Spanien eines Blickes wert ist. Sie hängt unmittelbar mit der Stellung und Gesinnung Lermas zusammen.

Was ist es für eine sonderbare Zeremonie, mit der jedesmal die Abreise des Hofes angekündigt wird! Tags zuvor erhebt sich unter dem Vortritt von Trompetern schon ein Teil desselben: die Wappenkönige, die deutschen und die spanischen Wachen brechen auf; viele andere zu Pferde und zu Fuß. Sie begleiten das königliche Insiegel. Nach den Wappenkönigen, unmittelbar hinter den Siegelbewahrern und dem Großsiegelbewahrer, folgen zwei Maultiere, die unter einem Baldachin, mit den Wappen von Leon und Kastilien, ein mit grünem Zeug bedecktes Gestell tragen: darin eine Kasse von karmoisinem Samt, darin das königliche Siegel. Vier Mazzieren mit ihren Mazzen folgten zunächst, dann die Wachen. Die Vornehmsten von dem Geleit kehren indes zurück, um nicht minder bei der Abreise des Königs gegenwärtig zu sein. Die Art und Weise des Hofes wird nie auffallender, als wenn König und Königin öffentlich speisen. An der Tafel der Königin stehen drei Damen, die Serviette zierlich über die Schulter. Will die Königin nun trinken, so winkt sie der ersten dieser Damen, diese der zweiten, diese der dritten und diese dem Mayordomo. Der Mayordomo winkt einem Pagen, der Page einem Diener im Zimmer; dieser sagt halblaut: „Draußen“, dann gehen sie beide hinaus zu dem Schenken. Einen bedeckten vollen Becher in der Rechten, einen vergoldeten Kredenzteller in der Linken kehrt der Page von ihm zurück; bis an die Tür begleitet ihn der Diener, bis an die Stufen der Mayordomo: die Dame endlich bis vor die Königin, wo sie beide niederknien. Die Dame kostet das Getränk, doch nur, indem sie etwas davon in den Deckel schüttet und sich in acht nimmt, daß sie denselben nicht etwa mit dem Munde berühre; dann trinkt die Königin, dann stehen die beiden auf; die Dame gibt dem Pagen Kredenzteller und Becher zurück, und er trägt sie wieder an ihren Ort.

Wie künstlich und streng auch der Stil dieser Dinge war, so hatten sie doch auch wieder eine heitere und bequeme Seite. Granden und Ritter standen angelehnt an einer Seite des Zimmers, die Damen der Königin waren zugegen: man trat an sie heran; man ergötzte sich mit munterem Gespräch; selbst die drei an der Tafel waren nicht so sehr in ihren Dienst vertieft, daß sie nicht ihre Verehrer hätten begrüßen sollen. Dies machte ihnen die Reisen des Hofes anziehend; der Kavalier begleitet seine Dame nach ihrem Wagen, dem bleibt er zu Pferde zur Seite; er weiß sie den Weg über zu unterhalten.

Der Luxus, den dieser Hof trieb, war gewiß oft übel angewandt, aber er verband sich doch auch wieder mit einer besseren Richtung auf Literatur und Kunst. Wenn Cervantes einmal Muße genoß, so verdankte er dies Lerma, und einem Großen von diesem Hofe hat er den Don Quixote gewidmet. Vornehmlich aber war man leidenschaftlich für das Theater. Der König hatte für sich und seine Großen zwei Gesellschaften, denen er für jede Vorstellung 300 Realen gab; man teilte während des Spiels Erfrischungen aus; höchst ungern entbehrte man bei Trauerfällen, während der Fasten dieses Vergnügen. Da Calderon de la Barca die bildsamsten Jugendjahre, vom 18. bis 24., in denen sich die Natur des Menschen zu einer eigentümlichen Richtung zu entwickeln pflegt, seit 1619 an diesem Hofe zugebracht, da er in dieser Umgebung sein schönstes Talent entwickelt, da ihm der Hof ohne Zweifel nicht allein Zuschauer, sondern auch meist die Personen und häufig den Stoff seiner Stücke gewährt hat, so darf man wohl sagen, daß man diesem Hofe und gerade seiner frischen Zusammensetzung einen jener wenigen Dichter verdankt, welche europäisch geworden sind. An dieser Neigung nahm die ganze Nation teil. Freilich durfte keine Gesellschaft ohne einen vom König eigenhändig unterzeichneten Befehl spielen, und man erlaubte es ihr nur, weil von jedem Giulio Eintrittsgeld drei Teile an die Spitäler und nur einer an die Schauspieler kam; indes man erlaubte es doch; im Jahre 1611 gab es 13 Truppen am Hofe und im Lande; und wie weit waren die Komödien, deren Anfang die Celestina gemacht, von dem Ernste jener Bedingungen entfernt!

Wir kehren zu Lerma zurück. Hatte er durch den König, den er beherrschte, durch die obersten Staatsbeamten, die seine Organe waren, durch die Anstellung seiner Verwandten in bedeutenden Würden, durch die Granden und die Edelleute endlich, die er an Hof zog und mit Gnaden und Geschenken bedachte, sich selbst zum Mittelpunkt des Staates gemacht, so leitete er auch die auswärtige Politik von einem neuen Interesse aus. Zuerst ging seine Absicht, was denn freilich Not tat, auf den Frieden. Wie starken Widerstand er auch erfuhr: von den Priestern, welche den englischen Protestantismus ausgerottet zu sehen wünschten: von allen denen, die gleichsam für sich einen Teil der Oberherrlichkeit in Anspruch nahmen, die dem Könige über die Niederlande zukomme; von jeher seit so vielen Jahren hergebrachten Eifersucht auf die Franzosen: so setzte er seine Absichten doch durch: er schloß einen Frieden mit England; er erkannte die Unabhängigkeit der Niederländer faktisch an; er brachte eine Wechselheirat zwischen den spanischen Infanten und den Kindern von Frankreich zustande. Damit aber hing noch ein anderes Moment zusammen. Der österreichisch-habsburgische Familienverband trat allmählich zurück: Spanien schied seinen Vorteil von dem gemeinsamen Interesse des Hauses: der kaiserliche Gesandte gewann den Einfluß nicht, auf den er Anspruch machte, den er früher gehabt: Graf Khevenhiller gehörte zu den Herabgedrückten und Unzufriedenen. Dieselbe Opposition, welche Lerma dem deutschen Einflusse am Hofe entgegenstellte, behauptete er auch in der Politik. So genau hängen diese Dinge zusammen: die wichtigsten Momente der europäischen Bewegungen mit so persönlichen Rücksichten.

Und hier können wir uns einer allgemeinen Verknüpfung unserer Wahrnehmungen nicht enthalten.

Antonio Perez erzählt, er kenne denjenigen, der jetzt das Steuer des Schiffes lenke, er kenne Lerma von Jugend auf; einige junge Rojas, dessen nächste Vettern, seien im Hause der Coellos zugleich mit seiner Frau auferzogen: ihn selbst habe Lerma im Gefängnisse besucht. Schon dies macht uns auf die früheren Verhältnisse des Günstlings aufmerksam. Nun versichert aber Perez ferner: der nämliche, von dem er rede, sei ein Anhänger des Fürsten Ruy Gomez gewesen: wir nehmen wahr, daß Guzmanen, Mendozen, Silvas und andere Häuser, welche die Partei Ruys bildeten, nun aufs neue emporkamen; daß die Politik beider, des Fürsten und des Herzogs, wesentlich auf Frieden mit ganz Europa zielte: sollte es zu kühn sein, zu vermuten, daß in den Lermas die Partei der Eboli verjüngt hervorgetreten? Wie wir erst den friedlichen Eboli ganz Europa, Flandern ausgenommen, auf das seine Feinde Einfluß gewinnen, in Ruhe halten, wie wir darauf eine kriegerischer gesinnte, ihm entgegengesetzte Partei den Seinen das Feld abgewinnen, ganz Europa in Verwirrung setzen und Spanien erschöpfen sehen: so würden wir nun annehmen können, daß mit dem Tode des alten Königs die erstere wieder emporgekommen sei, um aufs neue ihre friedlichen Gesinnungen geltend zu machen.

Von Lerma nahm man an, daß er den Frieden fördere, um die Vorteile seiner hohen Stellung in Ruhe zu genießen. Man rechnete um das Jahr 1612, daß seine Familie 700 000 Skudi jährliches Einkommen ziehe und weit über 6 Millionen Goldes an neugewonnenem Eigentum besitze. Nicht eben durch löbliche Mittel bereicherten sich seine Anhänger in ihren Ämtern. Alles mußte durch Geschenke, wenn nicht durch offenbare Bestechung ausgerichtet werden. Die allgemeinen Angelegenheiten wurden zu einer Transaktion der Geldinteressen zwischen den beteiligten Privatleuten und den Beamten. Dabei trug jedoch auch diese Verwaltung eine geistliche Farbe. Lerma hat allein zwölf Klöster, für Männer oder Frauen, von Grund aus errichtet oder ausgestattet. Das gehörte dazu, um die Gnade des Königs zu befestigen.

Überhaupt war der König überzeugt, daß der Herzog nur auf das öffentliche Wohl sinne und alle Gaben besitze, die dazu gehören, es zu fördern.

Dennoch hat Lerma nicht vermocht, sich bis an seinen Tod in dieser Stellung zu behaupten.

Alle die wenig bewährten Erzählungen hierüber, mit denen man sich lange trug, beiseite gelassen, finde ich für die Entfernung des Günstlings zweierlei entscheidend. Erstlich war er des Beichtvaters Alliaga nicht so gewiß wie Cordovas. Alliaga ließ geschehen, daß dem König geistliche Klagen zu Ohren kamen. „Der elende Zustand des armen Volkes rühre doch zuletzt von Lerma her: wie könne es dem katholischen Königreiche wohl ergehen, wenn man Ketzern Frieden, Ketzern, die Rebellen seien, die Souveränität gewähre!" Gerade von der Seite der Religion war der König zugänglich. An dieser griffen ihn Fray Juan de Santa Maria Recolete und Bruder Hieronymus, ein Jesuit, an: „Gehe man allzu weit, so müsse auch das Lamm zuweilen einen Laut von sich geben." Mit Alliaga einverstanden, machten sie Eindruck auf den König. Sie überzeugten ihn, daß er Unrecht tue, das Reich dem Günstling zu überlassen.

Sodann geschah, daß aus Ansprüchen, welche die beiden Linien von Habsburg auf immer trennen zu müssen schienen, sich eine neue Vereinigung derselben ergab. Nichts ist für die gesamte Politik wichtiger, wie wenig bekannt es auch sei. Philipp III. machte allen Ernstes als ein Enkel Maximilians II. Ansprüche auf Ungarn und Böhmen. Nun erkannte Erzherzog Ferdinand, nachmals deutscher Kaiser, dem man dies Erbe zudachte, dieselben freilich nicht an; aber ganz insgeheim, nur mit Vorwissen seines vertrautesten Günstlings Eggenberg und seines Kanzlers Götz, versprach Ferdinand durch eigene Handschrift, wenn er zur Regierung jener Königreiche komme, die österreichischen Vorlande sofort an Spanien abtreten zu wollen. Die Absichten der Spanier auf Valtellina, ihre Unternehmungen auf die Pfalz, die Unterstützung, welche sie Ferdinand II. zur Wiedereroberung von Böhmen gewährten – alles Dinge, die für den Anfang des Dreißigjährigen Krieges so entscheidend sind –, zeigen sich hierdurch erst in ihrem rechten Lichte: man konnte hoffen, ein zusammenhängendes spanisches Erbland zu gründen, welches Mailand mit den Niederlanden unmittelbar verknüpfen und hierdurch den Spaniern ein vollkommenes Übergewicht in der europäischen Politik gewähren müßte. Dies waren ganz andere Pläne als Lermas friedliche Absichten; sie schlossen zunächst die Verbindung zwischen Österreich und Spanien so eng wie jemals; sie erschienen auch als streng katholisch.

Beiderlei Einwirkungen wich Lerma. Am 4. Oktober 1618 verließ er den Hof. Zwei Stunden lang, ganz allein, sprach er noch einmal mit dem König. Indem er durch den Garten ging, erschien der Prinz, ihm ein freundliches Lebewohl zu geben. Um fünf Uhr stieg Lerma in den Wagen. Er sah noch einmal heraus, nach den Fenstern seines Zimmers hinauf, in welchem er so oft mit dem König gesprochen und gearbeitet; er machte das Zeichen des Segens, denn er war Kardinal, da hinan. Eben läuteten die Totenglocken des Klosters zum Gedächtnis einer der verstorbenen Königinnen.

Er entfernte sich, doch, wie man sieht, nicht in Ungnade. Zärtliche Briefe, eine Sendung Wildbret, das der König gejagt, holten ihn auf seiner Reise ein. Philipp III. war ihm so ergeben wie jemals: man hatte in ihm nur die Überzeugung geweckt, er tue sündlich daran, sich einem Günstling hinzugeben.

In den König selber kam hiermit ein Zwiespalt, der ihm das Leben, der ihm besonders die letzten Augenblicke verbitterte. Er rief aus: „Oh, wer nicht regiert hätte!" und doch war er des Glanzes, der Verehrung, der höchsten Gewalt so gewohnt; man hörte ihn fragen: „Wo ist der Prinz? Was tut er? Er wird anfangen, die Geschäfte zu besorgen; nun stehe ich ihm nicht mehr im Wege." Er verbarg nicht ganz, wie ungern er von der schmeichlerischen Gewohnheit, der Majestät zu genießen, Abschied nahm. Vorzüglich ängstigte ihn die Furcht, für sein Nichtregieren, für die Erhebung der Günstlinge ewige Strafen leiden zu müssen. Und doch waren ihm diese Gunstbezeigungen so natürlich, so sehr seine Neigung. In demselben Augenblicke sandte er, Lerma zu sich zu berufen; Uzeda, Lermas Sohne, der nach demselben seine Ämter bekleidet, gewährte er eine Gnade, die dieser sich nicht getraute anzunehmen.

Ehe Lerma kam, war Philipp gestorben; in einer Abhängigkeit von den Menschen, die er verdammte und der er doch nicht entgehen konnte; in einer Furcht vor dem göttlichen Strafgericht, die er des ernstlichen Willens war zu vermeiden und in die er durch die Folgen jener fast unwillkürlichen Abhängigkeit notwendig geriet: ein Mensch, den die Natur für seine Stellung zu gut und zu schwach und zu fromm gebildet.

DRITTES KAPITEL

Von den Ständen und der Verwaltung

Für die gesamte Geschichte von Europa, für das Verständnis des Augenblicks sowie der zuletzt vergangenen Jahrhunderte ist keine Frage wichtiger, als wie sich der romanisch-germanische Staat des Mittelalters in den neueren umgesetzt hat, der bis in die Zeiten der Revolution in Europa herrschte. Man kann sie im allgemeinen so fassen. Wenn der alte Staat auf einer Freiheit des Individuums und der Korporationen beruhte, die jeden Eingriff der zentralen Gewalt sorgfältig abzuwehren suchte; wenn eben diese Gewalt mehr Einwirkungen erfuhr als ausübte und vermöge der natürlichen Entwicklung der Dinge sogar von Epoche zu Epoche schwächer ward; wenn endlich der Staat noch nicht geschlossen war, sondern seine Geistlichkeit von einem entfernten Oberhaupt abhangen, seinen Adel und seine Städte dergestalt gespalten sah, daß es jeder Teil mehr mit seinen Standesgenossen in anderen Ländern als mit seinen Mitbürgern in demselben Lande hielt – wie geschah es nun, daß die zentrale Gewalt in den folgenden Zeiten die ihr entgegenstehenden Freiheiten beschränkte oder umwarf, den Staat enger schloß und sich zu innerer Stärke und Macht erhob?

Dies konnte weder überall auf gleiche Weise, noch irgendwo ohne lebhaften Kampf geschehen.

In der spanischen Monarchie ist der Kampf dadurch bedeutend, daß wir die Staatsgewalt auf einmal mit sehr verschiedenen Verfassungen im Widerstreit erblicken. Die Aragonesen, obwohl sie sich rühmen, sie seien ihrem Könige getreuer als irgendein anderes Volk, haben sich so besondere Rechte verschafft, daß die Tätigkeit des Königs zwar häufig in Anspruch genommen wird, jedoch nirgend eine freie Einwirkung finden kann; an ähnlichen Freiheiten nimmt auch Sizilien teil. Nicht so streng gegen ihren Herrn abgeschlossen sind Kastilien und die Niederlande. Aber es ist noch nicht lange her, daß dort Johann II. von den Baronen und hier Maximilian I. von den Städten gefangengehalten worden. Es ist den Fürsten nur wenig Kraft übriggelassen, ihren Willen durchzusetzen. Mehr Einfluß gestattet die Lage der öffentlichen Dinge dem König in Neapel und zu Mailand; aber dort sind eingewurzelte Parteiungen, deren Gegensatz jeden Augenblick gefährlich werden kann; hier gibt es einen starken Feind in der Nähe, der sich jeder Unzufriedenheit des Landes zu bedienen droht, um Fuß darin zu fassen. Indem nun von allen diesen Ländern kein einziges sehr geneigt ist, die königliche Macht anzuerkennen oder zu fördern, wie ist es möglich, daß für alle zusammen eine durchgreifende, nach innen und außen starke Staatsgewalt erschaffen werde? Karl sah sich bald nach seiner Thronbesteigung in großer Verlegenheit. Aragon machte Schwierigkeiten, ihn anzuerkennen; Sizilien verjagte seinen Vizekönig; Kastilien erhob sich zu einem vollständigen Aufruhr. Damals schwankte Neapel bereits, und es fiel später zum größten Teil von ihm ab, als sich die Heere seines Feindes an den Grenzen zeigten. Mailand mußte er mit den Waffen erobern und mit den Waffen behaupten. Wie wenig die Niederlande des Gehorsams gewohnt waren, zeigte der Aufruhr von Gent. Welche Mittel ergreift er nun und welche ergreifen seine Nachfolger, um sich vor Empörungen zu sichern, um ihre Gewalt besser zu gründen?

Man sieht, diese Frage ist doppelt. Erstlich: gelang es, den Großen ihren Einfluß auf den übrigen Staat zu entreißen, die Geistlichen von Rom unabhängig zu machen, den Städten ihre hergebrachte Freiheit zu schmälern? Zweitens: inwiefern kam man dahin, die gesetzgebende und ritterliche Gewalt, das Ansehen der Waffen in den Händen des Königs zu vereinigen? Mit einem Wort: wie ward der Staat angegriffen und erschüttert oder umgestürzt; wie ward ein neuer begründet?

Die Frage ist für alle Landschaften dieselbe; doch da diese in sich selbst so verschieden sind, so wird es am besten getan sein, eine nach der anderen zu betrachten.

1. Kastilien

So lange Kastilien einheimischen oder vor alters einheimisch gewordenen Königen gehorchte, gab es kein Land, das an durchgehenderen Entzweiungen, an heftigeren Bürgerkriegen gelitten hätte. Im sechzehnten Jahrhundert bekam es auswärtige Fürsten. Wie auffallend, daß es seitdem in tiefem innerem Frieden ruht! Nicht etwa, weil dies der Sinn der Zeit so mit sich brächte. Hier verstummen die Leidenschaften, während die meisten anderen Reiche von heftigen inneren Kriegen zerrissen sind. Selbst unter den schlechtesten Regierungen spürt man an den Kastilianern nichts als Ruhe und Ergebenheit.

Um nun einzusehen, wie dies kam, müssen wir uns erinnern, daß alle alte kastilianische Entzweiung zuletzt in dem Gegensatze der Großen und der Städte aufging. Es ist dies der Streit, der während des vierzehnten und des fünfzehnten Jahrhunderts unsere gesamten Nationen in einem inneren, zwar nur von Zeit zu Zeit hervorbrechenden, aber immerfort vorhandenen Kriege beschäftigt. Hier war der Hauptpunkt desselben, daß die Granden sich der Domänen bemächtigt hatten und die Städte nun mit ihrem eigenen Gut die öffentlichen Bedürfnisse decken sollten. Er trat bei jeder Gelegenheit heraus; wann hätte er aber eine bessere gehabt, als sobald etwa nach dem Tode eines Königs die Thronfolge streitig war? Nach dem Tode Heinrichs IV. waren die Städte aragonesisch, die Granden portugiesisch gesinnt; da siegten die Städte; durch ihre Hilfe wurden Ferdinand und Isabella Könige. Nach dem Tode Isabellas erklärten sich die Städte wiederum aragonesisch, für den verwitweten Gemahl, die Großen aber, nunmehr österreichisch, für den Schwiegersohn der verstorbenen Königin. Da siegten die Granden, und unter ihrem Schutze nahm Philipp I. den kastilianischen Thron ein. Nach dem unerwarteten Hintritt auch dieses jungen Fürsten tat sich die Entzweiung zum drittenmal hervor. Die Granden gingen so weit, dem Vater Philipps, unserem Kaiser Maximilian, die

Regierung anzubieten; nur unter lebhaftem Widerstande von ihrer Seite kam Ferdinand der Katholische zur Verwaltung von Kastilien zurück; nur wider ihren Willen, nur mit dem Beistande der Städte hielt er sich; viele Mächtige gingen trotzdem nach den Niederlanden, um sich dem Hause Österreich unmittelbar anzuschließen. Sollte nun diese Parteiung ruhen, da Ferdinand starb? Die Unmündigkeit Karls V., die falschen Maßregeln seiner Minister bewirkten, daß die alte Abneigung der Städte in einen offenen Aufruhr ausbrach. Dieser Aufruhr ward entscheidend.

Eine Zeitlang sahen ihm die Granden zu, denn auch sie waren durch den vorherrschenden Einfluß der Niederländer am Hofe ein wenig beleidigt. Als aber die Städte die alten Streitpunkte hervorsuchten, als sie an eine Zurückforderung der Domänen gedachten, so griffen die Großen zu den Waffen. Sie siegten zugleich für sich und für Karl. Ihre beiderseitigen Interessen waren auf das engste verflochten; sie stellten dem Könige seine Gewalt wieder her. Nunmehr kam alles darauf an, wie Karl diese Entscheidung benutzen würde. Beide waren von ihm abhängig, die Granden als seine Partei, die Städte als seine besiegten Rebellen. Die Frage war, ob er jenen Anteil an seiner Gewalt und diesen Raum lassen würde, sich wiederherzustellen; oder ob er das Mittel finden würde, beide in Abhängigkeit zu halten, die einen in Unterwerfung, die anderen wenigstens in Entfernung.

Granden

Für die Lage der Granden in der späteren Zeit ist es entscheidend, daß es innerhalb Spaniens keine Kriege mehr zu führen gab. Sie waren gewohnt, eigene Heerhaufen in ihrem Sold, eine Menge Hidalgos, die ohne Besitztum waren, unter ihren Fahnen in ihrem Dienst zu halten. Dies gab ihnen das größte Ansehen. Nunmehr aber führten die Könige ihre Kriege fern von Spanien. Von denen wurden die Granden sowohl durch ihre Privilegien losgezählt als durch den Willen der Könige, die jene Heere nicht mehr wollten, in denen man die Befehle mit der Formel bekanntmachte: „So gebietet der König und der Condestable."

Wie sehr der Kaiser ihre Macht fürchtete, davon ist ein Beweis, daß er eine reiche Erbin aus dem Hause Mendoza nicht mit einem Granden vermählen lassen wollte, weil ein solcher durch diese Verbindung an die Spitze der beiderseitigen Verwandtschaften gelangen und ihm allzu mächtig werden könnte. Er behandelte die Granden mit großer Rücksicht; aber man sah, er liebte sie nicht und war nicht geneigt, ihnen Vertrauen zu schenken. Es war eine der Maximen seiner Regierung, nur solchen, deren Treue über alle Zweifel, wie dem Herzog von Alba, wichtige Ämter anzuvertrauen, sonst keinem.

Sind sie so vom Kriege und von dem höheren Staatsdienste entfernt, so werden sie sogar von den nationalen Beratungen ausgeschlossen. Dies geschieht auf Veranlassung des Reichstages von 1538. Als Karl hier den versammelten Cortes seine Bedürfnisse vorstellte und seine Absicht, die Akzise einzuführen, eröffnete, mochte er nicht so sehr von seinen Verbündeten und Freunden Widerstand erwarten, als von den anderen Mitgliedern. Aber gerade die Großen widersetzten sich ihm; vor den übrigen, obgleich sonst ein entschiedener Anhänger des Hauses Österreich, der Condestable Velasco. Er drang darauf: die Lasten zu tragen, zieme in Kastilien dem Bauer; dem Edelmanne aber entreiße die geringste Auflage nicht allein die Freiheit, welche seine Vorfahren mit ihrem Blute erworben, sondern die Ehre selbst. Er setzte durch, daß man Karl den unbequemen und fast beleidigenden Rat gab, seine Umstände dadurch zu verbessern, daß er zu Hause bleibe und daß er sich einschränke. Hätte Karl auf seinem Willen bestanden, so würde ein Aufruhr zu befürchten gewesen sein. Da er sah, daß ihm seine Forderung versagt ward, so beschloß er wenigstens, wie Sandoval sagt, niemals wieder so mächtige Leute zu versammeln; dies war die letzte allgemeine Ständeversammlung, welche berufen worden ist.

Hierdurch geschah, daß, wenn der Condestable behauptet hatte, nur mit ihrer Person, aber nicht mit Auflagen seien die Großen zu dienen verpflichtet, sie nun weder das eine noch das andere taten, sondern von dem öffentlichen Leben getrennt, zu bloßen Insassen des Staates wurden. Sie gingen nach ihren Landsitzen, nach ihren etwas maurischen Palästen, die, fast ohne Fenster nach der Straße, im Viereck um einen weiten, mit Bäumen besetzten Hof gebaut waren, um ihrer Reichtümer zu genießen. Einem, wie es scheint, sehr glaubwürdigen Verzeichnis von 1581 zufolge besaßen damals die Häupter der Mendozen und Enriquez, der Pachecos und Gironen – das ist, die Herzöge von Infantado und Medina de Rioseco, von Escalona, von Ossuna – ein jeder 100 000, der Herzog von Medina Sidonia, ein Guzman, 130 000 Dukaten jährlichen Einkommens; mancher hatte 30 000 Familien Untertanen. Dieses Wohlstandes bedienten sie sich zu königlichem Aufwande. Ein jeder hatte eine Art Hofhalt, einen Maestro von seinem Hause, seinem Saale, seiner Kammer, seinem Stalle; einen Mayordomo; Rechnungsführer und Schreiber; eine Menge Pagen und Gefolge. Viele hatten prächtige Leibwachen von 200 Mann; sie hielten auf eine wohlbesetzte Kapelle. Contarini findet sie unglaublich und über alle Beschreibung stolz. Mit welcher Pracht ward die Dame vom Hause bedient! Ihre Frauen leisteten kniend ihre Dienste; der Page, der ihnen zu trinken reicht, bleibt knien, bis sie ausgetrunken; selbst der Ritter vom ersten Adel, der sie sprechen will und sitzend trifft, läßt sich vor ihnen auf ein Knie nieder, sie zu begrüßen. In dieser Pracht wetteifern sie miteinander und lassen die kriegerischen Neigungen ihrer Vorfahren beiseite.

Der Strenge der Gerechtigkeit waren sie so gut unterworfen wie alle anderen; ihre Vergehungen wurden nicht minder gezüchtigt als die der gemeinen Leute. Hatten sie einige Vorrechte, wie denn ihre Besitztümer großenteils in Renten und Abgaben bestanden, so mußten sie sich doch hüten, dieselben auf eine drückende Weise geltend zu machen; sie würden sonst den allgemeinen Haß erweckt und die Gerechtigkeit selbst gegen sich aufgerufen haben.

Fassen wir nun, wie die Granden des Königs Partei und ihm von selbst ergeben waren; wie sie allmählich sich und ihre Untertanen durch eine vollkommen friedliche Richtung ihres Lebens entwaffneten; wie sie dann, indem sie ihren Ehrgeiz auf Luxus und Pracht wandten, ihre Umstände zerrütteten und in Schulden gerieten;

wie sie, von allem selbständigen Einflusse auf den Staat ausgeschlossen, der Autorität der öffentlichen Gewalt vielmehr unterworfen gehalten wurden: so begreifen wir wohl, wie sie den König zu fürchten anfangen mußten, statt daß sie früheren Königen Furcht eingeflößt hatten.

Der Adel zweiten Ranges konnte nun nicht mehr in ihrem Dienste Ehre und Beförderung erwarten. Cervantes gedenkt eines Sprichwortes damaliger Zeit: „Wähle Kirche, Meer oder das Haus des Königs." Viele von den Hidalgos, die früher unter den Fahnen der Granden gewesen, begaben sich nun nach Indien; andere fingen an zu studieren, um sich zu kirchlichen Ämtern geschickt zu machen; andere suchten, solange es Krieg gab, des Königs Dienst im Felde, oder wenn man Frieden hatte, den Dienst im Palaste; dann konnten sie von ihm, auch schon darum, weil er die drei Ritterorden verwaltete und so viele Pfründen zu verleihen hatte, eine angemessene Stellung für ihr übriges Leben erwarten.

Man zählte in den drei Ritterorden 188 Kommenden, die gegen 300 000 Dukaten Einkünfte trugen; die Verleihung dieser Stellen, welche Ehre und Vorteil gewährten und auch von den jüngeren Söhnen der vornehmsten Häuser gesucht wurden, knüpfte diese selbst an den Hof, dessen Gunst sie nicht entbehren konnten. Indem König Philipp II. sie strenge in Pflicht hielt, hütete er sich doch, sie in ihrem Range und ihren Prärogativen zu verletzen. Er hätte das nicht tun dürfen, denn sie waren in der Behauptung derselben einmütig; aber er wollte es auch nicht tun: er begünstigte sie vielmehr und unterstützte sie auch wieder in ihrem Anliegen. Wie die Granden unter Lerma wieder zahlreicher am Hofe erscheinen, stehen die Sachen ganz anders als früher. Ihr Ehrgeiz geht nicht viel weiter, als daß sie sich vor des Königs Person oder in seiner Kapelle bedecken dürfen; daß einer von ihnen etwa die Tasse bekomme, aus welcher der König getrunken, oder eine ihrer Damen das Kleid, das die Königin zu Ostern getragen. Sie achten den König so erhaben über sich, daß ihnen ihr Rang über der übrigen Nation hauptsächlich in den geringfügigen Ehrenbezeigungen, die er ihnen gewährt, in den Diensten, die er ihnen erlaubt, zu bestehen scheint.

Städte

Ging es nun so mit den Siegern in dem obenbezeichneten Kampfe, so fragt sich, was sich mit den Besiegten, mit den Städten ereignete.

In ihrem Inneren waren sie nicht ohne munizipale Freiheiten. Sie wählten ihre Magistrate, in den größeren Städten die Regidores, in den kleineren ihr Ayuntamiento; wenn die meisten Stellen an die Reicheren und die Hidalgos kamen, so waren doch auch die Geringeren, die Pecheros, nicht ohne Gerechtsame. Jeder Teil hatte seinen Alcalden, und in den Cortes wurden die einen oder die anderen repräsentiert. Aber an der Spitze aller stand der Corregidor, den der König setzte; mit seinem Luogotenente, der ein Doktor war, übte er auch die Rechtspflege aus.

Der Einfluß der Städte auf den Staat beruht auf den Cortes und in denselben auf dem doppelten Rechte, die Abgaben zu bewilligen und Beschwerden einzureichen; Rechten, die sehr genau zusammenhangen, indem man die Abgaben nicht gewährt, wofern den Beschwerden nicht abgeholfen worden ist.

Nun haben schon die früheren Könige die Cortes von sich abhängig zu machen gestrebt. Der königliche Corregidor übte längst bei den Wahlen einen gesetzlichen Einfluß aus: Heinrich IV. machte einen Versuch, die Abgeordneten von Sevilla geradezu zu ernennen; Ferdinand der Katholische brachte auf, daß die Cortes schwören sollten, alles geheimzuhalten, was man ihnen sagen würde, und in der Versammlung von 1505 hatte sein Staatssekretär Almazan eine überwiegende Gewalt. – Doch eigentlich durchgesetzt und fest bestimmt war bis auf Karl V. nur noch wenig. Wenn Karl gegen seine Rebellen übrigens Gnade ergehen ließ, so war er doch entschlossen, ihre gesetzliche Macht zu brechen. Hierbei ging er ohne allen Rückhalt, ohne alle Scheu zu Werke; man findet, alles betrachtet, besonders vier entscheidende Maßregeln, die er anwandte.

Nach jenem Siege der Granden, nach seiner Rückkehr, am 28. Mai 1523, berief Karl die Städte zu den Cortes ein. „Damit aber", sagte er in seinem Ausschreiben an den Corregidor von Burgos, „die Vollmacht dieser Stadt vollständig und nicht von den Vollmachten der übrigen Ciudaden und Villas verschieden sei, so habt Ihr zu sorgen, daß sie auf jeden Fall dem Entwurfe gleichlaute, welcher angeschlossen beiliegt." Genug, er unternimmt, den Städten die Vollmachten vorzuschreiben, welche sie ihren Repräsentanten zu geben haben. Was ist es nun für eine Vollmacht, welche er gestattet? Wir haben eine übrig, die seinem Entwurfe gemäß ausgefertigt worden. Sie ermächtigt die Prokuratoren, „das Servicio zu stimmen, zu verhandeln, was Ihre Majestät vorlegen, zu tun, was Ihre Majestät befehlen werde, wofern es zum Dienste Gottes und Ihrer Majestät sei." Das ist die erste Maßregel, die er ergreift. Mit keinen anderen Vollmachten als unbeschränkten, als von dem Könige gebilligten, kommen seitdem diese Prokuratoren zusammen.

Nun war nur jenes andere Recht der Cortes unbequem, welches schon durch den herkömmlichen Geschäftsgang, daß erst die Beschwerden erledigt, darauf die Abgaben gewährt wurden, auch die unbeschränkten Vollmachten beschränkte. Karl verordnete schlechthin, daß man erst bewilligen und darnach die Beschwerden einbringen solle. Obwohl die Versammlung von 1523 darauf drang, daß er unmittelbar und vor allen anderen Dingen auf die Vorstellungen, die das Reich ihm mache, antworten und für das sorgen solle, was der Zustand des Reiches erfordere; obwohl sie sogar Miene machte, ihre Sitzungen aufzulösen, so beharrte er doch standhaft auf seinem Beschlusse, nichts zu hören und auf keine Vorstellung einzugehen, ehe das Servicio bewilligt worden; und diesen setzte er durch. Dies ist seine zweite Maßregel; der Gebrauch, den er einführt, wird nun zum Herkommen; Herkommen aber wird allemal zum Gesetze, sobald sich der öffentliche Zustand lange nicht verändert. Karl begnügte sich, darüber zu halten, daß auch auf die Beschwerden Rücksicht genommen würde, jedoch nicht mehr, wie bisher, vor der Bewilligung der Hilfsgelder, sondern nur vor dem Schlusse der Cortes.

Diese Entfernung alles Einflusses der Beauftragenden schien ihm noch nicht hinreichend; er dachte darauf, auch die Beauftragten persönlich entweder in Furcht oder in Ergebenheit zu halten. Das eine erreichte er, indem er keine Beratschlagung außer in Gegenwart seines Präsidenten stattfinden ließ; dadurch ward jede seinem Interesse entgegengesetzte Äußerung für den Deputierten gefährlicher als für ihn. Das zweite ward durch Gnadenbezeugungen erlangt, die man entweder gewährte oder hoffen ließ, deren der Präsident selbst kein Bedenken trug zu erwähnen. Hierdurch ward es ein Vorteil, in den Cortes zu sitzen; und wir finden schon 1534 einen Deputierten, der dafür die Summe von 14 000 Dukaten gezahlt hat.

Und dies sind nun die vier Maßregeln, die Karl ergriff, um die Versammlung zu unterwerfen, wie man sieht, unzweideutig und offenbar auf diesen Zweck berechnet, den er denn auch damit erreichte. Seit 1538 gibt es keine Cortes als diese der Abgeordneten von den Städten; sie versammeln sich von drei zu drei Jahren; sie gewähren immer, was man fordert.

Karls Nachfolger zogen die Zügel, welche er ihren Händen überlieferte, noch etwas strenger an. Im Jahre 1573 klagten die Cortes selbst, daß Hofleute, Justizbeamte und andere Besoldete Sr. Majestät gewählt würden, Personen, deren Freiheit gering, deren Wirkung nur eine Spaltung unter den Zusammengekommenen selber sei. Im Jahre 1598 beruft Philipp III. die Prokuratoren nach Madrid, damit sie, wie er in seinem Ausschreiben sagt, vernehmen und verhandeln, einräumen und gewähren, damit sie beschließen mögen alles das, was in diesen Cortes zu gewähren gut erscheinen wird. Dann ist man nur besorgt, daß sie eine geheime Instruktion ihrer Kommittenten mit sich führen möchten. Sie müssen bei Gott und der heiligen Maria, bei dem heiligen Kreuze und den vier Evangelien schwören, jedwede Instruktion, so gut, welche sie hätten, als welche sie noch bekommen würden, dem Präsidenten einzuhändigen.

Nunmehr ward alles Zeremoniell. Zuerst gingen die Prokuratoren nach dem Schlosse, dem König die Hand zu küssen; dann erschien dieser selbst in ihrem Saale; nachdem er sich gesetzt und sie sich niedersetzen geheißen, eröffnete er ihnen, erst mit eigenen Worten, dann weitläufiger durch seinen Sekretär, weshalb sie berufen seien. Burgos und Toledo wetteiferten, wie vor alters, zu antworten; der König sprach, wie vor alters: „Toledo wird tun, was ich befehle; es rede Burgos!“ Dann bat Burgos um Bedenkzeit. Dies war die erste Sitzung. Eine zweite begann damit, daß man die Entfernung der königlichen Schreiber forderte, und endigte, indem man dieselbe vom König zu erbitten beschloß. In einer dritten – denn natürlich erfüllte der König jene Bitte nicht – deliberierte man denn auch im Beisein der Schreiber und genehmigte das Servicio. Darauf ging man, dem Könige die Gewährung desselben zu melden, der alsdann gnädig war und einem jeden die Hand reichte. Und so war nichts weiter übrig, als daß ein Ausschuß die allgemeinen, jede Stadt ihre besonderen, jeder Prokurator seine persönlichen Petitionen einreichte; alle diese wurden vor den königlichen Rat gebracht, zum Teil gewährt, zum Teil nicht, bis der Präsident erschien, im Namen des Königs für das Servicio dankte und, damit den Städten nicht noch mehr Kosten auflaufen möchten, die Cortes für beendigt erklärte.

Dergestalt wurden die aus jenem Kampfe als Besiegte Geschiedenen in ihrer Unterwerfung gehalten. Die Cortes hatten ihre alte Selbständigkeit verloren; zu eigentlichem Widerstande hatten sie keine Kraft mehr: sie waren unterworfen.

Doch möchte ich nicht sagen, daß sie auch sogleich unnütz geworden seien. An repräsentativen Instituten, sobald sie in einer Nation Wurzel gefaßt haben, zeigt sich auch in einem minder selbständigen Zustande häufig eine innere Lebenskraft, die noch immer wohltätig wirkt. Den kastilischen Cortes war freilich kein Recht übriggeblieben als das Recht der Petitionen, auf deren Erfüllung sie nicht dringen durften; aber dieses Rechts bedienten sie sich auf eine Weise, daß man schwerlich Ständeverhandlungen aus jenem Jahrhundert finden wird, in denen sich mehr guter Wille, mehr Fürsorge nach allen Seiten hin wahrnehmen ließe als an diesen.

Keineswegs scheuen sie, den König zu ermahnen. Wie oft erinnern sie ihn daran, was das Wohl des Landes erfordere, wessen es sich durch seine Dienste wertgemacht habe! Wenn sie ihn bitten, den Aufwand seines Hauses und seiner Tafel zu mäßigen, gedenken sie des Geldmangels, in dem man sich befinde. Sie suchen, um ihn zu überreden, zuweilen ältere Zusagen, schriftliche Versprechungen auf, die man ihnen etwa bei früheren Geldleistungen gewährt hat. Bei den Veräußerungen, zu denen er schreitet, führen sie ihm die Pflichten zu Gemüte, die er als König und Herr habe. Sie erinnern ihn bei seinem königlichen Gewissen, keine anderen als Leute von edlen Eigenschaften zu Gobernadoren und Corregidoren anzustellen, über das Betragen seiner Beamten zu wachen.

Vorzüglich nämlich richten sie ihr Augenmerk auf die Verwaltung der Behörden, auf die Gerichtspflege der Justizhöfe. Sie beklagen sich, wenn die Räte in den höchsten Gerichten entweder zu alt, oder mit fremdartigen Geschäften beladen, oder unzugänglich sind; sie tragen Sorge, daß sich nicht etwa Familienverbindungen der Audienzen bemächtigen, daß nicht vielleicht ein Oidor seinen Sohn, seinen Schwiegersohn zu Kommissionen gebrauche, zu Advokationen befördere; sie empfinden es übel, wenn etwa ein Alguacil das verschlossene Haus eines Bauern erbrochen oder sonst ein Diener des Gerichts eine Gewalttätigkeit verschuldet hat. Sie fordern, daß die Räte der Ortschaften jeden ersten eines Monats über das Betragen ihrer Gerichte sich beraten und nötigenfalls sich beklagen sollen. Die Kompetenzen verschiedenartiger Jurisdiktionen, bald der geistlichen, bald der militärischen mit der bürgerlichen, sind sie beflissen zu heben. Wollen sie nun nicht dulden, daß das weltliche Gericht eine Kirche verletze, so dringen sie hinwiederum darauf, daß jedwedes geistliche der Präeminenz des Königs unterworfen bleibe. Außerdem sind es bald Eingriffe der königlichen Finanzräte in ständische Rechte, bald die Haussuchungen der Pächter königlicher Salinen, bald Erpressungen, die sich Beamte der Mesta erlauben, wider die sie sich setzen. Auf alle Weise suchen sie Freiheit und Herkommen gegen jeden Eingriff der Willkür zu verteidigen.

In der Tat haben sie immer den gesamten Zustand des Staates, seine öffentliche Wirtschaft, seine allgemeine Wohlfahrt vor Augen. Es entgeht ihnen nicht, wie wichtig die Verhältnisse der Forsten, der Weiden, des Ackerlandes sind. Scheint es ihnen übel getan, daß man Heiden wegbrennt, um bessere Weiden zu haben, so wollen sie auch die Verwandlung der Wiesen in Getreideland nicht gestatten. Sie gehen hier sehr in das einzelne. Sie wollen dem Abborken der Eiche und des Korkbaumes steuern. Auf hohen Bergrücken gibt es Wiesen, nach denen man die Kühe nicht hinantreiben kann; sie sorgen, daß das Gras dennoch nicht verloren gehe. Unzählig sind die Anordnungen, die sie für Handel und Gewerbe fordern. Mit Unwillen nehmen sie den steigenden Luxus, die wachsende Teuerung aller Artikel wahr. Über die Verschwendung der Großen und der Hofleute in Kleidung und Gerätschaften, über die Einführung der Kutschen und Sänften, welche zu halten allein ein ansehnliches Vermögen erfordere, über das Unwesen der Lakaien, über das Spielen mit Karten und Würfeln, welches Leute hervorbringe, die man mit goldenen Ketten, in seidenen Kleidern einhergehen sehe, ohne daß sie Vermögen hätten, ein Amt bekleideten oder jemandem dienten, zeigen sie lebhaftes Mißvergnügen: – schon trage sich der Handwerker so gut, daß er unerträgliche Preise setze.

Sie dagegen richten ihre Sorgfalt auf wahrhaftere Bedürfnisse. Sie wollen, daß in jeder Stadt ein Vater für die wild herumlaufenden Waisenkinder, ein Pfleger für die Armen, der ihnen zu arbeiten gebe, bestellt werde; sie wünschen, daß nicht minder in jeder Stadt alle Wochen zwei gute Männer den Zustand der Gefängnisse untersuchen mögen; es entrüstet sie, daß man verwaisten Mädchen Aufnahme und Erziehung in Nonnenklöstern abschlage. Sie denken darauf, die Reisenden durch Wegweiser und besser eingerichtete Gasthöfe zu erleichtern. In dieser sorgfältigen Beaufsichtigung von Dingen aller Art entgeht ihnen der Hufschmied nicht, der für ein leichtes Hufeisen, welches schlechter ist als das alte, das er behält, sich erdreistet, 25 oder 25½ Maravedis zu fordern, noch der Bediente, für den sein Herr die Cruzada bezahlt und er läuft ihm alsdann davon, noch auch die junge Tochter, welche von ihrer Mutter aus Fürsorge eingeschlossen zu Hause gelassen wird, aber indes setzt sie sich hin, den Amadis zu lesen, und erfüllt sich mit einer verkehrten Neigung zu den seltsamen Fällen, die darin erzählt werden. Sie freilich, als verständige Männer, sind der wahren Historie zugetaner als erdichteter. Sie wünschen, daß besonders die Tapferkeit der Spanier in der ganzen Welt bekannt werde, daß man die heroischen Taten ihrer Vorfahren gegenwärtigen und künftigen Geschlechtern zum Beispiele vorstelle. Nie ist wohl ein Historiker seinem Fürsten dringender empfohlen worden als von ihnen Florian de Ocampo Philipp II.

Auch kann man nicht sagen, daß ihre Erinnerungen in den Wind geschlagen worden. Oft entgegnet ihnen der König: „Wir halten für gerecht, was ihr verlangt", oder: „Unser Rat soll es überlegen", oder: „Wir haben schon den Befehl gegeben, eure Bitte ins Werk zu richten." Oft wird die Petition sogleich zu einem Gesetze. In Hinsicht auf Handel und Gewerbe hat ihnen Philipp II. wahrscheinlich nur allzuoft Folge geleistet. Doch nicht in Hinsicht auf seine Vorrechte, auf seine Einkünfte, auf die Erhöhung der Abgaben. Sehr oft antwortete er ihren Bitten: das vorhandene Gesetz sei genügend; es sei keine Neuerung statthaft.

Und so läßt sich die Versammlung der Cortes als ein Rat betrachten, welchen die Städte, in Erinnerung an ältere bedeutendere Rechte, auf ihre Kosten alle drei Jahre an den König schicken, damit er Mißbräuche abstellen, Aufsicht über die Beamten halten helfe, damit er des Herkommens wahrnehme und Vorschläge für das allgemeine Beste mache. Es ist dafür gesorgt, daß dies der höchsten Gewalt keinen Eintrag tue; die Entscheidungen fallen doch allein dem Ermessen des Königs anheim. Seine Beamten aber in Zügel zu halten, eine vollkommene Gewalt über sie zu behaupten, wird er hierdurch nicht wenig unterstützt.

Geistlichkeit

Wir kehren zu dem Verhältnis der drei Stände zurück. Nunmehr vermittelten die Cortes, daß die Nation die Last trug, die der König für gut fand ihr aufzubürden. Zwei Hauptstützen des alten Staates waren umgestürzt. Hat der König nun auch den dritten zu diesen beiden Ständen, hat er auch die Geistlichkeit zu unterwerfen gewußt? Oder hat die vollkommene Ehrerbietung, welche diese Könige dem äußeren Gottesdienste beweisen, welche ihnen zur ersten Pflicht macht, die Untertänigkeit unter den Papst auszubreiten, sie auch vermocht, der Geistlichkeit eine gewisse Unabhängigkeit zu gestatten?

Allerdings genossen die Geistlichen eines bequemen und selbst heiteren Daseins. In Toledo hatten sie so reiche Einkünfte, daß sie nicht allein im Besitze der schönsten Häuser, sondern auch übrigens so gut als die Herren der Stadt waren; sie lebten ihre Tage auf das vergnügteste, und niemand tadelte sie. Den Mönchen auf Guadelupe brachte ihr wundertätiges Bild jährlich bei 150 000 Dukaten Almosen ein; da hatten sie ihr Kloster mit schönen Gärten umgeben; sie hatten sich die trefflichsten Weinkeller, einige für irdene Gefäße, andere für Tonnen graben lassen; ihr Aufenthalt war mit allem versehen, was ein angenehmes Leben macht, und sie bedurften nichts von außen. Vornehmlich erfreuten sich die Klöster häufig der schönsten Lage. Navagero ist über die Kartause von Sevilla voll Begeisterung. Wie schön liege sie da, am Fuße der anmutigsten Hügel voll Zitronenpflanzungen; vor sich den großen Strom; mitten in Gärten voll Pomeranzengebüsch, von denen den ganzen Sommer über der süßeste Duft zu ihnen hineinwehe; ringsum das fruchtbarste Gefilde. „Diese Brüder“, sagt er, „haben eine gute Stufe voraus, von hier nach dem Paradiese zu steigen.“

Unabhängigkeit aber oder einen selbständigen Einfluß auf die Regierung hatte dieser Stand darum nicht. Bei den Verhältnissen desselben zum Staat kommt es zu allererst darauf an, wer die Besetzung der Stellen in den Händen hat. Ferdinand der Katholische bereits hat bei den Päpsten durchgesetzt, daß die Könige von Spanien ihre Geistlichen selber ernennen. Damit hörte auf, was früher die Regel war, daß die hohen Geistlichen, aus Mitgliedern des hohen oder des niederen Adels nach dem Maße des Einflusses der Familien gewählt, deren Konvenienzen auch in ihrer Amtsführung beobachteten oder im Gefühle von persönlicher Unabhängigkeit in die Verwaltung brachten. Das Recht der Verfügung über die geistlichen Stellen übte Philipp II. so unbeschränkt aus, daß er dafür nur seine eigenen, auf das Ganze zielenden Maximen befolgte. Er macht einen Unterschied nach den Landschaften. In die Gebirge von Asturien und Galicien setzt er Theologen, denn dort bedarf man der Lehre; nach Estremadura und Andalusien, wo das Volk Prozesse und Streitigkeiten liebt, schickt er Kanonisten; nach Indien sendet er Mönche, weil diese bei der Bekehrung der Eingeborenen die besten Dienste zu tun pflegen. Er sieht bei seinen Besetzungen der Stellen wohl auf gute Herkunft, auf die Empfehlung seiner Minister und erprobter Männer; doch versucht er seine Leute gewöhnlich erst in niederen Diensten, ehe er sie in höhere bringt; und vorzüglich, wenn er irgendwo einen armen Mönch weiß, der sich durch Gelehrsamkeit und tadellosen Wandel auszeichnet, oder einen mutigen Mann wie jenen Quiroga, der sich lieber exkommunizieren ließ, als daß er regelwidrige Bullen des Papstes angenommen hätte, so hob er die hervor. Der eine gab seiner Verwaltung Ansehen bei dem Volke, der andere selbständige Energie. Quiroga machte er zum ersten Geistlichen des Reiches, zum Erzbischof von Toledo. Und wie er nun diese Sachen ganz nach eigenem Gutdünken verwaltete, so sah er gern, wenn man dies anerkannte, wenn sich die Geistlichen nach ihrer Ernennung etwa bei ihm vorstellen ließen, um ihm zu danken.

Da konnte es nicht anders sein, als daß Erzbischöfe, Bischöfe und der ganze Klerus dem anhingen, dem sie ihr bisheriges Glück verdankten, von dem ihre Zukunft abhing. Statt an Rom, das sie vor dem Könige nicht schützen konnte, hielten sie sich an den König, der sie vor Rom zu schützen mächtig genug und geneigt war. Sie waren die gehorsamsten Untertanen ihres Herrn: bereitwillig trugen sie zu den Lasten des Staates bei. Man urteilte, daß kein Klerus in der Welt belasteter sei als dieser; im siebzehnten Jahrhundert berechnete man, daß ein volles Dritteil der geistlichen Einkünfte in die Hände des Königs komme und daß ein einziger Prälat dem König so viel einbringe wie 2000 Bauern oder 400 Edelleute.

Neuer Staat

Wir sehen auch die dritte Stütze der alten Autonomie gebrochen; suchen wir jetzt zu erkennen, wie es den Königen gelingt, auf den Trümmern des bisherigen Staates einen neuen zu gründen.

Der neue Staat beruht wesentlich auf drei Dingen: dem stehenden Heere, der Pflege der Gerechtigkeit und den Auflagen. Das erste gibt der zentralen Staatsgewalt alle Macht wider ihre Widersacher von innen und außen; das zweite hält das Volk in einer unmerklichen Abhängigkeit; durch das dritte wird das gesamte Privatleben, jeder Besitz und jeder Erwerb dem Gemeinwesen oder dem Fürsten dienstbar. Von den Auflagen nun, wobei die ganze Verwaltung und der Zustand des Volkes zu berücksichtigen ist und zur Sprache kommt, wird ein eigener Abschnitt folgen: schon durch die Betrachtung über die Cortes ist deutlich, daß das Volk sie zahlen mußte. Auf dieselben ward das stehende Heer gegründet. Obwohl diese Könige in ihren übrigen Landschaften und häufig im Felde so bedeutende Heere halten, daß sie durch dieselben wohl sattsam gesichert wären, so ist doch auch

Kastilien mit eigenen Truppen angefüllt. Zuerst sind nach dem Vorgange Frankreichs, nach dem unmittelbaren Beispiele des burgundischen Hauses Hommes d'Armes eingeführt. Ihre 22 Kompanien bilden mit den 5000 Mann leichter Reiterei, die sie nach ihrer eigentümlichen Verfassung nötig machen, die Garden von Kastilien, einen für so wichtig geachteten Heerhaufen, daß man Bedenken trug, die Anführung desselben einem Privatmanne anzuvertrauen, daß dieser unkriegerische Fürst, Philipp II., sich zuweilen aufmachte, ihn zu mustern. Es fällt oft den Ortschaften nicht wenig zur Last, die eigenen Beihilfen zu seinem Solde aufbringen oder ihm Wohnung bei sich gewähren müssen. Außerdem gibt es 1600 Reiter mit Tartsche und Wurfspieß, welche fortwährend die Küsten des Mittelmeeres durchstreifen, um jeder Gefahr von den Korsaren vorzubeugen. Fuenterrabia und Pamplona, die vier Bergstädte am Meere, Cadiz, Cartagena und andere Plätze haben ihre Besatzungen; der König Leibwachen um seine Person, eine deutsche und eine spanische, die dritte, wie seine Ahnherren, von burgundischem Adel. Diese Macht, vielleicht nicht stark genug, um einen auswärtigen Feind abzuwehren – wie denn auch Philipp II. zu diesem Behuf über das alles eine Miliz von 30 000 Mann einrichtete – war doch hinreichend, um jeden im Innern sich regenden Widerstand augenblicklich zu ersticken.

Zu der inneren Ruhe trug nun die Pflege der Gerechtigkeit nicht wenig bei. Damals war sie in keinem Lande der Welt besser in Ordnung und durchgreifender. Den Fremden gereichte es zum Erstaunen, daß ein einziger Exekutor, seinen Stab in der Hand, jede Gefangensetzung ausführen konnte. Auf seinen Ruf kam das Volk ihm zu Hilfe. Die heilige Hermandad sorgte dafür, daß die auf dem Lande begangenen Verbrechen nicht unbestraft blieben; in jedem kleinen Orte hatte sie ihre Vertrauten; wenn die Glocke der Hermandad erschallte, ward der Schuldige auf allen Seiten, auf der Landstraße, in den Pässen der Gebirge verfolgt; niemand konnte entrinnen. Eine eigentümliche Jurisdiktion hatten die Alcalden des Hofes, fünf Leguas weit um den Ort, wo er sich aufhielt. Es waren immer die sichersten und strengsten Männer, die man mit diesem Amte betraute; sie gingen auch bei Nacht durch die Straßen von Madrid, um jeder beginnenden Unordnung vorzubeugen, und hielten überhaupt gewaltig Ordnung; ihnen Widerstand zu leisten, würde das größte Verbrechen gewesen und unnachsichtig gezüchtigt worden sein. Man hörte in Spanien weniger von Mordtaten und Mißbrauch der Waffen als anderwärts. An der Spitze der Rechtspflege stand der Rat von Kastilien. Er war die große Instanz für Apellationen, die von den Corregidoren an die Kanzellerien, von diesen, in den bestimmt vorgesehenen Fällen, an das Consejo selbst gingen. Er hatte aber auch seine eigenen Befugnisse, die in das Gebiet der Verwaltung und selbst in das der Politik griffen, und genoß die größte Autorität; der Präsident von Kastilien war als der erste Mann des Reiches nach dem Könige betrachtet.

Von hohem Werte für die Monarchie war es an sich, daß die Idee der allgemeinen Gerechtigkeit unter ihrem Schutze zur Erscheinung kam. Mit dem Worte: „Ich werde an den König gehen", konnte sich jeder Geringe seiner Unterdrücker erwehren. Aber nicht minder bemerkenswert ist, daß dadurch der Bürgerstand zu einer großen Bedeutung gelangte. Alle Männer der Justiz und der Verwaltung waren bürgerlicher Herkunft. Ihre Studien stellten sie dem Adel gleich. Der König trug Sorge dafür, daß sie auch äußerlich würdig erschienen. Er gab ihnen eine senatorische Tracht wie die, in der die Botschafter von Venedig einhertraten.

Das richterliche Institut aber, in welchem sich der Charakter dieser Monarchie am eigentümlichsten aussprach, war das oberste Tribunal des Glaubens.

Inquisition

Wir haben über die spanische Inquisition ein berühmtes Buch von Llorente; und wenn ich mich erkühne, nach einem solchen Vorgänger etwas zu sagen, was seiner Meinung widerstreitet, so finde dies darin eine Entschuldigung, daß dieser so gut unterrichtete Autor in dem Interesse der Afrancesados, der josephinischen Verwaltung, schrieb. In diesem Interesse bestreitet er die Freiheiten der baskischen Provinzen, obwohl dieselben doch schwerlich zu leugnen sind. In demselben sieht er auch in der Inquisition eine Usurpation der geistlichen Macht über die Staatsgewalt. Irre ich indes nicht ganz, so ergibt sich aus den Tatsachen, die er selber anführt, daß die Inquisition ein königlicher, nur ein mit geistlichen Waffen ausgerüsteter Gerichtshof war.

Erstens waren die Inquisitoren königliche Beamte. Die Könige hatten das Recht, sie einzusetzen und zu entlassen; die Könige hatten unter den übrigen Räten, welche an ihrem Hofe arbeiteten, auch einen Rat der Inquisition; wie andere Behörden, so unterlagen auch die Inquisitionshöfe den königlichen Visitationen; bei denselben waren oft die nämlichen Männer Assessoren, welche im höchsten Gerichte von Kastilien saßen. Vergebens nahm Ximenes Anstand, einen von Ferdinand dem Katholischen ernannten Laien in den Rat der Inquisition aufzunehmen: „Wißt Ihr nicht", sagt der König, „daß, wenn dieser Rat eine Gerichtsbarkeit hat, der König es ist, von dem er sie hat?" Wenn Llorente von einem Prozesse spricht, den man gegen Karl V. und Philipp II. selber versucht habe, so ist aus seiner eigenen Erzählung – denn er ist doch immer, der uns unterrichtet – zwar deutlich, daß Paul IV., damals in offenem Kriege mit Kaiser und König begriffen, auf so etwas angetragen hat, – doch nicht, daß man darauf eingegangen wäre und nur jemals einen ähnlichen Versuch gemacht hätte.

Zweitens fiel aller Vorteil von den Konfiskationen dieses Gerichtes dem Könige anheim. Man ging bei denselben sehr schonungslos zu Werke; sogar die Schenkungen, welche die von der Inquisition Verdammten früherhin gemacht, die Mitgiften, die sie ihren Töchtern gewährt hatten, nahm man in Anspruch. Wenn die Fueros von Aragon dem Könige verboten, die Güter seiner Verurteilten einzuziehen, so glaubte er sich bei diesem Gerichte der Gesetze überhoben. Man rechnete im Jahre 1522, daß die Güter derjenigen allein, welche die Ketzerei freiwillig bekannt, bereits so kurze Zeit nach Karls Ankunft zum Throne, ihm über eine Million Dukaten eingetragen. Man hat sogar von Anfang an geglaubt und gesagt, daß mehr die Begierde nach den Gütern, welche man einzog, als der Antrieb der Frömmigkeit die Könige bewogen habe, dies Gericht einzusetzen und zu begünstigen. Dem Könige war gleich bei der ersten Einrichtung ein Dritteil der Konfiskation bewilligt, weil er zur Ausführung des geistlichen Gerichtes den weltlichen Arm darbiete. Ein zweites Dritteil war ursprünglich den Anklägern vorbehalten: da aber die Anklage als eine Gewissenspflicht betrachtet wurde, von deren Vernachlässigung niemand absolviert werden sollte, so bedurfte es dessen nicht; es führte sich ein, daß die Ankläger wenig oder nichts empfingen und auch dies zweite Dritteil der Verwaltung anheimfiel. Der Ertrag dieser Konfiskationen bildete eine Art von regelmäßigem Einkommen für die königliche Kammer.

Drittens ward hierdurch erst der Staat vollkommen abgeschlossen; der Fürst bekam ein Gericht in die Hände, welchem sich so wenig ein geistlicher wie ein weltlicher Großer entziehen durfte. Dies war den Ausländern an demselben vorzüglich auffallend: „Die Inquisition“, sagt Segni, „ist dazu erfunden, den Reichen ihren Besitz, den Mächtigen ihr Ansehen zu rauben.“ Wie Karl kein anderes Mittel weiß, die Bischöfe, welche an dem Aufstande der Comunidaden teilgenommen, zu gewisser Strafe zu ziehen, will er, daß die Inquisition sie richte. Wie Philipp II. verzweifelt, den Antonio Perez strafen zu können, nimmt er die Inquisition zu Hilfe. Denn nicht allein über offene Ketzerei hat dieselbe zu richten. Schon Ferdinand, von den Vorteilen überzeugt, die sie gewährt, hat den Kreis ihrer Tätigkeit sehr erweitert. Unter Philipp mischt sie sich in die Sachen des Handels und der Künste, der Abgaben und der Marine. Was blieb übrig, wenn sie es für Ketzerei erklärte, Pferde oder Munition nach Frankreich zu verkaufen?

Wie demnach dies Gericht auf der Vollmacht des Königs beruht, so gereicht seine Handhabung zum Vorteil der königlichen Gewalt. Es gehört zu jenen Spolien der geistlichen Macht, durch welche diese Regierung mächtig geworden, wie die Verwaltung der Großmeistertümer, die Besetzung der Bistümer; seinem Sinne und Zwecke nach ist es zugleich ein politisches Institut. Der Papst hat sogar ein Interesse, ihm in den Weg zu treten, und tut es, sooft er kann. Der König aber hat ein Interesse, es in erster Aufnahme zu erhalten.

Wenn es nun, wie jedermann weiß, unbeschreiblichen Schaden getan hat, so ist dieser doch nicht allein der Regierung zuzuschreiben; eigentümliche Neigungen der Spanier haben Einführung und Ausartung der Inquisition besonders begünstigt.

Vor allem die Vorurteile von dem Unterschiede des reinen und des schlechten Blutes, die sich in Spanien wie in keiner anderen Nation festgesetzt hatten. Für die meisten Ämter war ein Beweis des reinen Blutes erforderlich; es schien schon eine große Erleichterung, wenn man dabei nicht höher als bis auf die vierte Generation zurückging. Überdies aber hat sich unter den steten maurischen Kämpfen, durch den Gegensatz wider die in diesen Reichen so besonders zahlreichen Juden der Adelsstolz dergestalt mit einem gewissen Religionsstolz verknüpft, daß sie beide nur einen einzigen ausmachen. Nicht rein katholischen Glaubens sein, scheint diesem Volke ebensogut ein Fehler des Blutes wie der Gesinnung. Daher kommt der Wert, den sie auf das reine Blut, die Limpieza, legen; daher schreibt sich die Verachtung, die sie ihrem Hasse gegen Ungläubige und Ketzer beimischen; daher erläutern sich zugleich die kastenartigen Unterschiede, welche sie in Amerika einführen, und die Religionskriege, welchen sie in Europa obliegen. Indem nun die Inquisition gleichsam eine Waffe des reinen Blutes wider das befleckte Blut, der Kinder germanischer und romanischer Christen wider die Abkömmlinge von Juden und Mauren ward, so fand dieselbe in den Meinungen der Nation den größten Anhalt. Die Söhne der Verurteilten hatten auf keine Stelle in einem königlichen Rate, in dem Regimente einer Stadt Anspruch, selbst ihre Enkel nicht. Ja, schon jeder, der vor der Inquisition angeklagt worden war, galt für ehrlos; kein guter Spanier hätte seine Tochter mit ihm vermählt.

Unfehlbar hat dies die Einführung, die erste Wirksamkeit jenes Gerichts gewaltig unterstützt.

Betrachtet man aber, zu welchen Mißbräuchen die Statute der Limpieza führten – wie die Feinde einander vor Gericht durch falsche Zeugnisse über ihre Vorfahren angriffen, so daß Gabriel Cimbron sagt, es gebe keinen Adel und keine Reinheit in Spanien weiter, als gute Freunde oder böse Feinde zu haben; so werden auch die Mißbräuche bei der Inquisition erklärlicher. Hier hatte man überdies im Anfange, als die Schuldigen reiche und mächtige Leute waren, um ihre Ankläger vor Verfolgungen zu sichern, eingeführt, die Namen der Zeugen zu verschweigen. Diejenigen nun, denen Rache und besonders geheime Rache zur Befriedigung gereichte, fanden hier die bequemste Gelegenheit, sie nach Wunsch auszuüben. Wie oft, wenn die vermeintlich Schuldigen längst verdammt, hingerichtet, wenn ihre Kinder ihrer Güter beraubt und in Armut versetzt waren, bekannten die Ankläger auf dem Todbette, daß sie falsche Zeugnisse abgelegt hatten!

Dürfte man nun ein solches Institut wohl in keiner Nation ohne die äußerste Gefahr aufrichten, so ist es doch gewiß da am gefährlichsten, wo die Geschlechter miteinander in einem alten, aus urvordenklichen Entzweiungen stammenden Hader liegen und kein Mittel verschmähen, einander empfindlich wehe zu tun.

So ward die Inquisition durch das geheime Verfahren, durch die Strenge ihrer Maßregeln, durch die Ausdehnung ihrer Rechte über Personen jeden Ranges und Fälle von gar mancherlei Art, durch den religiösen Pomp, mit dem sie sich umkleidete, und durch die Begünstigung, welche sie den gehässigen Leidenschaften kleiner Seelen gewährte, ein Tribunal des Schreckens, das demjenigen, in dessen Hand es war, die größte Macht über die Nation verlieh.

König Philipp II. wird gerühmt, daß er in Kastilien Gerechtigkeit, Religion und Gehorsam befestigt habe. Aufs engste hängen diese Dinge zusammen.

2. Aragon

Die Verfassung von Aragon beruht darauf, daß dem Könige nur eine sehr geringfügige Einwirkung auf das Innere möglich ist. Er darf keinen Stellvertreter seiner Macht ernennen als einen Eingeborenen; wenn er Cortes halten will, so ist es unerläßlich, daß er selber oder wenigstens ein Prinz von Geblüt zugegen sei, um die Verhandlungen zu eröffnen und durch den Akt der Thronfeier wieder zu schließen. Dessenungeachtet hat er in den Cortes nur wenig zu sagen: nie kann einer seiner Vorschläge durchgehen, sobald nur eine einzige Stimme dawider ist. Den Fortschritt der Verhandlungen können die einzelnen jederzeit dadurch hemmen, daß sie ihre Beschwerden, Greuges genannt – ein für die aragonesischen Fürsten erschreckendes Wort –, einreichen, ohne deren Erledigung die Sitzungen nicht geschlossen werden dürfen. Hauptsächlich ist man besorgt gewesen, die Justiz unabhängig vom königlichen Willen zu halten. Zwar gibt es königliche Gerichte, und noch Philipp II. hat einen neuen Kriminalhof eingerichtet; aber sie sind anderen untergeordnet. Zuerst dem Justicia und den Lugartenienten desselben, die auf das Wort: „Avi Fuerza" einem jeden zu Hilfe kommen müssen, der Gewalt statt Recht zu erfahren glaubt, die einen Verurteilten selbst dann noch zu hören verbunden sind, wenn ihm schon der Strick um den Hals gelegt worden: ihre Pflicht ist, das Verfahren des früheren Gerichtshofes zu untersuchen. Sodann aber ist der Justicia wiederum vier Untersuchern, welche die Klage wider ihn hören, und einem Ständegerichte aus Siebzehn verantwortlich. Gesichert wird die ganze Verfassung durch das ausdrückliche Gesetz, daß kein fremder Soldat das Land betreten dürfe. Nie wäre einem Auswärtigen eine Stelle gegeben worden. Es ist dies eine geschlossene Republik, an deren Spitze ein König steht, aber ein König mit sehr beschränkter Gerechtsame.

Die Aragonesen sahen in ihrer Verfassung ihr größtes Gut, ihre größte nationale Ehre. In jedem Hause waren die Bücher über die Rechte der aragonesischen Cortes zu finden; die Kinder lernten darin lesen: ihre Freiheiten waren das erste, worin man sie unterrichtete. Hatten diese aber nicht auch ihre Nachteile? In Aragon fehlte es nicht an den Übeln, welche die Übermacht der Aristokratie zu begleiten pflegen. Die großen Herren meinten durch kein Gesetz gebunden zu sein, das ihre Willkürlichkeiten beschränkte; sie erkannten keine Autorität jenseits der ihren an. Sie meinten die Befugnis zu haben, ihre Vasallen und Untertanen nach Belieben gut oder schlecht behandeln zu können, wie man unumwunden sagt, recht oder unrecht. Diese riefen die Autorität des Königs an: die Herren duldeten nicht, daß dieselbe gegen sie zur Geltung gebracht wurde. Noch hatte hier der Landfriede nicht eigentlich Fuß gefaßt: wir finden den Grafen Martin von Aragon in einer blutigen Fehde mit seiner Grafschaft Ribagorza, die ihn verjagt und sich die Freiheit gegeben hat; wir finden die Montaneses des Tales Tena in Waffen wider die Moriscos von Codo; doch der König nahm sich dieser Sache nicht an; es wäre denn, wie man behauptet, daß er die Ribagorzaner sogar aufgemuntert hätte; auch konnte er es nicht, die Verfassung band ihm die Hände. Die Inquisition war eingeführt, aber sie war hier entfernt davon, durchzudringen. Auch diesem Gerichte, wie jedem anderen königlichen, konnte man sich entziehen, indem man sich, wie der Ausdruck lautete, manifestierte, indem man die Hilfe des Justicia in Anspruch nahm. Gern leistete der Justicia dieselbe: zuweilen wies er denen, die schon der Inquisition verfallen schienen, die ganze Stadt Saragossa als Gefängnis an, und man sah sie frei umhergehen, als sei ihnen nichts geschehen. Dann exkommunizierte wohl die Inquisition den Lugarteniente, der ihr ihren Verbrecher entzogen hatte; aber die Aragonesen gaben darum nicht nach; sie schickten nach Rom, sie sparten 30 000 Dukaten nicht, um eine Vernichtung jenes Bannes zu erlangen; welch ein Triumph, wenn sie dieselbe erworben!

Wie sehr nun auch die Aragonesen diese Lage als ein treffliches Verhältnis zu ihrem König rühmten; wie sehr sie auf jene Worte Peters III. trotzten: „Gibt es Vasallen ihrem Herrn getreu, so seid Ihr's; denn Ihr seid nicht unter tyrannischer Herrschaft, sondern mit vielen Freiheiten begabt; an anderen Vasallen kann ich Euch erkennen" – ein Wort, von dem sie behaupteten, es gelte noch immer –, so war doch eine Spannung zwischen Regierung und Ständen vorhanden, die nur eine Gelegenheit erwartete, um in offenen Streit auszubrechen. Schon Königin Isabella soll gesagt haben, sie wünsche nur, daß die Aragonesen sich empören möchten, damit man Gelegenheit hätte, sie mit den Waffen anzugreifen und ihre Verfassung zu ändern. Von Karl V. erzählt man, er habe den Papst ersucht, ihn von dem Eide loszusprechen, den er auf die Verfassung geleistet hatte.

Im Jahre 1563 hielt Philipp II. seine ersten Cortes zu Monzon. Er wohnte selbst den Verhandlungen bei; er hat wohl bis drei Stunden nach Mitternacht daselbst ausgehalten; aber seine Anwesenheit förderte die Geschäfte wenig: die Schwierigkeiten zeigten sich unüberwindlich. Wie hätte es auch anders sein können? Philipp wollte einen auf Recht und Religion, wie in Kastilien, gegründeten Gehorsam. In Aragon forderte man nicht allein eine Beschränkung der Inquisition, man hielt auch an der Gewohnheit fest, sich durch eine Geldzahlung auf eine gewisse Zeit vor aller Verfolgung der Justiz sicherzustellen. Philipp wünschte alle Landschaften der Monarchie in einem einzigen Interesse zu vereinigen. Die Aragonesen wollten ihr eigenes Wesen für sich selber haben, z. B. ihre eigenen ausschließlich für ihre Küsten bestimmten Galeeren; ja sie machten Anspruch, an der Regierung von Sizilien und Neapel teilzunehmen, denn das seien alte Eroberungen von Aragon. Zu einem förmlichen Bruch kam es damals nicht; aber eine große Anzahl von Geschäften blieb unerledigt. Der König schied in sehr ungnädiger Stimmung; er meinte, er wolle noch einmal dem anmaßenden Ungehorsam die Stirn bieten, und das schien so schwer nicht zu sein. „Wollte der König", so hörte man einst den Herzog von Alba sagen, „mir nur viertausend Mann geben, viertausend von denen, die ich selbst eingeübt habe, wie bald wollte ich die Freiheiten von Aragon schleifen und einebnen!"

Jedoch dauerte es noch zwanzig Jahre, ehe es wieder zu einem ernstlichen Konflikt kam. Der König hatte keinen Antrieb, die Cortes zu berufen; denn die Bewilligungen, die er von denselben vielleicht erlangen konnte, wurden durch die Kosten seiner Reise und durch den langen Aufenthalt, welchen die Greuges verursachten, gleich wieder aufgezehrt. Lange Zeit unterließ es Philipp II., ihrer zu halten; die Aragonesen zahlten kein Servicio; dann war es fast so gut, als gäbe es keinen König dieses Landes; auch ohne ihn wurden die Gesetze des Reiches gehandhabt, und die bürgerlichen Geschäfte blieben in ihrem gewohnten Lauf. Erst im Jahre 1585 glaubte der König eine neue Versammlung nicht länger verschieben zu können, weil er seinem Sohne den Eid als Thronfolger leisten zu lassen wünschte. Granvella, der bei den Absichten Philipps widrige Folgen voraussah, lehnte es ab, das Präsidium der Cortes, das ihm angeboten wurde, zu übernehmen. Besseren Mut hatte der Graf Chinchon; er glaubte, einige der mächtigsten Männer, die Grafen Aranda und Villahermosa gewonnen zu haben, und zählte auf eine günstige Einwirkung derselben. Aber es zeigte sich bald, wie sehr er sich getäuscht hatte. Der König wurde schon gar nicht mit der gewohnten Ehrerbietung empfangen. Als es zu den Verhandlungen kam, schien es fast eine Ehrensache für einen jeden, mit seinen Privatbeschwerden hervorzukommen, vor denen alles andere zurücktreten mußte. In einem plötzlich aufwallenden Zorneseifer über die Hintansetzung der wichtigsten Angelegenheit hat einmal einer der aragonesischen Hidalgos selbst sein Schwert gezogen und denjenigen bedroht, der eine neue Beschwerde vorbringen würde: aber er zog damit einen allgemeinen Sturm gegen sich selbst herbei, dem er nur durch die Flucht entgehen konnte. Eine der vornehmsten Beschwerden betraf auch diesmal die Inquisition, deren Eingriffe in die bürgerliche Gerichtsbarkeit alles Maß überschritten. Die Aragonesen legten eine ganze Reihe dieser Übergriffe dar und forderten die Beschränkung des Tribunals auf die eigentlichen Sachen des Gewissens. Der König antwortete, nicht hier in den Cortes einer Provinz könne diese Angelegenheit, welche eine allgemeine sei, erledigt werden; man möge ihm Deputierte nach Kastilien schicken, um mit dem Großinquisitor darüber zu verhandeln. Noch manche andere Anträge, welche sich auf jene Vorrechte der großen Herren oder die Eingriffe des Römischen Stuhles oder auf die Schleifung angelegter Befestigungen bezogen, waren im Gange. Der König wünschte eine gemeinschaftliche Beratung aller. Er hoffte, indem er in der einen oder der anderen Frage nachgebe, in den anderen eher zu seiner Absicht zu gelangen. Aber die Cortes wichen keinen Schritt breit, sie bestanden auf allen Forderungen und wollten nur über jede einzeln und für sich verhandeln.

Monzon war ein für eine solche Versammlung und für den Hof viel zu kleiner Ort; man wohnte eng, lebte schlecht und teuer; überdies brachen Krankheiten aus, der König selbst erkrankte, einige seiner Hofleute starben.

Aufenthalt und Geschäfte waren dem Könige gleich unangenehm; diesmal verlor er die Geduld; er beschloß, die Cortes zu verlassen, ohne sie durch die Thronfeier, wie gewohnt, beendigt zu haben. Eine Deputation der Cortes machte ihm Vorstellungen dagegen; er unterbrach ihre Rede mit der Erklärung, seine Abreise sei unwiderruflich auf denselben Tag festgesetzt; er ließ sich nicht länger zurückhalten.

Da Philipp zunächst nach Katalonien ging, so eilten die Aragonesen, denen ein Abbruch der Verhandlungen, weil die Gültigkeit ihrer Gesetze dadurch in Zweifel geriet, überaus unangenehm war, wenigstens noch der Form nach einen Schluß zustande zu bringen. Der Eid ward dem Prinzen wirklich geleistet. Aber damit war der König noch nicht beruhigt.

Der sonst so verschlossene und sich selbst beherrschende Fürst hatte bei keiner Gelegenheit ein so offenes Mißvergnügen an den Tag gelegt. Er versuchte bald darauf, mit Einwilligung der Aragonesen, ihnen einen Vizekönig, der kein Eingeborener sei, zu geben; aber dies Begehren ward sehr übel aufgenommen.

In diese in Gärung begriffenen Gegensätze traf nun die Sache des Antonio Perez.

Als geborener Aragonese nahm Perez, der in Kastilien keine Rettung mehr für sich sah, seine Zuflucht nach Aragon, wo die Unabhängigkeit der Rechtsgewohnheiten jedem Angeklagten zustatten kam. Hier reichte er das Memorial ein, welches die Mitschuld Philipps II. an dem Morde Escovedos außer Zweifel setzt; dieser Fürst blieb dabei, daß Perez größere Vergehungen gegen ihn begangen habe als jemals ein anderer Vasall gegen seinen König und Herrn; er stand jedoch davon ab, ihn vor dem weltlichen Gericht zu verfolgen.

Einige unbesonnene Worte aber, welche Perez hatte fallen lassen, gaben Anlaß, ihn einer Blasphemie anzuklagen. Der Großinquisitor entschied, daß er vor Gericht gestellt und in das Gefängnis des Heiligen Offiziums in Saragossa geworfen werden sollte.

Jedermann sah hierin einen jener Eingriffe des mit dem Königtum verbündeten geistlichen Gerichtshofes in die hergebrachten Freiheiten, welche eben den vornehmsten Streitpunkt zwischen der Regierung und der Provinz bildeten. Nach dem bisherigen Verfahren konnte die Ausantwortung des Angeklagten nicht verweigert werden. Aber sowie sie geschah, erhob sich das Volk, welches damit keine Pflicht zu verletzen glaubte, da das Land die Inquisition einst nur auf hundert Jahre angenommen habe, welche nun verlaufen seien, zu offenem Aufruhr. Einige aragonesische Große, persönliche Freunde des früheren Staatssekretärs und für die Erhaltung ihrer alten Freiheiten glühend, traten an die Spitze der Menge. Zweimal ward Perez mit Gewalt aus dem Gefängnis des Heiligen Offiziums befreit (September 1591).

Dem Könige Philipp sagte man, Perez denke in Aragon eine Republik zu errichten mit einer aristokratischen Verfassung, wie sie Venedig habe, und hoffe dann auch eine analoge Bewegung in Kastilien zu veranlassen; er wolle eine allgemeine Veränderung hervorbringen, um den eben in Frankreich emporkommenden Heinrich IV. zum Herrn von Europa zu machen. Aber auch ohnedies fühlte er sich infolge des ausgebrochenen Aufruhrs befugt, mit aller seiner Macht gegen die Aragonesen vorzuschreiten. War es nicht eben dies, was Königin Isabella einst gewünscht hatte? Perez hätte ihm keinen größeren Dienst erweisen können. Ein kastilianisches Heer sammelte sich unter Alonso de Vargas an der aragonesischen Grenze und säumte nicht, dieselbe zu überschreiten. Das Volk aber hielt sich für berechtigt, den Waffen mit Waffen zu widerstehen. Noch einmal flog die aragonesische Fahne des heiligen Georg im Felde. Aber war es Mangel an Übung oder Feigheit oder Verrat, dieser Widerstand war so gut wie keiner. Beinahe unaufgehalten zogen die Kastilianer in Saragossa ein. Perez und eine Anzahl seiner Freunde entflohen, andere, die dem Sieger in die Hände fielen, sind im Gefängnis umgekommen oder hingerichtet worden, obwohl Männer vom ältesten Adel und höchsten Rang. Der Justicia-Major aus dem Hause Lanuza, dem man mehr Schwäche als Absicht der Empörung zur Last legen konnte, ward ohne Erbarmen noch Gnade enthauptet. Der König berief die Cortes nach Taragona, um im Schrecken der Waffen die Verfassung umzugestalten.

Spittler hat gesagt, die Freiheiten von Aragon seien damals unangetastet geblieben, und viele andere haben es ihm, als einem Meister, nachgesagt. Jedoch kann diese Meinung nicht auf verschiedener Ansicht beruhen, sondern nur auf einem gewissen Nicht-Kenntnis-Nehmen; die Tatsachen sind allzu deutlich.

Die Cortes fingen mit einer Verletzung der Gesetze an. Weder der König noch jemand von königlichem Geblüte eröffnete sie, sondern dazu stellte sich ein Chinchon dar, Erzbischof von Saragossa, dessen Geschlecht man mit Recht großen Anteil an den Maßregeln zuschrieb, die der König genommen. Man war besiegt, erschreckt, gebeugt; man wagte nicht zu widersprechen. Als sei es darauf abgesehen, ein Beispiel des Bruches dieser Gesetze zu geben, hielt derselbe mitten in seinen Verhandlungen, um zu bestätigen, was bis jetzt beschlossen war, eine Thronfeier. Man ging noch weiter. In zweifelhaften Fällen schrieb man an den König und nahm seine Entscheidung an. „Eine nie erhörte, eine nicht für möglich gehaltene Sache!" ruft Martel aus – „der König war nicht allein nicht bei den Cortes, sondern nicht einmal im Reiche." Von dem Hieronymitenkloster Unserer Frau von Estrella in Kastilien aus gab der König Bescheide, die den Beamten des Justicia feierlich eingehändigt und zu den Akten genommen wurden. Da war an die Behauptung anderer Freiheiten nicht zu denken; und der 21. Artikel der Cortesbeschlüsse bestimmt ausdrücklich, daß es dem Könige und seinen Nachfolgern freistehen solle, Vizekönige zu ernennen, gleichviel, ob eingeboren oder fremd.

Zum zweiten wurden jene Gesetze umgeworfen, welche des Königs Einfluß auf die Cortes selbst beeinträchtigt hatten. Den Beschwerden ward eine bestimmte Zeit gesetzt, nach welcher man keine mehr annehmen wolle. Für die meisten Fälle ward das Ansehen eines widersprechenden Votums aufgelöst und die Gültigkeit der Stimmenmehrzahl angeordnet. „Die Mehrzahl jedes Standes bilde den Stand; selbst wenn ein ganzer Stand fehle, solle dies, wofern er nur den Gesetzen gemäß einberufen worden sei, auf den Fortgang der Cortes keinen Einfluß haben." Dies ist um so bedeutender, da der König bei den Berufungen gesetzlich große Rechte hatte. Von dem Herrenstande konnten nur acht betitelte Häuser, von dem geringeren Adel, von den Hidalgos kein einziger Anspruch auf einen Besitz von Sitz und Stimme machen: der König berief sie nach Gutdünken. Von den Städten hatten einige ein unbedingtes Recht; doch auch zu denen durfte der König noch hinzufügen, welche er wollte. Gründete sich nun der alte Fuero auf diesen Gebrauch – denn ohne denselben wäre es sinnlos gewesen, völlige Einstimmigkeit zur Bedingung des Beschlusses zu machen –, so ergibt sich auch zugleich, wie das Gültigwerden der Stimmenmehrheit eine Art Befehl in sich schloß. Darum blieb man auch für einige Fälle dabei, Einstimmigkeit zu fordern.

Darauf ging man an das Gericht. Die Formen desselben zwar änderte Philipp nicht, er änderte aber das Wesen. Die Freiheit des Gerichts beruhte darauf, daß die Lugartenienten des Justicia, die sein Amt, da er gewöhnlich ein ungelehrter Edelmann war, eigentlich verwalteten, von den Cortes geradezu oder dergestalt ernannt wurden, daß der König aus der Zahl der ihm Vorgeschlagenen die einen zu wirklicher Verwaltung, die anderen zu späterem Eintritt bei einer entstehenden Vakanz berief. Auch jetzt gestand Philipp den Cortes noch ferner ein gewisses Einschreiten bei dieser Wahl zu, aber ein solches, das beinahe in das Lächerliche fällt. Er ist es nämlich selbst, der zu diesen Stellen neun Wählbare vorschlägt; von denen wählen die Cortes allerdings, aber sie wählen acht, so daß sie einen einzigen zurückweisen können; und von diesen wiederum bestimmt der König fünf für das Amt, drei für den Fall einer Vakanz. In der Tat war dies um nichts besser, als wenn er seine Leute geradezu ernannt hätte. So ließ er denn auch die vier Untersucher und das Gericht der Siebzehn, obwohl in minderer Zahl, bestehen; er nahm sie auch abwechselnd aus den vier Ständen, aber die eigentliche Ernennung stand wesentlich ganz bei ihm. Die Unabhängigkeit der Gerichte wird vollkommen vernichtet; und da sie nun alle königlich sind, so gut wie die Inquisition, so gibt es zwischen ihnen ferner nur wenige Kompetenzstreitigkeiten; sie haben sämtlich ein einziges Interesse, das des Königs.

Zur Vollendung dieser Dinge baute Philipp bei Saragossa die Alfajeria, wo die Inquisition ihren Sitz gehabt, zu einem Schlosse aus, das die Stadt beherrschte.

In den aragonesischen Ereignissen sieht man recht eigen die Bedeutung der in diesem Jahrhundert im Kampf begriffenen Gegensätze. Auf der einen Seite eine ständische Verfassung, die jede Willkür der höchsten Gewalt ausschließt und dem Lande ein hohes Gefühl seiner provinziellen Selbständigkeit gibt, die aber zugleich die Gerechtigkeit nicht zur Erscheinung kommen läßt und die Gewaltsamkeit der vornehmen Herren begünstigt. Auf der anderen Seite ein König, der diesem Unfug wehren, die Idee des Gesamtreiches zur Herrschaft bringen, dem Begriffe der Autorität, welche der höchsten Gewalt zukommt, Bahn machen will. Der Streit entzündet sich an der Frage über die Inquisition, in der man dem Lande ohne Zweifel recht geben muß. Aber indem es, selbst im Widerspruch mit den Landesbehörden, zum Aufruhr schreitet, zerstört es den Zauber, der bisher den gewaltigen Oberherrn in Schranken hielt, und zieht die Vernichtung seiner Freiheiten über sich herein. Der König schreitet alsdann zu dem rücksichtslosesten Eingriff in die alten aragonesischen Rechte. Das Gericht wird ihm unterworfen, die Reichsversammlung seinem Einfluß bloßgestellt, das Land seinen Soldaten geöffnet, der Inquisition weiterer Raum gemacht; in die geschlossene Ordnung des alten Staates sind große Lücken gerissen. Doch kann nicht alles mit einem Male geschehen; noch sind viele Privilegien übrig; und selbst zur Bewilligung neuer Auflagen wird die alte Einstimmigkeit aller Mitglieder der Cortes erfordert; es steht den Aragonesen für spätere Zeit noch einmal ein offener Kampf wider den neuen Staat bevor.

3. Sizilien

Wie schwer ein solcher Kampf immer noch für die königliche Gewalt blieb, zeigt das Beispiel von Sizilien.

Hier hatte der König dritthalbtausend Mann spanischer Truppen; hier war die Inquisition; die Leitung der Justiz lag meist in königlichen Händen; er war mithin um zwei bedeutende Hilfsmittel der absoluten Macht weiter als vor den letzten Ereignissen in Aragon; doch war er sehr entfernt, dieselbe ganz zu besitzen; seine Vizekönige hatten nirgends einen schwereren Stand.

Obwohl nämlich die neue Regierungsweise in Sizilien bereits Platz gegriffen hatte, so war doch der feudale, der alte Staat daselbst noch in ungebrochener Stärke. Die Städte rühmten sich, die aragonischen Könige freiwillig und unter Vertrag als die ihren angenommen, ja, ihnen den Weg zu diesem Königreiche gebahnt zu haben. Messina leitete seine Vorrechte von der ersten Ankunft nicht etwa nur der Normannen, sondern der Römer auf dieser Insel her; und in der Tat hatte es, wie Unterrichtete urteilen, größere Vorrechte als irgendeine einem Fürsten unterworfene Stadt der ganzen Welt. Nicht viel geringere Vorrechte hatte Palermo; aber überdies trotzte es auf seine damalige Blüte, auf die Residenz der Vizekönige in seinen Mauern: es nahm ein oberstes Ansehen im Reiche in Anspruch. Waren die beiden Städte zuweilen aufeinander eifersüchtig, so waren sie das doch beide noch mehr auf die Übermacht der Spanier. Wie oft hatte Messina seine Kanonen gegen die Schiffe ankommender Spanier gerichtet! Wie oft hat sich Palermo wider die Inquisition empört! – Hatten die Städte das Land den Königen eröffnet, so hatten es die Barone ihnen erobern helfen; Capmany teilt ein Verzeichnis von 58 Familien sizilianischer Barone mit, welche alle katholischen Geblüts waren. Die Barone beherrschten ihre Gebiete wie kleine Königreiche, wie denn in den ihnen unterworfenen Städten, die keine Versammlung ohne ihre Einwilligung vornehmen durften, die Munizipalbeamten ihnen Rechenschaft ablegen mußten: sie zogen Auflagen ein: sie waren noch durch bewaffneten Lehensdienst stark. Auch bestanden noch die feudalen Ämter, und zwar meistens im erblichen Besitz großer Familien: eifersüchtig hielten diese an ihren Ansprüchen fest. – Die Geistlichen endlich sahen sich reich und mächtig; oft waren es Spanier, und diese um so stolzer; sie hatten um der Monarchia Sicula willen (denn die sizilianischen Könige behaupteten, geborene Legaten des Papstes zu sein), deren Ansprüche der Papst nur ungern zugab, einen Rückhalt an diesem und häufig, da man aus dem Rechte Mißbräuche machte, gegründete Beschwerden.

Wenn nun diese drei Stände, noch in sich so mächtig, zum Parlament zusammenkamen, was auch hier wie bei den Cortes von Aragon und Kastilien nur darum geschah, damit sie ein Servicio stimmen möchten, so ward es dem Vizekönige nicht ganz leicht, dies zu erlangen. Die Barone zwar bewilligten bald, was sie nicht zu bezahlen brauchten: ihre Untertanen zahlten für sie und blieben darum nur um so schwächer und untertäniger. Die Prälaten aber, die das Geschenk aus ihrem Beutel geben mußten, widersetzten sich häufig. Die Vizekönige sahen darauf, einige ergebenere Anhänger, vielleicht einen oder den anderen, der um einer Rechtssache willen sich den Hof geneigt zu machen suchte, unter ihnen zu haben; sie gingen selbst auf die kleine List ein, die Versammlung in der schlechten Jahreszeit zu berufen, damit die vornehmen geistlichen Fürsten lieber Bevollmächtigte, die sich allerdings eher überreden ließen, senden, als selber kommen möchten; ein besonderer Vorteil war, daß auch für die vakanten Stellen gestimmt ward, wie sie ja auch zu zahlen gehalten waren: für diese nämlich führte der königliche Schatzmeister die Stimme. Und so erlangten sie von den Geistlichen doch in der Regel, was sie wollten. Nun blieben noch die Städte zu bearbeiten. Diese mußten sich gewöhnlich eine Steuer auflegen, um das Donativ zusammenzubringen; sie wählten daher die an sich hartnäckigsten, bei der herkömmlichen Steuer am meisten beteiligten, von dem Vizekönige unabhängigsten Bürger zu Prokuratoren. Es schien den Vizekönigen notwendig, auf irgendeine Weise ihre Beamten unter sie zu bringen, unerläßlich aber, den Prätor von Palermo, der die erste Stimme gab, dem die übrigen nachzufolgen pflegten, für sich zu gewinnen. Nicht eher eröffneten sie die Versammlung, als bis sie durch eine genaue Bilanz zwischen Günstigen und Ungünstigen sich der Stimmenmehrheit versichert hatten.

Eine konstitutionelle Frage war, ob die Bewilligungen gültig sein sollten, wenn von den drei Bracci einer sie verweigerte. Der Adel forderte im Jahre 1591 Einstimmigkeit. Das Heilige Konsilium jedoch, die oberste Instanz im Lande, setzte fest, daß die Mehrheit zu entscheiden habe; die Bewilligung wurde als vollständig betrachtet, auch wenn der Adel nicht einstimmte.

Einer der vornehmsten Gesichtspunkte dieser Regierung war es auch hier, die großen Herren in Unterwerfung zu halten. Ihre Verwaltung ward von Zeit zu Zeit von königlichen Beamten untersucht; auf das strengste war ihnen verboten, neue Auflagen einzuziehen; eine Erweiterung ihrer Rechte, auf welche sie zuweilen antrugen, ward wenigstens von Karl V. und Philipp II. standhaft abgelehnt. Man hat hierzuland die Frage aufgeworfen, ob eine solche nicht dem Begriffe der dem Menschen eingeborenen Freiheit entgegenlaufen würde.

Die Barone übten in ihren Gebieten die Zivilgerichtsbarkeit bis auf die Höhe einer bestimmten Summe und selbst die Kriminalgerichtsbarkeit bis auf die Strafe der Verweisung. Die Appellationen gingen an die Gran Corte. Denn die Befugnisse des Amtes des Großjustitiarius hatte Philipp II. ausdrücklich aufgehoben. Aber auch die Rechtssprüche der Gran Corte ließen noch eine neue Instanz nötig erscheinen: man appellierte von ihr an den Vizekönig. Um dieser Appellation eine Form zu geben, richtete Philipp II. auf den Wunsch des Parlamentes ein erstes Tribunal aus drei Richtern, die auf zwei Jahre ernannt wurden, ein, das die Bezeichnung Konsistorium des heiligen königlichen Gewissens erhielt. Da wurden fortan die von dem großen Hof gefällten Urteile geprüft.

Auch dieses Tribunal ward noch einem Syndikat unterworfen. Wohlgesinnte Eingeborene wünschten nur, daß es nie von einem Sizilianer ausgeübt würde, sondern immer von einem Spanier, und zwar von einem solchen, der zu diesem Zweck neu herübergeschickt würde.

Denn von Gerechtigkeit war der Sinn dieser Insulaner himmelweit entfernt.

An den Beamten, die der Vizekönig im Namen des Königs anstellte, nahm man drei Übelstände wahr, die alle drei unheilbar schienen. Erstens war Sizilien, wie Italien und Spanien, selbst von einer Menge kleiner Feindschaften durchzogen, welche sich heimlich befehdeten; Feindschaften, so weit verbreitet, daß die Richter in einer bedeutenden Sache selten ohne eigenes Interesse, ohne besondere Absicht blieben; und so hartnäckig, daß keine Güte und keine Gewalt sie beizulegen vermochte. Zweitens lebten die Beisitzer der Gerichte nicht von Gehalten, sonder von den Gebühren der Parteien. Da man diese Kerzen nannte, so hatte man den Scherz, daß natürlich der den Prozeß gewinnen müsse, wer seinem Richter die meisten Kerzen anzünde, damit er die Wahrheit recht eigentlich finden könne; eine schamlose Bestechung griff um sich. Drittens endlich waren die beiden obersten Gerichtshöfe – genannt der große Hof und das heilige Gewissen – mit Justizbeamten besetzt, die nur auf zwei Jahre angestellt wurden, deren äußerstes Bemühen dahin ging, dem Statthalter gefällig zu sein, um auch in Zukunft von ihm gebraucht zu werden.

Dachten dergestalt alle diese Richter mehr auf ihren Nutzen als auf das Recht, so waren sie dabei auch gewandt genug, um dies dem Vizekönige zu verbergen, ihn die Wahrheit nicht sehen zu lassen, ihn mit ungerechten Sprüchen zu hintergehen. Die Biennalen wandten alles an, um solche Leute zu scheinen, wie sie glaubten, daß er sie wünsche; sie taten nicht allein, was ihm gefiel, sondern wovon sie träumten, daß es ihm gefallen könne; sie suchten in seinem Gesichte den Ausspruch zu lesen, den sie zu geben hätten. Was sollte aber erst dann geschehen, wenn sich jene gefährlichen Interessen selbst in das Haus des Vizekönigs drängten? Es ist vorgekommen, daß man, um die Gunst eines hochgestellten Beamten zu gewinnen und zu kleinen Zwecken zu benutzen, ihn durch außerordentliche Ratschläge mit Absichten zu erfüllen wußte, die ihm schmeichelten, aber nichts als Verwirrung hervorbrachten. Es gab Frauen, deren Besitztümer mehr in Ansprüchen als in Habe bestanden und die, um jene durchzusetzen, sich mit einem Beamten des Vizekönigs zu verheiraten suchten. So ging es den Statthaltern zuweilen wie dem Herzoge von Medina, der zugleich fünf Prozesse in seinem Hause hatte. Sein Kämmerer lag mit einer Kommune, sein vertrautester Günstling, Petro Velasquez, mit einem Herzoge in Streit; sein Auditor und sein Sekretär nahmen jeder eine Baronie, der Kämmerer seines Sohnes sogar eine Grafschaft in Anspruch. Diese Ansprüche liefen in der Verzweigung der allgemeinen Feindschaften wider einander, und sein Haus schien eine Hölle.

Bei dieser Lage der Dinge war die Justiz ein Institut für die Ungerechtigkeit, ein Kampfplatz für geheime Fehden; es mußten die unbilligsten Sprüche erfolgen. Was konnte der Vizekönig tun? Wollte er die Urteile verzögern, so ward er verhaßt wie der Tod. Erschien er nicht bei den Tribunalen, so gab man die Fehler, welche begangen wurden, seiner Abwesenheit schuld, man tadelte ihn wegen der Vernachlässigung seiner Pflicht. Erschien er aber, so schrieb man die Urteile seiner Einwirkung zu. Hatte sein Haus auch nur ein entferntes Interesse an der Sache, so erklärte man auch den gerechtesten Spruch von der Welt für ein Werk der Parteilichkeit.

Einen einzigen Handelszweig von Bedeutung hatte Sizilien, den Kornhandel; noch immer aß man zu Valencia und zu Malta, zu Genua und zu Lucca, und seit die Türken den Venezianern Schwierigkeiten machten, auch in Venedig Brot von sizilianischem Weizen; diesen hatte die Regierung ganz unter ihrer Aufsicht. Wenn die Eigentümer ihren Überfluß nach acht Plätzen an der See gebracht, wo das Getreide, von einem königlichen Magazinmeister empfangen, den Käufer zu erwarten pflegte, kam es dem Vizekönige zu, nicht allein zu bestimmen, wieviel man dem Auslande überlassen wollte, sondern auch, um welchen Preis. Von jeder Salma nämlich kamen der Regierung einige Tari zugute. Es war nicht der leichteste Teil eines mit so vielen Schwierigkeiten verbundenen Amtes, diese Sachen wohl anzuordnen. Man mußte einen ungefähren Überschlag über den Ertrag der gesamten Ernte haben, und nur was über 800 000 Salme gewonnen worden, durfte man der Ausfuhr überlassen. War es dann ein großer Vorteil, etwas höhere Preise zu machen, so war dabei doch auch die sorgfältigste Vorsicht erforderlich. Man hatte gesehen, daß eine Erhöhung von vier Tari auf die Salma die Käufer nach der Provence oder nach Alessandria abgewendet. Auf diesem Handel beruhte der Wohlstand der Bürger: sobald die Ausfuhr stockte, konnten sie weder ihre Schulden vom vorigen Jahre berichtigen, noch eine Vorkehrung für das nächste treffen, es beruhte darauf die Ruhe des Landes; ein geringer Mangel brachte eine damit in keinem Verhältnis stehende Teuerung und hierdurch hundert Übelstände und selbst Gefahren hervor.

Nur Bemühungen, die auf ein Ganzes, ein Allgemeines, gerichtet sind, vermögen den Geist des Menschen emporzuheben und die Seele mit edleren Gedanken zu erfüllen. Kleine Interessen halten zwar auch in Tätigkeit; aber indem sie veranlassen, daß man mehr den besonderen Vorteil und die einzelnen Persönlichkeiten im Auge hat als den Grundsatz und eine allgemeine würdige Lebensintention, schwächen sie ohne Zweifel die Wirkung des moralischen Antriebes. In ihren Irrungen und Konflikten bildeten die Sizilianer sich mehr zur Gewandtheit, List und mancherlei Ränken als zu Geistesstärke und wahrer Klugheit aus.

Solange man ihren Vorteil befördern konnte, erschienen sie unterwürfig, ja kriechend, sie schienen zu Sklaven geboren; sobald man ihren Rechten, ihren Privilegien zu nahe trat, richteten sie sich auf, um mit äußerster Heftigkeit darüber zu halten. Zu den Unzufriedenen traten bald die auf Lebenszeit angestellten Beamten, die, ganz das Gegenteil der Zweijährigen, immer Opposition wider den Vizekönig hielten und alles, was er Gutes tat, ihrem Einflusse, alles, was Böses geschah, der Vernachlässigung ihres Rates zuschrieben. Zu beiden gesellten sich dann diejenigen von den mächtigen Landständen, welche etwa auch zu klagen hatten. Ihr Widerstand, der niemals wider die Rechte und den König, sondern immer wider die Mißbräuche und den Vizekönig zu gehen schien, stellte sich als sehr gerechtfertigt dar.

Und so sehen wir hier das sonderbare Schauspiel, daß ein Statthalter den Eingeborenen mit List beizukommen sucht, um Geld von ihnen zu erlangen, und hinwiederum die Eingeborenen dem Statthalter mit tausend Ränken begegnen, wenn nicht mit der Absicht, doch mit dem Erfolg, daß sie ihn los werden.

Denn was lag dem Hofe an dem oder jenem Vizekönige? Man kennt diesen Hof, wo für einen jeden ein Feind gefunden ward; wo sich die Verleumdung sichere Wege zum Ohre des Königs öffnete; wo schon das Mißtrauen zum Verderben wurde. Von Sizilien verpflanzte sich der Kampf schnell nach Madrid. Beide, der Vizekönig und seine Gegner, machten sich im Rate von Italien eine Partei. Eine Weile stritten sie; bald aber pflegten die Beschwerdeführenden, zumal wenn sie ihre Beschwerden mit Geschenken unterstützten, die Oberhand zu behaupten; dann erfolgten erstlich Verweise, darauf Untersuchungen, genannt Sindikationen; endlich – denn die Sindikatoren verfuhren nach des Königs Willen, der nunmehr schon den Klagen Gehör gegeben – Verurteilungen: es war kein Mittel; der Vizekönig entfernte sich entweder, oder wenn er blieb, so geschah's mit Schimpf und Schande.

Wohl war es auch in Sizilien der Gegensatz zwischen der königlichen Gewalt und den Rechten der Stände, was das Land in Bewegung setzte. Der ganze Haß aber, welchen die Insel in so fortgesetztem Streite auf den König hätte werfen können, ward persönlich und fiel auf seinen Statthalter. Dann ließ der König den Statthalter fallen, und der alte Kampf begann aufs neue.

Und so geschah, daß keiner von diesen Vizekönigen seine Laufbahn mit Ehren beschloß. Juan de Lanuza opferte vergeblich seinen eigenen Sohn der Gerechtigkeit; Ferdinand der Katholische sagte, sein Virrey tue die Taten eines Römers, aber aus Dummheit, und setzte ihn ab. Don Ugo de Moncada ward von den Sizilianern im Aufruhr verjagt. Obwohl der Herzog von Monteleone alt und schwach war, mußte er doch, um sich zu rechtfertigen, sich nach Spanien entfernen. Don Ferrante Gonzaga ward schlechter Verwaltung der Einkünfte vom Getreide angeklagt und erlitt eine heftige Sindikation. Juan de Vega, der durch seinen Schwiegervater in die inneren Händel der Sizilianer verwickelt ward, erfuhr keine mildere. Der Herzog von Medina mußte jene Vertrauten, welche sein Haus in Verwirrung gebracht, bestrafen sehen und dann selber weichen. Don Garcia de Toledo ward durch seine Feinde am Hofe gestürzt. Vergebens zeigte sich der Marchese von Pescara von jedem Interesse fern; sein vertrautester Minister erlaubte sich die Eingriffe, die er selber vermied; auf starke Verweise würde unfehlbar seine Absetzung erfolgt sein, wäre er ihr nicht durch den Tod entzogen worden. Obwohl Marc Antonio Colonna, dem alle diese Fälle eindringlich vorgestellt worden, sich nach dieser Warnung besonders zusammennahm und sich im ganzen sehr wohl hielt, so fand doch auch wider ihn Verdacht bei dem Könige Raum. Auf Grund einiger, in dem Inventar eines getauften Juden zu Messina gefundener Briefe ward Marc Antonio zurückberufen und sein Ankläger zum Präsidenten des Königreichs erhoben.

So stand es in Sizilien. In diesem Streit der beiden Gewalten kam es nie zu völliger Entscheidung. Die spanischen Könige mußten sich selbst bequemen, die Privilegien der Inquisition zu beschränken, und als sie dieselben wiederhergestellt, den Inquisitoren eine gemäßigte Amtsführung zur Pflicht machen.

4. Neapel

Waren Städte und Barone von Sizilien auch dadurch selbständiger geworden, daß sie sich Verdienste um das königliche Haus erworben hatten, so konnte man sich hierin in Neapel mit ihnen vergleichen. Dreimal hatte daselbst die aragonesische Faktion der Barone den Sieg für ihre Könige davongetragen und dafür eine ausgezeichnete Stellung empfangen. Erstlich bei der Ankunft Alfonsos V. und in den mit ihr zusammenhangenden Kämpfen Ferrante des Alten wider seine Rebellen. Zweitens bei der Eroberung des Reiches durch Ferdinand den Katholischen: da teilte Gonsalvo de Cordova nicht wenig Besitztümer der besiegten Gegner an die Hauptleute seines Heeres aus. Drittens bei der Verteidigung von Neapel, die Karl V. wider Franz I. gelang: wenn damals von den vornehmsten Herren elf an ihrem Besitze und andere sechs zugleich an ihrem Besitz und ihrem Leben gestraft wurden, wenn viele Geringere in dies Mißgeschick verflochten waren, so wurden alle ihre Güter an die Sieger übertragen. Der Prinz von Oranien war mit denselben fast allzu freigebig. An allen diesen Kämpfen nun hatten die Bürger von Neapel in dem nämlichen Sinne lebhaft teilgenommen. In den größten Gefahren Ferrante des Alten und Ferrantinos waren sie die Hauptstützen derselben. Sie eröffneten Gonsalvo de Cordova, mit dem sie lange in Verständnis gewesen, bei seinem ersten Emporkommen ihre Stadt. In der Belagerung von 1528 zeigten sie eine ausharrende und für den Krieg entscheidende Treue. Dessenungeachtet war hier an keine Selbständigkeit, weder des Adels noch der Städte, zu denken: hier war der Vizekönig frei von jenen sizilianischen Gefahren; der Zustand von Neapel erregte die Verwunderung der Politiker noch mehr als der von Kastilien; man sah die Regierung gebieterisch, die Regierten stolz; jene verhaßt, diese zur Empörung geneigt; und dennoch jene fest und diese gehorsam.

Adel und Bürger

Das wirksamste Moment dafür lag, wie in Kastilien, in unnachsichtiger Ausübung der Gerechtigkeit gegen die Vornehmsten nicht minder als gegen die Geringsten.

Als Pietro de Toledo von dem Hofe des Kaisers zu Regensburg weggeritten, um die Verwaltung von Neapel zu übernehmen, als er sich nun auf dem Wege den Zustand, die Unordnungen dieses Königreiches überlegte, so entschloß er sich zu einer rücksichtslos strengen Ausübung der Gerechtigkeit: dieser Mann, der der Stadt eine neue Gestalt gegeben, gab sie auch dem Staat. Er begann damit, ein paar Große, Schuldige, die durch ihre persönlichen Verbindungen der Züchtigung entgangen waren, wie sie verdienten, mit dem Tode zu bestrafen. Bisher waren die Wachen, die Beamten der Gerechtigkeit, insultiert, die Schuldigen ihren Händen entrissen worden: die großen Herren hatten in den Vorhöfen ihrer Paläste Verbrechen gehegt; Gewaltsamkeiten und Mordtaten waren an der Tagesordnung. Pietro de Toledo stellte das in Kürze ab. Er gab den Tribunalen ein Bewußtsein ihrer Pflicht und die Möglichkeit, dieselbe auszuüben, zurück. Er sagte, die Gerechtigkeit müsse immer die Waage in der linken Hand, das Schwert in der rechten tragen. Unter ihm sah man Marchesen, Herzöge, Fürsten um ihrer Schulden willen ins Gefängnis führen; vor Beamten bürgerlicher Herkunft standen sie zu Gericht; sie wurden in Kriminaluntersuchungen nicht mit der Corda verschont; man bestrafte sie selbst am Leben.

Der Adel beklagte sich, und nicht allein der neapolitanische. Auch die venezianischen Nobili, von denen unsere Relationen stammen, sind hiermit unzufrieden. Habe nicht Natur und Glück zwischen beiden Ständen eine unvertilgbare Verschiedenheit gegründet? Müsse man tun wie die Türken, denen alles gleich Sklave sei? Überdies verzweifle der Adel, wenn er sich erniedrigt sehe, und der Bürger werde übermütig, wenn man ihn behandle wie den Adel.

Aber weder auf Karl V. noch auf Philipp II. machten diese Vorstellungen Eindruck. Die größere Strenge der Richter erwarb bei ihnen nur um so größere Ansprüche auf Beförderung und Titel. Sollte es jemand wagen – so heißt es in der Instruktion an den Vizekönig Alcala –, der Gerechtigkeit zu widerstreben, so verordnen wir und befehlen euch, wie mächtig und reich auch immer der sein möge, der sich dergestalt vergeht, eine strenge und exemplarische Züchtigung über ihn zu verhängen; denn nur dadurch wird der Gehorsam erhalten, der das Fundament der Regierung ist. Noch kamen mancherlei Eigenmächtigkeiten der Herren in ihren Herrschaften und Besitzungen vor: noch zwangen sie ihre Vasallen wohl, ihnen Donative zu zahlen. Der Vizekönig wird angewiesen, das unter keinen Umständen länger zu dulden. So geschah es, daß die mächtige Aristokratie eine Gewalt über sich empfand, welche die Ideen des Rechtes wie des Staates geltend machte.

Auch noch einige andere Momente, durch welche der Adel in Gehorsam und Abhängigkeit gehalten worden sei, geben die Relationen an.

Es war kein Baron so klein, daß ihn nicht nach dem Namen eines Grafen, eines Herzogs verlangt hätte; auch den Titel eines Fürsten, den man früher immer zurückgehalten, gewährten die Könige von Spanien. Nun knüpfte dies die Begnadigten nicht allein an den Begnadiger: die klugen Politiker jener Zeit bemerkten davon noch ganz andere Erfolge. Die Vornehmen des Landes kamen alle nach Neapel; hier, wo das nahe Beisammensein den natürlichen Wetteifer steigerte, suchte einer den anderen an Glanz zu überbieten und ein jeder wenigstens seinem Range gemäß zu leben. Da aber nur die Titel, nicht die Einkünfte gestiegen, so war dies nicht immer möglich, und die meisten richteten sich dabei zugrunde. Aus dem Wohlstande, der dazu gehört hätte, um sie in Ansehen und Bedeutung zu erhalten, gerieten sie in Schulden, Armut und in jene bedrängte Lage, welche sie innerlich, wie man sich ausgedrückt hat, mortifizierte. Gingen sie alsdann etwa nach Hause zurück, um ihre Sachen herzustellen, so bedurften sie aufs neue der Nachsicht des Königs. Er ließ ihnen in ihren Besitzungen freie Hand; er trat ihren Anmaßungen gegen die Geistlichen nicht, wie er gekonnt hätte, in den Weg; wie oft setzte dieser Adel armselige Priester ein, die sich mit einem geringen Anteile an der Pfründe begnügen mußten, damit das übrige dem Patrone zugute käme! Oft genug sahen hierin die königlichen Tribunale durch die Finger.

Noch herrschten ferner die alten Parteiungen in dem Adel. Wie oft auch die aragonesische Faktion Herr geworden, so hatte doch die angioinische nie unterdrückt werden können; eine gemeinschaftliche Unternehmung gegen die Regierung ward ihm hierdurch fast unmöglich. In den Seggi zu Neapel kam der Adel zusammen, und er übte hier einige, auch auf das Allgemeine bezügliche Rechte aus; ruhig konnte man sie ihm überlassen; die durch die ergebene Partei bewirkte Majorität war so stark und so zuverlässig, daß Thomas Campanella dem Könige rät, eine ähnliche Einrichtung, als ein sicheres Werkzeug zum Gehorsam, auch in seinen übrigen Staaten einzuführen. Ohne ausdrückliche Erlaubnis des Königs konnte niemand diesen Sitzen beigesellt. werden. Damit hier niemals Eintracht stattfinden könnte, so verlieh derselbe die erledigten Lehen an Bürgerliche oder Fremde, etwa an genuesische Kaufleute, die nun auch alle Ansprüche der übrigen machten, aber natürlich die Kränkung erfuhren, daß diese sie nicht als ihresgleichen anerkannten.

Und kein Zweifel ist daran, daß die strenge Gerechtigkeitspflege auch hier, wie in Kastilien, den dritten Stand an die Regierung knüpfte. Auch die Bürger wurden jetzt gegen persönliche Beleidigungen geschützt; die Forderungen der Handwerker durften nicht mehr, wie es wohl geschehen war, mit Tätlichkeiten und Beschimpfungen zurückgewiesen werden. Auch in Neapel herrschte zwischen Adel und Bürger das Verhältnis der Eifersucht, des ständigen Hasses, des geheimen oder offenen Widerwillens, welches sich in unseren Nationen, wie sonst nie in der Welt, wirksam gezeigt hat. Es war schon etwas, daß Adel und Bürger vor dem Gesetze gleichgemacht wurden; aber noch eine besondere Befriedigung lag für die Bürgerlichen darin, daß sie Richter über fürstliche Verbrecher waren. Zuweilen will man in ihrem Verfahren eine Spur von Rachsucht bemerkt haben.

Auch in Neapel machte die Regierung den Versuch, die Inquisition einzuführen. So weit ging die Eifersucht der beiden Stände nicht, daß sich der eine oder der andere diesem Vorhaben angeschlossen hätte. So waren beide gleich sehr dagegen. Auf den Ruf der Sturmglocke vereinigten sich Edelleute und Bürgerliche in ihren Waffen: paarweise, ein Adeliger und ein Bürgerlicher, immer einander die Hände reichend, unter dem Geschrei: „Union" zogen sie nach der Kirche. Hierauf hörte die Rechtspflege auf; die Verurteilten und Verbannten kehrten in die Stadt zurück; auf den Straßen kam es zu blutigen Raufereien zwischen den Neapolitanern und den anwesenden Spaniern; manche Spanier sind auch in den Häusern erschlagen worden; selbst das Kastell wurde bedroht: schon wurden die auswärtigen Feinde aufmerksam und faßten Angriffspläne. Es geschah auf den Rat und den dringenden Wunsch des Vizekönigs Toledo, daß Kaiser Karl von dem Entwurfe der Einführung der Inquisition abstand. Der Vizekönig trug dann nur Sorge, die Union, in der er eine Gefahr für die spanische Herrschaft sah, nicht Wurzel schlagen zu lassen. Er berief den alten Eletto des Volks, Domenico Terracina, die Konsultoren, die Hauptleute der Plätze zu sich nach Puzzuolo. Hier stellte er ihnen vor, daß er es sei, der die Bürger und den Adel gleichgemacht: jetzt wolle er ihnen etwas gewähren, was er dem Adel sowohl früher, solange er allein, als auch zuletzt, da er mit ihnen vereinigt gewesen, nicht zugestanden; den Bürgern aber woll er's gewähren, und zwar ihnen allein. Er gab ihnen eine schriftliche Versicherung, daß weder von der Inquisition noch von irgendeinem Prozesse, der wegen dieser Dinge angefangen worden, künftig jemals die Rede sein solle. So dringend schien es dem größten Vizekönige, welchen Neapel gehabt hat, jene Zwietracht zu erhalten.

Geistlichkeit

Noch ist aber ein dritter Stand übrig, der geistliche, und dieser ist durch die eigentümliche Stellung des Königreichs in Neapel wichtiger als irgendwo sonst.

Man weiß, daß die Päpste nie auf ein anderes Land so ernsthafte Ansprüche, so glückliche Versuche vollkommener Oberherrlichkeit gemacht haben; die Besetzung der meisten Pfründen blieb hier unmittelbar in ihrer Hand; und waren nicht alle Geistlichen an sich des Papstes natürliche Verbündete? In der Tat setzte der neapolitanische Klerus von den tridentinischen Beschlüssen auch diejenigen, die der König verwarf, die sich etwa auf die Jurisdiktion der Kirche über die Laien bezogen, augenblicklich in Wirksamkeit. Jene berufene Bulle „In coena Domini", eine Bulle, welche das Recht der Fürsten, ihren Untertanen Abgaben aufzulegen, zu beschränken unternimmt, fand den ganzen Beifall desselben. Obwohl der Vizekönig ihre Verbreitung stark verpönte, trugen doch sechs Bischöfe und ein Erzbischof von Neapel kein Bedenken, diejenigen mit dem Banne zu bedrohen, welche Auflagen eintreiben würden. Auf jeden Fall war die enge Verbindung der Geistlichen mit Rom für den gesamten Staat von großer Gefahr.

Indessen kam den Vizekönigen zugute, daß der höhere Klerus der katholischen Kirche ein doppeltes Interesse hat: eins für die vollkommene geistliche Gewalt und, insofern dieselbe wider die Laien gerichtet ist, allerdings wider den Vorteil des Staates; in diesem war's, daß der neapolitanische jene Dekrete, jene Bulle zur Vollziehung zu bringen eilte. Ein zweites jedoch hat er wider die absolute Hoheit des Papstes, die ihm selbst nur allzu beschwerlich wird; in diesem sind die großen Konzilien gehalten worden; in diesem sucht der Klerus bei der königlichen Macht Hilfe wider die geistliche, wider den obersten Bischof. Auch in Neapel trat dieses letzte sehr hervor.

Es mag sein, daß die römische Kurie oftmals unbillige Ansprüche erhoben hat: doch zuweilen hatte sie in der Tat sehr rechtmäßige Klagen. Wenn die neapolitanischen Bischöfe sich für jeden Akt eines Amtes, das sie ohnehin so gut nährte, außerordentliche Gebühren, wenn sie sich selbst für die weitere Ausfertigung päpstlicher Ehedispensationen Entschädigungen zahlen ließen, so mochte man dies entschuldigen; aber war es zu ertragen, daß sie bei Erteilung geringerer Pfründen die halben Einkünfte des ersten Jahres und überdies höhere Sporteln forderten als päpstliche Dataria und Kanzlei, daß sie, um diese Vorteile zu ziehen, sich nicht darum bekümmerten, ob die Pfründe für den Papst reserviert sei oder nicht, sondern sogar Prätendenten des Patronatrechts aufsuchten und mit diesen in Verein alsobald zur Besetzung der Stellen schritten? Noch über vieles andere beklagten sich päpstliche Nuntien. Die Bischöfe hatten die apostolische Kammer vermocht, den Zehnten, der ihr aus dem Königreiche zukam, auf eine gewisse Taxe zu fixieren und ihnen die Einforderung derselben zu überlassen; aber darauf erhöhten sie nicht allein die Taxe willkürlich, sie schufen auch Einnehmerstellen, die den Zahlungspflichtigen zur Last fielen, und verkauften dieselben; der Kammer dagegen zahlten sie dennoch schlecht. Auch wegen des Spolienrechtes war die Kammer mit den Kapiteln über eine feste Summe übereingekommen; auch diese zogen die Bischöfe ein; aber sie erhöhten die Summe nicht minder, sie setzten nicht minder ungebührliche Einnehmer, und der päpstlichen Kammer zahlten sie ebensowenig getreu. So unterdrückten sie zugleich die Unteren und betrogen ihren Oberherrn. Das Tridentinische Konzilium hatte die Anlegung von Seminarien zur Förderung unvermögender junger Leute verordnet und dieselben zuerst durch Beiträge der Geistlichen, dann durch Vereinigung kleinerer Benefizien auszustatten befohlen. Nun trieben die neapolitanischen Bischöfe anfangs Beiträge ein; dann vereinten sie die Pfründen; aber wieviel sie deren auch zusammenschlugen, so ließen sie die Beiträge darum doch nicht aufhören; wieviel sie auch aus beiden gewannen, so nahmen sie in die Seminarien doch nur Leute auf, welche bezahlen konnten. Über diese und andere Dinge waren sie mit der päpstlichen Kammer, mit den Nuntien und Visitatoren der Kurie in einer steten Spannung. Was war für sie mehr zu fürchten als eine strenge Oberaufsicht, wie sie Rom beabsichtigte?

War nun auch die erste Intention der Geistlichkeit, die wir bemerkten, ihre Jurisdiktion im Verein mit dem Papste über die Laien auszudehnen, der Regierung unbequem, ja gefährlich – eine Gefahr, welche diese durch ihre politischen Verhältnisse zu Rom und neue Verträge immer abzuwenden wußte –, so ward ihr dagegen diese zweite Richtung der Geistlichkeit wider die Oberherrlichkeit des Apostolischen Stuhles außerordentlich nützlich. Denn an wen konnte sich der Klerus wenden? Er mußte immer zur Regierung seine Zuflucht nehmen; er mußte deren Interesse, der geistlichen Jurisdiktion Schranken zu setzen, das er sonst selber bekämpfte, nunmehr zu Hilfe rufen.

So übergab der neapolitanische Klerus unter anderen die Verwaltung seiner Seminarien an Laien, und wenn der Papst diese untersuchen wollte, machte er bei der Regierung geltend, daß einem päpstlichen Kommissar keinerlei Gewalt über die Laien zu gestatten sei; er bewirkte, daß den päpstlichen Instruktionen das Exequatur versagt ward. Wie leicht ward es ferner, die Ansprüche jener Prätendenten eines Patronats bei der königlichen Kammer durchzufechten! Es war deutlich, daß ein Patronat, solange es in Laienhänden blieb, vermöge der besonderen Ordnungen des Königreichs in einiger Zeit wohl auch an den König zurückfallen konnte, dagegen niemals, sobald es als geistlich anerkannt worden. Das wiederholte sich in gar manchem anderen Falle. Zwischen der Regierung und dem geistlichen Stande ward ein Bund geschlossen; ein Bund, zunächst gegen die Eingriffe von Rom, durch den aber die weltliche Macht des Klerus notwendigerweise beschränkt, die Autorität der königlichen Gewalt über denselben höchlich gefördert werden mußte.

Man bekämpft einander hier, wie in Sizilien, mit Künsten, die nicht eben zu billigen sind; in Sizilien erfolgt, daß der Vizekönig ohnmächtig und sein Ansehen schwankend, – hier erfolgt, daß die Regierung stark, ja unumschränkt wird. Sie bedient sich des Ehrgeizes der Barone, des Adelhasses der Bürgerlichen, der Begierde der Geistlichen nach Reichtum und Genuß, um sie alle auseinander und in Abhängigkeit zu erhalten.

Verhältnis zu dem Papste

Bleiben wir noch bei dem soeben berührten Punkte stehen, der Sicherung des Landes gegen die Einwirkungen des Papstes, der hier als Lehensherr doppelten Anspruch auf einen gesetzlichen Einfluß machte. Das Hauptkleinod des Reiches, der wahre Damm gegen alle päpstlichen Eingriffe war das königliche Exequatur. Die katholischen Könige von Spanien waren nicht so katholisch, sich dies entreißen zu lassen. Ferdinand befahl mit Heftigkeit, einen Kurier des Papstes, der mit einem Breve ohne das Exequatur ins Reich gekommen, zu ergreifen und aufzuhängen.

Karl V. schärfte ein, seine Absicht und sein Wille gehe dahin, daß keine Verordnung ohne seine Erlaubnis im Reiche bekannt werde; niemand solle hiergegen fehlen, wem seine Gnade und sein Dienst lieb sei. Philipp II. gebot, jeden zu züchtigen, wer die Dreistigkeit habe, irgendein Dekret ohne seine Billigung im Reiche bekanntzumachen. Hieran hielten diese Könige fest, wie lebhaft auch die Päpste behaupteten, es laufe wider die Klauseln ihrer Investitur. Nur um zu entscheiden, ob ein Dekret rein geistlichen Inhalts sei oder ob es sich auf das Weltliche beziehe, in welchem Falle es einer neuen Prüfung unterlag, hatte man einen Cappellano Maggiore angestellt, von dem indes die Päpstlichen klagten, seine angebliche Unabhängigkeit sei nur scheinbar, und die Entscheidung, die er erlasse, werde jedesmal von den königlichen Räten beschlossen. Diese Stellung der Könige konnte aber um so leichter behauptet werden, da alle drei Stände, nicht bloß der geistliche, von dem wir sprachen, sondern auch die beiden anderen, an der Entfernung des päpstlichen Einflusses großes Interesse hatten. Die Edelleute, welche während der Unruhen, die dieses Königreich ununterbrochen erlitten, von den Erzbischöfen und Bischöfen gar manches kirchliche Eigentum vielleicht anfangs in Pacht oder als Pfand oder zum Schutz erhalten und hernach als ein Eigentum behauptet hatten, mußten vor allem den Papst fürchten, der stets die Herbeibringung der entfremdeten Kirchengüter im Munde führte. Es war ihr Glück, daß in den Unruhen auch die Papiere verlorengegangen waren, durch welche der frühere Besitz der Kirche hätte bewiesen werden können; aber immer schwebten eine Menge Prozesse über diese Sachen, und unaufhörlich bedurfte der Adel des Schutzes der königlichen Gewalt wider die geistliche. Nicht minder mußten die Bürgerschaften, welche die Exemtion der geistlichen Güter von den öffentlichen Lasten in ihren Städten niemals dulden wollten, eine Macht entfernt zu halten wünschen, deren Einfluß die Exemtionen festgehalten oder hergestellt haben würde. Und so vereinigten sich die drei Stände mit dem entschiedenen Willen der Könige, die Wirkungen der römischen Oberherrlichkeit dahin zu beschränken, daß sie dem Papste wenig mehr einbrachte als alle Peter- und Paulstage den weißen Zelter. Die päpstlich Gesinnten fürchteten hier die Entstehung einer zweiten Monarchia Sicula.

Beamte, Heer, Einkommen

Auch in Neapel bestanden noch die alten feudalen Würden; noch sah man zuweilen den Oberrichter mit der Fahne der Gerechtigkeit, den Großprotonotar mit seinem Ehrenzeichen, dem Buche, den Großkanzler mit seinem Doktorlorbeer; aber alle wesentliche Macht war von ihnen auf die Präsidenten und Räte der königlichen Gerichtshöfe übergegangen. An der Spitze des eigentlichen Gerichtswesens stand der heilige Rat von Santa Chiara. Auch die Eingeborenen waren damit zufrieden, daß neben zehn italienischen auch fünf spanische Räte darin saßen: es schien ihnen, als würden nun beide, die einen frei von den im Inlande herrschenden Parteiungen, die anderen mit genugsamer Kenntnis der Verhältnisse ausgerüstet, zu vollkommener Rechtspflege desto besser zusammenwirken. Alle Höfe des Reiches, zunächst der Hof der Vicaria und die sieben anderen Höfe der Stadt, waren mit ihren

Appellationen an denselben gewiesen. Er hatte ein um so größeres Ansehen, da die Räte, was bei keinem anderen der Fall war, entweder gar nicht oder nur mit außerordentlicher Schwierigkeit abgesetzt werden konnten. Man wußte wohl, daß der Präsident seinen Freunden nützlicher sein könne als mancher Prinz; man merkte an, daß auch der König, der ihn doch setzte, ihm den Titel Erlaucht gab. Dieser Hof ist mit dem großen Rate von Kastilien wohl zu vergleichen.

Nur diejenigen Sachen aber gehörten vor denselben, die sich nicht auf das königliche Patrimonium bezogen; alle, die dieses betrafen, wurden vor der Sommaria della Camera verhandelt. Noch besaßen die Davalos das Amt der Großkämmerer, doch mußten sie sich begnügen, bei feierlichen Aufzügen die Krone vorzutragen; auch der Schein ihres Zusammenhanges mit der Kammer ward aufgehoben, als diese aus ihrem Palaste verlegt ward. Da ihr Steuerwesen und Lehenssachen untergeordnet waren, so läßt sie sich etwa mit dem Finanzrate von Kastilien zusammenstellen.

Über beiden bestand ein Rat zur Seite des Vizekönigs, genannt Conseglio collaterale, seine eigentliche Consulta, aus zwei spanischen und einem neapolitanischen Regenten zusammengesetzt, der sich alle Tage im Palaste des Vizekönigs versammelte, über alle noch zweifelhaften Fälle die endlichen Entscheidungen faßte, dem auch der Capellano Maggiore referierte; Lippomano nennt ihn das Papsttum der Doktoren: er war der Mittelpunkt aller Geschäfte.

Von diesen Behörden ging nun die ganze Hierarchie der Beamten aus. Die Form der Ernennungen war, daß jedes Kollegium drei oder vier Wähler vorschlug und der Vizekönig einen von diesen ernannte. Nie erlaubte sich der Madrider Hof, jemand gegen den Willen des Vizekönigs zu befördern: er ließ ihm hier völlig freie Hand. Nur darüber hielt er, daß die den Spaniern zugefallenen Stellen, welches die wichtigsten und besten waren, diesen vorbehalten blieben; denn mächtig trage das zur Erhaltung der Herrschaft in dem Lande bei. Den nächsten Anspruch nach den Spaniern hatten diejenigen, welche aus der Vermischung spanischen und neapolitanischen Blutes hervorgegangen und welche von ihren Mißgönnern Janitscharen genannt wurden. Die beiden Klassen bildeten gleichsam eine zur Herrschaft ausgesandte Kolonie; sie hielten auf das engste zusammen; sie waren meist gleich stolz, heftig, hart und unzugänglich; vor allem anderen widmeten sie sich der Erweiterung der königlichen und statthalterlichen Macht.

Dieser Schar der Beamten zur Seite – ihre Befehle zu vollstrecken, jeden Widerstand im Entstehen zu ersticken, bereit und bestimmt – war ein stehendes Heer, meist aus Spaniern, vorhanden. Den Vizekönig begleiteten in Krieg und in Frieden hundert Edelleute, mit vorzüglich schönen Pferden und Waffen versehen, die Fortwährenden genannt, eine auserlesene Schar, halb Spanier, halb Italiener. Außer ihnen gab es 16 Kompanien Uomini d'Armi, 5 spanische, 11 italienische, immer unter Anführern von ihrer Nation, und 450 leichte Reiter. Der Lehensdienst der Barone war, obwohl noch immer gesetzlich, wenig mehr in Übung. Die Hauptstärke des Heeres bildeten 4000 Spanier zu Fuß, die mitten im Königreiche lagen, und 1600 andere, welche alle die Schlösser und Türme, die man von Pescara bis Reggio, von Reggio bis Gaeta in einer zusammenhängenden Reihe aufgeführt hatte, zu bewachen bestimmt waren. Diese Truppen standen sämtlich unter dem Vizekönige, dessen politische Macht durch den Beisatz der militärischen nicht wenig vermehrt wurde. Einst war der Connetable die erste Person im Reiche, und er saß dem Könige zur Rechten; jetzt hatte er nichts mehr zu bedeuten, ein Maestro del Campo führte unter dem Vizekönige den Oberbefehl. Auch für eine allgemeine Bewaffnung hatte man hier, wie in Kastilien, und noch früher als dort, Sorge getragen: von je hundert Herden wurden fünf Mann gestellt, dienstpflichtig auf fünf Jahre, und man rechnete 24 078 Mann solcher Truppen. Von Zeit zu Zeit wurden sie gemustert, und die Kapitäne durften die Untauglichen zurückweisen.

Alles dies nun, die Beamten, das Heer, die Festungen, die Zinsen der alten Schulden, die Bedürfnisse der Monarchie, machten bedeutende Auflagen nötig.

Vielleicht hat kein anderes Land jemals mehr von finanziellen Maßregeln gelitten als Neapel. Man kennt die harte Staatsweisheit Kaiser Friedrichs II. So sehr ihn die Anjous haßten, so folgten sie doch hierin seinen Spuren: so sehr sie hinwiederum von den Aragonesen gehaßt wurden, so wurden sie doch in Hinsicht auf ihre Erpressungen von ebendenselben nachgeahmt. Es ist nicht allein Ausfuhr und Einfuhr, es ist nicht allein der innere Verkehr und Verbrauch besteuert, so sehr, daß auch die von den Bergen im Winter zur Ebene von Apulien treibenden Hirten der Maut von Foggia zu einer starken Abgabe verpflichtet sind; das eigentlich Unterscheidende der neapolitanischen Verwaltung liegt darin, daß seit den Kollekten der Normannen und Friedrichs II. eine direkte Steuer auf die Feuerherde gelegt war, die den Armen besonders beschwerlich fiel. Aus dem einen und dem anderen zog Ferrante der Alte 800 000 Dukaten: eine für die Zeit ungeheure Summe, die er nur dadurch zusammenbrachte, daß es fast schien, als wollte er der einzige Handelsmann in seinem Reiche sein. Man berechnete, daß ihm gegen eine halbe Million Dukaten zu freiem Gebrauch in den Händen geblieben sei. Unter Karl V. hat sich das regelmäßige Einkommen nicht um vieles vergrößert; es wird im Jahre 1546 auf ungefähr dieselbe Summe angegeben; aber der Unterschied war, daß nichts davon in den Händen der Regierung blieb.

Doch sind dem Kaiser zu seinen Kriegen nicht unbedeutende Donative bewilligt worden. Die Vizekönige waren allezeit angesehen genug, ihre Forderungen durchzusetzen. Unter Philipp II. stieg das neapolitanische Einkommen von Jahr zu Jahr. Im Jahre 1558 schlägt es Soriano auf 1 770 000 Dukaten an. Tiepolo bemerkt, daß es sich im Jahre 1567 auf zwei Millionen belaufe. Es ist nur sieben Jahre später, daß Lippomano 2 335 000 Dukaten nachweist; und im Jahre 1579 rechnet man dreieinhalb Millionen. In diesem Maße gehen die Erhöhungen fort. Die Vizekönige wünschten als Verbesserer der königlichen Einkünfte zu gelten; sie vermehrten die fiskalischen Auflagen und die Handelsabgaben; die allgemeinen Parlamente, die übrigens nur ein dunkles Dasein fristeten, bewilligten die Donative, welche verlangt wurden. Im Jahre 1620 finden wir die Einkünfte von Neapel auf fünf Millionen Dukaten angewachsen. Ohne daß der Wohlstand zugenommen, ohne daß ein Fußbreit Landes zu dem Reiche zugekommen wäre, finden wir das Einkommen binnen 60 bis 70 Jahren auf das Sechs- bis Siebenfache erhöht.

Einen augenscheinlicheren Beweis von der völligen Unterwerfung des Landes wird es schwerlich geben.

Demgemäß beobachtete der spanische Hof in Hinsicht seiner Stellvertreter hier eine andere als die sizilianische Politik. In Sizilien konnte die Entrüstung gegen den Vizekönig, wenn man ihn nicht entfernte, in eine Empörung gegen den Fürsten umschlagen. Hier aber war das nicht leicht zu fürchten. Hier hörte man nur langsam auf Klagen: hier erhielt man den Statthalter so lange als möglich bei seiner Gewalt. Wenn ihn der König aus Spanien entließ, erklärte er: „Er nehme ihn von seiner rechten Seite und schicke ihn als ein anderes Ich in sein Reich vom diesseitigen Sizilien; er gebe ihm hohe und niedere Gerichtsbarkeit, reine und vermischte Herrschaft, die Gewalt des Schwertes; er rüste ihn mit der Macht aus, Strafen zu erlassen, natürliche Söhne zu legitimieren, Ritter zu schlagen, Lehen und Bistümer zu verleihen und selbst das zu tun, wozu von Rechts wegen des Königs eigene Gegenwart erfordert werde.“ Bei dieser Gewalt erhielt man ihn, wenn er sie auch wider das Land mißbrauchte. Wofern er dies nur nicht wider den König tat!

5. Mailand

Die Lombardei ist für die gesamte Geschichte auch dadurch wichtig, weil in ihren Ebenen so mancher Kampf von allgemein europäischer Bedeutung ausgefochten worden ist. Man darf behaupten, daß Karl der Große sein Supremat über die germanischen Nationen hier erworben. Hier haben die deutschen Kaiser, so viel von demselben an sie kommen sollte, gewonnen, und was Otto I. auf diesem Boden erobert, hat Friedrich II. ebenda verloren. Der alte Streit der Häuser Burgund und Valois, in den ganz Europa verflochten war, ist hier entschieden worden. Selbst die französische Revolution hat ein vollkommenes Übergewicht über Europa zuerst in diesem Lande erfochten. So wichtig ist der Besitz dieser Ebenen und des Gebirges, an dessen Fuß sie sich ausbreiten, zur Gründung und Behauptung eines vorwaltenden Ansehens in Europa.

Vielleicht hat man aber nie hartnäckiger um die Lombardei gekämpft als in der ersten Hälfte des 16. Jahrhunderts. Wie oft trafen sich hier italienische und fremde, schweizerische und deutsche, französische und spanische Waffen! Wie oft ist das Land genommen, verloren, wieder genommen worden! Wie manche Verträge hat man darum geschlossen und gebrochen! Wie manche blutige Feldschlacht darüber gewagt!

Als die Spanier nun endlich Mailand innehatten, sahen sie wohl ein, wie wichtig es ihnen war; wie Italien, von ihrer Macht nunmehr erst in die Mitte genommen, vorzüglich von hier aus im Zaum gehalten wurde; wie ihr Verhältnis zu Deutschland und der Schweiz sich erst durch diesen Besitz befestigte: wie vorteilhaft derselbe für eine Verbindung der übrigen Monarchie mit den Niederlanden war; wie hemmend für den Ehrgeiz ihrer Nebenbuhler, der Franzosen.

Indessen durften sie sich nicht sogleich ganz sicher fühlen. Von den französischen Königen war nie eine ernste Verzichtleistung zu erwarten. Nie war den Nachbarn ganz zu trauen. Was fürchtete man allein von den Anschlägen Pierluigis Farnese!

Noch in der zweiten Hälfte des 16. Jahrhunderts wollte man die Schweizer im Sinne ihrer Altvordern haben sagen hören, es sei unbillig, daß es dem an Brot fehle, der das Eisen habe; sie müßten nach Landschaften trachten, worin sich Getreide zu mähen finde. Es gab mailändische Ausgewanderte, deren Haß gegen die Spanier man mit der Wut gereizter Stiere verglich. In dem Inneren waren die alten Parteien noch keineswegs vernichtet.

Um so notwendiger fand man es, das Land durch eine bewaffnete Macht, durch ein stehendes Heer und feste Plätze zugleich zu sichern und in Unterwerfung zu halten.

Vor allem befestigte man die Hauptstadt. Man hatte hier jenes Kastell, von dem auch die Franzosen bekannten, es sei das vollkommenste in der Welt und es mangele ihm nichts als eine französische Besatzung. Aber überdies strengte Ferrante Gonzaga den ganzen Staat an, um den vollen Umkreis der Stadt mit tüchtigen Mauern und Basteien zu beschirmen. Pavia hatte ein Schloß, das mehr einem Palaste als einer Festung ähnlich sah; doch die Verteidigung von 1525 gab ihm Ruf und Ansehen. Cremona konnte sich nicht auf seine Mauern verlassen, die ziemlich in Verfall geraten; aber es hatte ein um so festeres Kastell; in der Stadt selbst zwei Kompanien Hommes d'Armes. Como – nicht wegen innerer Gefahr, denn keine Stadt war getreuer, sondern zum Widerstand gegen einen etwaigen Angriff der Schweizer –, Lodi, Tortona, Novara, Alessandria, sechs kleinere Plätze auf den gefährdetsten Stellen der Grenzen waren nicht minder befestigt und besetzt. Die Fußvölker, die hier lagen, bildeten das Terzo di Lombardia: es waren lauter Spanier. Nur unter die Reiter, die elf Kompanien Hommes d'Armes, die acht leichten Kompanien, halb mit Lanzen, halb mit Hakenbüchsen versehen, die man hielt, nahm man Italiener auf. Selbst jene Miliz zu Fuß, welche in dem ganzen übrigen Italien, auch in Neapel, bestand, aus den Bauern auf dem Lande, hatte man Bedenken getragen, hier einzuführen. Zu Fuß, wie gesagt, hielt man lauter Spanier. Sie hatten den Ruf, den Dienst sehr gut zu lernen, und in gefährlichen Fällen sandte man die Versuchtesten in den flandrischen Krieg.

Ist demnach Mailand vorzüglich als ein militärischer Posten zu betrachten, gleich wohl gelegen, zu verteidigen und zu bedrohen, so ward es auch vorzüglich in dem Sinne verwaltet, um so viel zu leisten, als der fortwährende Kriegsstand erforderte.

In diesem Sinne war der Anführer der Truppen an die Spitze auch der bürgerlichen Verwaltung gestellt. Denn allerdings muß man sagen, daß die Macht des Governators in diesem Herzogtume von militärischer Gewalt ausgegangen, daß er vor allen Dingen Generalkapitän der daselbst liegenden Kriegsmacht war. Seine Würde ist keine andere als die Würde eines Feldhauptmanns, welche Karl V. bereits der Verwaltung des letzten Sforza an die Seite gesetzt hatte. Als darauf die Sforzen ausgestorben, als beide Gewalten, die bürgerliche und militärische, an den König von Spanien gekommen, ward wohl der Versuch gemacht, dieselben zu trennen und eine von dem Befehlshaber der Truppen unabhängige Landesverwaltung zu gründen; zweimal ward er gemacht: aber das schlechte Verständnis beider Oberhäupter zeigte bald, wie unausführbar er sei. Genug, an den Feldhauptmann kam auch die bürgerliche Regierung.

Ihm nun stellte sich keine Geistlichkeit entgegen, die einen Stand ausgemacht hätte; es gab hier keinen oder so gut wie keinen Adel: er hatte mit keinen Cortes zu kämpfen. Sollte es nicht scheinen, als würde der General, an der Spitze einer stattlichen Truppenmenge, durch keine Stände eingeschränkt, ein vollkommen willkürliches Regiment aufrichten können?

Es gab keine Magnaten, jedoch war ein Senat mit ausgezeichneten Rechten vorhanden; einen vereinigten Stand der Geistlichen kannte man nicht, aber um so dringender wurden die Ansprüche des Erzbischofs, der die ganze geistliche Gewalt in seiner Person darstellte und geltend machte; wenn schon die Städte nicht zu eigentlichen Landtagen zusammentraten, so nahmen sie doch jede für sich und alle insgemein ihre Rechte wahr. Es fand ein anderen Staaten analoges, doch nach der geschichtlichen Entwicklung dieses Landes eigentümlich gebildetes Verhältnis statt. Anfangs hatten die Erzbischöfe große Gewalt gehabt: darauf hatten sich die Städte zu unabhängigen Gemeinwesen gestaltet; endlich war eine fürstliche Verwaltung eingerichtet worden. Was von diesen drei Entwicklungen Selbständiges zurückgeblieben war, stellte sich nunmehr der militärischen Verwaltung der Spanier entgegen. Der Governator kam zu jeder in ein besonderes Verhältnis.

Senat

Als Ludwig XII. Mailand eroberte, wurde die höchste Gewalt durch zwei herzogliche Räte, einen geheimen und einen Justizrat, ausgeübt. Dieser Fürst, der sich bei seinen Untertanen italienischer und französischer Zunge ein gleich gutes Gedächtnis erworben, der dies Herzogtum nicht mit Willkür, sondern nach Gesetzen verwalten wollte, vereinigte beide Räte zu einem Senat, nach dem Muster des französischen Parlaments, mit dem Rechte, die königlichen Befehle zu bestätigen oder zu verwerfen. Seitdem erschien der Senat als der Schutz und Schirm des Landes. Daß Franz I. ihn hintenansetzte und seine Privilegien vernachlässigte, daß der Stellvertreter desselben in den Gang des Gerichts eingriff und nach eigenem Gutdünken unbestätigte Edikte bekanntmachte, trug zum Fall der französischen Macht in diesem Lande nicht wenig bei. Deshalb hütete sich Karl V. vor ähnlichen Beeinträchtigungen. Bereits im Jahre 1527 ließ er durch den Connetable Bourbon die Rechte des Senats erneuern. Allerdings hatte er sich durch die Ernennung der Mitglieder desselben, durch die Besetzung von drei Stellen mit Spaniern einen gewissen Einfluß vorbehalten; doch saßen die Mitglieder auf Lebenszeit, so daß dies nicht entscheidend war; sie hatten die ausdrückliche Verpflichtung, nichts zu beachten als Gesetze und Vernunft. Die Artikel von Worms, ein Grundgesetz dieses Staates, welches Karl V. gab, schärfen dem Senat ein, keinerlei Rücksicht zu nehmen, sich durch kein königliches Edikt, selbst nicht, wenn es den Fiskus betreffe, viel weniger aber durch einen Befehl des Governators in der Beobachtung der Gesetze stören zu lassen.

Dem Senat stand ein doppelter Magistrat, ein ordentlicher und ein außerordentlicher, zur Seite, dem die Verwaltung der Einkünfte oblag, die Aufsicht über die unteren Beamten, die Entscheidung aller auf den königlichen Fiskus bezüglichen Händel; es war ein Überrest Visconti-Sforzischer Verwaltung, sogar mit einem gewissen Anspruch auf Unabhängigkeit. Da indes in der Regel ein Senator den Mitgliedern der Magistrate dergestalt beigesellt wurde, daß er allein so viel bedeutete wie diese zusammen, so ist deutlich, wie sehr das Übergewicht bei dem Senat blieb. Auf diesen und sein Verhältnis zum Governator kommt es an.

Hatte nun der Governator das Recht, alle Ämter zu besetzen, die auf zwei Jahre vergeben wurden, alle Stellen der Podesta, Vicare, Capitani, alle unteren Richterstellen, alle Kommissariate, Referendarien und Fiskalate: so hatte dagegen der Senat das Recht, nicht allein die Erwählten nötigenfalls zu verwerfen, sondern vorzüglich, nach geendigter Amtsführung die strengste Untersuchung durch ein Syndikat über sie zu verhängen. Zwar durfte der Governator die Beschlüsse des Senats ermäßigen und selbst Verurteilte begnadigen: aber es stand bei dem Senat, diese Begnadigungen anzunehmen oder zu verwerfen. Der Governator stellte die höchste Macht vor, der Senat das Recht und das Gesetz. Da der Governator nur eine sehr vorübergehende, die Senatoren aber eine Stellung auf immer hatten, so ward hierdurch um so mehr erreicht, was man wollte; es war immer ein lebendiges Interesse da, der Willkür der obersten Gewalt entgegenzutreten: und dabei führte doch wieder der Governator eine heilsame Aufsicht über den Senat.

Zwischen beiden Behörden war aber eben hierdurch ein ursprünglicher Gegensatz gegeben, der oft in Zwist und Hader überging. Als Ferrante Gonzaga Mailand regierte, ließ er sich von seinem Geheimschreiber Mahona verleiten, zu begnadigen, ohne den Senat zu fragen, Stellen zu besetzen, ohne sich um dessen Gutachten zu bekümmern. Hiergegen brauchte der Senat auch sein Recht; er widersetzte sich den Begnadigungen; er schickte über die Beamten Syndikatoren, die sozusagen selbst im Ei ein Haar fanden. Gonzaga aber ließ sich dadurch nicht schrecken. Durch Einverständnisse mit einzelnen Senatoren, durch Bedrängungen und Nötigungen verschaffte er sich einen unrechtmäßigen Einfluß auf das Gericht; selbst seine Gemahlin Hippolita setzte ihre Launen durch. Dann blieb nichts übrig als Klagen bei Hof und offener Kampf.

In solchem Kampfe war Karl V. für den Senat. Vielleicht ist er wenigen Menschen persönlich so zugetan gewesen wie Guasto und Gonzaga. Dennoch entschloß er sich auf die Bitten der Mailänder und den Antrag des Senats, Syndikatoren über sie zu schicken, die den ersten so scharf behandelten, daß er aus Gram gestorben sein soll, und den zweiten von allen öffentlichen Geschäften entfernten. Nicht so dachte Philipp II. Vielleicht mag auch der Senat, trotzig über die erhaltenen Vorteile, sich seiner Rechte überhoben haben. Wenigstens ist von Philipp ein Schreiben voll heftiger Vorwürfe wider ihn übrig. Er ziehe Sachen vor sein Forum, über die zu richten ihm nicht zukomme; er verletze Verordnungen und Konstitutionen; er erkenne kein Gesetz als seine Willkür; er bestrafe kleine Verbrechen mit Härte und verzeihe die großen; allzu langsam sei seine Justiz. Philipp entschloß sich, die Rechte des Senats zu beschränken. Er verbot ihm jenen offenen Einspruch gegen Begnadigungen des Governator: denn dadurch werde die Autorität königlicher Minister allzu sehr herabgebracht. Er machte die Magistrate vom Senat unabhängiger; jede Beschwerde gegen jene sollte unmittelbar an den Governator gehen. Er verbot den Senatoren, bei Verheiratung reicher Erbinnen einzugreifen; verdiene ein solcher Fall Berücksichtigung, so komme dieselbe nur dem Governator zu. „Dies“, schließt er, „solle sein ein unverbrüchliches Gesetz, Gebot und Dekret; dafür gebe er's, dafür solle es genommen, gehalten und ausgeführt werden.“

Und so entschied Philipp in jenem Kampfe für den Governator, obwohl nicht dergestalt, daß die Macht desselben unumschränkt geworden wäre. Willkürliche Dekrete, unmittelbare Einwirkungen auf das Gericht wurden ihm nicht gestattet; die Mailänder fuhren fort, unter dem Schutze der Gesetze und ihres Senats ruhig zu wohnen.

Erzbischof

Es geschah aber, daß sich neben diesen beiden Gewalten eine dritte erhob, die beiden in den Weg trat, wider welche sie gemeinschaftliche Sache machten, der Erzbischof.

Man kennt die Erzbischöfe von Mailand, welche in den allgemeinen Konzilien auf den ersten Platz zur Rechten des Papstes Anspruch machten, welche in ihrer Stadt von Anfang so einflußreich gewesen, daß manche die ganze Bildung der Herrschaft und des Gebietes von ihnen herleiten; welche, wenn sie Männer waren wie Heribert, wie jene beiden Visconti, von denen alle Größe dieses Hauses gegründet worden, Otho und Johann, leicht bis zu wahrhaft fürstlichem Ansehen gelangen konnten. Sollten die Spanier die Erneuerung einer so einflußreichen Macht in den Mauern von Mailand wünschenswert finden? Ihnen mochte es ganz wohl gefallen, daß Erzbischof Hippolito d'Este niemals daselbst Residenz nahm. Auch dessen Nachfolger, Archinto, wußten sie bis an seinen Tod aus Mailand entfernt zu halten. Bei weitem mehr aber war von Archintos Nachfolger, von Karl Borromeo, zu fürchten. Wie dann, wenn dieser Mann, von dem Ruhme eines bis zur Heiligkeit untadelhaften Lebens unterstützt, das persönliche Ansehen, das er genoß, geltend machte, um seine Würde aus ihrem Verfalle zu erheben? Wenn er das allgemeine Bestreben seiner Zeit, die Zügel der Kirchenzucht anzuziehen, das allerdings von den Protestanten ausgegangen und zuerst in Genf vollkommen durchgesetzt worden war, das sich aber jetzt auch über die Katholiken verbreitet hatte, ein Bestreben, das seine Seele durchdrungen, wenn er dies dahin ausdehnte, auch die Laien der Kirche und seiner Gerichtsbarkeit unterwürfig zu machen?

Betrachten wir, daß einem solchen Einflusse nichts so gut entgegentreten konnte als die spanische Inquisition, eben darum, weil sie demselben gleichartig war und dabei doch so ganz von dem Könige abhing; daß aber Philipp gerade in diesen Zeiten, im Jahre 1563, den Versuch machte, sie einzuführen, so dürfen wir wohl fragen, ob er sich derselben zugleich wider die erzbischöfliche Autorität bedienen wollte.

Der Versuch mißlang jedoch. Die Mailänder sahen darin nicht sowohl eine politische Gefahr als einen kirchlichen Schimpf. Denn ein so strenges Tribunal werde nicht eingeführt ohne wenigstens einen Verdacht des Verbrechens, gegen das es gerichtet sei; aber Mailand sei fast die älteste christliche Stadt, die reichste an Märtyrern, wo seit Jahrhunderten auch nicht einmal eine Anklage wegen Ketzerei vorgekommen: ein gesunder Körper bedürfe keiner Medizin. Wie der Herzog von Sessa, damals Governator, die Namen der ersten Inquisitoren bekanntmachte, brach ein Tumult aus beinahe wie in Neapel. Das Volk schrie: „Es lebe der König! Es sterbe die Inquisition!" Es hatte seinen Senat und seine Bischöfe, es hatte auch die Väter des Tridentinischen Konziliums, die Kardinäle, den Papst auf seiner Seite. Herzog und König sahen sich gezwungen, ihr Institut zurückzunehmen.

Zwei Jahre darauf kam Karl Borromeo nach Mailand, und anfangs schien er mit dem Governator, der ihn feierlich empfangen, im besten Vernehmen zu stehen. Als er aber, nicht zufrieden, Kirchen und Geistliche, Mönche und Nonnen zu reformieren, daranging, die öffentlichen Lustbarkeiten zu beschränken, auf eine genauere Beobachtung der Fasten zu dringen, über die Heiligkeit der Ehen zu wachen, genug, auch das Leben der Laien zu beaufsichtigen; als er auf das strengste über seine Gerichtsbarkeit hielt, neue Gesetze bekanntmachte und sich mit einer bewaffneten Mannschaft versah, um sie zu handhaben: so erhob sich ein starker Gegensatz; die königlichen Beamten klagten, man bringe ihre Befehle in Verachtung; sie ließen wohl Diener des Erzbischofs ergreifen und mit der Corde bestrafen, den erzbischöflichen Palast mit Soldaten umzingeln; Borromeo dagegen schritt mit Bann und Fluch zu Werke.

In diesem Streite trug Borromeo den Sieg davon. Es gehört eine eigentümliche Stärke der Seele dazu, in dem Kampf geistlicher und weltlicher Ansprüche so sicheren Schrittes zu gehen, daß man nicht zuletzt in seinem Gewissen geheime Bedenken fühle. Der damalige Governator, Herzog von Albuquerque, hatte eine solche Kraft nicht: er ward so weit gebracht, Papst Pius V. um Absolution bitten zu müssen. Er erhielt dieselbe nur, indem er eine Erklärung ausstellte, über die er weder seinen geheimen Rat noch den Senat befragen, die er nicht in dem öffentlichen Archiv niederlegen mochte, eine Erklärung, die den geistlichen Beamten genugtat und den königlichen die Hände band.

Nun war freilich hiermit noch nicht alles beendet. Die neuen Governatoren begannen den Streit aufs neue; zuweilen ward er von Spanien aus angeregt: Papst und König wechselten unfreundliche Briefe. Aber in einer Gesinnung, welche wahrhaft in der Seele gegründet ist, liegt eine Gewalt, die die Feinde nicht allein besiegt, sondern sogar beruhigt. Man fand doch, daß sich Borromeo als ein wahrer Bischof ganz seiner geistlichen Pflicht widmete; man sah ihn während der Pest Tag und Nacht auf der Straße, in den Häusern den Dürftigen zugleich mit leiblicher und geistiger Hilfe beistehen, sein Haus ausleeren, sein Bett hingeben; man fühlte, daß er auch übrigens keine weltlichen Absichten hatte, sondern nur seine Kirche herstellen, seine zerstreute Herde sammeln wollte. Seinen Gegnern bewies er stets ein väterliches Wohlmeinen; mitten im Streite erfüllte er sie mit Ehrfurcht. Hierdurch kamen die Sachen schon unter ihm in ein gewisses Gleichgewicht, und unter seinem Nachfolger, Gaspar Visconti, schien aller Streit beseitigt.

Friedrich Borromeo aber, nach Visconti Erzbischof, der sich zu Karl verhalten zu haben scheint wie ein Nachahmer zu seinem Original, mehr auf das Äußere gerichtet, hartnäckiger, beschränkter als dieser und ohne die versöhnende Milde des Genius, weckte ihn wieder auf. Er fand Juan Velasco als Governator, einen Spanier, stolz auf den Namen eines christlichen Kavaliers, auf seine Herkunft von den ersten Granden von Kastilien, auf seines Königs Dienst; wie er dies denn selbst auf sehr bezeichnende Weise ausgedrückt hat: „Durch Gottes Gnade", sagt er, „stamme ich, von wem ich stamme, und bin erzogen, wo ich erzogen bin, und diene, wem ich diene. In wieviel Werken der Gottesfurcht, wieviel Begabungen von Spitalen und Klöstern hat die Freigebigkeit meiner Vorfahren hervorgeleuchtet! Es ist kein Hügel und kein Tal in Kastilien, wo nicht meine Ahnen ihr Blut für den katholischen Glauben vergossen." Sollte ein Mann von so eigentümlichem spanisch-religiösem Ahnenstolz und Selbstgefühl sich vor dem Erzbischof beugen? Sollte er so hinnehmen, daß ihm dieser den gewohnten Ehrenplatz in der Kirche versagte oder ihm bei feierlichem Gebet geringere Kissen zu den Füßen ausbreiten ließ? Bald waren sie in lebhaftem Streite. Der Erzbischof wollte des Sonntags auf dem Lande keinen Tanz, in der Stadt kein Schauspiel dulden. Der Governator entgegnete, daß weder der arme Bauer, der sich die Woche über müde gegraben und gepflügt, den einen, noch der Bürger, der sonst an den Arbeitstagen seinen Beruf versäumen werde, das andere entbehren könne. Jener wollte die Pächter kirchlicher Güter von den Diensten anderer Landleute befreien: dieser ließ den Magistrat mit ganzer Strenge gegen die Widerspenstigen verfahren. Wenn dann Friedrich Borromeo alle Händel, in denen entweder ein Geistlicher beteiligt war oder ein geistliches Gesetz übertreten zu sein schien, vor sein Gericht zog und seine Gefängnisse mit Laien anfüllte, so erließ Velasco Befehle, durch welche die Verletzer der weltlichen Gerichtsbarkeit mit willkürlichen Strafen bedroht wurden, Befehle, so streng und nachdrücklich, daß die Untertanen von selbst fast unterließen, vor geistlichen Höfen zu erscheinen. Da schritten die Priester zu persönlichen Angriffen. Der Vikar Antonio Seneca, der an diesen Unternehmungen den größten Anteil hatte, tat den Präsidenten Manoquio, selbst einen unbescholtenen Greis, in Bann. Borromeo selbst richtete sich wider den Governator. Er verordnete ein Gebet, wie es während der Verfolgungen Diokletians gehalten worden: und der Pfarrer einer Kirche, in welcher Velasco erschien, begab sich in dessen Nähe und sang es mit besonders vernehmlicher Stimme. Borromeo berief ferner seine Synode und ließ sie Beschlüsse wider den Governator fassen; er ließ ihm drohende Vorstellungen machen. Doch bei diesem war alles vergeblich. Vergebens gingen Tag und Nacht Mönche zwischen den Palästen der beiden Oberhäupter hin und her, um sie zu versöhnen. Endlich eines Morgens erschienen an den Straßenecken und in den Kirchen die Monitorien des Erzbischofs, welche den Governator mit nahem Bann bedrohten.

Hierüber geriet das ganze Land in Bewegung. Auf den Plätzen, in Versammlungen, in öffentlichen Nachrichten war von nichts anderem die Rede. Velasco rühmt, welche Treue Mailand, „eine Stadt, dem Könige so ergeben wie die, welche am meisten in der ganzen Monarchie", auch hier bewiesen; wo es für royalistisch galt, das Karneval glänzend zu begehen, war hierbei in der Tat keine große Versuchung zu überwinden. Aber so bedeutend war die Aufregung, daß einige alte Gegner der spanischen Herrschaft schon auf eine Veränderung des öffentlichen Zustandes hofften und in Frankreich Verbindungen anknüpften. Sollte es auch nicht bedenklich scheinen, daß die Geistlichen die Bilder des Principe und der Infantin von einigen Orten wegschafften, weil sie zu profan seien?

Alledem machte der Governator plötzlich ein Ende. Auch er wandte sich, wie Albuquerque, an den Papst; doch war dies kein Pius V., und er war weit entfernt, um Absolution zu bitten. Schon hatte sich sein König für ihn verwandt. Velasco sagt, bei dem gnädigen Gehör, das Klemens VIII. und dessen Neffe Aldobrandino seinen Abgeordneten gewährt, bei der Unterstützung des Herzogs von Sessa, damals zu Rom, hauptsächlich aber in Kraft der Wahrheit, welche dieselben verteidigt, sei es ihnen gelungen, die Nebel zu zerstreuen und die Sonne der Gerechtigkeit hervorleuchten zu machen. In zwei Tagen sollte jene Exkommunikation statthaben, als einhaltende Briefe von Rom kamen. Nun sei, rühmt Velasco ein halbes Jahr darauf, Seiner Heiligkeit genuggetan, Seiner Majestät ein Dienst geleistet und Stadt wie Staat von Mailand wohl erbaut: die Gerechtigkeit habe ihren Fortgang.

Solchergestalt stritten in diesem Staate geistliche und weltliche Macht. Im Jahre 1615 schloß man endlich einen Vertrag zwischen beiderlei Forum; doch selbst von diesem kann ich nicht finden, daß er durchgreifend gewesen wäre. Auf jeden Fall mußte die Selbständigkeit des erzbischöflichen Stuhls, diese fortgesetzte Entzweiung der Entwicklung einer unumschränkten Gewalt in den Weg treten und sie verhindern.

Kommunen

In der Tat eine sonderbare Form der Verfassung, in welcher die öffentliche Freiheit nicht durch geordnete Einrichtungen, sondern durch den Widerstreit der oberen Gewalten beschirmt wird. Indessen hatten auch die Kommunen, welche den eigentlichen Körper dieses Staates bildeten, noch einen Rest der Freiheiten, um die sie einst so viel Blut vergossen.

Noch bis auf den Anfang der spanischen Regierung waren die Kommunen so unabhängig voneinander, daß in keinem Gebiete liegende Gründe von dem Bürger einer anderen erworben werden konnten. In diesem Gebiete, in ihrem Inneren hatten sie noch einen großen Anteil an Gericht und Verwaltung. Aus den beiden Kollegien eingeborener Doktoren und Causidici, von welchen zu Como um das Jahr 1550 das erste zwölf, das andere vierzehn Mitglieder zählte, wurden alle Halbjahre vier Konsuln der Gerechtigkeit durch das Los bestimmt, welche in ihrer Toga alle Tage nach dem Tribunal im Palaste gingen, um daselbst zu Gericht zu sitzen. Auf das Geheiß seiner Kommune reist alle Jahr im Mai ein Richter von den Straßen durch das Gebiet, um die Dörfer und Ortschaften, denen das zukommt, zur Besserung der Wege, Brücken und Dämme anzuhalten. Es ist den Städten überlassen, das Mensuale auf die Weise aufzubringen, die ihnen die angemessenste scheint. Dem Ganzen gegenüber halten sie an der Einheit einer geschlossenen Gemeine fest. Sie sind nicht zufrieden, sooft es ihre Angelegenheiten fordern, jemand aus ihrer Mitte nach Mailand zu senden; sie haben daselbst ihre bestimmten Vertreter, Oratori, welchen für ein Gehalt, das sie beziehen, die Pflicht obliegt, Advokaten, Prokuratoren und Sollizitatoren ihrer Stadt zu sein, und welche, wenn etwas Allgemeines zu beraten ist, unter dem Vorsitze ihres mailändischen Kollegen zu einer Kongregation zusammentreten. Allerdings hat diese Kongregation nur eine untergeordnete Stellung, doch wohnt ihr immer ein gewisses Ansehen bei: z. B. ward im Jahre 1548 das Mensuale nicht eher ausgeschrieben, als bis sie von der Notwendigkeit desselben überzeugt worden war. Nicht selten aber setzten auch einzelne Städte dem Governator hartnäckigen Widerstand entgegen: besonders Cremona. Die Cremonesen sahen nie auf das Beispiel einer anderen Stadt; sie bestanden immer auf ihren Kopf; von dem Governator, von den eingelagerten Spaniern ließen sie sich nichts gefallen. Im Jahre 1585 war der Herzog von Terranuova mit den übrigen Städten über ein neues Donativ ziemlich einig geworden, aber die Cremonesen konnte er nicht gewinnen. „Sie seien die getreuesten Vasallen ihres Fürsten; sie seien zu dessen Dienste mit Gut und Blut bereit; doch der Meinung seien sie nicht, daß der Governator mit ihrem Verlust, und ohne daß man es ihnen anrechne, sich des Königs Gnade erwerben solle.“ Sie wußten das Donativ rückgängig zu machen, sie verschafften sich ein solches Ansehen, daß die übrigen Städte bei jeder Gelegenheit darauf sahen, was Cremona tun würde.

Ist nun hier, wie nicht zu leugnen, ein Rest munizipaler Selbständigkeit wahrzunehmen, so fragt sich, wer eigentlich diejenigen waren, denen sie beiwohnte. Noch oft hören wir jenen demokratischen Namen: Conseglio generale; ist dieser allgemeine Rat auch noch der alte?

Wir müssen gestehen: er ist es nicht; an dem Beispiele von Mailand zeigt es sich. Wir sehen hier in einem außerordentlich raschen Fortschritte das noch immer etwas demokratische Element einer völlig aristokratischen Einrichtung Platz machen. Als sich im Jahre 1512 auf einem grünen Platze zwischen dem Kaufmarkte und dem neuen Tore der allgemeine Rat versammelte, bestand er zwar allerdings nicht aus einer großen Volksmenge, aber er zählte noch 900 Mitglieder. Schon da freilich zeigte sich, daß der Beschluß, den man faßte, mehr nach dem Gutdünken weniger als nach der allgemeinen Meinung ausfiel. Aber wer sollte erwarten, diesen Rat schon vier Jahre danach bis auf den sechsten Teil geschmolzen zu sehen? Im Jahre 1516 wählte man die Mitglieder des allgemeinen Rates; man wählte für jedes von den sechs Toren 25, im ganzen 150 Mitglieder. Und dennoch schien auch dieser Rat den Franzosen allzu zahlreich. Am 1. Juli 1518 ernannte Lautrec, Gouverneur Franz I. zu Mailand, sechzig Adlige, die das allgemeine Conseglio ausmachen sollten. Auf diese ging alle Macht über, welche der Kommune angehörte.

Etwas Ähnliches geschah nun auch in anderen Städten. Auch in Como finden wir einen allgemeinen Rat. Er versammelt sich wenigstens alle Montag und Freitag unter dem Vorsitze eines Podesta; jedes Mitglied, der Reihe nach, kann seine Meinung, und zwar zweimal sagen; die Stimmen werden mit verschiedenfarbigen Kugeln gesammelt; die Mehrheit entscheidet. Auch in Como aber erfolgte, daß der allgemeine Rat auf eine immer geringere Anzahl zurückgebracht ward. Im Anfang des sechzehnten Jahrhunderts bestanden hundert ordentliche, fünfzig überzählige Dekurionen. Diese hundertfünfzig verminderte man im Jahre 1534 bis auf fünfundsiebzig, im Jahre 1583 bis auf sechzig, im Jahre 1614 bis auf fünfzig, im Jahre 1638 endlich bis auf vierzig. Die wichtigeren Geschäfte besorgte ein Ausschuß von zwölf unter dem Vorsitz eines adligen Doktors. Überdies bemerkte man, daß das Dekurionat ganz in die Hände der Geschlechter kam. In den Zeugnissen, die man nicht selten wegen des Adels ausfertigte, ward die Mitgliedschaft in dem allgemeinen Rate als ein Beweis für denselben angeführt. Es war das um so unvermeidlicher, da dieser Rat sich selbst ergänzte.

Was nun in Mailand, was in Como, geschah auch in den übrigen Städten. Im Jahre 1589 versichert uns Leoni, daß in der Regel jede Stadt des Herzogtums zur Besorgung der öffentlichen Angelegenheiten einen Rat von sechzig Mitgliedern habe – gerade damals bestand auch der comaschische aus dieser Anzahl –, daß aber vornehmlich von zwölf aus ihnen, die er insonderheit Dekurionen nennt, die innere Regierung besorgt werde.

Und dieser Rest städtischer Selbständigkeit war keineswegs ohne Bedeutung für den ganzen Staat. Die Städte hatten nicht bloß eine abwehrende, sie haben auch eine auf die Leitung der Regierung tätig einwirkende Macht. Es ist nämlich den Hauptorten gelungen, die Stellen des Senats mit ihren Mitbürgern zu besetzen. Schon im Jahre 1547 beruft sich Como, indem es eine feste Stelle auch für sich in dem Senat forderte, auf das Beispiel anderer Kommunen, die bereits im Genusse dieses Vorrechtes seien. In der Tat finden wir darauf anderthalb Jahrhunderte lang immer einen Comaschen in dem Senat. Im Jahre 1560 besetzte diese Stadt auch die Stelle eines Quästors im Magistrat mit einem ihrer Mitbürger. Leoni berichtet, daß zwar nicht kraft eines Gesetzes, selbst nicht kraft eines sehr alten Herkommens, aber vermöge einer gewissen Konvenienz jeder Hauptstadt im Herzogtume ein Platz in dem Senat gewährt werde. Wieviel aber mußte dies den Städten austragen, da in den Händen des Senats ein so ansehnlicher Teil der gesamten Regierung war!

Stehen nun in diesem Staate Governator und Senat, Kompagnien und Kommunen, Soldaten und Einwohner einander gegenüber, so gibt es auch eine Behörde, in der sich beide Elemente vereinen; eine Konsulta, die dem Governator beigegeben ist. Dieser geheime Rat, aus den obersten Anführern der Truppen und den Präsidenten der Tribunale zusammengesetzt, hat im Grunde beiderlei Interessen wahrzunehmen. Die Soldaten müssen ernährt und besoldet sein, die Bürger wollen ihren gesetzlichen Zustand behaupten. In der Tat wird beides erreicht. Wie sehr auch die Bürger über die Taxen klagen, einfache und doppelte der leichten und der schweren Kavallerie, die man einfordert, so zahlen sie dieselben doch. So weit erstreckt sich ihre Selbständigkeit nicht, dies verweigern zu dürfen. So viel aber vermögen sie, daß ihre Rechte und Gesetze, wenn nicht durchaus ungekränkt, besonders nicht, wenn es die Angelegenheiten geringerer Leute galt, doch im ganzen aufrecht und in Übung erhalten werden.

Unter Philipp II. wenigstens war es so. Wie aber dann, als in dem siebzehnten

Jahrhundert die Waffen unmittelbar an diesen Grenzen erhoben wurden, als man bald wider Savoyen, bald wider Valtellin, bald wegen Montferrats rüstete, und endlich in die Verwicklungen geriet, die der Dreißigjährige Krieg über ganz Europa ausbreitete? Da ward das militärische Element zum Herrn über das friedliche; am königlichen Hofe unterließ man, die Provinzialverwaltung zu beaufsichtigen; dann hatten auch hier die Spanier ein drückendes Übergewicht; zu Teuerung und Krankheiten gesellten sich die unerträglichen Lasten der Kontribution und der Einquartierung. Da wünschte mancher, Don Philipp II. heiligen Gedächtnisses möge auferweckt werden, um zu leben, solange die Welt stehe!

6. Niederlande

Alles wohl überlegt, kann man nicht sagen, daß die Niederlande unter dem Hause Burgund, unter Karl V. besonders frei gewesen seien.

Fürstliche Gewalt

Es kommt auch hier auf die drei Stände an. Die Geistlichen nun wurden in den oberen Stellen beinahe sämtlich, in den unteren meistenteils vom Fürsten ernannt; ohne dessen Erlaubnis durften sie weder einen Befehl von Rom annehmen, noch irgendwo ein neues Eigentum erwerben. Der Adel hatte über seine Untersassen nur beschränkte Rechte, beschränktere als der Fürst unmittelbar; diesem diente er im Heere und im Staate, wie hätte er unabhängig sein sollen? Endlich muß man gestehen, daß der Fürst auch auf die innere Verwaltung der Städte Einfluß ausübte. Antwerpen, welches sehr frei zu sein behauptete, durfte dennoch seine Schöppen nicht selbst ernennen; ein vorzüglich aus den Altschöppen bestehender Rat schlug bei der jährlichen Erneuerung zu jeder Stelle zwei vor; aber Wahl und Ernennung ließ man dem Fürsten; auch die Bürgermeister ernannte man nach des Fürsten Meinung. Überlegen wir nun, daß von diesen Bürgermeistern und Schöppen die Wahl der Vorsteher der Wike vollkommen, die Wahl der 54 Vorsteher der Gilden wenigstens dergestalt abhing, daß sie aus drei Vorgeschlagenen einen bestimmten, so sehen wir, wie tief hinab die Wirkung der Regierung gehen konnte. In Brüssel ernannte der Hof jährlich die sieben Schöppen aus sieben Geschlechtern; in den meisten Städten bestanden alte Ratskollegien, breede Raade, Vroetschappen genannt, welche zu jeder Stelle eines verwaltenden Schöppen zwei ihrer Mitglieder in Vorschlag brachten: dem Hofe kam die Ernennung zu. In Rotterdam hatte derselbe auch auf die Ratskollegien Einfluß; er ließ sich zu jeder erledigten Stelle drei vorschlagen, um einen aus ihnen zu wählen. In Gent kam es durch den Aufruhr von 1539 dahin, daß der Hof alle Jahre am 10. Mai in die Stellen der 26 Schöppen verordnete, wen er wollte. Soviel ich sehe, hatte nur noch ein einziger Ort, Valenciennes, eine allgemeine Versammlung, doch ich finde nicht, daß sie viel zu bedeuten gehabt habe. – Aus diesen nun wurden die Stände gebildet: aus Geistlichen, die von dem Fürsten ernannt, aus Adligen, die in seinem Dienst, aus Bürgermeistern, die beinahe nie ohne seinen Einfluß gewählt waren.

Hierüber hatten sich – es konnte nicht anders sein – die Einrichtungen des neuen Staates in diesem Lande Bahn gebrochen. Die höchste Gewalt hatte so gut in den unteren wie in den oberen Stellen nicht wenig Einfluß auf das Gerichtswesen. Die Schöppen der Städte, die dasselbe richteten, ernannte sie; den Schultheißen oder Baillif neben denselben, welcher die fürstlichen Rechte und Gesetze wahrnahm, die Anklage der Schuldigen, die Ausführung der Urteile besorgte, setzte sie nach eigenem ermessen ein und ab. Die Provinzialhöfe, wie der Rat von Flandern, die Kanzlei von Brabant, der Hof von Holland, nicht allein Appellationsgerichte, sondern zugleich mit einem Teil der Verwaltung beauftragt, empfingen von ihr ihre Beisitzer und ihren Gehalt. Hier und da war es ihr sogar erlaubt, Fremde in dieselben zu berufen, zu dem brabantischen Gerichtshofe wenigstens zwei, zu dem friesländischen, außer vier eingeborenen, alle anderen Mitglieder. Über diese alle eine höchste Instanz hatte Karl der Kühne in dem großen Hofe zu Mecheln erschaffen, welchen er ein Parlament nannte; vor demselben stellten sich die Ritter des Goldenen Vließes zu Gericht; auch er hing ganz von dem Fürsten ab. Welche heftige Streitigkeiten erhebt man anderswo, ob die höchsten Gerichte von den Ständen oder von dem Fürsten zu besetzen seien. Hier übte der Fürst dieses Recht ohne Widerspruch aus. Auch hatte er hier ein stehendes Heer. Einiges einheimisches Fußvolk pflegte man immer zu halten; Karl V. wandte überdies 180 000 Dukaten des Jahres auf 600 Lanzen, jede zu fünf Pferden. Indem durch diesen Heerhaufen der Adel zu beschäftigen und in einem gewissen vom Fürsten abhängigen Ehrgeiz zu erhalten war, traf Karl die Einrichtung, daß er ihn in ungleiche Kompanien, von dreißig, vierzig, fünfzig, teilte; wodurch er bei jeder Erledigung einer Stelle Gelegenheit zu Beförderungen und Gnaden fand, die ihm nichts kosteten, eine Einrichtung, welche Marino Cavallo besonders nachahmungswürdig findet. Endlich empfing Karl bedeutende Abgaben. Soriano berechnet die Einkünfte weniger Jahre auf 24 Millionen, Wilhelm von Oranien die Beiträge zu einem einzigen Kriege auf 40 Millionen Dukaten.

Provinzialrechte

Wenn nun die Stände in des Fürsten Pflicht sind, wenn sie die Justiz in seinen Händen lassen, ihm Auflagen zahlen und Truppen ernähren, worin besteht die Freiheit, deren sie sich rühmen?

Zwar hat die höchste Staatsgewalt allenthalben Einfluß; doch allenthalben setzt sich ihr das lokale Interesse entgegen. Wählt der Fürst die Schöppen der Städte, so schreibt jede Stadt, etwa Gent nach dem Aufruhr ausgenommen, ihm dennoch vor, aus wem er sie wählen soll; auf dem oben bezeichneten Ratskollegium, obwohl dasselbe nicht mehr viel zu tun hat, als bei den Wahlen tätig zu sein, haftet doch in der Regel die eigentliche Regierung; aus diesem müssen die Gewählten sein; Ratsmannen mit dem Auftrage, die örtlichen Rechte zu behaupten, stellen sich überdies an vielen Orten den Schöppen zur Seite. In Zieriksee gibt es zwei Bürgermeister, einen für die herrschaftlichen, den anderen für die städtischen Gerechtsame; jener ist aus den Schöppen, dieser aus dem übrigen Rat gewählt. Wenn ferner der Fürst an dem Gerichte Anteil hat, so kann er doch die Gesetze nicht ändern; und jede Provinz hält eifersüchtig an den ihren fest; die Nordholländer an ihrem Asingischen Erbrecht; die Gröninger an ihren eigentümlichen Schuldengesetzen; die Gelderer an ihren besonderen Lebensgewohnheiten. Vermag er endlich auf die innere Verwaltung der Provinzen zu wirken, so stellt sich ihm doch allenthalben das Privilegium entgegen. Flandern rühmt sich, die freieste Herrschaft der Welt zu sein. Brabant hat sieben unschätzbare Privilegien, von denen das letzte ist, wenn der Fürst die Rechte des Landes breche und auf dessen Vorstellungen nicht höre, daß es alsdann des Eides, den es ihm geleistet, erledigt sein solle. Mecheln ist von jeder Subsidienanlage auf liegende Gründe seiner Bürger frei. Holland und Seeland trotzen auf den großen Freibrief, den ihnen Karls des Kühnen Tochter gewährt hat. Gerade gegen die Mitte des sechzehnten Jahrhunderts nehmen die Provinzen ihre Privilegien mit frischem Eifer wahr; sie bringen die echten Urkunden aus ihrer Zerstreuung in Registraturen, Kanzleien und Klöster verschiedener Orte nunmehr besser zusammen; sie nehmen Anstand, in streitigen Fällen die Originalien dem Hofe mitzuteilen. Sie streben nicht nach einer unbedingten Gewalt: sie wollen keine unbeschränkte Freiheit; aber ihr Privilegium scheint ihnen ein Besitz, ein so guter Besitz wie irgendein Gemeindegut: das wollen sie sich nicht nehmen lassen.

Wenn nun diese Stände sich auf die Einladung des Fürsten versammeln, so hören sie zwar den Vortrag gemeinschaftlich an; darauf beratschlagen sie, nach den Provinzen gesondert, und jeder Abgeordnete des Privilegiums der seinen eingedenk. Da hat manche dieser Abteilungen den Auftrag, nur zu hören und nach Hause zu berichten; eine andere verlangt, für ihre Bewilligungen durch Gewährungen belohnt zu werden, und es ist irgendein neues Recht, was sie in Anspruch nimmt; eine dritte ist entschieden, sich geradehin zu widersetzen. Nur darin sind sie einig, daß ohne Erfolg einer allgemeinen Übereinstimmung auch die schon geleistete Bewilligung nicht verpflichte. Sie wollen einzeln abschlagen, aber nur im ganzen gewähren dürfen. Oft muß der Statthalter mit den einzelnen Provinzen, mit den einzelnen Städten unterhandeln; und gewöhnlich übt dann das Beispiel der geneigten Mehrzahl auf die Weigernden eine gewisse Einwirkung aus; zuweilen aber muß er doch eine neue Freiheit gewähren; zuweilen muß er sogar seine Entwürfe fahren lassen.

Gleichgewicht

Auf diesem Widerstreit der zentralen und der lokalen Behörden, der sich dergestalt ausgebildet hat, daß nicht allein die höchsten Stellen mit den Provinzialhöfen, sondern auch diese mit den Schöppen der Städte, diese, zumal der fürstliche Schultheiß, mit den größeren Räten, und die Räte endlich mit den Gilden und den Gemeinen, wenn nicht immer in Streit, doch in einer Art wechselseitiger Eifersucht begriffen sind – vorzüglich auf dem natürlichen Gegensatz der Staatsgewalt und der Provinzialrechte beruht das Gleichgewicht der Verfassung. Der Fürst bekommt in der Regel die Gelder, die er fordert, doch hat er Mühe darum; er kann sich nicht verhehlen, daß man sie ihm auch verweigern könnte. Karl V. sagte wohl, er wolle seinen Landschaften Freiheiten gewähren, doch handeln solle man nicht mit ihm. Dann entgegnete die Landschaft: sie wolle ihn reichlich unterstützen, aber mit gutem Willen; nur willkürliche Lasten solle er ihr nicht aufbürden. Sie haben beide Rechte, der Fürst die seinen, das Land auch die seinen; die Huldigung ist, daß sie dieselben einander beschwören. Der Fürst schwört, „alle Statuten, Privilegien, Briefe, Exemtionen und Immunitäten, alle Gerechtigkeiten und Herrlichkeiten, Stadtrechte, Landrechte, Deichrechte, alle Gewohnheiten der Provinz, alte und neue, treulich und im guten zu beobachten"; die Einwohner schwören, „ihm dafür gute und gesetzliche Untertanen zu sein, seinem Schaden zu wehren, für seinen Vorteil zu sorgen und seine Herrschaft zu bewahren". Sie schwören einer des anderen Recht und Anspruch; doch wenn man dem Fürsten zwei Titel gibt: souveräner Prinz und natürlicher Herr, so gefällt jener mehr dem Fürsten, weil er eine absolutere Macht, dieser mehr dem Volke, weil er eine Beschränkung auf Gewohnheit und herkömmliche Rechte einzuschließen scheint. Selbst die kleineren holländischen Städte schließen eine Bittschrift mit den Worten: „Dieses tuend wird Eure Kais. Maj. wohl tun."

Mißverhältnisse unter Philipp

In einem solchen Gleichgewicht erhielt sich die Verwaltung der Niederlande zu Karls V. Zeiten. Es begegnete, daß sich Philipp II. entschloß, der fürstlichen Macht das Übergewicht zu geben.

Wenn Philipp II. um sich her sah, so fand er seine Gewalt in seinen übrigen Landen hauptsächlich auf einen starken Zusatz spanischer oder vielmehr kastilianischer Kräfte zu der herkömmlichen Staatsverwaltung gegründet. Er hatte daselbst spanische Vizekönige, mit eigenen, von dem Lande unabhängigen geheimen Räten: er hatte zur Seite derselben spanische Truppen und spanische Beamte; er hatte da die Inquisition, welche ein Oberhaupt in Kastilien anerkannte. Zwar waren diese Mittel und Werkzeuge der Herrschaft in keinem Lande vollständig eingeführt worden. Sizilien erwehrte sich der spanischen Beamten; Mailand und Neapel hielten die Inquisition glücklich von sich ab; jedoch war eins oder das andere schon allein fähig, ein Land völlig in Pflicht zu halten.

Wie nun, wenn man ähnliche Maßregeln auch in den Niederlanden durchzusetzen suchte?

Es kann kein Zweifel sein, daß Philipp dies beabsichtigt hat. Wider alle Landesgesetze dachte er die spanischen Truppen, deren Anwesenheit während des Krieges notwendig und erträglich gewesen, auch für den Frieden zurückzulassen. Indem er seiner Schwester Margaretha die Verwaltung übergab, setzte er ihr zwar einen Staatsrat, größtenteils aus eingeborenen Herren, zur Seite; aber er beschränkte denselben nicht allein dadurch, daß er einen geheimen Rat unter einem völlig ergebenen Präsidenten, Viglius van Zuichem, unabhängig neben ihm bestehen ließ, sondern er gab Margaretha auch die Weisung, daß sie in schwierigen Fällen nur die ergebensten

Mitglieder, vorzüglich aber den Granvella, Bischof von Arras, in einer geheimen Konsulta, wie sie an dem Hofe des Königs und bei den übrigen Vizekönigen gewöhnlich war, befragen und hören solle. Wenn er endlich den Namen der spanischen Inquisition noch vermied, so machte er doch in geistlichen Sachen so viel Neuerungen, so schärfte er doch die alten Befehle gegen die Ketzer so nachdrücklich, daß jedermann sich überzeugt hielt, er wolle sie einführen, daß man einem Gerüchte, er habe dafür schon eine Bulle Pius' IV. ausgewirkt, ohne Zögern vollen Glauben beimaß.

Indem sich dergestalt der König entschloß, die Niederlande zu dem Gehorsam seiner übrigen Provinzen zu bringen, sollte auch das Land geneigt sein, denselben auf sich zu nehmen? Die vornehmsten Häupter, emporgekommen in Karls V. Staat und Krieg, setzten sich hiergegen.

Es sind vornehmlich drei Dinge, von denen sie, wie es scheint, bestimmt wurden. Während in Karls V. Anfang niederländische Herren den ganzen Staat regiert und späterhin allen Einfluß, den der Fürst gestattete, wenigstens mit Kastilianern geteilt hatten, so ereignete sich nun, was jedermann von Philipp hatte erwarten müssen, daß er die Niederländer von jeglichem Anteil an der Regierung des Reiches ausschloß. Gegen die belgische Regierung unter Karl hatten sich die Kastilianer empört. Sollten die Belgier gleichgültig bleiben, da die Gewalt jetzt an die Kastilianer überging? Egmont konnte seine Verdienste im Felde und in der Unterhandlung wohl mit dem vergleichen, was Alba geleistet. Graf Hoorn hatte ehedem an Philipps Hofe soviel zu bedeuten wie Feria: sie befehligten beide seine Leibwache, jener die Schützen, dieser die Spanier. Nun aber saßen Alba und Feria in des Königs Staatsrat; Hoorn und Egmont bedeuteten wenig. In Karls Diensten waren Spanier und Niederländer einander gleich und aufeinander eifersüchtig; jetzt gewährte man den Spaniern ein überwiegendes Ansehen.

Doch nicht dies allein war es; sie sahen sich nicht allein von den allgemeinen Geschäften ausgeschlossen; sie sahen ihr eigenes Vaterland von einer ausländischen Regierung bedroht. Als Montigny später nach Spanien gesendet ward, hat er nicht verhehlt, was der niederländische Adel am meisten befürchtete. Indem derselbe gewahr ward, daß die Barone in den italienischen Provinzen soviel wie nichts mehr zu sagen hatten, fürchtete er, die Spanier möchten auch ihn unter den Fuß bringen; und dazu sah er alle Anstalten von dem Könige gemacht: daher, bekennt Montigny, sei das ganze Mißvergnügen des Adels gekommen. Hier erhob sich jene auf lokale Abgeschlossenheit dringende Gesinnung der Niederländer. So wie jede einzelne Provinz immer den Anspruch machte, nur von ihren Eingeborenen regiert zu werden, einen Anspruch, den man zwar zuweilen vernachlässigte, aber nur zuweilen, so wollte man auch bei der allgemeinen Regierung der gesamten Provinzen keinen Ausländer, keinen Spanier dulden. Man drang hierauf so heftig, daß der König, wie man sagt, ausrief: „Ich bin auch ein Spanier: wollen sie auch mich verjagen?"

Und allerdings war ihr Sinn, auch ihm selber gegenüber, auf eine Erweiterung ihrer Selbständigkeit gerichtet. Die Niederlande waren in dem letzten Kriege gegen Frankreich erst zu vollem Bewußtsein ihrer Kraft gekommen. Ohne wie in früheren

Kriegen von England oder von Deutschland her unterstützt zu sein, hatten sie denselben allein ausgehalten. Von allen Landschaften des Königs zahlten sie an sich die meisten Steuern (schon waren Verbrauchssteuern bei ihnen eingeführt), aber überdies hatten sie Jahr für Jahr sehr ansehnliche Bewilligungen gemacht, durch welche es denn hauptsächlich möglich wurde, daß man den Franzosen die Spitze bot. Das Verdienst, das sie sich dadurch um die Monarchie überhaupt erwarben, verdoppelte ihr Selbstgefühl: sie wollten keinen fremden Einfluß bei sich dulden. Als man ihnen anmutete, die Unterhaltung einer Anzahl von Garnisonen zu übernehmen, entgegneten sie, die geforderte Summe sei ihnen recht; aber nur für einheimische Truppen dürfe sie verwendet werden. Nach der Abreise des Königs trafen sie Vorkehrungen, daß nicht das von ihnen gezahlte Geld zu anderen als zu den bestimmten Zwecken angewendet würde; sie wollten es nicht mehr der Verwaltung der königlichen Minister überlassen.

Zu der wachsenden Entzweiung wirkten unfehlbar auch persönliche Verhältnisse mit, besonders die des Prinzen von Oranien. Als man zuerst überlegte, wem die Verwaltung der Niederlande anzuvertrauen sei, wünschte sie der Prinz an Christina, Herzogin von Lothringen, Nichte des verstorbenen Kaisers, eine Nachbarin, die an verwandte Landessitten gewöhnt war, übertragen zu sehen. Er hoffte, ihre Tochter zu seiner Gemahlin zu machen: dann wäre ihm der größte Einfluß auf die Regierung gewiß gewesen. Aber eben dies mochten andere fürchten. Granvella und Alba waren für die natürliche Tochter des Kaisers, Margaretha, die über 20 Jahre in Italien gelebt hatte, die man für besser spanisch gesinnt hielt. Diese Partei setzte ihre Meinung durch; sie bewirkte, daß Margaretha Statthalterin, daß dem Prinzen selbst jene Vermählung versagt ward, um die er warb. Schon dies brachte Granvella und Oranien in ein offenes Mißverhältnis. Hierauf führte aber der Prinz eine protestantische Prinzessin aus demselben Hause Sachsen heim, das des Kaisers Glück zerstört hatte, und man hörte seitdem am Brüsseler Hofe eine Glocke zu lutherischem Gottesdienste läuten. Nicht allein dadurch stieg nun das schlechte Verständnis, daß Granvella, als ein Bischof, alle streng katholischen Maßregeln guthieß, sondern auch dadurch, daß die Prinzessin die Enkelin des Landgrafen war, dessen Familie alle Unbill, die ihr Haupt erfahren, den Granvellas zuschrieb und sie dafür von Herzen haßte. Da mußte es freilich böses Blut machen, wenn Granvella fallen ließ, die ausgezeichnete Stellung des Prinzen in Brabant vertrage sich nicht mit dem königlichen Ansehen. Sollte es nun der Prinz so hinnehmen, daß alle Gewalt, auf die er als eingeborener Fürst Anspruch zu haben glaubte, an den Fremdling, seinen Feind, überging? Daß er neben demselben mit einem Titel ohne wirkliche Gewalt abgefunden war? Anders hatte Karl V. geurteilt, der dem Prinzen ein zärtlicheres Vertrauen bewiesen als dem Bischofe.

Perez behauptet, er wisse von den flandrischen Unruhen die eigentlichen Ursachen so genau aufzuzeigen, wie man nur die unzweifelhaften Quellen eines Flusses angeben könne. Mir ist nicht unwahrscheinlich, daß er diese und ähnliche persönliche Verhältnisse meint.

Fassen wir dies zusammen, so finden wir zuvörderst, daß die Absichten des Königs ihn mit seinem Lande in einen offenen Gegensatz brachten. Er wollte es so untertänig wie seine übrigen Provinzen: das Land wollte die Freiheit behaupten, deren es jene beraubt sah. Er wollte geistliche und weltliche Regierung durch Behörden, die ihm allein ergeben wären, durch neue Bischöfe in das Geleis eines vollkommeneren Gehorsams leiten: das Land wollte Männer, die ein einheimisches Interesse hätten, an der Spitze der Geschäfte sehen und fand die alte Kirchenverfassung bequemer. Der König wollte fremde Soldaten in den Städten zurücklassen: das Volk war empört, noch im Frieden ihre Waffen zu erblicken. Sodann zeigt sich, daß die obersten Staatsbeamten, eben diejenigen, von welchen der Gehorsam hätte ausgehen und befördert werden sollen, durch die Lage der Monarchie und des Hofes veranlaßt wurden, statt der Sache des Königs die Sache des Volkes zu ergreifen. Das Glück des Landes war, daß diese die zentrale und fürstliche Macht, welche sie darstellen sollten, nur schlecht handhabten und vielmehr den Vorteil der Provinz im Auge behielten. Gerade sie widersetzten sich dem Könige am meisten. Betrachten wir, auf welcher Linie sich der Widerstand bewegte.

Unruhen

Zuerst erhoben sie sich gegen das, was allerdings das Gefährlichste war, gegen das Zurücklassen der spanischen Truppen. Ausdrücklich in der Absicht, dies zu hintertreiben, eilte Oranien aus Frankreich nach Hause; auch gelang es in der Tat, den König zu einem Versprechen zu bringen. Wie wollte man ihn aber zur Ausführung desselben bewegen? Lange nachdem der Termin vorüber war, den er selber bestimmt hatte, nahm er die Klugheit der Statthalterin noch einmal in Anspruch, die Verzögerung zu beschönigen. Man war entschlossen, ihn zu nötigen. Die Seeländer drohten, eher die Dämme verfallen, eher das Meer in das Land zu lassen, als die Spanier darin zu leiden. Die Landschaften weigerten sich, Subsidien zu leisten; sie versagten, das Geld zurückzuzahlen, das in ihrem Namen aufgenommen war; ja, sie wollten den Sold ihrer eigenen Truppen nicht aufbringen, ehe die Spanier hinweg seien. Wie nun der Ruin der Finanzen, der offene Widerstand der Städte und ein Aufruhr der einheimischen Truppen zu besorgen war, so gab der König nach; ungern, spät, gezwungen rief er die Truppen ab.

In diesem Augenblicke aber (1561) zeigten sich andere dringende Gefahren. Damals sah man alle Vorstellungen, die man beim Könige, alle Kunstgriffe, die man beim Papste versuchte, um die Einführung neuer Bistümer, welche sie beabsichtigten, zu verhindern, ohne Erfolg bleiben. Schon an sich war dies für die Landesfreiheit, für die alte Verfassung gefährlich: – einer der drei Stände, der geistliche, ward in seinen Besitztümern verletzt: denn aus diesen wollte man die neuen Bischöfe dotieren; alle drei aber wurden bedroht, da sich der neue Klerus, zahlreicher wie er war, und dem Hofe ganz ergeben, in künftigen Landesversammlungen leicht ein entscheidendes Ansehen anmaßen konnte. Unerträglich erschien ihnen die disziplinarische Gewalt, welche den neuen Bischöfen übertragen und durch einige ihnen zur Seite stehende geistliche Räte ausgeübt werden sollte. In Gegenwart der Regentin rief einer der angesehensten Hern des Staatsrates aus, man habe sich der Inquisition zu den Zeiten des Kaisers widersetzt und werde sie sich jetzt nicht auflegen lassen. Und dazu kam noch, daß die neuen niederländischen Kirchen zu einer Hierarchie ausgebildet werden sollten, an deren Spitze eben jener verhaßte Fremdling stünde, den man zugleich mit dem Primat der Bistümer und dem Purpur der Kardinäle bekleidete. Er war schon der eigentliche Inhaber der Gewalt des Staatsrates; Viglius, sein Freund, ja Anhänger, leitete den geheimen Rat in seinem Sinne; nun ward er das Haupt einer Geistlichkeit, die in alten Religionsgesetzen eine starke Waffe wider jeden hatte, der ihr mißfiel; alle Macht der Verwaltung, des Gerichts, der Kirche kam ihm zugute und war in seinen Händen; der ausgezeichnete Rang eines Kardinals schien ihn über jeden Angriff erheben zu müssen.

Je größer das Glück war, das man Granvella bestimmt hatte, desto größer mußte der Widerstand sein, zu dem es seine Gegner aufrief. Oranien und Egmont, die früher nicht sehr eng zusammengehalten, eilten, sich hierwider zu verbinden; Hoorn schloß sich ihnen an. Und zuerst versuchten sie, was ihr vereinigtes Ansehen bei dem Könige vermögen würde. Sie erklärten ihm, die Geschäfte könnten nicht nach Wunsch gehen, solange Granvella die Summe derselben in seinen Händen habe; er sei allzu verhaßt, sein Leben nicht zur Erbauung des Volkes; das Land werde unter ihm verderben. Doch diese Remonstranzen, ihre Vorstellungen bei der Statthalterin waren nur vergebens. Sie entschlossen sich, weiterzugehen. Was schon andere angedeutet, bestätigt Tiepolo ausdrücklich und mit genauerer Kunde. Zunächst Oranien, Egmont, Montigny, Hoorn, Bergen und Megen vereinigten sich, fast auf die Weise deutscher Häupter, in einen engen Bund zu gemeinschaftlicher Verteidigung gegen jedweden, der einen von ihnen angreifen würde, in einen Bund, zu dem sie auch andere nahmen, den sie feierlich beschworen. Da erfüllte sich das Land mit unruhigem Geräusch. Man wollte wissen, Granvella habe behauptet, es sei keine Ruhe in den Provinzen zu hoffen, wenn nicht erst einige Köpfe gefallen: der König möge kommen, aber mit einem starken Heere und im voraus entschlossen, dem Volke mit Gewalt den Nacken zu beugen. Man erzählte sich, Granvella stehe dem Prinzen ernstlich nach dem Leben. Was gaben die Narrenkappen, die Pfeilbündel auf den Livreen zu reden! Wieviel Satiren las, wieviel Karikaturen sah man! Als nun nicht allein jene drei den Staatsrat meiden zu müssen erklärten, solange Granvella darin sitze; als auch die Stände sich weigerten, ihre Verhandlungen zu beginnen, wenn Granvella den Vortrag habe; als dergestalt sich eine förmliche Widersetzlichkeit gegen den obersten Minister organisiert hatte, so bedachte sich auch Margaretha und gab dem Mißgefühl Raum, gleichsam unter einem anderen stehen zu müssen; so ließ sich denn zuletzt auch der König gefallen, daß der Kardinal unter anderem Vorwand – denn niemand sollte erfahren, daß er darum wisse – sich wegbegab.

So war den niederländischen Herren ihre erste und ihre zweite Absicht gelungen. Sie hatten die Truppen, die ihrer Freiheit gefährlich waren, glücklich entfernt; sie waren den Fremdling los, der sie zugleich beherrscht und bedroht, den sie gehaßt und gefürchtet hatten. Was ist das Mittel, wodurch es ihnen gelungen? Man bemerke wohl. Sie bitten darum, sie machen Vorstellungen deshalb: da geschieht es nicht. Wenn sie sich aber zu widersetzen anfangen, wenn der König den Aufruhr fürchten muß, dann geschieht es.

Als sich Granvella entfernt hatte, kamen die Herren in den Staatsrat zurück. Sie nahmen sich der Geschäfte auf das eifrigste an; sie arbeiteten von früh bis Abend; indem sie Margaretha zu unterrichten suchten, gelang es ihnen auch, sie zu gewinnen; mit den Ständen, mit dem Volke im besten Vernehmen, hofften sie, die Landesregierung des spanischen Einflusses völlig zu entledigen und sie nach eigenem Ermessen verwalten zu können.

Indessen fanden sie sofort neue Schwierigkeiten. Während sie mit Granvella gestritten, waren an nicht wenigen Orten die neuen Bischöfe eingeführt und mit der geistlichen Gewalt, so bedeutend in diesen Zeiten, von der sie selbst leicht bedroht werden konnten, bekleidet worden. Blieb nicht Granvella auch in der Ferne Erzbischof und Primas dieser Kirche? Sodann ward das Gericht von dem Geheimen Rate ferner in dem Sinne verwaltet, den sich derselbe unter Granvellas Einfluß angeeignet. Die Regierung ihres Feindes hatte stärkere Wurzeln geschlagen, als daß sogleich mit der Entfernung des Oberhaupts auch der Einfluß desselben vernichtet gewesen wäre. Wollten die Herren sich des Sieges bedienen, den sie erfochten, so mußten sie diese Einwirkungen beseitigen.

Sie suchten dies bald geradezu, bald auf mancherlei Umwegen durchzusetzen. Sie bewirkten, daß der Präsident des Geheimen Rates nicht mehr unmittelbaren Vortrag bei der Regentin hatte, sondern nur im Staatsrate vortrug, ein Kunstgriff, durch welchen notwendig eine ganz neue Teilnahme an den Geschäften des ersten in ihre Hand kam. Man behauptet, daß sie die Einführung der neuen Bischöfe gehindert, wo sie noch nicht geschehen war; daß sie jede Widersetzlichkeit gegen das Forum der Geistlichen und des Geheimen Rates begünstigt; die Ämter nach Gutdünken, ja um Geld besetzt; das Ansehen der Regentin mit Willen dem ihren untergeordnet.

Welcher Mittel sie sich aber auch bedienen mochten, so konnten dieselben sie niemals völlig zum Ziel fördern. Sie entschlossen sich, den König selber anzugehen. Wenn die Religionsdelikte gemildert, die Strafbefehle inhibiert wurden, so war ihnen keine geistliche Macht weder furchtbar noch auch hinderlich. Zuerst um diese Milderung beschlossen sie zu bitten: die Zahl der Neugläubigen sei so groß, daß es unmöglich werde, die Strafen zu vollziehen, ohne einen Aufstand zu erregen. Zum zweiten klagten sie, die Spaltung der Geschäfte in unabhängige Räte hemme nur den Fortgang derselben. Es werde gut sein, die übrigen Räte dem Staatsrat förmlich unterzuordnen. Mit diesen Bitten sandten sie den Grafen Egmont unverweilt zum König. Oft hatte Egmont allein bei demselben Audienz: Philipp erwies ihm besondere Ehrenbezeugungen: in der Antwort, die er ihm mitgab, ließ er ihn beides hoffen.

Dies ist jedoch eine doppelzüngige Regierung, und ihr Wahlspruch ist: „Aus der Ferne." An dem nämlichen Tage, an welchem die Instruktion für Egmont ausgefertigt ward, schrieb der König an Margaretha, ihm dünke nicht gut, die Macht des Staatsrates zu vermehren. Als sich darauf einige Bischöfe und Theologen, denen man ein Gutachten abforderte, wie man erachten konnte, nicht eben für eine Milderung der Strafbefehle ausgesprochen hatten, erklärte Philipp ihre Meinung für so wahr als die Wahrheit selbst; die Ketzerei wachse durch Nachsicht; wer wolle eine Strafe vermindern, während das Verbrechen wachse? So gewährte er weder die eine noch die andere jener Bitten. Der Geheime Rat fand seine Beschlüsse weise und heilig. Man kündigte allenthalben die Dekrete des Tridentiner Konziliums ab: man sandte die neuen Befehle des Königs in alle Provinzen: man forderte die Magistrate auf, den Inquisitoren Hilfe zu leisten.

In welchen Flammen, sagt Hopper, brach hierauf das Feuer aus, das bisher unter der Asche geglimmt! – Die Großen glaubten sich besonders gefährdet. Unter dem Schein der Plakate könne sie Granvella an ihren Gütern, ja an ihrem Leben verletzen. Der Haß gegen ihn ist mit ihren allgemeinen Intentionen auf das engste verknüpft.

Was taten sie aber, um sich zu sichern? Wir finden, daß hierauf der Adel zweiten Ranges zu dem berühmten Kompromiß zusammentrat. Es ist zwar an dem, daß die vornehmsten Häupter nicht mit in dem Bunde waren; aber ihre Brüder, ihre nächsten Freunde, die Anhänger ihrer Häuser gehörten dazu; wer wollte im Ernst leugnen, daß sie selber darum gewußt? Wie nun hierdurch das Land in offenbare Gärung gekommen, wie man den Bürgerkrieg schon entstanden zu sehen meinte, wie alle streitenden Elemente sich regten; da schickten sie nochmals an den König um Gewährung jener beiden Bitten. Sollte er nicht im Anblick so großer Gefahr auch zum drittenmal nachgeben, wie zum ersten und zweiten Male? Sie erklärten: werde er die Inquisition aufheben, die Plakate mäßigen und ihnen allgemeine Verzeihung sichern, da solle das Land in Ruhe kommen; wo nicht, so werde er sie nicht zu Pferde sehen, um seine Rebellen zu besiegen. Sie hatten sich nicht verrechnet; sie kannten ihren Fürsten wohl; er versprach ihnen jetzt wirklich Aufhebung der außerordentlichen Inquisition, Mäßigung der Plakate und Verzeihung.

Als er dies tat, war dadurch schon nichts mehr zu erreichen. Der ungeduldige verbündete Adel hielt bewaffnete Versammlungen; der Bildersturm durchzog diese Lande von Ende zu Ende; der offene Aufruhr war da. Die Herren hatten, wie Tiepolo sagt, nur eine Furcht vor dem Aufruhr gewollt und nicht diesen selbst. Aber es ging ihnen wie einem Manne, der von einem Flusse einen Kanal ableitet, um sein Land zu bewässern; jedoch dem Zuge des Kanals folgt der Hauptstrom nach und überschwemmt ihm das ganze Gefilde.

Der Bildersturm spaltete die Verbündeten selbst in zwei Parteien; er gab der Statthalterin und der katholisch gesinnten Partei die Waffen in die Hände; er entriß den bisherigen Häuptern die Zügel dieser Dinge. Da geschah zuerst, daß der König die vollkommene Gewalt in der Tat erlangte. Er sandte ein spanisch-italienisches Heer, und niemand war, der ihm zu widerstehen gewagt hätte; er setzte einen Statthalter, den General seines Heeres, mit einer beinahe unumschränkten Macht; er ließ einen Rat einrichten, der jede Inquisition weit übertraf; und damit dies alles unveränderlich bliebe, ließ er in den Hauptstädten Schlösser erbauen, von denen dieselben beherrscht wurden.

Glücklicherweise hatte es jedoch hierbei nicht sein Bewenden. Als die Sachen auf dem höchsten Punkt waren, schlugen sie um. Noch einmal machte sich das lokale Interesse gegen alle Eingriffe oberherrlicher Gewalt geltend. Die Revolution der Niederlande besteht darin, daß diese den Sieg davonträgt. Tyrannei hatte einmal Freiheit zur Folge.

VIERTES KAPITEL

Von den Auflagen und den Finanzen

1. Unter Karl V.

Man erzählt von einem sonderbaren Gespräch Karls V. mit einem toledanischen Bauern. Im Holz auf der Jagd verirrt, traf er ihn, kam mit ihm in Zwiesprache, und wie der Bauer fallen ließ, er habe schon fünf Könige erlebt, fragte Karl, immer unerkannt, wer denn von diesen der beste und welcher der schlechteste gewesen. Da mußte er freilich hören, was er nicht wünschen mochte. „Der beste", versetzte der Bauer, „das war Don Fernando, der mit Recht der Katholische hieß; der schlimmste aber – nun ich denke, der ist schlimm genug, den wir jetzo haben." „Warum?" fiel Karl ein. Der Bauer tadelte, daß der König Weib und Kind verlasse, daß er bald nach Deutschland, bald nach Italien, bald nach Flandern gehe; daß er alles, was er von seinen Renten bekomme, die Schätze, die er aus Indien empfange, mit denen er Welten erobern könnte, mit sich fortnehme, daß er, sogar auch hiermit noch nicht zufrieden, den armen Landmann mit Steuern zugrunde richte.

Die Gesinnung dieses Bauern war in der Tat die Gesinnung der meisten Kastilianer, ja der meisten Untertanen Karls überhaupt. Sie tadelten gerade das an ihm, wozu ihn die Lage der Monarchie, seine Stellung in der Welt am meisten nötigte. Jedes von seinen Reichen wollte nur für sich und nicht für das Ganze sorgen; das Gefühl des Ganzen, durch dessen Vereinigung erst die Kriege, die Kosten verursacht wurden, war allein in ihm. Von Anfang an befand sich daher Karl in Geldbedrängnissen, welche auf sein öffentliches Leben und auf den Zustand seiner Staaten den größten Einfluß gehabt haben: um beider willen ist es notwendig, die finanzielle Lage dieses Fürsten ins Auge zu fassen.

Seine Staaten hatten alle das gemein, daß in ihnen die königlichen Besitztümer bereits sehr herabgekommen waren. Von den großen Vergabungen früherer kastilischer Könige hatte Isabella bei weitem nicht so viel zurückerworben, als sie gewünscht hatte, und auch dies war Philipp I. und Ferdinand den Katholischen, die aufs neue in den Fall kamen, um die Gunst der Großen buhlen zu müssen, wieder verringert worden. Auch in Neapel mußte Ferdinand der Katholische die französisch gesinnte Partei, die ausgewanderten Angioinen, aus den königlichen Gütern befriedigen. In Mailand rechnete man 19 Veräußerungen des letzten Visconti, 60 des ersten Sforza, 74 Ludwigs des Mohren, alle von herzoglichen Besitztümern: wieviel konnte bleiben? Von den Niederlanden behauptet man, daß die alten Güter der Herzöge und Grafen sich zu Karls Zeit größtenteils veräußert gefunden.

Freilich hatte auch der Fürst noch ganz andere Einkünfte als von unmittelbarem Besitztum. Es waren Auflagen auf inneren und äußeren Verkehr, es waren Zölle vorhanden, man hatte Regalien geltend gemacht.

In Kastilien bestand jenes Abgabensystem, das sich daselbst bis in neuere Zeiten erhalten hat, wenigstens in seinen Grundzügen. Zuerst war das Land ringsum von Zollinien eingeschlossen. Biskaya, Asturien, Galicien waren nicht in denselben begriffen. Was in Biskaya und Guipuscoa, was in den vier Bergstädten am Meere, Laredo, Santander, Castro Urdiales, San Vincente, gelandet ward und von da den Weg nach Kastilien nahm, mußte in Vittoria, Orduña und Valmoseda den Zehnten des Meeres zahlen. Was aus Asturien kam, zahlte ihn in Oviedo, was aus Galicien, in Sanabria und Villafranca. Von hier aus erstreckten sich im Westen und Osten, dort an den portugiesischen, hier an den Grenzen von Aragon, Navarra und Valencia entlang, die sogenannten trockenen Häfen, welche jene Reiche ebensogut von Kastilien schieden, nachdem sie mit demselben vereinigt worden, als vorher. Nur im Süden ging Kastilien in Hinsicht auf den Zoll bis an die See; hier hatte man keine neuen Absonderungen gemacht, sondern die Almoxarifazgen der Mauren in den Häfen beibehalten. In Sevilla befand sich neben dem allgemeinen Zollamte (Almoxarifazgo mayor) noch ein besonderes für den amerikanischen Verkehr.

Nicht minder als der auswärtige Handel war der innere der Regierung zinspflichtig. Hier bestand die Alcavala. Die Steuer, welche jeden Verkäufer verpflichtete, von zehn Maravedis des Kaufpreises dem Könige einen zu zahlen und sich auf den Tausch erstreckte, von welcher nach dem Gesetz keine Stadt noch Villa, kein königlicher oder geistlicher oder herrschaftlicher Ort, kein Ritter noch Schildknapp, kein Ritter noch Beamter frei war und von der in der Tat nur wenig Exemtionen stattfanden, lieferte unter allen Abgaben den bedeutendsten Ertrag, zumal seitdem die Tercias, ein der Regierung zugestandener Anteil an dem Zehnten der Geistlichkeit, dazugeschlagen worden. Ihres hemmenden, ja zerstörenden Einflusses erwehrte man sich einigermaßen dadurch, daß Merindaden, Städte und Villas sich mit der Regierung über einen bestimmten Anschlag, genannt Encabezamiento, vereinigt hatten und diesen unter sich aufbrachten. Auch das neue Encabezamiento, das unter der Verwaltung des Ximenes zustande gekommen, belief sich statt auf den Zehnten noch nicht auf den Zwanzigsten. Es ward von Zeit zu Zeit prorogiert. Waren die bestimmten Jahre um, so ging die erste Bitte der Cortes, die sie am dringendsten vorlegten, auf eine neue Prorogation. Doch war die Alcavala nicht die einzige Belastung der inneren Betriebsamkeit. Von der granadischen Seite wurden zu Granada, Malaga und Almeria eigentümliche Abgaben eingezogen. Wenn die Herden nach Estremadura wanderten, saßen die Pächter des königlichen Servicio y Montazgo in den Pässen des Landes, zählten Trupp bei Trupp und forderten von jedem Hundert oder Tausend, was ihnen an Geld oder Vieh zukam.

Wir berührten schon, daß auch die Konfiskationen der Inquisition unter den Gefällen des Königs erscheinen. Charakteristisch für Spanien sind die geistlichen Auflagen überhaupt.

Der Papst bewilligte dem König den Ertrag von Indulgenzen, welche alle drei Jahre unter dem Namen Cruzada verkündigt wurden. Ganz ein Ablaß, wie er seit den Zeiten der Kreuzzüge für den Kampf mit den Ungläubigen erteilt wurde; noch ward er unter derselben Voraussetzung erteilt. Für jedes der drei Jahre waren besondere Ablaßzettel, mit besonderen Bestimmungen und Vergünstigungen, gedruckt. Unter Trompetenschall mit geistlicher Prozession ward die Cruzada in den Pfarrkirchen angekündigt; die Prediger empfahlen sie, und jedermann erkaufte sie für die festgesetzte Summe, schon darum, um nicht bei seinen Nachbarn als ein schlechter Christ zu gelten, was nicht allein unangenehm, sondern gefährlich war.

Die Summe dieser Einkünfte finde ich zu Karls V. Zeiten auf 920 000 Dukaten berechnet; doch mögen sie, nach wenig späteren Angaben zu urteilen, wohl auf eine Million gestiegen sein.

Mit alledem, was in Sizilien, wo die Ausfuhr des Getreides, in Mailand, wo das Salzmonopol die beste Hilfsquelle bildete, in Neapel und den Niederlanden in die königlichen Kassen floß, mag das regelmäßige Einkommen Karls V. sich auf 4 Millionen belaufen haben.

Der eigentliche Anspruch seiner Untertanen ging dahin, er solle damit auskommen. Die Städte von Kastilien versicherten im Jahre 1520, von jenen regelmäßigen Einnahmen komme eine so große Menge und Summe Maravedis zusammen, daß damit, selbst ohne neue Beisteuer, ohne, wie sie sagen, eine Belastung des königlichen Gewissens, die Reiche der Krone trefflich erhalten und vermehrt werden könnten.

Sie meinen unfehlbar: alsdann, wenn der Fürst sich nach seinem Einkommen einrichte. Sie beklagen sich über die Einführung des burgundischen Hofhaltes; sie berechnen, daß Karl, obwohl unverheiratet, für seinen Hof zwölfmal mehr brauche, als seine Großeltern mit dem Prinzen und so vielen erwachsenen Töchtern aufgewendet, diese 12 000, er 150 000 Maravedis den Tag; sie fordern Ersparnisse. Da aber an die Ausführung dieses Rates nicht gedacht wurde, sondern die regelmäßigen Ausgaben Jahr für Jahr anwuchsen, so zeigen sich ordentliche und außerordentliche Beisteuern der Provinzen unentbehrlich. Auch ist keine, in der wir dieselbe nicht fänden. Kastilien gewährte alle drei Jahre ein Servicio von 300 Cuentos (100 Cuentos für jedes Jahr machen 267 300 Dukaten), ungefähr so viel, als der Ausfall an der Einnahme betrug, und fügte später noch 50 Cuentos hinzu. Sizilien gewährte ein Donativ von 75 000 Skudi. Neapel, obwohl schon an sich mit einer direkten Auflage belastet, ward doch keineswegs des Donativs überhoben: wenn man berechnet, daß es in den siebzehn von 1535 bis 1552 5 185 000 Dukaten gezahlt, so ist dieses Donativ jährlich auf etwas mehr als 300 000 Dukaten gestiegen. Etwa ebensoviel brachte auch Mailand auf. Die Städte zahlten alle Monat 25 000 Dukaten. Sie nannten ihr Geschenk das Mensuale. Es ist das nämliche, was man in den Niederlanden das Schildzahlen hieß; hier trug diese Steuer 500 000 Dukaten ein.

Das dringende Bedürfnis brachte auch die aragonesischen Königreiche zu einer Beihilfe; sie verstanden sich zu jährlich 200 000 Dukaten, obwohl sie die Mittel wußten, dennoch so viel wie nichts zu zahlen.

Diese Besteuerung ist für die Verfassung in einer doppelten Hinsicht bedeutend. Erstlich erhält sie die Ständeversammlungen in Kastilien, Sizilien, den Niederlanden; sie erhält selbst in Neapel eine denselben wenngleich nur von fern ähnliche Einrichtung; und dies Gewähren- oder Versagenkönnen bewirkt, daß auch die mailändischen Städte ihrer alten Selbständigkeit nicht vergessen. Zweitens schließt sich der Adel meistens von der Abgabe aus. In der Regel wird dieselbe auf die Gemeinen verteilt, und diese müssen die bewilligte Summe aus ihrem Einkommen, aus ihren Gütern oder aus Beiträgen der einzelnen aufbringen. Nur indem etwa auch die Vasallen der Großen angestrengt werden, haben auch sie ein Wort bei der Bewilligung zu sagen.

Die Landschaften erscheinen hierbei eine jede in ihrem eigenen Charakter. Die drei aragonischen Reiche halten sich ganz abgesondert und beinahe ohne Teilnahme. Sizilien widerstrebt; doch gewährt es, soviel unumgänglich notwendig. Mehr allerdings gibt Mailand; doch weiß es übertriebenen Forderungen zu widerstehen. Nur in Kastilien vermag der König, in Neapel der Vizekönig vielleicht mehr, als dem Lande gut ist; hier gewöhnt man sich allmählich, mehr das Bedürfnis des Fürsten als die Kräfte der Landschaften zu berücksichtigen. Die Niederlande haben unter Karl V. die würdigste Stellung. Sie zahlen allemal die größten Summen, doch zahlen sie dieselben freiwillig. Sie sind so reich, daß sie davon doch nicht herabgebracht, sie genießen eine so wohlgegründete Freiheit, daß sie darum doch nicht unterjocht werden.

Trotz so vielfältiger Hilfsquellen jedoch, der Reste der alten Besitztümer, der Auflagen auf den Verkehr, der beiden Beisteuern, endlich der geistlichen Zuschüsse; trotz der Mühe, die man hatte, um sie zusammenzubringen – wieviel Versammlungen mußte man halten, um etwa drittehalb Millionen Dukaten jener Hilfsgelder zu erlangen! – war Karl weit entfernt, mit dem Beitrag derselben auszukommen. In außerordentlichen Fällen mußte er immer zu außerordentlichen Mitteln greifen. Wollte er im Jahre 1526 den Angriffen Franz' I., der den Madrider Vertrag gebrochen, ernstlicher widerstehen, so bedurfte er dazu der reichen Mitgift seiner portugiesischen Gemahlin. Dennoch, wie wenig reichte sie aus! Sein Heer war im Jahre 1527 unbesoldet und brach auf, um die Bezahlung, die ihm der Kaiser nicht zu geben imstande war, bei dessen Feinde, dem Papste, zu holen. Im Jahre 1529 konnte Karl seine Reise nach Italien nur unternehmen, indem er die kastilianischen Ansprüche auf die Molukken den Portugiesen um eine bedeutende Summe überließ. Indes er hatte nicht immer eine Mitgift zu genießen; er hatte nicht immer zweifelhafte Rechte an entfernte Weltgegenden zu veräußern. Die Reisen dagegen, die Kriege und ihre unberechenbaren Aufwendungen hielten immer an. Im Anblick dieser Verlegenheiten erinnert man sich gleich als einer erwünschten Aushilfe der indischen Reichtümer, der Schätze der Inkas, jener weitläufigsten, tiefsten, reichsten Schachte der Welt zu Potosi und Guanaxuato, die damals im Besitz der Spanier und ihres Fürsten waren. Lange hat man nicht genug zu sagen gewußt, wie große Einkünfte schon Karl V. von da zugeströmt seien. Es gibt Autoren des siebzehnten Jahrhunderts, welche die Summe des zwischen 1519 und 1617 zur Einfuhr nach Spanien registrierten Geldes auf 1536, andere, welche den Betrag von allem, was in den ersten 103 Jahren nach der Entdeckung herübergekommen, auf 2000 Millionen Pesos berechnen: so daß der dem König gehörige Quinto, bei allem Unterschleife, gewiß im Durchschnitt 3 Millionen des Jahres ausgemacht haben würde; und spätere haben diese Berechnung noch sehr mäßig gefunden. Wie glücklich wäre dies für Karl gewesen! Es ist aber, wie zuerst ein Deutscher, der erste wissenschaftliche Kenner von Südamerika, nachgewiesen hat, um vieles übertrieben. Unsere Relationen wissen nur von einem sehr mäßigen Einkommen des Kaisers aus Amerika.

Im Jahre 1525 berechnet es Gasparo Contarini auf nicht mehr als 100 000 Skudi. Die Angaben eines wißbegierigen Reisenden, welcher kurz nachher in Sevilla über die Dinge der Neuen Welt Erkundigung einzog, enthalten dieselbe Summe. Noch im Jahr 1533 bemerkt Nicolo Tiepolo, das amerikanische Einkommen hat in einem Jahr 150 000, in einem anderen aber nur 50 000 Dukaten betragen. Als bald darauf die erste peruanische Beute, unermeßlich, wie man sagte, alle Erwartungen übersteigend, nach Spanien kam, betrug der königliche Quinto, nach genauen Berichten, nicht mehr als 155 300 Pesos Gold, 5400 Mark Silber, und demnach (denn der Peso hat 13½ Realen, der Skudo 12, der Dukaten 11, die Mark Silber 67 Realen) noch kaum dritthalbhunderttausend Dukaten.

Seitdem sind in Peru ansehnliche Summen in die Hände der königlichen Beamten gelangt. Nach einer Durchschnittsrechnung aus den ersten fünfzehn Jahren mögen sie jährlich 400 000 Dukaten betragen haben. Allein wie vieles hiervon ward von den Vizekönigen verbraucht, wieviel verschlangen die inneren Kriege! Im Jahr 1548 gibt Mocenigo die Einkünfte, die zu Zeiten höher gestiegen waren, auf etwa viertehalbhunderttausend Dukaten an. Fünf Jahre nach der Entdeckung der Bergwerke von Potosi, in dem Jahre 1550, berechnete man die gesamten amerikanischen Einkünfte noch auf nicht mehr als 400 000 Dukaten. Acht Jahre hierauf waren sie vielleicht gewachsen, jedoch nicht viel. Soriano, der seine Relation im Jahre 1558 verfaßte, erinnert, daß man zwar von Millionen Pesos rede, in der Tat aber bekomme der König nicht mehr als zwischen 400 000 und 500 000 Skudi. Noch im Jahre 1561 berechnet Andrea Badoero die amerikanischen Einkünfte auf ungefähr eine halbe Million.

Der Betrag der aus Amerika nach Europa übergeführten edlen Metalle war nach den Zeugnissen der Gleichzeitigen, so sehr sie auch über dieselben erstaunten, doch nur mäßig. Im Jahre 1552 schrieb Gomara: „In 60 Jahren haben die Spanier dies Land entdeckt, erobert, durchwandert; das Gold und Silber, das sie dabei gewonnen, ist nicht zu berechnen; es übersteigt 60 Millionen."

Wohl sah Philipp II. späterhin ganz andere Summen aus Indien anlangen. Karl V. indes hat sich mit jenen begnügen müssen. Er war mit seiner Staatsverwaltung bei weitem mehr auf die Niederlande angewiesen. Wenn diese ihm manches

Jahr 5 Millionen Gulden, d. i. dritthalb Millionen Dukaten steuerten, wie sehr traten dagegen die 400 000 aus Amerika zurück! Dort, sagt Soriano, in den Niederlanden sind jene Schätze, Bergwerke, Indien, die dem Kaiser seine Kriege möglich gemacht, die ihm Staat, Würde, Ansehen aufrechterhalten haben. Aber wie gesagt, alle regelmäßigen und außerordentlichen Steuern, die ihm gezahlt wurden, genügten seinem in dem fortdauernden Kriege gesteigerten Bedürfnis nicht. Er mußte immer aufs neue zu Anleihen greifen.

Anleihen zu machen, hatte aber in jenen Zeiten eine doppelte Schwierigkeit: eine in der Verpfändung, welche noch in der Regel gefordert ward, die andere in den wucherischen und übermäßigen Zinsen, welche der Gläubiger nahm. Da nun Karl nicht eben viele Güter mehr zu verpfänden hatte, so mußte er geradezu den Ertrag der Abgaben des Landes – und dies sind die Juros, deren sofort gedacht wird –, seine unmittelbaren Einkünfte den Gläubigern überlassen. Das Recht, die Abgaben zu erheben, ward wie ein Gut betrachtet, dessen Verwaltung man bis zur Bezahlung der dargeliehenen Summe veräußerte. Dies konnte um so leichter statthaben, da der Ertrag der Auflage durch die Encabezamientos der Gemeinden fest bestimmt war. Schlug der Kaiser diesen Weg ein, so kam er in der Regel mit 7½ Prozent weg. Oft aber mußte er zu Anleihen ohne Verpfändung greifen. Dann zeigte sich, obgleich er seine Verpflichtungen zu halten pflegte, der öffentliche Kredit so unsicher, der Mangel an Geld so groß, das Bedürfnis so dringend, daß er nicht allein 10–20, sondern 20–30 Prozent Zinsen gezahlt hat.

Diese Anleihen nun hatten eine sehr drückende Wirkung. Die ersten verzehrten sofort die Einnahmen, welche zu den laufenden Bedürfnissen unentbehrlich waren, und nahmen so den Grund weg, auf dem die ganze Staatswirtschaft errichtet war. Die zweiten nötigten in kurzem zu neuen außerordentlichen Anstrengungen. Jene zehrten die Abgaben auf, ehe sie noch eingelaufen; diese nahmen das Einkommen der künftigen Jahre in Anspruch. Wenn man mit diesem System nicht mit größter Mäßigung verfuhr, so war deutlich, daß es den ganzen Staat zugrunde richten mußte.

Karl fühlte dies wohl. Wie oft erhebt er hierüber laute Klagen! „Um den Krieg von seinen Reichen entfernt zu halten, um den Türken zu widerstehen, um das Bedürfnis der Christenheit wahrzunehmen, habe er Ausgaben machen müssen, zu denen weder die königlichen Renten, noch die Servicios, die nur geringfügig, noch was der Papst aus geistlichen Einkünften gewährt, hinzureichen vermocht, sondern er habe von seinen Renten, von seinem Patrimonium große Summen verkaufen müssen, so daß durch diese sein königliches Haus und sein Hofhalt bei weitem nicht erhalten werden könne; er habe überdies soviel auf Zinsen aufgenommen, daß es unmöglich sei, mit dem Rest der königlichen Einkünfte auch nur diese zu decken, geschweige die Kapitalien zurückzuzahlen."

Wenn er nun seine Anleihen hauptsächlich um der Kriege willen machte, welche er führen mußte, so hatten diese den denkwürdigen Erfolg, daß sie, mochten sie nun glücklich gehen oder nicht, eine Verminderung der königlichen Einkünfte, einen Verlust an den bisherigen Renten notwendig hervorbrachten. Kein Krieg Karls hatte einen so überraschenden, so vollständig günstigen Ausgang als der Schmalkaldische.

Dennoch überlegten die Feinde des Hauses Österreich, um wieviel er die Umstände desselben verschlechtert habe.

Man darf hier wohl die morgenländische und die abendländische Kriegführung dieser Zeit vergleichen. Um ein Heer zu haben, übergab Soliman seine Güter und Einkünfte anderen, übergab auch Karl sie anderen. Jener übergab sie Soldaten, die nun fortan ihr Leben lang unter ihm stritten und tapfere Lehensleute waren. Dieser übergab sie Kaufleuten, welche ihm Geld dafür zahlten; jedoch nur einmal, so daß er zwar Truppen werben konnte, aber nur auf eine sehr beschränkte Zeit. Die Verpflichtung der einen ist persönlich, immerwährend, unbedingt; die der anderen muß in jedem Moment durch Bezahlung vermittelt, von Monat zu Monat erneuert werden und gewährt dem Herrn nie eine volle Sicherheit.

Die Folgen des ergriffenen Systems lagen jedermann vor Augen. Cavallo berechnet, daß im Jahre 1550 von den 920 000 Dukaten regelmäßiger Einkünfte in Kastilien 800 000, von 800 000 neapolitanisch-sizilianischen 700 000, die mailändischen 400 000 ganz und von den flandrischen ein großer Teil verpfändet gewesen. Wenn man im Jahre 1567 die Summe, für welche so viele Besitztümer Philipps II. verpfändet waren, auf 35 Millionen Dukaten berechnet, so fällt davon bei weitem der größte Teil auf Karls Rechnung. Erinnert man sich aber derjenigen Anleihen, welche nicht auf Verpfändungen fundiert waren, so ist deutlich, daß das regelmäßige Einkommen kaum hinreichte, die Zinsen der Staatsschuld zu decken. Dann mußten auch die außerordentlichen Servicios, die für außerordentliche Fälle bestimmt waren, zu den laufenden Ausgaben verwendet werden: dann erforderten die Kriege, es erforderte jede Unternehmung stets neue Anleihen. Wie schnell es mit der Aufzehrung des öffentlichen Gutes ging, beweist eine Rechnung, die König Philipp II. den niederländischen Ständen vorlegen ließ. Ihr zufolge belief sich der Rest der regelmäßigen Einkünfte Karls aus den Niederlanden im Jahre 1551 auf 327 960 Gulden; doch war auch dieser im Jahre 1557 dergestalt veräußert, daß sich ein Weniger von 18 000 Gulden fand.

Wenn demnach Ruy Gomez de Silva gesagt haben soll, der Grund, weshalb der Kaiser sein Reich niederlege, sei sehr einfach; er wisse es nicht länger zu verwalten, so ist dies zwar eine Übertreibung, jedoch liegt derselben eine gewisse Wahrheit zugrunde. Karls Mittel waren erschöpft. Es ist leicht möglich, daß diese Erschöpfung zu seinem Entschlusse beigetragen hat.

2. Unter Philipp II.

Nicht leicht wird ein Fürst seinen Thron unter mißlicheren Verhältnissen bestiegen haben als Philipp. Indem sich zu seinen übrigen Feinden ein neuer gesellt, den er am meisten wünscht nicht zu haben, ein Papst, welcher sich geboren glaubt, die spanische Macht zu vernichten; indem ihm zugleich an den niederländischen, mailändischen und neapolitanischen Grenzen gefährliche Kriege drohen, – findet er alle Hilfsmittel erschöpft, die Quellen der regelmäßigen Einkünfte aufgezehrt, die Lande mit Schulden beladen, die Zinsen drückend, den Kredit schwach.

Wenn jemals, so sind bei einem Regierungsantritte durchgreifende Maßregeln zu entschuldigen. Um sich aus so peinlichen Geldbedrängnissen zu retten, kann man ohne Zweifel nur zu einem von diesen drei Mitteln greifen. Entweder man sucht seine eigene Zahlungsfähigkeit auf eine entscheidende Weise zu vermehren, wie dies denn mancher Staat durch den Verkauf der öffentlichen Güter getan; oder man bemüht sich, die Ansprüche der Gläubiger zu beseitigen, was nur durch einen offenen Bankrott, durch eine erklärte Zahlungsfähigkeit möglich ist; oder man muß das Zahlungsmittel, die Bedeutung des Geldes, auf irgendeine Weise verändern.

Wir bemerken, daß die Räte des Königs Philipp von diesen Mitteln eins nach dem anderen in Vorschlag brachten.

Zuerst den Verkauf von Repartimientos in Amerika. Um die Indianer vor der grausamen Bedrückung der eingewanderten Spanier zu sichern, zugleich um die letzteren in einer steten Abhängigkeit von der Krone zu halten, hatte man ihnen ihre unermeßlichen Lehen meist nur auf Lebenszeit zugestanden; königliche Kommissarien sorgten, daß sie nur einen bestimmten Tribut, nur bestimmte Arbeiten von den Eingeborenen fordern durften. Welch ein Vorteil für diese Spanier, wenn man ihre Lehen für Eigentum erklärte! Ein großer Teil des amerikanischen Goldes war in ihren Händen: Schon Karl hatten sie 8 Millionen Dukaten angetragen; sie erboten sich, ein solches Zugeständnis mit überaus ansehnlichen Zahlungen zu erwidern. Indessen Menschlichkeit und Klugheit sprachen gleich stark dagegen; jene, denn was wollte aus den Indianern werden, wenn man sie als Leibeigene ansehen durfte? Aber auch diese: denn Selbständigkeit und Entfernung hätten allzusehr zum Abfall gereizt. Der alte Kaiser wandte allen Einfluß an, der ihm nach seiner Abdankung geblieben, um einen solchen Entschluß zu hintertreiben. Das vereinigte Interesse der Krone und der Indianer verhinderte, daß man ihn ergriff.

Hierauf hatten einige Räte den Mut, ihrem Herrn geradezu einen Bankrott vorzuschlagen. Sie stellten ihm zweierlei vor: erstlich, er sei nicht verpflichtet, seines Vaters Schulden anzuerkennen; zweitens, die Gläubiger seien durch die übermäßigen Zinsen sattsam bezahlt. Sie wollten, Philipp sollte weder die Kapitalien zurückgeben, noch fernere Zinsen erlegen. Bei reiflicher Überlegung aber widerriet die Vorsicht auch dies. Was sollte aus dem öffentlichen Kredit werden? Waren die Schulden etwa persönlich? Waren sie nicht Schulden des Staates? Und wie wollte man in der Verwirrung, die ein solcher Beschluß hervorbringen mußte, die Bedürfnisse des Augenblicks decken? Auch dies unterblieb.

Man erzählt, auch noch ein drittes Mittel sei versucht worden; der Besitzer der Bergwerke von Potosi habe daran gedacht, falsches Silber zu machen; ein Deutscher, des Namens Sternberg, sei zu Mecheln erschienen, der ein scheinbares Silber zustande gebracht habe, das auf dem Probierstein und unter dem Hammer, doch nicht im Feuer aushalte. Es sei im ganzen Ernst die Rede davon gewesen, die Truppen mit solchem Silber zu bezahlen; und nur indem die Stände es erfahren und sich dagegen gesetzt, „denn leicht möchte man über dem schlechten Gelde das gute und echte verlieren“, habe man es aufgegeben, jedoch nicht ohne den Erfinder reichlich zu belohnen.

Von diesen Maßregeln, die entweder so gefährlich oder so abenteuerlich waren, kam man zurück. Indem Philipp sich entschloß, eben wie sein Vater, die Last, mit der er sich beladen fand, ferner zu tragen, dachte er nur daran, das Bedürfnis des Augenblicks zu decken, die zunächst notwendige Verteidigung ins Werk zu stellen. Nach Kastilien schickte er Don Ruy Gomez de Silva mit voller Gewalt, nicht allein zu verpfänden, sondern auch zu verkaufen, was sich verpfänden, was sich verkaufen lasse; mit dem Auftrag, durch jedes Mittel, welches es auch sein möge, Geld zusammenzubringen. Die Prinzessin Juana mußte sich bequemen, die zehn Cuentos Einkünfte, welche ihr als eine jährliche Rente auf die Alcavala angewiesen waren, zu verkaufen; man nötigte wohlhabende Privatleute, auf Treu und Glauben zu leihen; man bat den König von Portugal um indische Waren, die man dann in Flandern zu Gelde machen wollte; man nahm endlich 300 000 Dukaten auf der Messe zu Villalon zu wucherischen Zinsen auf. Auch die übrigen Länder wurden herbeigezogen; das meiste, wie bemerkt, leisteten noch immer die Niederlande. Durch diese Anstrengungen aller Kräfte geschah, daß man jene Heere werben konnte, die bei St. Quentin und Gravelingen gesiegt, die nach so harten Bedrängnissen der spanischen Monarchie den ganz vorteilhaften Frieden von Chateau Cambresis verschafft haben.

Nach dem Frieden aber war nichts notwendiger, als dieser verworrenen und entkräfteten Staatswirtschaft, die sich vom Kaiser her vererbt, wenn irgend möglich, ein Ende zu machen. Man hat eine Aufzeichnung von Philipps eigener Hand, worin er sich die ungeheure Differenz seiner Einnahmen und Ausgaben mit schwerem Herzen vergegenwärtigt. Aber vielleicht ließ sich hoffen, in ruhigen Jahren, bei besserer Sparsamkeit, durch ausreichende Benutzung der Hilfsquellen, die so viele reiche und blühende Provinzen besaßen, das Übel zu heilen. Man muß gestehen, daß Philipp diesem Zweige seines Amtes eine besondere Aufmerksamkeit widmete. Sie trug indes sehr die Farbe seiner Zeit.

Noch gab es keine Wissenschaft der Staatswirtschaft; es fehlten selbst die Kenntnisse, die Fertigkeiten, welche eine umfassende Verwaltung der Finanzen erfordert; es taten sich mehr einzelne hervor, welche die Ergebnisse ihres Nachdenkens als ein Geheimnis betrachteten und nur für besondere Belohnung mitteilen wollten; gleichsam Abenteurer und Verlorene, die sich den zahlreichen Scharen kameralistischer Meister und Jünger auf gut Glück vorauswagten. Es waren hauptsächlich Florentiner. Ein gewisser Benevento, der sich schon der Signoria von Venedig angeboten, „ohne das Volk zu beschweren, ohne eine Neuerung von Bedeutung wolle er ihre Einkünfte beträchtlich in die Höhe bringen; er fordere nichts als 5 Prozent von den Vorteilen, die er verschaffe", war vorzüglich angesehen; Kaiser Ferdinand berief ihn an seinen Hof; er erschien auch bei Philipp. Diesem gab er wirklich einen vorteilhaften Anschlag. Auf seinen Rat kaufte Philipp in Seeland das Privilegium der Salzbereitung von den Inhabern desselben zurück: hierauf, ohne den Salzpreis zu erhöhen, ohne jemand zu nahe zu treten, verpachtete er den Vertrieb desselben an das genuesische Haus Negro de Negri. Die 200 000 Dukaten, die dasselbe zahlte, schienen kein geringer Vorteil. Und auch anderwärts versuchte man hierauf etwas

Ähnliches. Der Charakter dieser ersten Anfänge einer neuen Staatswirtschaft war, daß man die Einkünfte des Fürsten durch irgendeinen Versuch an einem einzelnen Zweige auf künstliche Weise emporzubringen suchte; doch wie weit konnte das führen, wie trügerisch erwies sich das Versprechen, daß das Volk dadurch nicht stärker belastet werden solle!

Dazu waren weder die Zeiten noch die Menschen und ihre Wissenschaft, oder ihr guter Wille angetan, um ein neues System auf rationeller Grundlage auszubilden. Philipp II. mußte seine Staatsverwaltung nach der Lage seiner Reiche einrichten. Von der Krone Aragon aber konnte er vor dem Kriege von 1592 durchaus nichts erlangen. Sizilien war so eng gegen den König zusammengeschlossen, daß es sich sein Servicio etwa auf 200 000 oder 250 000 Dukaten erhöhen, aber sonst nichts abzwingen ließ. Die mailändischen Städte waren allerdings weit minder frei. Sie ließen ihr Mensuale einmal vom Kardinal von Trient und ein andermal vom Herzog von Sessa erhöhen; und wenn wir gleich gesehen, wie ernstlich sie sich dem Versuche des Herzogs von Terranuova, neue Donative einzuführen, entgegensetzten, so finden wir doch, daß ihre Abgaben im Jahre 1584 auf 1 183 000 Skudi gestiegen waren. Indessen soviel sie auch leisten mochten, so ward doch so gut wie alles von den Truppen aufgezehrt, die man bei ihnen eingelagert. Auch die Ausgaben wurden eben damals auf 1 166 696 Skudi berechnet. Die nämlichen Gründe, welche ihre Freiheiten zu beobachten bewogen, nötigten alsdann, die schon allzu Belasteten mit neuen Auflagen zu verschonen. Von Neapel sahen wir, in welchem Verhältnis die dortigen Einkünfte seit dem Anfang dieser Regierung stiegen. Oft aber waren die Aufschläge, welche die Vizekönige anordneten, zu dringenden und naheliegenden Zwecken bestimmt: zur Bewachung der Grenzen und des inneren Landes, zum Bau einer Straße und zur Einquartierung der Truppen. So drückend die Eintreibungen wurden, so sehr man darüber klagte, so blieb davon doch nicht mehr übrig, als was zur Verteidigung der Küsten gegen die türkische Flotte notwendig war.

Und da nun auch die Niederlande anfangs sich abzusondern trachteten, dann mit Unruhen erfüllt wurden und endlich abfielen, so mußte sich die ganze finanzielle Aufmerksamkeit Philipps II. auf Kastilien konzentrieren.

Wenn früherhin die Kastilianer klagten, so war es vorzüglich darüber, daß sie der Gegenwart ihres Fürsten beraubt seien. „Darum führe man so viel Geld außer Landes: schon spüre man einen Mangel an Gold, schon mache das Silber sich seltener." Wie oft hatten sie Karl ersucht, zu ihnen zurückzukehren oder bei ihnen zu bleiben! Jetzt aber war Philipp König. Dieser leistete ihrer Bitte Genüge: er kam nach Spanien; er nahm Wohnung zu Madrid; er erklärte Kastilien für das Haupt seiner Provinzen. Hing nun diese Neuerung auf manche andere Weise, wie wir sahen, mit der Lage dieses Fürsten zusammen, so glaubte man doch auch, er sei darum in Kastilien verblieben, um aus den Reichtümern desselben bessere Nutzung zu ziehen als sein Vater.

In der Tat war sein Bemühen zunächst, sein Einkommen zu verbessern. Hierzu hatte ihm Ruy Gomez einen Finanzrat eingerichtet, in dem unter anderen ausgezeichneten Räten vorzüglich Franz Eraso arbeitete. Hierzu umgaben den König, wie Cabrera sagt, jene Männer von Klugheit und Willkür, jene geschickten Ränkeschmiede, die immer neue Auflagen ersannen.

Es ist schade, daß Tiepolo fürchtete, eine strengere Auseinandersetzung der einzelnen Maßregeln Philipps werde seine Zuhörer langweilen; daß er es vorzog, diejenigen in sein Haus einzuladen, welche sich genauer unterrichten wollten. Er glaubte nicht, daß auch so spät Nachlebende einmal aus seinen Berichten etwas zu lernen suchen würden. Hierdurch nötigt er uns, zerstreuten Notizen nachzugehen.

Unter anderem finden wir, daß der Rat, den Benevento für die Niederlande gegeben hatte, in Kastilien in Ausführung gesetzt wurde. Die Regierung brachte die Salinen, die im Privatbesitz befindlich waren, an sich; die bisherigen Eigentümer wurden des Einkommens, das sie bisher daraus gezogen hatten, versichert; die Regierung verkaufte das Salz noch einmal so teuer als sie.

Man weiß, daß in jener Zeit die Wolle einen Hauptzweig des kastilianischen Handels bildete. Unter dem Vorwande, daß zur Erhaltung der Flotten, durch die das Heer von Korsaren gereinigt werde, sich billig ein Beitrag von den Kaufleuten einziehen lasse, forderte Philipp von den Eingeborenen, wenn sie spanische Wolle nach Flandern ausführten, einen, wenn nach Frankreich oder Italien, zwei, von Fremden aber im ersten Falle zwei, im anderen vier Dukaten für die Saca. Die Cortes setzten sich, so lebhaft sie konnten, hiergegen. Sie erinnerten, wie sie mit Alcavala und Almoxarifazgen, mit so mancherlei Gefällen für Land und Meer, mit den Servicios beschwert genug seien: sie brachten vor, daß nicht der Kaufmann die Steuer trage, sondern der Besitzer der Herde, dem jener nun weniger zahle; sie beriefen sich auf Gesetze im Königreiche, die hiewider, Gesetze, welche der König beobachten müsse. Philipp antwortete ihnen: ihn zwinge seine Not dennoch hierzu. – Er hatte den Mut zu einem noch gewaltsameren Eingriff gegen Herkommen, Gesetz und Recht. Als die verhaßteste Maßregel hat man in Kastilien immer die Veräußerungen unmittelbarer Ortschaften zur Mittelbarkeit angesehen. Philipp war Spanier genug, um das zu wissen, er ließ sich dessenungeachtet dazu bestimmen. Schon im Jahre 1558 klagen die Cortes, er habe Flecken und Dorfschaften, Vasallen und Jurisdiktionen, auch mancherlei Gemeingüter veräußert und von den Städten getrennt, zu denen sie bis jetzt gehört. Sie nehmen nicht Anstand, ihn an die Zusagen, an die schriftlichen Versprechungen, selbst an die Eidschwüre zu erinnern, die ihm entgegen seien; aber wie sehr sie auch in ihn dringen, wie angelegentlich sie an den trostlosen Zustand derer erinnern, die nun unter die Hand von Privatpersonen geraten seien, so erlangen sie doch nichts als Versicherungen für die Zukunft. Indes war Philipp schon weiter gegangen. Cabrera klagt, der König habe Kommenden und Adelsrechte, Stellen von Regidoren, Alcalden und Schreibern, alles eigentlich Belohnungen der Tugend, nunmehr verkauft. Wir finden, daß er Kommenden von 18 000 Dukaten Einkommen weggab, um seine Gläubiger zu befriedigen; daß er bald darauf den Papst um Erlaubnis bat, auch solche Güter zu verkaufen, auf welche geistliche Einkünfte angewiesen seien; er werde den Klerus aus seinen Juros entschädigen. – Unfehlbar aber das Härteste, ein wahrer Eingriff in das Privateigentum war es, daß der König das Geld, welches Kaufleute und Reisende von Indien mitbrachten, für sich in Beschlag nehmen ließ und denselben Zinsanweisungen auf seine Renten dafür gab. Nicht allein die, denen das Geld genommen wurde, empfanden den Verlust: fast noch mehr, wie natürlich, diejenigen, welche davon hatten bezahlt werden sollen: viele machten Bankrott; es kam ein Stocken in den ganzen Handel. Mit Erstaunen nehmen wir wahr, daß sich dies von 1550 bis 1560 fast regelmäßig wiederholt. Erst 1560 gibt der König Befehl, es solle nicht mehr geschehen.

Wenn er nun außerdem die Douanen zwischen Kastilien und Portugal schärfte; wenn er die Geistlichen zu stärkeren Subsidien nötigte; wenn er eine Menge kleiner Neuerungen machte: so ist es nicht nötig, aller zu gedenken; sie vollständig aufzuzählen, ist mir überdies nicht möglich: wir halten uns nur an die wichtigsten Momente.

Als ein solcher erscheinen die Zollerhöhungen des Jahres 1566. Philipp leitet sie ein, indem er klagt, daß ihn die Pflicht, die Christenheit und die Religion zu verteidigen, seine Reiche und Staaten in Ruhe und Sicherheit zu erhalten, auf neue Mittel zu denken zwinge, wie er seine Renten erhöhen könne. Er fügt hinzu, nachdem er mit seinen Ministern Rat gepflogen, habe er gefunden, daß dies durch eine Vergrößerung der Zölle auf Einfuhr und Ausfuhr am unbedenklichsten geschehen werde. So gab er denn an einem Tage, dem 29. Mai 1566, drei hierauf bezügliche Dekrete. Mit jenen ersten Anordnungen über die Ausfuhr der Wolle nicht zufrieden, forderte er zuerst von nun an für jede Saca, die nach Italien oder Frankreich oder nach einem anderen Lande der Halbinsel gehe, gleichviel, ob sie von Eingeborenen oder Fremden ausgeführt werde, schlechtweg vier Dukaten. Diese Neuerung erscheint indes gering, wenn wir den Aufschlag der Zollsätze dagegen halten, den er auf das Almoxarifazgo mayor von Sevilla legte. Wenn man früher Seide oder trockene Früchte oder Zucker oder Wein und Öl ausführte, hatte man drittehalb Prozent gegeben: er forderte nunmehr siebeneinhalb. Mit Edelsteinen und Perlen, Cochenille und Leder glaubte er noch weiter gehen zu können: statt der bisherigen drittehalb forderte er zehn Prozent. Am auffallendsten aber sind die Steigerungen im Almoxarifazgo von Indien. Die ursprüngliche Freiheit des Handels zwischen dem Mutterlande und den Kolonien, welche Ferdinand und Isabella angeordnet, war schon von Karl gebrochen worden. Eine vollkommene Beschränkung richtete Philipp erst damals ein. Von allen Waren, die nach Indien gingen, gebot er, in den spanischen Häfen fünf, in den amerikanischen zehn Prozent, von dem Weine aber zusammen sogar zwanzig Prozent einzuziehen.

Es ist ohne Zweifel der Flandrische Krieg, den Philipp vorzubereiten gedenkt: darum erwähnt er seine Sorge für Religion und Ruhe, indem er diese Auflagen auf den Handel legt, doch dazu genügten sie ihm nicht.

Tiepolo behauptet, daß Philipp in dieser Zeit von dem für Privatleute angekommenen indischen Gelde jährlich 800 000 Skudi zurückbehalten und ihnen mit fünf Prozent verzinst habe. Er kam zu der ungerechtesten seiner früheren Maßregeln zurück.

Allmählich fühlten die Kastilianer, was die Erfüllung ihrer Bitte, daß der König bei ihnen bleiben möge, ihnen für Früchte trug. Alle Lasten, welche die allgemeine Regierung der Königreiche Philipps, welche neu hervortretende Fälle nötig machten, alle die Bedürfnisse, denen früher die Niederlande abzuhelfen gepflegt, alle Kosten, die der Krieg mit diesen erforderte, fielen nun auf sie. Sie hatten den Trost, daß sie dafür auch das Haupt seiner Reiche und, wie sie dünkte, aller Königreiche der Welt wären. Solange nur die Last erträglich blieb!

In den Jahren 1575 bis 1578 – dies ist ein weiteres Hauptmoment, das wir unterscheiden – ward sie schon überaus drückend. Was auch immer den König in Bedrängnis gesetzt haben mag: vielleicht die Wirkung seiner Anstrengungen im Zyprischen Kriege – denn daß der Aufwand desselben sehr groß gewesen, kann man aus einer Rechnung der Sizilianer sehen, welche hauptsächlich für Lebensmittel, wie Zwieback, Wein, Kasse, die sie vom Mai 1571 bis zum November 1573 auf die Flotte geliefert, 1 300 000 Dukaten ausgegeben hatten – oder die Kosten der flandrischen Unternehmungen oder die unerträgliche Beschwerde der wucherischen Zinsen oder was sonst – genug, wir sehen ihn in so dringenden Verlegenheiten, daß er zu jeder Aushilfe zu greifen bereit ist; daß er jetzt selbst jenen entscheidenden Maßregeln nähertritt, denen er anfangs ausgewichen.

Im Jahr 1564 war man erschrocken, als die Schulden des Königs auf 23 Millionen berechnet wurden; im Jahre 1574 waren sie aufs neue um 12 Millionen gestiegen. Es lag am Tage, daß die dafür angewiesenen hohen Zinsen die Mittel des Staatshaushalts bei weitem übersteigen und immer neue Verwirrungen veranlassen mußten. Unter diesen Umständen tauchte der Vorschlag auf, daß die Cortes die Schulden des Königs übernehmen sollten, der ihnen dafür zusagen würde, in einer bestimmten Reihe von Jahren keine weitere Geldforderung an sie zu stellen. In den Staatshaushalt würde dadurch wieder eine größere Sicherheit gekommen sein, die ständische Verwaltung der Schuld vielleicht sehr heilsame Rückwirkungen ausgeübt haben. Indessen ist man doch nicht zu dieser Auskunft geschritten. Da in den Cortes nur die Städte repräsentiert waren, diese aber zur Erfüllung der zu übernehmenden Verpflichtung kein anderes Mittel besaßen als die Erhöhung der Gefälle auf den Verkauf der Lebensmittel, also der Alcavala, welche ohnehin als dem König zugehörig betrachtet wurde, so war nicht sowohl von einer Bewilligung als von einer Vereinigung über das Zweckmäßigste die Rede: man vereinigte sich dahin, daß die Steuer, ohne an der Weise ihrer Einziehung zu ändern, so weit erhöht werden sollte, um die Deckung der Schulden möglich zu machen. Die Erhöhung ward ursprünglich auf den Betrag von drittehalb Millionen berechnet. Es zeigte sich bald, daß sie so nicht durchzuführen war: eine allgemeine Lähmung des Verkehrs würde eingetreten sein; ich finde, daß man auf eine Million zurückkam, und schon in diesem Maße war die Steigerung den Städten sehr beschwerlich. Die Ausländer bezeigen ihre Verwunderung über die Hingebung der Kastilianer für ihren König: keine Nation der Welt trage eine solche Auflage.

Nun aber drangen die Städte auch auf entgegenkommende anderweite Erleichterungen der Staatskasse. Sie brachten aufs neue die Veräußerung so vieler Renten und Besitztümer des Staates an die Granden zur Sprache, deren Zurücknahme sie von jeher gefordert hatten. Philipp II. schien sehr geneigt, ihnen Gehör zu geben. Indem er alle Granden aufforderte, die Rechte anzugeben, durch welche sie zu ihrem ersten Besitz gekommen, griff der Fiskus sofort Häupter derselben, wie die Velascos, Herzöge von Frias, an und entriß ihnen ihre Zehnten des Meeres, die sie so lange besessen. Allgemeine Furcht bemächtigte sich der Granden.

Mit dem größten Eifer gingen ferner die Städte gegen die Staatsgläubiger an, deren Vorteile übermäßig und unerlaubt, deren Bedingungen für den Staat verderblich und unerträglich seien. Der König ward zu einer Maßregel durchgreifendster und rücksichtslosester Art bewogen.

Im Dezember 1575 erließ er ein Edikt, durch welches alle seit fünfzehn Jahren abgeschlossenen Staatsanleihen vorläufig für ungültig erklärt und der Revision von sechs Kommissarien unterworfen wurden. Als Prinzip ward festgesetzt, daß niemals ein höherer Zinsfuß als von 12 Prozent angenommen und noch weniger Zins vom Zins berechnet werden dürfe. Was im Widerspruch mit diesem Grundsatz den Staatsgläubigern bewilligt oder angewiesen worden war, sollte ihnen wieder entzogen werden und dem Könige zugute kommen.

Im Süden und Westen von Europa gab es vielleicht keinen bedeutenden Platz, wo nicht irgendein großes Haus diesen König in seinem Buche gehabt hätte. Das Edikt, welches den Anspruch einer einseitigen Verfügung über kontraktmäßige Verpflichtung sanktionierte, der Verlust, den es in Aussicht stellte, der Einhalt der Zinszahlungen, der mit der Publikation verbunden war, mußten eine allgemeine Erschütterung hervorbringen. In Sevilla fallierten ein paar große Kaufleute. In Rom, Venedig und Mailand, in Lyon und Rouen, in Antwerpen und Augsburg war fast kein Haus, das nicht hart an den Bankrott gekommen wäre. Hauptsächlich litten die Genuesen, die einen großen Teil ihres Vermögens in die Hände des Königs von Spanien gegeben; die überdies damals in dem Aufruhre der minderen Geschlechter wider die größeren ihre eigenen Kräfte aufzehrten; von ihnen erst ging die Gefahr der übrigen aus. Und doch betrafen die ersten Verfügungen nur den Einhalt der Zinsen; was sollte geschehen, wenn auch die Kapitalien geschmälert, wenn jenes Recht, welches von dem Edikte ausgesprochen wurde, daß jedes Haus mit den Geldern, die es selber schuldig sei, ebenso verfahren möge wie der König mit seinen Schulden, wenn dies geltend gemacht ward?!

Nicht ungegründet ist, was die Staatsgläubiger dem König einwandten. Sie bemerkten, daß das Geld, das sie ihm geliehen, von ihnen selbst gegen starke Zinsen aufgenommen und mit großen Kosten unter schweren Gefahren an den von ihm bestimmten Ort geliefert worden sei. Seien nicht in der Tat die Gelder ein paarmal unterwegs geraubt worden? Er möge sich nur erkundigen, was ein Wechsel von Madrid nach Genua, von Genua nach Flandern koste. Man habe ihm gesagt, ihre Gewinn betrage 30, zuweilen 36 Prozent; in der Tat aber sei ihnen aus dem Geschäft zuweilen Verlust erwachsen, ihr Vorteil übersteige nicht drei Prozent.

Ganz so weit, wie ursprünglich beabsichtigt war, ist es auch in der Tat nicht gekommen. Der König bequemte sich, die Kapitalien scheinbar unangetastet zu lassen; die Kaufleute mußten sich dagegen eine sehr bedeutende Ermäßigung der Zinsen gefallen lassen: Thuanus sagt, von $7^{1}/_{3}$ auf $4^{1}/_{3}$. Dürfte man hier einen kleinen Irrtum vermuten und $7^{1}/_{7}$, $4^{1}/_{6}$ annehmen, so würde sich das Verhältnis dahin herausstellen, daß, wenn man früher für 1000 Dukaten jährlicher Renten 14 000 Dukaten Kapital zahlte, welches in der Tat das Gewöhnliche war, man nun 24 000 dafür zahlen mußte.

Die Erhöhung der Alcavala, welche die Mittel der Staatskasse vermehrte, und die Herabsetzung der Zinsen, welche ihre Pflichten verringerten, wirkten zusammen, um einen einigermaßen geordneten Staatshaushalt hervorzubringen.

Den Granden wurde trotz jener Demonstrationen kein besonderer Nachteil zugefügt. Philipp begnügte sich, wegen einiger abgekommener Vasallen, die der Krone unmittelbar anzugehören wünschten, den Prozessen ihren Lauf zu lassen.

Dagegen waren die geistlichen Einkünfte im Steigen begriffen. Pius IV. hatte dem König nicht allein einmal von den Früchten der Kirchengüter die Hälfte, er hatte ihm darauf auch für die Galeeren, die er gegen die Türken halten sollte, fortwährende Zuschüsse bewilligt. Nach langem Widerstreben hatte ihm Pius V. doch Escusado – einen Zehnten von den Gütern des Klerus – und Cruzada erneuert. Im Jahre 1578 ward das geistliche Einkommen von päpstlichen Nuntien auf anderthalb Millionen berechnet. Doch auch damit war Philipp nicht zufrieden. Er forderte Klöstern die ihnen von seinen Vorfahren überwiesenen Vasallen ab, um anderweit über sie zu verfügen. Er wollte, daß ihm das Escusado, das bis jetzt 250 000 Skudi trug, bis auf die Summe, welche die Galeerengelder ausmachten, bis 420 000 Skudi vermehrt würde. Wie große Schwierigkeiten auch jede fernere Erhöhung hatte, so fand sich Gregor XIII. doch bewogen, ihm eine neue geistliche Auflage von 170 000 Skudi auf drei Jahre als eine Subsidie für den Flandrischen Krieg zu gewähren.

Einer unserer Venezianer meint, der König sei in diesen finanziellen Beziehungen nicht als Herr, sondern mehr als ein mit Einnahme und Ausgabe betrauter Beamter zu betrachten. Durch eine Verbindung oberherrlicher Autorität und fleißiger finanzieller Geschäftsverwaltung gelang es dem König, nicht allein das Gleichgewicht herzustellen, sondern sich einigermaßen freie Hand zu verschaffen. Lorenzo Priuli berechnet, daß das angewiesene Einkommen von Spanien sich auf drittehalb Millionen, das nicht angewiesene auf sechstehalb Millionen belaufe; von diesen seien die laufenden Ausgaben zu bestreiten, doch bleibe eine gute Summe dem König zu Verfügung.

Für das Land und ihn selbst wäre es heilsam gewesen, wenn sich gegen weitere Eingriffe eine unübersteigliche Schranke gebildet hätte. Die Cortes erkennen an, daß sie alles zu leisten verpflichtet seien, was die Verteidigung der Krone notwendig mache; aber dagegen müsse man ihrer Beurteilung überlassen, wie dies am besten geschehen könne. Doch jetzo führe man nicht allein wider alle Versprechungen täglich neue Auflagen ein, obwohl vielmehr die alten abzuschaffen wären, man ergreife auch die dem Besitzer schädlichsten Mittel, sie einzutreiben. Unerträglich sei das Elend und die Mühsal, die man durch die neuen Tribute leide.

Ihre Bitten, ihre Klagen waren vergeblich. Philipp hatte nicht allein den Niederländischen Krieg auszufechten, sondern er entschloß sich, die Ligue von Frankreich zu unterstützen. Überdies hatte er die Unternehmung gegen England vor.

Diese Unternehmung bezeichnet ein neues Moment in Philipps Staatsverwaltung. Sie ist für die inneren Verhältnisse Spaniens so bedeutend wie für die äußeren. Zuerst erschöpfte sie das Land durch die Anstrengung, mit der man sie betrieb. Man brachte nicht allein große Geldsummen, sondern auch starke Lieferungen auf. Andalusien bot außer vielen anderen Bedürfnissen allein 12 000 Zentner Zwieback dar; Sevilla gab außer vielem anderen allein 6000 Faß Wein, Galicien 6000 Zentner Pökelfleisch: jede Provinz tat, was sie nur vermochte. Bei weitem eingreifender aber ward jene Unternehmung durch die neuen Anstrengungen, welche ihr vollständiges Mißlingen, ihre unglücklichen Rückwirkungen nötig machten. Wenn sich der König zu trösten wußte, so hatte das Reich Ursache, untröstlich zu sein.

Sogleich nämlich in dem hierauf folgenden Jahre, im Jahre 1589, sah sich Philipp genötigt, die schwerste von allen seinen Auflagen, die Millionen zu fordern, eine Abgabe, die, insofern sie auf den bestimmten Ertrag von acht Millionen Dukaten in sechs Jahren lautete, dem Servicio gleich, insofern sie aber auf die unentbehrlichsten Bedürfnisse, Wein, Öl, Fleisch und ähnliche Dinge gelegt ward, eine vollkommene Akzise war. Lange standen die Cortes an; man mußte, um sie zu überreden, selbst den kaiserlichen Botschafter, Grafen Khevenhiller, in Bewegung setzen; endlich gewährten sie. Indes es war, als wäre nichts geschehen. Im Jahre 1590 finden wir den König mit drei neuen außerordentlichen Mitteln beschäftigt. Er fordert ein Donativ ein; er eröffnet eine Anleihe; er will die Millionen bereits antizipieren. Das Donativ gewähren ihm die Granden: von den meisten Unglücksfällen wenig berührt, wie sie sind, können sie bei viertehalb Millionen Dukaten aufbringen. Die Anleihe mögen meist die fremden Handelshäuser geleistet haben; dieselbe gewährte bei neuntehalbhunderttausend Dukaten. Doch die Städte, obwohl so sehr bereit zu dienen, obwohl die Summe, die sie nicht sogleich zahlen, dennoch sehr bald einzuliefern verpflichtet, diese können nicht viel über drittehalbhunderttausend Dukaten antizipierter Auflage einbringen.

Da war es ein Glück, daß aus Amerika reichere Flotten anlangten. Potosi allein lieferte seit 1575 immer ansehnlichere Erträge, seit 1585, zwanzig Jahre lang, einen Quinto von mehr als einer und einer halben Million Pesos. Man hatte daselbst nicht lange vorher die Verquickung des Erzes mit Quecksilber eingeführt, und dieser Verbesserung unfehlbar war der höhere Ertrag des Bergwerks zu danken. Im Anfange des siebzehnten Jahrhunderts brachte die Flotte außerordentliche Reichtümer: 1613 und 1615 über zehn, 1608, 1612, 1614, 1616 über elf, 1620 und 1624 sogar über vierzehn Millionen Dukaten; hierbei für den König immer über anderthalb, meist zwischen zwei und drei, einmal vier Millionen. Gegen das Ende des sechzehnten Jahrhunderts kann die Ausbeute nicht viel geringer gewesen sein. Contarini berechnet 1593 das amerikanische Einkommen Philipps II. auf zwei Millionen Skudi. Nur war die Geldwirtschaft des Königs, ja selbst die des Landes so beschaffen, daß es verbraucht war, ehe es ankam. Kastilien schien das Geld nur zu empfangen, um es sofort wieder wegzugeben. Es lautet unglaublich, doch versichert es ein glaubwürdiger Mann, Gonzalez Davila, daß im Jahre 1595, welches dann den Ertrag von etwa drei Jahren geliefert haben muß, 35 Millionen Skudi in Gold und Silber über die Barre von San Lucar gekommen und daß hiervon im Jahre 1596 kein Real mehr in Kastilien gewesen.

Aus den Aktenstücken dieses Jahres ergibt sich zugleich, in welchem Zustande man war und auf welche Weise man die Geldgeschäfte trieb. Der König, der aufs neue seine Räte beauftragt, den Ursachen seiner übeln Umstände nachzuspüren, fängt an zu klagen: wenn ihm aus seinen reichen und mächtigen Königreichen, aus den Indulten des Papstes nichts übrig bleibe, wenn seine Schatzkammer ganz entblößt sei, so komme das nur von den übermäßigen Zinsen, mit denen er beladen. Er greift aufs neue zu den Mitteln von 1575. Er bestimmt, daß die verpfändeten Renten, Rechte und Besitztümer, jene den Staatsgläubigern übergebenen Anweisungen, ihnen entzogen und in königliche Verwaltung genommen, daß aus ihrem Ertrage billigere Zinsen gezahlt werden sollen. Hiermit erneut sich der alte Schrekken in Spanien und Italien, in Deutschland und den Niederlanden: und schon brechen die Bankrotte aus. Die florentinischen Häuser verloren allein mehrere Millionen. Es war kein Handelsmann in Pisa und Florenz, der nicht Verlust gehabt hätte. Lange wenden die Staatsgläubiger bei den Ministern des Königs, bei den Geistlichen, auf deren Wort er hört, bei ihm selbst vergebens alles an, was sie vermögen: endlich bewirken sie eine Ermäßigung, aber wodurch? Nur, indem sie sich zu neuen Anleihen verstehen. Sie versprechen eine Anleihe von acht Millionen Dukaten, dergestalt jedoch, daß sie nur 7 200 000, und zwar binnen 18 Monaten zahlen, dagegen aber die ganze Summe der acht Millionen binnen vier Jahren aus den außerordentlichen Servicios bis zum Jahre 1600, aus den indischen Einkünften von 1598 und 1599, aus dem Ertrage der Cruzada von 1599 und 1600, endlich auch eine ganze Million aus dem Verkaufe von Ämtern und „anderen noch zu erdenkenden" Einkünften zurückerhalten sollen. Sie haben dann im ganzen auf vier Jahre den mäßigen Vorteil von zehn Prozent; aber man sieht doch, wie die Haupteinnahmen der späteren Jahre durch diese Anleihe zum voraus hinweggenommen und verzehrt werden.

In der Tat richtet jedes vorausgehende Jahr das folgende zugrunde. Im Jahre 1598 mußte der König ein neues Donativ, welches Davila geradezu ein Almosen nennt, von Türe zu Türe einfordern lassen. Dieser Schriftsteller setzt hinzu, was man an Reputation verloren, habe mehr bedeutet, als was man an Geld zusammengebracht.

Und so sehen wir hier den merkwürdigen Fall, daß ein König sein Land auf das äußerste erschöpft und doch immer leere Kasse hat; daß alles Gold und Silber, welches die vorhandene Masse in Europa vermehrt, in seine Hände kommt und keinen Augenblick sein Eigentum bleibt; daß er ungeheure Summen aufbraucht und doch keinen Real verschwendet. Neben dem Aufwande seiner Kriege ist es hauptsächlich die von seinem Vater ererbte Geldwirtschaft, die er so fortgehen lassen, gegen die er kein gründliches Heilmittel gebrauchen wollte, was ihn zugrunde richtet, so wie es jenen zugrunde gerichtet.

Indessen zahlt Kastilien mühevoll seine Auflagen fort. Contarini behauptet, daß dies Land in den vier Jahren, daß er sich daselbst aufhielt, 30 Millionen Skudi aufgebracht habe. Klagend bringt es dies auf. Diejenigen, sagten die Cortes von 1594, welche in das neue Encabezamiento – denn die Millionen wurden wie das Servicio und mit ihm erhoben – eingetreten, seien nicht fähig, die auf sie gefallene Summe zu erlegen. Aus den Papieren, die man der Rechenkammer Seiner Majestät eingereicht, ergebe sich, daß viele ihre Renten verpachtet und daß die Pachtsumme derjenigen, die man von ihnen fordere, noch nicht gleich sei. Über zweihundert Ciudaden, Villas und Ortschaften seien nicht in das Encabezamiento eingetreten: alle Bedrückungen der Einnehmer seien ihnen lieber. Es habe zwar Seine Majestät eine Million erlassen, doch es sei so unmöglich, die ermäßigte Summe aufzubringen als die gesamte.

Hierauf war die Antwort, das offenkundige Bedürfnis Seiner Majestät gestatte nicht, auf diese Vorstellungen Rücksicht zu nehmen. In der Tat, wenn Contarini anmerkt, die Abgaben, die das Volk zahle, seien so übertrieben, daß es durch dieselben zugrunde gerichtet worden und ferner zugrunde gerichtet werde, daß es vielleicht beim besten Willen nicht lange mehr imstande sei, sie zu zahlen, so ist er doch auch genötigt, zu bekennen, diesem Übel abzuhelfen sei ganz unmöglich, da selbst so große Auflagen noch nicht hinreichend.

So verwaltete Philipp II. das öffentliche Vermögen in Kastilien und in seinem Reiche. Kastilien läßt sich mit einem See vergleichen, aus dem man zu mancherlei Werken mehr Wasser emporzöge und ableitete, als die inneren Quellen zu ersetzen vermöchten: dann würde allmählich sein Grund sichtbar: man wollte ihm einen neuen Zufluß zuführen; jedoch ehe derselbe noch angekommen, verbrauchte man auch ihn.

3. Unter Philipp III.

Kastilien erschöpft sich an Menschen, um die Niederlande spanisch, Italien in Zaum und Gehorsam, den katholischen Glauben in Aufnahme zu erhalten. Eben darum erschöpft es sich an Geld: die Zinsen nötigen den laufenden Jahren den Aufwand der früheren auf; man gibt Pensionen, um eine Partei zu behaupten; die Kriegskosten dauern fort. Es ist hier keine Verschwendung im Inneren, von persönlichen Eigenschaften abhängend, wie unter Heinrich III. in Frankreich; die auswärtigen Verhältnisse, wie sie sich im Laufe der Zeit entwickelt haben, zehren die Kräfte des Landes auf.

So hatte Lerma eine fast noch schwerere Aufgabe als Sully. Konnte er die Zinsen einhalten? Man sah an dem Beispiele des alten Königs, was dies fruchtete. Oder die Jahrgelder abstellen? Sie waren in der Tat sehr beträchtlich; um z. B. den Herzog von Urbino zu gewinnen, der doch nicht gerade viel bedeutete, hatte ihm Philipp II. 12 000 Skudi für seinen Tisch und Besoldungen für 4 Obersten, 20 Hauptleuten, 100 schwere, 200 leichte Reiter und 2 Kompanien zu Fuß bewilligt. Da sich aber die Spanier allenthalben Haß und Gegner erweckt hatten, da Frankreich eben mächtig genug ward, diese sämtlich um sich zu vereinigen, so wäre es allzuviel gewagt gewesen, auch die Freunde durch die Entziehung der gewohnten Hilfsgelder zu entfremden. Im Jahre 1600 unterhielt Spanien im Kirchenstaate nicht allein den Herzog von Urbino, sondern so viel Barone als irgend möglich, Orsinen, Cesarinen, Gaetanen und überdies nicht wenig Kardinäle. Sarpi behauptet 1609, es sei keine Stadt in Italien, wo nicht Spanien Anhänger besolde. In der Schweiz, in Deutschland, in England erhielt es sich eine Faktion durch dieselben Mittel. Eins aber tat Lerma, was allerdings vonnöten war: er gab der Monarchie nach und nach den Frieden. Jedoch indem er dies tat, begann er an dem Hofe zu verschwenden, was Philipp II. auf den Krieg gewandt; er führte eine innere Verschleuderung ein.

Wie reich ward er selbst von öffentlichem Gut! Er hat bei der Vermählung des Königs 300 000, bei der Auswechslung der Madame royale von Frankreich und der Infantin von Spanien 400 000 Dukaten; er hat, nach den Rechnungen seines Hauses, allein für fromme Stiftungen 1 152 283 Dukaten aufzuwenden vermocht. In dieser prächtigen Manier lebten seine Verwandten, seine Anhänger: Miranda sammelte einen Schatz von Edelsteinen: Calderon ward unglaublich reich. Die Gehalte der Hofbeamten beliefen sich in kurzem auf ein Dritteil höher als unter Philipp II. Aber wieviel erforderten überdies die häufigen Feste, das hohe Spiel, die Verlegung der Residenz, die Reisen, die Gnadenbezeugungen für die an den Hof zurückgekommenen Granden. Dem Könige kostete seine Vermählung 950 000 Dukaten, etwa so viel wie Ferdinand dem Katholischen die Eroberung von Neapel.

Also kam man trotz des Friedens nur in schwerere Bedrängnis: man griff zu noch außerordentlicheren Mitteln als Philipp II. Im Jahre 1600 erließ der König ein Edikt: „Obenan unter den Ursachen der öffentlichen Not finde er die Verarbeitung des Silbers zu täglichem Gebrauch. Wieviel besser, wenn es im Umlauf wäre! Um einem so großen Übel zu steuern, wünsche er die Masse zu kennen, welche vorhanden sei, sowohl weiß als vergoldet. Daher gebiete er eine Aufzeichnung des gesamten Silbergeräts, binnen zehn Tagen, er, der König." – Was konnte man hiermit beabsichtigen? Wollte man Privatleuten ihr Silber rauben? Oder hatte der Papst, wie behauptet ward, die Hälfte des in den Kirchen vorhandenen dem Könige verliehen? Die Geistlichen widersetzten sich: die Mönche predigten dawider; auch der Beichtvater des Königs war dagegen; und so mußte man sich am Ende begnügen, als nach dem Vortritt der Bischöfe von Valladolid und Zamora einige Bischöfe, Kathedralen und Metropolen freiwillige Beiträge leisteten. Aber die neue Regierung hatte gezeigt, wie gewaltsamer Maßregeln sie fähig sei; sogleich zeigte sie das noch mehr.

Im Jahre 1603 schlugen zwei königliche Räte, von dem Rate der Finanzen und dem Rate von Kastilien, eine Veränderung des Münzwertes vor. Man war in so großer Bedrängnis, daß man dies unerhörte Mittel „als eine Sache vom Himmel" ergriff. Gleich als sei Kastilien ein geschlossener Handelsstaat, erhöhte man den Wert des Kupfers von zwei auf vier: indem man für 6 320 440 Dukaten Kupfermünze hiernach umprägte, glaubte man – es läßt sich denken – welch einen Vorteil gemacht zu haben.

Doch nicht minder läßt sich erachten, was der wahre Erfolg sein mußte. Die Kaufleute der halben Welt eilten, ihr Kupfer nach Kastilien zu führen, wo dies Metall so hoch stand. Auch die kastilianischen hatten bei diesem Tausche einen Vorteil: in Cadiz, San Lucar, Puerto de Santa Maria, Malaga, San Sebastian, Laredo betrieb man ihn mit reißender Eile. In kurzem war das Silber so selten geworden, daß man am Hofe bis 40 Prozent Aufgeld dafür bezahlte, daß die gemeinen Leute selbst die zwei Realen, welche die Cruzadabulle kostete, nicht mehr in Silber aufbringen konnten. Kupfer dagegen wollte man für 128 Millionen Dukaten in Kastilien rechnen. Welch ein Zustand! Alle Jahre bringt die Flotte zehn, elf, zwölf Millionen Silber, und im ganzen Lande bekommt man keinen Silberreal zu sehen.

Ein Hauptgrund des Mangels lag in den Geldgeschäften mit den Genuesen. Der König war ihnen damals aufs neue 12 Millionen Goldes schuldig geworden, wovon sie 16 Prozent zogen, welche auf das mit den Flotten vom Orient und Okzident eingehende Gold und Silber angewiesen waren. Ein so großer Ausfall, daß damit alles in Verwirrung geriet. Man entschloß sich endlich kurz und gut, die Zinsen von 16 auf 5 Prozent herabzusetzen, die man nicht von der Einfuhr der Flotten, sondern von anderen durch Herabsetzung anderer Zinsen gewonnenen Überschüssen nehmen wollte. Die Genuesen klagten und schwuren, niemals wieder mit der Krone in Geldverhältnisse zu treten. Aber sie hatten einen so großen Zufluß von Renten und Einkünften, die sie anderweit nicht zu verwerten wußten, daß sie dennoch bei der ersten Forderung der Krone ihr wieder zu Diensten standen. Bald darauf wurden abermals die neuen Anleihen abgeschlossen.

Da nun solche Maßregeln auf einen Augenblick halfen, aber auf immer schadeten; da Handelsauflagen, wie wenn man beim auswärtigen Verkehr dreißig vom Hundert forderte, indem sie diesen selber fast zugrunde richteten oder den Schleichhandel mit Gewalt hervorriefen, die Einkünfte eher verringerten als vermehrten; da auch die Kaufleute keine Anleihe mehr eingehen wollten: wozu sollte man greifen? Man mußte immer wieder zu den Bewilligungen der Cortes zurückkehren.

Um das Gleichgewicht herzustellen, hat man vorgeschlagen, auch den Silberwert zu erhöhen. Allein das fand Schwierigkeiten in den Verhältnissen zu den genuesischen Wechslern, und man machte auch noch eine andere Einwendung dagegen. Es schien den Spaniern zum Glanz ihrer Monarchie zu gehören, daß ihre Münze durch die ganze Welt gehe, was nicht mehr der Fall sein werde, wenn sie nicht mehr vollwichtig bleibe. Der Wert des Scudi d'oro ward jedoch erhöht. – Dem Einbringen des Kupfers suchte man dadurch abzuhelfen, daß man den Verkehr mit diesem Metall 30 Liguas weit von der Grenze verbot.

Wenn die Abgeordneten kamen, erwies ihnen der Herzog von Lerma so viel Ehre, und jedem einzelnen von ihnen so viel gute Dienste, er gewährte ihnen alles, was sie wünschen konnten; persönlich gefesselt, hatten sie dann nicht mehr den Mut zu ernstlichem Widerstreben, nachdrücklichem Versagen.

Als man im Jahre 1600, nachdem frühere Bewilligungen abgelaufen, die Auflage der Millionen forderte, auf sechs Jahre vom 1. Januar 1601 an, jährlich 3 Millionen, wagten allerdings acht Städte eine Zeitlang einen gewissen Widerstand: nur allzubald aber mußten sie sich fügen. Konnte aber die Akzise, welche zehn Jahre früher nicht auf anderthalb Millionen zu bringen gewesen war, nunmehr noch einmal so viel abwerfen? Man sah sich in kurzem genötigt, die Sätze der auf Wein und Öl gelegten Gefälle noch weiter zu erhöhen; um den Unterschleif zu hintertreiben, errichtete man dreierlei Gerichtshöfe, einen ersten in jeder Stadt, einen zweiten in jedem Hauptorte eines Bezirks, einen dritten aus einer Junta der stimmführenden Städte, von denen der obere immer den unteren zu beaufsichtigen hatte. Erreichte man nun hierdurch seinen Zweck? Von der Auflage, die am 1. Januar 1607 völlig hätte bezahlt sein sollen, mußte man noch im Jahre 1608 einen guten Teil niederschlagen.

Man hätte glauben dürfen, hierdurch belehrt, würde die Regierung in ihren Forderungen, die Versammlung der Cortes in ihren Bewilligungen eingehalten haben. Jedoch mitnichten. Am 22. November 1608 gewährten die Cortes neue achtzehntehalb Millionen, in sieben Jahren zu zahlen. Und wenn sie hiermit allerdings die Anforderungen an die Akzise um eine halbe Million des Jahres verminderten, so sagten sie dafür in demselben Jahre zu, eine Anleihe von 12 Millionen auf die Einkünfte der Kommunen aufnehmen zu wollen, um des Königs Schulden durch ihre eigenen tilgen zu helfen. – So taten sie damals und ferner. Im Jahre 1619 gewährten sie aufs neue achtzehn Millionen. Ihr guter Wille ist mit dem Zustande des Volkes in schneidendem Widerspruch. So unfähig dies ist, zu zahlen, so bereit sind sie, zu bewilligen.

Was sollen sie auch tun: es verbirgt sich niemand, wie es steht. Der Rat von Kastilien überschlug 1619 mit Erstaunen und Schrecken, daß diesem Könige seit 1598 an der neuen Auflage allein 53½ Millionen gewährt worden; daß er andere 100 Millionen aus seinem Reiche gezogen hatte und daß doch alles verpfändet war, alle Zehnten des Meeres, alle Almoxarifazgen, Alcavala und Tercias, die Regalien, so erhöht, so erweitert sie sein mochten, alle; und daß nichts übrig war als jene unmittelbaren Zahlungen, die man kaum mehr leisten konnte. Auch der König beklagte mit Schmerzen, daß das Haupt seiner Königreiche, die Mutter so vieler erlauchter Söhne, die in Krieg und Frieden geleuchtet, neue Welten erobert und barbarische Nationen bezwungen, daß Kastilien so ganz herabgekommen. Indes, man konnte sich von dem gewohnten Verfahren, von der Sinnesweise, die ihm zugrunde lag, nicht losreißen. Der König entschloß sich doch, in eben diesem Augenblick neue Steuern zu fordern, die das Elend, welches er beklagte, nur vermehren mußten; auch in diesem Augenblick der Bedrängnis ließ der Rat von Kastilien von dem Gedanken einer Oberherrschaft über die Welt nicht ab. Indem er dem Könige sagte, mit dem Gelde, das er eingenommmen, hätte er Herr der Welt werden können, fügte er hinzu, noch sei dazu nicht alle Hoffnung verloren: er bekannte, daß er es noch wünsche. Und in der Tat nahm die spanische Politik eben die alten kriegerischen Richtungen wieder lebendiger auf. – Nicht Blindheit ist es, nicht Unwissenheit, was die Menschen und die Staaten verdirbt. Nicht lange bleibt ihnen verborgen, wohin die eingeschlagene Bahn sie führen wird. Aber es ist in ihnen ein

Trieb, von ihrer Natur begünstigt, von der Gewohnheit verstärkt, dem sie nicht widerstehen, der sie weiter vorwärts reißt, so lange sie noch einen Rest von Kraft haben. Göttlich ist der, welcher sich selber bezwingt. Die meisten sehen ihren Ruin vor Augen, aber sie gehen hinein.

FÜNFTES KAPITEL

Von dem öffentlichen Zustande

1. Kastilien

Noch kennen wir erst eine Seite der kastilianischen Dinge: es ist erst von dem Einflusse der Regierung die Rede gewesen.

Hängt aber die öffentliche Wohlfahrt allein von der Verwaltung ab? In der spanischen Monarchie ist diese nur eine einzige, sie hegt überall dieselben Absichten, sie nimmt überall verwandte Maßregeln: und doch hat sie in den verschiedenen Landschaften einen sehr verschiedenen Erfolg. Ein Fürst kann nur befördern: er kann nicht hervorbringen; – er kann wohl hemmen: doch er allein wird nimmermehr zerstören.

In Kastilien zeigt sich eine eigentümliche Wechselwirkung zwischen dem Charakter der Regierung und der Nation.

Man hat sich zuweilen überredet, dieses Land sei im Anfange des 16. Jahrhunderts sehr blühend, bevölkert und gewerbetätig gewesen. Doch läßt sich dies nicht beweisen. Im Jahre 1526, wo Peru noch nicht nach Amerika lockte, wo noch nicht die angeblich so verderblichen Wirkungen der Herrschaft der burgundisch-österreichischen Könige um sich gegriffen haben konnten, schildert uns die Reisebeschreibung des Venetianers Navagero dasselbe völlig dem Zustande gemäß, in dem wir es späterhin antreffen. Selbst Katalonien von Menschen entblößt und arm an Akkerbau; Aragon, so weit es nicht etwa von Flüssen belebt wird, öde und wenig bebaut; auch um bevölkerte Städte her, wie bei Toledo, die alten Wasserleitungen, ohne die sich nicht gut leben ließ, in Verfall; in dem übrigen Kastilien mehr als einmal lange Strecken einer Wüste, in der man nichts antraf als zuweilen eine Venta, gewöhnlich unbewohnt und mehr einer Karawanserei als einem Gasthofe ähnlich. Nur zu Valladolid, zu Sevilla, zu Granada blühte einiges Gewerbe. Auch in den Handelsbüchern des Mittelalters sucht man kastilianische Plätze fast vergebens; wenn in den Dekreten der Könige von Ausfuhr die Rede ist, so sind es nur Stoffe, Korn und Seide, Felle und Wolle, Eisen und Stahl, deren gedacht wird: wenn aber von Einfuhr, so werden fremde Arbeiten erwähnt.

Dies ist nicht ein Verfall der Nation; es ist vielmehr ihr natürlicher Zustand; es hängt mit ihren eigensten Instituten zusammen.

In der Tat ist es bemerkenswert, daß jener Unterschied, der sich bei der Wiedereinnahme des Landes zwischen den Befreiern und den Befreiten bildete, zwischen denen, welche mit den Waffen in der Hand von den Bergen kamen, und denen, welche das Land bauend gefunden wurden, sich so lange fort erhalten hat; es ist der Unterschied zwischen Hidalgos und Pecheros. Die Hidalgos verdanken ihre Rechte den Waffen, die sie zu führen berufen sind: „Man muß sie begünstigen", sagen Ferdinand und Isabella, „denn mit ihnen machen wir unsere Eroberungen." Der Hidalgo hatte das Recht, daß ihm um seiner Schulden willen weder sein Haus, noch sein Pferd, noch sein Maultier, noch seine Bewaffnung genommen, noch viel weniger seine Freiheit beschränkt werden konnte; er war frei von der Tortur. Vorzüglich aber hatte er das Recht, und dies ward für ihn unterscheidend, daß er keine Abgaben zu zahlen brauchte. Die Pecheros dagegen zahlten ihre Abgaben: wie den Hidalgos die Waffen, so fielen ihnen Gewerbe und Ackerbau anheim. Allerdings hatten sie auch ihre Ehre, und der König nannte sie gute Männer; auch behaupteten sie ihr Recht, die Abgabe, die sie allein zahlten, ohne den Zutritt eines Hidalgo unter sich zu teilen, und in den Pueblos hatten sie oft die meisten öffentlichen Stellen. In der Tat aber – und wie hätte dies anders sein können! – wurden die Hidalgos als der eigentliche Kern der Nation angesehen: die Staatsämter wurden ihnen übertragen; die Städte empfanden es übel, wenn irgendein Gewerbetreibender bei ihnen Corregidor geworden; die Cortes von Aragon hätten niemand unter sich geduldet, der sich je mit Verkauf befaßt hatte; genug, die Gunst der öffentlichen Meinung war dem Stande der Hidalgos zugewendet. Jedermann wünschte, wie sie sein Leben in höherer Ehre und ohne mühselige Arbeit zu führen. Unzählige machten wahre oder erdichtete Ansprüche auf die Vorrechte der Hidalguia; es schwebten darüber so viele Händel, daß in jedem Gerichtshofe immer der Sonnabend für dieselben ausgesetzt war, angewandt wurde und doch häufig nicht zureichte. Natürlich bildete sich denn im allgemeinen eine gewisse Abneigung gegen Handwerk und Kaufmannschaft, gegen Gewerbe und Emsigkeit aus. Ist es denn auch etwas so unbedingt Treffliches und Lobenswertes, seine Tage Beschäftigungen zu widmen, die, an sich unbedeutend, doch das ganze Leben dahin nehmen, damit man Geld von anderen erwerbe? Wenn man sich nur sonst edel und wohl beschäftigt! Wenn nur jene Neigung und Abneigung nicht in das Ungereimte und Ausschweifende verfallen! Vor allem müssen sie sich so verhalten, daß der Wohlstand der Nation nicht gefährdet werde.

Noch unter Karl scheint sich ein Gleichgewicht erhalten zu haben. Allerdings gewährte er der kriegerischen Richtung der Nation die reichlichste Nahrung. Europa ihren Feldzügen eröffnet; Asien gerade mit ihr im feindseligsten Gegensatz; die afrikanischen Küsten oft mit ihren Waffen erfüllt; überdies eine neue Welt zu erobern, zu bevölkern. Fand man nun das Volk kriegerisch gesinnt, so fand man es auch nüchtern und mäßig. Die Söhne gehorchten lange ihren Vätern: lange saßen die Töchter bei ihren Müttern und arbeiteten für ihre Aussteuer. Man heiratete spät, die Männer nicht vor dem dreißigsten, die Frauen nicht vor dem fünfundzwanzigsten Jahre. Der Luxus war noch in Schranken. Einige folgten dem Ruhme der Waffen: andere lebten von Landbesitz und Herden: andere genossen die Zinsen der Reichtümer, welche ihnen Indien mitgeteilt. Die falschen Richtungen waren vielleicht vorhanden, doch wurden sie von dem altväterischen Wesen noch in Zaum gehalten. Auch das Gewerbe hatte durch die neuen Ereignisse einen Schwung bekommen; die neuen Weltverbindungen, in die Spanien unter Karl V. trat, hatten auch der Tätigkeit des Pecheros den größten Spielraum eröffnet. Dem Reize der Waffen und adliger Vorzüge kommt der Reiz des Reichtums und des Erwerbes ohne Zweifel bei. Vor allem blühte der indische Handel zu Sevilla. „Gott sei Dank!" sagt Karl im Jahre 1543, „er ist immer gewachsen und wächst noch täglich. Der Waren allerlei Art, der Lebensmittel, die man dahin führt, die man von da nach unseren Reichen bringt, ist eine große Menge, daß die Kaufleute den größten Vorteil davon haben." In Granada war jener Verfall des Seidenbaues, den Navagero von der völligen Einführung der Inquisiton prophezeite, dennoch nicht eingetreten.

Im Jahre 1546 erklärt die Regierung, daß der Verkehr mit der Seide immer gewachsen und noch täglich wachse: man webe, arbeite und verkaufe Seidenzeuge, die man früher nicht gewebt noch verkauft noch aus dem Lande geführt. Man trug dort Sorge, daß der einheimische Maulbeerbaum nicht aus dem Lande, selbst nicht nach Valencia verpflanzt würde. Aber auch in Valencia und Toledo blühte dies Gewerbe. Es wird schwerlich einen Verfall der Tuchmachereien anzeigen, wenn man bemerkt, daß zu viel feines Tuch gemacht werde. Noch unter Philipp II. genügten diese Manufakturen für Spanien und großenteils für Indien. Genug, wenn man gleich nicht sagen kann, daß hier eine außerordentliche Industrie geherrscht, so muß man doch bekennen, daß einiges Gewerbe bestand und blühte.

Zu eigentlichem Aufschwung aber gedieh es niemals. Vornehmlich machten sich unter den Pecheros zwei falsche Neigungen Platz: die eine, für adelig zu gelten, die andere, im Kloster zu leben; beide darin übereinstimmend, daß sie von der Tätigkeit, die das bürgerliche Leben fordert, entfernten und auf den Genuß guter Tage im Nichtstun zielten: beide wurden von der Regierung, wiewohl ohne eine solche Absicht, auf eine eigentümliche Weise unterstützt.

Einen nicht geringen Einfluß nämlich hatte es, daß die königlichen Renten, die unter Karl V. hauptsächlich an ausländische Staatsgläubiger veräußert worden, allmählich an die Eingeborenen kamen. Wenn wir die große Gefahr berücksichtigen, welche besonders 1575 und 1596 alle Kapitalisten bedrohte, so dürfen wir uns nicht verwundern, daß sie sich jener Renten und Rechte gern entledigten. Daraus erfolgte nun erstens, daß der Ertrag der königlichen Einkünfte sehr von Hand in Hand ging. Aus einem kaufmännischen Kassenbuche von 1590 ersieht man mit einer gewissen Verwunderung, wie Antonio de Mendoza, Handelsmann zu Sevilla, unter anderen Artikeln bald von dem einen, bald von dem anderen seiner Mitbürger Renten an sich bringt, die diese vom königlichen Almoxarifazgo zu Sevilla beziehen. Er zahlt den Preis, den auch Doña Juana im Jahre 1555 empfing, 14 für 1, 14 000 Dukaten Kapital für 1000 Rente, so daß er im Grunde sein Geld für $7^1/_7$ Prozent ausleiht. Es ergab sich aber noch ein zweiter Erfolg von größerer Wichtigkeit. Begierig griffen die Spanier nach der Gelegenheit, sich feste Renten auf königliche Einkünfte zu sichern. Oft genug geschah dann, daß ein Kaufmann, ein Handwerker, sobald er es nur bis zu einer Rente von 500 Dukaten gebracht hatte, wozu er etwa 7000 bedurft haben wird, dieselbe für seinen Sohn als ein Majorat unablöslich fest machte. Hierdurch glaubte sich dieser unmittelbar in Adelsstand erhoben zu sehen. Auch seine Brüder, als Brüder von einem Majorat, fingen an, sich der niedrigen Beschäftigungen, von denen ihr kleines Vermögen stammte, zu schämen: sie wollten alle Don heißen: sie verschmähten die Arbeit. Vielleicht hatte das plötzliche Glück spanischer Soldaten in Italien, die, wie Papst Paul IV. sagte, aus Knechten im Stalle Herren des Landes geworden, oder das noch raschere Emporkommen indianischer Abenteurer auf diese Entwicklung Einfluß. Genug, die Zahl derjenigen, welche sich von ihren Renten ein ruhiges Leben einrichteten, die Zahl jener Ritter, wie sie im Lazarillo erscheinen, die mehr von ihren Phantasien als von ihren Reichtümern lebten, wuchs über die Maßen an; und man darf wohl sagen, daß Verfahren und Eigentümlichkeit der Regierung hierin den nationalen Neigungen zu Hilfe kam.

Noch auf eine andere Weise geschah das. Wie seltsame Gestalten nimmt doch der menschliche Ehrgeiz an! Weil König Philipp mit so großer Pracht das Escorial gründete, daß man ihn den zweiten Salomo nannte, hielten auch die Granden, die ja auch Staaten und Vasallen, Hof und Untertanen hatten, wie der König für angemessen, nicht minder Klöster zu gründen. Auch hierauf warf sich ihr Ehrgeiz, ihr Wetteifer. Sie hielten es für einen Vorzug ihrer Besitztümer, Klöster darin zu haben. Allerorten sah man neue entstehen, und nirgend fehlte es ihnen an Mönchen. Welch ein ruhiges Leben, ohne alle Sorge und doch keineswegs ohne Bedeutung, boten die Klöster dar! Wie sehr reizten hierzu die grammatischen Schulen, die man in den kleinsten Ortschaften angelegt und die denn die fähigeren Köpfe mit der Neigung, wenn nicht zu höheren Dingen, doch zum geistlichen Stande erfüllten! Die Familien hielten es für eine Art Reichtum, aus ihrer Mitte auch ein Mitglied in dem Kloster zu haben, und in der Tat brachte ihnen ein solches einige Exemtionen zuwege. So stifteten der König und seine Granden Schulen der Untätigkeit – Philipp III. und seine Gemahlin noch viel mehrere als Philipp II. –, und das Volk, vorzüglich dasjenige, welches auf keinerlei Adel hoffen konnte, wetteiferte einzutreten; erst in dieser Ausdehnung ward das Klosterleben verderblich.

Mit den materiellen Interessen verhält es sich wie mit anderen menschlichen Dingen. Was nicht in dem Geist einer Nation lebendig Wurzel schlägt, kann nicht zu wahrer Blüte emporkommen. Die Spanier lebten und webten in den Ideen des katholischen Kultus und der hierarchischen Weltanschauung; diese soweit wie möglich auszubeuten, hielten sie für ihren Beruf; ihr Stolz war, die Stellung festzuhalten, die sie dazu fähig machte; übrigens suchten sie das Leben in heiteren Tagen ohne Mühe zu genießen. Für die Emsigkeit fleißigen Erwerbes hatten sie keinen Sinn.

An dem zunehmenden Verfall desselben hatte die Regierung vielleicht mehr durch das Übermaß als durch den Mangel von Sorgfalt einen Anteil. Indem sie dem Verkehre durch Verordnungen und Gesetze zu Hilfe zu kommen suchte, bald die Einfuhr, bald die Ausfuhr beschränkte, geschah, daß sie ihm schadete. Sie hatte ein Gesetz wider die Einführung der Waren der Berberei gegeben: da man indes die Häute, den Corduan, die Drogerien von da nicht entbehren mochte, so erfolgte, daß fremde Schiffe dies daselbst luden, nach Spanien führten und auf das teuerste verkauften. Im Jahre 1952 verbot man die Ausfuhr allen Tuches, so des groben als des feinen, so der Frisas als der Sayales, auch aller Wolle, gesponnener und gekämmter: der Erfolg war, daß viele Tuchmacher ihr Gewerbe verließen, ihre Werkstätten schlossen: man war bereits im Jahre 1558 genötigt, dies Verbot wenigstens für die Landstriche an der portugiesischen Grenze wieder aufzuheben. Vorzüglich sind es diese Ausfuhrverbote, durch welche sich die spanische Handelsgesetzgebung auszeichnet. Die Hauptrücksicht dabei ist, die Waren im Lande wohlfeil zu erhalten. Die Könige verordnen, daß bei Verlust aller Güter niemand wagen solle, Getreide und Vieh, weder großes noch kleines, aus dem Lande zu führen, denn damit werde ihnen übel gedient und erfolge Teuerung für ihre Untertanen und Eingesessenen. Längst ist die Ausfuhr von Leder verboten: die Cortes dringen darauf, daß dazu auch nie eine besondere Erlaubnis erteilt werde, denn schon jetzt sei Schuhwerk so teuer und teurer als sonst die Kleidung. Sie klagen, daß Maultiere und Esel, so viele das Land auch hervorbringe, im Preise doppelt so hoch gestiegen als früher, und fordern eine Schärfung der Ausfuhrverbote. Ja, sie gehen so weit, auf die Erlaubnis der Einführung fremder und zugleich auf das Verbot der Ausfuhr der einheimischen Seide anzutragen, denn dann werde sie wohlfeil werden und der Vorteil groß sein.

In dieser eigentümlichen Sorgfalt, wohlfeile Ware zu haben, entwickelt die Regierung ein besonderes Bestreben, auch im Innern des Landes den Handel mit rohen Produkten zu beschränken. Es ist ein Gesetz, daß niemand Korn kaufen solle, um es wieder zu verkaufen. Ein anderes verbietet den Handel mit lebendigen Tieren, ein anderes den Ankauf von unzubereiteten Fellen, wenn man sie wieder unzubereitet veräußern wolle. Alles dies finden die Cortes wohl vorgesehen und vorteilhaft. Sie dringen darauf, wenn jemand Wolle einhandle, um sie wieder zu verkaufen, so solle der Wollarbeiter im Orte berechtigt sein, sich die Hälfte derselben um den Kaufpreis anzueignen: – es solle niemand Waid oder Krapp kaufen als der Tuchmacher selbst, der desselben bedürfe: eine Menge anderer Anträge in ähnlichem Sinne lassen sie folgen.

Nun ist wohl kein Zweifel, daß dies strenge Bevormunden des Gewerbes bis in das allerkleinste den guten Willen lähmen mußte, daß das stete Geben und Zurücknehmen unzureichender Gesetze dem Handel nicht eben förderlich sein konnte; und oft wäre vielleicht zu wünschen gewesen, daß die Regierung den Cortes weniger Gehör gegeben hätte. Ein allzu häufiges Eingreifen regulierender Behörden wird den Handel allemal stören.

Wenigstens geschieht hier, daß der Verkehr des Landes größtenteils in die Hand der Fremden gerät. Als jene Deutschen und Italiener, bei denen Karl seine Anleihen machte, nach Spanien kamen, um daselbst die ihnen angewiesenen Ortschaften in Verwaltung zu nehmen, sah man sie bald zu anderen Geschäften übergehen. Die Fugger trieben das Quecksilber in Spanien so in die Höhe, daß es dreimal so teuer ward, als früher gewesen. Irre ich nicht, so war die enge Verbindung auswärtiger Großhändler mit dem Fürsten auch dadurch nachteilig, daß sie ihnen außerordentliche Erlaubnis zu aller der Ausfuhr verschaffte, welche den Eingeborenen durch die

Gesetze verboten war. Allerdings zogen sie die Ausfuhr der spanischen Wolle und Seide, des spanischen Eisens an sich. Jene Rücksicht, die man daselbst auf Wohlfeilheit aller Waren im Lande nahm, machte ihnen ferner die Einfuhr leicht. Wir finden, daß eine Zeitlang ein jeder, der zwölf Sacas Wolle aus dem Lande nahm, verbindlich gemacht ward, dafür zwei Stück Tuch und ein Fardo Leinwand einzubringen. Freilich ward man bald genug den Nachteil inne, in den man geriet. Schon im Jahre 1560 erhob sich die Klage, daß man seidene und wollene Zeuge, Brokat und Tapezereien, daß man Waffen aus dem Ausland beziehe. Man habe zu allen die Stoffe zu Hause, ja, aus spanischen Stoffen mache sie der Fremde und setze dann unverantwortliche Preise. Man machte Vorschläge, dem abzuhelfen, Vorschläge, welche unzählige Male wiederholt worden und immer vergebens gewesen sind. Vielmehr stieg das Übel durch den Luxus, der nur an fremden Hervorbringungen Vergnügen fand, immer höher. Man trug englische kurze Röcke, lombardische Kappen, deutsche Schuhe, Pelze von Saona. Obwohl das Gespinst der Würmer vom schwarzen Maulbeerbaume, den man in Granada und Murcia pflegte, jedes andere weit übertraf, so zog man ihm dennoch italienische und chinesische Seide vor. Man kleidete sich in holländische Leinwand, und selbst die Stickerei der Halskragen ward zu einem Luxusartikel, auf den der Rat von Kastilien Rücksicht nahm; man aß auf einfachen oder geblümten, häufig damastenen Tischtüchern von Antwerpen; man schmückte die Zimmer mit Brüsseler Tapeten; man arbeitete an Schreibtischen, die von Flandern gekommen. Wollte man sich gut kleiden, so hatte man florentinischen Brokat; wollte man beten, so nahm man zierliche Rosenkränze von Frankreich. Man schlief hinter ausländischen Bettgehängen.

Da berechnete man in den Niederlanden mit Freuden, wieviel man von diesem Verkehr Vorteil habe; man zählte die Schiffe, die man mit solchen Waren nach Spanien gehen sah; man überschlug die Menschen, die hiervon ihre Nahrung hatten. Verständige Spanier sahen es mit Unwillen. Vorzüglich waren sie über die Franzosen entrüstet, die ihr Nichts von Spielzeug, ihre Ketten, Puppen und Messer in allen Buden an der Straße feilboten und Hausierern herumzutragen gaben; die ihre Schnuren von falschen Steinen und gefärbten Gläsern sich anfangs der Neuheit wegen teuer bezahlen und dann durch ihren Nachlaß erkennen ließen, wie wenig Wert ihre Ware hatte. „Seien sie denn Indianer, daß man ihnen solche Sächelchen bringe? Müsse man in so unnützen Dingen das Gold vergeuden, das man mit soviel Gefahr und Mühe aus Indien geholt habe?"

Nicht allein das eigentliche Gewerbe, nicht allein der Handel, besonders mit entbehrlichen Bedürfnissen des Luxus, war in den Händen der Fremden: sie hatten auch Großmeistertümer und Kommenden, sie hatten Bistümer und Herrschaften der Granden gepachtet; ihre Industrie erstreckte sich auf Getreide und Lebensmittel. Selbst für den Krieg war man von ihnen abhängig. „Wollt ihr wissen", sagt Villalobos, „was man nur zum Geschütz braucht? Eine Flotte muß von Flandern kommen um Holz und Pulver, eine andere von Italien, um Metall und Arbeiter, so zum Guß als für die Lafetten, mitbringen." Erst nach dem Verluste der italienischen Landschaften hat Spanien eigene Kanonengießereien angelegt.

Indem dies nun so stand, indem die Spanier sich gebärdeten wie Besitzer eines Gutes, welche die Verwaltung desselben anderen überlassen, zufrieden, eine kleine Rente zu ziehen und ihren übrigen Bestrebungen nachzugehen; indem die Fremden fünf Sechstel des inneren und neun Zehntel des indischen Verkehrs in ihre Hände nahmen, ereignete sich, daß die Regierung sozusagen alle disponiblen Kräfte an sich zog und verbrauchte.

Dies geschah zunächst durch die übermäßigen Auflagen, von denen wir geredet. Hierüber klagten die Cortes vom Jahre 1594. „Wie solle man Handel treiben, wenn man von tausend Dukaten Kapital 300 Dukaten Abgabe zahlen müsse? In drei Jahren sei das Kapital aufgezehrt. Wolle jemand noch Kaufmann sein, so müsse er alle Preise dergestalt steigern, daß er seinem Privatverluste mit öffentlichem Schaden beikomme; er richte sich und seine Käufer zugrunde. Doch wenige seien dazu geneigt. Man ziehe sich lieber zurück, um mit dem, was man noch habe, wenngleich auf die eingeschränkteste Weise, so lange hauszuhalten, als es noch gehen wolle. Wie niedrig auch die Pacht stehe, so könne sich doch kein Pächter halten: er verlasse entweder Haus und Hof und fliehe aus diesem Königreich, oder er nehme seinen steten Aufenthalt im Gefängnis. Wo man sonst 30 000 Arroben Wolle verarbeitet, verbrauche man deren jetzt kaum 6000. Hierdurch und durch die Auflage auf die Wolle geschehe, daß auch die Zahl der Herden abnehme. So liege Ackerbau und Viehzucht, es liege Arbeit und Verkehr danieder; schon sei kein Ort im Königreiche, dem es nicht an Einwohnern mangele; man sehe viele Häuser verschlossen und unbewohnt; das Reich gehe zugrunde."

Es geschah zweitens durch die Willkürlichkeit der Beamten. Contarini versichert, Philipp II. werde auf das treuloseste bedient; niemand fürchte sich, weil der König solche Vergehen doch nicht am Leben strafe; und würde er's tun, so würde sich kein Mensch zur Verwaltung seiner Einkünfte hergeben wollen. Die Cortes klagten, die Hebungskosten seien zuweilen dem ganzen Betrage der Auflage gleich. Der Despotismus, der von oben ausging, ward in seinen unteren Handlungen nur immer starrer und strenger. Wie plagte man den armen Bauern, dem man eine Taxe machte, wie er das Korn seiner Ernte verkaufen solle, den man oft, während das Getreide auf der Tenne lag, um seiner unverschuldeten Leiden willen mit Exekution quälte, den man vom Ertrag seiner Arbeiten hinweg ins Gefängnis abführte! Da zeigte sich das Übel des Ämterverkaufs. Zwar rühmte Philipp III., in seinen glücklichen Zeiten blühe die Gerechtigkeit, wie sie nur jemals geblüht; aber Khevenhiller versichert, sie sei in der Tat feil gewesen und jedermann habe seine Sache mit Geld durchsetzen müssen. Kaum ließ sich etwas anderes erwarten, da man am Hofe an Franchezza und Calderone das schlechteste Beispiel sah und da die Stellen, bis auf die Vierundzwanziger und Regidoren, welche die Städte verwalteten, gekauft wurden. Man schuf zuweilen neue Stellen, um sie zu verkaufen. Statt jüngerer Leute, wie man sie früher von den Gerichtshöfen gesendet, die sich durch gesetzliches Verhalten zu empfehlen suchten, schickte man seit 1613 hundert um Geld ernannte Rezeptoren aus: Menschen ohne Aussicht auf Beförderung, ohne einen anderen Ehrgeiz, als zu den Renten ihres Kaufpreises zu gelangen: welche nun durch gehäufte Prozesse und ungebührliche Sporteln dem Volke zur Last fielen. Dieses Übel durchdrang den ganzen Staat.

Es geschah endlich durch den Hofhalt Philipps III., der alle Granden nach Madrid versammelte. Diese Großen hatten während der letzten Regierung ihre Reichtümer in den Landstrichen verzehrt, von denen dieselben kamen; dadurch hatte sich dort wenigstens eine gewisse Bewegung des inneren Verkehrs erhalten, der sich an ihren kleinen Hofhalt anschloß; nunmehr aber blieb den Provinzen nichts übrig, als ihr Einkommen nach Madrid zu schicken, wo es in einem für das Land unnützen Luxus vergeudet ward. Wie viele andere entsagten dem Besitz von Ländereien, auf welchen die Auflagen lasteten, und zogen es vor, von ihren Renten in der Hauptstadt zu leben! Nicht lange, so fühlten dies die vornehmsten Orte in jeder Provinz.

Dergestalt zog der Hof, bald durch den natürlichen Erfolg seiner Zusammensetzung, bald durch die räuberischen Beamten, die er aussandte, bald durch die Abgaben, die er erzwang, die Kräfte des Landes an sich; da er nun seine Bedürfnisse vom Auslande erhielt, da er seine Kriege im Auslande führte, da seine Hauptgläubiger Ausländer waren, so kehrten sie zu dem Lande nicht wieder zurück, sondern dies ward Jahr für Jahr mehr erschöpft. Man sieht nicht ein, wie es ohne die indischen Zuschüsse hätte gehen wollen.

Unter Philipp III. war die Lage der Dinge niemand verborgen. Man sah Spanien überfüllt mit Geistlichen. Man zählte 988 Nonnenklöster, alle wohlbesetzt; Davila rechnet allein 32 000 Dominikaner und Franziskaner; die Kleriker nur in den beiden Bistümern Pamplona und Calahorra gibt er zu 20 000 an. Jedermann sah es; man klagte, gehe dies so fort, so werde die Geistlichkeit durch Schenkungen und Kauf noch das ganze Königreich an sich bringen; niemand wußte ein Mittel. Die meisten übrigen Spanier sah man müßig gehen: die einen unter dem Namen von Adeligen, die anderen unter der Kappe von Bettlern. Vorzüglich Madrid, aber auch Valladolid, Sevilla, Granada waren mit Bettlern erfüllt: man sah, wie man sich ausdrückt, Vasallen mit Haus und Familie aufbrechen und sich der Bettelei ergeben. Alle Arbeit kam an die Fremden. Man zählte im Jahre 1610 allein in den Ländern der kastilischen Krone 10 000 Genuesen und überhaupt 160 000 Fremde, die sich des Handels, die sich auch der kleinen Arbeiten, welche von den Spaniern verachtet wurden, bemächtigt hatten. „Diese“, sagt Moncada im Jahre 1619, „haben die Spanier ganz vom Gewerbe verdrängt, indem ihre Arbeit entweder dem Geschmack angemessener oder wohlfeiler ist als die der Eingeborenen; wir können uns ohne sie nicht kleiden, denn wir haben weder Leinwand noch Tuch; wir können ohne sie nicht schreiben, denn wir haben kein Papier ohne sie.“ „Sie gewinnen“, setzt er hinzu, „jährlich 25 Millionen“.

Indem die Kastilianer Kolonien nicht allein nach Indien, sondern nach Sizilien, Mailand, Neapel aussenden, zu Kriegführung und Regierung, so empfangen sie selbst in ihrem eigenen Lande Kolonien, die das ganze Gewerbe, den ganzen Reichtum an sich ziehen. Durch beides aber geht Kastilien zugrunde. Jene verliert es, diese vereinigen sich mit ihm: ihre Heimat ist woanders.

Besonders nimmt die Bevölkerung ab. Bereits im Jahre 1588 versichert man in England, die Anzahl aller Männer belaufe sich in ganz Spanien nach einem genauen Verzeichnisse auf 1 125 390 und nicht höher. Nach anderen Verzeichnissen zu urteilen, in welchen die Männer vom 15. bis 60. Jahre gezählt werden, nach welchen sie alsdann etwas über ein Fünftel der gesamten Bevölkerung ausmachen, möchte dies eine Einwohnerzahl von sechs Millionen geben. Sichtbar aber verminderte sich die Bevölkerung unter Philipp III. Medina del Campo hatte früher 5000 Einwohner und Nachbarn; im Jahre 1607 hatte es deren noch 600. Davila berichtet, daß man im Jahre 1600 die Bauern im Bistum Salamanca gezählt und deren 8384 mit 11 745 Gespann Ochsen gefunden; als man sie aber im Jahre 1619 wieder gezählt, habe man nicht mehr angetroffen als 4135 Bauern mit 4822 Gespann Ochsen, so daß die ganze Hälfte dieser Bauernschaften sich verloren haben würde. Ähnlich ist es fast überall. Die einzelnen klagen: man reise durch fruchtbare Gefilde und sehe sie mit Dornen und Nesseln überdeckt, weil niemand sei, der sie baue. Es trauert der Rat von Kastilien: „Die Häuser fallen", sagt er, „und niemand baut sie auf, die Einwohner fliehen, die Ortschaften sind öde, die Felder wüste, die Kirchen sind leer." Da fürchten die Cortes einen völligen Ruin. „Gehe das so fort, so werde es bald gar keine Nachbarn für die Ortschaften, keine Bauern für die Felder, keine Piloten für das Meer geben. Man werde sich nicht mehr verheiraten. Es könne kein Jahrhundert mehr dauern."

Und was tat nun die Regierung in dieser Lage der Dinge? Philipp IV. fragte jedermann um Rat. Manchem dünkten die italienischen Monti di Pieta, manchem neue Verordnungen wegen des Geldes, anderen andere Dinge wünschenswert, und gar manches Dekret ward gegeben. Beschränkte aber indes der Hof seinen Aufwand? Ließ er ab von seinen Plänen? Eben damals, im Anfange des Dreißigjährigen Krieges, machte die Politik des Olivarez, machten die Kriege, die Philipp IV. in Italien, Deutschland und den Niederlanden anfing, die spanische Monarchie nach außen hin furchtbarer als je, in sich selbst schwächer als je. „Da dachten die Cortes", sagt Cespedes, „nicht allein an menschliche, sondern an größere und göttliche Mittel." Was sind dies für Mittel? fragt man. Man betrachte die harmlose Einfalt des katholischen Glaubens, in der die Spanier leben. Sie ernennen, „um der besonderen Begünstigungen willen, die sie durch eine solche Fürbitte von Gott zu erlangen hoffen, die glorreiche und erlauchte Jungfrau, Santa Teresa de Jesus, zur Patronin ihrer Reiche". Nicht allen indes ist es recht. Einige fürchten, „sie möchten ihrem glorreichsten bisherigen Patron im Himmel, Sankt Jago, unter dessen Schutz sie die Welt zu ihren Füßen und das Land mit Wissenschaften und Tugend erleuchtet gesehen, dem möchten sie Gelegenheit geben, ihrer zu vergessen".

2. Katalonien

Von den drei Hauptländern der aragonischen Krone war jedes durch einen besonderen Vorzug ausgezeichnet. Das eigentliche Aragon durch seine Verfassung; Valencia durch einen Landesanbau, welcher die Felder daselbst vor allen anderen europäischen zu einem Garten machte; Katalonien durch eine so lebhafte Tätigkeit zur See, daß von einer Stadt wie Barcelona, die weder einen Hafen noch einen ganz sicheren Ankerplatz hat, das Seerecht aller Nationen hat ausgehen können. Diese Vorzüge beruhten sämtlich auf dem Kriege, den man einst mit den Mauren geführt hatte. Damals ward oft ein aragonischer König von seinen Soldaten angegangen: „Er möge ihnen erlauben, sich Feinden zum Trotz gerade unter ihren Augen eine Stadt zu bauen"; doch mußte er ihnen, um sie bei gutem Mut zu erhalten, dazu die Privilegien einer beinahe vollkommenen Freiheit gestatten. Das valencianische Land ward noch im Anfange des 17. Jahrhunderts von 22 000 maurischen Familien angebaut. Alle Schiffahrt der Katalonier ging von den Kämpfen aus, welche einst die Grafen von Ampurias wider sarazenische Seeräuber unternahmen: und über die Ungläubigen erwarben sie Kriegsruhm und Reichtümer. So führt diese Krone das sonderbare Zeichen von vier abgeschlagenen Maurenköpfen mit einigem Recht in ihrem Wappen. Aus diesem Blute erwuchs ihr Glück.

Wir betrachten nicht, wie es erwuchs. In den Zeiten, von denen wir handeln, verlor Aragon seine Freiheiten, Valencia seine Anbauer. Wie sehr diese Reiche auch Sorge getragen, sich in Absonderung von Kastilien zu erhalten, so konnten sie doch, als ein Glied der Monarchie, nicht vermeiden, das Schicksal derselben im allgemeinen auch an sich zu erfahren. Auch Katalonien verlor damals seine Schiffahrt.

Einst war eine Zeit, wo der Ruhm der katalanischen Seemacht, wie Don Pedro von Portugal sich ausdrückt, in allen Landen erscholl und in allen Geschichten wiederholt ward; jene Zeit, in welcher die katalanischen Seeverordnungen von allen Fällen sprachen, die einem Schiffe begegnen konnten, doch nie von Rückzug, Kapitulation oder Übergabe; in welcher fünf ihrer Schiffe immer sieben feindliche anzugreifen, die Generale zu den Füßen der königlichen Oriflamma zu sterben verpflichtet waren; welch ein Fest, wenn die Flotte ausgerüstet war, König und Volk sich an der Reede versammelten, die drei geweihten Fahnen des Königs, des Admirals und Sankt Georgs aufgestellt wurden, die Lebehochs erschollen und man des Sieges, der Beute im voraus gewiß dahinfuhr! Diese Zeit war vorüber.

Doch noch im Anfange des sechzehnten Jahrhunderts war der Handel von Barcelona in ziemlicher Aufnahme. Es scheint nicht, als habe ihm die Veränderung wie des indischen so des allgemeinen Handels durch die Entdeckungen der Portugiesen viel geschadet. Wir finden noch Jahr für Jahr Karavellen und Baloneren der Katalanen aus Alexandria in Barcelona einlaufen; wir finden noch 1522, daß sich die Stadt und die Generaldeputation des Landes für alle diejenigen, welche in den ägyptischen Landen Geschäfte treiben, Absolution beim Papste auszuwirken bemüht, – eine Sache, wie man sich ausdrückt, die das Wohl vieler Bürger betreffe; wir finden endlich noch im Jahre 1525 die katalanischen Kaufleute sich im Kaufhause zu Kairo versammeln und einen Konsul wählen. Bis ungefähr in dieselbe Zeit begleitet man den Handel der Barcelonesen mit Rhodos, mit Ragusa, mit den Küsten von Afrika, welche von den Eroberungen der Kastilianer neu eröffnet wurden; wenigstens bis gegen das Ende des 15. Jahrhunderts findet man katalanische

Konsuln in Konstantinopel, und noch 1499 stoßen ihre Raubschiffe im Hafen von Modon zu den Venezianern, um den Osmanen einen gemeinschaftlichen Widerstand zu leisten. Katalonien rühmte sich, noch Karl V. habe gesagt, ihm sei es wichtiger, Graf von Barcelona zu sein als römischer Kaiser.

Von dieser Zeit an aber sehen wir diese Regsamkeit, dieses Leben abnehmen. Die letzte Flotte aus den Resten der katalanischen Seemacht errichtete Karl V. im Jahre 1529; im Jahre 1534 finden wir den letzten Konsul in Tunis, im Jahre 1539 den letzten in Alexandrien; an Konstantinopel und die entfernteren Plätze im Mittelmeere ist bald nicht mehr zu denken; wenn je der Konsul in Brügge einige Bedeutung hatte, so hörte das nunmehr auf. Zwar kann die alte Neigung zu Schiffahrt und Seeverkehr nicht ganz unterdrückt werden; doch hält sie sich in engen Grenzen, und sie hat über wenig Kräfte zu gebieten. Um vier Galeeren gegen die Seeräuber auszurüsten, muß die Generaldeputation gegen das Ende des Jahrhunderts eine Auflage ausschreiben.

Wenn nun, wie wir sahen, die allgemeine Wendung des Handels, obgleich vielleicht auf eine gewisse Weise, doch nicht unmittelbar, nicht entscheidend eingewirkt hat, so fragt es sich, woher denn sonst diese Veränderung gekommen.

Von allen Ursachen, die man hiervon angeführt hat, finde ich doch nur zwei eigentlich wirksam. Und zwar zuerst die Vereinigung des Landes mit Kastilien, durch welche geschah, daß aller Verkehr auf dem Atlantischen Meere, welchen die Halbinsel überhaupt mit Flandern und dem Nordosten hatte, völlig in die näher gelegenen Provinzen, besonders an Biskaya kam; durch welche herbeigeführt ward, daß der eigentümliche Seeraub, den die Katalonier getrieben, nunmehr, da sie an das Interesse einer großen Monarchie gebunden waren, aufhören mußte; welche endlich den Namen dieser Seeleute unter dem allgemeinen der Spanier verschwinden machte. Capmany rühmt, daß sich seine Landsleute in der Schlacht von Lepanto sehr hervorgetan; daß Pedro Roig die Wimpel des türkischen Hauptschiffes als Siegeszeichen mit nach Hause genommen; wer wußte es aber als seine Vaterstadt, die Villa San Felio de Guixoles, wo er jene Zeichen aufgestellt? Nun war aber der Fall, daß diese Vereinigung bei weitem nicht die Rechte der Kastilianer verschaffte. In manchen kastilianischen Häfen wollte man die Untertanen der aragonischen Krone wegen ihrer großen Freiheiten nicht für vollkommene Vasallen des Königs gelten lassen. Von allen amerikanischen Unternehmungen aber waren sie durch das Gesetz ausgeschlossen, obschon ihre natürliche Betriebsamkeit hier die größten Dienste hätte leisten können.

Fügen wir hinzu, daß manches ungünstige Verhältnis unmittelbar von Kastilien herüberwirkte; daß der König etwa die Ausfuhr des Eisens verbot und der Vizekönig dennoch die Erlaubnis zu derselben gab, nur aber um Geld, nur an seine Freunde und Diener, wodurch der Vorteil des einzelnen der allgemeine Schaden ward; daß jene Unternehmungen im Geldverkehr, welche die Zeit Philipps III. auszeichneten, ihre unglücklichen Wirkungen sofort auf den Markt von Barcelona äußern mußten; daß die Genuesen, alte Nebenbuhler der Katalanen, nunmehr im Interesse der Monarchie sehr begünstigt wurden: so müssen wir gestehen, daß die

Vereinigung der aragonischen und kastilischen Krone, die Gründung der spanischen Monarchie für Katalonien mehr nachteilig als vorteilhaft gewesen ist.

Eigentlich entscheidend war indes für den Verfall des katalanischen Handels erst das Übergewicht der türkischen Seemacht auf dem Mittelmeere. Durch die Vorteile, welche Barbarossa und seine Türken über die spanisch-venezianische Flotte in den ionischen Gewässern 1538 davontrugen, durch den Bund Franz' I. mit Suleiman, welcher die türkischen Seeräuber in die entferntesten Buchten des Mittelmeeres führte, endlich durch die Befestigung der Barbaresken auf der afrikanischen Küste ward dies Übergewicht begründet. Da konnte kein einzelnes Schiff von dieser Macht, die mit den Türken in stetem Krieg lag, seinem Verkehr im Osten des Meeres nachgehen. Seit 1537 nahmen alle Ladungen auffallend ab. Vielmehr mußte man seine ganze Sorgfalt nur darauf richten, die eigenen Küsten zu verteidigen. Schon im Jahre 1527 zeigten sich die Türken an der Reede von Barcelona, aber seit 1538 erschienen sie häufiger, oft bis zu 20, manchmal zu 100 Segel stark. Da baute man Türme an den Vorgebirgen, Türme an den Ausflüssen des Ebro und des Llobregat; eine Stadt gab der anderen Nachricht, wofern sie in der Ferne türkische Flaggen gewahr ward. In der Tat hatten sie zu fürchten. Ciudadella auf Minorca ward im Jahre 1558 genommen, erobert und verbrannt.

Dergestalt von der großen Monarchie beschränkt, von den Türken auf sich selber zurückgetrieben: durch jene von dem Westen, durch diese von dem Osten ausgeschlossen, mußte Katalonien sich an seinem Verkehr mit Sizilien und Neapel begnügen; den übrigen Handel herzustellen, machte es dann und wann nur fruchtlose Versuche.

So wie aber Siege über die Araber, über Mohammedaner die katalanische Seemacht gegründet, so müssen wir bemerken, daß hinwiederum andere Mohammedaner, daß die Fortschritte der osmanischen Türken den Verfall derselben herbeigeführt haben.

3. Mailand

Eine neue Entfaltung des nationalen Geistes zeigte dagegen Mailand. In der Entwicklung des städtischen Lebens sind die Lombarden immer allen anderen unserer Völkerschaften vorangegangen, den Lombarden aber die Mailänder. Ist nun gleich das Neue, was sie jetzt hervorbringen, in innerem Gehalt und großartigen Erfolgen mit dem, was sie früher getan und geleistet, nicht zu vergleichen, so bleibt es noch immer der Betrachtung wert.

Wir fassen erst den Adel, dann die Bürger ins Auge.

Der Mailänder Adel aber machte sich durch seinen Reichtum bemerkbar. Nicht daß es gerade viele Familien von einem außerordentlichen Einkommen gegeben hätte. Man zählte nur etwa fünf, welche zwischen zehn- und dreißigtausend Dukaten Einkünfte hatten. Man rechnete um das Jahr 1600 die Medici von Marignano, die Sforzen von Caravaggio auf 12 000, die Borromeen auf 15 000, die Trivulzen auf 20 000, die Serbelloni auf 30 000 Dukaten Renten. Solcher Häuser dagegen, die zwischen zwei- und viertausend Dukaten Einkünfte hatten, gab es eine ungemeine Menge. Dieser Adel nun, der sich von allem Gewerbe entfernt hielt, der in keinem öffentlichen Leben Beschäftigung fand, suchte seines Wohlstandes bei guter Tafel, in heiterem Leben zu genießen. Er hatte nicht den titelsüchtigen Ehrgeiz der Neapolitaner: er liebte es, sich in Mailand wohl sein zu lassen. Da sah man alle Tage diese Edelleute in großen Trupps auf dem Streitroß oder dem flüchtigen Ginnetto oder dem Maultier, das man mit Samt geschmückt, auf den Straßen. Die Wagen, mit Gold verziert und reich bedeckt, blieben für die Damen. Nichts war prächtiger als der Mailänder Karneval. Aber auch sonst, wie schöne reiche Kleider, wie glänzende Waffen, wie treffliche Pferde, wie häufige Feste! Eigentümlichen Reiz und innere Bewegung empfing die Gesellschaft, wie es denn nicht anders ist, von dem Verhältnis der beiden Geschlechter.

Hieran knüpft sich nun, daß jene Künste, die auf ritterliche Leibesübung, die auf Geselligkeit Bezug haben, in Mailand mit vorzüglicher Fertigkeit getrieben wurden. Die Fechtkunst war bereits in allen ihren modernen Handgriffen, in ihrer ganzen Taktik ausgebildet. Nirgends blühte die Tanzkunst mehr. Nicht allein erwarben sich einzelne, wie jener Pompeo Diobono, der überdies den Namen eines vollkommen schönen Mannes hatte, unter den Tänzern eine Art Ruhm: es werden uns über hundert Kavaliere und über hundert Damen namhaft gemacht, welche dieser Kunst vollkommen mächtig gewesen. Aus beiden entwickelten die Mailänder den künstlichen Waffentanz. In dieser auf Vergnügen und Genuß gerichteten Gesinnung war denn auch ein günstiger Boden für die Schauspiele. Bereits 1590 machte sich in den Intermezzos die Oper geltend, wie unnatürlich man es auch anfangs finden wollte, daß ein Pluto sang. Wieviel da der gute Borromeo ausgerichtet, ist schwer zu sagen. Schon aber, wenn man die damals gebräuchlichen Namen ansieht, unter so vielen Ersilien, Aurelien, Violanten, die nach der Fabel oder dem Altertum benannt waren, nur wenige, deren Namen an Heilige und christliche Tugenden erinnerten, sollte man nicht glauben, daß es sehr viel gewesen.

Mailand nun gewann hierdurch einen gewissen Einfluß auf die Welt. An den Höfen von Frankreich und Spanien, von Lothringen und Savoyen, selbst an dem kaiserlichen finden wir Mailänder als Meister jener Übungen, welche die Kavaliere trieben. Mailand wird als ein Mittelpunkt für die äußere Bildung des europäischen Adels anzusehen sein.

Noch einen anderen Einfluß hatte es durch die Erfindungen und gewerblichen Künste, die von hier aus in alle Welt gingen. Dieser ist den Bürgern zuzuschreiben. Die mechanischen Künste wurden zu Mailand mit einer außerordentlichen Meisterschaft getrieben. Wer schöne Harnische und Waffen, wer künstliche Stickerei suchte, ging nicht weiter, wenn er's nicht in Mailand fand. Der Senat suchte das Gewerbe sorgfältig an die Stadt zu knüpfen. Es findet sich ein Dekret, daß niemand, der in Wolle arbeite, besonders niemand, der mit Scharlach zu färben verstehe, weder Meister noch Gesell noch auch Bursche, die Stadt ohne ausdrückliche Erlaubnis verlassen, daß niemand sie dazu verführen dürfe, bei Strafe des Verlustes seiner Güter. Auch in Como blühte das Gewerbe. Im Jahre 1580 führte man daselbst zweitausend Ballen Wolle ein, zwei Drittel spanische, ein Drittel deutsche; man machte daraus so viel Tuch, daß man 250 000 Skudi mit demselben erwarb. Im Jahre 1554 versuchte Pagano Marino Seidenarbeiten daselbst, die darauf einen schönen Fortgang nahmen. Und doch war Como lange nicht die blühendste dieser Städte. Noch im Jahre 1555 finden wir sie bitten, daß man ihr im Hinsicht auf Arbeit und Verkehr auch die Freiheit gestatten möge, deren Mailand samt anderen Orten bereits genieße.

Da war eine allgemeine Regsamkeit in dem Lande. Durch den Fortgang des Gewerbes kamen die Zölle empor: durch die anwachsende Menge des baren Geldes fielen die Zinsen. Man baute Kanäle und Straßen; man kaufte veräußerte Ämter zurück; man sorgte für die Armen. Die Comaschen bauten Hallen um ihren Getreidemarkt und richteten Ädilen ein. Sie gaben Geld zum Druck eines Buches über ihren einheimischen Adel; man ging damit um, alle Wochen dreimal Vorlesungen über die Institutionen halten zu lassen. Como war um das Jahr 1600 bevölkerter, als es jemals wieder geworden ist.

Hauptsächlich aber blühte die Stadt Mailand. Wenn man den Umfang ihrer Mauern, die Menge ihrer Häuser betrachtet, sagt Leoni, sollte man nicht glauben, daß sich dafür Einwohner genug finden würden. Hat man aber Gelegenheit, die unzählige Menge Volks einmal zu übersehen, so sollte man nicht meinen, daß sie alle Wohnungen haben könnten. Man hielt die Stadt nächst Neapel für die volkreichste von Italien.

4. Neapel

Ist nun kein Zweifel, daß die Entwicklung eines eigentümlichen Lebens in Mailand, wie die Erhaltung des gewohnten Zustandes in Sizilien, deren wir oben gedachten, mit der Selbständigkeit zusammenhing, in der sich die Landschaften behaupteten, so war schon diese Bedingung in Neapel nicht vorhanden. Da war die Summe der gesamten Staatsverwaltung die absolute Macht des Vizekönigs; sie durchdrang den ganzen Staat von oben bis hinab. Um die Lage der Dinge wahrzunehmen, wird es gut sein, wenn man sich einen Augenblick von der Betrachtung allgemeiner Zustände losmacht und einigen dieser Vizekönige schärfer ins Auge sieht.

Mit einer gewissen Ausführlichkeit gedenken unsere Relationen nur zweier, Mondejars (1575 bis 1579) und Ossunas (1616 bis 1620). Jener, der bereits an siebzig Jahre zählte, hielt es für seine vornehmste Pflicht, seine Familie zu versorgen. Einem ersten seiner Söhne gab er eine Kompagnie zu Pferd, einem zweiten eine andere zu Fuß, einem dritten stattliche Abteien; eine reiche Erbin ließ er mit gewaffneter Hand aus dem Kloster nehmen, um sie in sein Haus zu verheiraten; auch seiner Gemahlin wußte er ein regelmäßiges Einkommen von 7000 Dukaten zu verschaffen. Übrigens hatte er so sehr das spanische Sosiego, daß man statt eines Vizekönigs den König in ihm zu erblicken meinte, daß er die neapolitanischen Fürsten unbedeckt vor sich stehen ließ. Das Volk hielt er in einer völligen Unterwerfung. Gewalttaten, die es sonst zur Rebellion gebracht haben würden, wenn er etwa in die Rechte der Seggi zu Neapel eingriff, wenn er bei dem Verkauf der

Lebensmittel Neuerungen vornahm, brachten nur Verwirrung und Schmerz hervor. Man zahlte nach seinem Gutdünken neue Auflagen; indem man Donative gewährte, konnte man nicht einmal durchsetzen, sie durch eigene Abgeordnete an den König schicken zu dürfen. Viele glaubten, dieser könne, wenn er wolle, selbst die Inquisition einführen.

Wenn das Alter Mondejar in seinen Gewalttätigkeiten unbiegsam, starr und langsam machte, so trieb Ossuna eine kräftige Jugend zu Trotz, Übermut und ausschweifenden Plänen an. Eine solche Natur war geeignet, sich Freunde und Feinde zu machen. Die Freunde können ihn nicht genug loben: „Er habe die Verwaltung der königlichen Minister geprüft; er habe die schädlichen Klientelen der Doktoren aufgehoben; er selbst habe die Gefängnisse besucht, die Schuldigen verhört; durch seine Strenge sei den täglichen Mordtaten Einhalt geschehen und der Same der Räuber vernichtet." Seine Feinde wissen ihn nicht genug zu tadeln. „Er hat falsche Zeugnisse aufgebracht, um diejenigen in Schrecken zu setzen, von denen er Geld haben wollte: die Donationen in Erpressungen umgestaltet; die größten Verbrechen um Geld verziehen; alles mit Hilfe der Marchesana von Campilatar, seiner öffentlichen Buhle; seine Wollust habe kein Kloster, keine Kirche verschont." Man könnte versucht sein, Lob und Tadel für gleich wahr zu halten. Von Übermut und Eigenmacht ist er nimmermehr freizusprechen.

Auch die meisten übrigen sind es nicht. Welch ein sonderbarer Ehrgeiz ist der, welcher vielen von ihnen eigen ist, die Werke ihrer Vorgänger zu vernichten; sie scheuen sich nicht, Festungen, welche diese zu bauen angefangen, liegen zu lassen, um anderswo eigene zu beginnen. Einige wollen reich werden, andere einen Anhang, andere die Gunst des Hofes erwerben. Doch sind das nicht die Interessen, in denen Königreiche regiert werden sollen.

Von den Vizekönigen ging Beispiel und Veranlassung zu der Art und Weise der gesamten Landesverwaltung aus. Da sie die Ernennungen zu den Stellen hatten und den Kollegien nur der Vorschlag von drei oder vier zu jeder überlassen blieb, so benutzten sie dies nicht, um aus den Vorgeschlagenen die Würdigsten auszusuchen, sondern sie erlaubten ihnen, einander mit Geschenken zu überbieten. War nun jemand mit großem Aufwand zu der Stelle eines Rates, eines Reggente gelangt, so erfolgte, daß er auf alle Weise auf seine Kosten zu kommen suchte; er nahm seinerseits auch Geschenke. Die Räte hatten 600 Dukaten Gehalt; dabei sah man sie Reichtümer aufhäufen. Und von ihnen ging dann dies System auf die unteren Stellen über: die Schreiber der Vikarie nahmen Geld von den Verbrechern, welche sie bestrafen sollten. Es verbreitete sich bis auf die letzte Klasse der Diener: Gehör bei einem Rate mußte man von dessen Türsteher mit klingender Münze erkaufen. Diese durchgehende Schlechtigkeit war in allen Klassen mit Stolz, Härte, Heftigkeit vergesellschaftet.

Die Beamten betrachteten ihre Würde als einen ihnen delegierten Teil der höchsten Gewalt, den unter den Namen des Rechtes und des Gesetzes, doch in der Tat zu eigenem Vorteil zu benutzen ihnen überlassen bleibe. So sah man sie gleichsam Friedensschlüsse mit denen eingehen, welche zu bestrafen, zu beaufsichtigen sie bestimmt waren. Man beschuldigt die Governatoren in den Provinzen, grobe Verbrechen, selbst Mordtaten um Geld gestattet zu haben. Die Hauptleute in den Städten sollten den Anmaßungen der Eletten, diese wiederum den Eingriffen der Governatoren widerstehen: wie häufig verstanden sich beide und richteten vereint die Städte zugrunde. Die Aufseher in den Messen sollten Maß und Gewicht prüfen: sie nahmen Geld von den Verkäufern und ließen sie tun, wie sie wollten. Der Protomedico schickte Kommissare aus: wenn sie nur Geld sahen, sagt man, so kümmerte es sie nicht mehr, ob die Heilmittel, die verkauft wurden, echt oder verfälscht seien. Man versprach wohl den Städten, sie der Einquartierung zu entledigen, wenn sie Geld zahlen würden, und dies war in der Tat ungesetzlich genug; doch wie ist das zu nennen, daß man, nachdem man die Summen empfangen, nachdem man die Soldaten weggenommen, in vierzehn Tagen eine andere Kompanie schickte?

Man betrachtete die Ämter als Güter, die man nicht allein mit dem größten Vorteil, sondern auch mit dem mindesten Aufwand bewirtschaften müsse. Die Befehlshaber in den Festungen hielten zwei Drittel Soldaten weniger, als man ihnen besoldete. Die Uomini d'Armi, deren ganzer Dienst zu Roß, mieteten Pferde zur Musterung; übrigens hielten sie keine. Die Hauptleute, deren Galeeren gegen einen plötzlichen Überfall dienen sollten, vermieteten ihre Galeerensklaven zu Diensten nach der Stadt. Die Münzmeister beschnitten das Silber dergestalt, daß man einen Gran für einen halben Real nehmen mußte. Prokuratoren und Notare wußten die Händel unsterblich zu erhalten. Gerechtigkeit war ein Handelszweig, Ehrgeiz, Geldgier, Eifersucht und die diesem Volke eigentümliche Wut, sich zu rächen, brachten entsetzliche und unerhörte Dinge zum Vorschein.

Was sollten bei dieser allgemeinen Sinnesweise diejenigen tun, deren Macht wirklich von dem Schwert stammte und persönlich war? Wenn die Barone aus der Hauptstadt verschuldet nach Haus kamen, machten sie jedes kleinste ihrer Rechte bis zur Barbarei geltend. Sie verkauften Ämter um hohe Preise an Leute, die, wie Lippomano sagt, ihren Vasallen lebendig die Haut abzogen. Sie machten ihr Gebiet zu geschlossenen Staaten und nötigten die Handelsleute, die etwa mit ihrem Vieh von Markt zu Markte zogen, für jedes Stück um übermäßige Summen ein sicheres Geleit zu erkaufen. Sie litten keine anderen Gasthöfe an den Straßen, als welche sie um allzu hohe Sätze verpachteten, so daß die Wirte, den Eigentümern ähnlich, sich auf grausame Weise an den armen Reisenden erholen mußten. Und damit ja niemand wohlhabend würde, kauften sie die Seide, und was das Land hervorbrachte, auf und verschlossen ihren Untertanen den Weg des Handels.

Wir wissen bereits, daß die Geistlichen die nämlichen Grundsätze befolgten, daß sie die Seminarien den Unbegüterten unzugänglich machten, daß sie die Hospitäler und Leihhäuser, die den Dürftigen zugute kommen sollten, auf treulose Weise verwalteten, daß sie für jeden Akt, für jedes Dekret unerlaubte Sporteln nahmen.

Ist es nicht, als wären alle diese Beamten, dieser Adel, diese Geistlichkeit Feinde, die das Land erobert, mit dem Recht, es fortwährend auszusaugen?

Ihre Gewaltsamkeit und Härte ließen sie zwar einer den anderen fühlen, doch hauptsächlich mußte das arme Volk davon leiden, das überdies mit jenen übermäßigen Auflagen beschwert war. Mit welcher Schärfe verfolgte man die Zahlungspflichtigen! Wie oft, wenn ein armer Mensch mit seiner Hacke den Tag über anderthalb Realen verdient hatte und sie des Abends mit Weib und Kind zu genießen dachte, kam ihm dann ein Soldat ins Haus, den er nur mit dem wenigen Silber befriedigen konnte. Hatte er auch das nicht, so verkaufte man ihm den Krug aus dem Hause. Die arme Witwe, die nichts hatte als das Bett, ward dieses Bettes beraubt, und fand man denn gar nichts mehr, so deckte man das Dach ab, um die Materialien zu verkaufen.

Da verzweifelte der Mensch und verließ seine armselige Hütte. Viele zogen aus ihren Ortschaften und begaben sich in die Berge. Hier in Empörung gegen eine Verfassung der menschlichen Gesellschaft, welche jedem Zweck derselben Hohn sprach, fingen sie einen Krieg mit ihr zu führen an, der das Land mit Raub und Mordtaten erfüllte. Zuweilen taten sie sich zusammen, und man kennt jenen Marco Berardi von Cosenza, der die einzelnen Banden zu einer Schar von 1500 Mann vereinigte, sich König Marcone nannte, die ersten Spanier, die man wider ihn schickte, aus dem Felde jagte und nur durch eine Art Kriegszug besiegt werden konnte. Meist waren sie einzeln. Der Name eines Ausgetretenen, eines Verjagten, Bandito, ward mit dem Namen eines Meuchelmörders gleich. Obwohl man in Neapel mehr solche Leute auf die Galeeren schickte als in dem übrigen Italien und Spanien zusammengenommen, so blieb doch das Land von ihnen erfüllt. Die Städte verfielen: blühende Orte, wie Giovenazzo, sah man fast unbewohnt: Kalabrien konnte man nur in Karawanen durchreisen.

Wenn nun die Gegenwirkung gegen absolute Gewalt in Sizilien vielleicht die öffentliche Moralität gefährdete, aber das Land in seinem herkömmlichen Zustande erhielt, in Mailand wohl nicht alle Willkür verhinderte, aber eine gewisse städtische Blüte möglich machte, so geschah in Neapel, daß die Herrschaft derselben absoluten Gewalt, in der Eigenmacht ihrer Handhaber hervortretend, zugleich die öffentliche Moralität zerstörte und das Land zugrunde richtete.

Im Interesse des Königs schien diese Gewalt ausgeübt zu werden: wie hätte aber das Interesse des Königs auf diese Weise befördert werden können!

Der König wollte das Land einträglich: diese räuberische Verfassung aber zehrte mit dem Heißhunger des Verschwenders ihren eigenen Raub auf. Der König wollte das Land sicher vor dem Feinde: aber da standen seine Festen, unvollendet, halb besetzt, geschickter, den Feind einzuladen als ihn abzuwehren; – am Molo lagen seine Galeeren, jedoch ohne Ruderer und Ruder, ohne Soldaten und Geschütz: Korsaren schwärmten um alle Küsten. Der König wollte endlich sein Land gehorsam und unterwürfig. Doch ein Teil seiner Untertanen suchte, wie gesagt, den Naturzustand auf; die Bürger von Neapel zeigten sich bei jedem leichten Brotmangel aufrührerisch; die Angioinen unter diesem Adel behaupteten noch immer die Lilien in ihrem Wappen, erinnerten sich der Verluste, die sie erlitten, der Beleidigungen, die sie erfahren. Sie erwarteten alle nur einen Aufruhr zur Empörung.

So zerstört der Despotismus durch seine Mittel seine Absichten. Ein schlechter Trost für die Menschheit! Die Wirkung des Despotismus, die Zerstörung der Tugend und der Wohlfahrt, diese bleibt.

5. Niederlande

Solange die Niederlande den Aufwand der spanischen Monarchie zum größten Teile trugen, war Kastilien einer solchen Last überhoben: jene blühten dennoch, dies erhielt sich in leidlichem Wohlstand. Seit aber die Niederlande sich empört hatten, fiel die ganze Last der Monarchie auf Kastilien; jene wurden erschüttert, von den Kriegszügen erschöpft, doch bald erhoben sie sich zu neuer Blüte: dies dagegen ward zugrunde gerichtet.

Diese beiden Länder, beide Nationen, die eine Zeitlang so eng verbunden waren, standen aber auch an und für sich noch in manchem anderen tieferen Gegensatz.

Bei den Spaniern wie bei den Neapolitanern finden wir eine entschiedene Richtung zu öffentlichem Hervortreten, zu glänzender Erscheinung. Sie wollen Ritter sein: sie wollen Würden bekleiden: sie scheuen nicht, eine gewisse Pracht auf der Straße mit Armut und Entbehrung zu Hause zu erkaufen. So wie sie eine Beleidigung zu unauslöschlichem Haß antreibt, so verbindet sie eine Wohltat zu parteiischer Ergebenheit. Die Niederländer sind dagegen ganz einem behaglichen Privatleben zugewendet. Zuerst muß das Haus, das sie bewohnen, wohl gefüllt, es muß mit reinlichem Haushalt jeder Art ausgestattet sein. Dann bekleiden sie wohl ein öffentliches Amt, doch ist dies einmal geschehen, so sind sie zufrieden und treten auch wieder zurück. In bezug auf den Staat wünschen sie hauptsächlich durch keine Unordnung und Gewaltsamkeit in ihren Besitztümern gestört zu werden: zu persönlichen Parteiungen sind sie weniger aufgelegt. Jene sind kriegerischer, diese friedlicher; jene kühne Angreifer, diese herzhafte Verteidiger; jene mehr auf Gewinn, diese mehr auf Erwerb bedacht.

Welch ein Unterschied ist zwischen dem Vergnügen des Volks an dem Stier, den der Ritter mit der Lanze entgegenreitend erlegt oder den man von steilem Berg einen engen Weg nach dem Fluß herabjagt, wo er ersäuft, und jenen Festlichkeiten, welche sich etwa die rhetorischen Gilden niederländischer Städte gaben, wenn sie, irgendeinen Spruch oder eine verständliche Wahrheit mit sinnbildlicher Pracht darstellend, in Samt und Seide verkleidet, auf altfränkischen, reichgeschmückten Spielwagen zueinander einzogen! Die Lust der Niederländer war, wenn der ganz gebratene Ochse auf dem Markt zu sehen war, wenn der Wein durch die Röhre sprang, wenn die Männer hoch an den Mastbäumen Kleinode erkletterten, wenn die Frauen nach fern aufgesteckten Preisen um die Wette liefen, wenn dann nachts am hohen Turm zu Antwerpen viel hundert Laternen Freude brannten.

Wenn nun die Spanier Amerika fanden, eroberten und sein Silber erbeuteten, so kam doch der wahre Vorteil, der in Leben und Regsamkeit, Gewerbe und Reichtum bestand, den Niederlanden zugute: im Beginn des sechzehnten Jahrhunderts vorzüglich der Stadt Antwerpen.

Unsere Relationen merken an, daß kein Land zu allgemeinem Verkehr günstiger gelegen sei. Zur See könne man in einem Tag von England, in dreien von Schottland, in fünfen von Dänemark, in zehn von Spanien und Portugal dahin gelangen; Frankreich und Deutschland grenze unmittelbar an. Alle diese Vorteile kamen Antwerpen zugut. Es waren daselbst um das Jahr 1566 bei tausend fremde Handelshäuser; eine Menge Spanier, die hier besseren Gewinn hatten als in ihrem Vaterland; eine Menge Deutsche. Man sagte, zu Antwerpen mache man in einem Monat mehr Geschäfte als zu Venedig, das doch immer einer der ersten Plätze blieb, in zwei Jahren. Ich ward traurig, spricht Marino Cavallo, als ich Antwerpen sah: denn ich sah Venedig übertroffen. Der geringe Zoll, obwohl man zugleich einen brabantischen und seeländischen erhob, unterstützte, die neuen Befestigungen, welche der Rat vorgenommen, sicherten den Verkehr. Cavallo nennt die Stadt die Quelle des Handels.

Es ist nicht dieses Ortes, in das einzelne hierüber einzugehen. Die unterrichtende und für die Verhältnisse des gesamten Europa wichtige Darstellung, die Luigi Guicciardini hiervon hinterlassen, ist in manches andere sattsam zugängliche Buch aufgenommen worden. Aus der Vergleichung jenes Autors mit unseren Handschriften ergibt sich indes eine Bemerkung, welche vielleicht Berücksichtigung verdient.

Obgleich nämlich Cavallo, der den Venezianern Ratschläge, die sich auf seine Beobachtungen des niederländischen Handels gründen, annehmlich zu machen sucht, diesen ohne Zweifel so genau als möglich untersucht hatte, obgleich Guicciardini, der anfangs allein über Antwerpen schreiben wollte, durch das Detail seiner Darstellung zeigt, wie gut er die Verhältnisse dieser Stadt kannte – dem Rate derselben hatte er sein Buch gewidmet –, so daß gegen das Zeugnis weder des einen noch des anderen an sich etwas einzuwenden ist, so sind doch ihre Angaben sehr verschieden. Dies ist nur daher zu erklären, daß jener 1550, dieser 1566 schrieb. Gerade zwischen diese Jahre fällt die größte Blüte, die der Antwerpener Handel überhaupt erlebt hat. Sollte selbst eine oder die andere Angabe unserer Autoren nicht ganz genau sein, so ist doch leicht zu ermessen, wie wichtig eine Vergleichung zwischen beiden ist, um den Fortgang des Verkehrs einigermaßen zu fassen.

Dann erscheint der Fortschritt in der Tat bewunderswürdig. Von Portugal kamen im Jahre 1550 für 300 000 Dukaten Edelsteine, Gewürze, Zucker; der Verbrauch der Kolonialwaren nahm so zu, daß man im Jahre 1566 Zucker und Gewürz allein für 1 600 000 Dukaten von Lissabon einführte. Von Italien brachte man 1550 für eine Million, sechzehn Jahre später für drei Millionen Dukaten rohe und verarbeitete Seide, Kamelot und Goldstoff. Die gesamte osterländische Einfuhr, die sich auf Korn, Leinen, Holz erstreckte, betrug 1550 drittehalbhunderttausend Dukaten; 1566 an Korn allein über anderthalb Millionen. Wenn man im Jahre 1550 den Wert zugleich der französischen und der deutschen Einfuhr auf 800 000 Dukaten anschlug, so berechnete man 1566 die französischen Weine allein auf eine Million Ecus, die Rheinweine allein auf anderthalb Millionen Dukaten. Nach Brügge kam 1550 für 350 000 Dukaten, 1566 für 600 000 Dukaten spanische Wolle. Am meisten war aber ohne Zweifel der englische Handel in Schwung gekommen. Cavallo rechnete zu seiner Zeit die gesamte englische Einfuhr, Zinn, Wolle und Tuch, auf 300 000 Dukaten; Guicciardini schlug dagegen die Wolle auf einen Wert von drittehalbhunderttausend, Tuch und Zeuge aber – wer sollte es glauben, da man sich überredet hat, die Kunst, Tuch zu bereiten, sei erst mit niederländischen Flüchtlingen nach England übergewandert! – auf mehr als fünf Millionen Dukaten an. Hiernach muß sich der spanische Verkehr mit den Niederlanden in dieser Zeit beinahe verdoppelt, der portugiesische, französische, deutsche gewiß verdreifacht haben; der englische wird, was kaum glaublich scheinen sollte, auf das Zwanzigfache gestiegen sein. Freilich hatten sich auch binnen vierzig Jahren die niederländischen Handelsleute zu London von ihren Buden mit Töpfen und Bürsten zu den prächtigsten Warenlagern mit allen Schätzen der Welt erhoben. Wenn Cavallo die seidenen Zeuge, die Spezereien, und was man sonst 1550 nach England führte, auf eine halbe Million ansetzt, so berechnet Guicciardini 1566 den Gesamtverkehr beider Länder auf zwölf Millionen. Hier zeigt sich, warum Elisabeth vor dem Aufruhr mit Philipp, nach dem Aufruhr mit den Provinzen gute Freundschaft zu halten genötigt war.

Doch nicht allein Antwerpen blühte. Cavallo rühmt am meisten, daß das Gewerbe über das ganze Land verbreitet sei: in Courtrai, Tournai, Lille mache man hauptsächlich Tuch. Kamelot zu Valenciennes, in Douai Tischtücher; in Brüssel wirke man die schönen Tapeten. Holland liefere nicht allein den Ertrag seiner Viehzucht, sondern auch die Leinwand: Seeland gebe wenigstens gesalzene Fische. Von alledem steige der reine Gewinn jährlich auf eine Million Dukaten. Daher komme es, daß das ganze Land mit Verkehr und Geld erfüllt, daß niemand so niedrig, so unfähig sei, der sich nicht nach seinem Stand doch wohlbefinde.

Wenn nun der Handel das Gewerbe, das Handwerk förderte, so berührte dies in seiner Ausbildung unmittelbar die eigentliche Kunstübung. Nichts bewundert Soriano mehr als jene Tapeten. Hier zeigt sich, sagt er, was die Geschicklichkeit vermag: wie die Meister, die in Mosaik arbeiten, mit kleinen Steinchen Abbilder der Dinge hervorbringen, so versteht man hier mit wollenen und seidenen Fäden der Arbeit nicht allein Farben, sondern sogar Licht und Schatten zu geben und die Figuren so gut heraustreten zu lassen, wie nur die besten Maler vermögen. Man berührte jedoch die Kunst nicht allein: man besaß sie in der Tat; ein jeder weiß es.

Wie flüchtig ist indes das menschliche Glück! Es erfolgten die bürgerlichen Kriege, welche das Land verwüsteten und Plünderung über die Städte brachten. Auch über Antwerpen. Wie Guicciardini im Jahre 1580 sein Buch zum zweitenmal herausgab, fügt er hinzu: die gegenwärtige Zeit verhalte sich zu der früheren, die er beschrieben, wie die Nacht zum Tag. Hierauf, nach der Eroberung durch den Prinzen von Parma, hat dieser Ort nie wieder zu der alten Blüte gelangen können. Im Anfange des siebzehnten Jahrhunderts war er von gewiß anderthalbhunderttausend Einwohnern bis auf die Hälfte herabgekommen.

Waren dies die Erfolge eines Krieges, welchen das Land so viel Recht, so viel dringende Gründe gehabt hatte zu unternehmen?

Es ist wahr: nicht alle Erfolge desselben sind glücklich gewesen. Jene Entzweiung zwischen so nah verbundenen Landschaften, die noch in diesem Augenblick in Religion, Sitte, Sprache sichtbar ist, ward ohne Zweifel durch denselben herbeigeführt. Indes Handel, Fleiß, Gewerbe und regsames Leben gingen nicht durch ihn unter: sie fanden eine Zuflucht in Holland. Amsterdam trat an die Stelle von Antwerpen.

Fragen wir, wie dies geschah, so müssen wir uns erinnern, daß der Prinz von Parma zwar Grund und Boden, aber nicht die Menschen eroberte. Diese, entweder für ihre Religion oder für den Rest ihrer Besitztümer besorgt oder von Mangel bedroht, flohen vor ihm her. Es war hauptsächlich die Übersiedlung der tätigen Klassen, welche den Verkehr verpflanzte, welche dem schon an sich in Anwachs begriffenen Handel von Amsterdam einen so gewaltigen raschen Schwung gab, daß er der erste von Europa ward.

Nunmehr machte Holland die Produkte der Welt sich zinsbar. Es vermittelte zuerst die Bedürfnisse der östlichen und der westlichen Küstenländer an den benachbarten Meeren. Das Holz und das Korn, welches jene, das Salz und den Wein, welches diese gaben, tauschte es gegeneinander aus. Es sandte seine Schiffe zum Fang des Herings nach den nördlichen Gewässern: von da führte es denselben an alle Mündungen der aus den südlicheren Landen kommenden Flüsse, von der Weichsel bis zur Seine. Rhein, Maas und Schelde hinauf brachte es ihn selber. Man schiffte bis nach Zypern, um Wolle, bis nach Neapel, um Seide zu holen; da mußten die Küsten der alten Phönizier einem so weit entfernten deutschen Volk, zu dessen Wohnsitzen sie selber schwerlich gedrungen sind, zinsbar werden. Von den verschiedenen Gegenständen des Handels sammelten sich nun bei den Holländern die größten Vorräte an. In ihren Speichern fand Contarini im Jahre 1610 100 000 Säcke guten Weizen und ebensoviel Korn; und Raleigh versichert, daß sie immer mit 700 000 Quarter Korn versehen gewesen seien, so daß sie auch ihren Nachbarn in Fällen eines dringenden Bedürfnisses zu Hilfe kommen konnten: natürlich nicht ohne großen Vorteil; ein Jahr des Mißwachses galt ihnen für sieben gute. Und keineswegs begnügten sie sich, das rohe Produkt wieder zu vertreiben: selbst der fremden Arbeit fügten sie gern etwas hinzu. Sie führten bei 80 000 Stück Tuch des Jahres aus England, aber ungefärbt; sie erst bereiteten es zum täglichen Gebrauche und hatten dann von dem Verkaufe den größeren Gewinn.

Wenn sie dergestalt einen so großen Teil des europäischen Verkehrs bereits in ihrer Hand hatten, so war doch der glänzendste Vorteil sowie der eigentliche Ruhm ihrer Seefahrten an Ostindien geknüpft. Von allen Feindseligkeiten, die sie gegen Spanien ausgeübt, war die Unternehmung auf Indien diejenige, welche den König und die Nation am meisten erschreckte, am härtesten traf und der Tätigkeit der Holländer selbst den mächtigsten Schwung gab. Contarini bewundert die Ordnung, mit welcher sie um 1610 jährlich zehn bis vierzehn Schiffe dahin sandten, er gibt das Kapital der Gesellschaft auf 6 600 000 Gulden an. Diese großartige, weltumfassende Bewegung führte sie dann immer weiter; auch auf unbekannte Länder schifften sie aus. Ihre Bemühungen, eine nördliche Durchfahrt zu finden, die Reisen ihrer Heemskerke verdunkelten vollends den Seeruhm anderer Nationen.

Da sah man denn alle Häfen, Buchten, Meerbusen von Holland mit Schiffen bevölkert: alle Kanäle des inneren Landes mit Fahrzeugen bedeckt. Man hatte das bezeichnende Wort, ebenso viele seien dort auf dem Wasser wohnhaft wie auf dem Lande. Man rechnete 200 größere, 3000 mittlere Schiffe, die ihre vornehmste Station bei Amsterdam hatten. Hart an die Stadt stieß der dichte, dunkle Wald ihrer Mastbäume.

Amsterdam nahm unter diesen Umständen ungemein zu. Binnen dreißig Jahren ward es zweimal bedeutend erweitert: man erzählt, daß im Jahre 1604 daselbst 600 neue Häuser gebaut worden. Für einen Fußbreit Boden, sagt Contarini, gab man einen Skudo. Er rechnete im Jahre 1610 50 000 Einwohner.

Da blühten die Gewerbe: die Arbeiten waren vortrefflich. Die Reichen blieben mäßig und sparsam, wie denn mancher, der das feinste Tuch verkaufte, sich selbst in grobes kleidete; die Armen hatten ihr Auskommen; das Müßiggehen ward bestraft. Da ward es eine gewöhnliche Sache, nach Indien zu schiffen; man lernte mit jedem Winde segeln. Jedes Haus ward eine Schiffahrtsschule; es war keins ohne eine Seekarte. Hätten sie einem Feinde weichen sollen, da sie die See so ganz bezwungen? Die holländischen Schiffe hatten den Ruhm, sich eher zu verbrennen als zu ergeben.

ZWEITE ABTEILUNG

Zur Geschichte der Weltstellung der spanischen Monarchie

Bei dem Wiederabdruck der vorstehenden Kapitel über die spanische Monarchie habe ich vermieden, irgendwie nennenswerte Veränderungen in denselben vorzunehmen; sie sollen als eine Arbeit des Jahres 1827, in welchem sie zuerst erschienen, angesehen werden. Nach langem Intervall füge ich eine Ergänzung hinzu, die aber nicht ganz das Produkt der letzten Jahre ist, sondern vorlängst entworfen wurde.

Wie sich die Provinzen der spanischen Monarchie durch ihre inneren Zustände voneinander unterschieden, so stand auch eine jede von ihnen in besonderen auswärtigen Beziehungen.

Von den Niederlanden her hatte das Haus Burgund, seitdem es in ihren Besitz gelangt war, in die allgemeinen Verhältnisse des westlichen Europa und selbst des Nordens eingegriffen. Welch eine Rolle haben noch die letzten Herzöge von Mailand in allen Angelegenheiten Italiens und seinen Zwistigkeiten gespielt. Die Könige von Spanien vergaßen nie, daß sie zugleich Erzherzöge von Österreich waren; unter diesem Gesichtspunkte sahen sie die deutschen Erblande und Ungarn, auch Böhmen an; ihr Verhältnis zu Polen, Rußland und selbst zur Türkei hing davon ab. Diese mannigfaltigen Beziehungen zu allen Fürstenhäusern und Mächten von Europa und die daraus resultierende Weltstellung der spanischen Könige aus der österreichischen Dynastie verdienen noch eine nähere historische Betrachtung.

Abgesehen hiervon hatte aber die spanische Monarchie, wie sie ursprünglich seit der Verbindung von Kastilien und Aragon angelegt war, ihren eigentümlichen Kreis politischer Tendenzen und Einwirkungen. Wie oft und ernstlich war schon damals von einer Reunion mit Portugal die Rede gewesen. Die Erwerbung von Neapel, das dann wieder mit Sizilien zusammenschloß, auf den Grund der alten Ansprüche der Krone Aragon gab dieser Macht eine großartige Stellung auf dem Mittelmeer, die durch ihr Zusammentreffen mit den Osmanen einen welthistorischen Charakter empfing. Überdies aber war von Kastilien aus eine neue Hemisphäre entdeckt und in den Kreis der das Menschengeschlecht umfassenden Verbindungen gezogen worden.

Alle diese Richtungen wurden nun von den Königen aus dem Hause Österreich aufgenommen und nach den verschiedenen Seiten hin weitergeführt; sie bilden, wenn wir so sagen dürfen, den fundamentalen Charakter der spanischen Monarchie und bedingen ihre Geschichte. Wir fassen zunächst das vielleicht wichtigste Moment von allen, das Verhältnis zu Amerika, ins Auge.

ERSTES KAPITEL

Die amerikanischen Kolonien

Die allgemeine Verschiedenheit zwischen den Bevölkerungen der anderen Hemisphäre, welche die Spanier bemerkten, bestand darin, daß die einen staatenähnliche Einrichtungen hatten, die anderen in vollkommener Wildheit lebten. Die Frage, wie die ersten zustande gekommen sind, ist für den Zusammenhang der alten Geschichte unendlich wichtig, aber kaum zu lösen; daß sie bestanden, war für das menschliche Geschlecht, selbst für eine neue Entwicklung desselben von Bedeutung.

Hätten auch in dem südlichen und mittleren Amerika bloß wilde Nationen gelebt, so würden die Spanier sich wahrscheinlich wohl behauptet, gewiß nicht so rasch und glänzend ausgebreitet haben, als es geschah. Dazu gehörte, daß es Staaten von einigermaßen vorgeschrittener Kultur unter mächtigen Oberhäuptern gab, welche ihnen Widerstand entgegensetzen konnten, aber durch die in Spanien gebildeten Streitkräfte besiegt wurden. Der Gehorsam, den die einheimischen Fürsten gefunden, die Ordnung, die sie eingerichtet hatten, bahnte der Herrschaft des Königs von Spanien den Weg. Wie so gewaltig hatte die Verehrung, welche die Inkas genossen, der Autorität, die der große König erlangte, vorgearbeitet. Die religiöse und politische Gewalt war in Peru noch enger vereinigt als in Spanien selbst. Die Azteken in Mexiko lebten unter sehr ausgebildeten, wenngleich nicht geschriebenen Gesetzen, aus denen spätere Spanier ein Studium gemacht haben; einer von diesen stellte die Gerichtsverfassung von Tezcuco den spanischen Audiencias zur Seite. Ein anderer, ein Geistlicher, verglich die Beratschlagungen, die der Fürst der Indios in der Provinz Vera-Paz seinen Beschlußnahmen vorausgehen ließ, mit den Beratungen, zu welchen die Könige in Spanien Consejos und sachverständige Männer herbeizogen. Es war nur ein leichter Übergang von der Herrschaft der einander koordinierten Oberhäupter in Tlascala zu der Regierung des Königs: denn der Gobernador ging nach einer gewissen Folge aus jenen Familien hervor, und zwar nach Wahl. Man kennt die Ansprüche, welche der tlascaltekische Adel allezeit auf seine Herrschaft gründete. So bestand auch bei den Mozkas in Bogota eine sehr ausgebildete Autorität des Fürsten. Die Kaziken genossen, obwohl sie ein Erbrecht besaßen, doch erst alsdann ein volles Ansehen, wenn sie von demselben bestätigt worden waren.

Die Spanier hielten für gut, dies nachzuahmen. Überall traten sie an Stelle der höchsten Gewalten, welche sie niederwarfen; auf den Grundlagen der öffentlichen Ordnung, die sie vorgefunden, bauten sie ihre Autorität. Die durchgreifendste Veränderung, welche sie vornahmen, lag in der Einführung des Christentums; sie können nicht genug rühmen, wie bereit und gern die Eingeborenen die Lehre annahmen, Zeremonien ausübten, welche Verehrung sie den Priestern widmeten. Darin setzten die Conquistadores ihr vornehmstes Verdienst, daß sie den Götzendienst stürzten, den fast überall herrschenden Greuel von Menschenopfern (von dem selbst der Dienst der Sonne in Peru nicht frei war) und des Menschenschlachtens, der Menschenfresserei ein Ende machten, die Schamlosigkeit der unnatürlichen Laster, die im Schwange gingen, durch Züchtigung und Gebot vertilgten.

Aber sie brachten auch andere Bedingungen des zivilisierten Lebens hinüber. Durch die Einführung der europäischen Getreidearten ward der Ackerbau erst eigentlich möglich; die das Land mit ihrem Schatten bedeckende Palme wich vor europäischen Fruchtbäumen; die Tiere, die dem Menschen am nützlichsten sind, wurden erst hinübergebracht, und bald lernten auch die Eingeborenen sich ihrer bedienen.

Dazu gesellten sich die Handwerke und Gewerbe, die für das bürgerliche Leben notwendig sind. Die Indios bedienten sich der Werkzeuge, die ihnen geboten wurden, mit viel Geschicklichkeit; mit Erstaunen sahen noch die Conquistadoren Maler unter ihnen, deren Werke sie mit dem Besten gleichstellten, was sie in Europa gesehen hatten. Vor allem wandten sich die Eingeborenen den gelehrten Studien mit Eifer zu; die Söhne aus den vornehmsten Geschlechtern besuchten die hohen Schulen, die zur Seite der Kathedralen gegründet wurden.

Wie sich die spanische Geistlichkeit eine nicht minder stolze Hierarchie auf der anderen Hemisphäre errichtete als in dem Mutterlande, so wurden auch die Feierlichkeiten der Universitäten in Lima mit nicht minderer Würde vollzogen als in Salamanca. Die Eingeborenen studierten das spanische Recht, welches sich jetzt neben und über ihren Gewohnheiten erhob. Man erstaunte, mit welchem Eifer die indianischen Alcalden und Regidoren ihre Ämter verwalteten; mit welcher Würde, wenn Gemeinderat gehalten wurde, die Diener der Gerechtigkeit mit goldenen Stäben vor ihnen standen. Die Zivilgerichtsbarkeit war ihnen großenteils überlassen.

Darin liegt ohne Zweifel der vornehmste universalhistorische Moment, daß die lateinische Kultur, wie sie einst von Rom nach Hispanien übertragen worden war und sich im Kampfe mit mannigfaltigen entgegengesetzten Elementen, die sie abwehrte oder überwältigte, erhalten hatte, einen neuen Schauplatz der Entwicklung des Weltmeeres gewann.

Indem in Kleinasien der griechische Name der Städte vor den türkischen Bezeichnungen wich, trugen die Spanier die lateinischen Namen der ihren auf den Kontinent von Amerika über. Merida in Yukatan empfing daher seinen Namen, weil die Spanier durch die Denkmäler, die sie daselbst fanden, an die Monumente der alten Augusta Emerita erinnert wurden. Und war nicht die Hierarchie die eigenste Produktion des späteren, an das Alte anknüpfenden Rom? Diese amerikanische Gründung war eine Mischung romanischen und indianischen Wesens, in welchem das letztere in einen engen Zusammenhang mit der Kulturwelt trat und ihr dienstbar wurde.

Die große Aufgabe der spanischen Regierung war es, in dem Getümmel der Gewaltsamkeiten, mit denen die Eroberungen vollzogen und die ersten Einrichtungen getroffen wurden, die Population nicht untergehen zu lassen.

Die Conquistadores, welche zwar im Gehorsam der Könige, auf den Grund des denselben durch den Päpstlichen Stuhl erteilten Anrechts, aber doch mit eigenem Entschluß und eigenem Aufwand die Unternehmungen ausgeführt hatten, erwarteten, durch große Ausstattungen an Land und Leuten dafür belohnt zu werden: denn so sei es von altersher in den spanischen Königreichen gehalten worden; so habe einst Jayme von Aragon seinen Gehilfen in den maurischen Kriegen seine Erkenntlichkeit bewiesen; auf diese Weise sei der größte Teil des Adels zu seinen Besitztümern, seinen Schlössern, seinen Wappenschilden gelangt. Einer der tapfersten Kapitäne, der an der Eroberung von Neu-Spanien vorzüglichen Anteil nahm, Don Bernal Diaz, hat gemeint, das eingenommene Gebiet sollte in zwei Hälften gesondert; die eine zum Dienst des Königs und der Kirche bestimmt, die andere unter die Eroberer verteilt werden; er fand es unbillig, daß die obersten Anführer alle Gnaden und Belohnungen empfangen sollten, und war mit dem, was Cortez für seine Gefährten tat, nicht zufrieden. Besser sorgte Franzisco Pizarro in Peru für die Seinigen; er sprach ihnen Repartimientos von größtem Umfange zu, von denen eines, wie man mit Verwunderung bemerkte, dem Erzbistum von Toledo gleichkam. Seinem Halbbruder Gonzalo Pizarro ist einmal der Vorschlag gemacht worden, das eroberte Gebiet noch rückhaltloser zu verteilen und durch eine feudale Einrichtung nach dem Muster von Spanien alle seine Kriegsleute in Peru zu unbedingter Anhänglichkeit zu verpflichten. Diese Tendenzen brauchten nicht so ausgesprochen hervorzutreten, um erkannt zu werden und sowohl religiösen als politischen Widerstand hervorzurufen. Daß die Eingeborenen, von deren Leistungen der ganze Ertrag der den einzelnen zuerteilten Besitzungen abhing, der Willkür der Eroberer preisgegeben bleiben sollten, war der Geistlichkeit, die in ihrem Bekehrungswerk gestört wurde, und der Krone, die in den Überwundenen ihre Untertanen erblickte, gleich unerträglich. Krone und Kirche nahmen sich der natürlichen Menschenrechte an. Fray Vicente de Valverde, welcher an der Eroberung selbst sehr wesentlichen Anteil nahm, bemerkte doch Karl V.: Die Eroberer seien durch die Vorteile, die ihnen zugefallen, hinreichend belohnt; der König brauche sie nicht dadurch zu bezahlen, daß er seine Untertanen zu Sklaven derselben werden lasse. Wer kennt nicht den Eifer, mit welchem Bartholomäus de Las Casas sich der Indios annahm, deren Untergang ihm bevorzustehen schien, wenn ihrer schlechten Behandlung nicht Einhalt getan würde. Noch Kaiser Karl V. bestimmte, daß die Indios unter keinem Vorwand irgendwelcher Art zu Sklaven gemacht werden sollten; sie sollten vielmehr als königliche Untertanen der Krone Kastilien behandelt werden; er beschränkte die Repartimientos und hob ihre Erblichkeit auf. Hierauf brach eine Empörung in Peru aus. Die Conquistadores mußten mit Gewalt gezwungen werden, diese Verordnung zur Ausführung bringen zu lassen. Oft haben sie auch später dem Kaiser und seinem Nachfolger angeboten, die Erblichkeit der Repartimientos durch die ansehnlichsten Zahlungen zu erkaufen.

Der Kaiser war prinzipiell dagegen; eine Zeitlang scheint Philipp II. geschwankt zu haben: denn in seinen finanziellen Bedrängnissen wären ihm diese Beiträge auf das erwünschteste zustatten gekommen; aber zuletzt wies er doch alles von sich. Wie hätten auch diese Fürsten, welche in allen ihren europäischen Ländern die Selbständigkeit der großen Vasallen zu brechen oder zu beschränken strebten, sich jenseits des Ozeans neue Autonomien gründen sollen, welche bei dieser Entfernung ihrem Ansehen um vieles gefährlicher werden konnten.

In Mexiko trug man anfangs Bedenken, die neuen Gesetze monarchischer Ordnung auszuführen: Kaiser Karl V. hatte in Regensburg beim Ausbruch des Deutschen Krieges Remonstrationen darüber empfangen. Als aber die Unruhen in Peru beseitigt waren, schritt der Vizekönig von Neu-Spanien, Don Luis de Velasco, auch dort zum Werke; er hat auf einmal 130 000 Eingeborene, alles Männer, die als Sklaven in den Bergwerken arbeiteten, für frei erklärt; auch sonst wollte er nicht dulden, daß die Spanier, wie er sagte, von den Indios wie Könige bedient würden und sie als Tyrannen behandelten. Einmal ist auch hier eine entgegengesetzte Richtung zutage gekommen.

Den Nachkommen der Conquistadores wurde der Plan zugeschrieben, den Marques de la Valle Don Martin Cortez zum König auszurufen und sich aller derer, die sich dem widersetzen würden, mit Gewalt zu entledigen.

Eine Anzahl junger Leute aus den vornehmsten Familien, welche an diesem Vorhaben teilgenommen haben sollten, wurde zur Haft gebracht.

Es erhellt nicht, ob nur unbesonnene Worte oder ob in der Tat wirkliche Vorbereitungen ihnen schuld gegeben werden konnten; gewiß aber würden sie dabei auf ungeheure Schwierigkeiten gestoßen sein. Das allgemeine Verhältnis ergibt sich aus einem Bericht an Philipp II., worin die Ausführung dieses Planes als unmöglich bezeichnet wird: denn die Indios seien dem König ganz ergeben und stark genug, um das Land gegen alle Spanier zu schützen. Das spanische Königtum trat in unmittelbaren Kontakt mit der Population der Eingeborenen; ihre Freiheiten waren ein wichtiges Moment für die Erhaltung des Gehorsams in der Monarchie.

Die höchste Autorität ward wie in Spanien so in Amerika hauptsächlich durch die großen Gerichtshöfe vertreten, die auch den Vizekönigen gegenüber und zuweilen mit ihnen im Kampf eine selbständige Gewalt ausübten; man stellte darin nur solche an, welche die Gesinnung und Absicht der Regierung teilten.

Waren aber die Indios von persönlicher Knechtschaft unter den Eroberern frei erklärt, so wurden sie doch, und zwar unter der Autorität der Regierung, zu harten Arbeiten angehalten, namentlich zu dem Dienste, woran überhaupt am meisten lag, in den Bergwerken.

Ein Beispiel ist die Einrichtung, die zu Potosi getroffen wurde, um die Bergwerke in Gang zu erhalten.

Alle Jahre wurden dazu vierzehntehalbtausend Indios aus den benachbarten Bezirken ausgehoben. Die Kaziken nicht allein, sondern auch die Corregidoren der Bezirke waren verpflichtet, für die Einstellung der einem jeden zuerteilten Anzahl zu sorgen. Der Corregidor von Potosi hatte durch königliche Autorisation die

Pflicht und das Recht, sie dazu anzuhalten; er konnte die Säumigen mit vorläufiger Suspension von ihrem Amte bestrafen.

Die verschiedenen Haufen der zum Dienst Befehligten zogen unter ihren Hauptleuten heran; diese stellten dieselben alle Montag dem Corregidor vor, der sie in die Gruben verteilte, wo sie bis nächsten Sonnabend bleiben mußten; einem jeden war die Arbeit, die er zu vollziehen hatte, genau angewiesen. So beschwerlich sie auch sein mochte, so haben doch auch einmal mehrere Tausend von Freiwilligen daran teilgenommen. Zwischen den Privatbesitzern der Minen und den indianischen Arbeitern bildete sich ein Verhältnis aus, ungefähr, wie es bis in unsere Tage in Cerro de Pasco bestand.

Denn wie es von Anfang an gewesen, so blieb es: das Aufsuchen der Metalle war der vornehmste Antrieb der weiteren Ausbreitung und Ansiedlung.

In Potosi schied man das Silber von den Beimischungen anderer Erze anfangs durch Feuer. Bei 6000 Schmelzöfen waren zu diesem Zwecke auf den Gipfeln und Abhängen der Berge errichtet. Man betete, wie bei den Seefahrern, um günstigen Wind, der dazu gehörte, Holz und Kohlen in Feuer zu halten; das ganze Gebirge schien in Flammen zu stehen. Schon ließ sich einige Abnahme des Ertrages bemerken, als in Peru selbst das zu einer anderen Weise der Bearbeitung erforderliche Mittel, das Quecksilber, gefunden ward. Es ist ein Eingeborener gewesen namens Guanca, der dem Spanier, zu dessen Encomienda er gehörte, die erste ergiebige Mine nachwies, welche dann die Regierung an sich brachte; die Verquickung gewährte dieser das beste Mittel, das gesamte Bergwerkswesen zu beherrschen. Dort in Guanca velica ward 1569 eine Ansiedlung gegründet; 1571 begann man das Quecksilber bei der Bearbeitung des Metalls in Potosi anzuwenden. In kurzem stieg der Ertrag um mehr als die Hälfte. Früher hatte der königliche Quinto nur selten eine halbe Million erreicht; im Jahre 1579 überstieg er eine Million, im Jahre 1589 anderthalb Millionen. Der Besitz von Potosi bildete ein wichtiges Moment für die Staatsverwaltung und die Kriegsunternehmungen Philipps II. So unbequem und kostspielig der Aufenthalt war, da alle Lebensbedürfnisse aus weiter Ferne herbeigeschafft werden mußten, so sammelten sich doch an 4000 Spanier daselbst; die Hoffnung auf Gewinn, sooft sie auch getäuscht wurde, hielt sie fest wie den Spieler die Bank.

Neben Potosi bestanden auch noch andere Bergwerke, die zu ansehnlichen Ansiedlungen führten, wie im Jahre 1590 der Vizekönig Mendoza eine solche veranlaßte. Der von ihm beauftragte Gründer Don Pietro von Cordova begab sich in die Nähe von neu aufgefundenen Silberadern; er ersah ein wohlgelegenes, mit Wasser versehenes Gebiet, vollzog die gewöhnlichen Zeremonien, verteilte dann die Bauplätze und ernannte die Magistratspersonen; so ward Castro Vireyna am Magdalenentage 1591 gegründet. Philipp II. gewährte dem Orte auf einige Jahre Befreiung von der auch nach Amerika verpflanzten Abgabe der Alcavala; in kurzem kam der Ort zu einer gewissen Blüte. Bald darauf entstand Horuro. Von Potosi aus sorgte man nur dafür, daß nicht auch für andere Bergwerke Einrichtungen in bezug auf den Dienst der Eingeborenen getroffen wurden, die denjenigen, auf denen die dortige beruhte, hätten nachteilig werden können. Kaum war das nötig; die peruanischen Indios wurden von einem ähnlichen Geiste ergriffen wie die Mineros selbst; auch ohne gezwungen zu sein, stellten sie sich in hinreichender Anzahl zu den Grubenarbeiten ein.

Die unterworfenen peruanischen Eingeborenen schlossen sich überhaupt gern und vollkommen an; die Kaziken liebten, spanische Namen zu tragen. Auf der Universität zu Lima wollte man bemerken, daß der südamerikanische Himmel eigentümliche und seltene Talente hervorbringe. Nach und nach wurde ein Teil der Lehrerstellen mit Eingeborenen besetzt. In Cuzco hatte sich neben den Spaniern, welche daselbst besonders zahlreich wohnten, eine Bevölkerung von Mestizen gebildet, die für besonders tapfere Leute galten und durch Treue gegen den König glänzten.

Wo dagegen die früher noch keinem Gehorsam unterworfenen Indios zu dem Dienst in den Bergwerken herangezogen werden sollten, leisteten sie Widerstand. Eben dies war der Anlaß zu den Unfällen der Spanier in Chile. Als Valdivia bei 20 000 Indios zusammengetrieben, um unter seinen Mineros in den Goldbergwerken zu arbeiten, die in der Nähe von Concepcion gefunden worden waren, brach eine Empörung aus, in der die festen Häuser der Spanier eines nach dem anderen in die Hände der Indios fielen und Valdivia selbst mit der gesamten Mannschaft, die mit ihm war, erschlagen wurde. Seitdem waren die Eingeborenen der Anden – es sind die Araukaner – niemals wieder zu besiegen. Die Spanier mußten sich glücklich schätzen, wenn sie unter ihnen Freunde fanden oder Parteigänger erkauften, welche ihnen die gegen sie gefaßten Anschläge verrieten; dann konnten sie noch zu rechter Zeit ihre Kräfte sammeln und waren dem wilden Anlaufe, der gegen sie versucht wurde, in der Regel überlegen. Man berechnet, daß in diesen Kriegen von der Besitznahme Chiles im Jahre 1545 bis zum Jahre 1628 mehr als 15 000 Spanier und 60 000 mit ihnen befreundete Indios umgekommen sind. Die Araukaner erwarben die Bewunderung der Welt und der Spanier selbst und machten sich einen historischen Namen.

Überhaupt ward den freien und wilden Eingeborenen nur wenig abgewonnen. Manche Stämme, die man überwältigte, zeigten sich doch unempfänglich für die ersten Begriffe, auf denen die menschliche Gesittung beruht; sie konnten nicht fassen, was Eigentum sei; man mußte den ganzen Ertrag der Ländereien in die Klöster der Mönche, welche die Bekehrung leiteten, schaffen, um dann einem jeden, soviel als er bedurfte, zuzuerteilen. Es kam wohl vor, daß Abtrünnige das Zeichen des Kreuzes bei den Wilden, zu denen sie flohen, einführten; hier aber war es nur dem Aberglauben dienstbar; man sagte, es habe Wunder getan, z. B. nach langer Dürre Regen verschafft; aber eine Annäherung ward dadurch nicht erreicht; die Verehrer des Kreuzes warfen sich mit nicht minderer Feindseligkeit auf die christlichen Ansiedlungen als ihre Nachbarn und Verwandten. Unaufhörlich wurden diese von den Menschen der Wildnis umschwärmt, aus keinem anderen Grunde als aus Vergnügen an Verderben und Schaden; die pazifizierten Indios, die dienstbaren Neger, die Spanier selbst wurden getötet, bis alles zugrunde gerichtet war.

Wie viele Versuche, in das Gebirge oder in die Urwälder einzudringen, sind wieder rückgängig geworden. Nirgends zeigten sich die Eingeborenen streitbarer, gefährlicher als in den Gebieten von Neu-Granada. Im Jahre 1572 kam es zu einem allgemeinen Aufstande der Indios Pijaos, wobei die vor kurzem gegründeten Villen San Vicente, de Paz und de Los Angeles wieder zerstört wurden; indem sie in ihrer ursprünglichen Wildheit beharrten, lernten sie den Gebrauch der europäischen Waffen. Andere bedienten sich vergifteter Pfeile, wie die Indios Musos; es gelang ihnen, die Kolonie Tudela zugrunde zu richten. So zerstörten die Indios Choques, welche auf den höchsten Bergspitzen ihren Wohnsitz aufzuschlagen pflegten und mit ihren Pfeilen von Palmenholz weit schossen und trafen, die Stadt Toro. Die Spanier pflegten ihre Ansiedlungen mit Palmblättern zu decken; die Indios wußten sie in Brand zu setzen; wenn das mit einer einzeln liegenden gelungen war, so war das für die Nachbarn das Zeichen zu allgemeinen Feindseligkeiten; sie hatten, wie gesagt, Freude an der Zerstörung.

Um so größer war der Ruhm, wenn eine neue Gründung wirklich gelang. Es ist vielleicht der Mühe wert, des Fortganges dieser Unternehmungen in aller Kürze zu gedenken. Nach mehreren vergeblichen Versuchen, in die Regionen des Magdalenenstroms und seiner Nebenflüsse, deren Goldreichtum man kannte, vorzudringen, setzten dies endlich Juan Perez Gavalido und Andrada mit einigen Gefährten von Santa Fe, Indios und Negern durch; an einem Platze, der ihnen für eine Kolonie am geeignetsten schien, gründeten sie San Franzisko. Von allen Seiten bis aus Cartagena und Sta. Marta her kamen die reichsten und unternehmendsten Leute herbei – es gab solche unter ihnen, die vielleicht hundert Sklaven hielten –, um an dem Gewinn, den die ergiebigen Bergwerke lieferten, teilzunehmen. Juan Perez wird als ein zweiter Herkules an Kraft und Tapferkeit gerühmt.

Am meisten ward den Indios in den fruchtbaren Landstrichen abgewonnen, welche heutzutage das Gebiet von Venezuela bilden. Erst unter Philipp II. um das Jahr 1567 war Caracas gegründet. Eine heroische und patriarchalische Gestalt erscheint im Beginn dieser Pflanzungen, der Spanier Pedro Alonso Galeas, der vornehmste Überwinder des letzten der aufständischen Conquistadoren; er erzog mehrere ausgezeichnete Söhne, die in seine Fußtapfen traten; er selbst hat ein Alter von 115 Jahren erreicht. Von Caracas aus, das sehr bald zur blühendsten Stadt der Landschaft sich erhob, wurden die benachbarten Indios bekämpft und unterworfen. Diego Lezama und sein Sohn Don Juan führten eine Kolonie nach den Llanos und gründeten San Sebastian im Jahre 1585. Von hier aus ward das ältere San Thomas an den Ufern des Orinoco begründet. Die europäische Viehzucht, die sie in dem flachen Weideland einführten, gab alsbald einen ungeheuren Ertrag. Man faßte Mut, noch weiter in die Urwälder vorzudringen. Diego Lezama brachte eine Anzahl von Freunden zusammen, die sich mit allem, was zur Gründung von Kolonien gehörte, nach Guyana auf den Weg machten. Allein das Unternehmen war unglücklich; man hörte nichts wieder von ihnen. Dagegen gelang es einem Einwohner von Caracas, der schon an der Gründung von San Sebastian teilgenommen hatte, Juan Garcia Carrasco, San Juan de la Laguna de Uchire zu gründen (1599).

Seine Brüder und seine Söhne und deren Anhänger bildeten den Stamm der neuen Bevölkerung. Er stellte selbst Priester an, die die Sakramente verwalteten und die benachbarten Indios bekehrten. Die Indios Uchires waren von Caracas aus bekämpft und überwältigt worden. Carrasco wußte auch die unbesiegten Indios in Furcht zu halten; für die Erlaubnis, den Paß von Unare zu benutzen, legte er ihnen noch einen kleinen Tribut auf.

Was in diesen Regionen den Fortschritt der Besitzergreifung erleichterte, war dasselbe, was schon den ersten Conquistadoren zustatten gekommen war, – ein Gegensatz zwischen den starken und gewaltsamen zu den schwachen und jetzt bekehrten Stämmen der Eingeborenen: die letzteren suchten den Schutz der Spanier auf und schlossen sich dann ihrem Staate an; sie bekehrten sich zur christlichen Religion.

So in den südlichen Provinzen; wenden wir noch einen Blick auf die nördlichen, um auch hier dem Fortschritt der Kolonisation nachzugehen.

Unter dem Erzbistum Mexiko zählte man drittehalbhundert indianische Ortschaften (Pueblos), manche darunter sehr ansehnlichen Umfangs, mehr als 6000 Stationen (Estancias) zu Ackerbau und Anpflanzungen, über eine halbe Million zinsbarer Indios, unter denen die Mönche von ihren Klöstern und Konventen aus das Christentum ausbreiteten: denn diese Institute der Askese, der Religion und zugleich der Landeskultur waren jenseits des Weltmeeres wieder zu ihrer vollen Bedeutung gelangt. Auch hier knüpfte sich die Erweiterung des Gebietes und der Ansiedelung an die Hauptorte Zacatecas, das unter Karl V. angelegt war, bildete eine einzige große, nach der Weise von Alcala mit Kirchen und Klöstern prangende Straße, die sich eine Legua weit hinzog. In den späteren Zeiten Philipps II. ward das mexikanische Potosi gegründet. Das größte Verdienst dabei hatte ein tapferer Mestize Pedro Caldera, mit dem sich einige Kapitäne zu diesem Zwecke vereinigten. Man bebaute zuerst den Berg San Pedro, der den peruanischen Namen Potosi empfing, weil er in der Form dem dortigen Berge glich; hier fand man nicht allein Silber, sondern auch Gold, und man rechnete darauf, wenn diese Höhe erschöpft sei, in einem anderen Berge (De las Animas) gleich ergiebige Adern zu entdecken. Zwischen den beiden Höhen entstand ein Markt; Handelsleute stellten ihre Buden auf; er war nicht ohne eine Kirche, um in jedem Augenblick die Sakramente empfangen zu können. Die eigentliche Ansiedelung war mit einer Pfarrkirche mit mehr als dreißig Klerikern versehen; sie zählte in kurzem 500 spanische Einwohner, die sich hauptsächlich mit dem Bergbau beschäftigten. Andere widmeten ihre Tätigkeit den Geschäften des bürgerlichen Lebens.

In Neu-Galicien, das seinen Namen dem Vazquez von Coronado verdankt – denn er stammte aus Galicien und leitete seine Herkunft aus einem der ältesten dortigen Geschlechter her, das an das königliche Haus von Frankreich anknüpfte –, bildeten sich spanische Ortschaften bei der Sierra de Piños, Real de los Ramos, Santa Barbara im Tale von San Bartolomeo: denn eben mit den Einrichtungen des Bergwesens war Don Vazquez besonders betraut gewesen. Aber auch hier war man in unaufhörlichem Kampf mit den benachbarten Indios, besonders den Chichimecas, die ihre Angriffe gegen die Bergwerke richteten. Der Vizekönig Martin Enriquez suchte Zacatecas durch Befestigungen zu sichern; doch schaffte dies wenig Nutzen. Ebenso geringen Erfolg hatte es, wenn man in ihr Gebiet eindrang; sie wichen in wilde Einöden zurück. Die Spanier hielten es schon für einen großen Vorteil, wenn sie nur die weggeschleppten spanischen Frauen wieder zurückbrachten.

Man hat so viel über die Vermischung der Rassen geklagt, aus der doch nur verderbte Mischlinge hervorgegangen seien; doch hatte dieselbe auch zuweilen sehr gute Folgen; sie führte zu Verbindungen friedlicher Natur. Juan Caldera, selbst der Sohn einer Frau aus den Eingeborenen, gewann Einfluß bei den Geschlechtern, denen sie angehörte; der ganze Stamm trat zum Christentum über; er selbst forderte die Taufe. Hierauf wurden die Stammesgenossen in den Gegenden angesiedelt, die sie bisher durch ihre Räubereien unsicher gemacht hatten; die Regierung gab ihnen für den Anfang Kleider und Lebensmittel. Um ihnen den Übergang zum bürgerlichen Leben zu erleichtern, hielt sie für gut, Indios von älterer Kultur, namentlich Tlascalteken, unter ihnen Sitze zu geben.

Wie im Süden, so empörten sich auch im Norden die Eingeborenen gegen die Arbeiten in den Bergwerken. In den rauhen Bergen von Topia und Neu-Galicien stießen die Dörfer der Neubekehrten mit den Behausungen der noch heidnisch gebliebenen Acaxees unmittelbar zusammen. Im Jahre 1601 vereinigten diese sich höchst unerwartet zu einem Angriff auf die Spanier in den benachbarten Gegenden, in der Absicht, sie sämtlich niederzumachen; sie wollten, wie ein spanischer Autor sagt, in ihrer Freiheit lieber vor Hunger sterben als Frieden und Wohlstand in der Dienstbarkeit der Spanier genießen. Ein Glück für diese war es, daß die benachbarten Stämme der Tepeguanez, so streitbar und kriegstüchtig sie auch sonst sein mochten, sich doch nicht bewegen ließen, mit ihnen gemeinschaftliche Sache zu machen. Besonders durch das Ansehen des Bischofs Alonso de la Mota, der selbst in die Nähe kam und sein Wort verpfändete, daß sie besser behandelt werden sollten, wurden die Acaxees beruhigt; sie bauten die zerstörten Kirchen wieder auf. Aber nicht allein Hilfe leisteten die geistlichen Bestrebungen; sie folgten einem selbständigen Impuls. Wie der Kapitän nach neuen Eroberungen, Reichtum und Gewinn, so trachteten die Priester nach neuen Bekehrungen. Zuweilen gingen sie zusammen; zuweilen hat sich wohl auch ein Mönch allein in die unbekannten Regionen gewagt. Ein solcher war es, der zuerst von Neu-Mexiko Nachrichten brachte, wo er mit Verehrung aufgenommen worden war und manches von größeren und reicheren Nationen, die man weiter im Lande treffen werde, gehört hatte. Auf diese Kunde unternahm Vazquez de Coronado einen Zug in diese Gegenden; er soll bei tausend Leguas weit gekommen sein, aber er fand nur ein unwirtliches und armes Land; die Widersetzlichkeit seiner Leute nötigte ihn, umzukehren (1538). Es dauerte sodann mehr als vierzig Jahre, ehe man die Aufmerksamkeit von neuem auf diese Gegenden richtete; dann war es wieder ein Franziskaner, der sich, von den Nachrichten benachbarter Indios aufgemuntert, mit ein paar geistlichen Gefährten und einigen Soldaten zu einer Reise dahin aufmachte. Bei den ersten Unfällen kehrten die Soldaten um. Auf ihre Berichte und um die Geistlichen, die sie zurückgelassen hatten, aufzusuchen, erhob sich, einverstanden mit dem Alcalden von Neu-Viscaya, einer der angesehendsten und reichsten Bürger von Mexiko, Antonio de Espejo, zu einem neuen Entdeckungsversuche. Mit einer ansehnlichen Begleitung, in der es an Franziskanerbrüdern nicht fehlte, brach er im November 1582 aus dem Tale San Bartolomeo auf; die Anzahl von Pferden und Saumtieren, die er mit sich führte, schien so bemerkenswert, daß man sie verzeichnet hat; es waren hundertundfünfzehn. So gelangte er in die Gebiete der Conchos, Pasaguates und Tobosos, wo man meistens auf vorgeschrittene Kultur und einige Spuren des Christentums stieß; jene Geistlichen aber waren getötet worden. Von Espejo bekam man die ersten bestimmten Nachrichten über Neu-Mexiko, durch welche Philipp II. vermocht ward, um das Jahr 1596 eine Expedition zur Besitznahme dieses Landes auszusenden. Der gute Klang des Namens bewirkte, daß sich um die Standarte, welche der hierzu ernannte Don Juan de Oñate in Mexiko aufpflanzte, eine zahlreiche Mannschaft sammelte. Pueblo San Gabriel am Rio del Norte war die erste Niederlassung Oñates; hier ergriff er Besitz von dem Lande, das er sich nun zu unterwerfen suchte. Die Geistlichen waren sehr unzufrieden damit, daß auch hier die gewohnten Gewaltsamkeiten nicht vermieden wurden; da aber das Land nichts hatte, was die Eingedrungenen hätte fesseln oder andere anziehen können, so blieb die Zivilisation desselben doch den Religiosen überlassen. Sie machte auch deshalb Fortschritte, weil die Stämme, auf die es zunächst ankam, in den unaufhörlichen und gefährlichen Kriegen, in denen sie mit anderen noch wilden, den Apachen, begriffen waren, nur an Spanien einen Rückhalt fanden.

Ein ähnliches Verhältnis bestand in Florida. Die Spanier hatten von dem Lande erst dann ernstlich Besitz ergriffen, als sie die Franzosen, die sich daselbst ansiedeln wollten, verjagten, – mit verdoppelter Grausamkeit, weil diese zugleich Hugenotten waren. Immer aber blieben sie wenig zahlreich. Philipp II. schickte eine Anzahl Mönche, um die Reduktion durch Lehre und Bekehrung zu vollziehen; aber ohne den Rückhalt der bewaffneten Macht war das doch sehr gefährlich. Zuweilen erhoben sich die schon bekehrten Kaziken, ungeduldig über die Sittenstrenge, welche die Missionare forderten, namentlich in bezug auf die Ehe. Die Mönche wurden nicht verjagt, sondern umgebracht.

Wir sehen die großen Direktionen, in denen der spanische Staat in Amerika sich bewegt; wie dieses durch Vermischung der eingeborenen und europäischen Kultur gegründete eigentümliche Leben nach allen Seiten fortschreitet und mit der ursprünglichen Wildheit in unermeßlicher Ausdehnung in politischem und geistlichem Kampfe liegt: sie umfassen die ausgedehntesten Marken der Kulturwelt. Auch die maritimen Entdeckungen, von denen alles ausgegangen war, wurden unter diesen Impulsen fortgesetzt.

Von einem Augustiner, Andres de Urdaneta, der schon an der Reise von Magelhaens, so erzählt man wenigstens, und später noch an einer anderen in dieser Richtung teilgenommen hatte, unterrichtet und angetrieben, ließ der Vizekönig von Neu-Spanien, Don Luis de Velasco, ein eigens zu diesem Zwecke ausgerüstetes

Schiff unter Lopez de Legazpi von Navidad auslaufen, um die Rechte der kastilischen Krone auf damals schon gefundene Inseln festzustellen. Am 10. Mai 1565 langte Legazpi auf Zebu an, dessen Einwohner vor seinem Geschütz zurückwichen, und gründete San Miguel; die ganze Gruppe der Inseln nannte er nach dem Namen seines Königs Philippinen. Auch widmete dieser König ihnen volle Sorgfalt; Manila war eine große Metropole, wo sich in nächster Zeit an 1000 Spanier ansiedelten. Die Tätigkeit der Bekehrer wandte sich mit dem größten Eifer dahin; jeder Bettelorden hatte seinen besonderen Distrikt. Nichts Geringes schien es dann, daß man von da in unmittelbaren Kontakt mit China und Japan kam; die einen knüpften daran unbegrenzte Hoffnungen für die Herrschaft über den Welthandel, die anderen für die Ausbreitung des Glaubens.

Um mit Velasco zu wetteifern und die Entdeckungen fortzusetzen, rüstete der Präsident der Audiencia zu Lima, der damals Peru verwaltete, Don Garcia de Castro, ebenfalls zwei Schiffe im Hafen von Callao aus, die unter seinem Neffen Alvarez de Mendaña de Mendoza im November 1567 in See gingen. Nachdem Alvarez 1800 Seemeilen zurückgelegt und an manchen kleinen Inseln vorübergeschifft war, landete er am 9. Februar 1568 an einer größeren, die er nach dem Namen seiner Gemahlin Isabella nannte, und ergriff Besitz von ihr. Mit einigen Häuptlingen ward Freundschaft geschlossen, und sie huldigten dem König von Kastilien. Noch eine Menge von Inseln sah man, alle bewohnt von bärtigen Menschen von guter Gestalt und Geschicklichkeit; man bezeichnete sie mit dem Namen Salomoninseln in der Meinung, daß Salomo aus diesen Regionen seine Reichtümer geholt habe. Dem König schien die Nachricht wichtig genug, um auch dahin eine Kolonie zu schicken; es geschah jedoch nach gewohnter spanischer Weise erst viel später. Im Jahre 1594 rüstete der Vizekönig Garcia de Mendoza eine Expedition dahin aus. Ihr Führer war abermals Mendaña. Es bildete eine abweichende Eigentümlichkeit, daß er dabei von seiner Gemahlin Doña Isabella begleitet war: denn auf die Gründung einer förmlichen Kolonie war es abgesehen. Sie fanden die Marquesainseln; es scheint, als seien sie bis Neu-Guinea gelangt. Die Kolonie kam auch damals nicht zustande; der Tod Mendañas machte alles rückgängig. Doch war dieser Versuch keineswegs verloren. Als der Nachfolger Mendañas mag Fernandez de Quiros angesehen werden, der unter Philipp III. den großen Archipel von San Espiritu entdeckte und ohne Zweifel auch Neu-Holland berührt hat; er hat eigentlich Australien aufgeschlossen.

Mit den wichtigsten geographischen Problemen blieben die Spanier fortwährend beschäftigt. Die Meerenge Magelhaens haben sie erst damals von der Südseite her erkundet und beschrieben. König Philipp faßte den Gedanken, sie durch eine Kolonie vollkommen in Besitz zu nehmen. Die Expedition, welche er ausrüstete, war nicht sehr glücklich; doch hat Sarmiento den Versuch einer Gründung gemacht, die er San Felipe nannte, die aber in dem unwirtbaren Lande sehr bald zugrunde gegangen ist. Die Nachricht von einer nordwestlichen Durchfahrt, welche schon geschehen sein sollte, und das Bedürfnis einer genauen Kenntnis der Häfen für die Seefahrt nach China, brachte die Regierung Philipps III. und des Vizekönigs von

Neu-Spanien, Conde de Monterey, dahin, unter Sebastian Viscayno, der schon mehr als einmal Kalifornien besucht hatte, eine Expedition zur Erforschung des Nordens auszurüsten; sie hat den Namen des Vizekönigs, unter dem sie geschah, und des Kapitäns, der sie ausführte, an den westlichen Gestaden von Nordamerika unsterblich gemacht. Man umfuhr Cabo Mendocino, das bisher als ein fernes fabelhaftes Ziel erschienen war, und gelangte am 15. Januar 1603 bis zu Cabo Blanco, wo die Küste eine andere Richtung nimmt. Don Alvarez Martin de Aguilar, dessen Namen dieser geographische Punkt verzeichnet, war der Führer der Fregatte, die bei dieser Expedition am weitesten vordrang.

Es waltet ein universeller Zusammenhang in diesen Unternehmungen von jenem San Felipe an der Meerenge Magelhaens, wo die Unwirtlichkeit des Landes jede Ansiedlung hemmte, bis zu jenem Hafen von Monterey und der Einfahrt von Aguilar, von den Philippinen zu der chinesischen Küste und dem Archipel von Malakka, der Straße von Torres, deren Auffindung der Expedition von Quiros angehört. Die großen Probleme der nordwestlichen Durchfahrt und des Australmeeres haben selbst das spanische Kabinett beschäftigt.

Mit ihrem Mutterlande standen die Kolonien allezeit in der engsten Verbindung. Nur selten wurden in Amerika Titel und Wappen erworben; aber um so häufiger Reichtümer, und auch diese verschafften den Zurückkommenden Ansehen, vornehme Verbindungen und überhaupt eine andere soziale Stellung; diese Umstände aber riefen dann einen sehr lebhaften Zug der Auswanderung hervor; alle Jahre fuhren fünfzig, sechzig Schiffe hinüber, welche die Bedürfnisse des Lebens hinüberführten, sie hatten aber auch allezeit viele Auswanderer an Bord. Man hat wohl gesagt, die Mehrzahl der Kastilianer würde nach Amerika gezogen sein, hätte nicht die Regierung sich vorbehalten, durch eine schriftliche Erlaubnis zu dieser Reise zu ermächtigen. Die dortigen Niederlassungen machten schon zur Erhaltung ihres ursprünglichen Charakters und der Verkehrsverhältnisse zahlreichen Zuwachs unausgesetzt erforderlich. Amerika empfing Menschen und gab dagegen Metalle. Die Ausbeute der peruanischen Bergwerke ward von Callao, wo sich eine ansehnliche Schiffahrt bildete, nach Panama geschafft, wo sie von den Arrieros in Empfang genommen wurde, die sie auf ihren Maultieren auf der Straße, die sich durch das Gebirge wandte, nach Portobello führten. Oder sie nahmen den Rio de Chagres zu Hilfe, wo man Barken fand, welche die Ladung nach der Mündung dieses Flusses und dann weiter nach Portobello brachten, das durch zwei Festungen mit gutem Geschütz und hinreichender Besatzung verteidigt war. Den Dienst im Hafen wie auf dem Fluß versah eine hier seit langer Zeit angesiedelte Bevölkerung von Negern, welche eine gewisse Freiheit genossen und im Schiffsbau Geschicklichkeit erwarben.

In Neu-Spanien war das große Emporium zu Veracruz, wo alles, was von Europa kam oder dahin ging, ein- und ausgeschifft wurde. Los Angeles, in der Mitte zwischen Acapulco und Veracruz gelegen, gelangte durch den zweifachen Verkehr beider Welten zu einer hohen Blüte. Die beiden Geschwader, welche sich in diesen Häfen bildeten, pflegten sich in der Havanna zu vereinigen, um so ihren

Rückweg nach Europa einzuschlagen; ihre Ankunft war immer ein Ereignis, nicht allein für Spanien, nicht auch allein für die übrigen Länder, die an diesem Verkehr einen indirekten Anteil nahmen, sondern für die Welt: denn das Geld vermittelte die Herrschaft.

Die Bedeutung dieses Verhältnisses wird aus einer Medaille entnommen, die im Anfange der Regierung Philipps II. geschlagen wurde, wo man Indien sah, eine Gestalt, welche dem Könige die eine Hälfte der Welt darreichte, mit der Inschrift: auf diese werde die andere folgen.

ZWEITES KAPITEL

Kriege gegen die Osmanen und die Moriskos

Ehe aber daran gedacht werden konnte, diese stolze Prophezeiung zu erfüllen, mußte Spanien seine europäische Weltstellung gegen einen anderen Feind behaupten; indem es die romanische Kultur über den Ozean hinübertrug, mußte es ihren Bestand in ihrer ursprünglichen Heimat an dem Mittelmeere gegen die Türken verteidigen.

Man erstaunt, wenn man in dem epischen Gedichte, das der Verherrlichung des Kampfes der Spanier gegen die Eingeborenen der chilenischen Anden gewidmet ist, in der Araucana, auf eine ausführliche Schilderung der Schlacht von Lepanto stößt; aber diese Kriege in den entferntesten Weltregionen gehören in dem Gefühl der Spanier jener Zeit zusammen; sie werden beide gegen die Ungläubigen geführt und beweisen die Überlegenheit ihres Vaterlandes in den Waffen, wie der eine zu Lande, so der andere zur See; zusammen erst geben sie ein volles Bild der kriegerischen Unternehmungen der spanischen Monarchie in den ersten Jahren Philipps II.

Zu unberechenbarem Vorteile gereichte den Osmanen ihr Bund mit den Franzosen gegen den Kaiser in dem Kriege von 1552: dadurch eigentlich waren sie Meister auch in dem westlichen Mittelmeer geworden. Suleiman konnte mehr als hundert Galeeren ohne Mühe noch Aufwand in die See schicken, Karl V. niemals mehr als sechzig.

Als nun Philipp II. seinen Frieden mit Frankreich schloß, war ihm geraten – Männer, die aus Konstantinopel kamen, stellten ihm das als leicht ausführbar vor –, auch mit den Osmanen Frieden zu schließen; er lehnte es jedoch ab; er wollte auch gegen sie und zur See versuchen, ob sein Glück nicht besser sein werde als das seines Vaters; er brachte in Anschlag, wie ausgebreitet die Gestade seien, über die er herrsche, und wie geeignet die Bewohner derselben zum Dienst zur See. Der Papst machte reiche Bewilligungen, mit deren Hilfe man in Spanien allein 60 Galeeren auszurüsten instand gesetzt wurde. Sizilien sollte sechzehn, Sardinien vier, Neapel siebzehn stellen; die durch die türkischen Seeräuber in Verlust geratenen großen Handelshäuser in Sevilla boten noch besonders einige Fahrzeuge an; in den Johannitern zu Malta hatte der König einen kriegsbereiten Verbündeten; er gebot über die Seemacht der Genuesen. Im Frieden mit den Franzosen durfte er hoffen, den Türken durch Anstrengung aller maritimen Streitkräfte seiner Monarchie die Herrschaft auf dem Mittelmeer wieder zu entreißen.

Aber gleich der Anfang des Kampfes war sehr unglücklich.

Man hegte die Hoffnung, Tripolis, das zuletzt verlorengegangen war, mit Hilfe des Fürsten von Kirwan, der sich immer auf der Seite der Christen gehalten und von den Türken soeben angegriffen wurde, diesen wieder zu entreißen. Der Vizekönig von Sizilien, Juan de la Cerda, Herzog von Medina, eingeladen von dem Großmeister von Malta, brachte eine Flotte zusammen, die dazu hinreichend erschien und mit der er sich in den Besitz der Insel Dscherbe setzte. Auch da waren die Berber im Kampf mit den Türken. Der Scheich der Insel, dessen Vater von Torghud ermordet worden war, verstand sich zu einer Kapitulation, durch die er sich zum Tribut gegen den König von Spanien verpflichtete; eine Feste auf der Insel ward besetzt (März 1560). Der Angriff auf Tripolis war zu einer neuen Unternehmung verschoben. Eben wollten die Galeeren, um sich zu einer solchen besser instand zu setzen, ihre Rückfahrt antreten, als die türkische Flotte unter Piali Bassa in ungeheurer Überlegenheit erschien. Der bloße Anblick derselben vermochte das christliche Geschwader zu einer fluchtähnlichen Bewegung; durch die Unordnung, welche dies verursachte, und von günstigem Winde unterstützt, war Piali ihrer vollkommen Meister und brachte ihnen eine Niederlage bei, die an Vernichtung grenzte. Besonders Sizilien, das dem Vizekönig zu Gefallen sich am meisten angestrengt hatte, wurde von dem materiellen Verluste auf das empfindlichste betroffen.

Von allen Häfen dieser Küste kann sich keiner mit dem Portus Magnus der Römer, der Bai von Mazalquivir vergleichen; den Spaniern war der Besitz desselben, den sie dem Kardinal Ximenez verdankten, um so unentbehrlicher, je gewaltiger jetzt von der anderen Seite die türkische Macht heranflutete.

Im Jahre 1563 vereinigten sich mit Torghud und Hassan Pascha von Algier auch die umwohnenden maurischen Fürsten von Telemsen und Marokko: eine Flotte von 40 Segeln und ein Landheer, das man auf 100 000 Mann angibt, um diese wichtige Station und Oran wieder an die Moslemin zu bringen.

Unter den spanischen Helden jener Zeit darf Martin von Cordova nicht vergessen werden, der Mazalquivir gegen diese Stämme behauptete und seine Leute trotz des Mangels, den sie litten, bei gutem Mute zu erhalten wußte, bis endlich eine aus italienischen und spanischen Fahrzeugen zusammengesetzte Flotte auf der Reede erschien, die nun ihrerseits wieder den Türken augenscheinlich überlegen war. Hierauf faßten auch die Spanier wieder Mut, mit den vereinigten Schiffen, die in Malaga zusammengehalten wurden, zu einem Unternehmen zu schreiten, das der ganzen Nation am Herzen lag. Der Peñon de Velez, ein in das Meer hineinragender Felsen, damals befestigt und mit einem Kanal versehen, welcher zugleich als Hafen dienen konnte, war in die Hände der moslemischen Seeräuber gefallen, welche den benachbarten spanischen Küsten beschwerlich fielen. Don Garcia von Toledo, der außer den Spaniern und Sizilianern auch ein paar tausend Deutsche an Bord hatte, überraschte und eroberte den Felsen.

Der König hat später, als er in den Fall kam, seine Verdienste um das Reich aufzuzählen, die Einnahme des Peñon als eines der ersten bezeichnet.

Es war gleichsam eine Vollendung dieses Unternehmens, daß bald darauf Don Alvaro de Bazan die Mündung des Flusses bei Tetuan, die ebenfalls den Seeräubern zum Zufluchtsorte diente, durch Versenkung einiger mit Steinen beladenen Brigantinen unzugänglich machte. Da die Spanier sich noch in Goletta bei Algier behaupteten, so hatten sie wieder eine etwas gesicherte Stellung; doch würden sie sich derselben wenig erfreut haben, wäre es Suleiman mit dem Unternehmen gelungen, mit dem er alle seine maritimen Eroberungen zu krönen dachte, dem Angriff auf Malta. Es kam ein Augenblick, wo nach dem Falle des Forts San Elmo die Insel so gut wie verloren zu sein schien. Einen unbeschreiblichen Eindruck machte das in Spanien. Man fürchtete, daß dann weder Goletta noch Oran, weder Neapel noch Sizilien sich gegen die Osmanen halten würden; überdies aber hatte man guten Grund – wir werden sogleich sehen, welchen –, über die nächste Zukunft der Pyrenäischen Halbinsel besorgt zu sein. Daß ein so großes Unglück nicht eintrat, war vor allem das Verdienst des Ordens und seines Großmeisters Lavalette.

Die Ritter rechtfertigten jetzt die Politik Karls V., der ihnen das Eiland anvertraut hatte, und bewährten unter gänzlich veränderten Umständen ihre ursprüngliche Institution; sie waren das Bollwerk und Vormauer aller umliegenden Gestade. Doch trugen auch die spanisch-italienischen Streitkräfte zu diesem Erfolge bei. So mächtig sie auch erschienen – und Don Garcia von Toledo, der jetzt Vizekönig von Sizilien geworden war, sammelte mehr als 90 Galeeren –, so konnten sie sich doch den osmanischen nicht gewachsen achten: erst nach langem Bedenken, auf den ausdrücklichen Befehl Philipps II., den Orden nicht zugrunde gehen zu lassen, ging der General in See; die Umsicht und Energie, mit welcher er dann auftrat, war ein wichtiges Moment für die letzte Entscheidung. Er setzte der türkischen Flotte bis nach Cerigo nach.

Für das innere Spanien selbst war dieser Ausgang das größte Glück. Was hätte aus der kastilisch-aragonischen Monarchie werden sollen, wenn ein großer Krieg der Türken mit der Bewegung der Moriskos, die gleich darauf in dem zuletzt unterworfenen Granada zum Ausbruch kam, zusammengetroffen wäre?

Daß das gewaltige Emporkommen einer die Religion, die in Spanien unterdrückt war, mit dem Schwerte ausbreitenden Macht die Anhänger derselben innerhalb der Halbinsel zu neuen Hoffnungen anregte, war gleichsam eine Notwendigkeit. Manchen Überfall hatten die türkischen Korsaren bereits ausgeführt; dann hatten sich ihnen die Moriskos zur Überwältigung der nächsten christlichen Ortschaften angeschlossen. Zu den religiösen kamen die nationalen Gefühle. Die Regierung wollte den Moriskos ihre Tracht, ihre Bäder, ihre Vergnügungen, den Besitz ihrer schwarzen Sklaven nicht mehr gestatten; sie verlangte die Erziehung ihrer Kinder in christlichen Schulen. Und unaufhörliches Widerstreben erregte die Strenge der kastilischen Justiz, welche oft den altererbten Landbesitz der Vornehmen gefährdete,

Konfiskationen verhängte, keine Asyle dulden sollte. Um sich den Geboten der Inquisition und der Kanzellerien zu entziehen, wichen die Mutigsten von ihnen in das Gebirge; der Governador aber, der eine dritte Behörde ausmachte, hatte nicht Waffen und Leute genug, um sie zu überwältigen. Diese Ausgetretenen – man nannte sie Monfis – hielten, wenn sie zahlreich wurden, das ganze Land in Aufregung. Im Jahre 1568 machten sie einen Entwurf, Granada einzunehmen; ihrer hundertundfünfzig erschienen mit Waffen in der Stadt. Wie erschrak der Vizekönig, Marques von Mondejar, als er die verpönte maurische Musik wieder in den Straßen vernahm.

Ein Glück, daß weder die Bewohner des moslemitischen Stadtteiles, des Albaizin, noch die Moriskos der Landschaft hinreichend vorbereitet waren, um sich den Eingedrungenen anzuschließen. Granada war so schlecht bewaffnet, daß es sonst ohne Zweifel verloren gewesen wäre; die Monfis wichen in die Alpujarras. Doch hatten sie, hierin im Einverständnis mit den übrigen, sich wieder einen nationalen Fürsten gewählt. Es war ein Granadiner, der durch die Gefangensetzung seines Vaters und einen Schimpf, den er selbst von der spanischen Verwaltung in Granada erfahren hatte, indem man ihm den Dolch, den er führte, wegnahm, zur Rache gereizt worden war: denn einem Manne von so hoher Abkunft dürfe man nicht auf diese Weise begegnen. Er leitete nämlich sein Geschlecht von den Omajaden her; eben darum ward er von den Empörern, die ihn als den erbberechtigten Herrn von Cordoba und Andalusien betrachteten, zu ihrem Fürsten erkoren und mit der farbigen Tiara, wie die alten Könige von Granada, geschmückt. Er suchte deren Art und Weise, soviel man sich ihrer erinnerte, zu erneuern und fand einen ähnlichen Gehorsam. Hernando de Valor – so hieß der letzte Omajade – hat später gesagt: es sei ihm nur auf Rache angekommen. So war auch der Krieg in dem Gebirge ein Krieg der Rache. Die Christen wurden unter gräßlichen Martern getötet, Männer und Frauen, Geistliche und Laien. Wie weit die Rache ging, sieht man daraus, daß der neue Fürst endlich befohlen hat, Kinder unter zehn Jahren zu schonen. Die aus der Nachbarschaft aufgebotenen kastilianischen Truppen drangen unter dem Marques von Mondejar in die Alpujarras vor und nahmen einige der nächsten und wichtigsten Plätze, aus denen sie mit Beute beladen und mit zahlreichen Gefangenen zurückkehrten; aber indem sie einen Landstrich unterwarfen, erhob sich ein anderer. Die Grausamkeit der Sieger, die weder die Gefangenen noch die Verdächtigen schonte, entflammte die Empörung. Ein Befehl, daß die Moriskos aus Granada auswandern und nach anderen kastilianischen Plätzen verteilt werden sollten, ward das Signal zu einer allgemeinen Flucht in das Gebirge.

Der König ließ spanische Truppen aus Neapel herüberführen; er schickte seinen Bruder als Oberbefehlshaber nach Granada und begab sich selbst, um durch seine Autorität den Krieg zu beschleunigen, nach Cordoba, wo er die Cortes hielt. Aber man kam mit alledem nicht zum Ziele. Der Moriskenkönig hatte einmal 7000 Eingeborene, 500 Türken in seinem Heer; nicht selten hatten seine Leute das Übergewicht.

Nur das gelang ihm nicht, worauf er von Anfang an sein Augenmerk gerichtet hatte; er konnte weder Almeria noch einen anderen Seeplatz gewinnen. Er schickte Gesandte nach Algier, Fez und Konstantinopel; da sie aber keinen Hafen anbieten konnten, so fanden ihre Vorstellungen keinen Eingang. In der Meinung, daß es die Absicht der Moslimen sei, Cartagena einzunehmen, eilte Gil de Andrada herbei, um die Küste mit seinen Galeeren zu sichern.

Von dem Meere ausgeschlossen, auf das Gebirge beschränkt, konnten sich die Empörten auf die Länge nicht behaupten. Unter ihnen selbst brachen Entzweiungen aus. Der vermeinte Omajade ward hingerichtet; sein Nachfolger fiel unter dem Dolche eines Meuchelmörders, der den Kopf desselben nach Granada brachte; einer der obersten Anführer machte dann seinen Vertrag mit den Spaniern. Die vornehmste Bedingung war allgemeine Amnestie und die Erlaubnis für die fremden Moslemin, die selbst nichts Besseres wünschten – denn auch sie waren dieser Kriege müde –, nach Hause zu gehen. Damit waren jedoch nicht alle zufrieden. Wenn es nicht wenige gab, die dem nicht beitraten und ihre persönlichen Feindseligkeiten fortsetzten, so ward man allmählich auch deren Meister.

Als der letzte Häuptling, dessen man sich mit List bemächtigt hatte (Mai 1571), nach Granada geführt werden sollte, ersah er sich in der Enge des Gebirges eine Felsenspitze, von der er sich zu Pferde, wie er war, in den Abgrund stürzte.

So ward der Maurenkrieg geendigt, welcher seit dem achten Jahrhundert die Halbinsel agitierte. So weit, die Waffen zu ergreifen, sind die Moriskos niemals wieder gekommen.

Aber diese Beruhigung Spaniens gehörte dazu, um für die Fortsetzung des Türkenkrieges einen neuen Rückhalt zu geben. Es war nicht allein ein dynastisches Interesse, was die benachbarten Inseln und Gestade mit Spanien verband, sondern die Notwendigkeit einer gemeinschaftlichen Verteidigung gegen eine unaufhörlich um sich greifende, keinen Vertrag achtende feindselige Gewalt, der sie einzeln hätten unterliegen müssen: waren sie doch auch alle zusammen, mit ihren vereinigten Kräften bei weitem noch nicht stark genug, dem Feind in offener See zu begegnen.

In den Jahren 1566 und 1567 waren von einer Konföderation zwischen Frankreich und den beiden österreichischen Höfen gegen die Türken die Rede. Schon bei der Zusammenkunft in Bayonne hat ein Entwurf dazu vorgelegen; und aufs eifrigste drang der Papst darauf. Man hatte die Absicht, auch die deutschen Stände herbeizuziehen. Die Schwierigkeit lag aber darin, daß die Franzosen Forderungen machten, welche Philipp nicht gewähren wollte; und sodann darin, daß von den deutschen Reichsständen keine Hilfe bei einem Unternehmen, an dem der Papst selbst beteiligt war, zu erwarten stand; sie meinten dadurch zuletzt selbst bedroht zu werden.

Da geschah es, daß Selim II. ohne einen anderen Grund als seinen Willen die Venezianer in Zypern angriff und diese, die Insel zu behaupten entschlossen, die Hilfe der christlichen Mächte nachsuchten. Hauptsächlich war ihre Hoffnung auf einen Bund mit Spanien gerichtet. Das vornehmste Argument, durch welches König Philipp trotz mancher Zweifel an der Zuverlässigkeit der Venezianer endlich bewogen wurde, darauf einzugehen, bestand in der Betrachtung, die der päpstliche Legat an die Hand gab, daß die beiden Staaten, jeder allein unfähig, die türkische Macht zu bestehen, durch ihre Vereinigung dazu in den Stand kommen würden; eine Schmach würde es sein, wenn man die Venezianer, die jetzt zum Kriege gegen die Türken entschlossen seien, in demselben allein ließe und es ihnen alsdann gelänge, sie zu besiegen. Im Dezember 1570 suchte König Philipp die Venezianer über ihre bisherigen Verluste zu trösten; er versprach, in dem nächsten Sommer alles zu tun, um das Verlorene wiederzugewinnen. Am 19. Mai 1571 wurde die Liga abgeschlossen.

Schon war jedoch Zypern verloren, Famagusta wie Nicosia. Die Greuel, mit denen die Türkenkriege verknüpft zu sein pflegen, hatten sich zum Entsetzen der Welt erneuert.

Der Golf des Adriatischen Meeeres war angegriffen; Venedig selbst fühlte sich bedroht, als endlich die Streitkräfte der Verbündeten sich in Messina vereinigten. Man sah 208 Galeeren, sechs Galeazzen und eine entsprechende Anzahl kleiner Fahrzeuge beisammen und gegen 21 000 Mann zu Fuß, aus den drei Nationen der Spanier, Italiener und Deutschen; die türkische Flotte zählte 240 Galeeren, 40 Galeazzen und 20 kleine Fahrzeuge. Hätten der Kapudan-Pascha Munsinsade Ali und der ihn begleitende Wesir Pertewpascha gewußt, wie nahe an Streitkräften das christliche Geschwader dem ihren sei, so würden sie ein Zusammentreffen vermieden haben; sie hielten eine so zahlreiche Vereinigung der Abendländer für unmöglich. Diesen aber flößte eben das Ungewohnte des Anblicks doppelte Kampflust ein.

Auf Bitten des Papstes war Don Johann ermächtigt worden, mit Rat seiner Kapitäne und des Fürsten Doria entscheidende Beschlüsse zu fassen. Der Fürst und der bei weitem größte Teil der spanischen Anführer stimmten ihm darin bei, daß man eine Schlacht wagen könne. Die Venezianer, deren Sache es galt, trieben dazu vorwärts.

In denselben Regionen, in denen einst zwischen Octavius und Antonius, von denen der eine die okzidentalischen, der andere die orientalischen Kräfte des Römischen Reiches um sich versammelt hatte, entschieden wurde, in der Mitte der Gestade der östlichen und westlichen Welt bei den Curzolaren kam es aufs neue zu einer universal-historischen Entscheidung. Es war ein Kampf zwischen der Levante, wie sie nunmehr war, und der westlichen Welt. Das türkische Admiralschiff forderte das spanische gleichsam zum Kampfe heraus; zwischen diesen und den Fahrzeugen, die ihnen von der einen und der anderen Seite zu Hilfe kamen, wurde der Kampf ausgefochten. Die Spanier rühmen an ihrem Alvaro de Bazan, Marques von Santa Cruz, daß er hierbei die Anordnungen, die im voraus getroffen waren, überschreitend, das beste geleistet habe; aber sie lassen auch der Teilnahme der päpstlichen und venezianischen Kapitäne Gerechtigkeit widerfahren. Mehr als einmal überstieg man den hohen Bord des türkischen Admiralschiffes und ward zurückgetrieben; endlich aber fiel der Kapudan-Pascha, sein Haupt ward als Siegeszeichen auf eine Pike aufgesteckt, an der Stelle der türkischen Standarte das Kruzifix erhöht. Von großer Wirkung waren die venezianischen Galeazzen, bei denen man zwischen den Ruderbänken selbst die Geschütze dergestalt gestellt hatte, daß sie nach allen Seiten hin wirken konnten. Allenthalben zeigte sich das abendländische Geschütz dem türkischen überlegen. Diesen war es nachteilig, daß die Reis, denen die Schiffe gehörten und deren ganzen Reichtum sie ausmachten, Bedacht nahmen, sie in dem Moment der Gefahr zu retten. Auf vielen empörten sich die christlichen Sklaven, während auf den abendländischen Schiffen die Galeerensklaven selbst, wenn man ihnen Waffen gab, sie auf das tapferste brauchten. Die Niederlage der Türken war vollständig; von allen ihren Galeeren retteten sich nur vierzig, die übrigen wurden verbrannt oder fielen den Verbündeten in die Hände.

Was man noch höher anschlug als den Verlust der Schiffe, war das Verderben, das die Seemannschaften getroffen hatte, an denen die Osmanen ohnehin Mangel litten. Die Abendländer waren wieder einmal Meister der See. In Konstantinopel, wo man sich noch wehrloser fühlte, als die Sieger wußten, hat man einen unmittelbaren Angriff derselben besorgt.

König Philipp II. wohnte der Vesper in der Kapelle seines Palastes bei, als der venezianische Gesandte ihm sagen ließ, er habe ihm etwas Wichtiges zu melden. In dem Augenblick, als die Kapelle das Magnificat intonierte, trat der Gesandte mit den Worten: „Vittoria, vittoria!" ein. Der König stand unter seinem Baldachin, dessen Vorhänge zugezogen waren; er hatte die Zurückhaltung, nachdem er in wenigen Worten den großen Erfolg vernommen, dem religiösen Akte bis zu Ende beizuwohnen; dann aber ließ er sich dort in der Kapelle die Berichte vorlesen, die zuerst bei der Botschaft eingegangen waren. Ein Tedeum wurde angestimmt. Der König gelobte, diesen christlichen Krieg mit aller Macht fortzusetzen.

Es war einer der größten Augenblicke seines Lebens, da der Sieg, den er erfochten, für das gesamte Abendland heilbringend war und in der Notwendigkeit der Dinge lag. Einen solchen hatte sein Vater zu erfechten gewünscht; ihm selbst hatte er vorgeschwebt, als er zwölf Jahre früher mit den Türken sich zu vertragen ablehnte.

Wohl hätten sich nun noch größere Erfolge erwarten lassen.

Im September 1572 trafen beide Kriegsflotten bei Navarin zusammen, und Don Johann gab bereits das Signal zur Schlacht. Die Türken hatten mit möglichster Anstrengung eine große Anzahl von Galeeren in Seee gebracht; eine Schlacht anzunehmen, wagten sie nicht. Es war ihnen genug, daß sie sich mit einem geringen Verlust zurückzuziehen vermochten. Damit aber waren die orientalischen Besitzungen der Venezianer keineswegs gesichert; im nächsten Jahre sahen sie sich doch genötigt, auf erträgliche Bedingungen ihren Frieden zu schließen. Und allein waren denn auch die Spanier den Türken nicht überlegen, ja nicht einmal recht gewachsen. Im Jahre 1573 gelang es Don Johann Tunis zu erobern. Aber im Jahre 1574 erschienen die Türken mit unbestreitbarer Übermacht; sie nahmen Tunis wieder und schleiften Goletta, das sie erst jetzt eroberten.

In Spanien fühlte man sich nicht stark genug, es ihnen wieder zu entreißen; man begnügte sich, Mazalquivir und Melila in guten Verteidigungszustand zu setzen, die Befestigungen von Cartagena zu vollenden. Aber die Türken beabsichtigten keinen

Angriff auf diese Plätze; ihre Streitkräfte nahmen damals ihre Richtung gegen Persien, so wie König Philipp nunmehr in die abendländischen inneren Kriege verflochten wurde.

DRITTES KAPITEL

Alba in den Niederlanden

Wenn man diese doppelte Aktion der spanischen Monarchie – auf der einen Seite Ausbreitung der Zivilisation in der Form des Katholizismus über die Neue Welt, auf der anderen die Verteidigung des katholischen und christlichen Europas gegen die Anfälle der Türken – zusammenfaßt: so sieht man wohl, daß die spanische Krone mehr als irgendeine andere an den Begriff der katholischen Kirche gefesselt war. An und für sich wurde sie auf das tiefste davon betroffen, daß in den romanisch-germanischen Nationen eine neue, dem katholischen System entgegengesetzte Glaubensform emporkam.

Wohl hätte sich denken lassen– wenn überhaupt die Dinge, die nicht geschehen sind, im Zusammenhange der Historie gedacht zu werden verdienen –, daß die Monarchie ihre Kräfte nur in den beiden angedeuteten Richtungen, die einen so umfassenden Schauplatz darboten, entwickelt hätte. Das aber war schon darum unmöglich, weil die Christenheit eine Einheit bildete: eine Idee, die jenen Unternehmungen selbst ihre ideelle Grundlage gab und die spanische Nation stärker ergriffen hatte als jemals eine andere; sie fühlte sich als Vorfechterin des Papsttums. Überdies aber, die neue Glaubensform war in die Niederlande eingedrungen, welche seit dem Anfall der Krone an das Haus Burgund eine der wichtigsten Bestandteile der Monarchie ausmachten; unmöglich konnte ein burgundischer Prinz, der auf den spanischen Thron gekommen, von den Provinzen absehen, von denen sein Haus ausgegangen war. Es ist des Unterschiedes gedacht worden, der zwischen Kaiser Karl, der anfangs Spanien im Sinne der niederländischen Großen hatte regieren wollen, und dem König Philipp bestand, der das Fundament seiner Macht lediglich in Spanien sah. Die Natur der Dinge brachte es mit sich, daß er sie in dem Sinne, der sich in ihm selbst ausgebildet hatte, regieren und ihre Kräfte dem allgemeinen Zwecke dienstbar machen wollte. Es hätte ein innerer Widerspruch darin gelegen, daß der Fürst, der die lateinische Hierarchie auf das südliche Amerika übertrug, in Europa in großen Provinzen, die ihn als ihren Souverän anerkannten, einen Abfall von derselben hätte gestatten wollen. Zu einem solchen aber schien es doch durch den natürlichen Lauf der Dinge kommen zu müssen: denn immer gewaltiger drangen die neuen Meinungen vor. Und die großen Herren, die mächtigen Städte, waren weit entfernt, sich der spanischen Idee unterordnen und ihre Kräfte an den katholischen Begriff fesseln zu wollen. In diesem Verhältnis lag, wenn wir so sagen dürfen, das welthistorische Problem für die zweite Hälfte des 16. Jahrhunderts. Karl V. hatte gemeint, die religiösen Gegensätze durch Wiederbelebung der kirchlichen Autorität des Kaisertums, von der selbst das Papsttum gebeugt und die protestantischen Abweichungen auf ein geringes Maß zurückgeführt werden sollten, wenn nicht auszugleichen, so doch niederzuhalten. Philipp konnte diesen Anspruch nicht machen; er erkannte das Papsttum in der Fülle seiner Macht an und entschloß sich, die entstehenden Neuerungen in seinem Reiche, soviel es nur immer möglich sei, zu ersticken. Wie weit ihm das gelingen werde, davon hing das Schicksal der spanischen Monarchie überhaupt ab. Wir haben wohl die Pflicht, die wesentlichsten Momente des Kampfes darzulegen. Der Punkt, von dem alles ausging, ist der folgende:

So streng katholisch und zugleich monarchisch die Gesinnung Karls V. auch gewesen war, so hatte er doch weder die althergebrachten Freiheiten der niederländischen Provinzen zu unterdrücken, noch auch die Inquisition durchzuführen unternommen. Seine Schwester Maria hatte ihn bei einem Besuch in Augsburg durch Vorstellungen der Nachteile, die er durch Einführung der Inquisition besonders über die vornehmsten Handelsstädte hereinziehen würde, davon zurückgebracht. Aber seine geistlichen Anordnungen, die unter dem Namen Plakate bekannt sind, waren doch auch an sich so eingreifend, daß sie bei dem Fortgang der protestantischen Bewegung nicht ausgeführt wurden: denn nicht ganz unbedingt war die Autorität des Fürsten im Lande; sie war durch die altherkömmlichen Freiheiten in den Provinzen und das Ansehen der vornehmen Herren, welche allenthalben die exekutive und militärische Gewalt in den Händen hatten, sehr wesentlich beschränkt. Diese waren nicht der Meinung, die unmittelbare Einwirkung des Königs durch die Ausführung seiner geistlichen Anordnungen und die Handhabung der Strafedikte zu verstärken; ihre eigene Autorität hing mit einem gewissen Grad von Autonomie der Provinzen selbst zusammen. Dagegen faßte König Philipp den Gedanken, die geistlich-weltliche Verfassung nach dem Muster seiner übrigen Provinzen, namentlich Kastiliens, in den Niederlanden einzuführen. Aber seine Anstalten brachten das ganze Land in eine Unruhe, bei der sich die geistlichen und weltlichen Motive miteinander vermischten. Der niedere Adel trat in ein Bündnis, das eine nahe Empörung ankündigte.

Im April 1566 hat die Statthalterin die Gouverneure der Provinzen, die sich in Brüssel versammelten, an ihren Eid, für den Dienst Gottes und des Königs sterben zu wollen, erinnert; sie antworteten: sie würden sich nicht schlagen für Inquisition und die Plakate, wohl aber für die Erhaltung des Landes; Prinz Wilhelm von Oranien verlangte zugleich eine Konvokation von Generalständen. Die große Bittschrift des niederen Adels folgte, durch welche die Statthalterin bewogen wurde nachzugeben; sie ersuchte den König, sie in einem Schreiben, das sich vorzeigen lasse, zur Gewährung der geforderten drei Punkte zu ermächtigen; diese waren: Abschaffung der Inquisition, Ermäßigung der Plakate, allgemeine Amnestie, – unter der Bedingung jedoch, daß die Verbindungen der Edelleute vollkommen und auf immer aufgehoben würden. Die vornehmen Herren waren nicht in dem Bunde des Adels, aber bei einem großen Bankett erschienen. Oranien und die Grafen Egmont und Hoorn und stimmten in das Lebehoch auf die Geusen, welcher Ausdruck hier zuerst aufkam, ohne daß man seine Bedeutung recht kannte, lebhaft mit ein. Die niederländische Staatsgewalt ward zu den Zugeständnissen gebracht, welche dem Sonderinteresse des Landes entsprachen und zugleich dem Protestantismus zum Rückhalt dienten. Daß nun aber König Philipp diese Sonderstellung hätte anerkennen sollen, ließ sich von ihm nicht erwarten; er zögerte, trotz der dringendsten Anträge, die ihm geschahen, obgleich auch Kardinal Granvella Milde und Gnade anriet, seine Beistimmung zu erteilen.

Bei den fortdauernden Unruhen im Lande fragte die Herzogin nochmals bei den Herren an, ob sie auf ihre Unterstützung bei der Ausführung der Gesetze rechnen könne; einige antworteten bejahend, andere ablehnend; der Prinz von Oranien bemerkte: die Religion sei eine Sache des Gemütes und der Empfindung, über die man nicht gebieten könne; die von ihm befehligten Truppen würden großenteils weder gegen die Sektierer dienen noch das Predigen behindern: eine Erklärung, die das gerade Gegenteil von dem enthielt, was in der Absicht des Königs lag. Philipp hat nun wohl sich einmal bereit erklärt, in den drei Punkten nachzugeben, und dies der Statthalterin kundgetan, in einer Form jedoch, durch die er selbst nicht gebunden zu werden meinte; er behielt sich in einigen Artikeln dabei die Einwilligung des Papstes, in anderen sein Recht, die Schuldigen zu züchtigen, insgeheim und feierlich vor.

Aber wie die Erklärung der Zugeständnisse nach den Niederlanden gelangte, so genügte ihre Fassung nicht, wiewohl man von der Einschränkung derselben keine Ahnung hatte; man sagte laut: ohne eine Berufung der Generalstände könne die Ruhe in den Niederlanden nicht hergestellt werden. Eine solche Berufung aber wäre nun vollends gegen den Sinn des Königs gewesen; sie hätte unter den damaligen Umständen zu einer Umwandlung der Staatsgewalt führen können. Philipp verbot der Statthalterin, auf diese Forderung einzugehen; und schickte ihr, um sie dazu in den Stand zu setzen, eine Summe Geldes, die zur Besoldung von Mietstruppen verwandt werden sollte. Die Statthalterin fühlte sich dann in der Tat weniger abhängig von den Großen des Landes. Diese beklagten sich bereits, daß man sie nicht mehr zu Rate ziehe; besonders waren es Egmont und Oranien, welche noch immer eine ihren Ideen entsprechende Gestalt der Dinge in den Niederlanden durchzuführen dachten.

Die Herzogin hatte den Mut, ihnen zu sagen, sie seien nur die Diener, der König sei der Herr. Aber indem die Statthalterin dieses aussprach, wurde sie selbst von einem Schlage der königlichen Autorität betroffen, den sie nicht erwartet hätte. Sie erschrak, als sie vernahm, der König habe den Herzog von Alba bestimmt, an der Spitze einer in Italien stehenden Streitmacht nach den Niederlanden zu gehen, um dort als Generalkapitän zu fungieren; sie meinte: es sei nicht nötig, da durch ihre eigenen Anstrengungen die Unruhen so gut wie gedämpft worden; sollte jetzt ein anderer kommen, um die Früchte ihrer Arbeit zu genießen? Das sei nicht gerecht. Aber die Absicht des Königs war nicht allein auf Herstellung der momentanen Ruhe gerichtet, sondern er hielt dafür, daß eine andere, streng monarchische, streng katholische Ordnung der Dinge in den Niederlanden eingerichtet werden müsse. Dafür hatte er den Herzog von Alba ausersehen.

Der Herzog von Alba, der von alter Zeit her des vornehmsten militärischen Rufes unter den Spaniern genoß, aber dann auch in politischen Angelegenheiten konsultiert wurde, hatte eine lebhafte Indignation über die Bewegungen in den Niederlanden kundgegeben, er schrieb sie dem Ehrgeiz und der Unbotmäßigkeit der vornehmsten Großen des Landes zu, wie denn überhaupt seine Meinung war, daß man zur Dämpfung der Unruhen politischer oder religiöser Art vor allem die opponierenden großen Herren zur Strafe ziehen müsse; jener Protestation, durch welche der König sich der Bestrafung derer, die durch Erregung von Unruhen oder Begünstigung derselben sich gegen ihn vergangen, vorbehielt, wohnte Alba bei. Es erhellt nicht, ob der König diese Absichten aus eigener Bewegung gefaßt hat oder ob er darin mehr dem Vorschlage des bewährten und vertrauten Feldhauptmannes gefolgt ist; aber sie vereinigten sich beide in diesem Gedanken. In einer ferneren Zusammenkunft wurden denn die Grundsätze vereinbart, die der Herzog zu befolgen habe. Er sollte, so resumiert Alba selbst die Instruktion, die er empfangen hatte, die vornehmsten Schuldigen oder auch die Verdächtigen verhaften und exemplarisch bestrafen lassen; er solle ferner Bedacht nehmen, die nötigen Finanzmittel aus dem Lande aufzubringen; dann, wenn das geschehen sei, die Städte bestrafen. Daß dabei auch eine Unterdrückung der abweichenden Glaubensmeinungen beabsichtigt war, ergibt sich aus den bestimmten Erklärungen des Königs an den Papst. Nur hielten beide, der König und der Herzog, in allen ihren Verhandlungen mit Rom daran fest, daß davon zunächst nicht die Rede sein könne: denn damit würde man die Opposition aller Protestantisch-Gläubigen in Deutschland und England, selbst in Frankreich aufregen; sie würden sich der Herstellung der Autorität des Königs widersetzen. Es ist bemerkenswert, daß der König von dem Papst aufgefordert worden ist, bei dem Vorrücken seiner Truppen aus Italien sich der Stadt Genf zu bemächtigen und diesen Hauptsitz des westeuropäischen Protestantismus unschädlich zu machen. Der König lehnte das ab, weil Savoyen dagegen sein würde. Aber überhaupt mußte alles vermieden werden, was die religiöse und politische Aufregung in der Welt vorzeitig erwecken konnte; die Absicht des Königs ging vor allem auf die Niederwerfung und Züchtigung der politischen Opposition im Lande selbst.

Von dem Niederländer Hopperus, welcher dem König Philipp in diesen Geschäften zur Seite stand, ist ein Gutachten vorhanden, in welchem auch noch auf die religiöse Repression der größte Nachdruck gelegt, die Einführung der Beschlüsse des Tridentiner Konzils und der Bischöfe, sowie die Widerrufung aller seit dem Jahre 1565 erlassenen Mandate, also auch jener vermeinten Konzessionen, empfohlen wird. Die Hauptsache ist auch da, daß den Schuldigen der Prozeß gemacht werden müsse. Doch kommt dabei eine wichtige Restriktion zur Sprache: die vornehmsten Herren waren Mitglieder des Ordens vom Goldenen Vlies, was ihnen insofern zu hohem Ansehen gereichte, als sie darin in einer Art von Verbrüderung mit den Fürsten erschienen. Man hatte erlebt, daß Karl der Kühne und Karl V. selbst ihren

Ratschlägen und Einreden Gehör gaben. Zu den Privilegien des Ordens gehörte es, daß die Ritter nur von ihren Pairs, den übrigen Mitgliedern des Ordens, gerichtet werden konnten; auch bei ihrer Verhaftung waren ihre Vorrechte in den bestimmtesten Ausdrücken und Formeln vorbehalten. Hopperus macht auf diese Bestimmungen aufmerksam; er behauptet, daß ein Gerichtshof aus den Rittern des Ordens zusammengesetzt werden müsse, wenn die Herren, welche Mitglieder desselben seien, verurteilt werden sollten.

Noch vor der Abreise Albas ist Beratung darüber gepflogen worden, ob das Privilegium auch in einem Falle, wie dem vorliegenden, beobachtet werden müsse: denn eben auf die Bestrafung der Vornehmsten unter den Rittern des Ordens war die Absicht gerichtet. Man hat behauptet, im Fall einer Majestätsbeleidigung könne das Privilegium nicht gelten. Es liegt wohl am Tage, daß es eben auch für den Fall einer solchen Anklage gegeben war; wie sollten die Ritter des Ordens an sich nicht befugt sein, zu entscheiden, ob ein Verbrechen dieser Art begangen worden sei oder nicht? Das ganze Vorhaben aber beruhte darauf, daß auf das Privilegium keine Rücksicht genommen werden sollte. Man kennt jetzt die von dem König für diesen Fall dem Herzog erteilte Ermächtigung; sie ist in Aranjuez am 15. April 1567 ausgestellt worden; es heißt darin: der König habe zu seinem größten Schmerz erfahren, daß einige von den Mitgliedern des Ordens, seinen Kommilitonen, an den in den Niederlanden vorgefallenen Unruhen und Empörungen beteiligt seien; – indem er nun den Herzog von Alba nach den Niederlanden schicke, mit dem Auftrag, über alle dabei begangenen Vergehungen und Verbrechen in letzter Instanz zu prozedieren und zu richten, so könnte die Frage entstehen, ob in bezug auf die Mitglieder des Ordens die Formen, die in einer von Karl V. den Statuten des Ordens hinzugefügten Novelle vorgeschrieben worden, jetzt auch zu beobachten seien; – nach reiflicher Erwägung und Beratung erkläre er, der König, daß die Privilegien in Sachen der beleidigten göttlichen und menschlichen Majestät keine Rücksicht finden dürften; er spricht aus für jetzt und für alle Zukunft, daß sie in Fällen dieser Art als unstatthaft und aufgehoben betrachtet werden sollen.

Am 22. August 1567 langte Alba mit seinem spanisch-italienischen Heerhaufen, der in die Stadt verlegt werden sollte, in Brüssel an. Das erste Gespräch, das er mit der Herzogin hatte, betraf eben diese Verlegung; sie würde Brüssel gern damit verschont gesehen haben. Aber Alba sagte ihr unumwunden, daß sie dabei nicht mitzureden habe; er teilte ihr seine Vollmacht als Generalkapitän mit, aus der sie ersah, daß die höchste Gewalt aus ihren Händen in die seinen übergegangen war. Sie fühlte sich tief gekränkt; sie stellte dem Könige vor, daß sie seit neun Jahren Tag und Nacht nur auf seine Dienste bedacht gewesen sei; ihre Gesundheit dabei zugesetzt und sich mit ihrem Gemahl entzweit habe. Auf alles das aber wurde keine Rücksicht genommen, da eben die Absicht war, das bisherige System mit Entschiedenheit zu verlassen. Wie das geschehen sollte, stellte sich gleich in den nächsten Tagen heraus.

Am 9. September ward eine Sitzung des Staatsrates gehalten, welche militärische Angelegenheiten betraf; die Grafen Egmont, Hoorn und Mansfeld, alle drei Ritter des Ordens, nahmen daran teil. Beim Heraustreten forderte der Hauptmann der Leibwache Albas dem Grafen Egmont, der dann durch ein bestürztes Erstaunen zu erkennen gab, wie wenig er das erwartet hatte, seinen Degen ab. Von Oranien weiß man, daß er ein gewaltsames Verfahren längst voraussah und sich deshalb entfernt hielt. Aber Hoorn, der sich an Egmont anzuschließen pflegte, war gekommen; man hatte seine Ankunft ausdrücklich abgewartet: auch er ward verhaftet. Diese Gefangensetzung wirkte wie ein Donnerschlag, der ein nahendes Ungewitter verkündet.

Alba bemerkte mit Genugtuung, daß jedermann sich stillhielt. Das war aber eben das Zeichen des Erstaunens und Schreckens. Alba richtete den Rat der Unruhen ein, dessen Mitglieder er als die gelehrtesten und unbescholtensten Männer bezeichnet, die er habe finden können; er behielt sich als ihr Präsident das entscheidende Urteil vor. Das größte Aufsehen machte es nun, daß ein gewöhnlicher Gerichtshof über die Ritter des Ordens zu Gericht sitzen sollte. Im Namen der Gräfin von Egmont wurde Alba aufgefordert, den gefangenen Grafen vor das im Land befindliche Gericht des Ordens zu stellen. Ein Anwalt war bestellt worden, um den Grafen vor seinen kompetenten Richtern, d. h. dem König oder dem aus den Rittern des Ordens bestellten Stellvertreter des Königs und den übrigen Rittern des Ordens zu verteidigen. Man begreift die Bedeutung dieser Frage. In gewissem Sinne beruhte die selbständige Verfassung des Landes auf den Privilegien des Ordens: denn die Gouverneure, welche für dessen Rechte eintraten, wurden dadurch einer höheren richterlichen Instanz überhoben; ein Rechtsspruch gegen sie konnte nur unter ihrer eigenen Einwilligung erfolgen; sie verloren nicht allein diese große Stellung, sondern die Selbständigkeit der Provinz wurde in hohem Grade geschmälert, wenn ein anderer Gerichtshof im Namen des Königs über ihre Handlungen einen Urteilsspruch ergehen lassen durfte. Albas Anspruch war nun, daß er dies zu tun befugt sei: denn der Idee des zu Recht bestehenden Privilegiums trat die Idee der schrankenlosen Souveränität des Königs entgegen. Alba antwortete: er habe von dem Souverän des Landes, dem König, den Befehl, in Angelegenheiten, wie diese, ohne Dazwischenkunft des Ordens zu verfahren; der König handle als souveräner Fürst, nicht als Oberhaupt des Ordens. Die Mitglieder des Ordens regten sich gegen dies Verfahren; sie hatten die Absicht, eine Zusammenkunft zu halten, vielleicht ein Kapitel, um darüber Beschluß zu fassen. Aber Alba sagte ihnen: Jeder könne sich für seine Person an den König wenden; eine Versammlung mehrerer zu diesem Zweck aber werde er nicht dulden; er ersuchte den König, sich in der beschlossenen Weise auszusprechen, was dieser denn zu tun nicht verfehlte.

Alba rühmt nicht gerade die Willfährigkeit, die er bei dem Rate der Unruhen gefunden habe; und selbst von dem königlichen Hofe erfährt man, daß sein Verfahren Widerrede daselbst erweckte; aber ohne Schwanken schritt er auf der einmal eingeschlagenen Bahn daher. Von unnachsichtiger Züchtigung schien ihm alles abzuhängen, die Herstellung des Gehorsams, der Religion und selbst der Finanzen: denn unter dem Schrecken des drohenden Schwertes werde niemand den Forderungen zu widersprechen wagen, die er mache. Am Aschermittwoch 1568 ließ er auf einmal 500 Männer verhaften, die sich am Raub der Kirchengüter beteiligt haben sollten. Und wer möchte über alle die Exekutionen, die er ausführen ließ, berichten. Die Unruhen, welche darüber entstanden, der Einbruch deutscher Kriegsvölker zugunsten Oraniens veranlaßten ihn nur, den Schrecken zu verdoppeln. Im Anfang des Juni wurde eine große Anzahl von Gefangenen allenthalben hingerichtet; dazu gehörte es denn, daß eben am Pfingstabend 1568 auch die beiden gefangenen Grafen auf dem Marktplatz zu Brüssel enthauptet wurden.

Niemand konnte darüber Zweifel hegen, daß es mehr ein Werk der Politik als der Gerechtigkeit war.

Besonders in Deutschland ward durch den Prinzen von Oranien in Erinnerung gebracht, wie große Dienste die beiden Grafen, und gerade Egmont, einst dem Kaiser und jetzt dem Könige geleistet hatten; nur darauf sei es abgesehen, die blühenden niederländischen Provinzen, die sich immer das Verdienst erworben, das Haus Burgund gegen alle Feinde zu verteidigen, durch eine gräßliche Tyrannei zu veröden. Er hob besonders zwei Punkte hervor: den einen, daß alle zwischen den Provinzen und dem Könige errichteten Verträge mit einem Schlage vernichtet würden; den anderen, daß man den Einwohnern nicht gestatten wolle, ihren Gott der Heiligen Schrift gemäß zu verehren. In dem letzten lag der entscheidende Moment; König Philipp erklärte aufs neue, er werde sich in seinen zum Heil der katholischen Kirche genommenen Entschlüssen nicht irremachen lassen; er sagte: auch dann nicht, wenn der Himmel über ihm einstürzen sollte. In Rom wurden die Ereignisse mit Prozessionen gefeiert.

Eine ganz andere Gesinnung gab Kaiser Maximilian II. kund; er erklärte sich lebhaft dagegen: denn ihm selbst mache man bereits in Deutschland zum Verbrechen, daß er die Niederlande zugrunde richten lasse, die doch ein Teil des Reiches seien.

In dem Reiche war die Aufregung eine allgemeine: denn noch herrschten in Deutschland die Gesinnungen, aus denen der Religionsfriede hervorgegangen war. Die sechs Kurfürsten, die geistlichen sowohl wie die weltlichen, machten dem Kaiser eine sehr energische Vorstellung über das blutige Verfahren in den Niederlanden zur Unterdrückung des Volkes wie des Adels, welches dem Religionsfrieden, der auch die Niederlande begreife, entgegenlaufe, sowie den Rechten und Privilegien der Landschaften selbst. Im September 1568 sind sie so weit gegangen, dem Kaiser die Hilfe des Reiches anzubieten: die Kräfte ihrer Landschaft, ihre eigenen Besitztümer und selbst ihr Leben, um die alte Wohlfahrt der Niederlande herzustellen und sie von der Tyrannei der fremden Truppen zu befreien. Wäre das Deutsche Reich unter der Führung des Kaisers zu einem Unternehmen dieser Art vorgeschritten, so würde der offene Krieg zwischen Deutschland und der spanischen Krone ausgebrochen sein. Man erinnerte die Spanier an die letzten Ereignisse unter Karl V., dessen Glück und Macht durch die Erhebung eines einzigen Kurfürsten zerstört worden sei. Aber wie die Dinge damals lagen, so konnte es doch zu einem so großartigen Unternehmen nicht kommen. In seinen Gesinnungen, seiner Überzeugung stimmte Kaiser Maximilian mit den Anträgen des Reiches überein; aber die Führung eines solchen Krieges zu übernehmen, war er doch durch das dynastische Verhältnis abgehalten; es war gleichsam zuviel von ihm verlangt, daß er seinem Vetter, dem er einst die Nachfolge im Reiche abgewonnen, nun auch in den Niederlanden offenen Widerstand entgegensetzen solle. Noch befand sich sein Sohn Rudolf in Spanien, dem der König nach dem Tode des Don Carlos die Sukzession in Spanien zudachte; und ob die Fürsten einmütig an ihrem Kaiser gehalten haben würden, wenn er den Krieg unternommen haben würde, ließ sich sehr bezweifeln; der Kurfürst von Trier wenigstens, der die Macht der Spanier am meisten zu fürchten hatte, stand in steten Verhandlungen mit Alba. Der Kaiser hielt für genügend, wenn er dem König ernstliche Vorstellungen mache, wozu er seinen Bruder Karl nach Spanien schickte. Auch haben dessen Erklärungen den Eingaben der Reichsstände entsprochen; er hat dem König in Erinnerung gebracht, er werde die Niederlande nicht regieren können wie eine italienische Landschaft. Aber Philipp II. leugnete, daß seine Niederlande, obwohl sie zu einem Kreise des Reiches erklärt worden, den Beschlüssen der Reichstage unterworfen seien; er bestand auf seinem Recht, seine Patrimonialstaaten in seinem eigenen Sinne zu regieren. Die Andeutung, daß er sich mit dem Prinzen von Oranien versöhnen solle, lehnte er mit Indignation ab: denn da der Prinz, sein Vasall, ihm in das Land gefallen, so würde es Feigheit verraten und ihm Schande machen; er erklärte geradezu, daß er seine spanischen Truppen so lange in den Niederlanden lassen werde, als ihm selbst beliebe; als er namentlich zur Aufrechterhaltung der katholischen Religion, die er sich zur Richtschnur gemacht, erforderlich sei; den Erzherzog entließ er mit einem ansehnlichen Geschenk. Er ersuchte zugleich die Kaiserin, ihren Einfluß gegen die abweichenden Tendenzen des Kaisers einzusetzen und ein gutes Einvernehmen zwischen den beiden Häusern zu erhalten; sie habe selbst ein Interesse dabei, weil ihre Söhne einmal zur Erbfolge in Spanien berufen werden könnten. Überdies aber war nach dem Tode der französischen Gemahlin Philipps von einer Vermählung desselben mit der nämlichen Erzherzogin, ältesten Tochter des Kaisers, die einst dem Prinzen Don Carlos bestimmt gewesen war, die Rede; es ist die Ehe, aus der die späteren Könige der österreichischen Dynastie in Spanien entsprossen sind.

An einen Angriff des Reiches auf die von Alba in den Niederlanden eingerichtete Regierungsweise war unter solchen Umständen nicht zu denken; doch fand diese auch keine Stütze in dem Reiche. Der Herzog von Alba hätte nichts mehr gewünscht, als in den Landsberger Bund aufgenommen zu werden, eine Defensivallianz, die dann auch die Niederlande in sich begriffen haben würde; der Kaiser erklärte sich aber standhaft dagegen. Auch die katholischen Fürsten wollten darauf nicht eingehen: denn es würde nur zur Folge haben, daß das Reich sich entzweien und unter den Protestanten neue Verbindungen geschlossen würden. Einer Gegenwirkung der protestantischen Streitkräfte blieb also Alba auch fortan ausgesetzt; er hat eine solche immer besorgt und sogar gefürchtet, namentlich wenn sie von anderer Seite her Unterstützung finde. Diese Rücksicht war einer der vornehmsten Gründe, aus welchen er seinen König auf das nachdrücklichste widerriet, den Herzog von Norfolk, der sich gegen die Königin Elisabeth zu erheben und mit Maria Stuart zu vermählen gedachte, zu unterstützen. Philipp II. war wegen der weltumfassenden

Aussicht, welche das Unternehmen Norfolks, wenn es gelinge, darbot, immer dafür; Alba immer dagegen, in Erwägung der Gefahr, die für die Niederlande daher entspringen werde, wenn es mißlinge.

Wenden wir nun unsere Augen auf den Fortgang der Unternehmungen des Herzogs von Alba in den Niederlanden: so hatte er sich vor allen Dingen vorgesetzt, in den Provinzen eine solche Ordnung aufzurichten, daß sie sich gegen alle Nachbarn verteidigen könnten; er rechnete darauf, durch die Einführung einer neuen Auflage es dahin zu bringen, daß man in den Niederlanden nicht allein keiner weiteren Zuschüsse von Spanien bedürfe, sondern auch die gewährten zurückzubezahlen imstande sei. Zugleich war seine Absicht, der königlichen Gewalt dadurch eine festere Begründung zu schaffen, daß diese Auflage eine immerwährende sein sollte: denn wie unanständig sei es für den König, mit den Ständen um jeden Gulden handeln zu müssen; man bewillige nur, wenn er dagegen etwas von seinen Prärogativen aufgebe.

Die Auflage nun, auf deren Einführung er dachte, war die in Kastilien von den Arabern übernommene Alcabala, durch welche bei jedem Verkauf der zehnte Pfennig an den König gezahlt werden mußte. Alba zog sein eigenes Einkommen aus dieser Auflage: er war ganz erfüllt davon, wieviel sie einbringen, wie sehr sie dazu beitragen werde, die Regierung unabhängig von dem Lande zu machen. Mit der Auflage des Zehnten hing die des Zwanzigsten zusammen, der bei dem Verkauf der Immobilien für den König erhoben wurde; er fügte noch einen Hundertsten hinzu, d. h. daß von allem Besitz ein Prozent auf einmal gezahlt werden solle.

Alba verbarg sich die Schwierigkeiten nicht, welche die Einführung dieser Auflagen, die doch von den Ständen bewilligt werden mußten, haben werde; aber er hielt sich überzeugt, daß der Schrecken, der über dem Lande lag, dazu führen würde; er verschob die Erklärung einer allgemeinen Amnestie, von der viel die Rede war und zu welcher der König sehr geneigt zu sein schien, auf die Zeit, daß der gesamte Zustand ein gesicherter wäre. Was bisher noch immer vermieden worden, die Generalstände zu berufen, dazu schritt nun der Herzog von Alba nach einigen Bedenken im Frühjahr 1569; er selbst war mit dem Erfolge, den er dabei erzielte, höchlich zufrieden; er sagt: von den Inkonvenienzen, die man hätte fürchten können, sei keine eingetreten; es sei so gut, als wenn die Versammlung in einer spanischen Hauptstadt, etwa in Valladolid stattgefunden hätte; er hat immer behauptet, die drei Auflagen seien ihm von den Ständen bewilligt worden. Und soviel darf man wohl annehmen, daß es, obwohl man mit den einzelnen Provinzialständen verhandeln mußte, doch zu keiner entschiedenen Weigerung gekommen ist: Überredung, Versprechungen, Drohungen wirkten zusammen, ein jeder fürchtete für seine eigene Existenz; an Einwendungen hat es jedoch nicht gefehlt. Gegen den Hundertsten erinnerte man, daß in den Niederlanden niemand gewöhnt noch geneigt sei, sein Vermögen anzugeben; gegen den Zwanzigsten, daß die Belastung der Grundstücke bei dem Verkaufe, wenn derselbe sich in einigen Jahren wiederhole, sehr beschwerlich fallen müsse; gegen den Zehnten aber, daß der Nerv des Wohlstandes, der Handel, dadurch betroffen werde, z. B. würde man in Holland, welches die aus dem Osten kommenden Güter anzukaufen pflege, nicht mehr imstande sein, sie weiter zu vertreiben; der Preis der einheimischen Manufakturwaren werde um ein Zehntel steigen, so daß kein Ausländer sie kaufen würde; der gesamte Handel werde dadurch verfallen: denn die Niederlande seien kein geschlossenes Land wie Spanien, sondern im engsten Zusammenhang mit allen Nachbarn und in stetem Verkehr mit ihnen. Wiewohl man nun an mehreren Orten zur Einführung von Steuern schritt, so war doch die Bewegung, die sich dagegen erhob, so stark, daß man auch hier zu dem Mittel schritt, das in Spanien unter Kardinal Ximenes ergriffen worden war: man berechnete den Ertrag zu einer bestimmten Summe, die man dort Encabezamiento nannte. Der Herzog willigte in der Tat einmal ein, ein solches anzunehmen; der Gesamtertrag wurde auf zwei Millionen Gulden festgesetzt. Aber auch daran nahm Alba in seinem monarchischen Sinne Anstoß; er meinte, den Untertanen müßten die Summen gar nicht bekannt sein, die der Fürst von ihnen ziehe; er wollte ein völlig absolutes Königtum einführen. Dabei fand er nun in den verschiedenen Ratsversammlungen, die der Regierung zur Seite standen, Widerstand. Der Präsident des Staatsrates, Viglius, einer der vornehmsten Beamten des Landes, der bisher nie an der Opposition gegen den König teilgenommen, widersetzte sich diesmal. Der Herzog bedrohte ihn mit einer Klage über seine Widersetzlichkeit bei dem König; Viglius erwiderte: der König werde wohl ein Ohr für ihn frei behalten, und wenn nicht, an seinem grauen Kopfe sei ihm selbst nicht soviel gelegen. Der Widerstand war auch bei den niederen Beamten allgemein. Der Herzog drohte, Spanier und Italiener zur Erhebung der Auflagen kommen zu lassen; er wurde selbst dahin gebracht, auf einige Modifikationen eingehen zu wollen; er fand aber auch dazu den Beistand der Ratsversammlungen nicht mehr; er behielt sich dann vor, darüber auf eigene Hand zu verfügen.

Dem König wiederholte Alba, daß er nicht nachgeben dürfe, wenn er anders Herr in den Niederlanden werden wolle: auf die Einwendungen, die jetzt von allen Seiten einliefen, in denen die Gültigkeit der gemachten Bewilligungen bezweifelt wurde, dürfe man keine Rücksicht nehmen: denn niemals sei eine Bewilligung freier und unbedingter gewesen. Daß aus den neuen Einrichtungen Nachteile für die Niederlande entspringen dürften, stellte er nicht geradezu in Abrede; aber er sagte dem König: wenn er nach Spanien komme, werde er die Mittel angeben, wie sich das Wohl des Landes mit der Alcabala vereinigen lasse. Fürs erste aber wollte er den ausgesprochenen Willen unnachsichtig durchführen; es war der Schlußstein des ganzen Systems. Gegen Ende des Jahres 1571 versicherte er, daß der Zehnte schon in Brabant, Tournai und Tournesis, Gent, Ypern und einigen anderen Plätzen erhoben werde; wenn er anderswo Widerstand fand, so zweifelte er nicht, einen solchen unterdrücken zu können; er bat den König, seine Bestrebungen zu unterstützen, so lange, bis der Zehnte eingeführt sei; würde dies nicht geschehen, so würde der König keinen Nutzen von dem Lande haben; es werde ebensogut sein, wie wenn er die Niederlande einem anderen Fürsten überließe, unter der Bedingung, sie gegen Frankreich zu verteidigen. Auf das Zusammenwirken der Niederlande mit der Gesamtheit der Monarchie kam aber alles an. Wenn nun die

Stände einiger Provinzen die Absicht kundgetan, Deputationen an den König zu senden, so war Alba anfangs dagegen; da man aber überall sagte, er gehe ohne ausdrücklichen Befehl des Königs zu Werke, was eine wesentliche Schwierigkeit in dem Lande bilde, so hielt er für besser, die Sache vor sich gehen zu lassen, ohne sein ausdrückliches Gutheißen; er bat den König, den Deputationen, wenn sie vor ihn kommen würden, sein Mißfallen über die Sendung auszusprechen und vor allem mit Nachdruck zu erklären, daß er mit der Einführung des zehnten Pfennigs vollkommen einverstanden sei; wenn der König seinen Willen ausspreche und dann auch der für ihn bestimmte Nachfolger in dem Gouvernement in allem ebenso handele wie er, und wenn man ihm Geld schicke, um die Truppen zu bezahlen, so würde die Sache zum Ziele geführt werden.

Philipp II. war nicht mehr ganz der Meinung Albas; er wäre wohl mit jenem großen Encabezamiento von zwei Millionen zufrieden gewesen; er fürchtete, die Eintreibung des Zehnten werde das Volk, welches schon bei anderen, wiewohl gerechten Anforderungen schwierig sei, bis zum äußersten treiben. Aber als die Deputierten ankamen, behandelte er sie doch ganz, wie Alba es gewünscht hatte; er machte ihnen einen Vorwurf aus der ohne die Einwilligung seines Generalkapitäns unternommenen Reise nach Spanien; sonst sehe er Niederländer gern bei sich, aber nicht in der ständischen Form und in dieser Sache; ihre Remonstrationen werde er empfangen und darauf antworten. Von diesem Vorgange gab er dann dem Herzog von Alba Nachricht, zum Beweise, daß alles nach seinem Wunsche geschehen sei. Bei alledem muß man doch bemerken, daß der König den Deputierten nicht ausdrücklich sagte, die Einführung des Zehnten geschehe auf seinen Befehl. Wenn wir dem Bericht des venezianischen Gesandten Glauben schenken dürfen, so ließ die Deputation vom Anfang an die Hoffnung auf einen günstigeren Bescheid durchblicken. Vielen Eindruck machte die Nachricht, daß in mehreren Provinzen, aus Widerwillen gegen die Alcabala, die Auswanderung erfolgt sei. Der König wurde aufmerksam gemacht, daß die Emigrierten sich zu den Ketzern wenden würden zum Schaden ihrer Seeelen. Die Bischöfe von Ypern, Gent und Brügge reichten ein Gesuch gegen die Auflage, welche das Unglück des Landes vollenden werde, ein; sie sagen: wenn das Volk sich weigere, ein Gesetz anzunehmen, selbst ein gerechtes, wieviel mehr ein zweifelhaftes, so sei ein guter Fürst gehalten, davon abzusehen: das sei die Lehre der Theologen.

Aber noch schwankte der König mit Rücksicht auf seinen Generalkapitän.

Da geschah nun, was dieser selbst am wenigsten erwartet hatte. Die ausgewanderten Anhänger des Prinzen von Oranien, die mit dessen Kaperbriefen versehen die See behaupteten – es sind die Wassergeusen –, hielten nicht länger für anständig, als Seeräuber zu leben: auf den Rat eines Amsterdamer Bürgers, etwas Nachhaltiges zu unternehmen, warfen sie sich auf Briel, das ohne Besatzung war, worauf die Bürger von Vlissingen ihre wallonische Besatzung vertrieben und sich weigerten, eine spanische aufzunehmen. Der Herzog zögerte, dem König Nachricht hiervon zu geben; er wollte erst Vlissingens wieder Meister geworden sein. Allein diese Stadt erhielt indes Verstärkung von Briel her; auch in ihrer Nachbarschaft regte sich die Empörung. Am 26. April 1572 mußte der Herzog dem König von dem in Seeland ausgebrochenen Aufstande Meldung machen. Es läßt sich kaum denken, daß man nicht schon vorher in Madrid Kunde davon erhalten hätte; von Tag zu Tag wurden die Nachrichten bedenklicher; sie übten auf die zu fassenden Beschlüsse den größten Einfluß aus. Am Johannistage kam die Sache im spanischen Staatsrate zur Sprache. Auf den Vorschlag von Hopperus wurde der Beschluß gefaßt, mit der Erhebung des Zehnten innezuhalten und die Zahlung der zwei Millionen anzunehmen. Denn nur dies war eigentlich die Frage: unmittelbare Erhebung des Zehnten durch die Regierung, oder Zahlung einer Abstandssumme durch die verschiedenen Provinzen. Am 29. Juni 1572 wurde Alba in diesem Sinne instruiert; der König bemerkte: die Klugheit gebiete, gefaßte Beschlüsse zu ändern, wenn die Sachlage sich geändert habe: das allgemeine Mißvergnügen, welches der Zehnte verursache, die Empörung, die daraus erfolgt sei, bestimme ihn dazu. In demselben Sinne wurden die Deputierten der fünf Provinzen den nämlichen Tag in einer abermaligen Audienz beschieden. Der König gab aufs neue den Wunsch zu erkennen, nach den Niederlanden zu kommen; die Deputierten sprachen ihm mit Genugtuung ihren Dank für seine Nachgiebigkeit aus.

Wir sehen wohl, was alles darin lag: die Absicht, welche das neue System der Regierung in den Niederlanden vollenden sollte, war nicht erreicht; der König selbst gab sie auf. Und wenn Alba anfangs gemeint hatte, mit der Sache zu Ende zu kommen, wenn nur kein Fremder sich einmische, so war eben dies bereits geschehen. Bei der Hilfe, die Vlissingen von Briel bekam, bemerkte man Engländer; eine Bewegung, die im Hennegau ausbrach, wurde von den Franzosen unterstützt, und der Prinz von Oranien machte sich in Deutschland zu einem neuen Einbruch fertig.

Wollte man nun ein Urteil über Alba fällen, so erschien er auch in den Niederlanden als der tapfere Feldhauptmann, der er war; er zeigte in den auswärtigen Geschäften Einsicht und gute Haltung, aber für die inneren Angelegenheiten weder Verständnis noch eigentliches Talent. Den Begriff der Monarchie, den er aus Spanien mitgebracht hatte, wollte er in den Niederlanden mit einer Gewaltsamkeit durchführen, durch die er den Erfolg im Lande selbst unmöglich machte. Durch die Entschlossenheit und Charakterstärke Albas ist Philipp II. weiter fortgerissen worden, als er ohnedies gegangen wäre. Alba ist als der vornehmste Urheber der großen europäischen Tragödie zu betrachten, die sich nun vollzog; den religiösen Impulsen fügte er die politischen und militärischen hinzu, die ihnen erst ihren Charakter gaben; ganz in dem Sinne Machiavellis, der in seinem Prinzipe die Vernichtung der feindlichen Oberhäupter und gewaltsame Herstellung des Gehorsams, worauf dann die Gnade folgen möge, empfohlen hatte. Ehe aber die Zeit der Gnade gekommen war, wurde das System durch ein Zusammenwirken inneren Widerstandes und äußerer Einwirkungen gebrochen.

Von seinem Nachfolger Requesens erwartete man in den Niederlanden größere Milde und Rücksicht; er schien einen anderen Weg einschlagen zu wollen; bald aber zeigte sich, daß er doch in den meisten Stücken eben auch nur dem Beispiel des Vorgängers folgte. Man warf ihm vor, daß er sich ebensowenig um die Eingeborenen kümmere als dieser, und daß er sie von allen wichtigen Angelegenheiten des Friedens und des Krieges ausschließe; daß er den Krieg nur mit Ausländern führe, die er dann doch nicht im Zaum zu halten verstehe. Das eigenmächtige Verhalten der spanischen Truppen schrieb man seiner Konnivenz zu; er wurde dem Lande auf eine Weise verhaßt, daß die Provinzialstände namentlich von Brabant sich aufs neue an den König wandten und um seine Abberufung baten. Als nun Requesens im März 1576 einer pestartigen Krankheit plötzlich unterlag, so gewannen die ständigen Elemente das Übergewicht. Entsetzliche Handlungen, welche die unbotmäßigen Spanier begingen, veranlaßten eine Verbindung der Provinzen, in denen sich die katholische Religion behauptete, mit denen, in welchen der Protestantismus zum Übergewicht gekommen war; der Pazifikation, die zwischen ihnen verabredet war, mußte auch der neu eintretende Statthalter Don Johann, obwohl widerstrebend, sich unterwerfen. Und wenn dieser dann wieder zu einer selbständigen Haltung zu gelangen suchte, so war es zweifelhaft, ob der König mit ihr einverstanden sei. Die Absichten Don Johanns waren zugleich gegen England gerichtet, und zwar im Zusammenhang mit der Politik der Guisen in Frankreich. Unmöglich aber konnte Philipp II. mit der einen oder der anderen dieser Mächte in offenen Krieg geraten wollen. Er war soeben in einer neuen Unternehmung begriffen, die erst zu Ende geführt werden mußte, ehe er eine entschiedene Politik in den niederländischen und westeuropäischen Angelegenheiten überhaupt einschlagen konnte: alle seine Gedanken waren auf Portugal gerichtet.

VIERTES KAPITEL

Erwerbung von Portugal

Aus verwandten Elementen zusammengesetzt, unter der Einwirkung derselben Weltverhältnisse entwickelt wie Kastilien, hatte Portugal ähnliche Zustände mit demselben. Auch hier waren die geistlichen Ritterorden unter dem Patronat des Königs von großer Bedeutung; auch hier vergab derselbe die geistlichen Stellen; die Inquisition schien selbst noch notwendiger, um die Regungen der neuen und zweifelhaften Christen, welche hier verhältnismäßig noch zahlreicher waren, niederzuhalten. Durch den Krieg mit den Mauren waren auch die Portugiesen auf die afrikanische Küste geführt worden und hatten daselbst befestigte Plätze inne; wetteifernd mit den Kastilianern und doch ihren eigenen Weg verfolgend, hatten sie von dort aus an den Entdeckungen den größten Anteil gehabt; sie hatten die geographischen Verhältnisse der alten Erdhälfte zur Anschauung gebracht, während die Kastilianer die neue Hemisphäre auffanden. Auch die Portugiesen hatten hier einige Pflanzungen versucht, denen eine größere Zukunft bevorstand; damals aber beruhte ihre Bedeutung in der Welt auf den Ansiedlungen in Ostindien, die, nur auf einzelne Plätze an der Küste beschränkt, doch in der Ferne als ein Reich erschienen und in der Form eines solchen verwaltet wurden. Die Portugiesen behaupteten, daß kein Fürst der Welt einem Untertan eine so große Autorität anvertraue und verleihe wie ihr König dem Manne, den er als Vizekönig nach Ostindien schicke: denn ein solcher beherrsche die unermeßlichen Gestade vom Kap der Guten Hoffnung bis nach Nangpo und China; er sei imstande, 10 Galeeren und 300 andere Kriegsfahrzeuge, wie sie in jenem Meer erforderlich, in See zu bringen; er habe den Oberbefehl in 16 großen Städten, 36 festen Plätzen über 30 000 Mann, welche die Besatzungen derselben bilden, und fördere von da die Ausbreitung des Christentums.

Wenn man damals die Kolonien der Spanier mit denen der Portugiesen verglich, so hat man stets die letzteren vorgezogen: denn aus jenen komme nur Gold, das, wenn man es in Sevilla geprägt habe, im Lande weiter keinen unmittelbaren Vorteil schaffe; aus diesen aber erhalte man eine Menge von Waren, die man in stets wachsendem Verkehr mit großem Gewinn gegen andere vertausche.

Um die Jahre 1579, 1580 war Lissabon vielleicht der größte Handelsplatz der Welt. Man führte den Wein der Inseln und Küsten des Mittelmeeres, wie Malvasier und andere, die in Ostindien sehr gesucht wurden, über Lissabon dahin; die lange Seefahrt war den Weinen nützlich. Die Tuche der Engländer, die Leinenarbeiten von Flandern, französisches Getreide, Eisen aus Biscaya trafen dort mit dem Waid der Azoren, der viel nach England ging, dem Zucker von Madeira, dem Ambra und dem Brasilholz von Brasilien, dem Gold, das man in S. Jorge de Mina für den König eintauschte, vor allem aber mit den Produkten der östlichen Welt zusammen. Man sah dort die kostbarsten Teppiche von Persien, die mannigfaltigen Produkte des durch die Bedürfnisse eines vorgeschrittenen geselligen Lebens entwickelten Kunstfleißes der Chinesen, die nun dem abendländischen Luxus dienen sollten, indische Gewebe und Spezereien. Alle Jahre, im März, gingen eine Anzahl von Schiffen, welche 1000 bis 1600 Tonnen hielten, aus Lissabon nach Indien, die außer manchen der genannten Waren eine ansehnliche Summe Geldes in Silber und besonders in Kupfer auf Rechnung des Königs an Bord hatten. Dem König gehörten die Schiffe, Privatleute zahlten die Fracht. In Goa sammelten sich die orientalischen Waren, namentlich die Spezereien der Molukken; diese und der Pfeffer der Küste Malabar wurden ausschließend auf königliche Rechnung gekauft. Die Schiffe, die im September angekommen waren, mußten ihren Rückweg mit den Monsunen des Januars antreten, wenn sie im nächsten September in Lissabon sein wollten; sie brauchten für Fahrt und Rückfahrt 17 Monate. Es leuchtet ein, welch ein Interesse es für die Regierung von Portugal hatte, den anderen Weg der indischen Waren nach Europa über den Persischen oder den Arabischen Meerbusen zu schließen; hauptsächlich darauf war ihre Politik gerichtet; sie konnte dann die Preise nach ihrem Gutdünken bestimmen. Indes war der Ertrag nicht so groß, wie man hätte meinen können. Die Regierung schwankte zwischen Verpachtung und Verwaltung durch ihre Faktoren. Unter den Pächtern war in jener Zeit ein Deutscher, Conrad Roth, der vornehmste; er zahlte der Regierung gegen eine halbe Million Skudi.

Allein die Kosten waren nicht geringer. In vielem waren die Vizekönige auf ihre eigenen Hilfsquellen angewiesen; die Könige wurden nicht reich bei diesen Geschäften.

Es liegt am Tag, und die Portugiesen sagten es laut, daß ihre Kräfte viel zu schwach waren, um den Verkehr zwischen dem Osten und dem Westen der Welt auf eine nachhaltige und gewinnbringende Weise zu vermitteln; sie freuten sich des Glanzes, der dadurch auf sie gefallen war, aber für das Land, meinten sie, wäre es besser gewesen, wenn es seine Kräfte auf den Maurenkampf an der afrikanischen Küste gewendet hätte; es würde dort beim Falle der Benemerinen sich eine neue Provinz haben erobern können.

Ich weiß nicht, ob der junge König von Portugal, Don Sebastian, derselben Meinung war, aber all sein Sinnen und Trachten war nach Afrika gerichtet.

Das portugiesische Königshaus war durch wiederholte Vermählungen auf das engste mit dem spanischen vereinigt. König Manuel, der Stammvater einer neuen Familie, war erst mit einer älteren, dann mit einer jüngeren Tochter Ferdinands des Katholischen vermählt: aus der zweiten Ehe entsprang ihm eine Nachkommenschaft von sechs Söhnen und zwei Töchtern. Die älteste Tochter vermählte er mit Kaiser Karl V., den ältesten Sohn, seinen Nachfolger, Johann III., mit der Schwester desselben, Doña Katharina. So eng die Verwandtschaft auch schon war, so wählten Johann und Katharina doch die Tochter des Kaisers zur Gemahlin ihres Sohnes und Erben, des Infanten Johann: eine Ehe, in welcher, jedoch erst nach dem Tode des Vaters, der in früher Jugend starb, Don Sebastian geboren wurde. Er war erst drei Jahre alt, als er bei dem Tode seines Großvaters zum König von Portugal ausgerufen wurde (1557). Die Regierung führte sein Großoheim, der fünfte von den Söhnen Don Manuels – denn alle die anderen waren früher gestorben –, der Kardinal Don Heinrich und seine Großtante, Doña Katharina, die schon immer vielen Einfluß ausgeübt hatte und von ihrem Gemahl mit der Vormundschaft beauftragt worden war. Denn das war die Politik der beiden Höfe, des portugiesischen meistenteils, des spanischen allezeit, zusammenzuhalten, um keinen fremden Einfluß auf der Pyrenäischen Halbinsel um sich greifen zu lassen: Einigkeit sollte die Einheit ersetzen.

Aber in den Portugiesen lebte, dem mächtigen Reich gegenüber, das sie in Schatten stellte und sie einmal zu verschlingen drohte, ein lebendiges Stammesgefühl ihrer Besonderheit, das sich dem entgegensetzte. Die Gedächtnistage der Siege, die über die Kastilianer erfochten worden, beging man mit freudigster Erinnerung. Doña Katharina, in der die Annäherung an Spanien und die Abhängigkeit von demselben zum Ausdruck zu kommen schien, war mitnichten populär; selbst die Umgebung ihres Enkels wendete sich von ihr ab.

Der Beichtvater Sebastians, Luis Gonzalez da Camara, ein Jesuit, wußte sich der höchsten Autorität zu bemeistern, die er mit seinem Bruder Don Martin teilte, der zu einer der wichtigsten Stellen erhoben wurde. Die Erziehung des Königs leiteten sie in ihrem Sinne. Um den schwachen Körper desselben zu stärken, hielten sie ihn zu unaufhörlicher angestrengter Leibesübung an. So oft als möglich ging er zur

Jagd; er ermüdete drei bis vier Pferde, und er litt nicht, daß ein anderer das Wild vor ihm erlegte. Mit den Buchstaben hatte man ihn die Waffen kennengelehrt. Don Sebastian atmete ungefähr wie Karl IX. von Frankreich nichts als Waffentaten und Kriegsentwürfe. Nur sorgten die Jesuiten in Portugal dafür, daß ihr Zögling in keine groben Fehler verfiel, daß er unnützes Spiel, übermäßigen Aufwand vermied; seine Erholung bestand darin, alle Tage nach Tisch in den Konvent der Jesuiten zu gehen, der an den Garten des Palastes stieß; wo dann aber die Regierungsangelegenheiten und selbst die Kriegsentwürfe besprochen wurden. Der König wollte sein Land militärisch organisieren und seine Kräfte im Kriege gegen Mauren und Türken versuchen.

In dieser höchst empfänglichen Stimmung trafen Aufforderungen bei dem König ein, in eine in dem Reiche der Scherifs von Marokko ausgebrochene Thronstreitigkeit einzugreifen. Der Anlaß war folgender: Von den beiden Brüdern, die dasselbe, etwa vor fünfzig Jahren gegründet hatten, war festgesetzt worden, daß auch fortan bei Erledigung des Thrones die Brüder den Vorzug vor den Söhnen haben sollten. Aber gleich der nächste dieser Fürsten, Abdallah, der mit großem Ansehen regierte, sah hiervon ab und wandte die Erbschaft seinem Sohne Mohammed zu. Dem widersetzte sich aber der erbberechtigte Bruder Muley Moluk; um sein Recht zu handhaben, wandte er sich an die Türken. Er nahm teil an der Schlacht bei den Curzolaren, dem Zusammentreffen von Navarin, der Eroberung von Tunis. Leicht ward Sultan Selim II. bewogen, ihm die Hilfe zu gewähren, die er verlangte. Mit einem Heere von 7000 Mann, Türken und Mauren, drang er in Marokko ein; hauptsächlich durch die bessere Kriegsübung und Tapferkeit der Türken überwand er seinen Neffen in drei Schlachten nacheinander und entsetzte ihn. In Spanien fühlte man zwar die hierin liegende Gefahr; aber man beruhigte sich dabei, daß man erfuhr, Muley suche sich der Türken wieder zu entledigen. Doch das war nicht der Gesichtspunkt der Portugiesen und ihres Königs.

Einmal zog man dort in Betracht, daß der verjagte Scherif noch Anhänger im Lande hatte, über einige Stämme im Gebirge verfügte und, wenn er wieder auf den Thron zurückgeführt werde, dem christlichen Glauben in diesem Lande Raum verschaffen würde. Man hielt den Gegner desselben für abhängig von den Türken. Ihnen schien es, als sei hier ein Kampf zwischen Christentum und Islam auszufechten. Man befürchtete, daß die Türken sich in Besitz von Larache setzen, von wo sie längs der ozeanischen Küste der Halbinsel ebenso gefährlich werden würden, wie jetzt in dem Mittelmeere. Don Sebastian sagte, man solle nicht dermaleinst in den Chroniken schreiben, daß bei seinen Lebzeiten ein so großes Unglück eingetreten sei. Wie mancher andere, so erinnerte ihn auch König Philipp, wenn er die Unternehmung wagen wolle, doch nicht persönlich daran teilzunehmen, sondern erst sich zu vermählen, um die Sukzession in seinem Reiche festzustellen. Aber Sebastian antwortete: sollte die Gelegenheit nicht vorübergehen, so habe er keine Zeit zu säumen, und solle die Sache gelingen, so müsse er selbst dabei sein; er kenne die Portugiesen; unter einer anderen Fahne als der ihres Königs würden sie nichts ausrichten.

So ward der Feldzug unternommen, der weniger über Afrika als über Portugal selbst entscheiden sollte. Mit Anspannung aller Kräfte hatte man 14 000 Mann zu Fuß und 2500 Mann zu Pferde im Lande zusammengebracht; mit den deutschen und italienischen Hilfsvölkern, welche angeworben wurden, mochte das Heer 25 000 Mann zählen. Sebastian fühlte sich glücklich, an der Spitze einer für jene Zeit so stattlichen Heeresmacht zu stehen; langsam, seiner Macht sich freuend, führte er sie von Arcilla nach Alcacer. Muley Moluk hatte dem König annehmbare Bedingungen vorgeschlagen: wir finden sogar, er habe ihm angeboten, den portugiesischen Presidios auf afrikanischem Boden ein angemessenes Landgebiet, dessen sie entbehrten, zuzugestehen. Als alles vergeblich war, hatte auch er sich mit äußerster Anstrengung gerüstet und ein Heer zusammengebracht, das dem portugiesischen wohl um das Dreifache überlegen war. Auf dem Marsch nach Alcacer griff er dasselbe an. Es war eine Schlacht wie so manche andere, wo die unbesonnene Ritterlichkeit der Abendländer den überlegenen Massen der Orientalen naturgemäß unterlag. Man sagt, von dem portugiesischen Heere seien nur 300 Mann dem Schwerte oder der Gefangenschaft entronnen. Als der junge König sich übermannt sah, drang man in ihn, sich gefangenzugeben, um sein Leben zu retten; er antwortete: ein König verliert mit der Freiheit zugleich das Leben; es schien ihm gleichsam eine Pflicht seiner Würde, in dieser Lage den Tod dem Leben vorzuziehen.

Aber sein Tod hatte noch eine andere als eine persönliche Bedeutung; wie mit dem Ungarkönig Ludwig, der bei Mohacs umkam, so ging mit Sebastian eine Dynastie zugrunde, an deren Bestehen sich die Unabhängigkeit eines Reiches knüpfte.

Noch war zwar mit dem Tode Sebastians (August 1578) nicht das ganze Geschlecht Don Manuels erloschen; noch lebte jener Sohn desselben, der mit dem Range eines Infanten zugleich die Würde eines Kardinals verband, Henrique, der jetzt den Thron bestieg; von dem jüngsten Sohne Manuels, Eduard, war eine Tochter übrig, die sich mit dem Herzog von Braganza vermählt hatte, von einem Mittleren, Luis, ein natürlicher Sohn, der Prior Antonio von Crato. Allein der erste zählte schon siebenundsechzig Jahre: er faßte den Gedanken, sich päpstliche Dispensation zu erwirken und sich noch zu vermählen; wer aber seine Jahre und seine Hinfälligkeit in Betracht zog, lächelte über seine Hoffnungen. Jedermann sah, daß sein Reich und Leben nur von kurzer Dauer sein würde. Der Prior behauptete, von seinem Vater legitimiert worden zu sein, aber er konnte den Beweis dieser Behauptung nicht erbringen.

Wohl war es nun eine sehr verbreitete Ansicht, daß das Anrecht an den Thron auf die Herzöge von Braganza übergegangen sei. Aber die Herzöge waren Vasallen, und wenn einmal die Frauen, wie in diesem Falle, als erbberechtigt angesehen werden sollten, so gab es auch souveräne Häuser, die ein ähnliches, ja ein besseres Anrecht zu haben vermeinten.

Eben der prächtige Nachbar von Portugal, König Philipp II., behauptete, ein solches zu besitzen: denn er sei der Sohn nicht einer Enkelin, sondern einer Tochter des Stammvaters, von welchem alle Ansprüche sich herleiten.

Von seiten der Herzogin von Braganza brachte man das Gesetz von Lamego, nach welchem die Krone nur Portugiesen zuteil werden könne, in Erinnerung; Philipp II. entgegnete, daß er ebenfalls von portugiesischem Blut stamme; sein Anrecht könne nicht dadurch vernichtet werden, daß er zufällig nicht in Lissabon geboren worden sei. Er ließ die Frage von Theologen und Rechtsgelehrten untersuchen, die dann, auf allgemeine Rechtsnormen sich stützend, den Ausspruch abgaben, daß die Krone von Portugal unbedingt dem König Philipp gehöre, der von allen Erbberechtigten der nächste, eigentlich als der erstgeborene Sohn Don Henriques angesehen und von diesem selbst als unzweifelhafter Erbe anerkannt werden müsse.

Wie oft war schon in früheren Zeiten eine Verbindung Portugals mit Kastilien in Aussicht genommen worden! Jetzt hatte sie mehr als jemals zu bedeuten, da darin eine Vereinigung der gesamten Pyrenäischen Halbinsel lag. Die Frage war, ob die abgesonderte Stammesentwicklung von Portugal stark genug sein werde, um dieser Verbindung, die ihr verderblich werden mußte, zu widerstreben.

Der König-Kardinal fühlte sich in der größten Verlegenheit. Er selber war für die Herzogin von Braganza, aber weder der Adel noch das Volk von Portugal schienen damals sehr geneigt, deren Ansprüche zu unterstützen. Bei dem Adel war Johann, Herzog von Braganza, persönlich unbeliebt, ja verhaßt; das Volk nahm Partei für den Prior Don Antonio, der in der zahlreichen Schar der neuen Christen, aus denen seine Mutter stammte, besondere Unterstützung fand. Um die Selbständigkeit der Nation auch den spanischen Ansprüchen gegenüber aufrechtzuerhalten, machte Don Henrique den Vorschlag, von den beiden Söhnen, die vom König von Spanien lebten, den jüngeren als Erben von Portugal anzuerkennen. Allein Philipp II., in welchem der dynastische Gedanke vor dem politischen zurücktrat, antwortete: damit würde nur ein unaufhörliches Mißverständnis zwischen den beiden Brüdern und ihren Nachkommen entstehen und der große Zweck verfehlt werden; dieser liege in der Vereinigung der beiden Länder; sie seien die einzigen in der Welt, die von Mißglauben und Ketzerei nicht berührt worden; getrennt seien sie mancherlei Unbilden ausgesetzt; vereinigt würden sie der Ketzerei Widerstand leisten, die Korsaren zu Paaren treiben, der Tyrannei der Türken Grenzen setzen können. Diese Betrachtung würde ins Gewicht fallen, wenn sein Recht auch nicht so gut wäre, wie es sei: aber es sei über alle Zweifel erhaben. Durch beides, die Gerechtigkeit der Sache und den allgemeinen Vorteil der Christenheit, der sich daran knüpfe, werde Don Henrique in seinem Gewissen verpflichtet, zu veranstalten, daß ihm, dem König von Spanien, in Portugal schon im voraus der Eid der Treue geleistet werde.

Hatten doch die spanischen Theologen, in Erwägung dieser Umstände, es ihm selbst zur Gewissenspflicht gemacht, sein Recht auf die portugiesische Krone zur Ausführung zu bringen; er wollte seine Ansprüche keinem Gericht unterwerfen, auch nicht dem des Papstes. Aber dazu erklärte er sich bereit, den Portugiesen, wenn sie sich ihm unterwerfen würden, Zugeständnisse, in der Tat von nicht geringem Belang, zu machen.

Schon vor langen Jahren, als infolge der ersten Vermählung Don Manuels die Verbindung beider Reiche in Aussicht stand, hatten die Portugiesen einige Bedingungen für dieselbe aufgestellt; vornehmlich, daß der königliche Hofhalt in Lissabon bestehen bleiben und daß die Stellen der Verwaltung und Justiz auch fortan den Eingeborenen ausschließend zufallen sollten. Philipp II. nahm nicht allein ohne Einschränkung an, was, wie er sagte, sein Großvater versprochen habe, sondern er fügte für die verschiedenen Stände noch besondere Begünstigungen hinzu. Zugunsten des gemeinen Mannes wollte er die trockenen Häfen, d. h. die Zollstätten, zwischen Kastilien und Portugal auf beiden Seiten eröffnen und die Zollsätze an der Douane von Lissabon um die Hälfte verringern, namentlich die Einführung der ersten Lebensbedürfnisse von Kastilien her erleichtern; zugunsten des Adels die Sukzession in den Lehen auch auf die Frauen ausdehnen; ihm an seinem und seiner Gemahlin Hof Dienste anvertrauen; endlich versprach er dem geistlichen Stande, vom Päpstlichen Stuhle niemals Ermächtigungen auszubringen, die demselben beschwerlich fallen könnten; vielmehr den portugiesischen Klerus auch zu Benefizien in den übrigen Reichen zu befördern; er wollte den Portugiesen nicht allein zum Schutz ihrer Grenzen in Afrika und ihrer Kolonien zu Hilfe kommen, sondern sie auch an dem Verkehr mit dem spanischen Indien teilnehmen lassen. Welch ein Vorteil würde das für die portugiesische Nation sein, welchen Aufschwung würde der Hafen von Lissabon vermöge seiner natürlichen Lage noch nehmen. Ein Irrtum und Wahn sei es überhaupt, Portugiesen und Kastilianer einander entgegenzusetzen. So wenig Unterschied in Sprache und Sitte bestehe zwischen ihnen, viele kastilianische Häuser seien von portugiesischer Herkunft; der Adel der beiden Länder durch mannigfaltige Verwandtschaft verbunden; Portugiesen und Kastilianer seien gleicherweise Spanier. Geschehe die Vereinigung, so werde Spanien von allen anderen Nationen als die mächtigste und glücklichste Provinz der Christenheit anerkannt werden.

Man hat sich später oft gewundert, daß die Portugiesen diese Erbietungen doch nicht annahmen; aber viel zu stark war das Gefühl der durch so mannigfaltige Erfolge der Seefahrten begründeten Selbständigkeit der Nation, als daß der Kardinal-König, der ohnehin, wie berührt, seiner Nichte, der Herzogin von Braganza, zuneigte, sie hätte annehmen mögen. Aber auch den König von Spanien mit seinen Anträgen unbedingt zurückzuweisen, trug er Bedenken, weil er dann einen Angriff von dessen bei weitem überlegener Macht hätte befürchten müssen; er hielt für das angemessenste, die Cortes des Reiches zusammenzurufen. Die drei Stände, die noch abgesondert deliberierten, so jedoch, daß der Majorität zweier Stände der dritte sich fügen mußte, brachten nur einige für den Gang der Sache entscheidende Beschlüsse zustande: vor allem, der König solle das Recht haben, seinen Nachfolger zu ernennen. Um aber darüber entscheiden zu können, sollte ihm eine Kommission von elf Personen, die der König aus den von ihnen Vorgeschlagenen zu erwählen hätte, zur Seite stehen, um ihm als Konsultoren zu dienen, solange er lebe; wenn er aber mit dem Tode abgehe, über die große Frage selbständig zu befinden. Die Stände traten damit den Prätensionen Philipps II., der ein volles Erbrecht in Anspruch nahm, entgegen. Aber zugleich wurde doch auf der Stelle bemerkt, daß die getroffene Auskunft für die Selbständigkeit des Landes nachteilig sei: denn bei dem eingeschlagenen Rechtsverfahren sei doch die Voraussetzung, daß auch Frauen und Nachkommen der Frauen fähig seien, den Thron zu besteigen, so daß die Nation das Recht aufgebe, sich einen König zu wählen. Für den Fall, daß ein Interregnum eintrete, wurden von dem König fünf Gobernadoren aus den von den Ständen dazu vorgeschlagenen, deren Zahl elf betrug, ernannt, um für die Sicherheit des Reiches so lange zu sorgen, bis ein neuer König ernannt sei. Die Cortes verpflichteten sich, durch einen Eidschwur über diese Anordnungen zu halten und sich mit den Waffen in der Hand zu widersetzen, wenn jemand die Ausführung derselben zu verhindern unternehme. Wie man vorausgesehen hatte, König Heinrich starb, ehe er einen Ausspruch getan (Februar 1580). Den Beschlüssen der Cortes gemäß behielten sich die Portugiesen noch immer eine nationale Entscheidung durch richterlichen Ausspruch vor und erklärten, für dieselbe sterben zu wollen; selbst die Kelche und heiligen Gefäße würden zu den Kosten eines solchen Krieges verwendet werden. Aber darin lagen gerade die Prätensionen Philipps II., daß er keinen richterlichen Ausspruch anerkennen wollte; sein Erbrecht schien ihm und den Spaniern überhaupt über allen Zweifel erhaben. Er hat wirklich noch einmal von den Theologen der Universität Alcala ein Gutachten gefordert, ob er, der seines Rechtes gewiß sei, sich einer solchen Aufforderung fügen sollte oder nicht. Dreißig Doktoren haben darüber in verschiedenen Sitzungen förmlich beratschlagt. Sie urteilten: als unabhängiger Fürst sei er dazu nicht verpflichtet; weder der Papst noch der Kaiser würden hier zu entscheiden haben, noch auch Portugal: denn seitdem die Portugiesen zuerst einen König ausgerufen, seien sie auch allen seinen Nachfolgern Gehorsam schuldig; wenn König Philipp sie zu diesem Gehorsam nötige, so liege darin keine Ungerechtigkeit, sondern vielmehr eine Verteidigung der ihm gebührenden Krone.

Schon hatte Philipp II. in Voraussicht des Kommenden ein Heer in gewohnter Weise aus älterem und neuerem spanischem Kriegsvolk, Italienern und Deutschen zusammengebracht und unter den Oberbefehl des Herzogs von Alba, der zu diesem Zwecke aus seiner Haft entlassen wurde, gestellt. In Erwartung, daß eine so große Rüstung die Portugiesen zur Unterwerfung bringen werde, setzte sich der König selbst nach den Grenzen hin in Bewegung. Er nahm Quartier in Badajoz, aber die Portugiesen hielten sich durch ihren Eidschwur für gebunden; die Gobernadoren ließen den König wissen, sie seien durch ihren Schwur verhindert, ihn anzuerkennen, bevor das Gericht sich für ihn ausgesprochen habe. Darin lag nun die große Frage der Zeit. Auch der Papst war für die Entscheidung durch ein Gericht und unterstützte eigentlich die Auffassung der Portugiesen. Von Frankreich aus hat man den Portugiesen angeboten, ihnen wenigstens erfahrene Kriegskapitäne zuzuschicken. Daß die Engländer die Herrschaft in beiden Indien nicht in dieselbe Hand wollten geraten lassen, versteht sich von selbst. Da war es nun von größtem Gewicht, daß der Adel und der dritte Stand von Portugal keineswegs eines Sinnes waren. In den Prokuratoren der Städte regte sich ein lebhafter Widerstand gegen die Gobernadoren, deren schwache Vorkehrungen allgemeinen Verdacht einer Hinneigung zu König Philipp erweckten. Dagegen trat die Hinneigung der Bevölkerung zu Don Antonio alle Tage stärker hervor; er war zwar unecht, aber schon in früheren Jahrhunderten waren unechte Fürsten auf den Thron gestiegen; der Gründer der Dynastie war Johann der Unechte guten Andenkens. Die Gemeinen sahen darüber hinweg, daß Don Antonio durch seine Mutter besonders mit den neubekehrten Christen verbunden war; auch die Konnexionen, in die er selbst getreten war – er zählte damals bereits fünfzig Jahre –, gehörten derselben Klasse an. Diesem Teile der Bevölkerung hauptsächlich war der Handel und Verkehr der Portugiesen zugute gekommen; sie besaß die besten pekuniären Hilfsquellen. Besonders auffallend ist, daß auch die Geistlichkeit gegen Philipp Partei nahm: denn so gut auch die Versprechungen, die er gab, lauten mochten, so war man doch überzeugt, er werde den portugiesischen Klerus ebenso abhängig von der Krone machen, wie es der kastilianische bereits geworden sei. Auch die Klostergeistlichkeit erklärte sich lebhaft gegen den König von Spanien; sie hatte, wie in jenen Ländern allenthalben, ein besonderes populäres Element: dem Ruhme der Rechtgläubigkeit Philipps II. trug sie keine Rechnung. Auch der früher so angesehene Verfechter der Jesuiten, Martin Gonsalez die Camara, ward eher als ein Gegner Philipps II. betrachtet, wiewohl er sich zunächst an die Gobernadoren hielt. Dieselbe Stimmung beherrschte die Universität Coimbra, wo eine überaus zahlreiche nationalgesinnte Jugend beisammen war, die Studierenden wie die Lehrer.

Unter diesen Umständen, indem man sich mit der Befestigung des Landes gegen die heranrückenden Spanier beschäftigte, wurde Don Antonio in den Schanzen von Santarem zum König ausgerufen (20. Juni 1580). Die Eigenschaften, die ihn empfahlen, waren die Popularität seines Wesens, seine Zugänglichkeit für jedermann und seine Freigebigkeit. Es war ein tumultarischer Akt des versammelten Kriegsvolks, der auf der Stelle auf die Hauptstadt zurückwirkte; wiewohl nicht mit allgemeiner Zustimmung wurde Don Antonio auch in Lissabon als König proklamiert. Dagegen nahm der größere Teil des Adels im Lande Partei, dem niemand verhaßter war als eben Don Antonio. Es kam zu einer Art Bürgerkrieg, in welchem die Gobernadoren sich genötigt sahen, nach Spanien zu flüchten, wo sie nun, da von einem richterlichen Ausspruch nicht mehr die Rede sein konnte, Philipp II. als König von Portugal anerkannten. Dem war die Erhebung Antonios insofern nicht unangenehm, als sein Erbrecht nunmehr um so leichter von den Portugiesen der anderen Partei anerkannt werden konnte. Sein Heer rückte vor und nahm von den benachbarten Städten, in denen eine spanischgesinnte Partei erwachte, ohne vielen Widerstand Besitz. Von dieser allmählichen Besitzergreifung sollte jedoch der Ausgang der Sache nicht abhängig bleiben. Das entscheidende Moment für denselben war, daß es den Spaniern gelang, von der Seeseite her auf dem rechten Ufer des Tajo bei Cascaes eine Landung zu bewerkstelligen. Die Meinung der Zeitgenossen ist, daß dieselbe wohl hätte verhindert werden können, wenn die Portugiesen besser geführt worden wären. Der Befehlshaber von Cascaes, den die Hauptschuld der Versäumnis traf, wurde von dem Herzog von Alba als Verräter an seinem König, dem er noch nicht gehuldigt hatte, schimpflich hingerichtet: denn dessen System, die Oberhäupter, die in seine Hände fielen, mit dem Tode zu bestrafen, um die übrigen zu schrecken, hatte hier bessere Erfolge als in den Niederlanden.

Für die Portugiesen war es vielleicht unheilvoll, daß sie die Sendung französischer Hauptleute abgelehnt hatten. Auch Antonio besaß nicht die Gaben, die dazu gehört haben würden, um unter so schwierigen Umständen König und Heerführer zu sein. Er hatte eine feste Stellung bei Alcantara genommen, aber das Volk, das er zusammengerafft und eben erst bewaffnet hatte, konnte den geübten Heerhaufen, welche der erfahrene Alba anführte, nicht widerstehen. Den definitiven Erfolg schreibt man besonders den Italienern unter Prospero Colonna zu, welche sich Ehre erwerben wollten.

Hierauf geriet die Stadt Lissabon in die Gefahr, entweder von dem zügellosen Anhang ihres Königs oder von den Spaniern geplündert zu werden, und eilte, sich durch Vertrag zu übergeben. Don Antonio war verwundet worden, aber entkam. Kaum kann man dies einen Krieg nennen; es war eine bewaffnete Besitzergreifung, die einige Schwierigkeiten zu überwältigen hatte. Philipp II. vermied damals als Eroberer zu erscheinen, er wollte als der berechtigte Erbe des Reiches angesehen werden. Er berief die Cortes nach dem Christuskloster in Tomar; hier in dem geräumigen Vorhof versammelten sich dann die Stände; umgeben von den drei Erzbischöfen des Reiches schwur Philipp II., die Gebräuche und Gesetze wie die von seinen Vorfahren gegebenen Privilegien beobachten zu wollen. Durch ein ausführliches Privilegium wurde dem Königreich Portugal eine administrative Selbständigkeit gesichert; auch der Vizekönig sollte immer ein Portugiese sein, ausgenommen wenn eine Person aus dem königlichen Hause dazu ernannt werde; an dem spanischen Hof sollte ein aus Eingeborenen des Landes zusammengesetzter Rat von Portugal seinen Sitz haben und die Geschäfte versehen. Dem Adel wurden seine hergebrachten Gerechtsame, die Maradias, auf die er großen Wert legte, zugestanden. Auch die Ritterorden sollten unverändert bestehen bleiben. Alle Ämter, große und kleine, sollten nur den Landeseingeborenen zuteil werden.

Den Zeitgenossen fiel das Maß von Selbständigkeit auf, das den Portugiesen zugestanden wurde. Doch ist diese nicht so weit gegangen, daß der König das Widerstandsrecht der Stände, das er in Aragon bekämpfte, in Portugal zugestanden hätte.

Die Portugiesen hatten eine allgemeine Amnestie erwartet; Philipp nahm davon Antonio und seine vornehmsten Anhänger aus, namentlich auch die Geistlichen, welche den kirchlichen Habit dadurch profaniert hätten, daß sie die Waffen für Antonio ergriffen. Doch ist der König nicht zu einer Reaktion fortgegangen, wie sie die andere Partei gern gesehen haben würde. In den Cortes ist der Vorschlag geschehen, die neuen Christen von geistlichen und weltlichen Beamtungen auszuschließen. Der König lehnte dies ab: denn er würde damit Don Antonio, der zwar geflüchtet war, aber sich doch immer der Liebe des Volkes erfreute, eine ergebene Partei, die über das Geld des Landes verfügte, konserviert haben. Man hat angenommen, daß er darauf rechnete, mit der Zeit in den neuen Christen ein Gegengewicht gegen die Macht der Granden in Portugal zu erlangen.

Noch immer war Antonio sehr gefährlich; es gelang ihm, eine stattliche französische Kriegsflotte für sich in Bewegung zu setzen, welche wenigstens Tercera, das für die Verbindung der Pyrenäischen Halbinsel mit den östlichen und westlichen

Kolonien unentbehrlich war, in dem besonderen Interesse der Königin Katharina Medici für ihn behaupten sollte. Ein Sieg in Tercera würde den Aufruhr in Portugal entzündet haben. Man behauptete, König Philipp, der sich in Lissabon befand, habe Anstalt getroffen, um bei der ersten Nachricht von einem solchen Unfall fliehen zu können. Aber unter Santa Cruz besaßen die Spanier noch die Überlegenheit in diesem Meere; sie überwanden die Franzosen und unterwarfen auch diese Inseln. König Philipp blieb so lange in Lissabon, bis sein jüngerer Sohn Philipp – denn der ältere war in diesem Augenblick gestorben – als sein Nachfolger in Portugal anerkannt wurde. Die Regierung des Landes übertrug er seinem Neffen, dem Erzherzog Albrecht; er selbst begab sich nach Kastilien zurück.

Welch ein unermeßliches Weltreich aber war nun hierdurch gebildet. Mit den spanischen Kolonien wurden die portugiesischen vereinigt; die portugiesischen Molukken wurden durch die Streitkräfte der spanischen Philippinen gegen alle Angriffe verteidigt.

Von den sizilianischen Gewässern, wo das Reich mit der Türkei zusammentraf, zog es sich ununterbrochen, die andere Hemisphäre umfassend, bis nach dem persischen und arabischen Meeresufer, wo es wiederum mit den Türken zu kämpfen hatte.

Für die Pyrenäische Halbinsel war es von großem Wert, daß sie nun in ihrem Innern nicht mehr alte, stets gleich wieder aufflammende Feindseligkeiten zu fürchten hatte.

Das vereinigte Spanien bekam eine große Weltstellung und ein doppeltes Gewicht in den europäischen Angelegenheiten; man bemerkte, die gelungene Eroberung bahne dem König den Weg zu noch größeren und glorreicheren Unternehmungen, die aber zunächst keinen anderen Zweck haben konnten, als den Widerstand zu brechen, der ihm in den Niederlanden geleistet wurde.

FÜNFTES KAPITEL

Alexander Farnese und die westeuropäischen Kriege Philipps II.

Eine der Schwierigkeiten, auf welche man bei dem Studium der allgemeinen Geschichte von Europa stößt, liegt darin, daß sie eine Einheit bildet, die doch niemals in Erscheinung kommt: denn jeder Staat hat eigentümliche Wurzeln und eine Entwicklung für sich selbst, die, in stetem Zusammenhang mit den allgemein eingreifenden Ereignissen, gleichwohl niemals in denselben aufgeht.

In den verschiedenen Epochen jeder Nationalgeschichte kommt man immer wieder auf ihre Verflechtung mit den universal-historischen Begebenheiten zurück.

So muß in der Geschichte von Deutschland, Frankreich, England für die Zeiten der Restauration des Katholizismus vielfach des Einflusses gedacht werden, welchen die spanische Monarchie damals auf diese Reiche und Völker ausgeübt hat. Aber auch für die spanische Monarchie selbst bilden die auf Behauptung und Wiederherstellung der alten Religion zielenden Unternehmungen einen der wichtigsten Momente ihrer Geschichte. Nicht als ob die religiöse Tendenz von der politischen abgehangen hätte: die erste hatte ein unabhängiges Leben in sich selbst. Allein beide Richtungen haben eine unaufhörliche Wechselwirkung aufeinander ausgeübt, und nur unter diesem Gesichtspunkt sind sie zu verstehen. Die vornehmste allgemeine Frage möchte darin liegen, wie sich die Religion und die Nationalität zueinander verhalten. Die Religion wird nicht von der Nationalität bedingt, ihrer Natur nach strebt sie über dieselbe hinaus; die Verschiedenheit des Bekenntnisses aber legt der Bildung einer Nationalität und ihrer Kraftentwicklung die größten Hindernisse in den Weg. Wohingegen die Religion ein einhelliges Gesamtgefühl hervorruft, trägt sie, wenn sie mit der Politik zusammenfällt, zu der Macht eines Staates unendlich bei.

Das war nun der Fall in der spanischen Monarchie jener Epoche. Ihr Katholizismus verschaffte ihr Bundesgenossen in dem benachbarten Reiche, mit dem sie in einem politischen Wettstreit begriffen war, gab aber auch der entgegengesetzten Partei einen doppelten Impuls gegen den König von Spanien. Wir haben das schon bei Erörterung des Ursprungs der niederländischen Streitigkeiten wahrgenommen; die Errichtung eines kompakten niederländisch-spanischen Reiches wäre allen Nachbarn unerträglich geworden; sie mischten sich ein, ehe dieselbe noch vollendet wurde. In Deutschland wirkten darauf die religiösen Sympathien an und für sich ein, in England die maritimen und kommerziellen Bestrebungen, in Frankreich die alte Eifersucht gegen die aufkommende Übermacht Spaniens. Noch weniger aber als bisher konnten England und Frankreich die Niederlande wieder in den Gehorsam der Spanier bringen lassen, nachdem Philipp II. Portugal seinen übrigen Besitzungen hinzugefügt hatte. Daraus erwuchs dann eine Verflechtung aller Angelegenheiten des westlichen Europa, welche den Charakter der Epoche bildet. Man muß sie sich zwar nicht in ihrem vollen Inhalt oder in ihren Einzelheiten, aber in ihren Grundzügen vergegenwärtigen, wenn man die Kontinuität der spanischen Geschichte festhalten will.

Infolge der oben erwähnten Ereignisse hatten sich in den Niederlanden drei Parteien ausgebildet: eine protestantische, die zum Republikanismus neigte, in den nördlichen Provinzen, in den südlichen eine katholische unter dem Einfluß eifriger Bischöfe – denn dort war die Organisation, welche Philipp II. für die gesamten Landschaften im Sinne hatte, wirklich gelungen –, und des Jesuitenkollegiums zu Douai; man widersetzte sich dem Eindringen der abweichenden Meinungen als dem größten Unheil; und eine mittlere, welche die Religionen zu vereinigen und das ständische Prinzip unter der Autorität der Generalstaaten aufrechtzuerhalten dachte.

So wie nun die erste sich um den Prinzen von Oranien her gruppierte, so näherte sich die zweite dem Generalkapitän des Königs. Die wallonischen Provinzen befürchteten, die Selbständigkeit, die sie gegen den König gerettet hatten, den Generalständen gegenüber zu verlieren; sie sahen sich in den Hintergrund gedrängt und selbst bedroht. Um den Einbruch einer radikalen Faktion und fremder Kriegstruppen zu verhindern und den Katholizismus zu behaupten, suchten sie schon Verbindung mit Don Johann; mit dessen Nachfolger Alexander Farnese schlossen sie eine solche ab. Alexander Farnese war der Enkel zugleich Papst Pauls III. und Kaiser Karls V.; er war in Spanien erzogen und von den streng-katholischen Gesinnungen, die dort herrschten, durchdrungen; auch von dem Anflug der phantastischen Heiligen- und Mutter-Gottes-Verehrung der dortigen Religiosität war er nicht frei; er verachtete und haßte die abweichenden Glaubensmeinungen so entschieden wie alle anderen, vielleicht nicht minder entschieden als Alba. Wenn aber sein Äußeres als das eines geborenen Spaniers auffiel, so war er doch auch klug und selbst verschlagen wie ein Italiener. Man hat ihn mit einem Fechter verglichen, der große körperliche Stärke mit schlangenähnlicher Gewandtheit verbinde; er nahm Rücksicht auf die Natur des Gegners und die Umstände. Der wallonische Adel war immer zuerst zu Pferde gestiegen, wenn ein Krieg mit Frankreich ausbrach; er suchte eine Ehre darin, jetzt der erste zu sein, der sich mit dem Könige versöhnte.

Zuerst ward wenigstens festgehalten, daß die Spanier sich aus den Niederlanden entfernen müßten; im Jahre 1582 aber, als sich Hennegau und Artois von den Franzosen unter dem Herzog von Anjou bedroht sahen, wurde auch diese Bedingung aufgegeben. Die Geistlichen und die Städte waren ohnehin dafür. Der Adel, welcher noch immer für seinen Abfall gestraft zu werden fürchtete, ward von Alexander von Parma dieser Besorgnis entledigt; die wichtigsten Führer säumte er nicht, persönlich zu gewinnen. Es war der Triumph seiner Politik und Führung, daß die Stände der wallonischen Provinzen selbst auf die Rückkehr der spanischen Truppen in ihre Grenzen antrugen und dem König anheimgaben, deren Zahl zu bestimmen. Die Autorität der Monarchie ward ihnen nicht mehr wie ein Zwang auferlegt, sondern von ihnen selbst herbeigerufen.

Bei alledem war nun das Verhältnis mit Frankreich von einwirkender Bedeutung. Wir vernehmen, daß noch in diesen Jahren in Spanien davon die Rede gewesen ist, sich der niederländischen Provinzen überhaupt zu entäußern. Man berechnete die ungeheuren Summen, welche der Krieg in den Niederlanden gekostet habe, sowie die, welche er noch kosten werde; man sagte: Spanien werde dadurch erschöpft; die gesamte Monarchie dürfe nicht darüber zugrunde gehen, daß man nicht eine oder die andere Provinz von derselben abkommen lassen wolle. Einen ähnlichen Gedanken hatte einst auch der Herzog von Alba geäußert. Er hätte zu einer Sonderung der Interessen der Monarchie nach ihren verschiedenen territorialen Beziehungen, die wir oben berührten, geführt. Aber die großen europäischen Verhältnisse machten diesen Gedanken, wie schon Alba bemerkt hat, unausführbar. Wir müssen uns erinnern, daß im 14. und 15. Jahrhundert die beiden großen Reiche Frankreich und England sowohl auf die Niederlande wie auf die Pyrenäische Halbinsel einen beherrschenden Einfluß ausgeübt hatten. Zwischen ihnen war im Laufe des 16. Jahrhunderts die spanische Monarchie emporgekommen, deren Prinzip es war, den Einfluß der beiden Nachbarn sowohl von den Niederlanden wie von der Pyrenäischen Halbinsel auszuschließen und zugleich eine selbständige Macht aus diesen herzustellen. Sie war jetzt den Franzosen auf dem Mittelmeere überlegen; durch die Eroberung von Portugal und die Verbindung mit den Niederlanden hatte ihre Seemacht zugleich in dem Ozean eine Entwicklung gewonnen wie noch nie vorher. Indem die Franzosen den Versuch machten, die Azoren gegen den König von Spanien zu behaupten, hat ein französischer Prinz, François, Herzog von Anjou, sich zum Meister von Cambrai gemacht; er ward als Herzog von Brabant, Graf von Flandern, anerkannt. Wenn, wie wir bemerkten, ein glücklicher Erfolg auf den Azoren Portugal wahrscheinlich zum Abfall bewogen hätte, so rief die Stellung, die der Herzog von Anjou in Antwerpen nahm, auch darum große Besorgnis hervor, weil er zugleich die Hoffnung hegen durfte, sich mit der Königin von England zu vermählen, so daß sich England und Frankreich gegen Spanien verbunden haben würden. Da war es nun ein großes Ereignis, daß das Unternehmen auf Tercera scheiterte und zugleich der Prinz von Anjou, gegen welchen sich Alexander Farnese behauptete, sich selbst in den Niederlanden unmöglich machte.

Zwischen den Flämingen und Franzosen, dem ehrgeizigen Prinzen und den eifersüchtigen Ständen, war es doch nie zu einem aufrichtigen Verständnis gekommen. Als der Herzog sich sicherzustellen und einiger festen Plätze und größeren Städte zu bemeistern suchte, brach ein Hader aus, der einem bürgerlichen Krieg gleichkam. König Philipp II. sah darin eine göttliche Schickung für seine Sache und beschloß, alle seine Kräfte zur Ausführung seiner alten politisch-religiösen Absichten aufzubieten, womit dann gleichsam ein neues Stadium dieser Begebenheiten eintrat. Nach der Eroberung von Tercera hatte er freie Hände; er sendete ein Heer nach den Niederlanden, wie das gewesen war, welches der Herzog von Alba dahin geführt hatte, aus Spaniern und Italienern zusammengesetzt; eine Anzahl italienischer Herren aus vornehmen Häusern – Pepoli, Sforza, Baglioni – gesellte sich freiwillig hinzu. Ein Heer von unbedingt katholischer Reputation ward gebildet, dem sich eine Schar katholischer Engländer, die bisher unter den Franzosen gefochten hatten, eben deshalb anschloß.

Indem diese provinzielle, religiöse und militärische Konsolidation sich in den wallonischen Provinzen vollzog, war die Kombination, die man in Brabant und Flandern, überhaupt den vermittelnden Provinzen versucht hatte, gescheitert. Als Farnese die Plätze angriff, deren sich die Franzosen bemächtigt hatten, fand er geringen Widerstand; er nahm Dünkirchen und Nieuport und zögerte nicht, die Häfen, die für den Handel bestimmt waren und die er für Freihäfen erklärte, doch zugleich zum Kriege zu benutzen; er ließ Kriegsschiffe daselbst bauen. Auch eine Reihe fester Plätze im inneren Lande fielen in seine Hand; er beklagte nur, daß er nicht stark genug sei, um sich aller seiner Vorteile zu bedienen, und forderte König Philipp auf, ihn dazu in den Stand zu setzen, nicht sukzessiv und sparsam, sondern reichlich und auf einmal. Philipp ward bewogen, einen guten Teil von dem Silber, das die letzten Galeonen brachten, zum niederländischen Kriege zu bestimmen. Im Jahr 1583 war Alexander von Farnese imstande, Ypern, Brügge und Gent, zwar nicht zu belagern, aber doch zu berennen und zu gefährden. Und wie hätte ihm ein nachhaltiger Widerstand geleistet werden sollen, da der Statthalter von Flandern, Prinz von Chimai selbst, der erst vor kurzem wider den Willen seines Vaters zu den Ständen übergegangen war, für die Fahne gewonnen wurde, die er verlassen hatte? Katholische Theologen setzten die Bedingungen auf, unter denen sich Stadt und freie Herrschaft Brügge dem König unterwarfen. Ypern und Gent wurden mit Gewalt zur Überlieferung genötigt; die brabantischen Städte folgten den flandrischen nach. Der Vorteil Farneses war, daß er das Land beherschte und unaufhörlich offensiv verfuhr, während die Generalstaaten sich in einer unzureichenden Defensive gegen seine Angriffe hielten, bis dann auch die reiche Handelsstadt, welche durch geistige Bewegung und kommerzielle Kräfte den Aufruhr hauptsächlich genährt und erhalten hatte, die Stadt Antwerpen, die große Burg des Krieges, angegriffen und in dem Kampf, in welchem sich die religiösen Antriebe mit den mannigfaltigsten Elementen des Angriffes und des Widerstandes vereinigten, nach den äußersten Anstrengungen beider Teile erobert ward (17. August 1585). Der Prinz schrieb seinen Sieg der Jungfrau Maria zu, unter deren Eingebung er die entscheidenden Unternehmungen durchgeführt habe. Der König und sein Feldherr sahen die Sache unter dem religiösen Gesichtspunkt an. Philipp II. verließ das bisher befolgte System der Mäßigung; er verordnete, daß niemand, der nicht katholisch sei, in diesen Landschaften zu wohnen sich Hoffnung machen dürfe: dann würden auch andere glückliche Erfolge die unmittelbare Hilfe Gottes beweisen. Der Stadt wurden Zusagen gemacht für den Fall, daß man auch der übrigen noch widerstrebenden Provinzen Meister werde, was man mit Bestimmtheit erwartete.

War doch schon vorher der vornehmste Urheber und Lenker der gesamten niederländischen Bewegung, Wilhelm von Oranien, unter dessen Führung die nördlichen Provinzen sich zu einem unabhängigen Staate zu gestalten begonnen hatten, dem Meuchelmord erlegen (10. April 1584).

Der Preis, der nach dem Rat Granvellas auf den Kopf des Prinzen gesetzt worden war, und die Einwirkungen eines Priesters hatten diesen Erfolg hervorgebracht. Wie wollten die nördlichen Niederlande ohne diese geistesmächtige Führung sich behaupten?

Nur durch fremde Hilfe konnte dies geschehen, und kein Zweifel war, daß ihnen eine solche von dem einen oder dem anderen der mächtigen Nachbarn geleistet werden würde. Philipp II. fühlte sich stark genug, den offenen Kampf mit ihnen aufzunehmen. Da Heinrich III. die rebellischen Niederländer, obwohl er den Antrag, ihr Fürst und Herr zu sein, nicht annahm, doch nicht gerade von sich wies, so hielt es Philipp II. für gerechtfertigt, mit einer Faktion in Verbindung zu treten, welche dem König von Frankreich energisch widerstrebte. Es waren die Guisen, die Führer der eifrigen Katholiken, welche den Protestantismus in Frankreich nicht dulden wollten. Was ihn mit denselben am meisten verknüpfte, war zugleich ein partikulares spanisches Interesse. Denn bei dem Aussterben des valesischen Zweiges der Kapetinger, welches sichtlich bevorstand, konnte dem salischen Gesetz gemäß niemand auf dem französischen Throne folgen als der tatkräftige junge König Heinrich IV. von Navarra, der schon als eines der vornehmsten Oberhäupter der Protestanten in aller Welt betrachtet wurde. In ihm aber lebten die Rechte der alten navarresischen Könige fort, die einst von Ferdinand dem Katholischen ihrer Besitztümer jenseits der Pyrenäen beraubt worden waren. Ein französischer König, zugleich König von Navarra und Oberhaupt der Protestanten, war für Philipp II.

unerträglich: er würde, einen solchen Nachbar zur Seite, nicht allein nicht zu seinen anderen Zwecken gelangt, sondern in Spanien selbst bedroht worden sein. Aus diesem Grunde trat er in das ihm von den Guisen schon oft angetragene Verständnis ein. Sie vereinigten sich zu einem Bündnis gegen die Thronfolge des jungen Königs von Navarra, zur Ausrottung der Protestanten und zur völligen Unterwerfung der Niederlande. Der König, der über die Schätze beider Indien gebot, machte sich zu einer sehr ansehnlichen Beihilfe anheischig. Dafür sollte ihm auch der Überrest des Königreichs Navarra abgetreten und den Seeräubereien der Franzosen, die den maritimen Krieg in beiden Indien fortsetzten, ein Ende gemacht werden. Damit trat die große Verwicklung ein, welche Frankreich ein Jahrzehnt hindurch mit Agitationen und Blutvergießen erfüllte und es zunächst unfähig machte, seine Macht nach außen zu verwenden.

Die Franzosen konnten nichts dagegen tun, daß der Prinz Gravelingen eroberte; er machte sich zum Meister der Maas und des Rheines; selbst Sluys fiel in seine Hand. Nicht von Frankreich kamen die Hindernisse, die er dabei fand, sondern von England, so daß nun selbst zur Vollendung der Wiedereroberung der Niederlande ein Unternehmen gegen England notwendig erschien. Man kann mit dem Verhältnis Philipps II. zu den Guisen die Anregungen zu einer religiösen Rebellion gegen Königin Elisabeth von England, die von den Jesuitenzöglingen zu Douai versucht wurden, zusammenstellen. Wäre es gelungen, Maria Stuart aus ihrem Gefängnis zu befreien und sie an die Spitze der Katholiken des Inselreiches zu stellen, so würde eine Gegenwirkung gegen die Königin von England entstanden sein, welche der Erhebung der Guisen in Frankreich die Hand geboten hätte und König Philipp zu Hilfe gekommen wäre. Aber diese Bestrebungen führten eben zu dem Tode von Maria Stuart; die Feindseligkeit der Königin Elisabeth erschien um so mehr als die wirksamste und gefährlichste, welche der Katholizismus überhaupt zu bestehen hatte. Mit der Überzeugung König Philipps, daß er in den Niederlanden nie zum Ziele kommen werde, solange Königin Elisabeth in England aufrecht stehe, trafen die Aufforderungen der von Rachbegier entflammten katholischen Welt zusammen, etwas Entscheidendes gegen sie zu tun. Auch diese Sache aber hatte, wie die französische, eine die Weltstellung der Spanier unmittelbar berührende Seite. Es war nicht so schwer gewesen, Portugal zu erobern; aber die Vergrößerung der maritimen Macht, welche dem König von Spanien damit zufiel, erweckte die Eifersucht der seefahrenden Völker, besonders der Engländer. Durch ihre geographische Lage und ihre Vergangenheit wurden sie gegen eine Macht, welche die Küsten zweier Welten beherrschte, zu einer Gegenwirkung gereizt, die besonders durch Korsaren, welche in allen Häfen gerüstet wurden, und zwar durch Privatleute, nicht auf den Befehl der Königin, aber unter ihrer Konnivenz, ausgeübt wurde und eine nationale Feindseligkeit hervorrief. Man dürfte sagen, daß die Umtriebe der Jesuiten in dem Innern von England zugunsten des Königs Philipp durch die Angriffe der Korsaren auf die Küsten und Häfen von Spanien erwidert wurden. Die englischen Seefahrer griffen nicht allein die spanischen Küsten an; sie erschienen bereits in Westindien, sie unterbrachen allenthalben den Zusammenhang der großen Monarchie. Die angelsächsische Rasse wollte die neuentdeckte Hemisphäre den Kastilianern, unter deren Fahnen sie fast zufällig zuerst gefunden worden war, nicht überlassen. Wenn nun Philipp II. nach langem Zögern dazu schritt, den Anmutungen der katholischen Welt gegen die Königin von England Gehör zu geben, so war dabei das Motiv, die Seemacht wie die Kolonien zu behaupten, das wichtigste. Zur Vollendung der maritimen Macht gehörte es, daß die Flotten der Niederlande und der Pyrenäischen Halbinsel zusammenwirkten. Es ist immer ein großartiger Anblick, daß der Monarch des Südens, unterstützt von den katholischen Sympathien, die Herrschaft von Frankreich und England, die erste indirekt, die zweite ganz unmittelbar, in die Hände zu bekommen trachtete; er ließ sich von dem Römischen Stuhle die Nachfolge in England ausdrücklich gewährleisten. Wo würden die Niederlande geblieben sein, wenn König Philipp England erobert hätte. Aber das Unternehmen wurde durch Umstände, die man nicht berechnet hatte, vielleicht auch nicht berechnen konnte, unausführbar.

Die Königin von England sollte zugleich von Spanien her durch die Armada, die man als die unüberwindliche bezeichnete, und von den Niederlanden her angegriffen und vernichtet werden. Aber dieser Angriff sollte ein vereinigter sein: daran ist er gescheitert. Die Engländer und Holländer ließen die niederländischen Fahrzeuge aus ihren Häfen nicht auslaufen. Indem die Spanier die Unterstützung des Prinzen von Parma von dorther erwarteten, wurden auch sie von den Engländern angegriffen mit Fahrzeugen, die diesen Gewässern bei weitem angemessener waren als die spanischen Galeonen. Die stolze Armada erlag, ehe sie nur einen ernstlichen Angriff versucht hatte; auf weitestem Umweg, halb in Trümmern, kehrte sie nach Spanien zurück. Der intendierte Angriff auf England fand seinen Rückschlag in einem Angriff der Engländer auf Spanien, den sie wirklich ausführten und der Portugal wieder von Spanien loszureißen drohte. Bei der Bedeutung der Sache für den Bestand der spanischen Monarchie dürfen wir wohl nicht versäumen, ihr einige Aufmerksamkeit zu schenken.

In Erwartung der kommenden Entscheidung hatten sich in Portugal die nationalen Antipathien gegen die Spanier geregt. Man fand Maueranschläge, das Land möge guten Mutes sein; denn bald werde es wieder einen eigenen König haben. Man schrieb an Don Antonio: er brauche sich nur zu zeigen, so werde sich Lissabon für ihn erheben, in acht Tagen werde er Meister des Landes sein. Don Antonio, der das Geld dazu von Marokko empfing, erkaufte mit Erlaubnis der niederländischen Stände einige Fahrzeuge in Holland, und die durch ihren letzten Erfolg mit doppeltem Mut erfüllten englischen Kapitäne waren bereit, mit den Schiffen, die ihr Eigentum waren, in der Hoffnung auf großen Gewinn ihn hinüberzuführen. Von der Königin verlangte Don Antonio nur einige Kriegsschiffe und ihre Namen; er soll ihr dafür eine unbedingte Abhängigkeit Portugals von den englischen Interessen in Bezug auf Handel und Krieg versprochen haben.

So ward in Plymouth eine sehr stattliche Flotte, die auf 120 Segel angegeben wird und 20 000 Mann an Bord hatte, unter Kapitän Drake und John Norris zustande gebracht, die im April 1589 in See ging.

Zuerst warfen sie sich auf Coruña, wo ihnen die zu einer neuen Expedition bereits aufgehäuften Vorräte in die Hände fielen. Aber die obere Stadt zu nehmen vermochten sie nicht. Es ist sehr wahr, daß die Frauen mit den Männern in der Verteidigung ihrer Stadt wetteiferten. Eine von ihnen, des Namens Pita, ist besonders im Gedächtnis geblieben. Vor ihren Augen war ihr Mann getötet worden; dadurch nicht erschreckt, sondern entflammt, setzte sie sich einem Engländer entgegen, der, mit der Fahne in der Hand, die Bresche erstieg, und tötete ihn mit ihrer Pike.

Auf dem Wege nach Lissabon – denn unverzüglich schifften sich die Engländer wieder ein – stieß Graf Essex zu ihnen, der vor Eifer brannte, die Gunst, in der er bei der Königin stand, durch glänzende Taten zu rechtfertigen.

Am 26. Mai 1589 landeten die Engländer, ungefähr 12 000 Mann, bei Peniche unter Antonio selbst, 4000 Mann nahmen unter Drake Cascaes ein. Ohne Aufenthalt drang Don Antonio nach Lissabon vor; er schlug seinen Sitz in einer der Vorstädte, Bonavista, auf und ließ nach allen Seiten verkündigen, er sei gekommen, um Portugal in seiner alten Freiheit wiederherzustellen. Aber nur wenige armselige Leute niedrigen Standes und von bettelhaftem Aussehen wagten ihm ein Lebehoch zuzurufen.

Alle anderen wurden durch die große Aufstellung und Strenge der Spanier im Zaume gehalten.

Der König hatte alle Verdächtigen, besonders der höheren Stände, nach Madrid beschieden und in Lissabon selbst eine starke Mannschaft unter dem Grafen Fuentes anrücken lassen. Man riet dem Gobernador, Erzherzog Albrecht, sich nach dem Kastell zurückzuziehen: aber er wies das von der Hand; wir werden versichert, daß seine Anwesenheit vornehmlich dazu beigetragen habe, die Ruhe der Stadt zu erhalten. Don Alvaro de Bazan behauptete den Hafen. Ein paar Kompanien portugiesischer Infanterie, welche damals ausgehoben worden waren, taten ihre Pflicht vollständig. Und noch war der Adel keineswegs für den Abfall von Spanien gewonnen. Als Don Antonio vernahm, daß der Herzog von Braganza selbst sich gegen ihn in Bewegung setzte, gab er alle Hoffnung auf; und alles eilte, sich einzuschiffen. Hunger und Krankheiten machten auch die Rückfahrt der Expedition unheilvoll.

Man kann die englische Expedition nach Spanien nicht mit der spanischen gegen England vergleichen, weder an Apparat, noch an Glanz, noch an allgemeiner Intention; wäre sie aber gelungen, so würde sie ein unermeßliches Resultat für die folgenden Jahrhunderte gehabt haben. Die Aufstellung einer Spanien feindseligen Regierung in Portugal würde die allgemeine Lage der Monarchie sofort geändert haben.

Fürs erste behauptete sich jedoch Spanien, wie es einmal geworden war.

Die Versuche, welche die Engländer zunächst gegen die Azoren oder gegen die Kanarischen Inseln machten, mißlangen. Die spanische Küste wurde durch eine furchtbare Flotte von 50 Galeonen, einer Anzahl Galeeren und Galeazzen unter Alvaro de Bazan in Schutz genommen, und zuweilen hat dieser Admiral dem König auch wieder eine Offensivbewegung angeraten. An eine solche war jedoch zunächst nicht zu denken. England nahm eine feste und unangreifbare Position Spanien gegenüber ein. Dagegen schien es, als ob die Einmischungen des Königs in Frankreich zu einem großen Resultat für ihn selbst und sein Haus führen sollten.

Die von König Philipp II. eingeleitete Erhebung der Guisen in Frankreich hatte dort einen allgemeinen Umsturz hervorgerufen. König Heinrich III. war von seiner Hauptstadt ausgeschlossen und, als er, einverstanden mit seinem legitimen Nachfolger, dem König von Navarra, in dieselbe zurückkehren wollte, von einem Meuchelmörder gräßlich umgebracht worden. Den König von Navarra – es ist Heinrich IV. von Frankreich – von Paris, das er belagerte, zurückzutreiben, war nun aber eine Angelegenheit von der größten Wichtigkeit für die spanische Monarchie sowie für die Guisen. Der König ließ seinen niederländischen Heerführer Alexander Farnese in dieser Absicht nach Frankreich vorrücken. Wenn Farnese schon bei der Unternehmung gegen England sich nicht völlig einverstanden gezeigt, sie wenigstens besser vorbereitet zu sehen gewünscht hatte, als dies geschah, so war er noch entschiedener gegen die französische: denn er werde dadurch abgehalten, Holland und Seeland, wozu er ohne neue Störung die besten Aussichten habe, zu bewältigen. Allein diese partiellen Rücksichten traten vor den allgemeinen Betrachtungen, dem Interesse der Gesamtmonarchie zurück. Im August 1590 überschritt Farnese die französische Grenze, was denn die Wirkung hatte, daß die Belagerung von Paris aufgehoben wurde. Dadurch geschah denn aber wieder, daß die eifrigen Katholiken aller Stände, die Gouverneure der Provinzen, die vornehmsten Geistlichen und die hohen Schulen, die Magistrate und Einwohner der Städte in dem König von Spanien ihren Schutzherrn erblickten. Die Wiedererhebung Heinrichs IV., der dann 1592 zu der Belagerung von Rouen schritt, wurde durch ein zweites Vorrücken Farneses rückgängig gemacht; der König mußte die Belagerung von Rouen, die Normandie überhaupt, aufgeben. So geschah nun doch, was Philipp II. immer im Auge gehabt hatte, daß er von den Niederlanden her in die inneren Angelegenheiten von Frankreich einzugreifen vermochte. Die vorherrschende Gewalt blieb in den Händen der Guisen und der Spanier. Für die von dem König von Spanien einzunehmende Haltung haben sich dann zwei verschiedene Gedanken erregt. Der eine ist: er sollte in aller Form zum Protektor von Frankreich erhoben werden mit sehr bestimmten und ausgedehnten Rechten. Auf die Frage, wie dabei ein französisches Gemeinwesen konserviert werden könne, antwortete Mendoza, daß die Verfassung des spanischen Königreiches abgesonderte Nationalitäten anerkenne, wie das auch z. B. in der geistlichen Verfassung namentlich der Mönchsorden stattfinde; Philipp würde dann den Namen des großen Königs angenommen und eine direkte Autorität in Frankreich ausgeübt haben. Später stand man von diesem Vorhaben ab. Philipp II. sollte jedoch das Recht haben, den künftigen König von Frankreich zu bezeichnen.

Für die Verfassung unter einem neuen katholischen König sind nun in Frankreich sehr umfassende Entwürfe gemacht worden, die auf einer Verbindung der geistlichen Vorrechte mit ständischen Einrichtungen, die einen beinahe demokratischen Charakter trugen, beruhen. Im Gegensatz gegen den Adel, der sich an Heinrich IV. anschloß, würden die Städte eine große Rolle gespielt und das katholische Frankreich konstituiert haben. Die Entwürfe haben eine gewisse Bedeutung für die Geschichte der Verfassungen überhaupt. Dem Volk wurde das Recht vindiziert, die Verwaltung des Fürsten zu untersuchen, denselben zur Rechenschaft zu ziehen, und wenn er halsstarrig an den Mißbräuchen festhalte, zu seiner Absetzung schreiten zu können. Man wird dabei an die Theorien des spanischen Jesuiten Mariana erinnert, der den Königsmord für den Fall, daß das Volk sich sonst dem Verderben entgegengeführt sehe, verteidigte und dem Mörder Heinrichs III., Clement, sogar einen Lobspruch gewidmet hat. Faktisch hängt das alles sehr genau zusammen: denn eben die Ermordung Heinrichs III. hatte der liguistischen Partei und dem König von Spanien den Weg gebahnt.

In der Ständeversammlung zu Paris, an welche Philipp II. seine Abgeordneten schickte, wurde nun die Frage der Besetzung des Thrones erwogen.

Es erregte kein Bedenken, daß die Tochter Philipps II. aus einer französischen Ehe, Isabella, den französischen Thron besteigen sollte. Für Isabella war noch ein anderes Recht merkwürdigster Art in Erinnerung gebracht. Sie behauptete, die Erbin von Bretagne zu sein: denn sie sei die Enkelin Heinrichs II., auf welchen durch seine Mutter Claude dies Recht vererbt sei. Durch ihre Erhebung auf den Thron schien es auf gesetzlichem Wege mit der französischen Krone, wenn diese auf ein anderes Geschlecht übergehe, verbunden zu werden. Die entscheidende Frage war denn, wen der König zu ihrem Gemahl bestimme. Auf den Erzherzog Ernst, den er zuerst nannte, bestand er doch nicht; da sich gegen diesen Namen ein sehr lebhafter Widerstand erhob, so nannten seine Bevollmächtigten Karl von Guise, Sohn Heinrichs, den der König an zweiter Stelle bezeichnet hatte. Auf liguistischer Seite zeigte man sich geneigt, denselben anzunehmen, obwohl es an Widerspruch nicht fehlte. Um diesen zu erdrücken, schickte sich Alexander Farnese an, einen dritten Feldzug nach Frankreich zu unternehmen; er würde, so scheint es, gelungen sein wie die beiden ersten. In dem Augenblicke, da alles vollendet werden sollte, ist Alexander Farnese unerwartet gestorben (3. Dezember 1592). Die Gegner der spanischen Kombination, die es unter den Liguisten gab, bekamen dann freie Hand. Die Hauptsache aber war: die einzige legale Behörde, die noch in Frankreich bestand, das Parlament, sprach sich für das Salische Gesetz und den bourbonischen König aus. Eine so enge Verbindung zwischen Spanien und Frankreich, wie sie von der Ligue beabsichtigt wurde, wäre mit der Natur und inneren Bestimmung der europäischen Mächte an sich unvereinbar gewesen; sie hätte dem geistlichen Element, von dem auch die Stände beherrscht wurden, ein für Frankreich undienliches und für Europa gefährliches Übergewicht gegeben. Mit den Gütern der Ketzer wollte man die entfremdeten Domänen zurückkaufen; der große König sollte neue Kreuzzüge unternehmen, nicht allein gegen die Osmanen, sondern auch gegen die vom katholischen Glauben abgewichenen Völker und Staaten des Abendlandes; ein Unglaube galt dem anderen gleich.

Welch eine Aussicht für die Welt. Aber es war dafür gesorgt, daß sie sich nicht realisierte. Der spanischen Macht war durch England zur See Einhalt geschehen; auf dem Kontinent wurden ihr durch die Begründung einer unabhängigen Dynastie in Frankreich Schranken gezogen. Zugleich aber kam die Republik der Niederlande zu einer gewissen Konsistenz, was gerade dadurch befördert wurde, daß König Philipp seine Streitkräfte in den Verwicklungen mit Frankreich verwandte. Auch die militärische Verwaltung Alexander Farneses, auf den wir nochmals zurückkommen müssen, gab dazu Anlaß.

Man machte ihm von jeher einen Vorwurf daraus, daß er den Italienern, und zwar auch denen, die nicht Untertanen des Königs seien, eine parteiische Vorliebe beweise und wichtige Positionen anvertraue. Ein lautes Geschrei erhob sich, als eben ein solcher sich von Moritz von Oranien täuschen und Breda verlorengehen ließ. Wie oft riefen die Spanier ein Lebehoch ihrem König und Untergang der Regierung in den Niederlanden. Ihr ältestes Regiment, dessen Fahnen von Gonsalvo de Cordova herstammten, geriet in vollen Aufruhr; es ist noch von Alexander von Parma aufgelöst worden. Der Unwille ward durch immer wiederkehrenden Geldmangel, der ebenfalls als die Folge der bei der Unternehmung der Armada über Gebühr angestrengten finanziellen Kräfte erscheint, unaufhörlich aufs neue angeregt. Wurden dann die Spanier bezahlt, so hielten es die Italiener für eine Beleidigung ihrer nationalen Ehre, denselben nachgesetzt zu werden. Wehe dem Kapitänen, die sich dies gefallen ließen; sie wurden von den Truppen nicht mehr anerkannt, die sich vielmehr unter sich selber ihre Befehlshaber erwählten. Einst haben sich die Kriegsvölker aller anderen Nationalitäten, die im Dienste des Königs waren, Deutsche, Wallonen, Irländer, den Italienern angeschlossen. Man kann erachten, welche Gewaltsamkeiten die empörte, sich selbst überlassene und unbezahlte Truppe in den Orten und Landschaften verübte, die sie innehatte, und welche Reaktion dies hinwieder hervorrief.

Während das spanische Heer, das unter dem Herzog von Parma in Frankreich vordrang, den Eindruck eines vortrefflich geordneten und zusammenwirkenden Ganzen machte – denn dahin wandte sich die gesamte militärische Anstrengung, die eine einzige für Disziplin und Krieg ist – und daselbst entscheidende Taten ausführte, befand sich die in Flandern zurückgebliebene, der Anwesenheit des Oberanführers entbehrende und doch einem tapferen und geschickten Feinde gegenüberstehende Soldateska in einer Art von Auflösung, die sie kampfunfähig machte.

Eben in dieser Zeit war es nun, daß die vereinigten Provinzen, die schon beinahe verloren schienen, wieder zu einer gewissen geographischen Sicherheit gelangten. Prinz Moritz von Oranien nahm vor allem die Plätze wieder, welche den Feinden die mittleren und inneren Provinzen eröffneten, die Schanzen von Zütphen, diesen Platz selbst und Deventer; durch die Besitznahme von Hulst, Gertruidenberg und Nymwegen sicherte er die südlichen Grenzen; durch die Eroberung von Stenwyk, Koeverden und endlich von Groningen wurde der Besitz und die Zugehörigkeit der nördlichen Landschaften erneuert.

Wie die Anfänge der besonderen Staatsbildung der Vereinigten Niederlande in der politischen Konstellation von 1572 liegen, namentlich in den damals zusammenwirkenden Feindseligkeiten von England und Frankreich gegen Spanien, so war ihre Befestigung nach mannigfaltigen Wechselfällen und Gefahren eine Rückwirkung des zurückgewiesenen Angriffs der spanischen Macht zur See auf England und zu Lande auf Frankreich.

Die Vereinigten Niederlande konnten nun ihre eigenen Streitkräfte der Kriegsmacht der beiden Reiche in diesem Kampfe beigesellen. Der Versuch der Spanier, die Oberherrschaft in dem westlichen Europa an sich zu bringen, endigte damit, daß sich ihnen drei unabhängige Mächte entgegenstellten. Es bildete den einzigen Vorteil, der aus dem langen Kampfe für die Spanier hervorging, daß ein Teil der niederländischen Provinzen zum Gehorsam gegen den König und zum exklusiven Bekenntnis der alten Kirche zurückgebracht ward. Was das für die Monarchie und deren politische Gesamtstellung zu bedeuten hatte, stellte sich gleich im Jahre 1596 heraus.

Als ein zugleich gegen alle drei Feinde ins Gewicht fallendes Ereignis muß betrachtet werden, daß Erzherzog Albrecht, der soeben aus Spanien zur Regierung der wieder zum Gehorsam gebrachten Provinzen herübergekommen, während Heinrich IV. mit der Belagerung von La Fere beschäftigt war, Calais angriff und nach kurzem Kampfe in seine Gewalt brachte. Bei der ersten Nachricht von dieser Gefahr war die englische Flotte in See gegangen, um dieselbe abzuwenden; allein als sie anlangte, wehten die spanischen Fahnen bereits auf den Wällen.

Die nächste Wirkung davon war, daß Dünkirchen wie andere spanisch-niederländischen Seeplätze dadurch gesichert wurden. Eine große maritime Metropole konnte Calais nicht werden, da es einen zu kleinen Hafen hat, aber für die benachbarten Landschaften bot es einen erheblichen kommerziellen Vorteil dar. Es ward, als Comté d'Oye, als das vierte Glied von Flandern zu dieser Provinz geschlagen; wie hier schon oft mit der Herrschaft die Bevölkerung und die Sprache gewechselt hatten, so sollte fortan nur flämisch in Calais geredet, die Rechtspflege in dieser Sprache vollzogen werden.

Und da eben damals die Nachricht einlief, daß ein neues Unternehmen der Engländer auf die Landenge von Panama durch den Widerstand, der ihnen dort in den Wäldern und in den Pässen geleistet wurde, gescheitert war – es ist die Expedition, bei welcher die großen Seefahrer Hawkins und Drake ihren Tod fanden –, so erhoben sich in den Spaniern noch einmal die stolzesten Entwürfe; sie meinten, der Erzherzog müsse nicht allein Calais befestigen, um dessen sicher zu bleiben, sondern unverweilt Boulogne angreifen, welches nicht besser widerstehen werde wie Ardres, das man soeben eingenommen hatte; wenn man zugleich den Turm besetze, der den Hafen beherrsche, so werde die feindliche Marine auf Dieppe angewiesen sein, was zu ferne liege, um Calais zu gefährden; sei man dann der Küste sicher, so lasse sich daselbst ein Heer sammeln, um eine neue Unternehmung auf England zu versuchen; es bedürfe nicht mehr als einer Armee von 20 000 Mann zu Fuß und 3000 zu Pferde, um England zu erobern: denn die dortige Landmiliz werde dem spanischen Kriegsvolk, welches stärker sei als einst die mazedonische Phalanx, nimmermehr widerstehen können; die Verteidigung der wiedereroberten niederländischen Provinzen könne man indessen wallonischen und deutschen Regimentern überlassen; nicht etwa nach Irland möge der König seine Streitkräfte richten, sondern allein nach Calais und weiter nach England. In den zusammentreffenden glücklichen Ereignissen sah man ein göttliches Mysterium, um den König zur Befreiung der englischen Katholiken und zur Unterdrückung der Ketzerei anzufeuern.

Allein wie bald sollte sich zeigen, daß die maritimen Kräfte der Feinde denen der spanischen Monarchie bei weitem überlegen waren.

Im Juni 1596 erschien eine holländisch-englische Flotte, anderthalbhundert Segel stark, höchst unerwartet in der Bai von Cadiz; sie zerstörte die Kriegsflotte und plünderte die Stadt; die Handelsflotte ward von den Spaniern selbst im Hafen verbrannt.

Im Jahre 1597 wurden Fayal, Graziosa, Flores, die zu den Azoren gehören, von Essex und Walter Raleigh eingenommen; nur wie durch ein Wunder entgingen die Galeonen auch diesmal ihrer Verfolgung.

Immer nach den Hauptplätzen des amerikanischen Handels, entweder den großen Emporien von Europa oder den Erfrischungsplätzen für die langwierigen Reisen oder auch den wichtigeren westindischen Inseln, richteten sich die Angriffe der Engländer; in dem Rate der Königin verlor man die alten Entwürfe einer Landung auf Panama keinen Augenblick aus dem Gesicht.

Spanischerseits hatte man den Plan, eine Konjunktion der peninsularen Seemacht mit Flandern zustande zu bringen, wieder aufgenommen; es war eigentlich der Gedanke, in welchem die maritime Politik der spanischen Monarchie kulminierte. Zweimal sind die Flotten, welche zu diesem Zwecke ausliefen, durch Stürme zerstreut worden; und auch an sich waren die Feinde zur See zu wachsam und zu wohlgerüstet, um eine solche Konjunktion geschehen zu lassen.

Noch eines anderen Erfolges erfreute sich Erzherzog Albrecht. Durch die Überraschung von Amiens brachte er den bourbonischen König in die größte Verlegenheit; aber zu einem wesentlichen Vorteil diente ihm dies doch nicht. Heinrich IV. belagerte Amiens, um es wiederzuerobern, und indem der Erzherzog alle Kräfte zum Entsatz desselben sammelte, veranlaßte er nur, daß indes Moritz von Oranien freie Hand behielt, seine Eroberungen auszudehnen; er wußte in dieser Zeit die Grafschaft Zütphen und Ober-Yssel vollends von spanischen Besatzungen zu reinigen; an dem Niederrhein und der Ems gewann er feste und sichere Position.

Die Verluste waren um so bedeutender, da sie die Selbständigkeit verstärkten, die man brechen wollte; der Gewinn war von zweifelhaftem Wert; man sah, daß er sich nicht werde behaupten lassen.

Einer einigermaßen ruhigen Betrachtung mußte einleuchten, daß die Pläne, die man bisher gehegt hatte, nimmermehr zu erreichen waren.

Es bezeichnet die letzten Tage Philipps II. (el Prudente), daß er zu dieser Überzeugung gelangt und in diesem Sinne friedliche Verhältnisse herzustellen beflissen war.

Den spanischen Nachrichten zufolge wäre er geneigt gewesen, Calais der Königin von England zu überlassen, wenn diese ihm dafür die niederländischen Sicherheitsplätze, die in ihren Händen waren, überliefert hätte. Welch ein Vorteil für die Anbahnung der Unterwerfung der abgefallenen Provinzen hätte darin gelegen; aber welch ein unschätzbarer Vorteil zugleich für die englische Krone: sie wäre zu ihrem alten Übergewicht über Frankreich und zur vollen Seeherrschaft gelangt. Die Spanier versichern, die Sache sei nur daran gescheitert, daß sich Graf Essex, vom König von Frankreich gewonnen, dem Vorschlag entgegengesetzt habe; dafür habe er später, als seine Treulosigkeit an den Tag gekommen, mit dem Leben büßen müssen.

Als dieser Plan aufgegeben wurde, trat der entgegengesetzte hervor, Frankreich in den Krieg mit England fortzureißen; den aber lehnte Heinrich IV. mit aller Entschiedenheit ab; seine Negotiationen waren so glücklich, daß der ganze Vorteil des Momentes ihm allein zugute kam.

König Philipp hatte die Absicht gefaßt, die Reduktion der abgefallenen Provinzen, die er niemals aufgab, dadurch zu erleichtern, daß er das Recht auf dieselben samt der Herrschaft über die wieder zum Gehorsam gebrachten an seine Tochter Isabella abtrat, zu deren Gemahl er den Erzherzog Albrecht bestimmte, von dem er sagte, er habe ihn „an seiner Brust genährt", und der durch seine ständige Haltung in Portugal und seine kriegerischen Erfolge eine große Anerkennung erworben hatte. Philipp wollte aber nicht allein seine Tochter versorgen; zwei politische Gründe wirkten dazu mit, ihn zu bestimmen. Er meinte, die Anwesenheit des angeborenen Fürstenstammes werde nicht allein in den unterworfenen Provinzen den Gehorsam erhalten, sondern auch in den anderen ein Gefühl für die alte Dynastie erneuern und sie zum Gehorsam und zugleich zum Katholizismus zurückführen; und sodann: man werde nicht immer von dem Ehrgeiz Spaniens und seiner für alle anderen gefährlichen Übermacht reden können, da die niederländische Regierung fortan eine abgesonderte wie die des Hauses Burgund in den alten Zeiten sein würde.

Wir vernehmen, daß man weder auf der einen noch auf der anderen Seite hiermit vollkommen zufrieden war. Die Provinzen behaupteten, man hätte sie vorher fragen sollen: denn eine absolute Verfügung über gesetzliche und rechtmäßige Untertanen stehe dem Fürsten nicht zu. Die Spanier wandten ein, die Landschaften seien mit so großer Anstrengung herbeigebracht, so viel Blut darüber vergossen, so viel Geld darauf gewendet worden, daß ihnen wohl ein gewisses Recht daran zustehe. Aber der Wille des Königs geschah hier wie in anderen Dingen. Mit der Einrichtung der neuen Regierung sollte zugleich die Erneuerung aller alten Privilegien, die Herstellung einer friedlichen Landesverfassung statt des Kriegsstandes, der bisher vorgewaltet hatte, verbunden sein. Der Abschluß des französischen Friedens ward zugleich dem Erzherzog als seine eigene Sache überlassen. Die Summe der Abkunft war, daß der König von Frankreich die ihm entrissenen Gebiete und Plätze wieder empfing und dagegen darauf Verzicht leistete, England und die Niederlande zu unterstützen. Den Niederlanden, die wieder zum Gehorsam zurückgebracht worden waren, konnte nun eine feste Form gegeben werden.

Fast als das vornehmste Ergebnis des langen Kampfes ist die Gründung einer abgesonderten Regierung in den westlichen und südlichen Niederlanden zu betrachten; sie hat eine Bedeutung für alle Zeiten gehabt und entsprach der Natur der Dinge; sie ist die Grundlage des heutigen Belgiens. Überdies aber war es dem König gelungen, im Verein mit dem römischen Papste dem Katholizismus auf dem südlichen und westlichen Kontinent eine feste Konsistenz zu verschaffen. In den Niederlanden war der Protestantismus auf die nördlichen und östlichen Provinzen beschränkt worden; in Frankreich war er von der höchsten Gewalt ausgeschlossen und zu einer untergeordneten Existenz herabgedrückt worden. Die belgischen Niederlande waren gleichsam ein Außenwerk dieser umfassenden religiösen Restauration, die bereits damals auch auf Deutschland eine große Wirkung ausübte und noch zu einer größeren bestimmt war.

SECHSTES KAPITEL

Politik der Zeiten Philipps III.

Unter den Ratschlägen, welche dem Sohn Philipps II. beim Antritt seiner Regierung (13. September 1598) gegeben wurden, findet sich einer, der schon durch den Namen seines Autors besondere Aufmerksamkeit erregt. Der verjagte, geächtete, in seinem Exil doch immer durch und durch ein echter Spanier gebliebene Antonio Perez, der einst in der Regierung Philipps II. eine so hohe Stellung eingenommen, trug darin seine Ideen über die damalige Lage, vor allem auch über den fortdauernden Krieg gegen England und Holland vor. Er hatte in England gute Aufnahme und einige Unterstützung gefunden, aber das hielt ihn nicht ab, dem neuen König die Fortsetzung des Krieges mit der schismatischen Frau, der Königin Elisabeth, anzuraten: nach so vielen erfahrenen Beleidigungen würde es weder ehrenvoll noch vorteilhaft sein, ohne bessere Genugtuung, als welche man erwarten könne, Friede mit derselben zu schließen: aber ein solcher sei auch nicht notwendig: denn nur auf Seeraub sei das Emporkommen der englischen Macht gegründet; alles komme darauf an, diesem keinen weiteren Spielraum zu lassen; dafür aber müsse sich Spanien zu einer umfassenden Seerüstung entschließen. Der König möge aufs neue siebzig Galeeren rüsten, nicht um einen abermaligen Angriff auf England zu machen, sondern um alle Meere im Osten und Westen von englischen und niederländischen Seeräubern zu säubern; er möge sechs Geschwader in See bringen, von denen eins es übernehme, die Meerenge von Gibraltar zu bewachen. Überhaupt aber sollte der König seinen Untertanen und Vasallen erlauben, Korsaren in See zu schicken zum Kampfe mit den Korsaren seiner Feinde; sie würden nach und nach auf diesem Wege den Krieg zu führen fähig werden. Das hatte man schon vorlängst dem König Philipp II. angeraten; die Eingeborenen der Provinzen forderten es, sowohl in Biskaya als in Katalonien. Aber Philipp II. hatte immer gefürchtet, dadurch in Ungelegenheiten mit Frankreich zu geraten; und seinem Sinne entsprach es überhaupt nicht, den Untertanen eine von der Regierung doch auch wieder unabhängige Aktion zu verstatten. Antonio Perez aber drang in den neuen König, in dieser Hinsicht das Verfahren der Königin von England nachzuahmen, die eben hierdurch den spanischen Küsten so viel Schaden zufüge: wenn es Spanien gelinge, den Engländern den Seeraub und den Handel abzuschneiden, was sollen diese alsdann tun, womit sollten sie sich beschäftigen. England werde zu einem guten Frieden die Hand zu bieten genötigt sein; dadurch werde der König zugleich auch Meister der abgefallenen niederländischen Provinzen werden; er müsse sie nicht mit Krieg überziehen, sondern nur die gehorsamen Landschaften in gutem Verteidigungszustand erhalten und den anderen durch die angegebenen Mittel Schiffahrt und Handel abschneiden. Perez ist der Meinung, man solle sie nicht wie bisher als Rebellen, sondern als offene Feinde behandeln und einen förmlichen Frieden mit ihnen treffen; wenn man dann Duldung vorwalten lasse, so würde man auch noch Hoffnung haben, sie zu freiwilliger Unterwerfung zu vermögen. Der Grundsatz ist: wer das Meer beherrsche, sei Meister auch des festen Landes; durch jede mögliche Anstrengung müsse sich der König die Seeherrschaft verschaffen.

Es liegt jedoch am Tage, wie wenig die ungeheure Anstrengung, die hierzu erforderlich gewesen wäre, von der neuen Regierung eines jungen und von Natur schwachen Fürsten zu erwarten war; wie sehr selbst das autonome Korsarenwesen und vollends eine religiöse Konzession jenseits seiner Mittel und Wege lagen.

Die Politik des spanischen Hofes blieb doch immer die alte, den Feindseligkeiten der Königin Elisabeth durch eine Diversion in England oder in Irland zu begegnen. Noch einmal ist eine größere Expedition ausgerüstet worden und in Irland gelandet: in der Hoffnung, auf der Insel, die bereits in Aufstand war, eine vorwaltende Autorität zu gewinnen und von da sogar nach England vorzudringen, unter Don Juan d'Aghilar; aber er hatte nicht alle seine Leute bei sich, widrige Winde hielten die Schiffe zurück, die ihn vollkommen streitfertig gemacht haben würden; er mußte sich glücklich schätzen, einer überlegenen englischen Kriegsmacht gegenüber sich freien Abzug ausbedingen zu können; auch die Spanier, welche vor ihm gelandet waren, nahm er mit sich zurück; die Königin blieb auch diesmal Siegerin. Sie hätte nun den Krieg gegen die spanische Monarchie gern in großem Stil erneuert; wie oft hat sie den König von Frankreich aufgefordert, mit ihr aufs neue gemeinschaftliche Sache zu machen; solange sie lebte, war an keinen Frieden zu denken.

Ein ganz anderes Ansehen gewannen aber die Dinge bei der Thronbesteigung König Jakobs I. Ein spanischer Gesandter erschien schon im Oktober 1603 bei demselben, um ihm die Erwartung auszusprechen, daß er als König von England dieselbe Freundschaft gegen Spanien an den Tag legen werde, die er in Schottland infolge gegenseitiger Dienste bewiesen habe. Im Mai 1604 ward dann in Somersethouse zwischen den Bevollmächtigten der beiden Könige und dem Erzherzog Albrecht eine Unterhandlung eröffnet, deren Zweck die Herstellung der freundschaftlichen Verhältnisse war, die zwischen England und dem Hause Burgund von jeher stattgefunden hatten. Jakob selbst hatte auf die Teilnahme des erzherzoglichen Gesandten gedrungen. Einen Waffenstillstand zu proklamieren, schien nicht nötig. Die bloße Thronbesteigung Jakobs wurde als eine Aufhebung aller Feindseligkeit betrachtet. Bei der Abfassung des Traktats zeigten sich dann besonders zwei Differenzen. Die eine betraf die Auslegung des Wortes Rebellen, welche keine Macht fortan gegen die andere unterstützen sollte: die Engländer wollten nicht zugeben, daß die Vereinigten Niederlande darunter begriffen seien. Die andere war, daß die Spanier zwar alle ihre übrigen Besitzungen dem englischen Handel eröffneten, die beiden Indien aber davon ausschlossen.

König Jakob hielt daran fest, daß die freie Schiffahrt seiner Untertanen nicht verhindert werden könne, inwiefern nur nicht die von den Spaniern und Portugiesen eingenommenen Landschaften davon berührt würden. Trotz der zweifelhaften Fassung der Übereinkunft war doch der Friede ein unschätzbarer Vorteil für die Spanier. Die Königin war ihre entschiedene Feindin gewesen; König Jakob versicherte, daß er niemals Feindseligkeiten gegen sie ausüben werde.

Und merkwürdig ist, daß gleich bei dieser ersten Annäherung von einer Verbindung zwischen dem damaligen Prinzen von Wales und einer Infantin die Rede gewesen ist. Die Spanier haben sogar den Fall ins Auge gefaßt, daß alsdann die Krone der Monarchie noch an das Haus Stuart gelangen dürfte; sie nahmen keinen Anstoß daran; ganz im Gegenteil: sie meinten, daß es wohl dermaleinst zu einer Verbindung beider Reiche kommen könne, in welchem Falle dann England einen Bestandteil ihrer Monarchie ausmachen würde. Eigentlich wieder die alten Gedanken, nur ohne feindselige Eroberungsgelüste.

War nun aber Spanien mit Frankreich und England pazifiziert, so leistete ihnen dagegen die Republik der Vereinigten Niederlande einen energischen Widerstand.

Wenn die Spanier und katholischen Niederländer nach dreijähriger Belagerung Ostende einnahmen, so brachten die vereinigten protestantischen Provinzen Sluys in ihre Gewalt. In den Jahren 1605–1606 hatte der seitherige Oberbefehlshaber Spinola das Übergewicht im Felde, und einige feste Plätze an der Grenze fielen in seine Hand; – er faßte sogar einmal die Absicht, mit der einen Abteilung seines Heeres in die Betuwe, mit der anderen in die Veluwe vorzudringen und so die vereinigten Provinzen in ihrem Herzen anzugreifen. Aber die Gegenanstalten, die der Prinz von Oranien mit Wachsamkeit und Einsicht traf, bewirkten, daß die feindlichen Heere weder die Yssel noch die Waal überschreiten konnten. Zur See aber hatten die Holländer ohne Zweifel die Oberhand. Niemals ist zur See der nationale Haß heftiger zur Erscheinung gekommen. Im Jahre 1605 haben die Holländer ein spanisches Geschwader, welches Truppen, die in Irland gedient, an Bord hatte, bei Dover angegriffen: sie haben die Gefangenen, Rücken an Rücken gebunden, in das Meer gestürzt; die Unglücklichen beklagten sich nicht über den Tod, dem ein Kriegsmann sich aussetzte, aber über die Art desselben. Wehe dem Dünkircher, der in ihre Hände fiel: er büßte den Seeraub, den er trieb, unfehlbar mit dem Tode durch den Strang. Und der Wut der Rache bei dem Angriff entsprach die Hartnäckigkeit der Verteidigung. Als sich Reinier Klaassohn von Seeland am Kap St. Vincent, von den spanischen Galeeren übermannt, sein Schiff leck, ohne Masten und ohne Rettung verloren sah, sprengte er es in die Luft. Sechzig Mann kamen dabei um;

sie waren alle einverstanden gewesen. Mit Männern dieser Art konnten die Spanier sich nicht mehr messen. Der Admiral, der die Galeeren in der Bai von Gibraltar befehligte, enthielt sich nicht eines ironischen Lächelns, als er die kleinen holländischen Fahrzeuge unter dem Nowaja-Semlja-Fahrer Heemskerk auf sich loskommen sah; aber wenige Stunden darauf war seine ganze Flotte von ihnen zerstört oder genommen: die Raserei der Feindseligkeit verfolgte die, welche in die See gesprungen waren, mit dem Schwert oder der Feuerkugel.

Wie dann, wenn es wahr wurde, was man als die Absicht der Holländer bezeichnete, die Moriskos, die einst von Granada nach Afrika geflüchtet waren, dahin zurückzuführen, um ihre alte Königsburg wieder einzunehmen!

Schon waren sie nach Ostindien gegangen und hatten auch dort mit den Portugiesen bei Ternate und mit den Spaniern bei Java glücklich geschlagen. Den Portugiesen zur Seite errichteten sie allenthalben Ansiedlungen, durch welche jene verdunkelt und von den wichtigsten Handelsplätzen ausgeschlossen wurden. Im Jahre 1605 waren sie Meister von Amboina und beherrschten die Molukken.

Wie eine ostindische, so war ihre Absicht, auch eine westindische Gesellschaft zu gründen, um die zerstreuten spanischen Anpflanzungen anzugreifen, die eingeborenen Amerikaner gegen sie in die Waffen zu rufen, diesen unzählbaren Völkerstämmen die wahre protestantische Religion statt der katholischen Irrtümer zu lehren.

Genug, aufgezogen durch die englisch-französische Feindseligkeit gegen Spanien, waren die Vereinigten Niederlande nunmehr zu einer selbständigen Macht, die sich Ansehen und Bedeutung in der Welt erwarb, geworden.

Da es sich unmöglich zeigte, sie mit Gewalt zu überwältigen, so gerieten die Spanier auf den Gedanken, dem König von Frankreich durch eine Familienverbindung mit dem spanisch-österreichischen Hause – eine seiner Töchter sollte sich mit einem Infanten vermählen, und diesem Paare die wiedervereinigten Provinzen zufallen – Interesse gegen die Niederlande einzuflößen. Und es scheint, als ob Heinrich IV. dafür nicht ganz unzugänglich gewesen wäre: er hoffte auf diese Weise auch die katholischen Niederlande auf immer von Spanien zu trennen. Als er aber vernahm, daß der Heimfall der gesamten Landschaften an die spanische Monarchie vorbehalten werde, brach er jede Verhandlung darüber ab; nach wie vor durften die vereinigten Niederländer auf seine Unterstützung zählen.

Der spanischen Regierung blieb nichts übrig, als eine direkte Abkunft mit den Provinzen zu versuchen.

Das entscheidende Argument dafür war, daß der Krieg keine Aussicht mehr darbot und unerschwingliche Kosten verursachte. Und wie gefährlich war die Fortdauer der Feindseligkeiten für Seefahrt und Kolonien.

So weit waren die Spanier auch jetzt nicht zu bringen, daß sie einen Frieden auf immer eingegangen wären: es schien genug, zunächst einen Stillstand auf zwölf Jahre zu schließen. Und indem sie hierbei die Provinzen als einen unabhängigen Staat anerkannten, bedienten sie sich dort einer Formel, welche eine Beschränkung dieser Anerkennung für die folgende Zeit möglich erscheinen ließ. Die vornehmste Frage betraf die Schiffahrt nach Indien. Indem die Spanier sich einverstanden zeigten, daß der alte Handelsverkehr zwischen beiden Teilen wiederhergestellt werden sollte, dachten sie doch denselben auf ihre europäischen Lande zu beschränken. Mit ihren Kolonien wollten sie nach wie vor für sich selbst ausschließlich ihren Handel treiben. So brachte es die innere Ordnung ihres Staates mit sich; weder England noch Frankreich hatten etwas dagegen erreichen können; auch die Holländer vermochten es nicht. Aber ihre transatlantische, hauptsächlich ihre ostindische Seefahrt konnten auch die Holländer nicht aufgeben, da der Handel ein so wesentliches Element ihres Staates geworden war, als er jemals in irgendeinem anderen gebildet hatte. Philipp III. erklärte ausdrücklich, daß er den Verkehr der Holländer mit anderen unabhängigen Staaten nicht stören werde; er vermied auch diesmal das Wort Indien, aber die Fassung dieses und des folgenden Artikels ließ keinen Zweifel übrig, daß er den Handel der Holländer auch nach beiden Indien hin gestattete.

Das war nun der Erfolg des Kampfes, der fast ein halbes Jahrhundert erfüllte, daß die nordöstlichen Landschaften ein freies Gemeinwesen bildeten, welches der spanischen Monarchie selbständig zur Seite stand. Daß das aber auf immer geschehen sein sollte, war doch die Meinung der Spanier keineswegs, und vielleicht selbst nicht die aller Niederländer.

Nach einiger Zeit ist es doch so weit gekommen, daß die vorwaltenden Oberhäupter der Republik nicht allein gerüchtweise und in Schmähschriften, sondern von mächtigen Männern, freilich ihren Feinden, die es aber wissen konnten, beschuldigt worden sind, Koffer mit goldenen Pistolen in Empfang genommen zu haben; es gebe eine Partei, welche nach Spanien zurück wolle.

Auch abgesehen von einer solchen Eventualität hatten die Spanier bei der geschlossenen Abkunft den großen Vorteil, daß sie die Kräfte ihrer Monarchie nicht mehr in einem Kampfe zu verwenden brauchten, der doch keine Aussicht auf Erfolg darbot. Sie haben in dieser Zeit sich noch einer anderen Feindseligkeit entledigt, die ihnen bei der ersten Erschütterung der allgemeinen Verhältnisse sehr gefährlich hätte werden können.

Durch die Maßregeln und Gewaltsamkeiten Philipps II. waren die Moriskos keineswegs zu voller Unterwerfung gebracht. Die Strenge der Inquisition stieß in den Moriskos mit einer unvertilgbaren Hingebung für ihre Religion und Sitte zusammen. Der spanische Staat war nun einmal nicht mehr dazu angetan, sich mit religiösen Gegnern in ein erträgliches Verhältnis zu setzen. Ihrerseits glaubten die Moriskos, durch die Taufe, die man ihnen aufgezwungen habe, nicht verpflichtet, noch dem König, der die ihnen gemachten Zusagen breche, Gehorsam schuldig zu sein.

Im Anfange des siebzehnten Jahrhunderts schien es, als würde der alte Maurenkrieg, der die spanische Geschichte beinahe schon ein Jahrtausend erfüllte, noch einmal in vollen Flammen ausbrechen. Jetzt aber rechneten die Moriskos auf den politischen Gegensatz gegen die spanische Monarchie, der in Europa obwaltete und der nun wieder in Heinrich IV. von Frankreich trotz des Friedens, zu dem er sich verstanden hatte, einen tatkräftigen Repräsentanten fand; aufgemuntert durch eine Prophezeiung, die sie in ihren alten Büchern lasen, daß sie nämlich durch einen französischen König Hilfe erlangen würden, wandten sie sich bereits im Jahre 1602 an König Heinrich IV. Sie seien, sagten sie ihm, imstande, 60 000 Mann ins Feld zu stellen, ihre Brüder von Aragon 40 000; in ihren Bezirken seien sie die Meister, nur wenige Spanier hätten sich in ihrer Mitte angesiedelt; fünf seien ihre Stämme, jeder habe drei Oberhäupter, mit diesen möge sich der König verständigen; er brauche ihnen nur eine geringe Hilfe zu schicken, die mit aller Sicherheit in Denia landen könne; die Spanier würden schon bei dem Anblick ihrer Schiffe fliehen, aus Besorgnis vor einem Aufstand; Valencia werde sich ergeben, ohne Widerstand zu wagen; Heinrich IV. werde sie in den Waffen finden und Meister des Kriegsrufs sein.

Nicht Heinrich IV. hat sie, sie haben Heinrich IV. gesucht: aber allerdings sind nun Franzosen nach Spanien gegangen, um ihre Zustände und den Wert ihrer Anträge prüfen zu können; diese haben Zusammenkünfte mit ihnen gehalten, und mehrere Jahre hindurch sind Verhandlungen mit ihnen gepflogen worden, die den Spaniern nicht unbekannt geblieben.

Diese behaupten, daß die Moriskos auch mit dem eben in blutigem Bürgerkrieg emporkommenden Scherif von Marokko und mit dem Großherrn von Konstantinopel in Verbindung gestanden; dessen Sinn sei, seinen Krieg gegen Persien zu beendigen und eine Flotte nach der spanischen Küste zu schicken.

Man fand, daß sie sich auf jede mögliche Art Waffen verschafften, und wollte wissen, ihr Plan sei, Madrid eben während der Feier des Mysteriums der Eucharistie am Grünen Donnerstag zu überfallen und den König umzubringen, der daselbst nur eine geringe Leibwache um sich habe: denn auf das Verderben aller Spanier sei ihr Absehen gerichtet; das Öl, das man von ihnen beziehe, sei vergiftet. Man führte plötzliche Todesfälle solcher an, die davon genossen hatten.

Diese Besorgnisse, die sich von einem Moment zum anderen steigerten, vereinigten sich mit dem religiösen Widerwillen, um König Philipp III. zu dem Beschluß zu vermögen, so gefährliche Einwohner aus dem Reich zu entfernen. Man wußte sehr wohl, wieviel man an ihren Diensten verliere; sehr ungern entbehrten ihrer die Herren und Ritter, deren Untertanen sie waren: aber den Zustand, wie er war, meinte man ohne die größten Besorgnisse nicht dulden zu können. Im September 1609 erging das entscheidende Edikt. Der nächste Erfolg desselben war ein Aufruhr, aber es war nicht schwer, ihn zu besiegen. Bei 500 000 sind in diesem und in den folgenden Jahren aus dem Lande weggeschafft worden: doch waren auch deren, welche zurückblieben, nicht so wenige, wie man gesagt hat. Es hängt hiermit zusammen, daß man auch mit Mauren und Türken zur See in vollem Kriege war.

Die Zerwürfnisse in Marokko gaben Anlaß, daß Spanien, begünstigt von denen, die seine Unterstützung bedurften, im Jahre 1609 sich des Hafens Larache bemeisterte; eine Eroberung von vielem Wert, da dieser Hafen damals zum Sammelplatz der Seeräuber aus allen Nationen diente, die nun aus der Nähe der Meerenge entfernt werden konnten. Der Herzog von Lerma rechnete sich das Gelingen dieser Unternehmung zu großem Ruhme an. Nach einiger Zeit fügte Don Luis Faxardo, der mit einem Geschwader von 90 Segeln den Hafen von Cadiz verließ, Maniana hinzu. In diesem Kriege mit Marokko sind die arabischen Manuskripte erbeutet worden, die man im Escorial aufbewahrt.

Es war nicht der schwächste Moment der spanischen Macht, in welchem Heinrich IV. sich anschickte, die Monarchie mit aller Macht anzugreifen; sie hatte Frieden mit den Niederlanden, ein erträgliches Verhältnis mit England und von einheimischen und benachbarten Mauren nichts zu fürchten. Aber Heinrich IV. rechnete auf die Antipathie, welche das Übergewicht der Spanier in Italien und durch die religiöse Rückwirkung in Deutschland hervorrief, sowie auf ihre militärische Inferiorität. Man rüstete sich in Spanien mit ungewöhnlicher Anstrengung, dem Angriff zu begegnen. Die Landmiliz, von der seit lange die Rede gewesen war, sollte ins Leben treten; die Besitzer der Kommenden sollten zur Leistung ihres Waffendienstes mit einer hinreichenden Anzahl von Mannschaften angehalten werden. Ein großer Krieg, von kühnem Unternehmungsgeist und mutigem Widerstand erfüllt, schien bevorzustehen. Aber in dem Momente, in welchem Heinrich IV. die Waffen ergreifen wollte, an der Schwelle seiner Unternehmungen, durch die Europa umgestaltet werden sollte, ist er umgekommen, wie Wilhelm von Oranien und Heinrich III., sein Vorgänger; dem Fanatismus, dem jene erlegen, ist auch er zum Opfer gefallen. Die Spanier haben daran, soviel man sieht, keinen Anteil gehabt, aber der Fanatismus beförderte ihre Politik; der Vorteil, der ihnen daraus erwuchs, war ein unermeßlicher.

Wie in England nach dem Tode der Königin Elisabeth, so trat auch in Frankreich nach dem Tode Heinrichs IV. eine Regierung von ganz anderem Charakter ins Leben. Unter der Regentschaft der Königin-Mutter, Witwe Heinrichs IV., ward eine Familienverbindung beider Häuser geschlossen, welche nicht allein alle äußere Besorgnis beseitigte, sondern den spanischen Gesichtspunkten wieder Einfluß auf Frankreich verschaffte.

So gelangte die Monarchie nach dem gigantischen Kampfe, den sie über sich hereingezogen, allmählich wieder zu dem Gefühle einer großen Sicherheit und Ruhe. Man vermißt den Unterschied der Zeiten: Elisabeth und Heinrich IV., mit denen Philipp II. auf Leben und Tod gerungen, waren nicht mehr. An ihre Stelle traten Jakob I. und Maria Medici, Regierungen, deren innere Politik sie zu Frieden und Freundschaft mit Spanien antrieb. Allem Schwanken der westeuropäischen Bewegungen war ein Ende gemacht. Auch in ihren Beziehungen zu dem Osten hatten die Spanier Frieden und das Übergewicht.

Im Jahre 1612 schlugen sie mit den Barbaresken, deren Fürsten die Küsten unsicher machten; im Jahre 1613 suchte ein neapolitanisch-spanisches Geschwader die Türken bei Chios auf und schlug sie; im Jahre 1616 wagte der Kapitän Francisco von Ribera mit fünf Galeeren und einem kleinen Kriegsfahrzeuge sich an die Küsten von Caramanien; in drei verschiedenen Gefechten blieb er Meister; die Spanier wissen seine Tapferkeit und seine Erfolge nicht genug zu rühmen; im Jahre 1618 verfolgte der Kapitän Simon Costa die türkischen Seeräuber bis nach den Dardanellen, er erschien im Angesicht von Konstantinopel.

Wie im Westen die holländischen und englischen, so waren die Spanier bemüht, im Osten die maurischen und türkischen Seeräuber von ihren Küsten, zu denen auch die neapolitanisch-sizilianischen gehörten, entfernt zu halten: und nicht ohne Erfolg noch Ruhm haben sie dies vollzogen. Von keiner Seite bedroht und gefährdet, konnten sie ihre Stellung zu Italien, die im Jahre 1610 sehr gefährdet worden war, nicht nur behaupten, sondern verstärken. Toskana hatte sich in den Kämpfen der Ligue mehr an Frankreich gehalten: damals suchte es die Gunst des spanischen Hofes wiederzugewinnen. Dieser aber ließ Portolongone hauptsächlich deshalb befestigen, um Toskana dadurch fortwährend im Zaume zu halten; Spanien war nicht geneigt, das Großherzogtum noch stärker werden zu lassen. Die Republik Lucca, von Florenz her in steter Besorgnis gehalten, fand ihren einzigen Schutz an Spanien und schloß sich diesem eben deshalb mit unbedingter Hingebung an. So hingen auch Parma, Urbino und nach dem Heimfall Ferraras an den Römischen Stuhl auch das Herzogtum Modena dem spanischen Interesse an. Die Herzöge selbst empfingen Besoldungen von der Krone. Und wie so ganz war Genua an Spanien gefesselt. Die Genuesen zogen ihre besten Einkünfte aus den spanischen Landschaften; durch ihre Geldgeschäfte waren sie mit tausend Banden an die Monarchie geknüpft: in ihrem Hafen lag meistenteils eine spanische Flotte. Von jeher waren die Doria zugleich heimische Parteihäupter und spanische Admirale. Von vielem Werte war es, daß auch Männer, die der entgegengesetzten Faktion angehörten, wie Spinola, der Krone ebenfalls Dienste leisteten und durch die Größe derselben ihr noch näher verbunden wurden.

In seinen westlichen Unternehmungen vollauf beschäftigt, hatte Philipp II. immer Sorge getragen, Italien in Frieden zu halten. Unter Philipp III. behielt man diese Rücksicht nicht mehr so ängstlich im Auge. Der Graf Fuentes nahm Finale, kraft eines Kaufes, der schon früher geschlossen war, Monaco, Correggio, Soncino in Besitz; er erhob lehnsherrschaftliche Ansprüche, z. B. auf die Güter der Malaspina, was, da das Prinzip weiter ausgedehnt werden konnte, einen allgemeinen Schrecken verbreitete. Alle Tage fürchtete man für Sabionetta und Castiglione. Daß in dem Krieg zwischen Frankreich und Savoyen der Herzog gegen die Verluste, die er sich an der französischen Grenze gefallen ließ, Saluzzo behielt, war zugleich ein Vorteil für Spanien, da die Franzosen, dadurch von dem italienischen Boden ausgeschlossen, um so weniger daran denken konnten, selbst einzugreifen. Man urteilte, daß dies den Stolz und die Anmaßungen der spanischen Governatoren in Mailand und Neapel gewaltig vermehre.

Noch gab es jedoch in Italien zwei Mächte, welche eifersüchtig darauf waren, ihre Selbständigkeit und Autonomie ungeschmälert zu behaupten, der Herzog von Savoyen und die Republik Venedig.

Der Herzog von Savoyen hatte sich dem Vorhaben Heinrichs IV. angeschlossen: im Jahre 1613 suchte er sich Montferrats zu bemächtigen. Die Spanier nötigten ihn, die eingenommenen Plätze herauszugeben: es ward ein Vertrag geschlossen, bei dessen Ausführung aber neue Schwierigkeiten entstanden und ein gewisser Anspruch der Spanier auf die Oberhoheit in Italien zutage kam, den man ihnen nicht durchgehen lassen wollte. Unter anderen stellte der Governador von Mailand, Don Pietro de Toledo, die Forderung auf, daß der Herzog den König um Verzeihung bitten sollte. Dieses Wort empörte den stolzen Herzog; er bemerkte, daß sein Haus ein älteres fürstliches Haus sei als das österreichische; er fühlte nicht allein seine politische, sondern seine dynastische Ehre gekränkt.

Venedig hatte sich geweigert, an dem Unternehmen Heinrichs IV. Anteil zu nehmen, und war anfangs gegen die Ansprüche des Herzogs von Savoyen. Als die Dinge aber die berührte Wendung nahmen und die Spanier die Schuld des zweiten Friedensbruches zu tragen schienen, leisteten sie dem Herzog einige Unterstützung. Schon waren auch sie selbst in mancherlei Streitigkeiten mit den beiden Häusern Österreich verwickelt. Indem sie die Uskochen, die den adriatischen Golf durch ihre Seeräubereien beunruhigten, in dem Gebiet des Erzherzogs Ferdinand, wohin sich diese zurückzogen, aufsuchten und züchtigten, gerieten sie mit ihm selbst in Hader und Krieg. Mit Vergnügen stellten sich die Spanier von Neapel her auf seine Seite. Der Vizekönig Ossuna schickte ein Geschwader in den adriatischen Golf, dessen Erscheinen die Uskochen zur Erneuerung ihrer Seeräuberei reizte; von beiden Seiten wurden Schiffe genommen und verloren.

Und da nun Venedig, damals reich und wohl verwaltet, holländische Truppen in seine Dienste nahm, so daß sich der am Ausfluß der Schelde und des Rheines beendigte Krieg an die Mündung des Po versetzen zu wollen schien, so wendete sich die volle Antipathie der Spanier gegen diese Republik.

Die Regierung des Herzogs Lerma ließ sich immer sehr friedlich vernehmen; in Madrid ward mit allem Ernst ein Austrag über die piemontesischen sowohl wie die maritimen Irrungen versucht; aber Lerma war der großen Governatoren nicht mächtig, die in den ihnen anvertrauten Landschaften gleichsam an die Stelle der alten Herzöge und Könige getreten zu sein meinten. Nicht als ob sie vom spanischen Interesse abgewichen wären, sie suchten es vielmehr auf das eifrigste zu verfechten, aber nach ihrer Auffassung und politischen Moral. Die letzten Kriege, der französische und der niederländische, waren viel mit Überraschungen fester Plätze, Verführung von Befehlshabern und Truppen, Treulosigkeit aller Art geführt worden; den Governatoren schien es erlaubt, verräterische Anschläge derselben Art auch auf andere unbequem werdende Verhältnisse, wenngleich sie noch nicht vollkommen feindselig waren, zu übertragen. So hatte auch seinerseits der Herzog von Savoyen unerwartete Anfälle auf Genf gerichtet; so hatte kurz vorher Pietro de Toledo bald einen, bald den anderen französischen Großen zur Besitznahme von Savoyen aufgefordert. Es ist kein Zweifel, daß der Governator Verständnisse mit der Besatzung von Crema anknüpfte, um diese Festung den Venezianern zu entreißen. Das merkwürdigste Symptom für die Dinge, mit denen man umging und welche möglich schienen, war ein Anschlag auf Venedig selbst. Wenn eine Anzahl Mietstruppen, die im Dienste der Republik standen, den verwegenen Gedanken faßten, sich der reichen Hauptstadt zu bemächtigen – ein Vorhaben, welches entdeckt wurde und zu ihrem Ruin führte –, so hat man damals allgemein angenommen, der spanische Gesandte in Venedig und der Vizekönig von Neapel seien die intellektuellen Urheber des Unternehmens gewesen. Dafür lassen sich nun keine eigentlichen Beweise beibringen; aber in einer gewissen Verbindung haben die empörungslustigen Soldaten sowohl mit dem Vizekönig wie mit dem Ambassadeur gestanden. Und diese haben in der Tat auf Spanien gerechnet; nur durch die großen politischen Gegner der Monarchie, die antiklerikale Partei in Frankreich, ist die Verschwörung entdeckt und hintertrieben worden; die Spanier vermochten nicht, die Opposition, die sie in Italien fanden, zu unterdrücken. Aber dabei blieb es doch, daß sie auf der Halbinsel bei weitem das Übergewicht besaßen. Überhaupt war ihre Stellung inmitten der Mächte der Welt in diesen Jahren noch einmal glänzend und großartig.

Frankreich ward aufs neue von Zeit zu Zeit durch innere Kriege beunruhigt; König Jakob von England, von Natur nicht geeignet, eine große Rolle zu spielen, was ihm gelingen konnte, wenn er sich etwa an die Spitze der Protestanten gesetzt hätte; das Kaisertum schwach und von Spanien abhängig; der ganze Norden in Streitigkeiten befangen, aus denen man keinen Ausgang sah; die Türkei in sich selbst erschüttert und von ihren asiatischen Nachbarn beschäftigt; unter allen diesen Mächten nahm der katholische König, in dessen Reiche die Sonne nicht unterging, eines vollkommenen Gehorsams gewiß, die erste Stelle ein. Darf man sich wundern, wenn die Spanier noch einmal den Gedanken faßten, ihre Macht zugleich zu befestigen und zu erweitern: denn das hing mit dem anderen auf das genaueste zusammen. Den nächsten Anlaß boten ihnen die Verwicklungen des Hauses Österreich in Deutschland.

Die Restauration des Katholizismus in Deutschland, inwieweit sie in den letzten Dezennien des 16. Jahrhunderts durchgeführt wurde, kann nicht von dem spanischen Einfluß hergeleitet werden; sie hatte ihre Wurzel bei weitem mehr in der Autorität des Römischen Stuhles, die infolge ihrer Verbindung mit dem Kaisertum und den geistlichen Fürsten in Deutschland noch immer sehr mächtig eingriff; aber die Spanier hatten doch auf die letzte große Entscheidung eine nicht geringe Einwirkung ausgeübt. Man weiß, wieviel davon abhing, ob es dem Kurfürsten Gebhard Truchseß von Köln wirklich gelingen würde, die Auslegung des Vorbehaltes in dem Religionsfrieden, welche die Protestanten annahmen, in dem Erzstift durchzuführen oder nicht. Daß das mißlang, war noch eine der vornehmsten Rückwirkungen der Vorteile, welche Alexander Farnese in den Niederlanden davontrug. Das war aber wieder bestimmend für andere Bischöfe, die dem Beispiel Gebhards gefolgt wären, wenn es zum Ziel geführt hätte. Die schon begonnene katholische Restauration gewann dadurch, daß sie in dem Erzstift die Oberhand behielt, eine feste Konsistenz. Auf alle die Verwicklungen, die dem folgten, hatte das Verhältnis Spaniens zu Frankreich, z. B. in der Frage über das Bistum Straßburg, vor allem aber in den Streitigkeiten über Jülich-Cleve, einen wesentlichen Einfluß. In den letzten kam es so weit, daß die Truppen des Erzherzogs Albrecht, der die katholischen Niederlande verwaltete, auf der einen Seite und auf der anderen Kriegsvölker der niederländischen Republik Besitz ergriffen; die ersten waren für die Ansprüche des Kaisers, die anderen für die erbberechtigten Fürsten. Die Durchführung der kaiserlichen Ansprüche würde den katholischen Niederlanden einen neuen Rückhalt gegeben haben. Noch bei weitem mehr aber hatte es zu bedeuten, daß die Spanier durch andere eigene Erbansprüche in die deutschen Angelegenheiten verwickelt wurden.

Bei dem Vordringen des Erzherzogs Leopold mit dem sogenannten Passauer Volk nach Prag konnte man eine katholische Reaktion erwarten, die damals zugleich gegen den Erzherzog Matthias gerichtet gewesen wäre. Die bekannten, der Kirche nicht eben genehmen Gesinnungen des Erzherzogs Matthias ließen nichts anderes erwarten, als daß der spanische Gesandte für den Kaiser und den Erzherzog Leopold Partei nehmen werde; das geschah jedoch nicht. Warum aber nicht? Der Grund ist folgender: der damalige spanische Gesandte Zuniga fürchtete, in dem Zerwürfnis zwischen den Erzherzögen würden sich die böhmischen Stände ihres Wahlrechtes erinnern und daran denken, dasselbe ohne Rücksicht auf die beiden Prätendenten aus dem Hause Österreich auszuüben; dadurch aber würden die Rechte, welche die spanische Linie infolge ihrer Abstammung von einer Tochter Kaiser Maximilians II. auf Ungarn und Böhmen geltend machte, vernichtet worden sein. Der Gesandte hielt deshalb für besser, die Erbfolge des Königs Matthias in Ungarn, der bereits mit den Ständen in Verbindung getreten war, zu unterstützen und alles zu tun, um ihn auf den Thron von Böhmen zu bringen: denn dann blieb das spanische Erbrecht vorbehalten und intakt. Aus diesem Grunde sprach er sich für Matthias aus, der dann im Gegensatz mit dem regierenden König-Kaiser Rudolf die Krone von Böhmen erlangte. Zuniga benutzte hierbei zugleich seinen alten Einfluß auf die katholischen Kronbeamten, um diese Sache durchzusetzen. Man begreift es, wenn Kaiser Rudolf hierauf geneigt war, sich an die Protestanten anzuschließen. Rudolf starb in Entrüstung über die Spanier, bei denen er seine Jugend zugebracht hatte.

Matthias geriet nun unter der Leitung Khlesls auf Wege, die zur Vermittlung führen sollten, aber weder die eine noch die andere Partei befriedigten. Dazu kam, daß sich bei der zunehmenden Schwäche des Kaisers nach einiger Zeit doch wieder die Frage erhob, wie die Sukzession in Österreich und dem Deutschen Reiche zu ordnen sei. Erzherzog Maximilian von Tirol setzte alles daran, die eine und die andere auf seinen Vetter Ferdinand von Steiermark zu bringen. An sich hätten die Spanier, die ja selbst Ansprüche auf die Krone Böhmens machten, für welche der König von Spanien der näher Berechtigte war, ihren Beistand versagen müssen. Allein die Politik der Spanier konnte unmöglich dahin gehen, Böhmen an sich zu bringen; sie faßten einen anderen, für die Gesamtstellung ihrer Monarchie höchst bedeutsamen Gedanken. Der bisherige Ambassadeur in Rom, Oñate, machte sich selbst nach Graz auf, um den Erzherzog Ferdinand zu einem territorialen Zugeständnis von weitaussehender Bedeutung zu vermögen. Er gewann ihm eine Verpflichtung ab, auf deren Grund am 30. März 1617 zu Prag ein Vertrag abgeschlossen wurde, kraft dessen die Sukzession Ferdinands von den Spaniern unterstützt werden sollte; dieser aber sich verpflichtete, die Landgrafschaft Elsaß, die Landvogtei Hagenau, die Grafschaft Ortenburg den Spaniern abzutreten; überdies sollte er sie in Italien mit dem Reichslehen Finale belehnen. Noch in einem anderen nahen Verhältnisse standen die Spanier zu Erzherzog Ferdinand; sie unterstützten ihn in seinem Krieg mit der Republik Venedig: denn es lag ihnen daran, eine von den Venezianern ungestörte Kommunikation zwischen Neapel und Triest einzurichten. Die Verbindung Oñates mit den Erzherzögen wurde dem Direktor der kaiserlichen Geschäfte, dem Kardinal Khlesl, höchst unangenehm; er beauftragte den jungen Franz Christoph Khevenhüller, dem er die kaiserliche Botschaft in Spanien anvertraute, die Abberufung Oñates in Antrag zu bringen. In Wien aber war der Gesandte stärker als der erste Minister. Als die böhmischen Unruhen ausbrachen und Khlesl abermals eine Vermittlung zustandezubringen suchte, um dem Kriege auszuweichen, erregte er damit den heftigsten Zorn der beiden Erzherzöge, welche die Zeit zu dem vollen Gebrauch der Waffen gekommen erachteten; sie bemächtigten sich mit Gewalt der Person Khlesls und nahmen ihn in Gewahrsam. Oñate hatte daran den größten Anteil und gewann auf die neue Regierung, die sich nunmehr bildet, maßgebenden Einfluß.

Auf die böhmischen Irrungen selbst hatte die Transaktion mit Ferdinand insofern eine verderbliche Wirkung, als die Spanier nun bei der Sukzession Ferdinands den größten Nachdruck auf das demselben abgetretene Erbrecht ihres Königs legten. Die Stände, bei welchen die gesamte Haltung Ferdinands die dringendsten Besorgnisse erweckte, kamen um so eifriger auf das Wahlrecht, das sie in Anspruch nahmen, zurück; was dann den Erfolg hatte, den man von Anfang an erwartete, daß sie nämlich ihre Krone einem anderen, dem Kurfürsten von der Pfalz, zu übertragen das Recht zu haben behaupteten. Das gehörte aber zur Politik der Spanier: denn, wenn Ferdinand durch Wahl auf den böhmischen Thron kam, so hatten sie kein Recht, die Abtretungen zu fordern, die er ihnen bewilligt hatte. Diese Komplikation hat dann zum Ausbruch des Dreißigjährigen Krieges nicht wenig beigetragen. Es ist sehr wahr, daß die Erhebung Ferdinands auf den böhmischen Thron für die Herstellung des Katholizismus unendlich wichtig geworden ist. Doch war das nicht die Hauptabsicht der Spanier, die in Deutschland vor allem anderen die politische Macht ihrer Monarchie im Auge behielten. Sie unterstützten ihn mit wallonischen Truppen; er hatte doch eigentlich schon das Übergewicht, als er zum Wahltage in Frankfurt kam. König Jakob I. von England, Schwiegervater Friedrichs V. von der Pfalz, der noch immer an Vermittlung für seinen Verwandten dachte und deshalb einen Gesandten nach Deutschland schickte, betonte das Recht der Stände; Oñate erwiderte, daß Ferdinand nach der Auseinandersetzung mit Spanien ein legales Erbrecht habe. Alle Versuche, die darauf gegründeten Ansprüche zu widerlegen, waren vergeblich. Auch in Frankfurt trug man vergebens darauf an, die Neuwahl bis zu dem Austrag der böhmischen Irrungen zu verschieben. Der spanische Gesandte, der jetzt ein großes Ansehen genoß, war dagegen; und das Emporkommen der Kalvinisten bei den Böhmen bewirkte, daß deren Nachbarn die Partei des Erbrechts vorzogen und die Kaiserwahl gestatteten. So wurden die Bande zwischen den beiden Ländern des Hauses Österreich wieder geknüpft. Ferdinand gründete seine Ansprüche auf ein von dem König von Spanien auf ihn übertragenes Recht; der spanische Gesandte beförderte ihn zum Kaisertum, ohne dessen Besitz auch das Erbrecht nicht hätte durchgeführt werden können. In Spanien war nicht jedermann damit einverstanden. Die damals mächtigsten Mitglieder der Regierung, der Herzog von Uzeda und der Beichtvater Aliaga, waren eigentlich dagegen; sie hatten keine Neigung, sich der Interessen Ferdinands mit besonderem Eifer anzunehmen; sie besorgten, die ganze Last des Krieges über die böhmische Krone werde auf Spanien fallen. Zwischen dem Beichtvater und dem Botschafter ist es zu den heftigsten Szenen gekommen. Khevenhüller mußte einst im Vorzimmer der Dienstboten und jungen Leute warten; er erzwang sich endlich den Eintritt, indem er sich auf das Recht berief, das seinem Herrn in gewissen Fällen auf den spanischen Thron zustehe.

In welche Extreme möglicher Eventualitäten verlor sich alsdann ihr Zwiegespräch. Der Botschafter drohte, daß Österreich Böhmen und Ungarn fahren lassen und sich mit seinen bisherigen Feinden gegen Spanien vereinigen werde; mit Savoyen, um Mailand, mit Venedig, um Neapel zu nehmen; den katholischen Niederlanden werde ein deutsches Regiment zuträglicher sein als das spanische; man werde die Monarchie wieder auf ihren Winkel in der Welt hinter die Pyrenäen zurücktreiben. Die Idee war, daß die Größe der spanischen Linie des Hauses Österreich doch eben in Verbindung derselben mit der deutschen bestehe. Die deutsche konnte ihre Absichten nicht ohne die spanische erreichen, das ist gewiß; aber auch die spanische konnte des Rückhalts, den ihr die deutsche Linie in ihren Erblanden und dem Deutschen Reiche verschaffte, nicht entbehren. In dieser Kombination beruhte das Schicksal von Europa.

Don Balthasar Zuñiga, der überhaupt als der Vermittler zwischen Österreich und Spanien galt, und Don Pedro de Toledo sind es hauptsächlich gewesen, welche die alte Verbindung der beiderseitigen Interessen zur Geltung brachten. Dann schickte Kurfürst Maximilian, der nun eine so hervorragende Rolle für die Kriegführung übernommen hatte, einen Agenten, der die Notwendigkeit und große Aussicht einer Teilnahme Spaniens begreifen machte; auch er fand an dem Beichtvater, der von den deutschen Angelegenheiten nichts wußte noch hören mochte, Widerstand und erfreute sich der Unterstützung Don Balthasars de Zuñiga. Im April 1620 ergingen die Befehle, welche die spanischen Truppen, seit Karl V. wieder zum erstenmal, aus den Niederlanden nach dem oberen Deutschland führten. Im August erschien Spinola in der Pfalz und nahm sie fast ohne Schwertschlag in Besitz. Daß er die kaiserliche Autorität für sich hatte, machte die Unierten, die mit derselben nicht offen brechen wollten und ohnehin schwankten, vollends untätig.

Dieser Einfall war der erste Moment des großen Sieges der katholischen Waffen. Auch an der Schlacht bei Prag, die denselben entschied, hatten spanisch-italienische Truppen unter Don Gonsalvo de Cordova Anteil.

Welch ein Vorteil aber war es für die spanische Machtstellung überhaupt, einige feste Punkte am Mittelrhein zu besetzen.

Indessen ward in dem Widerstreit zweier einander mit fanatischer Wut bekämpfenden Parteien die Herrschaft der Spanier von Mailand her über Valtellina ausgedehnt. Wir vernehmen, daß es nicht so sehr der Befehl des Hofes gewesen sei als das Betreiben des Governators Feria, der von einem Parteihaupt des Landes dazu aufgefordert war.

Alles dies geschah unter Philipp III. und eigentlich gegen den Willen und Wunsch des Beichtvaters und des Herzogs von Uzeda, der die Regierung leitete. An jedem Punkt überschritt diese Macht ihre bisherigen Grenzen und trat nun in die weitaussehendsten Unternehmungen.

Auch aus diesem Grunde aber konnte sich die damalige Regierung nicht halten; die Erhebung Zuñigas lag in der Natur der Sache, da die große Politik, auf die man einging, schon bisher großenteils als sein Werk angesehen werden konnte.

Nun aber kam erst die schwerste Frage zur Verhandlung. Vorlängst hatte man überlegt, ob nicht beim Ablauf des zwölfjährigen Stillstandes der Krieg mit Holland wieder zu erneuern sei, und wie denn der Abschluß des Stillstandes hauptsächlich das Werk des Herzogs von Lerma gewesen war, so neigten sich seine Gegner allgemein zu der Idee, denselben aufzugeben. Denn überaus widerwärtig waren die fortgehenden Reibungen der Holländer und Spanier in den Kolonien; – überdies aber: auf die gehorsamen Niederlande machte die Freiheit der Vereinigten nach und nach soviel Eindruck, daß man sich dort einen ähnlichen Zustand wünschte; – und wie höchst unangenehm war es, sie durch militärische Gewalt in Zaum halten zu müssen; – bei weitem besser, man entschließe sich dazu, die Waffen wieder in die Hand zu nehmen, da man ein gutes Recht dazu habe, gegen Treulosigkeit und Abfall; ein großer Vorteil werde es immer sein, ein schlagfertiges Heer dort im Felde zu haben, um gegen jede Bewegung in Frankreich oder in Deutschland gerüstet zu sein.

Nach dem Ausbruche des deutschen Krieges, welcher so viele Kraftanstrengung erforderte, war es jedoch zweifelhaft, ob man es noch wagen sollte, eine neue Feindseligkeit auf sich zu nehmen. In den Beratschlagungen wurde die finanzielle Erschöpfung lebhaft genug hervorgehoben, zumal der Erzherzog Albert in Brüssel ungemein starke Forderungen machte. Es schien fast, als würden diese in Brüssel absichtlich so hoch hinaufgetrieben, um den Bruch des Stillstandes zu vermeiden. Aber dagegen stellte man vor, daß Holland jetzt von keiner Seite Hilfe habe, namentlich jener Unterstützung von England und Frankreich entbehre, durch die es groß geworden war. Der Erzbischof von Pisa machte aufmerksam, wie glücklich soeben der König von Frankreich in dem Kampfe mit den Hugenotten, seinen Rebellen, sei; in Philipp III. regte sich gleichsam ein Wetteifer mit seinem Schwager; er wiederholte, was schon oft gesagt worden, auch jetzt noch eine Wahrheit hatte, wenn es gleich nicht das einzige Motiv war, daß man für die Kirche auch das Schwerste und das an sich Bedenklichste unternehmen müsse: wenn der König die Sache Gottes führe, so werde Gott die Sache des Königs führen. Und war nicht der deutsche Krieg soeben über alle Erwartung glücklich gegangen!

Es war nicht so sehr ein Gefühl von Überlegenheit als das Vertrauen auf die Vorteil verheißende politische Kombination und auf das den katholischen Waffen damals günstige Glück, was diesen Krieg wieder zu erneuern bewog. Aber zugleich darf man annehmen, daß es schon seit Jahren darauf abgesehen war. Denn wenn man die Unternehmung auf Valtellina, die Ansprüche auf Tirol und das Elsaß, die Festsetzung in der Unterpfalz mit der Erneuerung des niederländischen Krieges zusammenfaßt, in welchem die erste militärische Handlung ein Angriff auf Jülich war, der zur Eroberung dieses Platzes führte, so erscheint in der gesamten Politik eine tiefe, nach einem großen Ziel hinstrebende Einheit.

Ohne Rückhalt ward davon gesprochen, daß Spanien die Unterpfalz fordern und behalten müsse; der päpstliche Nuntius bemerkte, er habe nichts dagegen; er sei überzeugt, daß sich niemand dem entgegensetzen werde. Es scheint kein Zweifel zu sein, daß Oñate darüber unterhandelt hat, während Spinola versicherte, es sei nicht die Meinung des Königs.

Denn eben hier trat nun der Widerstreit an den Tag, in welchen die spanische Politik mit sich selbst geriet.

Um Holland zu isolieren, war ihr ganzes Bestreben dahin gegangen, sich mit England zu verständigen. Wie lange und ernstlich war über die Vermählung einer spanischen Infantin mit dem Prinzen von Wales unterhandelt worden. Die Jesuiten, welche den Gedanken zuerst gefaßt zu haben scheinen, hofften, daß der Prinz sich zum Katholizismus bekehren werde. Soviel ward bei der Unterhandlung nicht erreicht, aber es schien doch auch von Bedeutung, daß die Infantin über die Erziehung ihrer Kinder verfügen und die Nachfolge im Englischen Reiche auch einem katholisch-gläubigen Fürsten zufallen sollte. Unter dieser Bedingung bewilligte der Römische Stuhl die kirchliche Dispensation; es sah aus, als stehe der Vollziehung dieser Entwürfe nichts weiter im Wege.

Und welch ein Vorteil für den niederländischen Krieg, wenn England nicht allein nicht wider Spanien, sondern für dasselbe war. Wie einst in Karls V. Zeiten das Übergewicht am linken Rheinufer und die Aussicht auf die Nachfolge seines Sohnes auf den englischen Thron zusammengetroffen, so schien sich eine ähnliche Kombination nochmals zu erneuern: dadurch wäre das Übergewicht von Spanien auf alle Zeiten in Europa hergestellt worden.

Nun hatte aber der Kaiser Ferdinand bei seiner Wahl dem Herzog Maximilian von Bayern das Wort gegeben, die Kurwürde des abtrünnig gewordenen Pfalzgrafen auf ihn zu übertragen.

Die Spanier waren damit nicht einverstanden; sie fürchteten, daß sich daran der Ausbruch eines ernstlichen Religionskrieges in Deutschland knüpfen dürfe; um sie dafür zu gewinnen, ward ihnen der Preis bewilligt, die Pfalz selbst zu besitzen.

Mußten sie sich aber nicht mit dem König von England nun noch mehr und heftiger verfeinden?

SIEBENTES KAPITEL

Die ersten fünfzehn Jahre der Regierung Philipps IV.

Gleichsam unabhängig von dem höchsten Willen regten sich die dem spanischen Staatswesen von Natur innewohnenden oder durch die Verhältnisse eingepflanzten Gedanken der Aufrechterhaltung der katholischen Religion, ihrer Ausbreitung über die abgewichenen oder abgefallenen Gebiete und eines dominierenden Einflusses in Europa. Sie traten in religiös-politischen Flugschriften hervor, die einen um so größeren Eindruck machten, weil sie zugleich unleugbare Mängel an das Licht zogen.

Sie wurden nicht selten in den Predigten verkündigt – denn die Kanzeln dienten in diesem Lande nicht selten zur Oppositionstribüne –; sie gaben den Gobernadoren, die sich einer gewissen Selbständigkeit erfreuten, ihren Impuls und erfüllten alle Gemüter. Unter dem Grafen Lerma, der ein friedliches System einzuleiten und zu entwickeln strebte, gelangten sie ihm zum Trotz zu einer gewissen Geltung; von allen Vorwürfen, die man ihm machte, war der schwerste, daß er mit Rebellen, die zugleich Ketzer seien, einen Vertrag geschlossen habe; sie waren es eigentlich, vor denen er im Jahre 1618 zurückwich. Sein Sohn Uzeda, der an seine Stelle trat, und der mit demselben einverstandene Beichtvater des Königs, Aliaga, gab diesen Tendenzen bei weitem mehr Raum, ohne daß man jedoch damit eine allgemeine Erneuerung der alten Politik in bestimmte Aussicht gefaßt hätte. Was dahin zu führen schien, wurde ihnen gleichsam abgerungen; und noch immer war nicht aufgegeben, den Grafen Lerma selbst, der eine durch umfassende Familienverbindungen gebildete Partei für sich hatte, wieder an das Ruder gelangen zu sehen, als Philipp III. starb (31. März 1621). Lerma war bei dem Nachfolger, Philipp IV., niemals in Ungnade gewesen; seine Freunde forderten ihn auf, die bereits angetretene Reise nach Hofe fortzusetzen. Mächtige Männer, unter anderen der Herzog von Ossuna, versprachen ihm ihre Unterstützung. Die erste Handlung des neu eintretenden Königs war, daß er alledem ein Ende machte; zwar nicht Lerma, aber Uzeda hatte sich bei ihm persönlich verhaßt gemacht, und sein Widerwille galt der ganzen Partei. Lerma erhielt den Befehl, nicht an den Hof zu kommen. Als Uzeda mit dem Portefeuille der laufenden Geschäftssachen bei dem jungen König erschien, machte es das größte Aufsehen, daß dieser ihn nicht sogleich empfing. Als dies, nicht ohne daß ein Wortwechsel zwischen ihm und dem indes ebenfalls herbeigekommenen Grafen Olivarez in dem Vorzimmer stattgefunden hatte, geschah, wies der König den Herzog mit würdigem Ernste an, das Portefeuille auf seinen Schreibtisch zu legen. Bei der ersten Audienz, die er dann dem versammelten Hofe gab, rief er Don Balthasar de Zuñiga heran und übergab ihm die Papiere. Darin lag der Übergang der Geschäfte von dem einen auf den anderen. Anderweit erfährt man, daß dies auf den Rat eines Religiösen, welcher gegen Lerma geschrieben hatte, des Fray Juan de Santa Maria geschehen ist. Zuñiga hatte immer mit dem deutschen Hause Österreich in Verbindung gestanden und die letzten Schritte der Regierung zugunsten desselben vermittelt. Der Beichtvater Aliaga wurde auf 20 Meilen von dem Hofe verbannt; auch Uzeda wurde verwiesen und ist später zur Rechenschaft gezogen worden. Offen und unbedingt war die Herrschaft der Günstlinge keineswegs gewesen. Der Staatsrat und die anderen Ratsversammlungen hatten immer die wichtigsten Geschäfte vorbereitet und in Händen gehabt. In allen großen Staatsämtern wurden nun aber die Anhänger der Partei Lerma beseitigt, sowie die, welche auf ihre Gunst und Beförderung gerechnet hatten. Charakteristisch ist die Behandlung, die der Herzog von Ossuna erfuhr. Er ersuchte den König, ihn nach Neapel zurückgehen zu lassen, von wo er vor kurzem abberufen worden war. Da ihm der König das verweigerte, so ließ er wohl vernehmen: wenn Seine Majestät seiner Dienste nicht bedürfe, so gebe es andere Fürsten, die sich seiner gern bedienen würden. Auf diese anmaßende und beleidigende Äußerung wandte ihm Philipp IV. den Rücken. Ossuna, in allem trotzig und rücksichtslos, hat dann wohl gesagt: der König sei noch ein Kind. Mit der ausgesprochenen Weigerung wenigstens hatte der König das nicht bewiesen. Ossuna wurde dann samt seinem Sekretär verhaftet. In die obersten Stellen am Hofe gelangten Männer, welche sich der Gunst der Lermas nicht zu erfreuen gehabt hatten; der Herzog von Infantado wurde zum obersten Stallmeister, der Graf von Benevente zum Oberhofmeister der Königin ernannt. Vor allem aber wurde Graf Olivarez hervorgezogen, der in höchsten Gnaden stand und schon immer als der nächste Machthaber betrachtet worden war.

Don Gaspar de Guzman, Graf von Olivarez, war in Rom geboren (1587), wo sein Vater die schwierige Aufgabe vollzog, die Würde eines spanischen Königs dem Papst Sixtus V. gegenüber zu vertreten. Don Gaspar war anfangs zu einer geistlichen Laufbahn bestimmt gewesen, wie er denn auch in Salamanca studierte: aber der Tod seines älteren Bruders, nach welchem das Majorat der Familie zufiel, bewog ihn, im weltlichen Stande zu verharren, wo sich ihm bald eine große Aussicht eröffnete. Bei den wechselseitigen Vermählungen der französischen und spanischen Prinzessinnen begleitete er König Philipp III. mit einem gewissen Glanze und wurde dafür zum Kammerherrn des Principe ernannt. In dessen Umgebung regte sich früh der natürliche Gegensatz des Thronfolgers gegen die bestehende Regierung. Lerma wußte jedoch mit dem Prinzen selbst ein gutes Verständnis zu erhalten; den Kammerherrn beleidigte er dadurch, daß er ihm die Ehre der Grandeza nicht zuwandte. Bei den Exsequien Philipps III. hatte nun der Jesuitenpater Florencia die Leichenrede gehalten, in der er unter anderem die Pflicht der Fürsten betonte, verdiente Vasallen zu belohnen. Als der König hierauf zur Tafel ging, sagte er: „Wir wollen dem Pater Florencia folgen: bedeckt Euch, Graf Olivarez." Das heißt: er erteilte ihm die Grandeza.

Philipp IV. unterschied sich von seinem Vater durch größere Lebhaftigkeit. Er zeigte sich liebenswürdig; aber zuweilen fuhr er auf und ließ zornige Scheltworte vernehmen, was dem Vater nie begegnete. Da er von Jugend auf einen gewissen Ehrgeiz blicken ließ, so wurde auch an dem Hofe seines Vaters sein Verhalten mit eifersüchtiger Wachsamkeit beobachtet. Seine nächsten Umgebungen wurden zuweilen von ihm entfernt; nicht jedoch Graf Olivarez, der es wohl über sich gewann, die Anmutungen, die dem Prinzen geschahen, sich der Regierung entgegenzusetzen, dem König selbst mitzuteilen. Darum war nun aber der Prinz keineswegs einverstanden mit dieser Regierung. Alle Mängel, die sie hatte oder die man ihr zur Last legte, wurden ihm hinterbracht. Der Gedankenkreis der Opposition war eben der, in welchem der junge Fürst aufwuchs. Er dachte, es besser zu machen als sein Vater. Der Infantin-Barfüßerin, die ihm sagte, er möge seinem Vater in seinem Lebenswandel und seinem Großvater in der Regierungsweise nachahmen, antwortete er: er denke, sich auch den Urgroßvater, Karl V., dessen Kriegstaten noch glänzend vor der Phantasie standen, zum Muster zu nehmen. Von Nachahmung war aber doch in der Tat nicht die Rede; die Art und Weise Philipps IV. erscheint, wie seine Lage, durchaus eigentümlich. Karl V. war noch ein burgundischer Prinz gewesen,

Philipp II. war zwar ein Spanier und wollte es sein, weniger jedoch durch Natur, als weil er Kastilien zum Mittelpunkt einer großen Monarchie zu erheben gedachte, sein Sinn stand immer nach fremden Kronen; Philipp III. war ein frommer Devoter; Philipp IV. dagegen ein vollkommener Spanier seiner Zeit, wie sie bei Lope de Vega oder auch in dem Gil Blas, welcher spanischen Ursprungs ist und in jene Zeit zurückweicht, gezeichnet werden. Mit Vergnügen erschien Philipp bei den großen populären Festlichkeiten und stellte deren selbst in seinen Palästen an. Er war, wie die meisten Prinzen dieses Hauses, nicht groß von Wuchs, von schwachem und zartem Körperbau, aber gewandt in jeder körperlichen Übung; er nahm sich gut zu Pferde aus und ritt vortrefflich. Gern pflegte er der Jagd, auch bei stürmischem Wetter, und ertrug alle die Anstrengungen, mit denen die Vergnügungen des Hofes verknüpft zu sein pflegen, ohne Mühe. Dem Theater, welches damals in hoher Blüte stand und einen nationalen Charakter trug, widmete er eine Teilnahme, die demselben sehr zustatten kam. Das hatte aber auch noch eine andere Seite. Von Anfang erregte es Anstoß, daß der junge König mit dem Grafen Olivarez den Palast zu ungewohnten Stunden verließ; man besorgte, seine Lebhaftigkeit werde in Sinnlichkeit ausarten. Dem Schauspiel wohnte er nicht selten inkognito bei, auch die szenischen Frauen zogen ihn an; die Mutter seines natürlichen Sohnes, Don Johann, dessen wir viel werden zu gedenken haben, war eine Komödiantin. Dagegen hielt Philipp IV. darüber, öffentlich mit der Grandeza des Königsthrons zu erscheinen. Bei den Audienzen trat er würdig auf, hörte den Vortrag mit Freundlichkeit und Herablassung, antwortete aber kurz, wobei man jedoch bemerkte, daß er es liebte, an seinen Meinungen festzuhalten. Er war gewohnt, seine Entschlüsse nicht zu offenbaren. Alle Tage widmete er mehrere Stunden den Regierungsgeschäften, besonders den Ausfertigungen, für welche seine Unterschrift notwendig war. Er hielt die zu persönlichen Audienzen bestimmten Zeiten inne. Die Tagesordnung, die unter seinem Vater Tag in Nacht verkehrte, so daß man um Mitternacht das Mittagessen einnahm, richtete er wieder den Bedürfnissen des täglichen Lebens angemessener ein. Er behielt Zeit zu lesen, und die Italiener behaupten, daß er sich viel mit italienischen Historikern beschäftigt habe. Nach und nach vermied er die Ausschweifungen seiner Jugend, und wohnte den religiösen Übungen fleißig bei; er wußte auch im Spiel an sich zu halten. Als er 36 Jahre alt war, bewunderte man ebenso sehr seine würdige Erscheinung als die natürlichen Fähigkeiten, die er an den Tag legte. Die Direktion, die er den Geschäften gab, entsprach im allgemeinen der Sinnesweise, die er hegte.

Dazu aber, mit der persönlichen Verwaltung des Staates auch über das Formelle hinaus Ernst zu machen, wie das seine ursprüngliche Absicht gewesen war, reichte doch seine Willenskraft und Energie nicht aus. In den wichtigeren Staatsgeschäften folgte er den Ratschlägen seiner Minister; nicht sowohl ihm als den Ministern, die an seiner Seite standen, sind die Handlungen zuzuschreiben, und mit diesen auch die Ereignisse, die seine Regierung bezeichnen. Olivarez erwarb eine unbedingte Autorität über den König; er vereinigte eine Zeitlang den Dienst eines ersten Kammerherrn mit den Geschäften eines ersten Ministers, die nach dem Tode Zuñigas ihm im vollen Umfang zufielen. Als Sumillier de corps hatte er den Vorhang vor dem Bette wegzuziehen, in welchem der König schlief; er öffnete die Fenster des Zimmers, kniete vor dem Bette nieder und sprach mit ihm über die Ordnung des Tages, die eingehalten werden sollte. Vor dem Schlafengehen des Königs erschien er wieder, um ihm über die eingegangenen Sachen Bericht zu erstatten. Die Neigungen Philipps IV. teilte er, seinen Geschmack an Malerei, Lektüre und der Bühne.

Im Laufe des Tages sah er ihn wenigstens einmal, meistens nach dem Frühstück. Es gehörte zu seinem Amt, die kleinen Dinge des Haushaltes, die Stunde der Jagd, des Schauspiels, selbst die Kleidung eines Fürsten zu bestimmen. So stand seine Gemahlin der Königin als Oberhofmeisterin zur Seite. Das Verhältnis, in das er trat, war wenig anders, als das Verhältnis Lermas zu Philipp III. gewesen war. Doch unterschied er sich von diesem durch größeren und uneigennützigeren Eifer in der unmittelbaren Behandlung der Geschäfte. Schon eine Stunde vor Tag stand er auf, bei Licht begannen seine Audienzen; wenn er ausfuhr, hatte er seine Papiere und häufig einen Schreiber bei sich. Man nahm an ihm allezeit eine leichte und glücklich Art sich auszudrücken wahr, sowohl wie mündlich, aber zugleich die Absicht, alles selbst in die Hand zu nehmen und durchzuführen. Der König gewöhnte sich, seinen Ratschlägen zu folgen. Der Beichtvater Philipps IV., ein Dominikaner, bereits ein bejahrter Mann, der der Erledigung der Geschäfte zuweilen beiwohnte, hatte doch keinen Anteil an der Bestimmung darüber; er hing von Olivarez ab. In dem Staatsrat pflegte der Minister nach einiger Zeit als das älteste Mitglied desselben seine Meinung zuerst zu sagen und hielt hartnäckig daran fest. Wer ihm widersprach, wurde deshalb entfernt, wenn er ihm auch übrigens nahestand. So litt er auch keinen Präsidenten im Rate von Kastilien, der sich ihm nicht unbedingt angeschlossen hätte. Nicht ohne eine gewisse Würde ist die Art und Weise, wie er z. B. Francisco de Contreras zu dieser Stelle beförderte; er sagte ihm, weil er nach keiner Stelle strebe, habe der König erkannt, daß er das vornehmste Amt in der Monarchie verdiene. Olivarez sorgte dafür, daß ihm vom Präsidenten der Ratskollegien keine Opposition gemacht wurde. Meistens wußte er Männer an die Spitze zu bringen, welche entweder durch persönliche Verpflichtungen oder durch Schwäche des Charakters von ihm abhingen. In dem Rate von Italien war der Herzog von Medina de las Torres, ein junger Mann, der noch die Genüsse des Lebens suchte; im Rate von Aragon der natürliche Sohn des alten Grafen von Benevente, dem es an aller Erfahrung und Festigkeit fehlte; in dem Rate von Indien der Graf de la Puebla, der sein ganzes Emporkommen der Fürsorge von Olivarez verdankte und sich seinen Neigungen vollkommen konformierte. Der Präsident von Flandern wohnte in dem Palast und stand mehr als ein anderer in unaufhörlicher Verbindung mit Olivarez. Den widersprechenden Meinungen, die sich trotz alledem in den Consejos regten, suchte der erste Minister dadurch zu begegnen, daß er die wichtigsten Sachen den Kollegien entzog und sie Kommissionen vorlegte, deren Mitglieder er aus denselben nahm. Die vornehmste Junta hieß die der Exekution. Sie zog alles an sich, was die inneren Angelegenheiten und den Krieg betraf. Dadurch aber wurde ihr Geschäftskreis so erweitert, daß ihr noch zwei andere Juntas mit gleicher Berechtigung hinzugefügt werden mußten. Man hat sie wohl die Dreieinigkeit genannt. Die Gutachten der Consejos mußten schriftlich aufgesetzt und dem Protonotar überliefert werden, der sie dem König vorlegte. Der König pflegte sie dem Grafen zuzuschicken, der dadurch Gelegenheit bekam, seiner eigenen Ansicht nur noch größeren Kredit zu verschaffen. Indem er jedermann von dem König entfernt hielt, der nicht zu seinen Anhängern gehörte, versäumte er doch nie, denselben in vollster Kunde von dem, was er vornahm, zu erhalten. Er vermied, jemand in einer außerordentlichen Audienz zu empfangen, ohne den König im voraus Nachricht gegeben zu haben.

Olivarez war ein hochgewachsener Mann, von starkem Knochenbau, und neigte mit wachsenden Jahren zur Korpulenz: er schritt mit gebeugten Schultern einher. Leute, die sich auf Physiognomien zu verstehen meinten, erklärten, daß er tief, stolz, undankbar sein müsse; sein Blick hatte etwas Wildes und Hochfahrendes. Dahin ging seine Eitelkeit nicht, für reich zu gelten oder in äußerem Glanz zu schwelgen; er suchte vielmehr den Neid zu vermeiden und lebte im ganzen tadellos. Er war sehr mäßig; kaum trank er Wein. Der venezianische Botschafter versichert, er habe sein eigenes Vermögen hergegeben, um den Bedürfnissen des Krieges zu genügen. Der Palast, den er errichtete, Buen Retiro, und den er mit prächtigem Zierat zu schmükken liebte, diente doch mehr den Vergnügungen des Königs als den seinen. Sein Sinn war einzig und ausschließend auf die Regierung der Monarchie gerichtet; er trachtete nach dem Ruhm des größten Staatsmannes von Europa, nach der Leitung der allgemeinen Geschäfte der Welt. Er bildete sich ein, die umfassendste Wissenschaft zu besitzen, eine Theorie für die Regierung der gesamten Welt, die er im Laufe der Geschäfte in Praxis verwandele; aber im Gespräch wollte man doch bemerken, daß seine Meinung mehr scharfsinnig als treffend, mehr absonderlich als dem Wesen der Dinge entsprechend seien. Die Lebhaftigkeit seines Geistes riß ihn fort, das Schwere für leicht, das Unmögliche für möglich zu halten. Von anderen Spaniern unterschied er sich dadurch, daß er mit seinen Meinungen bei weitem weniger zurückhielt; er ließ seinen Affekt und seine Intentionen bemerken. Von den religiösen Ideen, welche Spanien beherrschten, zeigte auch er sich vollkommen durchdrungen. Was man von Karl V. erzählt hat, wird von ihm, und zwar noch glaubwürdiger, wiederholt; er ließ die Zeremonien des Begräbnisses bei seinem Leben vollziehen, das De Profundis mit angezündeten Kerzen rezitieren. Von den Genüssen und Vergänglichkeiten der Welt sprach er in den Ausdrücken eines Klosterbruders. Täglich beichtete er und nahm das Sakrament. Der Begriff der durchaus katholischen und dabei in der Welt vorherrschenden Monarchie war der Gedanke seines Lebens.

In dieser Beziehung schritt die Regierung Philipps IV. auf den Spuren Philipps II. einher. Philipp IV. sagte, er wolle sein Regiment nicht damit anfangen, daß er Frieden mit den Rebellen der Kirche schließe; das dieser angetane Unrecht empfinde er mehr als die Illoyalität; er wisse recht wohl, in welch ein gefährliches Unternehmen, zumal bei dem schlechten Stande seiner Finanzen, er sich einlasse; aber er wisse auch, daß, indem er mit Waffen für die Sache Gottes streite, Gott auch für ihn streiten werde. Ebenso hatte sich Philipp II. immer ausgedrückt; aber es läßt sich wohl bezweifeln, ob er unter Umständen, wie die damaligen, wieder zum Kriege geschritten sein würde; denn zu seiner Zeit konzentrierte sich der katholische Gedanke in der spanischen Monarchie; der Kaiser war ohne eigene Macht; die Ligue, die sich unbedingt an Spanien hielt, beherrschte Frankreich. Philipp II. traute sich niemals zu, der Niederlande im Gegensatz gegen Frankreich, England und das Deutsche Reich Meister zu werden. Jetzt aber kam es in kurzem so weit, daß der Kaiser mächtig genug wurde und in den Fall kam, seinen eigenen Interessen unabhängig von Spanien in Deutschland Raum zu machen; er trat mit Kurfürst Maximilian von Bayern in eine Verbindung, welche die Politik der Spanier durchkreuzte. Denn diese war auf eine Vereinigung mit England angewiesen, das nun aber durch Übertragung der pfälzischen Kur auf Bayern zugleich dem Kaiser und dem Hause Österreich entfremdet wurde. Jene Idee, die bei der Thronbesteigung Jakobs I. in England gefaßt worden war, daß sich einmal eine dynastische Verbindung zwischen dem Hause Österreich-Spanien und dem Hause Stuart in England werde schließen lassen, hatte zwanzig Jahre hindurch auf die Politik der beiden Länder eingewirkt. Endlich war die Zeit eingetreten, wo sie realisiert werden zu sollen schien. Der Thronerbe von England war nach Madrid gekommen, um eine spanische Infantin, Schwester Philipps IV., heimzuführen. Die religiöse Differenz bildete kein unübersteigliches Erkenntnis; man war in den Hauptpunkten einverstanden. Das protestantische England zitterte bereits vor den Gefahren, die aus dieser Vereinbarung für das exklusive Bekenntnis hervorgehen würden. Da trat nun aber die pfälzische Angelegenheit in ihren Kulminationspunkt. Der kaiserliche Hof belehnte den Herzog von Bayern mit der Kur und wies jeden Anspruch des jungen Pfalzgrafen auf diese Würde zurück. Der aber war der Schwager des Prinzen von Wales, der unter diesen Voraussetzungen die Ehe mit der Infantin einzugehen nicht über sich gewinnen konnte. Im spanischen Staatsrat ist hierauf die Frage erwogen worden, ob man die Verbindung mit den Engländern oder die mit dem Kaiser vorziehen solle. Nach den Vorgängen, deren wir gedachten, und der nunmehr eingeschlagenen Richtung entschlossen sich die Spanier, das Bündnis mit dem Kaiser jedem anderen vorzuziehen. Seltsamerweise wurden eben jene Zugeständnisse, um derentwillen die Spanier bewogen worden waren, den Erzherzog Ferdinand von Steiermark zum Kaiser und König von Böhmen zu befördern, nämlich die Herstellung einer unmittelbaren Verbindung zwischen Mailand und den Niederlanden, zu dem Zweck, die Niederlande zu überwältigen, nun auch wieder der Anlaß, um ein solches Unternehmen unendlich zu erschweren: denn die kaiserliche Politik hatte die Folge, daß sich Spanien nicht mit England verständigen konnte, wodurch dann die vornehmste Schwierigkeit, mit der einst Philipp II. gerungen hatte, wenn er die Niederlande zu unterwerfen suchte, wieder ins Leben trat. Der Prinz von Wales verließ Spanien. Bald darauf bestieg er den Thron und nahm dann bei weitem energischer für den Protestantismus Partei als sein Vater.

Ein nicht geringer Vorteil schien zwar darin zu liegen, daß die Engländer mit den Franzosen sich entzweiten, in denen die katholische Direktion vorwaltete. Es ist dann wirklich zuweilen wieder von einem gemeinschaftlichen Angriff der Spanier und Franzosen auf das ketzerische England die Rede gewesen; und es würde sich an eine Unternehmung dieser beiden Mächte gegen England und die Niederlande haben denken lassen. Jedoch der in Frankreich dominierende Staatsmann, der von den Engländern nichts zu fürchten hatte, sich aber von den Spaniern auf allen Seiten eingeengt fühlte, wäre nimmermehr dahin zu bringen gewesen; er bediente sich seiner Entzweiung mit England nur dazu, wozu er auch dessen Freundschaft gebraucht hatte, die protestantischen Elemente in Frankreich zur Unterwerfung zu nötigen. Mit den Vereinigten Niederlanden stand er immer in Verbindung. Die vornehmste Veränderung den früheren Zeiten gegenüber bestand aber in der Haltung, welche die Vereinigten Niederlande, mehr auf ihren eigenen Füßen stehend, nun einnahmen. Die Republik war ein europäischer Staat geworden, der in den umfassendsten Verbindungen stand und zugleich eine im frischen Aufschwung begriffene Seemacht besaß. Auf dieser Seite erlitt die spanische Monarchie den ersten nachhaltigen Verlust.

Bei der gedrückten Lage der spanischen Finanzen, welche die Behauptung der ergriffenen Weltstellung ohnehin schwierig machte, war es ein Ereignis von allgemeiner Bedeutung, daß im September des Jahres 1628 die Flotte, die von Nueva España mit reicher Ladung ausfuhr, in die Hände der Holländer geriet. Die Holländer hatten schon alle die Jahre daher Südamerika, namentlich Brasilien, wo sie festen Fuß zu fassen gedachten, angegriffen; notwendig richtete sich ihr Augenmerk auf die spanische Flotte, welche das Silber aus dem neuen Spanien nach dem alten herüberführte, wo es dann zur Unterstützung der politisch-militärischen Unternehmungen des Hofes diente. Im Jahre 1628 hatte die spanische Regierung verabsäumt, die Galeonen, welche die Flotte, die das aus Peru nach Nueva España gebrachte Silber zuerst nach der Havanna und dann nach Spanien führte, zu begleiten und zu beschützen bestimmt waren, zur rechten Zeit abgehen zu lassen. Die westindische Flotte der Holländer unter dem Admiral Peter Hein traf die spanischen Silberschiffe ohne diese Begleitung unfern von Havanna, eroberte sie zum größten Teil, trieb die übrigen in das Port Matanza und machte dabei eine reiche Beute. Man berechnete dieselbe auf 7 Millionen Gulden. Schon oft war die Galeonenflotte in der größten Gefahr gewesen; man nannte sie die Seele Hiobs, weil Gott sie versuchen, aber nicht zugrunde gehen lasse. Diesmal aber war sie zugrunde gegangen. Und sogleich trat die Rückwirkung davon hervor. Bisher hatten die Spanier in dem Landkriege die Oberhand gehabt; der eintretende Geldmangel aber machte ihre Söldner verdrossen und lähmte ihre Kraft. Im Jahre 1629 entschloß sich Prinz Friedrich Heinrich von Oranien zur Belagerung von Herzogenbusch. Es will doch etwas sagen, daß die Republik in einem Jahre 120 000 Mann ins Feld stellen und ohne außerordentliche Auflagen erhalten konnte. Kein Zweifel, daß hauptsächlich die Eroberung der Silberflotte ihr dazu die Mittel gab. Ohne die vorangegangenen Handelsvorteile würden die freiwilligen Anleihen, durch die man die Mittel zu der Unternehmung herbeischaffte, niemals zustande gekommen sein.

Vergegenwärtigt man sich diese Lage der Dinge, so war von dem großen Unternehmen der Spanier schon damals nicht mehr viel zu befürchten. England, Frankreich, die Niederlande setzten, obwohl in zweifelhaften Verhältnissen untereinander, ihren Unternehmungen einen unüberwindlichen Widerstand entgegen. Dagegen hatte jene Verbindung zwischen den beiden Linien des Hauses Österreich zu den größten Erfolgen geführt. Der Kaiser war Meister in Deutschland geworden; die Restauration des Katholizismus ging in großem Stile vorwärts; sie erreichte bereits den Norden. In aller Welt sah man darin zugleich einen Vorteil für die Spanier. Jene Linie militärischer Besatzungen, die sich von Oberitalien nach dem Niederrhein erstreckte, war noch in ihren Händen und schloß die Einwirkungen Frankreichs auf Deutschland aus. Italien gehorchte ihnen oder stand zum anderen Teil nach wie vor unter ihrem Einfluß, den die legalen Berechtigungen des deutschen Kaisertums noch verstärkten.

Unter diesen Umständen geschah es nun, daß Kardinal Richelieu die alte Politik von Frankreich, welche die valesischen Könige und Heinrich IV. befolgt hatten, erneuerte und es unternahm, dem Übergewicht, das die spanische Macht noch behauptete, auf immer ein Ende zu machen. Wollte man Richelieu mit Olivarez vergleichen, so war jener gediegener, in den geistlichen und weltlichen Dingen erfahrener, tiefer und geeigneter, neue Wege einzuschlagen, neue Kombinationen zu versuchen; er war nicht ein Kammerherr, der seinen Fürsten durch persönliche Dienste an sich fesselte, sondern ein Kardinal der Römischen Kirche, dem sein Fürst, durch das allgemeine und das eigene persönliche Interesse gedrängt, selbst ungern, folgte. Richelieu war eine geborene Herrschernatur, ein Minister, der, seinem König zur Seite, doch beinahe autonom regierte. Wenn nun Frankreich durch die spanische Politik von den beiden Ländern, auf die es Einfluß gehabt hatte, Italien und Deutschland, abgeschnitten wurde, so war es der Ehrgeiz Richelieus, diese Schranken zu durchbrechen und die Autorität wiederzugewinnen, welche die Krone der Lilien auf dem Kontinent von alters her besessen hatte. Richelieu wandte, nachdem er die politische Macht der französischen Protestanten unterworfen hatte, ohne sich mit dem Versuch aufzuhalten, sie vollkommen zu vernichten, die siegreichen französischen Waffen nach Italien. Den Anlaß gab ihm die Erbfolge in Mantua und Montferrat, die dem an sich berechtigten Erben Gonzaga-Nevers von den Spaniern streitig gemacht wurde, weil derselbe zugleich Vasall von Frankreich war.

Eben deshalb unternahm Richelieu, sein Erbrecht durchzuführen; er hatte dabei die geheimen oder offenen Sympathien der Italiener und selbst des Papstes Urban VIII. für sich. Die Piemontesen waren gegen ihn, aber Widerstand konnten sie den Franzosen nicht leisten; die Spanier wurden genötigt, sich von Casale, das sie eben belagerten, zurückzuziehen. Nachdem aber hierauf der Kaiser als Lehnsherr sich der mantuanischen Sache angenommen und das Herzogtum mit seinen Truppen besetzt hatte, erneuerten die Spanier unter Führung ihres besten Generals, Ambrosio Spinolas, auch diese Belagerung wieder. Abermals, im Jahre 1630, überstieg Kardinal Richelieu die Alpen, überwand die Piemontesen und zwang die Spanier in dem Augenblick, daß Casale in äußerster Bedrängnis war, zu einem Stillstande. Der Herzog von Savoyen wurde von den Franzosen gewonnen und durch eine geheime Abkunft vermocht, gegen Casale, das ihm überlassen ward, dem König von Frankreich Pignerolo einzuräumen, welches gleichsam die Pforten von Italien den Franzosen eröffnete. Es leuchtet ein und jedermann empfand, daß hierdurch das Weltverhältnis überhaupt verändert wurde. Italien, dessen Unterwerfung einen so wesentlichen Teil der spanischen Macht bildete, atmete seit langen Jahren zum erstenmal wieder freier auf: der französische Einfluß trat dem spanischen allenthalben in den Weg.

Ich fühle, daß ich über diese Ereignisse, die ich anderwärts erzählt habe, hier fast zu kurz werde. Um so leichter wird man mir gestatten, einer persönlichen Rückwirkung zu gedenken, welche der unerwartete Umschwung der Verhältnisse, die man für sicher hielt, auf einen der bedeutendsten und tätigsten Zeitgenossen ausübte. Ambrosio Spinola konnte damals als der größte General, welcher lebte, betrachtet werden; er hatte am Anfang dieses Jahrhunderts dem niederländischen Kriege eine für die Spanier glückliche Wendung gegeben und auch dessen Wiedererneuerung mit Siegen bezeichnet; er war dafür berühmt, daß er feste Plätze, wie durch Überraschung, so durch lange Belagerung zu erobern verstehe. So hatte er sich auch Rechnung darauf gemacht, Casale einzunehmen, und eine bestimmte Zeit dafür festgesetzt. Die Italiener warfen ihm vor, daß er den spanischen Ministern nicht genug Widerstand entgegengesetzt, die italienische Miliz sogar, um die Spanier zu gewinnen, eher herabgedrückt habe. Daß er nun dennoch Casale in dem Augenblicke, wo es ihm keinen militärischen Widerstand mehr leisten konnte, aufgeben mußte, erfüllte ihn mit so tiefem Verdruß und Schmerz, daß seine Besinnung, sein Verstand darüber in Gefahr geriet. Er war durch keine Vorstellungen zu bewegen, die Artikel zu unterschreiben; er glaubte, die Kaiserlichen und die Piemontesen hätten sich vereinigt, ihn um seine Ehre zu bringen. Mazarin, der die Unterhandlung führte, suchte ihn zu beruhigen; nachdem Spinola ein paar Worte hierauf vernünftig geantwortet hatte, ward er starr; er bewegte seine Augen, seine Hände nicht mehr, oder er sprach, gleich als hätte er den König von Spanien oder den Grafen Olivarez vor sich, denen er die Dienste vorstellte, die er zweiunddreißig Jahre lang dieser Krone geleistet hatte.

Sein Zustand war um so schrecklicher, da er sich desselben bewußt war. Toiras, der französische Befehlshaber, der die Stadt gegen ihn verteidigt hatte, machte ihm in seiner Baracke, von Mazarin eingeführt, einen Besuch. Spinola sagte ihm einige freundliche Worte, warnte ihn aber vor dem, was er nunmehr sagen werde: denn er fühle, er sei von Sinnen. Toiras brach in lautes Weinen aus. Kurz darauf ist Spinola gestorben (25. September 1630).

Indem in Italien diese große Veränderung eintrat, ward eine ähnliche auch in Deutschland durch die Verflechtung der nordischen Angelegenheiten in die allgemeinen angebahnt.

Ohne Zweifel standen die Spanier mit Sigismund III. aus dem Hause Wasa, der damals Polen beherrschte und Anspruch auf Schweden machte, in einer gewissen Gemeinschaft der Interessen, die durch den Hof von Wien vermittelt wurde. Kaiserliche Regimenter kamen den Polen gegen den König von Schweden zu Hilfe. In dieser Verwicklung und dem Vordringen der mit der spanischen so eng verbundenen österreichischen Macht an die Ostsee lag das vornehmste Motiv, durch welches König Gustav Adolf von Schweden bewogen wurde, den Aufforderungen seiner deutschen Glaubensgenossen und verzagten deutschen Fürsten Gehör zu geben und mit Frankreich, das ihn dazu einlud, gemeinschaftliche Sache gegen das Übergewicht des Hauses Österreich in Deutschland zu machen. Die Spanier waren doch nicht einflußreich genug, um die Entfernung Wallensteins, welche die durch sein gewaltsames Gebaren indignierten Kurfürsten forderten, zu verhindern. Über das Heer der deutschen Liga aber, welches nun allein blieb, trug Gustav Adolf, nachdem er sich mit den protestantischen Kurfürsten vereinigt hatte, große und entscheidende Siege davon. Es war auch ein welthistorischer Moment, daß er im Dezember 1631 an dem Rhein anlangte. Nie wird man jener kleinen Abteilung des gelben Regimentes, die unter Niels Brahe zuerst über den Rhein setzte und in dem Verhau, den sie anlegte, sich so lange hielt, bis sie Hilfe bekommen konnte und bekam, vergessen dürfen. Höchst außerordentlich ist doch, daß Spanier und Schweden am Mittelrhein aufeinander trafen, um die deutschen Geschicke zu entscheiden. Die zugleich politische und religiöse Idee der spanischen Monarchie hatte ein spanisches Heer an den Rhein geführt; der in seiner letzten Freistatt eben unter ihrer Einwirkung aufgeschreckte nordische Protestantismus, durch die weltumfassende Kombination eines großen Politikers herbeigezogen, focht im Bunde mit diesem den Kampf über ihre Weltherrschaft aus. Die Spanier mußten den Mittelrhein verlassen. In kurzem nahmen alle Verhältnisse in Deutschland eine vollkommen andere Gestalt an. Die Schweden erschienen auch an dem Niederrhein; ihre bloße Erscheinung kam der Republik Holland mächtig zu Hilfe. Im Jahre 1632 eroberten die Holländer Mastricht, das große Bollwerk der spanischen Niederlande nach dieser Seite; wie früher Venlo, so ergab sich jetzt Limburg unter erträglichen Bedingungen und das ganze Land jenseits der Maas.

Nach und nach verloren die Spanier die Positionen, durch welche sie Mailand und die Niederlande zu verbinden, das mittlere Europa zu beherrschen gedacht hatten.

Nur durch einen Angriff auf Frankreich selbst glaubte Olivarez die spanische Monarchie behaupten zu können. Mit dem Herzog von Lothringen, der Partei der Königin-Mutter, die aus Frankreich verjagt worden war, ihrem Sohne Gaston von Orleans und dessen Anhängern, den Überresten der Hugenotten, vor allem auch den mißvergnügten Großen trat er in Bündnis. Allein auch in diesem Konflikt war ihm Richelieu durch nie zu ermüdende Tätigkeit, nie zu täuschende Wachsamkeit überlegen. Der letzte Montmorency mußte seinen Empörungsversuch mit dem Leben büßen. Der Herzog von Lothringen ward in wenigen Tagen der Festungen beraubt, auf die sich seine Unabhängigkeit gründete. Die ganze Partei der Königin-Mutter wurde niedergeworfen, Gaston ihr selber entzogen und zur Unterwerfung gebracht: eine fernere Einwirkung auf diesem Wege ließ sich nicht denken.

Olivarez begann in diesen Zeiten sich gemäßigter auszudrücken als früher. Man bemerkte aber, daß er nur bei widrigem Winde laviere und von seinen Absichten nichts aufgegeben hatte. Diese gingen zunächst dahin, die Verbindung mit Mailand und von da mit Wien auf der einen, mit den Niederlanden auf der anderen Seite zu behaupten, so daß die Kommunikation, die bei dem Emporkommen der holländischen Seemacht und der Feindseligkeit der Franzosen im Ozean immer schwieriger wurde, über Italien und Deutschland ununterbrochen erhalten würde. In dieser Beziehung war es eine Gefahr für die Monarchie, daß die Schweden und Franzosen im Elsaß eindrangen und Breisach, welches den Mittelpunkt jenes ganzen Verbindungsweges bildete, bedrohten. Olivarez beschloß, das unter allen Umständen zu verhindern; er rechnete darauf, daß sich das Glück doch wiederherstellen lassen werde; sollte Spanien und Italien keine hierzu hinreichende Anzahl aufstellen, so könne man in Deutschland immer Truppen finden, wenn man nur Geld habe. Aufs neue mußten die spanischen Finanzen in Anspruch genommen werden. Es gehört zu den Verdiensten des Conde-Duque, daß er die Geldwirtschaft in Spanien, die in so tiefem Verfall lag, einigermaßen herstellte. Wir vernehmen um das Jahr 1634, daß von den 18 Millionen, welche die damaligen Einkünfte betragen mochten, doch nicht mehr als 7 alieniert waren. Damals wurde nichts weiter verpfändet. Man brauchte nicht mehr die Einkünfte der kommenden Jahre auf, sondern lebte von dem, was jedes Jahr einbrachte. Aus Indien gingen noch jährlich 1½ Millionen ein. Die Cortes von Kastilien hatten aufs neue vier Millionen außerordentliche Steuer auf das Jahr bewilligt. Überdies war der Salzpreis erhöht und von den Staatsbeamten bei jeder Beförderung Verzichtleistung auf die Hälfte eines Jahrgehaltes gefordert worden. Unaufhörlich waren neue Projekte im Gang, und den Spaniern konnte man anmuten, sich den schwersten Lasten zu unterwerfen; den Geistlichen, da man ihnen unaufhörlich sagte, daß die Religion in Gefahr sei, den Weltlichen, weil sie in dem Ansehen ihres Königs ihr eigenes sahen, ihn für den größten Monarchen der Welt hielten und eher entbehren als ihre Stellung in der Welt verlieren wollten.

Auch ein Anführer, und zwar von königlichem Geblüte, bot sich ihm dar. Der jüngere von den beiden Brüdern des Königs, Don Fernando, der hauptsächlich deswegen, weil man ihm ein reiches Einkommen verschaffen wollte, zum Erzbischof von Toledo befördert und auch zum Kardinal erhoben worden war, zeigte doch von Jugend auf Neigung zu weltlichem Leben und selbst militärischen Exerzitien. Sehr wohl wußte er sich in die Eigenheiten des Conde-Duque zu finden. Als man bei der Infantin Isabella die Schwächen des Alters wahrnahm und die Niederlande Unruhen und Abfall erwarten ließen, faßte man den Gedanken, den Kardinal-Infanten, der schon immer diesen Wunsch zu erkennen gegeben hatte, nach Flandern zu schicken, und zwar über Italien. Im Mai 1633 langte der Kardinal-Infant in Italien an. Für das Jahrhundert und die Nation ist es charakteristisch, daß ein Kriegsunternehmen mit einer Neuerung in bezug auf die Titulatur begonnen wurde. Man wollte den Infanten als einen königlichen Prinzen von den kleinen Fürsten unterscheiden, auch von dem Herzog von Savoyen, der selbst über die anderen erhaben zu sein glaubte. Bei den Verhandlungen über das Zeremoniell ward nun durch Don Martino de Aspe, der dazu herübergeschickt worden war, festgesetzt, daß der Herzog den Titel Hoheit, der Infant den Titel königliche Hoheit empfangen sollte. An seinem Hofe liebte Philipp IV. diesen Titel nicht; die Infanten mußten sich dort bisher mit der Anrede Hoheit begnügen. Etwas anderes aber war es gegenüber fremden und ausländischen Fürsten; da ließ er den neuen Titel zu. Überhaupt ward der Infant mit allen möglichen Ehren empfangen. Er legte einen Streit zwischen Genua und Savoyen ohne Mühe bei. Die Truppen, die er sammelte, die Autorität, die er genoß, erweckten bereits in den italienischen Fürsten eine gewisse Besorgnis für ihr eigenes Bestehen selbst. In der Tat aber war die Absicht doch nur auf Deutschland und die Niederlande gerichtet. Da aber zeigten sich die größten Schwierigkeiten in bezug auf das Vorhaben, den Krieg jetzt hauptsächlich mit deutschen Truppen zu führen. Man bedurfte dazu doch etwas mehr als Geld. Der kaiserliche Generalissimus Wallenstein, Herzog von Friedland, der ein mächtiges und krieggeübtes Heer unter seinem Befehl hatte, verfolgte die Absicht, sich selbst die Belohnungen für seine Dienste zu verschaffen, die ihm versprochen waren. Auf die Kapitulation sich stützend, die ihm zu Zeiten der Not bewilligt worden war, nahm er unter den kriegführenden Mächten der damaligen Welt eine selbständige Stellung ein. Wenig kümmerten ihn die elsässischen Interessen der spanischen Monarchie. Der Herzog von Feria, der, um dem Infanten den Weg zu bahnen, zuerst an den deutschen Grenzen erschien, konnte doch, obwohl nicht unglücklich in einzelnen Gefechten, keine entscheidenden Fortschritte machen, da die Schweden die Meister des Kriegstheaters waren und damals, ungehindert von Wallenstein, Regensburg eroberten. Alle Gegensätze von Europa und die zwischen ihnen liegenden vermittelnden Bestrebungen stießen im Hauptquartier Wallensteins aufeinander; er war aber nicht der Mann, um sie zu bemeistern. Die ersten Konflikte zogen den Tod über ihn herein. Das Heer zog den Kaiser seinem Generalissimus vor. Die Wallensteinschen Regimenter bildeten die Grundlage der kaiserlichen Armee; an deren Spitze stellte sich ein Erzherzog, später Kaiser Ferdinand III. Die beiden Prinzen des Hauses Österreich, der deutsche und der spanische, vereinigten sich und hatten dabei einen großen, unerwarteten Erfolg; sie schlugen die Schweden und die mit ihnen verbündeten protestantischen Fürsten in der Schlacht bei Nördlingen aufs Haupt. Hierauf nahm alles eine andere Gestalt an. Es war nicht mehr das ligistische, sondern vor allem das kaiserliche Interesse, welches den Sieg davontrug. Auch die protestantischen Fürsten fügten sich ihrem Kaiser wieder. Der Friede zu Prag kam zustande, dem sich alles anschloß, soweit die siegreichen Waffen reichten. Erzherzog Ferdinand hatte sich mit seinem Schwert den Weg zum Kaisertum gebahnt, das ihm trotz aller französischen Einwirkung zum größten Triumph der Spanier bald darauf übertragen wurde. Genug: die Spanier blieben nicht allein mächtig in Italien; sie trugen in Deutschland, mit dem Kaiser vereinigt, einen vollständigen Sieg über das französische Interesse davon. Der Kardinal-Infant begab sich nach den Niederlanden; als Fürst von so hoher Herkunft, im Glanze seines eben errungenen Sieges, erwarb er auch da eine hohe Autorität und begann unverweilt sich nach allen Seiten hin kräftig zu regen. Der Sinn der Spanier war nun, da die indirekten Angriffe auf Frankreich nichts gewirkt hatten, zu einem direkten zu schreiten, wobei ihnen nichts förderlicher gewesen wäre, als einen Frieden mit den Vereinigten Niederlanden zu schließen, die dazu sehr geneigt zu sein schienen.

In diesem Augenblicke entschloß sich die französische Regierung, den offenen Krieg gegen Spanien zu erklären: denn sonst wäre es unmöglich gewesen, mit den Vereinigten Niederlanden den Traktat, mit dem man umging, zustande zu bringen. Die Absicht desselben war auf eine Republikanisierung und eventuelle Teilung der spanisch-katholischen Niederlande gerichtet; diese aber fühlten sich damals wieder als integrierenden Teil der spanischen Monarchie. Frankreich und Holland fanden keine Beistimmung für die Einführung republikanischer Formen, die sie anboten, und heftigen Widerspruch, als ein Wort von der eventuellen Teilung, die sie verabredet hatten, verlautete.

Hierauf hielt sich der Kardinal-Infant stark genug, um selbst zu einem Angriff zu schreiten. Er stellte drei Heere ins Feld, von denen das eine die belgischen Küsten gegen etwaige Anfälle verteidigen sollte, ein zweites, um sich dem Prinzen von Oranien entgegenzusetzen, das dritte, welches aus 18 000 Mann zu Fuß und 18 000 Mann zu Pferde bestehen sollte, aus Spaniern, Italienern, Wallonen und Deutschen zusammengesetzt, um geradezu gegen Frankreich vorzudringen. Die Pikardie zeigte sich sehr wenig befestigt, die festen Plätze fielen in die Hände der Spanier. Nochmals erreichte der Schrecken der spanisch-deutschen Waffen die Hauptstadt von Frankreich. Auch von der spanischen Seite wurden Angriffe gegen Frankreich vorbereitet. Da im Monat August sichere Nachricht von dem Einrücken der katholischen Truppen in Frankreich und von ihren ruhmwürdigen Fortschritten in der Pikardie eingetroffen war, so hat die Junta der Exekution, welche dazu eingerichtet ist, um „dem König, unserem Herrn, vorzuschlagen, was sie zur Verteidigung dieser Reiche und Ausführung seiner Absichten für notwendig hält, Seiner Majestät vorgestellt, daß man auch von Spanien her etwas unternehmen müsse, um den König von Frankreich in den angrenzenden Provinzen zu beschäftigen und die Streitkräfte zu schwächen, die er mit den Feinden der Kirche vereinigt habe, um den Ruhm und Namen des durchlauchtigsten Hauses Österreich und diese Monarchie zu verdunkeln". Mit diesen Worten kündigt eine Flugschrift vom Jahre 1636 die Unternehmungen an, zu denen die Truppen von Navarra, Guipuzcoa und anderen Grenzländern gegen Frankreich vorschritten. Bemerkenswert ist überhaupt, mit welchem Eifer und Sukzeß die Spanier sich noch ein paar Jahre schlugen. Weder in den Niederlanden, noch am Rhein, noch in Italien konnten die Franzosen etwas Namhaftes ausrichten. Es war wie ein Zweikampf der beiden Monarchien und ihrer Verbündeten, der beiden einander gegenüberstehenden Minister und der politischen Systeme, die sie repräsentierten. Man hätte lange nicht sagen können, auf welche Seite sich das Übergewicht neigen würde.

ACHTES KAPITEL

Spätere Zeiten Philipps IV.

Überlegt man aber die Natur der Sache, so kann man doch nicht in Abrede stellen, daß der französischen Monarchie das Übergewicht zufallen mußte; der Genius des französischen Ministers beherrschte bei weitem mehr die wesentlichen Verhältnisse der europäischen Staaten; die Tapferkeit der Verbündeten kam der Politik Richelieus an verschiedenen Punkten zu Hilfe. Wenn wir wahrnahmen, wie vielen Wert die Spanier auf die Kommunikation zwischen Mailand und den Niederlanden, den Rhein entlang, legten, so fiel es für ihre Gesamtlage ins Gewicht, daß dieselbe definitiv durchbrochen wurde. Es war ein unheilvolles Ereignis für die Monarchie, daß Herzog Bernhard von Weimar Breisach eroberte (Dezember 1638): denn Breisach war der Mittelpunkt für jene Kommunikation; durch den Verlust dieses Ortes wurde sie für den Augenblick gesprengt und für die Zukunft unmöglich gemacht. In ihrer Mitte stellte sich ein sächsischer Herzog auf, welcher die seinen Vorfahren vom Kaiser Karl zugefügte Unbill zu rächen entschlossen war und in der Tat hierdurch auf das empfindlichste rächte; er durchbrach die spanischen Stellungen, die auf ein universales Übergewicht abzielten, eben an ihrem empfindlichsten Punkte. Und ein Glück wäre es noch gewesen, hätte Herzog Bernhard nur selbst diese Landschaft behauptet: denn ein deutscher Fürst hätte ein andermal auch eine andere Politik ergreifen können. Aber er erlag einem frühen Tode; den Franzosen gelang es, seine Truppen an sich zu ziehen und sich dieses Platzes für immer zu versichern.

Noch einmal war die Absicht gefaßt worden, der Kommunikation zu Lande eine maritime zur Seite zu stellen. Eine Flotte, die man an Zahl der Schiffe der unüberwindlichen Armada vergleicht, nahm abermals ihren Lauf durch den Kanal. Das Geld, das sie führte, konnte sie glücklich nach Dünkirchen schaffen. Dagegen begegnete der holländische Admiral Tromp dem größten Teile ihrer Fahrzeuge auf den Dünen von England, griff sie daselbst an unter der versteckten, aber unzweifelhaften Konnivenz König Karls I. von England und richtete sie beinahe gänzlich zugrunde. Wir wissen, wie sehr den spanischen Königen die Verbindung der Niederlande mit dem Körper der Monarchie als das Ziel ihrer Bestrebungen vorgeschwebt hatte; sie war jetzt definitiv sowohl zur See, als zu Lande unterbrochen. Dabei tritt aber zugleich der vornehmste Moment hervor, durch welchen die spanische Monarchie in Nachteil gegen die französische geriet: dem Kardinal Richelieu gelang es, nicht zwar die Differenzen zwischen den verschiedenen Provinzen von Frankreich, die das Königreich ausmachten, vollkommen zu vernichten, aber doch eine höchste Gewalt zu schaffen, welche die Kraft derselben sich im allgemeinen dienstbar machte.

Wenn man sich vergegenwärtigt, aus welchen heterogenen Elementen die spanische Monarchie zusammengesetzt war, so erscheint es schon an sich als eine große Aufgabe, sie zusammenzuhalten. Und mit Bestimmtheit ließe sich nicht sagen, daß das erfolgt sein würde, auch wenn die Monarchie eine friedfertige Haltung gegen die übrige Welt angenommen hätte: denn in einem bloß friedlichen Beharren pflegen sich die Staaten nicht zu entwickeln. Eine allgemeine Tätigkeit mußte den verschiedenen Provinzen das Gefühl ihrer Gemeinschaft einflößen oder sie doch dabei festhalten. Die Größe der auswärtigen Unternehmungen konnte auch wieder ein gewisses Gemeingefühl erwecken. Die früheren Sukzesse, die Weltstellung überhaupt hatten dazu beigetragen. Wenn nun aber das Übergewicht, auf welchem der Staat beruhte, gebrochen wurde, so geriet alles in Verwirrung. Zur Offensive war die Monarchie durch den Willen der Könige und die Entwicklung der allgemeinen Staatsgewalt stark genug gewesen; zur Defensive waren die Provinzen, einzeln angegriffen, zu schwach. Bis zu diesem Punkte war die Gemeinschaft nicht gediehen.

Dem Kardinal Richelieu war es gelungen, auf dem Mittelmeer eine Flotte in See zu bringen, so daß nun auch die Kommunikation zwischen der Pyrenäischen Halbinsel und Italien schwierig und unsicher wurde. Als die Franzosen im Jahre 1640 in Oberitalien eindrangen, erfochten sie, zumal da sie Piemonts völlig sicher geworden, die größten Vorteile. Harcourt gewann die vollkommene Überlegenheit über Leganez. Eben damals fiel die Hauptstadt von Artois, das feste Arras, und damit das Land selbst in die Hände des Kardinals Richelieu.

So war in dem entfernten Westen Brasilien zum großen Teil in die Hände der Holländer geraten. Johann Moritz von Nassau hatte die Moritzstadt errichtet; eine spanische Flotte, welche aus Europa herübergeschickt worden war, um sich dem Fortgang dieser Besitznahme zu widersetzen, ward im Januar 1640 geschlagen und so gut wie vernichtet.

Im entfernten Osten waren die Holländer nicht minder des Handels Meister geworden.

Wie ein venezianischer Gesandter sagt, sowohl Ost- als Westindien waren durch die Eingeborenen und durch ihre Nachbarn erschüttert, das Meer so wenig sicher, daß die Flotten nur mit großer Schwierigkeit gingen und kamen. Ein ernstlicher Angriff in Europa schien der Monarchie unausbleiblich das Verderben zuziehen zu müssen. Würden sich Engländer und Franzosen gegen die Pyrenäische Halbinsel verbinden, so würde diese verloren sein; würden sich Franzosen und Holländer gegen Flandern verbünden, so würde die Lage verzweifelt werden. Spanien habe keine festen Plätze, keine Waffen; die alte Zucht und Tapferkeit seien durch Luxus geschwächt. Italien, und besonders der Staat von Mailand, sei in einem für das Volk unerträglichen Zustand; es fehle an Heerführern, an Geld, an Verbündeten.

In dieser Lage voll von Verlust und Gefahr faßte nun Graf Olivarez den Gedanken, die Monarchie zu einer gewissen Einheit zu erheben, um ihr den Widerstand möglich zu machen. Es ist der Mühe wert, sich seine Absichten zu vergegenwärtigen. Er stellte den Grundsatz auf, die Monarchie sei ein Ganzes; jedes einzelne Glied des Körpers müsse an dem teilnehmen, was das Ganze betreffe.

Als die Kriege sich zuerst gefährlich anließen, erkannte Olivarez, daß sie bei der Fortdauer der bisherigen Verfassung der Monarchie nicht zu bestehen sein würden. Ein Gutachten ist von ihm übrig, in welchem er gegen die Angriffe, zu denen sich die verschiedenen Feinde des Reiches verbunden, eine enge Vereinigung der bisher getrennten Landschaften fordert: denn sie seien einer Religion, eines gleichen Interesses, eines Herrn allein, der sie rechtmäßig und erblich besitze; derjenige würde gegen die göttlichen Gebote sündigen, der nicht in Zeiten der Not auf Verteidigung denke. Alles, was lebe, bringe die eigene Verteidigung mit auf die Welt. Andere Staaten, welche sich mit der Macht der spanischen Monarchie nicht vergleichen lassen, bezahlen ihr Kriegsvolk und halten gute Mannszucht; jeder Teil setze seine Partikularinteressen hintan, ohne erst zu fragen, ob die angesonnenen Mittel wider seine Privilegien laufen. In der spanischen Monarchie sei das Gegenteil der Fall: jede Provinz sehe in der anderen beinahe einen Feind. Aber die Monarchie müsse dem Beispiel ihrer Gegner folgen; es müsse auch hier dahin kommen, daß, wer eine von den spanischen Provinzen angreife, sie alle angreife. Man müsse eine Union stiften, durch welche Kastilien mit Aragon, beide mit der Krone Portugal, und diese spanischen Reiche mit Indien, Italien und den Niederlanden in gegenseitige Genossenschaft treten: dann würde die bisherige Kaltsinnigkeit und Entfremdung der Gemüter aufhören. Wenn alle für einen Mann stehen und einer von dem anderen Hilfe erwarten könne, so werde der gegenseitige Haß der Bevölkerungen aufhören; man werde ein Herz und ein Interesse haben, eine Verteidigung und einen Beutel. Seine Meinung war, eine Union aller Landschaften zustande zu bringen, dergestalt, daß man, ohne einzelnen Provinzen besonders beschwerlich zu fallen, 140 000 Mann aufstellen könne; eine noch nie von einer Monarchie oder Republik aufgestellte Macht, aber unentbehrlich für die spanische Monarchie selbst. Dadurch würde alles Volk in des Königs Gewalt bleiben; die Truppen würden zugleich Geiseln sein, alle verschiedenen Länder in Zaum gehalten werden; man würde allezeit eine bewaffnete Macht in des Feindes Land schicken können; man würde nicht mehr von der Ankunft der Flotte oder anderen ungewissen Einkünften abhängen.

Unter anderen Vorschlägen, die Olivarez machte, war auch der, daß vier Handels- und Schiffahrts-Kompanien errichtet werden sollten, eine in Sevilla, eine in Portugal für Indien und Amerika, eine dritte in Barcelona für die Levante, eine vierte hauptsächlich für die finanzielle Verbindung mit den Niederlanden; man müsse den Feinden mit ihren Mitteln begegnen; wenn man bewirke, daß ihnen aus ihren Unternehmungen kein Nutzen entspringe, so werde man sie bald zugrunde richten.

Olivarez regte damit eine allgemeine Frage an, welche die folgenden Zeiten fast am meisten in Gärung gehalten hat. Denn darauf kam alles an, die kleinen Staatengebilde, aus denen sich die großen Reiche zusammensetzen, zu einer Gesamtmacht zu vereinigen. Die Art und Weise, inwiefern das versucht und mehr oder minder durchgeführt wurde, hat die gegenseitige Stellung der Mächte in jedem Momente bestimmt; das Verhältnis der Stände, die Autorität der Regierungen hängt davon ab. Eben nun der spanischen Monarchie eine solche Form zu geben, hatte eine beinahe unüberwindliche Schwierigkeit: denn was die verschiedenen Landschaften vereinigte, war doch eigentlich nur die Dynastie und das zuweilen selbst zweifelhafte, in jedem Fall beschränkte Recht des Königs. Jede Landschaft wurde durch ein besonderes Consejo, das an dem Hoflager des Königs versammelt war, vertreten. Die Landschaften hatten nicht allein an sich die verschiedenartigsten Interessen, sondern sie waren durch das Mittelmeer und den Ozean voneinander getrennt. Welch eine Autorität hätte dazu gehört, alle Kräfte zu konzentrieren und aus einem Gesichtspunkte zu leiten. Was die Provinzen zusammenknüpfte, war der Gedanke der Religion und das Übergewicht von Kastilien. Aber der Versuch, diese Prinzipien, wenn wir sie so nennen dürfen, geltend zu machen, hatte dem König Philipp II. die Niederlande gekostet; da hatte sich denn in den nördlichen Provinzen aus den ständischen Einrichtungen selbst der republikanische Gedanke erhoben, der eben nur den Abfall von der großen Monarchie besiegelte. Und wenn in jener Zeit das gewaltige Emporkommen des Protestantismus den Religionseifer dergestalt belebt hatte, daß andere Rücksichten hintangesetzt wurden, so war unter Philipp IV. von einer Gefahr für den Katholizismus nicht mehr die Rede. Diese Glaubensform hatte in Frankreich, Deutschland, Polen, Ungarn sich unerschütterlich festgesetzt und das Übergewicht bekommen; für einen propagandistischen Eifer war in Spanien und seinen südlichen Nebenländern kein Platz mehr. Was sie vereinigen und zusammenhalten konnte, war nur die alle umfassende Autorität des Königs, die in der Tat in stetem Fortschritt begriffen war. Dem aber traten die partikularistischen Hinneigungen der Provinzen entgegen, nirgends stärker als in Katalonien, in welchem es in den Zeiten, in denen wir stehen, zu den weitaussehendsten Versuchen der Empörung kam.

Für Katalonien waren aus der engen Verbindung mit Kastilien, mit der Monarchie überhaupt, mehr Nachteile als Vorteile erwachsen. Schon in den ersten Jahren der Regierung Philipps IV. gab die Provinz steigendes Mißvergnügen kund, so daß der König, als er im Jahre 1626 den Cortes Vorschläge in dem Sinne des Ministers machte, damit wenig Gehör fand. Statt für die Monarchie streiten zu wollen, begrüßten die Katalanen vielmehr die gegen dieselbe ausgebrochenen Feindseligkeiten mit Freuden, weil der König dadurch gehindert werde, sie selbst zu strengem Gehorsam zu nötigen; der Herzog von Cardona, der den Auftrag hatte, mit ihnen zu unterhandeln, suchte sie zu überreden, daß ein solcher Erfolg von den auswärtigen Verwicklungen nicht zu erwarten sei; der französische Gesandte selbst habe gesagt, Ludwig XIII. werde das Heer, das soeben Languedoc ihm unterworfen habe, nötigenfalls nach Katalonien schicken, um die Cortes zum Gehorsam gegen Philipp IV. zu nötigen. Es war in den Zeiten, als der Vertrag von Barcelona geschlossen wurde, durch welchen die beiden Monarchien sich auf das engste vereinigten. Aber welch ein Zustand war das bereits, daß man eine der vornehmsten Provinzen mit fremder Hilfe bedrohen zu müssen in den Fall kam.

Die Katalanen blieben dabei, daß man ihnen erst Rechnung über die Summen, welche sie der Regierung geliehen hätten, ablegen müsse, bevor sie auf anderweite Vorschläge eingehen könnten. Wegen jener Bedrohungen kam es zu gehässigen Manifestationen, die den König selbst veranlaßten, Barcelona zu verlassen, und auf die Zusammensetzung seiner Regierung wirkten, so daß der Almirante, der sich dem Grafen Olivarez entgegensetzte, vom Hofe verwiesen wurde.

Wenn es in dem spanischen Staate zwei verschiedene Prinzipien gab, ein Gesamtinteresse, das durch die auswärtigen Kriege, in die man verwickelt war, genährt wurde, und das andere, das der provinziellen Absonderung, so hatte das letzte in den Provinzen die Oberhand. Die Reiche der aragonesischen Krone wollten nach ihren Fueros regiert sein; ihre Verfassung, namentlich die der Katalonier, schien noch etwas Republikanisches zu haben. Sie waren sehr eifersüchtig, ihre Privilegien und Freiheiten nicht im geringsten schmälern zu lassen. Nur durch hartnäckige Festhaltung derselben meinten sie dem Schicksal, das sowohl Valencia als Aragon selbst betroffen hatte, entgehen zu können.

Im Jahre 1632 entstanden neue Mißhelligkeiten, besonders weil den Katalanen gewisse äußere Vorrechte, auf die sie Anspruch machten, versagt wurden. Nicht einmal die altherkömmlichen Bewilligungen wurden von ihnen gewährt, geschweige, daß sie anderen Anmutungen Raum gegeben hätten. In ein neues Stadium von prägnantem Charakter traten diese Zerwürfnisse, als Katalonien selbst von dem französischen Kriege erreicht wurde. Die Franzosen hatten Salces erobert. Es ward ihnen durch eine lebhafte provinziale patriotische Teilnahme der Katalanen wieder entrissen; nun aber schien es, als wolle Olivarez Katalonien zum vornehmsten Waffenplatz gegen Frankreich machen. Kastilianische Truppen blieben in der Provinz, nahmen die Grenzen derselben weit und breit ein. Die Einwohner wurden mit Einquartierungen belästigt, wie die zum Gehorsam zurückgebrachten Niederlande und die Lombardei, und zu Lieferungen genötigt. Gewalttätigkeiten wurden hierbei nicht eben sorgfältig vermieden. Eben dadurch geschah es, daß die Opposition in Katalonien zu einem bestimmteren Ausdruck gelangte, die Tribunale erfüllten sich mit Klagen; man sprach von nichts anderem in den täglichen Konversationen; die Prediger verwünschten die Insolenzen, welche geschahen, auf den Kanzeln. Schon kam es zuweilen zu Tätlichkeiten. Als das italienische Regiment Molles in Santa Coloma di Farnes einrücken wollte, griffen die Einwohner zu den Waffen. Der Alguazil, der die Ordnung herstellen wollte, wurde beinahe getötet. Endlich bemeisterten sich die Soldaten des Fleckchens mit Gewalt; der Ort wurde geplündert. Bei diesem Konflikt forderte der Vizekönig entweder eine Erleichterung für die Einwohner oder eine Verstärkung der Truppen, so daß die Provinz aus Furcht unbedingt gehorchen müsse. Von Madrid wurde geantwortet: er möge nur die Straffälligen ernstlich züchtigen. In der Tat schritt der Vizekönig hierauf zu Einziehungen einiger der angesehensten Männer aus dem Rate der Hundert in Barcelona. Im Lande sah man darin nichts weiter als einen Akt der Gewalt, dem man mit gutem Fug Widerstand leisten könne. Populäre Widersetzlichkeit lag hier in einer altertümlichen Gewohnheit; wer nicht gehorchen wollte, warf sich in die Gebirge. Dagegen wurden die Einwohner, namentlich die Bauern, die sich nicht fügen wollten, von den Soldaten als Empörer behandelt. Zum vollen Ausbruch des Haders und der Zwietracht bedurfte es nur eines Anlasses. Ein solcher lag darin, daß die Zeit der Ernte herannahte, welche durch Segadores, großenteils geborene Franzosen, die dazu herbeikamen, vollzogen wird. Einer der Führer der Bewegung, ein Mitglied der Generallandesdeputation, Francisco de Tamarit, nahm sie früher und in größerer Anzahl als gewöhnlich in die Stadt auf. Der Vizekönig Santa Coloma setzte sich dagegen; der Magistrat erklärte, man könne dann höchstens eine Bürgerwehr unter den Einwohnern bilden, um alle Unordnungen zu verhüten; aber auch ohne dies würden sie wissen, die Menge im Zaume zu halten.

Am 7. Juni 1640, am Fronleichnamstag, zogen die Segadores, 3000 Mann stark, in Barcelona ein. Es waren meistens Bandolieren und Banditen. Man sah sie plötzlich die öffentlichen Plätze erfüllen. Da nun auch viele Kastilianer, Offiziere und Soldaten der Armee in der Stadt waren, so war ein Zusammenstoß kaum zu vermeiden. Bei dem Versuch, einen der gefährlichsten der Segadores, der als ein alter Blutvergießer bekannt war, festzunehmen, kam es zum Tumult. Ein Schuß geschah; die Segadores versuchten die Tore des vizeköniglichen Palastes zu sprengen; man stellte dem Vizekönig vor, er werde am besten tun, sich zu entfernen, wie dies einst Hugo Moncada bei einem ähnlichen Tumulte in Palermo getan habe. Santa Coloma weigerte sich anfangs; er wollte auch in diesem Sturme das Ruder in Händen behalten; als er sich endlich entschloß, den Palast zu verlassen, war es schon zu spät; er ward in denselben zurückgetrieben. Als er es zum zweitenmal versuchte, ist er ermordet worden. Hierauf erfüllte sich die Stadt mit Mord und Raub. Man drang in die Paläste der königlichen Minister, tötete ihre Diener, zerstörte ihre kostbare Habe und schleppte ihre Körper durch die Straßen. Auch die Klöster boten kein Asyl mehr. Nach Madrid ward gemeldet, daß der Vizekönig, der anfangs die nötigen Mittel nicht habe anwenden wollen, dadurch all das Unheil selbst veranlaßt habe. Die Regierung beschloß, die Provinz zu unterwerfen und zu züchtigen.

Wir finden Schreiben der Generaldeputation von Katalonien an Papst Urban VIII., worin sie die vorgefallenen Unordnungen als eine Erhebung der durch die Einlagerung aufgebrachten Bevölkerung gegen die Soldaten bezeichnet; sie bitten den Papst als gemeinschaftlichen Vater um seine Vermittlung bei dem König, damit er ihnen seine Gnade nicht entziehe, sondern vielmehr die Provinz von der Einquartierung befreie: denn in Treue gegen den Fürsten seien ihnen keine anderen Vasallen desselben vorzuziehen.

Die Auflehnung der Katalanen gegen die durch einen auswärtigen Krieg hervorgebrachten, kaum zu vermeidenden Bedrängnisse hat insofern etwas allgemein Bedeutendes, als darin die Provinzialselbständigkeit sich der Anforderung zu einer allgemeinen Vereinbarung für den Krieg, der durch die großen Weltverhältnisse hervorgerufen war, entgegensetzte. Die Katalanen sagten, der Gehorsam sei an Bedingungen gebunden, nämlich an die Beobachtung ihrer Immunitäten; wenn man ihre Fueros breche, so stehe es in ihrer Hand, sich einen anderen Herrn zu suchen. Man hat immer gesagt, jener Deputierte Tamarit habe mit Richelieu in Verbindung gestanden, und es bedarf keiner Ausführung, wie sehr diese Bewegung der französischen Regierung zustatten kam. Aber die Sache hatte noch eine andere, auf das Innere von Spanien bezügliche Seite.

Die autonome Erhebung der Katalanen erweckte in den anderen mit Privilegien versehenen Provinzen, nicht allein in Aragon und Valencia, sondern auch in Navarra die lebhafteste Teilnahme. Besonders die Aragonesen zeigten einen tödlichen Haß gegen den Conde-Duque; sie ergingen sich in den heftigsten Angriffen gegen ihn. Man nahm an, Olivarez wolle die gesamte Monarchie den in Kastilien herkömmlichen Auflagen unterwerfen: denn die Monarchie sei angegriffen, nicht allein Kastilien. Aber dieser Gedanke rief die allgemeine Antipathie der Provinzen hervor. Allenthalben wurden zur eigenen Verteidigung Mannschaften, die von den Ständen, nicht von dem Könige abhingen, aufgestellt. Der König wollte sie mit nach Katalonien führen; sie setzten sich gegen diese Anmutung zur Wehr.

Wenn Gärungen dieser Art sich in allen nicht kastilischen Provinzen regten, wie sollte das nicht in Portugal doppelt und dreifach der Fall sein. Denn hier, wo man einen selbständigen Staat von bedeutendem Ansehen in der Welt besessen hatte, war die Antipathie nicht sowohl provinzieller als nationaler Art. Die Unterwerfung unter Spanien war unter anderem auch dadurch motiviert worden, daß Portugal an sich zu klein sei, um seiner Weltstellung zu genügen; man hatte auf spanische Hilfe zur Ausdehnung der portugiesischen Macht gezählt. Ganz das Gegenteil erfolgte. Die Spanier unternahmen jene Kriege zur Erwerbung der obersten Autorität von Europa, welche ihnen Feindseligkeiten auf allen Seiten zuzogen. Davon wurde aber vor allen Dingen Portugal betroffen. Wir berührten, daß Don Antonio an der Expedition der Königin Elisabeth unter Drake und Norris teilnahm. Damals war das ohne Wirkung. Aber je länger die Kriege dauerten, um so mehr beschwerten sich die Portugiesen, daß sie, unter ihren eigenen Königen allenthalben geehrt und machtbedeutend, jetzt unter der spanischen Regierung nichts als Verluste zu erleiden hätten. Über das friedliche Regiment Lermas hatten sie sich eigentlich nicht zu beklagen. Der Consejo von Portugal bestand aus lauter Portugiesen; sie stiegen ebenfalls zu den höchsten Stellen auf: doch haben sie immer behauptet, daß ihnen zwar Ehre zuteil werde, Macht und Nutzen aber den Kastilianern. Als nun der Krieg wieder ausbrach und ihre Kolonien in Brasilien, die eben in den Friedensjahren in Blüte gekommen waren, angegriffen und großenteils erobert wurden, wuchs ihr Unmut. Von jenen Unionsideen, die Olivarez hegte, waren sie weit entfernt; sie wollten Portugiesen unter spanischem Schutze sein, nicht aber die Idee der spanischen Monarchie mit ihrem Blute verteidigen. Überdies wirkte die Strenge und gebieterische Haltung des Grafen Olivarez auch auf den Adel von Portugal aufreizend zurück.

Aber es gab noch einen anderen Moment, der in der Verwaltung der geistlichen Angelegenheiten lag. Auf die gesamte Bevölkerung machten die Streitigkeiten, die zwischen dem Nuntius und der Regierung immer wieder auftauchten, großen Eindruck. Der Nuntius wollte der Geistlichkeit ein unbeschränktes Erwerbungsrecht liegender Gründe sichern; er berief sich dabei auf die ausdrücklichen Satzungen der alten Päpste der hierarchischen Jahrhunderte. Die spanische Regierung nahm die Rechte der weltlichen Gewalt mit vieler Energie wahr. Es kam zu Rechtsstreitigkeiten, Besitzergreifungen, welche einen gewaltsamen Charakter trugen, von der weltlichen Seite, Monitorien des päpstlichen Kollektors, bis die weltliche Gewalt zur Vertreibung dieses unbequemen Agenten, dieser selbst aber zum Aussprechen eines Interdikts schritt, welches die Population in hohen und niederen Schichten sehr unangenehm berührte. Die Regierung sah in den Einwirkungen von Rom her feindselige Tendenzen. In der Verwaltung des Landes übten zwei Männer, nahe miteinander verbunden, der eine im Consejo von Portugal, Diego Suarez, der andere als Staatssekretär der Statthalterschaft in Lissabon, Miguel de Vasconcellos, die einander gegenseitig unterstützten, eine durchgreifende und eigenmächtige Gewalt aus; sie waren beide Portugiesen von Herkunft: das machte sie aber nur um so verhaßter.

Am unerträglichsten fanden die Portugiesen das Ansteigen der Auflagen: die vornehmste Forderung der Regierung war die Zahlung einer halben Million Cruzados jährlich, die nicht von den portugiesischen Cortes bewilligt worden war; eine unmittelbar von Madrid abhängige Junta wurde beauftragt, sie in allen Comunidades einzutreiben. Den Edelleuten wurde angemutet, ihre Besitztümer anzugeben, um die Quote ihrer Taxe auf einen jeden umzulegen. Hierüber brach im Jahre 1637 in Evora ein Aufstand aus, der sich über ganz Alemtejo verbreitete; dann aber ohne viel Mühe, ohne Einschreiten der kastilianischen Truppen beigelegt wurde. Allgemein behauptete man, die Regierung werde diesen Anlaß ergreifen, um Portugal vollends seiner besonderen Gerechtsame zu berauben. Eine Anzahl portugiesischer Edelleute wurde nach Madrid beschieden. Man versichert: Olivarez habe ihnen erklärt, der König sei durch seine Theologen ermächtigt worden, jede Veränderung, die ihm notwendig scheine, in Portugal vorzunehmen.

Die Hauptsache ist, daß der Adel von den Neuerungen ebenfalls betroffen oder mit solchen bedroht wurde. Die Lehnsleistungen der Edelleute sollten verstärkt werden; es war ihnen unangenehm, daß sie nach Madrid berufen wurden, wo sie Aufwand machen mußten und nicht nach ihrem Wunsch behandelt wurden. Olivarez verstand nicht oder hielt es nicht der Mühe wert, den Adel der unterworfenen Provinzen zu schonen.

Da brach nun der katalanische Aufruhr aus. Olivarez hegte keine eigentliche Besorgnis wegen Portugals; er forderte vielmehr die Portugiesen auf, zur Unterwerfung der Empörung mitzuwirken, und trug keine Bedenken, die kastilianischen Truppen zum größten Teil aus den portugiesischen Festungen abzurufen.

Schon längst war den Portugiesen der spanische Dienst verhaßt gewesen; sie hatten immer gesagt, mit Vergnügen würden sie für ihre eigenen Conquistas streiten, nicht aber in den ihnen fremden Kriegen der Kastilianer. Weit entfernt, daß die katalanische Erhebung die Portugiesen zur Bekämpfung Kataloniens hätte bewegen sollen, rief sie in ihnen vielmehr eine analoge Stimmung hervor. Es leidet keinen Zweifel, daß Kardinal Richelieu, die eine und die andere Bewegung hervorzurufen, mächtig beigetragen hat; die Portugiesen hat er einmal erinnert, daß der Herzog von Braganza von den alten Königen aus französischem Blute stamme. Von dem Umschlage, den das Glück der spanischen Monarchie überhaupt erfuhr, waren die Portugiesen mitbetroffen. In der Bedrängnis, in die sie gerieten, wurden sie schon öfter aufgefordert, sich selber zu helfen, und zwar durch die Erhebung des Fürsten aus dem Stamme der alten heimischen Könige, der noch unter ihnen lebte, zum Throne von Portugal. Es war der Herzog Johann von Braganza, der Onkel jener

Herzogin Katharina von Braganza, deren Anrecht auf den Thron der König, Don Henrique, selbst, wie man wußte, jedem anderen vorgezogen hatte, – ein Mann im kräftigsten Lebensalter und von solchen Eigenschaften, welche Popularität zu verschaffen pflegen. Unter diesen Umständen bildete sich nun eine Verbindung von Edelleuten und hohen Geistlichen. Die allgemeine Erzählung ist, daß in deren Namen dem Herzoge eine Eröffnung über die gefaßten Absichten gemacht wurde; da er dabei blieb, nein zu sagen, so erklärten ihm die Portugiesen rundheraus, sie würden sich dann ohne ihn frei machen und eine Republik errichten, was ihm sein Herzogtum kosten könne. Der Erzbischof von Lissabon sprach sich jedoch gegen diese Auskunft aus: denn der Krieg würde nicht gerecht sein, wenn man sich zur Republik erkläre; der Herzog sei der wahre Erbe des Reiches; er müsse es annehmen, damit man mit gutem Grund die Waffen ergreifen könne. So die Tradition, welche die allgemeine geworden ist und sich wahrscheinlich auf Birago zurückführen läßt, einen gleichzeitigen Geschichtschreiber von Verdienst, in dem noch die alte Ader der italienischen Historiographie zu erkennen ist. Bei weitem großartiger lautet die Erzählung bei dem Portugiesen Sousa de Macedo, einem der bestunterrichteten Zeitgenossen, bei dem jedoch seine kirchliche und doktrinäre Anschauung vorwaltet. Durchdrungen von der Idee des Königtums, die er mit vieler Gelehrsamkeit erörtert, behauptet Macedo dennoch, daß ein König, der nicht selbst regiere, nicht wahrhaft König sei; vornehmlich bringt er dann zur Sprache, daß das Regiment der Könige von Spanien, die sich die katholischen nennen, dem Katholizismus in Portugal schweren Nachteil zugefügt habe durch den Verkauf bischöflicher Stellen, die Verwendung der zu dem Heile der Seelen bestimmten Stiftungen für Zwecke der Staates, durch die Idee selbst, daß der Staat höher stehe als die Kirche. Er stellt dann die schlechten Erfolge der spanischen Mißregierung zusammen, welche, wie er sagt, einige Mitglieder der edelsten, wenn auch nicht der mächtigsten Geschlechter bewogen, über die unglückliche Lage des Reiches zu Rate zu gehen (Oktober 1640). Er nennt ihrer fünf, einen Almeida, einen Dalmada, Pedro de Mendoza und zwei Mellos. Untereinander einig, daß etwas gegen die Spanier vorgenommen werden müsse, erholten sie sich zuerst Rat bei einem erfahrenen und geübten Staatsmann aus dem Hause Coutinho, der, zwar altersschwach, so daß er sie bereits auf dem Bette empfing, nach einigen Einwendungen ihr Unternehmen für ausführbar erklärte. Wohl hat sich auch unter ihnen die Idee geregt, eine Republik zu errichten, jedoch nur für den Fall, daß der Herzog von Braganza die Aufforderung, sich an ihre Spitze zu stellen, ablehne. Den hielten sie für den rechten Erben des Reiches. Vor jedem weiteren Schritt wollten sie sich der Rechtmäßigkeit ihrer Unternehmung versichern. Sie teilten ihre Gedanken dem Erzbischof von Lissabon Roderich da Cunha mit, der ihnen ebenfalls die großen Schwierigkeiten des Unternehmens und die gefährlichen Folgen, die es haben werde, vorstellte. Nicht das aber, antworteten sie ihm, sei die ihm vorgelegte Frage, sondern sie betreffe das Heil der Seelen; ihr Begehren sei nur, zu hören, ob sie durch ihren Widerstand gegen die Spanier eine Sünde begehen würden oder nicht. Der Erzbischof sagte: auch er halte den Herzog von Braganza für den rechten Erben, und sehr gerechtfertigt sei es, dem Rechte zu

Hilfe zu kommen. Da aber Herzog Johann auf die ersten Anfragen sehr zweifelhaft antwortete, so gerieten auch sie in die größten Bedenklichkeiten. Aber Macedo versichert, sie seien durch eine innere Stimme verhindert worden, von ihrem Vorhaben abzulassen; er hält das gleichsam für eine göttliche Bestärkung in demselben. So weit war es nach seiner Erzählung bereits gekommen, als die Aufforderung Philipps IV. zur Hilfeleistung gegen Katalonien eintraf. Die Portugiesen aber zogen in Betracht, daß die Sache der Katalanen eine der ihrigen sehr ähnliche sei; sie wendeten aufs neue ihre Augen auf den Herzog von Braganza, der nicht allein das Recht besitze, sondern auch zur Durchführung desselben der rechte Mann sei. Macedo rühmt seine Hochherzigkeit und seine Klugheit, durch die er einem so schweren Unternehmen gewachsen sei; er sei von starkem Körper, mit Nachkommenschaft gesegnet und beliebt bei dem Volke. Durch andere Genossen aus dem Adel verstärkt, sendeten nun die Verbündeten einen der Ihrigen mit entschiedenen Anträgen an den Herzog, der damals in der Nähe von Villaviciosa der Jagd pflegte. Nicht sogleich aber, sondern erst nachdem er mit anderen Oberhäuptern der Nation und Freunden gesprochen, gab er ihnen eine Antwort; sie lautete dahin, da sie für die Sache des Landes und die seine, sich in Gefahr zu begeben, entschlossen seien, so wolle er zum Besten des Landes und dem ihren gemeinschaftliche Sache mit ihnen machen. Die päpstlichen Abgeordneten versichern, daß der Bischof von Elvas, Emanuel d'Acunha, viel Anteil an dem Entschluß gehabt habe; er habe den Herzog nicht allein, sondern auch seine Gemahlin, die er, weil er ihr Nachbar war, ohne Aufsehen besuchen konnte, einzuwilligen überredet; den 17. November, den Tag des heiligen Gregor des Wundertäters, sei der Entschluß gefaßt worden; dieser Tag würde der Anfang einer neuen Ära für Portugal sein. Man durfte nicht lange mit der Ausführung zögern, weil man sonst entdeckt zu werden fürchtete, und setzte die Akklamation auf den 1. Dezember fest, während der erste Gedanke gewesen war, den Tag der Madonna (den Tag der Konzeption), den 8. Dezember zu erwarten.

Einer der wichtigsten Momente der Bewegung lag ohne Zweifel darin, daß die Hidalgos nach Madrid berufen und mit harten Strafen bedroht worden waren, wenn sie nicht kämen. Man hat einen angeblichen Brief von Suarez in Umlauf gesetzt, welcher für die, die kommen würden, den Tod und für die, die nicht kommen würden, Bestrafung an Gut und Blut in Aussicht stellte. Als der Herzog von Braganza ebenfalls nach Madrid eingeladen wurde, hat seine Gemahlin ihm gesagt: „Mein Bruder" – denn so pflegte sie ihn anzureden –, „es ist besser, zu Hause zu sterben als auswärts." Sie waren also entschlossen, nicht zu gehen. Aber auch den Bestrafungen wollten sie sich nicht aussetzen, die Vasconcellos an ihnen zu vollstrecken allerdings der Mann war. Dergestalt, müde den Kastilianern zu dienen und von ihnen bedroht, zugleich von der Erinnerung an das alte unabhängige Portugal angefeuert und von der günstigen Lage der europäischen Angelegenheiten eingeladen, beschlossen sie, zur Tat zu schreiten, die sich wie ein leichtes Abenteuer ausnahm.

Am Abend des 30. November sah man die Edelleute ungewöhnlich zahlreich in

Lissabon verkehren; sie gaben vor, es werde am anderen Tage zu einem großen Duell zwischen zwei der vornehmsten Persönlichkeiten am oder im königlichen Palaste kommen. Den anderen Morgen sperrten Reiter und Wagen die Zugänge zu dem Palast, und die Verschworenen, deren jedoch nicht mehr als vierzig gewesen zu sein scheinen, begaben sich in kleinen Trupps von fünf und sechs Personen, jede von einigen Dienern begleitet, in das Innere desselben. Zuerst schritten sie auf den Saal zu, wo die deutsche Leibwache stand und überraschten diese; indem die Deutschen nach ihren Hellebarden, die an der Wand lehnten, greifen wollten, wurden diese von den Dienern oder den Herrn selbst weggerissen. Durch die Entwaffnung der Wache des Palastes Meister, begaben sie sich nach den Zimmern des Vasconcellos, der, aus der tiefsten Sicherheit aufgeschreckt, sich zu verbergen eilte. Ein Alguazil, der sich dem Vordringen der Empörer widersetzen wollte, wurde niedergemacht, Vasconcellos gefunden, gräßlich verwundet, aber noch lebend aus dem Fenster auf die Straße geworfen. Da hat die Leiche, tausendfältig mißhandelt, bis zum nächsten Mittag gelegen; dann hat man sie in eine Pferdedecke gewickelt und auf die Weise begraben, wie die Negersklaven begraben zu werden pflegten: – denn ein besseres Begräbnis gebühre ihm nicht, weil er ein Exkommunizierter sei. Auch seine Skripturen, Mobilien, die Kostbarkeiten, mit denen er sich umgeben hatte, wurden auf die Straße geworfen. Die Statthalterin, Prinzessin Margareta, wurde samt dem ihr beigegebenen Marchese della Puebla unter anständiger Bewachung zurückgehalten.

Nachdem man des königlichen Palastes Meister geworden, begaben sich die Häupter der Empörung zum Erzbischof, um ihn zu vermögen, bis zur Ankunft des neuen Königs die Regierung zu übernehmen; er hatte sich eingeschlossen, öffnete aber und trug kein Bedenken, sich den Verschworenen, deren Gesinnung er, wie wir wissen, vollkommen teilte, anzuschließen. Ganz anders der Erzbischof von Braga, welcher als der größte Freund von Vasconcellos und Suarez bekannt war und sehr ernstlich sich zu verbergen Anstalt machte. Einige waren der Meinung, daß er getötet werden müsse. Aber man wollte sich doch nicht mit dem Blute des Primaten von Portugal beflecken; dem Anschein nach ward er der Regierung beigesellt, in der Tat war er ein Gefangener: – denn man wollte ihn auch nicht nach Haus gehen lassen, da er von Braga aus leicht mit Galicien hätte in Verbindung treten können. Den beiden Erzbischöfen ward der Großinquisitor als Mitglied der Regierung beigegeben.

Während dies geschah, war ein anderer Teil der Verschworenen nach dem Rathaus gezogen, hatte sich die verschlossenen Tore desselben eröffnet und die Reichsstandarte, die bei der Ausrufung eines neuen Königs vorgetragen zu werden pflegt, ausantworten lassen. Die Magistrate waren mitnichten im Verständnis; der Präsident derselben, Graf Castañede, erblickte mit Erstaunen seine beiden Söhne an der Spitze der Empörten und machte ihnen einen Vorwurf darüber, daß sie sich in ein so gefährliches Unternehmen eingelassen, ohne ihm davon zu sagen; sie antworteten ihm: der Schwur, den sie geleistet, die Sache geheimzuhalten, habe sie verhindert, ihrem Vater soviel Respekt zu beweisen. So ward nun die Fahne für Don Johann IV., König von Portugal, durch die Stadt getragen. Auf die ersten tumultuarischen Bewegungen hatte die Population wenig gegeben. Als sie aber wahrnahm, daß Männer aus den vornehmsten Geschlechtern und von reifen Jahren, Don Miguel de Almeida, Don Alvaro de Avranches, Alvaro de Sousa, der Fahne folgten, faßte sie Vertrauen zu der Sache und schloß sich an. Darin lag überhaupt der Wechsel der Dinge; im Jahre 1580 hatte nur das Volk den Kastilianern Widerstand zu leisten versucht; die hohe Geistlichkeit, die Herren und der Adel waren damals für Philipp II.: jetzt aber waren die weltlichen Herren beinahe alle, und die geistlichen großenteils für die Veränderung. Der Herzog von Braganza hatte die Bewegung nicht veranlaßt, aber begünstigt.

Die päpstlichen Bevollmächtigten legten wohl nicht mit Unrecht Wert darauf, daß die Stadt bereits ein Jahr unter dem Interdikt lag, welches der Collettore ausgesprochen. Die geistlichen Motive wirkten sehr lebhaft auf das Volk; man behauptete, ein silbernes Kruzifix, welches dem Zuge vorausgetragen wurde, habe den einen Arm in der Form des Segens ausgestreckt. Ähnliche wunderbare Bezeigungen des göttlichen Beifalls wollte man auch innerhalb der Kirchen wahrgenommen haben.

Und so schwach war die kastilianische Autorität im Lande vertreten, daß sie ohne alle Mühe und Anstrengung umgestürzt wurde. An dem Tage der Revolution sind nicht mehr als vier Personen getötet worden. Den anderen Tag, Sonntags, ergab sich das Kastell, nicht allein, weil man der Prinzessin Margareta einen Befehl dazu abgenötigt hatte, sondern weil der Maestro de campo, auf den es hauptsächlich ankam, in dem Augenblick des Tumultes in der Stadt gefangengehalten wurde.

Außerdem gab es noch einige Befestigungen den Fluß hinab bis zum Meere in den Händen der Kastilianer. Eine nach der anderen ergab sich, zuletzt auch San Julião, welches von der größten Wichtigkeit war; die Besatzung hatte nur einige Schüsse abgewartet. In dem Augenblick erschienen ein paar spanische Schiffe von Cadiz; schon war es jedoch zu spät. In Viaña bat der Gouverneur um 24 Stunden Bedenkzeit, aber man schlug sie ihm ab, weil man meinte, er könne dann Hilfe von Coruña bekommen; so ergab sich auch diese Feste, so daß ganz Portugal von den kastilianischen Besatzungen wie mit einem Schlage befreit war. Indes vollzog sich die Veränderung ohne weiteren Widerstand in der Hauptstadt. Am 15. Dezember empfing der König die Huldigung in Lissabon. Das Volk zeigte ihm unbedingte Hingebung. Eine alte Fischverkäuferin erschien, um den Fuß des Königs zu küssen, und brachte ihm 200 Dublonen dar. „Mein Sohn“, sagte sie, „dieses Geld habe ich in der Fischerhütte, die euch gehört, erworben und für euch aufgehoben.“ Unter den Fenstern des Palastes erscholl der Ausruf: der König möge nur befehlen; man sei bereit, alles, was er fordere, zu leisten.

Und in der Tat haben auch fortwährend die Portugiesen keinen geringen Eifer für die Verteidigung ihrer Unabhängigkeit bewiesen. Merkwürdig ist die Landesverteidigung, die sie einrichteten, Terzos auxiliares und Ordonanzas. Die ersteren waren aus den jüngeren, aber entbehrlichen, die letzteren aus den reiferen Männern zusammengesetzt. Alle Männer von dem 15. bis zum 70. Jahre waren dazu eingeschrieben. Die portugiesischen Schriftsteller klagen, daß ihnen ihre Verbindungen mit den auswärtigen Mächten nicht so nützlich geworden seien, wie sie erwarteten: aber die allgemeine Lage der Politik, die mächtige gegen Spanien unter den Waffen stehende europäische Partei ist es doch gewesen, welche die Möglichkeit ihrer Erhebung und die Herstellung ihrer Krone herbeigeführt hat.

Es war nicht das Erbrecht allein, worauf sie sich stützten; sie behaupteten, von ihrem dem König von Spanien geleisteten Eidschwur dadurch befreit zu sein, daß dessen Regierung nur auf den eigenen, nicht auf den gemeinen Vorteil gezielt habe; ein solcher Fürst verdiene nach dem Ausspruch der Doktoren nicht zu regieren: denn wiewohl das Volk den Königen seine Autorität überliefert und an sie abgedankt habe, so sei das nur unter dem Vorbehalt geschehen, gerecht und nicht tyrannisch regiert zu werden. Die Theorie ist in diesem Falle eine Konsequenz und Rechtfertigung der Tatsachen; doch es ist immer von großer Bedeutung, daß sie emporkam und die Existenz eines ganzen Reiches ihr zur Begründung diente.

Überhaupt war der Abfall ein europäisches Ereignis von der allergrößten Wichtigkeit. Jene Kombinationen waren zersprengt, auf welche Philipp II. die Idee seiner Weltherrschaft gegründet hatte. Die Erhebung der Portugiesen konnte aber nur darum bestehen, weil sie den Moment traf, in welchem jenes Übergewicht überhaupt zugrunde ging.

Damals schien es, als ob auch Andalusien von einer ähnlichen Bewegung ergriffen werden würde.

Unmittelbar nach der Empörung von Portugal wurde dem Herzog von Medina Sidonia, Vater der neuen Königin, der Antrag gemacht, sich ihr anzuschließen; er dürfe seine Verwandten nicht verderben lassen; die Zeit sei da, in welcher er seine Besitzungen sichern und sich von dem Druck der Regierung, den er erfahren, emanzipieren könne. Es war besonders der Marques de Ayamonte, der mit dem Herzoge in Unterhandlung trat: dessen Meinung ging eigentlich dahin, Andalusien zu einer Republik zu gestalten. Durch den Fray Nicolas de Velasco hingegen wurde dem Herzog der Vorschlag gemacht, sich selbst zum König von Andalusien aufzuwerfen; er möge nur zuerst Vollmacht schicken, um sich mit Portugal und anderen Mächten, die diesem beistehen würden, zu verbünden; die Einwohner der Provinz solle er dadurch gewinnen, daß er ihnen Freiheit von Auflagen verspreche. Der Plan war: mit der Hilfe der Portugiesen Sevilla, mit Hilfe der Franzosen und Holländer Cadiz einzunehmen; das Silber der Galeonen solle zwischen Frankreich, Holland und Portugal und dem König von Andalusien geteilt werden; zu der Zeit, die man bestimmen werde, sollten die Portugiesen an allen ihren Grenzen in Kastilien vordringen, wo sie ebenfalls auf Regungen der Empörung treffen und mit denselben sich in Verbindung setzen könnten.

Der Herzog von Medina Sidonia nahm dies nicht sofort an; aber er hielt den Augenblick für günstig, um eine andere große Veränderung hervorzubringen; er schrieb dem König, er möge den Grafen Olivarez, von dessen Neuerungen alle Unruhe entspringe, von seiner Seite entfernen und den Adel wieder als Stand in die Cortes einführen, wie dies vor alten Zeiten gewesen sei.

Wenn man von allen den hochfliegenden Plänen absieht, die fast mehr auf einen Sturz der Monarchie als eine Absonderung von derselben zielten, so liegt wohl in dem letzten Verlangen der Kern der Sache; denn dahin war es mit der Verfassung von Spanien gekommen, daß die Großen und der Adel zwar persönliches Ansehen, aber keine Präsentation der Krone gegenüber, also keinen regelmäßigen Einfluß auf die Verwaltung hatten. Indem der Herzog von Medina Sidonia die alten Rechte für den Adel und die Granden zurückforderte, so gesellte er sich den Prinzipien bei, die in den übrigen Provinzen vorwalteten und allenthalben die Opposition hervorriefen. Auch in Kastilien widersprach man der Staatsgewalt, welche einseitig durch die Minister ausgeübt wurde. Aus diesem Verlangen war überall die Idee einer republikanischen Verfassung, d. h. einer von der Krone unabhängigen Provinzialverwaltung hervorgegangen. Nur in Kastilien eigentlich war es, daß die ministerielle Gewalt ihr Übergewicht behauptete. Wenn es hier gesprengt wurde, war es allenthalben verloren. Aber der Herzog von Medina Sidonia fand bei seinen Standesgenossen doch nicht den Beistand, den er erwartete. Auf die erste Kunde von den obschwebenden Machinationen rief Olivarez ihn wie Ayamonte an den Hof.

Sie beschlossen zunächst, nicht zu gehen, sondern vielmehr sich auf die Flotte zurückzuziehen. Mehrere Briefe, auch für den neuen König von Portugal, wurden hin und her getragen. Aber zugleich hielt es der Herzog von Medina Sidonia doch für nötig, auf den Rat eines der alten Freunde und Vertrauten seines Hauses, sich mit anderen Granden in Verbindung zu setzen – es waren die Herzöge von Arcos, Infantado, Naguera –, um sich über das Verfahren des Königs zu beklagen, der ihn nach Hofe berufe und ihn dadurch seiner Autorität beraube. Infantado antwortete nicht; die anderen rieten ihm vielmehr, dem Rufe des Königs Folge zu leisten. Der Herzog von Naguera sagte: die Schuld sei vor allem die der Granden selbst, weil einer sein Vergnügen an dem Nachteil des anderen habe; würden sie zusammenhalten, so würde es nicht geschehen.

So berichtet der Herzog von Medina Sidonia selbst in einer Eingabe an den König. Man entnimmt daraus, wie weit in dem ersten Augenblick die Absichten des Königs von Portugal reichten. Sein Schwager ist auf seine Anträge einen Augenblick eingegangen; allein er hatte nicht wie dieser ein Volk, das ihn unterstützt hätte, zu seinem Gebot und fühlte sich allzusehr an die Krone gebunden; er schwankte noch zwischen Abfall und dem Versuche, der Selbständigkeit der Granden und des Adels eine größere Repräsentation zu verschaffen, als die Ratschläge, die er empfing, von vornehmen Männern seinesgleichen und den Anhängern seines Hauses, ihn vermochten, sich dem König zu Füßen zu werfen. Man irrt wohl nicht, wenn man in dem Festhalten der Granden an der bisherigen Regierungsweise ein politisches Moment für das Bestreben derselben erblickt. Wohin hätten sie geraten müssen, wenn es zu einem Umsturz derselben gekommen wäre. Am 21. September 1641 wurde der Herzog von Medina Sidonia von dem Grafen Olivarez in das Gemach des Königs geleitet. Hier fiel er demselben zu Füßen und bat um Gnade. Der König legte die Hände auf seine Schultern und hieß ihn sich erheben. Der Herzog, immer auf den Knien, überreichte ihm sein Bekenntnis. „Herzog", sagte der König, „je größer Euer Irrtum war, desto mehr habt Ihr mir Gelegenheit gegeben, meine Gnade zu beweisen. Da Ihr Euer Leben und Eure Ehre mir zu Füßen legt, so vergebe ich Euch."

NEUNTES KAPITEL

Fall von Conde-Duque Olivarez. Eintritt des Don Luis de Haro Letzte Zeiten Philipps IV.

Inmitten aller dieser Feindseligkeiten behauptete Olivarez seinen Mut; das Erbieten des römischen Hofes, in der Sache der Katalanen zu vermitteln, die sich an ihn gewandt hatten, wies er von der Hand; er ließ Drohungen verlauten, wenn man es in Rom wagen sollte, den Tyrannen von Portugal, wie er den neuen König nannte, anzuerkennen; er erklärte, daß jetzt die äußerste Anstrengung vonnöten sei, daß der König das Recht habe, alles von seinen Untertanen zu fordern. Im Jahre 1641 brachte er ein Heer von 24 000 Mann ins Feld, welches unter dem Marques de los Veles in Katalonien einrückte, Tarragona eroberte, bis nach Barcelona vordrang. Zugleich erschien eine ansehnliche Flotte an den Küsten; allein der Seemacht setzte sich die Flotte des Erzbischofs von Bordeaux entgegen, die in eben diesen Gewässern kreuzte, und zu Lande leisteten die Katalanen, auf den Rückhalt, den ihnen Richelieu gewährte, gelehnt, den kräftigsten Widerstand, so daß die Armee sich zurückzuziehen genötigt war. Im Jahre 1642 ward aufs neue eine Flotte ausgerüstet und von Cadiz nach den Küsten von Valencia und Katalonien geschickt, die aber ebensowenig ausrichtete. Perpignan fiel im August dieses Jahres in die Hände der Franzosen, die hierauf Roussillon in Besitz nahmen. Der König Philipp IV. selbst hatte sich aufgemacht, um die Provinzen zu erobern; sein Unternehmen war aber ohne allen Erfolg, es wäre denn der, daß Olivarez die Gunst des Königs hierbei verlor.

Überhaupt war die Regierung des Grafen bis an einen Punkt gelangt, wo sie nicht weiter fortgesetzt werden konnte; er hatte die Wege seiner Vorgänger absichtlich verlassen und den Plan gefaßt, zugleich eine vorwaltende Stellung in Europa zu behaupten und die Gesamtmonarchie als kompakte Einheit aufzustellen. In diesen Gedanken hatte er das Selbstgefühl seines Königs genährt und seiner Macht sich bedient, aber beides war vollkommen mißlungen. Die ungeheuren Anstrengungen hatten zu Niederlagen zu Land und See und die Anmutungen zu anderen zu Empörungen und nahehin zu einem allgemeinen Verfall geführt. Statt sich zu einem Waffenplatz gegen Frankreich brauchen zu lassen, rief Katalonien französische Heere über die Pyrenäen; Saragossa selbst schien bedroht zu sein; statt seine Kräfte zur Aufrechterhaltung der Monarchie zu verwenden, riß sich Portugal los. Der

Krieg versetzte sich in das Innere der Pyrenäischen Halbinsel; Kastilien war wie früher in der Notwendigkeit, seine Waffen sowohl gegen seine östlichen wie gegen seine westlichen Nachbarn zu wenden.

Zugleich erhoben sich aus diesem Lande selber Stimmen des Unmuts, ja der Verzweiflung gegen den Minister, der den Adel kränke und niederhalte, die geistlichen Verhältnisse verwirre und das Land bis auf den Grund erschöpfe. Wenn die Granden, wie berührt, an der monarchistischen Regierungsform der ständischen gegenüber festhielten, so widersetzte sich doch alles der Art und Weise, wie sie von Olivarez gehandhabt wurde. Es kam nur darauf an, den König, der ein enges persönliches Verhältnis zu dem alten Günstling festhielt, von der Notwendigkeit, daß er ihn fallen lassen müsse, zu überzeugen.

Alle Nachrichten, die ein gewisses Vertrauen verdienen, stimmen darin überein, daß die Königin Isabella, Schwester Ludwigs XIII., die bisher zurückgezogen und ohne Anteil an den Geschäften gelebt hatte, hierauf einen großen Einfluß ausgeübt hat. Sie war während der Abwesenheit des Königs mit der Führung der Regierung betraut worden und hatte sich dabei ein gewisses Ansehen verschafft. Ihr zunächst wurden, wenn sie durch Madrid fuhr, anonyme Schriften eingehändigt, in welchen man die Verwaltung des Grafen mit vielem Schein und größter Heftigkeit angriff. Zu der allgemeinen Aufregung in der Hauptstadt mag es beigetragen haben, daß Olivarez, der nach dem Tode seiner Tochter sein Haus in seinem natürlichen Sohne fortzupflanzen suchte, diesen zur Würde eines Granden erhob, was den alten Adel verstimmte. Ein wichtiges Moment lag darin, daß auch der kaiserliche Gesandte Marchese di Grana sich dem Grafen Olivarez abgeneigt erwies. Das enge Verhältnis, das einst Fürst Eggenberg zwischen Ferdinand II. und Olivarez vermittelt hatte, ward unter Ferdinand III. mitnichten aufrechterhalten. Trautmannsdorff, welcher die deutschen Gesichtspunkte gegen die Interessen des Gesamthauses hervorhob, war mit Olivarez keineswegs einverstanden. Die Unfälle des letzten Feldzuges, welche man den schlechten Vorkehrungen des Conde-Duque bis ins einzelnste zuschrieb, wurden auch von dieser Seite her gegen ihn geltend gemacht. Als nun der König, der von diesen Dingen während seines Aufenthaltes im Felde selbst berührt worden war, auf die Bitten der Königin zurückkam, hat diese gewagt, ihm vorzustellen: die Monarchie gehe unaufhaltsam ihrem Ruin entgegen; durch sein Gewissen und seine Ehre sei er verpflichtet, sie nicht mehr einer fremden Leitung zu überlassen, sondern ihr selbst die Hand zu reichen, um sie aufrechtzuerhalten. Sie teilte ihm einige jener Schriften mit, die ihr überreicht worden waren. Von einem alten Lehrer des Königs, der noch immer das Vertrauen desselben genoß, lief ein Schreiben ein, in welchem geradezu gesagt worden ist: Philipp IV. sei nur dem Namen nach König, das Szepter sei in den Händen des Grafen Olivarez, der das Reich und die Vasallen unter seinem Joche halte, das Verdienst unterdrücke und die Grandeza erniedrige; die Vasallen würden ihr Leben opfern, sobald sie von der Herrschaft des aufgedrungenen Tyrannen frei wären.

Hierauf fand Olivarez den König stiller, melancholischer, als er je gewesen war, voll von Schmerz und persönlicher Empfindung über alle die erlittenen Unfälle;

er schien sie zwar nicht der Unfähigkeit oder dem bösen Willen, wohl aber dem Unstern des Ministers zuzuschreiben. Olivarez forderte seinen Abschied; der König zögerte, ihm denselben zu geben. Man bemerkte, daß die Herzogin von Mantua, früher Statthalterin von Portugal, bisher meist entfernt gehalten, zuweilen mit Olivarez, zuweilen mit dem König Unterredungen von einiger Dauer hatte, die nicht zugunsten des Ministers gemeint sein konnten, da sie seiner unzeitigen Strenge den Abfall des Königreiches zuschrieb. Olivarez bat noch einmal um seinen Abschied. Endlich, es war am 15. Januar 1643, entschloß sich der König, ihm denselben zu erteilen. „Graf“, heißt es in dem Billett, „Ihr kennt den Schaden, den meine Monarchie in den Jahren, daß Ihr sie regiert, erlitten hat. Diese Ursache verpflichtet mich, den Entschluß zu fassen, sie fortan allein zu regieren.“ Man erzählt, die Königin habe dem König die Feder in die Hand gegeben, um dies Billett zu schreiben. Olivarez sprach noch einmal mit dem König und dankte ihm für seine Entlassung; der König sagte ihm, er halte ihn für seinen guten Diener, blieb aber bei dem gefaßten Entschluß, ohne den Dank anzunehmen. Die Entfernung des Grafen sollte nicht als ein Sturz desselben, sondern nur als eine freundliche Entlassung erscheinen; er behielt Zeit, seine Papiere zu verbrennen. Seine Gemahlin, die eben abwesend war, eilte an den Hof und erinnerte den König und die Königin an die Dienste, welche ihr Gemahl zweiundzwanzig Jahre hindurch mit leidenschaftlichem Eifer geleistet habe; er sei der unvergleichlich treue Mann. Die Königin sagte ihr, das Ereignis sei die Wirkung der unglücklichen Umstände des Wechsels der menschlichen Geschicke; ihr selbst ward erlaubt, am Hofe zu bleiben. Für ihren Gemahl konnte eine Unpäßlichkeit, die ihn befiel, doch keinen Verzug in der Weisung, sich von dem Hofe zu entfernen, hervorbringen. Hierauf verließ der Conde-Duque den Palast; er nahm seinen Weg durch ein Tor, das er sonst nie gewählt hatte; der Wagen, in welchem er abfuhr, gehörte nicht ihm selbst, sondern dem ersten Stallmeister des Königs. Seine Familie folgte in einigen anderen Karossen, die man als die seinen erkannte und mit Steinwürfen verfolgte. Das Volk zeigte überhaupt unverhohlen Freude über die Katastrophe. Am Hofe drückte man sich mit lebhafter Teilnahme aus. Die öffentliche Meinung war: die lange Vormundschaft, welche Olivarez über den König ausgeübt habe, höre nun auf, aber er lasse seinen Mündel hilflos und entblößt, ohne Heere, Flotte, Geld und Freunde. Besonders erfreut zeigte sich der päpstliche Nuntius; wenn der Apfel reif sei, sagte er, so bedürfe es nur einer kleinen Erschütterung, damit er falle; er fügte hinzu: in der Lebensgeschichte Richelieus dürfe man einmal nicht vergessen zu bemerken, daß seine Gebete kräftig genug gewesen seien, daß sich Olivarez so lange in der Gunst des Königs von Spanien habe erhalten können, als er lebte, – gleich als sei die Verwaltung des Conde-Duque zum Ruhm und Glück seines Gegners unentbehrlich gewesen; sic transit gloria mundi; jetzt werde man auch seine Freunde fallen sehen. Alle Mißverhältnisse, die zuletzt zwischen dem Römischen Stuhl und der spanischen Regierung ausgebrochen waren, schrieb der Nuntius dem Grafen Olivarez persönlich zu; er hat darüber dem König einen langen Vortrag gehalten, der ihn anhörte, ohne mit den Wimpern zu zucken. Auch der kaiserliche Gesandte verhehlte seine

Zufriedenheit mit dem, was geschehen war, nicht; er meinte, daß der vornehmste Einfluß ihm zufallen werde. Der König begann, mit einer Junta zu regieren.

Wenn jemals ein Ministerwechsel, so war der Sturz des Grafen Olivarez eine Veränderung des Systems. Die aggressive Stellung Spaniens, die den Kern seiner Politik gebildet hatte, mußte aufgegeben werden. Daran konnte man nicht mehr denken, die Holländer, die er zugleich als Ketzer und als Nebenbuhler der Seemacht bekämpft hatte, zu überwältigen. Alle Gedanken mußten darauf gerichtet werden, die näheren Empörungen der im Katholizismus wetteifernden Provinzen zu bezwingen, die Monarchie überhaupt aufrechtzuerhalten.

Damit hing zusammen, daß auch das Verfahren, in die inneren Verhältnisse mit Gewalt einzugreifen, nicht fortgesetzt werden konnte. Die von Olivarez beleidigten Granden kamen an den Hof zurück. Indem der König die Regierung selbst zu führen übernahm, konnte er nicht anders, als das System seines Vaters befolgen, den mächtigsten Männern des Landes einen größeren Einfluß zu gewähren.

Die ministerielle Gewalt, ohne welche auch dieses System nicht bestehen konnte, gelangte in die Hände eines Neffen des Gestürzten, des Grafen Luis de Haro. Don Luis de Haro schien von der Natur eher zum Kammerherrn als zum ersten Minister einer großen Monarchie bestimmt zu sein; eben dadurch gewann er den König, daß er sich ihm vollkommen konformierte. In seinem Verkehr mit den Gesandten trat Friedfertigkeit, höfliche Freundlichkeit hervor. Haro vermied die rauhen Formen des Grafen Olivarez; er nahm sich vielmehr Lerma, dessen Art und Weise gerade durch die schlechten Erfolge des Conde-Duque wieder in lebendige Erinnerung gebracht worden, zum Muster. Er war keineswegs ohne Ehrgeiz, aber er verbarg denselben; er hörte mit Ruhe an und war empfänglich für das, was man sagte; allein er sprach sich in der Regel nicht definitiv aus; denn in jedem Fall mußte er Rücksicht auf den Staatsrat nehmen, in welchem damals Graf Monterey die erste Rolle spielte. Auch Monterey zeigte sich sehr bescheiden, aber er war weder ohne Stolz noch ohne eigenes Interesse; er galt selbst für gewaltsam; in den Geschäften legte er jedoch einen großen Scharfsinn an den Tag. Vornehmlich auf Monterey stützte sich Luis de Haro, während er in seinem eigenen Oheim, Grafen Castrillo, der in allen Dingen rücksichtslos zu verfahren liebte, einen Nebenbuhler fand, der sogar den Versuch machte, ihn zu stürzen. Don Luis de Haro vereinigte die Reichtümer und Güter des Hauses Olivarez mit den eigenen seiner Familie Carpio, aber er wollte nicht als Günstling betrachtet sein und vermied den Schein eines entscheidenden Einflusses überhaupt. Die größte Veränderung in der inneren Verwaltung mochte darin liegen, daß er die Junta der Exekution, welche der wirksamste Hebel der gesamten Staatsverwaltung geworden war, in die Hände einiger der vornehmsten Edelleute des Landes fallen ließ. Es waren die Mitglieder des Staatsrates, der erwähnte Graf von Monterey, mit dem er selbst in das engste Familienverhältnis trat; der Marques de Vellada, früher Gobernador von Mailand, in welchem sich am meisten die alte Unabhängigkeit, welche spanische Minister früher besessen hatten, darstellte; er war freimütig, ohne Interesse und haßte die Schmeichelei; und später vor allem der Graf von Peñaranda.

Unter Haro bekamen die verschiedenen Consejos, welche die Geschäfte untereinander teilten, eine bei weitem größere Unabhängigkeit, als sie bisher gehabt hatten. Ihre Consultas gingen durch Haro an den König; doch wurden sie meistens adoptiert, besonders wenn sie negativer Natur waren; jede Sache war verloren, gegen welche die Consultas sich erklärten. Den Fremden fiel besonders die Autorität auf, die der Rat von Kastilien in geistlichen Angelegenheiten ausübte; er entschied selbst die Sachen der Geistlichen untereinander und hielt die Gesetze des Reiches gegen jede klerikale Abweichung aufrecht.

Für Spanien war nichts verderblicher als der im Innern der Halbinsel nicht ohne den Einfluß von Frankreich ausgebrochene Krieg; der Krieg gegen Katalonien erforderte den schwersten Kostenaufwand; die für die Lebensmittel und Bewaffnung des Heeres erforderliche Geldsumme wurde auf 800 000 Dukaten jährlich berechnet. Der Sold betrug 200 000, ohne die Befestigungen anzuschlagen. Man bezeichnete in kurzem den Krieg gegen Katalonien als das Gift, welches die Eingeweide des Reiches verzehre. Nicht so kostspielig waren die Feldzüge gegen Portugal, weil die Truppen von der Beraubung des Landes lebten, in das sie einfielen, und den Einfällen der Portugiesen setzte man selbst einen siegreichen Widerstand entgegen; als sie die Guadiana überschritten, wurden sie mit empfindlichen Nachteilen zurückgeschlagen. Wenn man aber durch den inneren Krieg vollauf beschäftigt war, so erfuhr man in dem äußeren die schwersten Verluste.

In den Niederlanden erlitten die alten spanischen Kriegsscharen 1632 die Niederlage bei Rocroi, die ihnen trotz der unvergleichlichen Tapferkeit, die sie bewiesen, oder vielmehr eben darum, beinahe zur Vernichtung gereichte. Die Existenz der spanischen Niederlande wurde gefährdet, als gleich darauf Thionville und nach einiger Zeit durch ein Zusammenwirken der holländischen Seemacht mit der französischen Landmacht Dünkirchen in feindliche Hände geriet.

Für die spanische Macht in Italien wurde eine nicht zu ermessende Gefahr dadurch herbeigeführt, daß der Nachfolger Richelieus, Kardinal Mazarin, durch sein persönliches Interesse von Spanien entfremdet und durch seine Herkunft besonders auf die italienischen Angelegenheiten angewiesen, mit voller Kraft auf dieselben einzuwirken versuchte. Im September 1646 machten sich die Franzosen zum Meister von Portolongone und Elba, worauf die französische Faktion allenthalben die Oberhand gewann. Mazarin faßte die Absicht, Neapel und Mailand zu erobern, wie er denn auch allen Ernstes gemeint war, die spanischen Niederlande und die freie Grafschaft mit Frankreich zu vereinigen. Im Jahre 1647 befand sich die spanische Monarchie in einem sehr bedrängten Zustand.

Mit Modena vereinigt, drangen die Franzosen in Mailand vor. Die toskanischen Presidios wurden eingenommen; in Neapel brach ein höchst gefährlicher Aufstand aus; in Sizilien regte sich ein ähnlicher; Katalonien wurde bereits als eine französische Provinz betrachtet; Ostindien war so gut wie verloren. Westindien durch fortwährende Angriffe beunruhigt; die große Monarchie schien eine Beute Frankreichs und seiner Verbündeten werden zu müssen. Und wenn die kriegerischen Unternehmungen der ersten Jahre Philipps IV. darauf beruht hatten, daß die spanische Linie des Hauses Österreich mit der deutschen in die engste Genossenschaft getreten war, so war doch dies Verhältnis, wenn nicht geradezu aufgelöst, so doch gelockert. Kaiser Ferdinand III. ließ sich im Jahre 1648 nicht abhalten, ohne Rücksicht auf die Spanier seinen Frieden mit Frankreich zu schließen; sie haben es ihm nie vergeben. Nochmals trat der Widerstreit zwischen Spanien und Frankreich in den Vordergrund der europäischen Angelegenheiten. Wir kommen dabei auf eine schon oben vorgelegte allgemeine Betrachtung zurück.

Der große Gegensatz zwischen den beiden Monarchien betraf nicht allein die äußere Macht, den Besitz oder Verlust an Gebiet, die europäische Stellung und Überlegenheit, sondern zugleich die innere Verfassung. Es kam darauf an, ob der Gedanke des Staates, seiner Einheit und Macht sich in einem unbeschränkt regierenden Könige und einem ohne Widerspruch vorwaltenden Minister darstellen oder unaufhörlich durch die entgegengesetzten Bestrebungen aristokratischer Autonomie in seiner Aktion gehemmt werden sollte. Die Idee der Einheit vereinigte sich nun mit den Notwendigkeiten der Kriegsführung. Denkt man sich in beiden Monarchien ein aristokratisches Regiment vorwaltend, so würde der Zustand des alten Europa und der Friede erhalten worden sein. Noch ausgesprochener als Philipp IV. und Olivarez in Spanien hatte in Frankreich Kardinal Richelieu die vereinigten Tendenzen der äußeren Machterhebung und der Allgewalt im Innern ergriffen. Seit dem Ausbruch des Krieges hatte man erlebt, daß die monarchisch-kriegerischen Bestrebungen in dem einen an den Gegnern derselben, den Vorfechtern der aristokratischen Unabhängigkeit in dem anderen Unterstützung fanden.

Eben daher waren die Unglücksfälle von Spanien entsprungen, weil die Teile, aus denen es bestand, doch nicht zusammenwirkten, sondern abgesonderte Landschaften blieben, die dem konzentrierten Anfall der Franzosen nicht gewachsen waren. Die Regierung des Grafen Haro war nicht geeignet, diesem Übel abzuhelfen; sie gab vielmehr den aristokratischen Elementen noch einen freieren Spielraum. Aber lag nicht auch darin eine wirksame Kraft? Denn noch war die herrschende Autorität in Frankreich nicht so weit entwickelt, daß sie aller Elemente des Staatslebens mächtig gewesen wäre. Ein Fremder, wie Mazarin war, mußte an den französischen Großen auch Widerstand finden. Und noch ein anderes allgemeines Verhältnis kommt in der Regel bei den Kämpfen zweier großer Potenzen zutage. In der einseitigen Übermacht liegt ein Motiv des Widerstandes aller anderen; der spanisch-österreichischen Macht, wie sie sich unter Ferdinand II. und in den ersten Jahren Philipps IV. entwickelte, war eben ein Gemeingefühl ihrer Unerträglichkeit entgegengetreten. Sollte ein solches sich nicht mit der Zeit auch gegen Frankreich und dessen bereits drückend werdende Übermacht regen? Die Stellung, welche Frankreich im Jahre 1646 einnahm, seine fortdauernden Erfolge bewirkten wieder, daß man an der spanischen Monarchie einen Rückhalt gegen dieselben zu finden meinte. Gerade bei denen, welche Olivarez hatte unterdrücken wollen, den Vereinigten Niederlanden, fand Graf Haro, als er eine solche Absicht aufgab, seinerseits wieder Unterstützung. Es war eine für Spanien unvermeidliche oder vielleicht rettende Handlung, daß sich Don Luis de Haro entschloß, mit den Vereinigten Niederlanden Frieden zu schließen. Auf den Bruch des zwölfjährigen Stillstandes war eine allgemeine Verwicklung, mit den mannigfachsten Unfällen begleitet, gefolgt. Schon lange unterhandelte Graf Peñaranda in Münster über einen Frieden, der im Januar 1648 zustande kam. Die Niederlande wurden als ein freier und unabhängiger Staat anerkannt; ihre Grenzen wurden nach dem damaligen Zustande, aber doch hauptsächlich, wie sie selbst es verlangten, festgesetzt; für ihren Handel nach beiden Indien wurden ihnen Zugeständnisse gemacht, welche ihre Freiheit wenig beschränkten, wofern nur die spanischen Besitzungen selbst gesichert blieben. Dabei ist weniger die Frage, was die spanische Monarchie vermochte, diese Bedingungen zu bewilligen, als wodurch die Holländer selbst bewogen worden sind, auf die Verhandlung einzugehen; es geschah in offenbarem Widerspruch mit den früheren Verträgen, die sie mit Frankreich geschlossen hatten. Aber die Besorgnis vor Frankreich war eben auch ihr Motiv dazu; sie hielten es, wie ihr Ausdruck ist, für unchristlich, einen Krieg fortzusetzen, der ihnen nicht weniger gefährlich sei als denen, die man bekämpfe. Auch in Italien kam den Spaniern der sich regende Gegensatz gegen die Franzosen zustatten.

In Neapel hätte Mazarin gewünscht, Adel und Volk zugleich für sich zu gewinnen und zum Abfall anzureizen. Es war aber nur das Volk, welches sich empörte, und da es hierbei zugleich einen Anlauf gegen die Geld besitzenden Klassen und besonders den Adel nahm, so erfolgte, daß diese sich wieder der alten Regierung näherten und die Herstellung derselben möglich machten. Mehr als alles andere aber kam den Spaniern eine innere Bewegung in Frankreich zu Hilfe. Die hohe Aristokratie widersetzte sich noch einmal der Aufrichtung der monarchisch-ministeriellen Gewalt, wie sie Richelieu und Mazarin angestrebt hatten. Durch die Unruhen der Fronde, welche nun ausbrachen, wurden die Franzosen nicht allein in sich selbst beschäftigt, sondern es bildete sich eine Partei, welche von den Spaniern unterstützt zu werden wünschte und die ihnen dagegen einen gleichmäßigen und gerechten Frieden zu verschaffen versprach, so daß sie hoffen durften, die Macht der Monarchie wiederhergestellt zu sehen. Unter diesen Umständen nahmen sie die toskanischen Presidios und Katalonien so gut wie Neapel wieder ein. In den wiedergewonnenen Landschaften zeigte sich in Rückwirkung gegen die versuchte Herrschaft von Frankreich ein kräftigeres, lebendigeres Zusammenhalten und Anschließen an die Monarchie.

Wäre das Deutsche Reich den Spaniern zu Hilfe gekommen und nicht besonders durch die Rücksicht auf Schweden gefesselt gewesen, so würde sich noch die Wiederherstellung der früheren Verhältnisse haben erwarten lassen. Aber nur eine kurze Zeit dauerte die Fermentation, welche die Fronde in Frankreich hervorrief. In der französischen Hauptstadt war man der Gewaltsamkeiten eines ungeordneten Zustandes gar bald müde geworden. Der Verbündete der Spanier, der große Condé, mußte Paris verlassen, Mazarin zog wieder daselbst ein: der junge Ludwig XIV. wurde allmählich Herr in seinem Reiche.

Damit stellte sich jedoch das frühere Übergewicht Frankreichs über Spanien noch nicht wieder her. Es kam zu jenem Kampf der Kriegskunst und des Glückes, der durch die Namen Turenne und Condé unsterblich geworden ist. Condé führte die spanischen Heere; in dem Sinne der alten freien Vasallenmacht war er zu dem Gegner seines Königs übergegangen. Turenne stellte sich als der Vorfechter der königlichen Autorität nach innen und nach außen auf. Im Jahre 1654 belagerte Condé mit den Spaniern Arras, aber vergeblich. Sein vornehmster Ruhm war, daß er sein Heer ohne großen Verlust zurückzog. Im Jahre 1656 griffen die Franzosen unter Turenne Valenciennes an. Don Johann, der natürliche Sohn Philipps IV., und der Prinz von Condé an der Spitze ihrer Verbündeten entsetzen den Platz. Die beiden Monarchien hielten einander in offenem Kampfe noch einmal das Gleichgewicht.

Auch auf die großen auswärtigen Verhältnisse wirkte dies zurück. In Deutschland z. B. hatten die Spanier Anteil daran, daß Kaiser Leopold I. auf den Thron stieg, allen Gegenwirkungen der Franzosen zum Trotz; dagegen brachte Mazarin einen Bund deutscher Fürsten zustande, um es dem Kaiser unmöglich zu machen, den Spaniern zu Hilfe zu kommen; wie denn überhaupt in diesen Jahren noch ein merkwürdiges Gleichgewicht zwischen all den Kräften herrschte, aus welchen sich das System der europäischen Staaten zusammensetzte. Woher ist nun die Entscheidung gekommen? Die Antwort auf diese Frage ist: von England.

Von den beiden westeuropäischen Mächten, vor deren Verbindung einst Philipp II. hatte zurückweichen müssen, war die zweitmächtigste, England, noch nicht wieder ernstlich in den allgemeinen Kampf eingetreten. Die Politik des ersten Stuart war immer auf Freundschaft mit Spanien gerichtet gewesen. Wenn der zweite dann und wann davon abwich, so war doch seine Feindseligkeit nicht offen an den Tag getreten. Ihrerseits hatten die Spanier ihm jedoch niemals vergeben, daß er dem Ruin der Flotte Oquendos ruhig zugesehen hatte; sie widmeten seinem unglücklichen Schicksal keinerlei Teilnahme. Der englischen Republik, die dann eintrat, gegenüber bezeichneten sie es als ihre alte Maxime, die auch jetzt befolgt werden müsse, mit England in gutem Vernehmen zu stehen. Sie faßten sogar die Hoffnung, das damalige republikanische England werde in ihrem Kriege gegen Frankreich noch mit ihnen gemeinschaftliche Sache machen. Eine Erwartung, welche der momentane Zustand und Wechsel der politischen Beziehungen hervorrief. Sie zerfiel aber in nichts, als in England ein Mann an die Spitze trat, welcher die großen Anliegen der Nation mit Energie ins Auge faßte. Dadurch, daß Cromwell zur Gewalt in England gelangte, wurden die Verhältnisse Spaniens zu England in ein anderes Stadium zurückgeworfen; in bewußtem Gegensatz gegen die Stuarts nahm Cromwell die Politik der Königin Elisabeth wieder auf. Der Gegenstand des Streites zwischen England und Spanien betraf die Seeherrschaft, – einmal die Macht auf der See selbst, überdies aber den Anteil, den die Engländer bereits unter der Königin an den Ansiedlungen auf der anderen Hemisphäre nahmen. Noch immer wollten die Spanier, wie sie die Ansiedlungen in Virginien vernichtet hatten, keine englische Besitznahme in Westindien dulden; sie brachten die exklusiven Konzessionen, die ihnen von den Päpsten verliehen worden, auch den Engländern gegenüber in Erinnerung. Gerade diese Erinnerung aber mußte beitragen, das protestantische Selbstgefühl, das damals in vollem Schwunge war, zu entflammen. Cromwell hielt sich für berechtigt, die in jenen Regionen an den Engländern vollzogenen Gewaltsamkeiten durch einen Angriff auf das spanische Westindien zu rächen. Nicht Española, worauf er zunächst seine Absicht gerichtet hatte, aber Jamaica, welches zu einer englischen Ansiedlung noch besser geeignet war, brachte er in seine Hand; er begründete die Präponderanz der englischen Marine längs den amerikanischen Küsten; er erfüllte damit eine große historische Mission: denn erst hierdurch wurden die englischen Ansiedlungen in Nordamerika, die einmal eine Weltmacht ersten Ranges werden sollten, möglich gemacht. Dadurch aber geriet er mit den Spaniern in einen Konflikt, der ihn zur Teilnahme an dem französisch-spanischen Kriege, der in den Niederlanden ausgefochten wurde, antrieb. Ein Moment dafür war, daß Frankreich den Protestanten Milderungen in bezug auf die religiöse Haltung gewährte, welche Spanien versagte. Kardinal Mazarin ließ selbst französischen Protestanten, an deren Sache die Engländer populären Anteil nahmen, Erleichterungen und den ungestörten Bestand der ihnen gewährten Freiheiten zusichern. Es war die erste nachhaltige Einwirkung der protestantischen Welt auf die katholische, welche sich in Cromwell repräsentierte, als er sich gegen Spanien mit Frankreich verband. Auch das Schicksal von Portugal knüpfte sich daran; die Portugiesen wurden durch das Erscheinen einer überlegenen englischen Flotte an ihren Küsten genötigt, den Engländern in bezug auf die Religion die Zugeständnisse zu machen, die Spanien nicht gewährte. Portugal trat mit England in einen Bund, der für alle späteren Zeiten von der größten Wirksamkeit geworden ist.

Wenden wir unseren Blick von diesem für die maritime Herrschaft bedeutenden Erfolg auf den Kontinent zurück, so war Spanien der vereinigten Macht von Frankreich und England zu widerstreben unfähig. In den spanischen Niederlanden machte man sich darüber keine Illusion. Schilderungen ihres Zustandes liegen vor, in welchen der Umfang ihrer bisherigen Dienstleistungen und die Unmöglichkeit, dieselben fortzusetzen, erörtert wird: nachdem der Kredit des Königs erschöpft gewesen, sei man auf den Kredit der Provinzialstände zurückgekommen; nachdem auch dieser erschöpft worden, habe man den Kredit der Hauptstädte, der kleinen Kommunitäten und Dörfer, der Bischöfe und weltlichen Beamten, der Privatpersonen in Anspruch genommen; alles dies habe noch nicht genügt; man sei dann zu Antizipationen auf künftige Jahre geschritten, man habe die Magazine und Provisionen der Festungen für das Heer im Feld angewendet, und alles das habe sich nun allerdings sehr förderlich erwiesen, aber sei nicht weiter auszuhalten; den hervortretenden Mängeln habe man mit dem größten Eifer abgeholfen; jetzt aber fehle es in dem ganzen Körper und in jedem Glied an den nötigen Hilfsmitteln. Man vergleicht die Staatswirtschaft einem Handelshause, das noch immer ein ansehnliches Äußeres bewahrt habe, bei einem unvorhergesehenen Schlage aber auf einmal und vollständig zugrunde gehe.

Ein solcher Schlag erfolgte nun für Spanien und die Niederlande in der Schlacht an den Dünen. An die spanische Streitmacht hatten sich zugleich die Gegner Cromwells und Mazarins angeschlossen; sie unterlagen dem vereinigten Heere der französischen und englischen Regierungen. Dünkirchen geriet in die Hände der Engländer: die ganze flandrische Küste ging verloren. Und wie es zu geschehen pflegt, diese große Entscheidung hatte andere Unfälle zur Folge. Ein Unternehmen gegen Portugal, an welchem Don Luis de Haro selbst Anteil nahm (es war auf die Eroberung von Elvas abgesehen), mißlang vollkommen und verursachte die Entblößung von Estremadura. Don Luis wäre beinahe selbst gefangen worden. Es leuchtete ein, daß die Spanier den doppelten Krieg auf der Pyrenäischen Halbinsel und in den Niederlanden nicht einen Augenblick länger führen konnten, ohne sich einem allgemeinen Ruin auszusetzen; die Einkünfte in Spanien selbst waren auf viele Jahre im voraus aufgezehrt. Auch in Italien gewannen die Franzosen wieder Ansehen und schienen bereit zu sein, sich aufs neue auf Neapel zu stürzen.

Unter diesen Umständen entschloß sich Don Luis de Haro, die vornehmste Bedingung einzugehen, an welche die Franzosen ihre Einwilligung zum Frieden, den er vorschlug, knüpften: die Vermählung der ältesten Tochter des Königs mit dem König von Frankreich.

Schon längst war davon die Rede gewesen. Die Spanier hatten nicht darauf eingehen können, solange die älteste Tochter des Königs zugleich seine Erbin war. Als nun aber aus der zweiten Ehe Philipps IV. ein Sohn entsprungen war, dem die Sukzession zukam, trat diese Schwierigkeit zurück. Doch hielt man für notwendig, daß die Infantin auf ihre Ansprüche auf die Erbfolge in Spanien überhaupt Verzicht leistete; daß dies die eventuellen Rechte ihrer Nachkommen nicht auf immer vernichten würde, darüber täuschte man sich wohl nicht: allein das lag in weiter Ferne. Und zunächst bedurfte man vor allem des Friedens. Dieser fiel doch nicht so nachteilig aus, wie man hätte befürchten müssen. Die Höhe der Pyrenäen wurde als die Grenzscheide der beiden Reiche anerkannt; Katalonien kehrte, wiewohl nicht ohne Schmälerung, unter die Herrschaft von Spanien zurück. In Italien behielten sich die Franzosen Pinerolo vor. Übrigens wurden die alten Verhältnisse wiederhergestellt. Nur in den Niederlanden mußten sich die Spanier beträchtliche Beschränkungen ihres Gebiets gefallen lassen; jener Plan einer Verbindung zwischen Mailand und den Niederlanden hatte keine Stütze mehr in der Welt; er gehörte den Ideen von Weltherrschaft an, die nun vollkommen gescheitert waren.

Eine Bedingung jedoch wurde den Spaniern bewilligt, an die sie ihren Ehrgeiz und ihre Hoffnung für die Zukunft knüpften: sie betraf Portugal. Frankreich leistete Verzicht darauf, dieses Land zu unterstützen, und die Spanier meinten, nach anderen Seiten hin unbelästigt vom Krieg und mit einer Anstrengung aller Kräfte hier noch zu ihrem Ziele zu gelangen. Aber die Franzosen fühlten sich durch den Vertrag nicht vollkommen gebunden; was die Regierung offiziell vermied, wurde einem General verstattet, der es auf eigene Hand unternahm, aber insgeheim unterstützt wurde. Marschall Schomberg leitete den Widerstand, den die Portugiesen den verstärkten Kräften der Spanier entgegensetzten. Eine enge Familienverbindung des Hauses Braganza mit den Stuarts vermehrte dessen Ansehen. Schomberg mit den fremden Hilfsvölkern war es, welcher dem natürlichen Sohne Philipps IV., Don Johann, der bereits Evora genommen, im Jahre 1663 die große Niederlage bei

Almexial beibrachte. Zwei Jahre darauf ward auch der Marques de Caracena unter denselben Kombinationen, als er Villa Viçosa belagerte, bei Montesclaros vollkommen geschlagen. König Philipp IV. meinte in den Niederlagen den Willen Gottes zu erkennen. Anders war es nicht, als daß Portugal, von Spanien getrennt, eine Macht bildete, welche zu überwältigen Kastilien keine Hoffnung mehr hatte. Die spanische Monarchie trat definitiv in die Verhältnisse zurück, in denen sie vor der Eroberung von Portugal gestanden hatte, – allerdings auch in diese nicht ohne Verluste. Philipp IV., schon in den letzten Jahren körperlich herabgekommen, noch immer nicht ohne die äußere Tätigkeit eines Regenten, aber doch ohne innere Energie, verstarb 17. September 1665. Er war der Mann der hochfliegenden Entwürfe und fortdauernder Mißerfolge; man sagt, er war lebensmüde. Dennoch ward er auf das schmerzlichste vermißt; der zu seinem Nachfolger bestimmte Knabe zählte erst vier Jahre.

ZEHNTES KAPITEL

Regentschaft der Königin-Mutter

Noch immer bildete die spanische Monarchie ein herrliches Reich, über alle Erdteile ausgebreitet und in Europa im Besitz einer großen Stellung, da sie die katholischen Niederlande und sehr ansehnliche italienische Gebiete mit den alten spanischen Landschaften vereinigte, alles Länder erfüllt von alter Kultur, – keineswegs ohne Hilfsquellen der Macht, wenn sie nur zu einer Regierung gelangen konnte, welche fähig gewesen wäre, ihren Beruf zu erfüllen. Aber der großen Monarchie fehlte der Monarch. Und unmittelbar nach dem Tode Philipps IV. nahm man wahr, wie sehr sie eines solchen bedurft hätte. Ludwig XIV. dagegen, der in dieser Epoche als das Ideal eines Monarchen betrachtet wurde, zeigte gleich bei dem Tode seines Schwiegervaters, daß er durch die in dem Pyrenäischen Frieden gemachten Versprechungen sich nicht gebunden fühlte. Nicht als hätte er von Anfang an gedacht, den Knaben auf dem Thron, seinen Schwager, zu überwältigen und an dessen Stelle zu treten; er verfolgte fürs erste nur den seiner Stellung entsprechenden Gedanken, den Mazarin gehegt hatte, Frankreich so stark zu machen, daß es durch einen Angriff nicht gefährdet werden könne. Wenn er ein partielles Erbrecht seiner Gemahlin, so zweifelhaft es auch sein mochte, zur Geltung zu bringen suchte und unter diesem Vorwande in den Niederlanden einrückte, so war doch seine Absicht nicht eben die, Plätze sich anzueignen, auf welche er Anspruch machen konnte, sondern diejenigen, welche ihm zu seinem Zwecke am notwendigsten waren. Die Spanier hatten keine Ahnung von seinem Vorhaben; sie waren eben mit der Schleifung der Grenzplätze beschäftigt, die sie für unnötig hielten: so sicher bauten sie auf die Freundschaft Ludwigs, als dieser sie angriff und die Plätze in Besitz nahm. Dabei zeigte sich nun sogleich die große Wendung der Dinge. Die spanische Monarchie war so wenig geeignet, diesen Kampf zu bestehen, daß andere Mächte es übernehmen mußten, ihre Sache zu führen. Zwischen Holland, England und Schweden kam jene Tripelallianz zustande, welche dem Umsichgreifen eines Eroberers in der Mitte von Europa zu steuern den Vorsatz faßte. In ihrer Absicht lag es nicht, alle von Ludwig XIV. eingenommenen Plätze demselben wieder zu entreißen; aber sie setzte fest, daß ihm Widerstand geleistet werden solle, wenn er noch einen Schritt weiterzugehen unternehme. Wenn man früher die spanische Monarchie gefürchtet hatte, so war jetzt ihre Erhaltung ein politisches Bedürfnis für Europa; sie hatte die Pflicht, dazu mitzuwirken. Aber auch dazu gehörte eine in sich selbst festbegründete Regierung. Ob eine solche gebildet werden könnte, war aber nicht außer Zweifel. Die inneren Gärungen, die hierüber in Spanien eintraten, würden die Aufmerksamkeit eines Fremden und der Nachwelt nicht fesseln, wenn dieselben nicht mit den großen Angelegenheiten von Europa verflochten wären. Doch bieten sie auch an sich insofern ein gewisses Interesse dar, als sie mit dem bisherigen Gange der Dinge auf das engste zusammenhängen.

Es ist die Geschichte einer Dynastie, welche, nachdem sie mehr als ein Jahrhundert hindurch fast die größte Rolle gespielt hat, allmählich zu Ende geht. Philipp IV. hatte in seinem Testament seiner Gemahlin Maria Anna von Österreich die Regierungsautorität hinterlassen. Der Junta de Gobierno, die er ihr zur Seite setzte, hatte er nur ein konsultatives Votum bewilligt, aber der Regentin angeraten, sich ihrer Ratschläge besonders in den auswärtigen Angelegenheiten zu bedienen; er hatte die Inhaber der großen Stellen zu Mitgliedern derselben bestimmt.

Anfangs schien die Junta nur wenig zu bedeuten. Wie früher bei dem König, so erschien jetzt bei der Königin der Sekretär del Despacho universal und legte ihr die Beschlüsse der verschiedenen Consejos vor. Die meisten nahm sie ohne weiteres an, einige wies sie zur Begutachtung an die Junta. Es ließe sich denken, daß die Regierung auf diese Weise in dem gewohnten Stil des spanischen Königtums weiter fortgegangen wäre, hätte die Königin nur eine Persönlichkeit von Bedeutung und Gewicht neben sich gehabt, um sie zu unterstützen: denn am Tage lag, daß sie so allein den Regierungsgeschäften nicht gewachsen sei. Der einzige Mann, zu dem sie Vertrauen hatte, war nun aber ihr Beichtvater, Nithard.

Eberhard Nithard war aus Steiermark gebürtig, und es ist immer behauptet worden, daß seine Eltern Protestanten gewesen seien; er selbst sei in diesem Glauben aufgewachsen, habe dann die Waffen getragen, und erst hierauf sei er in den Jesuitenorden getreten. Nach einigen Lehrjahren erschien er mit Beifall auf dem Katheder jesuitischer Kollegien. In dem Verhältnis, in das ihn dann der Kaiser zu seiner Tochter setzte, gewann er deren unbedingtes Vertrauen; er führte ihre Korrespondenz mit dem Kaiser und den deutschen Fürsten und betrug sich, als wenn er zu dem Haushalte gehöre. Man sah ihn in den Gemächern der Königin, seine Kappe auf dem Kopf; er aß und trank daselbst. Alle Tage vor der Messe hatte er jetzt Gehör bei der Gebieterin, und es zeigte sich sofort, daß er den größten Einfluß auf die Geschäfte ausüben würde.

Nicht durch eigene Vorliebe der Regentin aber, sondern ausdrücklich auf den Rat des Präsidenten von Kastilien geschah es, daß Nithard zu dem in Spanien unendlich wichtigen Amte des Großinquisitors gelangte. Und kein Neuling in den Staatsgeschäften war Pater Nithard; er hatte schon unter Philipp IV. an der Administration der Finanzen teilgenommen; die Errichtung einer Junta zur Erleichterung der Untertanen muß ihm seiner eigenen Erzählung zufolge zugeschrieben werden, sowie der Plan, die verschiedenen Imposten durch eine einzige Auflage zu ersetzen.

Auch auf Ersparnisse in den Ausgaben nahm er Bedacht. Er wollte die Besoldungen der Beamten des königlichen Haushaltes, die Gnaden und Entschädigungen, die den Ministern und höheren Staatsbeamten zuteil wurden, ermäßigen und widersetzte sich der Beschlagnahme des aus Westindien kommenden, Privatleuten angehörenden Goldes, weil der Handel mit anderen Nationen dadurch und in dem Inneren die Subsistenz einer großen Anzahl von Menschen, die von dem Umlauf dieses Geldes abhängen, erschwert werden würde.

Diese Maßregeln konnten ihn nicht beliebt machen. Und die größte Neuerung lag doch darin, daß der Mann, der die Regierungsgewalt der spanischen Monarchie in die Hand nahm und das Talent hatte, sie geltend zu machen, ein Fremder war. Sein Verhältnis zu der Königin war ein ähnliches, wie Lerma, Olivarez, Haro unter ihren Vorgängern gehabt hatten; aber es wurde dadurch noch umfassender, noch absoluter, daß Pater Nithard zugleich die Stelle eines Beichtvaters bekleidete. Man müßte sich verwundern, wenn sich hierüber keine Antipathien geregt hätten: denn wenn Haro sowohl wie Lerma ihre Autorität nur dadurch behauptet hatten, daß sie mit den Granden und der Hierarchie der Administration in enger Verbindung standen, so daß sie sich auf dieselben stützen konnten, so fehlte dieser Rückhalt dem Pater Nithard vollkommen; er war bei weitem isolierter, als Olivarez, mit dem man ihn überhaupt nicht vergleichen könnte, gewesen war. Zu den Mißvergnügten gehörten einige Granden, die es nicht hatten erlangen können, in die Junta aufgenommen zu werden, namentlich die Herzöge von Medina und Montalto. Aber die Opposition erhielt erst dadurch ihren Charakter, daß der natürliche Sohn Philipps IV., Don Johann, an ihre Spitze trat; er hatte nach hohen Ämtern, besonders dem eines Präsidenten der Finanzen getrachtet, aber es nicht erlangt; auch deshalb nicht, weil man nicht wünschte, daß er die Königin zu oft sehen möchte. Ihre Freunde fürchteten eine böse Nachrede hiervon. Sie selbst hat ihm von jeher Abneigung bewiesen. Sein persönliches Verhalten gab überhaupt viel zu reden; zu allgemeinem Ärgernis erschien er auf den großen Versammlungsplätzen des Hofes und der Stadt in Begleitung verheirateter Damen in stolzestem Aufzuge. Er galt für habsüchtig und ausschweifend. Alles das aber hinderte nicht, daß er nicht Anhänger in Menge gefunden hatte, als er sich dem Pater Nithard offen zu widersetzen unternahm; er verbot ihm, Wohnung in der Stadt zu nehmen. Don Johann sagte, es könne ihn nicht befriedigen, daß er Mitglied des Staatsrates geworden sei: denn da müsse er neben Pater Nithard sitzen, den er als seinen Feind zu betrachten allen Grund habe und der nur daran denke, ihn aus Spanien zu entfernen.

Zwischen beiden kam es zu Reibungen, die allmählich zu offenen Feindseligkeiten anstiegen. Don Johann behauptete: und man glaubte es ihm, Nithard trachte ihm nach dem Leben. Ihm gab Nithard ähnliche Beschuldigungen zurück.

Durch diese Umstände wird es erklärlich, daß die Spanier dem französischen Angriff auf die Niederlande keinen Widerstand entgegensetzten. Don Johann hatte sich geweigert, die Anführung der Truppen, die man ihm antrug, zu übernehmen; die drohende Haltung von Portugal, das von Frankreich und bald darauf auch von England unterstützt wurde, führte ebenfalls nur dahin, daß man auf einen definitiven Frieden mit dieser Macht dachte, deren Unabhängigkeit jetzt ebensogut anerkannt wurde wie einst die Unabhängigkeit der Niederlande. Soviel man weiß, waren weder die Königin noch Pater Nithard für den Friedensschluß mit Portugal oder den Frieden von Aachen. Allein die Granden waren dafür: denn die Kriege mußten eine Verstärkung der Staatsgewalt herbeiführen, die ihnen nicht angenehm sein konnte. Aber indem die Königin und ihr Beichtvater nachgaben, gewannen sie doch die Stimmung der Spanier nicht für sich.

Auch dadurch machte sich diese Regierung verhaßt, daß sie einige Hinrichtungen, deren Grund man nicht einsah, verhängte. Als Don Johann vernahm, daß der Bruder seines Sekretärs eingezogen worden sei und man auch ihn in Consuegra aufzuheben gedenke, so billigte es jedermann, daß er sich aus dem unmittelbaren Bereich dieser Gewalt nach Katalonien zurückzog. Ohne Zweifel hätte er zu fürchten gehabt. Auf die Königin hat es Eindruck gemacht, daß ihr das Horoskop Don Johanns zu Händen gekommen war, demzufolge ihm sehr weitreichende Absichten beigemessen wurden; man nahm an, er suche sich der höchsten Gewalt selbst zu bemächtigen. Der französische Gesandte findet es gerechtfertigt, daß Pater Nithard ihn entfernt zu halten suche, weil er dem König gefährlich werden könne. In dem Kampfe, der sich nun entspann, wurden zunächst heftige Streitschriften, voll von gegenseitigen Anklagen, gewechselt. Man hat einen Brief Don Johanns an die Königin, in der er auf die Entfernung des giftigen Basilisken an ihrer Seite dringt. Aber der Streit reichte weit über persönliche Mißverhältnisse hinaus; er betraf die Unabhängigkeit der obersten Regierung, die sich in einem Fremden zur Seite einer Regentin noch stärker hervorhob als früher unter dem König und einem der Nation angehörigen Günstling.

Nithard scheint gehofft zu haben, daß die Consejos, besonders der Rat von Kastilien, sich für ihn erklären würden. Allein auch in diesen griff die nationale Abneigung gegen den Fremden, der alles regieren wolle, um sich. Sie rieten zuerst der Königin, sich mit Don Johann zu verständigen, und in der Tat ließ sie denselben wissen, daß er sich zu diesem Zwecke dem Hofe nähern möge. Don Johann meinte, er dürfe dies nicht wagen ohne ein starkes bewaffnetes Geleite, solange Nithard noch in der Nähe der Königin sei, und leicht ward es ihm, in den Provinzen der Krone Aragon, wo sich die Gefühle der alten Selbständigkeit seiner Sache anschlossen, ein solches zusammenzubringen. Als er von Barcelona nach Saragossa kam, ward er mit einer Begeisterung, wie sie unerhört war, empfangen. Die Kundgebung des Volkes, das ihn als seinen Protektor bezeichnete, war mit Verwünschungen gegen den Jesuiten gemischt. Je mehr aber Don Johann sich den kastilischen Grenzen näherte, um so mehr wuchs auch die Aufregung in Kastilien. Im Namen des gesamten Adels erklärte sich der Herzog von Alba gegen Nithard, der gleichsam als ein Usurpator dessen betrachtet wurde, was durch Geburt und Verdienst den Edelleuten des Landes gehöre. Die Freunde Nithards hatten daran gedacht, Madrid zu seinem Schutze zu bewaffnen; dies würde leicht zu einem blutigen Kriege zwischen den Truppen der Regierung und den Anhängern Don Johanns geführt haben. In dieser Gefahr sind die Consejos zu der Äußerung fortgeschritten, daß Nithard entfernt werden müsse. Dieses erschien allmählich jedermann als die einzig mögliche Auskunft; auch der päpstliche Nuntius war dafür. Da Don Johann, der nach Torrejon de Ardos gelangt war, darauf bestand, daß es unverzüglich geschehe, so wurde das zur unausweichlichen Notwendigkeit. Am 25. Februar 1669 versammelte sich der ganze Hof, verschiedene Kreise bildeten sich; in allen war man der Meinung, daß es geschehen müsse. Schon war die Stadt in der äußersten Aufregung. Man fürchtete, besonders infolge jenes Versuches einer Bewaffnung, einen Zusammenstoß in Madrid selbst, eine allgemeine Plünderung. Noch einmal versammelte sich die Junta de Gobierno. Auch Nithard wollte sich zu dieser Versammlung begeben, und schon war sein Wagen angespannt. Der Nuntius hielt ihn jedoch aus Besorgnis, daß ihm unterwegs Gewalt geschehen dürfe, zurück; auch der Präsident von Kastilien erschien nicht in der Sitzung der Junta. Eine ungeheure Masse Volkes versammelte sich, um zu vernehmen, welches der Beschluß der Junta sein würde. Der Herzog von Infantado und noch ein anderer Großer stellten den anwesenden Mitgliedern der Junta die Notwendigkeit vor, dem allgemeinen Wunsche nachzugeben. Diese faßte den Beschluß, daß die sofortige Entfernung des Paters Nithard für die Wohlfahrt und Ruhe des Reiches notwendig sei: denn auch in ihrem Schoße regte sich Abneigung und Eifersucht gegen ihn. Ein Dekret ward abgefaßt, welches dem Jesuiten seine Entlassung in milden Formen, aber auf das bestimmteste ankündigte; der Sekretär der allgemeinen Ausfertigungen legte es der Regentin zur gewohnten Stunde nach ihrem Mittagessen vor; sie unterschrieb es mit vieler Haltung: denn, so sagte sie, sie wünsche zu tun, was dem Staate nützlich sei und nichts anderes.

Wenn die Consejos diese Haltung nahmen, nach und nach alle, zuletzt selbst die Junta de Gobierno, im Gegensatz gegen die wohlbekannte Meinung der Königin, so liegt darin ein bedeutender historischer Moment in dem Gange der spanischen Angelegenheiten. Philipp IV. hatte seiner Gemahlin die absolute Gewalt zu hinterlassen gemeint und selbst der Regierungsjunta nur eine beratende Stimme eingeräumt; jetzt aber ward die Königin erinnert: es sei in Spanien nicht herkömmlich, daß ein Fürst die Stimme der Ratskollegien vernachlässige.

Nach der Entfernung Nithards hatten die Junta und der Staatsrat wieder unbedingte Autorität.

Man bemerkte, daß die Mitglieder derselben keineswegs immer einerlei Meinung waren. Die Königin neigte sich bald zu dem einen, bald zu dem anderen. Den gewöhnlichen Geschäften gesellte sich gar bald ein außerordentlicher Gegenstand der Deliberation hinzu, als Ludwig XIV. die Republik Holland, der er die Politik des Widerstandes, die den Frieden von Aachen herbeigeführt hatte, nicht vergeben konnte und sie mit einem Krieg überzog, welcher der Republik beinahe ein Ende machte. Niemand bezweifelte, daß das Unglück derselben auch auf Spanien zurückwirken werde. Aber darüber, ob man die Partei derselben ergreifen sollte, waren die Spanier doch sehr zweifelhaft. Graf Peñaranda, der den Frieden zu Münster geschlossen hatte und die zunehmende Schwäche der Monarchie genau kannte, erklärte sich gegen jede Teilnahme; seine Meinung war, man müsse der Sache zusehen, bis irgendein Ereignis den Siegeslauf des Königs von Frankreich Einhalt tue; aber er zerfiel dadurch mit den Kriegsleuten, die zu einer Aktion, bei welcher sie sich hervortun könnten, zu schreiten wünschten. An deren Spitze stellte sich dann der Marques von Castelrodrigo, der den Frieden von Aachen mit einer auf einen anderweiten Krieg berechneten Limitation zustande gebracht hatte; er hatte den weitausgreifenden Ehrgeiz Ludwigs XIV. kennengelernt und war durchdrungen davon, daß sich in Europa ein Bündnis gegen ihn werde zustandebringen lassen. Bei der Königin walteten die Antipathien gegen Frankreich von jeher vor. So wurde der Beschluß gefaßt, den Gobernador der Niederlande, Monterey, zur Teilnahme für Holland zu ermächtigen. Mit Freuden nahm Ludwig XIV. den Handschuh auf, den ihm die Spanier hinwarfen. Diese aber hatten jetzt noch mehr als früher die öffentliche Meinung für sich, und es gelang ihnen, die alte Allianz mit Kaiser und Reich, die eine Zeitlang unterbrochen gewesen, wiederherzustellen. Auch einiges Geld brachten sie auf infolge der geistlichen Gnaden, die ihnen der Papst bewilligte, so daß sie Subsidien zahlen konnten. Der Kurfürst von Brandenburg selbst, der mit den Niederlanden in Bund trat, mußte sich in seinem Lager die Kontrolle der Spanier, welche, verbündet mit Holland, ihm Subsidien zahlten, gefallen lassen. Dem König von Frankreich wurde wirklich in seinen Unternehmungen Einhalt getan; nur den Spaniern selbst erwuchs daraus kein Vorteil. Ludwig XIV. nahm die freie Grafschaft ein, die sie durch die Beobachtung der Privilegien an sich gefesselt hatten, und griff sie in Sizilien an, wo ihn das Mißvergnügen der Stadt Messina unterstützte. Es fehlte den Spaniern an den Mitteln, die dazu erforderlich gewesen wären, diesen Aufstand zu ersticken. Die Franzosen besiegten selbst die spanisch-holländische Flotte und wurden Meister des Mittelmeers. Don Johann, damals in Saragossa, lehnte es ab, das Generalvikariat von Italien, das man ihm zudachte, zu übernehmen: denn er hielt an der Aussicht fest, in Spanien selbst zur Gewalt zu gelangen.

Im Laufe der letzten Jahre hatte sich ein alter Vertrauter des Paters Nithard, Don Fernando de Valenzuela, durch Jugend, Talent und Applikation empfohlen, in den Besitz der Gnade der Königin gesetzt und war durch die Vermittlung der Staatsgeschäfte zwischen den Behörden und der Königin zu einem Einfluß gelangt, der ihn als Meister und Herrn der Regierung erscheinen ließ. Im Frühjahr 1676 war er am Hofe allmächtig; er war zum Marques von Villasierra ernannt worden: Valenzuela bewohnte die dem Infanten gehörigen Gemächer und besuchte den König, dessen Gnade er ebenfalls besaß, zweimal des Tags, ohne viel Zeremonie; man meinte, daß er so viel zu sagen habe wie einst Luis de Haro; er schien selbst noch mehr Kredit zu haben als dieser; alle Gnaden hingen von ihm ab. Seine Feinde, zu denen Don Juan und Graf Monterey gehörten, wurden entfernt. Die fremden Gesandten suchten ihn in seiner Wohnung, ja wenn er von Unpäßlichkeit befallen oder solche nur vorgebend, um Zeremonien zu vermeiden, auf seinem Bette liegenblieb, auch da auf.

Kaum kann man es bei der soliden und frommen Gesinnung der Königin – sie galt allgemein für weise und erfahren – begreifen, daß sie eine solche Gewalt in ihrer unmittelbarsten Nähe sich bilden ließ; sie erweckte damit aufs neue den Widerwillen der Granden, der sich nicht allein gegen den Günstling, sondern gegen sie selbst richtete.

Im Sommer 1676 wandten sich eine Anzahl von Granden an Don Johann, doch konnten sie sich nicht ganz mit ihm verständigen, weil sie jede Manifestation vermieden, die ihnen als empörerisch hätte ausgelegt werden können. Allein Valenzuela war mit seiner Stellung noch nicht zufrieden; nachdem er so manche Gnade für andere ausgewirkt, so faßte er auch für sich selber eine solche ins Auge, durch die er in den höchsten Rang, den man in Spanien kannte, einzutreten wünschte. Man sagt, seine vorsichtige Gemahlin, eine frühere Kammerfrau der Königin, habe ihn gewarnt, aber vergeblich. Ein Zufall kam seinen Wünschen zu Hilfe. Einst auf der Jagd streifte ihn eine Kugel des Königs durch dessen Unachtsamkeit; die Verletzung war sehr leicht; aber Karl II. hielt es doch für seine Pflicht, ihn in seinen Gemächern aufzusuchen. Seine Gnade für den Günstling wuchs, da er ihn zufällig verletzt hatte. Unter der Aufwallung dieser Gefühle wurden alle Rücksichten beiseite gesetzt, die von einer weiteren Erhebung Valenzuelas hätten abhalten können; den Tag darauf wurde Don Fernando de Valenzuela die Ehre der Grandeza zuerkannt, und wenige Tage darauf in den Zimmern des Königs die Zeremonie dieser Erhebung vollzogen. Selbst die höchsten Staatsbeamten waren mit dieser Erhebung, die sie monströs fanden, unzufrieden; vollends aber die Granden; sie wollten einen jungen Mann, der seine niedere Herkunft durch keine ausgezeichneten Verdienste hatte vergessen machen, nicht in ihren Rang aufnehmen. Die Granden, beinahe sämtlich, und eine Anzahl anderer vornehmer Edelleute ließen eine mit ihren Unterschriften versehene Aufforderung an Don Johann gelangen, nur in die Nähe von Madrid zu kommen; hier würde er von ihnen empfangen und in die Stadt geleitet werden. Sie schickten ihm eine Summe Geldes, um sich mit bewaffnetem Gefolge nach Madrid in Bewegung zu setzen.

Die Überlieferung ist, schon durch das Gerücht und die in dessen Folge ausgebrochene Bewegung in Madrid sei die Königin bewogen worden, auch ihrerseits die Berufung des Don Johann zu billigen. Eine andere Meinung war damals, dies sei noch nicht die Absicht der Königin gewesen; sie habe Truppen zusammenbringen und sich unter deren Geleit nach Segovia zurückzuziehen und daselbst zu behaupten gedacht; wohl habe sich Valenzuela nach dem Escorial entfernt, aber in der Hoffnung, daß diese entgegengesetzte Kombination gelingen und ihm die Möglichkeit verschaffen würde, wieder zurückzukehren: denn sonst würde er leicht entfliehen und sich habe retten können. Allein diese Kombinationen mißlangen; der Abfall war allgemeiner, als man vermutet hatte; selbst die Freunde der Königin wünschten eine Veränderung. Wir werden sogleich der Konvention gedenken, die zwischen den Granden zu dem Zweck geschlossen war, die Königin-Mutter von dem König zu trennen und Don Johann ihm an die Seite zu stellen. Wörtlich so geschah es.

Don Johann ließ erst einige Trupps seiner Soldaten einzeln nach Madrid gehen; seinem Einzuge setzte sich hierauf nichts mehr entgegen; er ward mit allgemeiner Freudenbezeigung empfangen. Von dem Könige, der als sein Gönner erschien, begleitet, besuchte er die Kirche Unserer Frau von Atocha. Valenzuela wurde im Escorial ergriffen, vor ein Gericht gestellt, das ihm später seine Titel absprach und ihn nach den Philippinen verwies.

Don Johann ward damals zum ersten Minister und Präsidenten aller Consejos ernannt. Die vornehmsten Beamten der Krone und die auswärtigen Minister bezeugten ihm ihre Verehrung. Der Königin-Mutter wurde freigestellt, die Stadt in Spanien zu wählen, wohin sie sich zurückzuziehen gedenke. Eine Zeitlang weigerte sie sich, den Palast zu verlassen und ihn auch nur mit Buen Retiro zu vertauschen. Endlich entschloß sie sich, Toledo zu wählen, wo der Alkazar für sie eingerichtet wurde. Man sagt, sie habe ihr Unglück tief gefühlt; unter ihren Freunden habe sie sich für die unglücklichste Frau der Welt erklärt; äußerlich zeigte sie sich unerschüttert und heldenmütig; man widmete ihr, der Tochter und Schwester von Kaisern, der Frau und Mutter von Königen, wie sie nach langer Regierung der Monarchie, mit geringem Geleit nach dem entfernten Schloß zog, die Teilnahme nicht allein des Mitleids, sondern auch der Bewunderung.

Eben diese dynastischen Beziehungen der Regentin gaben ihrem Sturz, der doch eigentlich nur durch eine innere Bewegung veranlaßt wurde, eine große Bedeutung für die auswärtigen Verhältnisse; das Bündnis mit Österreich, auf welchem die damalige Politik beruhte, wurde aufs tiefste erschüttert.

Als von der Entfernung der Königin zuerst die Rede war, hatte der kaiserliche Gesandte einem der vornehmsten Granden, dem Herzog von Alba, gesagt, sie werde dem Kaiser Leopold mißfallen. Alba antwortete mit Beschwerden über die Politik des Kaisers, den Spanien, so sagte er, zum Kaiser gemacht habe und der dagegen wenig Dankbarkeit beweise; der Kaiser suche das Deutsche Reich zu regieren; so seien sie gemeint, die Regierung der spanischen Monarchie zu führen.

ELFTES KAPITEL

Karl II. und seine Minister

Die Regierung der Monarchie, wie sie unter Philipp II. eingerichtet worden, setzte eine starke und selbstbewußte höchste Gewalt voraus: nur in dem König repräsentierte sich das Recht und die Einheit der Staatsgewalt. Wenn nun aber die Könige nicht allezeit fähig sein konnten noch auch waren, die Regierung selbstherrschend zu führen, so lag alles an der Bildung eines Ministeriums von allgemeiner Autorität zu ihrer Seite; es bedurfte dazu eines Mannes, der zugleich Günstling des

Königs und erster Minister war; seine Gewalt mußte sich mit der des Königs gleichsam identifizieren. Eine solche Stellung, die man mit dem Worte Valimiento bezeichnete, hatte der Herzog von Lerma innegehabt, nach ihm Olivarez, nach diesem Luis de Haro; in eigentlich monarchischem Sinne hatte sie Olivarez zur Geltung gebracht, die beiden anderen mehr in aristokratischem. Die Regierung der Königin-Mutter bildet dadurch für Spanien eine entscheidende Epoche, daß es ihr nicht gelang, einen ersten Minister der bezeichneten Art am Ruder zu erhalten. Weder Nithard noch Valenzuela konnten es zu einem Ansehen bringen, dem die Aristokratie sich unterworfen hätte; ihr Sturz war ein Werk der Granden. Die Verbindung, welche die Granden zum Sturze Valenzuelas beschlossen, reichte doch über diesen nächsten Zweck hinaus; sie schrieben alles Unheil, von dem die Monarchie betroffen wurde, den Ratschlägen der Königin-Mutter zu, die man von Seiner Majestät dem Könige, dessen Autorität sie mit großer Verehrung betonten, trennen müsse. Zugleich maßten sie sich an, den Mann zu bezeichnen, der an die Seite des Königs zu treten habe. Die Urkunde ihrer Verbindung beweist doch, daß sie ein lebendiges Gefühl davon hatten, was sie unternahmen; sie erklärten nicht allein alles für null und nichtig, was gegen ihr Vorgehen von seiten des Hofes gesagt und verordnet werden könne: denn es laufe gewiß dem realen und wahren Willen des Königs entgegen. Bei ihrer Ehre und ihrem ritterlichen Worte verpflichteten sie sich, ihre Person, ihr Hab und Gut und alles, was von ihnen abhängt, dagegen einzusetzen; überdies aber versprechen sie einander, wenn jemand der geschlossenen Verbindung wegen angegriffen werde, so wollen sie das als ihnen allen insgemein geschehen betrachten und dem, der angegriffen wird, mit vereinten Kräften zu Hilfe kommen. – Ich weiß nicht, ob ich irre, wenn ich dies Beginnen als eine Art von Umwälzung des bisherigen Systems ansehe. Die Autonomie der höchsten Gewalt wird dadurch nicht allein geschmälert, sondern eine Allianz der Vornehmsten wird geschlossen, wie sie in den Niederlanden den Unruhen vorausgegangen war; und auch anderwärts bei großen aristokratischen und auch popularen Erhebungen vorgekommen ist. Auch die spanischen Granden unterscheiden das, was im Namen des Königs ausgesprochen wird, von seinem realen wirklichen Willen. Sie nehmen ein Recht des Widerstandes unzweifelhaft in Anspruch; sie machen selbst eine gegenseitige Pflicht daraus.

Schon unter Philipp II. ist als eine Gefahr für die Monarchie bezeichnet worden, daß eine Minderjährigkeit eintreten könne, hauptsächlich wegen der Rivalität, die unter den Granden herrsche. Aber nicht allein ihre Rivalität, sondern auch ihre Übereinstimmung war, und selbst noch mehr in einem solchen Falle, zu fürchten, wie sich jetzt herausstellte. Es war doch eine Veränderung von größter Tragweite, daß nicht die Könige selbst, sondern die Granden, mehr oder minder vereinigt, über das Ministerium verfügten. Alles griff hier ineinander. Der Nerv der Monarchie lag in ihrer auswärtigen Macht, in ihrer universalen Weltstellung. Aber diese ließ sich nicht behaupten, wenn der Impuls der Verwaltung nicht mehr von dem Monarchen ausging. Mit Notwendigkeit erhoben sich dann die partikularen Interessen, wie in den übrigen Provinzen, so zuletzt auch in Kastilien selbst. Vor allen anderen Momenten hat diese Erhebung der Granden auf die späteren Geschicke der Monarchie eingewirkt.

Die europäische Stellung Spaniens wurde davon unverzüglich berührt; denn bei dem Übergewicht, welches Frankreich auszuüben begann, lag alles daran, ob Spanien die auch jetzt wieder ergriffene Politik, sich demselben zu widersetzen, behaupten oder aufgeben werde. Schon lange aber war man dort dieser Politik müde; sie erforderte große Geldsummen, die aber doch zu dem Zweck nicht hinreichten, und führte nur Nachteile für Spanien selbst herbei. Wie sich in der Regierung der Königin-Mutter die alte Verbindung der beiden Linien des Hauses Österreich darstellte, so kam nun in der von den Granden herbeigeführten Autorität des Don Johann eine Abweichung von dieser Familienallianz zutage. Die Königin hatte die Vermählung ihres Sohnes mit einer Erzherzogin in aller Form eingeleitet; eine solche war bereits den fremden Höfen angekündigt. Don Johann trug kein Bedenken, diesen Pakt zu zerreißen und den Gedanken aufzunehmen, der im Laufe des Krieges zuerst in Holland geäußert worden war, den der Vermählung des Königs von Spanien mit einer französischen Prinzessin; er durfte, wie einleuchtet, dem österreichischen Einfluß, der seine Feinde begünstigte, nicht weiter Raum gestatten. Zu großem Vorteil gereichte ihm jedoch diese Verbindung nicht. Bei der Friedensunterhandlung von Nymwegen sah er sich schon darum, weil er die Waffen nicht weiterführen konnte, genötigt, in die Bedingungen zu willigen, welche Ludwig XIV. aufstellte, so empfindlich auch die Verluste waren, welche die Monarchie dabei litt. Spanien mußte auf der einen Seite das alte burgundische Erbland, auf der anderen alle die Bollwerke, durch welche die Niederlande noch gegen Frankreich verteidigt worden waren, aufgeben. Dieser Friede war es, der Spanien des Ranges, den es bis dahin behauptete, eigentlich beraubt hat. Don Johann hatte sich mit der Hoffnung geschmeichelt, Ludwig XIV. werde sich zur Herausgabe einiger von seinen Eroberungen als Mitgift der Prinzessin verstehen. Wie ferne lag das aber diesem Fürsten, der bei dem Frieden eine Befestigung seines Reiches auf immer zu bewerkstelligen beabsichtigte und noch weitere Gebietsausdehnungen damit begründet zu haben meinte. Wenn der erste Don Johann, der Sieger von Lepanto, sich mit der Idee der Monarchie durchdrungen hatte, so hat der zweite, welcher weder in Flandern noch auch in Italien den Franzosen entgegentreten wollte, wesentlich dazu beigetragen, daß sie nicht festgehalten werden konnte.

Man muß ihm die Gerechtigkeit widerfahren lassen, einen gewissen Eifer für das öffentliche Wohl in ihm anzuerkennen. Dreizehn Stunden des Tages war er bei der Arbeit. Von Natur freigebig, zeigte er sich in der Verwaltung des öffentlichen Vermögens sparsam. Mancherlei Reformen nahm er vor; unter anderem faßte er den Gedanken, die in den Besitz von Privatleuten übergegangenen Krongüter zurückzufordern, zwar nicht ohne eine Entschädigung der Besitzer, die aber dem Verlust, den sie unfehlbar erlitten hätten, nicht von ferne gleichkam. Was die Könige immer vermieden hatten, den Krankheiten des Staates mit starken und schmerzhaften Heiloperationen zu begegnen, schien er unternehmen zu wollen. Sein Ehrgeiz war, niemandes Rat zu bedürfen, sich von jedem Einfluß freizuhalten, den Staat nach seinem

Gutdünken zu verwalten. Durch alles dies erweckte er sich eine Unzahl von Feinden, die, durch die Schwäche seiner Stellung veranlaßt, nicht zögerten, ihre Gesinnung kundzugeben. Er begegnete ihnen mit Absetzungen und Verbannungen, aber dadurch bekam seine Verwaltung den Charakter des Faktiosen und der Gewaltsamkeit. König Karl II., den er mit einem Hof umgeben hatte, dessen Mitglieder ihm ergeben waren, war doch nicht so genau zu bewachen, daß nicht die Gegner Einfluß auf ihn gewonnen hätten; er ließ sich dahin bringen, einen oder den anderen von den Verbannten wieder zurückzurufen, was Don Johann nicht allein mit Verdruß erfüllte, sondern seine Stellung unhaltbar machte. Auch mit dem Päpstlichen Stuhl geriet er infolge eines Strafdekrets, welches der Präsident von Kastilien gegen den Nuntius erlassen hatte, in unentwirrbare Verwicklungen. Er war seinem Sturz bereits nahe, als er im September 1679 unerwartet starb. Er besaß weder die Liebe des Königs noch die Achtung des Volkes.

Wer sollte nun aber nach seinem Tode das Ruder ergreifen?

Eine Zeitlang ward die Regierung nach dem Gutachten der Consejos von dem Könige nur mit dem Beistande eines Sekretärs geleitet; man war zweifelhaft, ob man eine Junta einrichten oder einen ersten Minister aufstellen sollte. Da aber die Freunde der Königin-Mutter von der Junta nicht hätten ausgeschlossen werden können, was für die Anhänger des Don Johann gefährlich gewesen wäre, so entschied man sich unter dem Einfluß jenes Sekretärs, welcher zu denselben gehörte, für das andere. Im Februar 1680 wurde der Herzog von Medina Celi, der selbst an der Erhebung Don Johanns einigen Anteil hatte, zum ersten Minister erklärt.

Don Juan Francisco de la Cerda Enriquez de Ribera Duque de Medina Celi konnte als der vornehmste aller Granden gelten. Er leitete sein Geschlecht von den alten kastilianischen Königen ab und vereinigte sieben Grandenstellen; in moralischer Beziehung galt er für den besten, den man hätte finden können; von der Eitelkeit und Ruhmredigkeit, die man damals den Spaniern zum Vorwurf machte, hielt er sich frei; er war fleißig, höflich, leutselig, eifrig für den Dienst, wohlwollend für alle. Aber man vermißte an ihm andere Gaben, die ihn fähig gemacht hätten, sein Amt nach der Idee, die man davon hatte, zu verwalten; man klagte, er sei langsam, einen Entschluß zu fassen, voll von Mißtrauen gegen sich selbst; er höre ganz im Gegensatz mit seinem Vorgänger viel auf andere, aber das mache ihn eher verwirrt; man bemerkte, daß sich die Regierung von den Consultas, die ihr eingegeben wurden, nur wenig entferne. Die Direktion der auswärtigen Angelegenheiten überließ Medina dem Staatsrat, der mehr Autorität besaß als jemals.

Eine immer wachsende Schwierigkeit bildete bereits die Sukzessionsfrage, da der König trotz seiner Vermählung ohne Nachkommen blieb. Von der durch Philipp IV. für einen solchen Fall vorbezeichneten Linie ist man zuerst nicht in Spanien, sondern in Österreich abgewichen. Der Kaiser faßte den Gedanken, seine Tochter, die Erzherzogin Antonia, welche nach dem Testament Philipps IV. den nächsten Anspruch auf die Sukzession in Spanien besaß, auf dieses ihr Recht Verzicht leisten zu lassen, zugunsten des Mannsstammes seines Hauses; der Kurfürst von Bayern, welcher sich mit der Erzherzogin vermählte, sollte durch das Gouvernement der Niederlande entschädigt werden. Alles lag ihm daran, daß die Auskunft auch von dem spanischen Hof anerkannt würde. In Madrid ist darüber eine Junta zusammengetreten, um vor allem die Frage über die Annehmbarkeit dieser Verzichtleistung zu erwägen. Drei Mitglieder derselben waren dafür, drei andere dagegen; der erste Minister gab endlich eine Erklärung von sich, welche das Vorhaben keineswegs billigte, aber auch nicht mit klaren Worten verwarf, so daß man am kaiserlichen Hofe dann doch darauf beharrte, den Plan durchzuführen.

Ebenso schwach war das Verfahren Medina Celis den gewaltsamen Reunionen gegenüber, welche Ludwig XIV. in den Niederlanden vornahm. Der Minister wußte wohl, daß Spanien den Krieg nicht führen konnte; da aber der Staatsrat denselben als eine Ehrensache beschloß, so hatte er nicht den Mut zu widerstreben. Mit vieler Mühe ward eine Summe Geldes aufgebracht und nach den Niederlanden geschickt; die Verteidigung von Luxemburg war demungeachtet sehr ungenügend. Man behauptet, die Absicht seiner Gegner bei Fassung des Beschlusses sei ebendahin gegangen, die Unzulänglichkeit Medinas vollkommen zutage zu bringen. Schon fingen die Prediger auf den Kanzeln an, sich gegen ihn auszusprechen und dem König einen Vorwurf daraus zu machen, daß er das Amt, in welches ihn Gott gesetzt habe, der Verwaltung eines anderen überlasse, unter dem alles zugrunde gehe. Im Frühjahr 1685 war Medina Celis Stellung bereits sehr schwierig geworden. Obwohl von Natur mild und vermittelnd, zog er sich doch in dem Gewirr der Familieninteressen der Granden heftige Feindschaften zu. Ein geborener großer Herr, der Unruhe des Ministeriums müde, hatte er schon öfters sich zurückzuziehen gedacht; als er aufs neue um seine Entlassung bat, erhielt er sie (Mai 1685).

Einen Augenblick machte der König selbst den Versuch, die Verwaltung zu führen, weil er meinte, sich damit bei seinem Volke mehr Ergebenheit zu verschaffen; allein er fand sehr bald, daß die Last zu schwer sei. Nach dem Fall Medinas überließ er die Führung der Staatsgeschäfte dem Grafen Oropesa, wie dieser dann an dem Sturze Medinas den größten Anteil gehabt hatte; er hätte, da er bei dem König in persönlicher Gnade stand, Medina von Anfang an ausschließen oder früher stürzen können, aber solange sie gut miteinander standen, ließ er ihn gewähren. Was sie entzweite, war die Vermählung eines jungen Mannes aus dem Hause Guzman, der kein anderes Verdienst als die Gunst des ersten Ministers hatte, mit der reichen und jungen Erbin des Herzogs von Montalto, deren Oheim Oropesa war; diesem war jedoch die Absicht verborgen gehalten worden; seitdem war keine Freundschaft mehr zwischen ihnen. Oropesa hat die Ordre aufgesetzt, durch welche Medina Celi entlassen wurde; der König hat sie nur kopiert. Don Antonio Joaquin e Alvarez de Toledo e Portegallo Conde de Oropesa stammte aus einem Zweige des Hauses Braganza, welches, nach Kastilien verpflanzt, sich mit dem Hause Toledo verschwägert hatte und Ansprüche an Portugal besaß. Er war ein ausgezeichneter Mann von Kenntnissen und Bildung, viel Lektüre, leichtem Verständnis und glücklichem Ausdruck. Der venezianische Gesandte Foscarini spricht die Ansicht aus, er sei zu vielseitig gebildet, um für die erste Stelle zu passen; an diese gehöre nicht eine mit sorgsamem Fleiß ausgearbeitete Statue, sondern eine solche, die durch ihre starken

Züge und ungewöhnliche Größe am meisten in die Augen falle; Oropesa, durch seinen Geist und seine Lebensart, seine Kunst, den Ehrgeiz, der ihn erfülle, zu verstecken, überhaupt etwas anderes zu scheinen, als er sei, sei mehr zu einem Hofmann hohen Ranges als zu einem ersten Minister des großen Reiches geeignet; es fehle ihm an dem freien und kecken Geist, der dazugehöre, um die Geschäfte rasch zu entscheiden, die Gelegenheit nicht durch Zögerungen zu versäumen. Oropesa, verschlossen gegen jedermann, hatte wenig Freunde und glaubte, keiner zu bedürfen; wie er sein Glück bloß von seinem Verdienst herleitete, so meinte er seine Stellung durch sich selber zu behaupten. Des königlichen Beichtvaters war er sicher. Eine große Rolle spielte der Secretario del Despacho universal, Emanuel de Lira, der früher in den Niederlanden gestanden hatte, viel Lebhaftigkeit des Geistes und feines Verständnis, aber auch großes, beinahe insolentes Selbstgefühl verriet; er gehörte zu den Anhängern des Hauses Österreich. Überhaupt kam im Gegensatz mit den Abweichungen Don Johanns und den Schwankungen Medina Celis unter der Verwaltung Oropesas wieder ein gutes Verständnis der beiden Linien des Hauses Österreich zustande.

Noch einmal nahm Spanien an der großen Bewegung gegen Frankreich, die in der englischen Revolution vom Jahre 1688 hervortrat, lebendigen Anteil. Don Pedro Ronquillo, der spanische Gesandte in London, hat an den Entschlüssen Wilhelms III. Anteil gehabt. Die engste Verbindung zwischen der alten Monarchie und dem neuen Königsthron wurde eingeleitet, was dann wieder veranlaßte, daß Ludwig XIV. den Spaniern den Krieg erklärte. Für Oropesa brachte jedoch auch diese Schilderhebung so wenig Glück, wie die früheren für seine Vorgänger.

Frankreich, das durch den großen Bund hatte gedemütigt werden sollen, behauptete in den ersten Jahren des Krieges, wenigstens auf dem Kontinent, das volle Übergewicht. Im Jahre 1691 eroberten die Franzosen Urgel zu Land und nahmen Barcelona von der See her ein. Da konnte denn Oropesa, der als der Urheber des Krieges betrachtet wurde, sich nicht behaupten. Die Granden stellten an den König geradezu die Forderung, Oropesa zu entlassen. Einer derselben klagte ihn durch eine Denkschrift an; Oropesa antwortete mit einer Verteidigungsschrift. Da der König sich hierbei beruhigen zu wollen schien, ist dem König im Namen der Granden gesagt worden: wenn er nichts gegen den ersten Minister tun wolle, so werde das Königreich sich selber helfen müssen. Hierauf ward Oropesa entlassen.

Man könnte keinen von diesen Ministern der Unfähigkeit anklagen; Don Johann war unternehmend, Medina Celi konzialiatorisch, Oropesa hochstrebend und geistvoll; aber die Lage der Geschäfte war so schwierig und ihre eigene Stellung so unsicher, daß sich keiner von ihnen behaupten konnte. Schon früher hatte ein venezianischer Gesandter gesagt: es sei ein Irrtum, wenn man glaube, das Haus Österreich regiere noch in Spanien; der König sei schwach und ohne Waffen, er trage nur den äußeren Apparat der Majestät; die Autorität und die Gewalt selbst liege in den Händen der Granden, welche weniger das Beste der Krone im Auge haben als besondere Verhältnisse, in die der eine mit dem anderen durch Verwandtschaft und Privatinteressen verflochten sei. Die Minister waren alle mehr gleichsam Kommissarien der Granden als Beamte des Königs; der König hatte keinen eigenen Willen; unter den Granden regten sich doch wieder Uneinigkeiten; sobald Fehler begangen wurden oder Unglücksfälle eintraten oder die Unhaltbarkeit des allgemeinen Zustandes besonders ans Licht kam, wurden die Inhaber der Macht von ihren Gegnern gestürzt. Die Venezianer wiederholen, der König sei nicht mehr absoluter Fürst; die Verfassung von Spanien sei aristokratisch. Dazu kamen die Einwirkungen der europäischen Parteiungen; die Königin-Regentin war österreichisch, Don Johann französisch gesinnt; Oropesa schloß sich wieder dem Hause Österreich an. Die Siege der Franzosen bewirkten, daß die Granden seinen Sturz herbeiführten.

Wie hat sich nun König Karl II. zu alldem verhalten?

So durchaus schwach und unfähig, wie man gesagt hat, erscheint er doch nicht in den Berichten, die ihn in seinen verschiedenen Lebensepochen schildern. Schon im Jahre 1678 legte er etwas andere Eigenschaften an den Tag als die der Devotion, die man in ihm mit Absicht pflegte; er war auch für scherzhafte Unterhaltung empfänglich und ließ, obwohl sonst sehr verschwiegen, doch einen gewissen Ehrgeiz durchblicken. Sein Sinn war, sobald er einen Sohn habe und die Erbfolge in dem königlichen Hause festgesetzt sei, die afrikanischen Barbaren anzugreifen, um die in den Niederlanden erlittenen Verluste dort zu ersetzen. Noch sehr jung ward er vermählt; aber seine Ehe war keine glückliche; sie wurde besonders dadurch gestört, daß seine Gemahlin Marie Luise aus dem Hause Orleans exklusiv französische Gesinnungen kundgab. Sie konnte sich nie an die Einsamkeit, die Äußerlichkeiten des Ranges, die Zeremonien, die langen Religionsübungen in Spanien gewöhnen; ihre Gedanken waren immer nach Fontainebleau und St. Cloud gerichtet. Durch einige Frauen in ihrer Umgebung, die man ihr ließ, wurde sie in dieser Sinnesweise bestärkt. Daß sie keinen Erben zur Welt brachte, was man ihr selbst am meisten schuld gab, machte sie den Spaniern widerwärtig. Der König, der sie zu lieben schien, wurde doch durch ihre französischen Hinneigungen zu um so stärkerer Begünstigung der Eigentümlichkeiten von Spanien gereizt. Er sprach den dringenden Wunsch aus, daß den Gebrechen der Monarchie abgeholfen werde, und trieb seine Minister dazu an. Aber er selbst legte nur wenig Neigung zu den Geschäften an den Tag; die unangenehmsten Stunden waren ihm die, wo er Fürst sein sollte. In das volle Mannesalter getreten, machte er auch, wenn er die dem Regenten eigenen Funktionen versah, einen würdigen Eindruck. Er zeigte sich streng, nicht ganz offen, unter Umständen wohl zur Grausamkeit geneigt, aber alle Tätigkeit ermüdete ihn. Sein Geist entwickelte keinerlei entschiedene Hinneigung, weder zum Vergnügen, noch zu einer Leibesübung, noch zu einer bestimmten Art von Beschäftigung. Die Umgebung, in der er sich befand, war so faktiös, daß er in dem, was man ihm sagte, Wahrheit und Lüge nicht unterscheiden konnte; zu schwach, um die entgegengesetzten Einwirkungen von sich auszustoßen, gab er ihnen Raum.

Nach dem Falle Oropesas übernahm er, durch Ehrliebe und das Gefühl der Pflicht, das ihm von Gott übertragene Amt auszuüben, bewogen, die Regierung selbst. Bisher hatte er in seinem Gewissen sicher zu sein geglaubt, weil er das, was ein anderer unweislich tue, nicht zu verantworten habe. Diesen Betrachtungen älterer Beichtväter setzten aber die damaligen, namentlich Marilla, eine andere entgegen; er stellte ihm vor, daß es zum Heile seiner Seele besser wäre, Fehler zu begehen, als die Regierung, zu der ihn Gott gesetzt habe, zu versäumen; er suchte seinen Fleiß durch wohlwollendes Lob zu erregen. Nach einiger Zeit schien es in der Tat, als stärke die größere Teilnahme an den Geschäften den Geist des Königs und belebe die in seiner Seele begrabenen Fähigkeiten; er wußte das Schwierige in den Geschäften zu fassen und zeigte weniger Abneigung gegen dieselben. Man bemerkte an ihm ein gutes Gedächtnis und edle moralische Eigenschaften; nur hatte er das Unglück, niemals zu einem entscheidenden Entschluß zu gelangen. Zwischen entgegengesetzten Gefühlen und Betrachtungen geriet er in Verwirrung; seinen Geist verglich man mit einem von verschiedenen Strömungen ergriffenen Golf. Mißtrauisch gegen jedermann, zeigte er selbst im Verkehr mit seinen Ministern eine Unzuverlässigkeit, die es überaus schwermachte, die Geschäfte mit ihm zu führen. Ausgenommen bei den kirchlichen Zeremonien war er auch körperlich in einer unaufhörlichen unruhigen Bewegung; man sagte von ihm, er sei allenthalben und nirgends.

Nach dem frühen Tode seiner ersten Gemahlin, den man in der Welt nicht einmal für natürlich halten wollte, vermählte sich Karl II. nochmals mit Marie Anna von Pfalz-Neuburg. Aber auch aus dieser Ehe entsprang keine Nachkommenschaft, so daß die große Frage über die Sukzession mit verdoppeltem Gewicht in den Vordergrund trat und die Politik der Welt beschäftigte. An und für sich lag es in der Natur der Sache, daß vom spanischen Hofe die Ansprüche von Österreich den französischen vorgezogen wurden. Aber wir berührten schon den Zwischenfall, der dadurch eintrat, daß die aus der Ehe des Kaisers mit einer spanischen Infantin entsprungene Tochter, als sie sich mit Max Emanuel von Bayern vermählte, ebenfalls zu einer Verzichtleistung veranlaßt wurde: denn nicht an das Haus Wittelsbach sollte die große Erbschaft übergehen; der Kaiser wünschte sie dem Erzhaus zu erhalten. Als nun davon die Rede war, daß der Kurfürst von Bayern mit der Regierung der Niederlande betraut werden sollte, meinte man zu bemerken, daß der Wiener Hof auch dies ungern sehe: denn man fürchte, der Kurfürst werde entweder selbst auf die Monarchie Anspruch machen, oder er werde, auf die Niederlande beschränkt, zu schwach sein, um sich gegen Frankreich zu behaupten. Aber Max Emanuel hatte eine Fürsprecherin von Bedeutung an dem Hofe; es war die Mutter des Königs, die jetzt aus ihrem Exil zurückgekommen war und noch immer nicht wenige Anhänger zählte. Ihr tadelloses Verhalten in den schwierigsten Verhältnissen verschaffte ihr ein großes persönliches Ansehen. Sie war an sich für das Haus Österreich; wenn aber die Wahl zwischen den Söhnen des Kaisers und seinem Enkel, dem Kurprinzen, der zugleich der Urenkel der Königin-Mutter war, getroffen werden sollte, so war sie aus sehr erklärlichen Gefühlen für den letzteren. In diesem Sinne erklärte sich auch der Herzog von Montalto, von allen Großen derjenige, der das Vertrauen des Königs am meisten besaß und wahrscheinlich zum ersten Minister erhoben worden wäre, hätte er nicht die Gemahlin des Königs, die ihm nicht vergeben konnte, daß er ihrer Vermählung mit dem König opponiert hatte, gegen sich gehabt. Ursprünglich hielt die junge Königin an den Ansprüchen der Erzherzöge fest; nach einigem Widerstreben aber fügte sie sich dem neuen Entwurf, bei welchem auch für sie selbst Sorge getragen wurde. Im November 1698 erklärte Karl II. feierlich den Kurprinzen von Bayern zu seinem Erben. Aber im folgenden Februar starb bereits dieser Prinz, und die große Frage, ob die Sukzession dem Hause Österreich oder dem Hause Bourbon zuteil werden würde, trat noch dringender als bisher hervor. Mit allem Eifer nahm sich dann die Königin der Ansprüche der Erzherzöge, welche ihre Neffen waren, an. Ihr war es jetzt gelungen, einen ihrer Vertrauten, den Almirante, zum ersten Minister zu befördern, und der alte Freund des Hauses Österreich, Oropesa, war wieder herbeigezogen worden; auf das eifrigste wurde mit dem kaiserlichen Gesandten über die Erbfolge eines Erzherzogs verhandelt; sie sollte durch militärische Hilfe von Deutschland her unterstützt werden. Man dachte, eine Junta in diesem Sinne zu errichten, zu deren Vorsteher Oropesa bestimmt war. Der König schien damit ganz einverstanden zu sein; man hörte ihn sagen: die Sache seines Oheims sei die seinige, sowie seine Sache die seines Oheims. Allein wie wenig war doch auf Karl II. zu zählen! Er zeigte sich doch wieder unzufrieden mit seinem Ministerium; die Königin wurde zuweilen mit empörender Härte behandelt. Wie oft sah man sie mit verweinten Augen erscheinen. Jeder Augenblick ihrer Entfernung von dem König wurde benutzt, um ihr bei dem König zu schaden. Im Angesicht alles dessen, was vorhergegangen war, kann man sich nicht verhehlen, daß die persönliche Kombination, auf welche sich Österreich stützte, in Spanien selbst unhaltbar war. Es gehörte nur ein geringer Anlaß, ein Volksauflauf dazu, um die ganze Verwaltung zu sprengen. Damit aber bekam eine andere Kombination die Oberhand, bei welcher die französischen Ansprüche das Übergewicht erlangten: ein ähnlicher Fall wie bei der ersten Entfernung der Königin-Mutter und dem ersten Sturze Oropesas; es war abermals eine Reaktion der Granden gegen ein kriegerisch gesinntes und auch sonst mißliebiges Ministerium. Der alte stolze Unternehmungsgeist, der sein Absehen auf eine Art von Welteroberung richtete, war längst verschwunden, sowohl in den Großen wie in dem Volke. Man bemerkte, daß es auch in den Wissenschaften und Künsten an emporstrebenden wirklichen Talenten zu mangeln beginne. Alles neigte sich mehr zu einem friedlichen Beharren hin.

Es war nicht allein eine Frage über das Erbrecht, welche hier vorlag, sondern eine politische von der höchsten Bedeutung: denn wenn die österreichische Dynastie zur Erbfolge in Spanien gelangte, so würde das frühere System, in welchem sich die beiden Linien, die deutsche und die spanische, gegen Frankreich vereinigt hatten, fortgesetzt und verjüngt worden sein; durch die Verbindung derselben mit England, Holland und den mächtigeren deutschen Fürsten würde dann diese Partei das Übergewicht in Europa davongetragen haben. Wenn dagegen die französische Krone zu der Erbschaft gelangte, so wurde ihr allgemeines Übergewicht und ihre Aktion auf das südliche Europa unendlich verstärkt; Spanien gab dann die Rolle auf, die zu seiner Größe beigetragen hatte. Aber eben dieser Rolle waren die Spanier, wie berührt, bereits überdrüssig geworden. Sie hatte nicht allein zu beschwerlichen Anstrengungen genötigt, sondern überdies zu Allianzen geführt, welche dem altkatholischen Sinn der Nation nicht entsprachen; dieser dagegen wurde gerettet, wenn die französischen Ansprüche durchdrangen.

Bereits zu Zeiten der verstorbenen Königin Maria Luise waren Zusagen Ludwigs XIV. verlautbart, welche im Bunde mit Frankreich ein ruhiges Bestehen in den gewohnten Formen hoffen ließen. Der zur Nachfolge bestimmte bourbonische Prinz sollte in das Land kommen, um mit den Spaniern leben zu können; er sollte die Privilegien und Gewohnheiten von Spanien beobachten. Infolge dieser Zusagen faßten die Granden das Vertrauen, daß unter der bourbonischen Regierung alle ihre Vorrechte, mochten sie begründet sein oder nicht, aufrechterhalten werden würden. Der französische Botschafter Harcourt fand bei den ersten Versuchen, sich über die Gesinnung der Spanier zu unterrichten, daß die Gemüter für die französischen Pläne sehr empfänglich waren. Kardinal Portocarrero, Erzbischof von Toledo, ging auf den Gedanken der französischen Sukzession mit Freuden ein; der eben war es, welcher zum Sturz des letzten Ministeriums das meiste beigetragen hatte und gewissermaßen die bei den spanischen Großen vorwaltenden Intentionen repräsentierte. Die streng religiöse Haltung des französischen Hofes trug unendlich dazu bei, ihn populär zu machen. Es war nicht eine Unterwerfung Spaniens unter Frankreich, was man beabsichtigte; man wollte die Nationalität und selbst die Oberherrschaft über die Nebenlande behaupten, nur auf den Rückhalt von Frankreich gelehnt. Ludwig XIV. hatte damals einen zweiten Teilungsvertrag mit England und Holland geschlossen; aber nichts war der ihm doch noch tieferliegenden Idee, den Thron an seinen Enkel zu bringen, in Spanien förderlicher als die Besorgnis, daß diese Teilung wirklich vollzogen werden würde; gegen die Teilungspläne, die Ludwig XIV. mit anderen europäischen Mächten verabredete, suchte man Schutz bei ihm selber. Die letzten Kriege waren eben darum geführt worden, um die spanische Monarchie vor Frankreich sicherzustellen. Die Folge dieser Verwicklungen, eine sehr unerwartete, aber doch sehr natürliche, war, daß Spanien jetzt selbst seine Sicherheit in einer dynastischen Verbindung mit Frankreich suchte. Und da auch das altspanische Erbrecht diese Verbindung rechtfertigte, so wurde König Karl II. unter der Einwirkung des Kardinals Portocarrero bewogen, den Enkel Ludwigs XIV. – es ist Philipp V. – zu seinem Erben zu ernennen. Für einen Abfall von der eigenen Sache dürfte man das nicht erklären; es war das eigenste Produkt der damaligen spanischen Idee. Man meinte, unter einer neuen Dynastie die Territorialmacht zu konservieren, die man unter der früheren, die ebenfalls durch die weibliche Erbfolge begründet worden war, erworben hatte.

In Ludwig XIV. wurden die politischen Rücksichten, die ihn von der Annahme des Testaments hätten abhalten können, durch die dynastischen und religiösen Interessen überwogen; er hatte keine Ahnung davon, in welche Schwierigkeiten er sich dadurch verwickeln werde. Diese sind einige Jahre später selbst so weit gegangen, daß er seinem Enkel geraten hat, auf den spanischen Thron wieder Verzicht zu leisten. Allein wie es bei den Spaniern doch keine Unterwerfung unter den Willen des mächtigen Nachbars gewesen war, was sie zur Berufung seines Enkels auf ihren

Thron veranlaßt hatte, so erkannten sie in demselben ihr natürliches Oberhaupt und hielten an ihm fest, auch als die französische Macht tief herabgebracht war. Eine Niederlage in Spanien war der erste bedeutende Verlust, welchen die Verbündeten in dem Spanischen Erbfolgekrieg erlitten. In dem Kampfe für den bourbonischen König traten die Spanier kräftiger auf als in den letzten Kriegen zu den Zeiten der österreichischen Dynastie.

Wenn Kastilien schon immer die erste Rolle unter den spanischen Landschaften gespielt hatte, so ist es dabei auch im Laufe des achtzehnten Jahrhunderts geblieben. Dahin kam es doch, was man hatte vermeiden wollen, daß die Nebenlande, die bei der Gründung der gesamten Monarchie mit Spanien verbunden worden waren, von demselben getrennt wurden. Die Niederlande und Mailand waren der Preis, für welchen die deutsche Linie des Hauses Österreich ihre Ansprüche auf die spanische Erbfolge endlich fallen ließ. Eine Zeitlang kam sie sogar in den Besitz beider Sizilien; aber diese entfernten Landschaften konnte sie nicht behaupten. Sie gingen an einen Zweig der bourbonischen Dynastie, die in Spanien regierte, über, doch nicht an Spanien selbst. Spanien blieb auf sein Gebiet auf der Pyrenäischen Halbinsel und die südamerikanischen Kolonien beschränkt. Die Kolonien wurden für das Mutterland selbst bedeutender als früher, da ihre Erträge nicht mehr, wie bisher in der Regel, zu weitaussehenden politischen Kombinationen verwendet zu werden brauchten.

Im Besitz der amerikanischen Kolonien und in naher Beziehung zu dem südlichen Italien hat Spanien zur Seite von Frankreich doch immer eine eigentümliche Stellung eingenommen; die großen Kriege des achtzehnten Jahrhunderts sind besonders durch die maritimen Interessen von Spanien England gegenüber hervorgerufen worden. Unter allem Wechsel der Regierungen und der politischen Verhältnisse behauptete sich die Nationalität, wie sie aus den früheren Jahrhunderten stammte und später entwickelt worden war; sie erfüllte in ihrer Verbindung mit der Religion alle Gemüter. Sie hat im neunzehnten Jahrhundert noch einmal eine große Mission erfüllt. Als aus Frankreich eine neue Gewalt hervorbrach, welche allem besonderen nationalen Leben auf dem europäischen Kontinent ein Ende zu machen drohte, ist die spanische Nationalität die erste gewesen, welche, plötzlich wieder aufflammend, derselben nachhaltigen Widerstand geleistet hat.